创 新 管 理

——全球经济中的新技术、新产品和新服务

[美] 约翰·E. 艾特略 著
(John E. Ettlie)

王华丽 刘德勇 王彦鑫 译

上海财经大学出版社

图书在版编目(CIP)数据

创新管理:全球经济中的新技术、新产品和新服务/(美)艾特略(Ettlie, J. E.)著,王华丽,刘德勇,王彦鑫译.—上海:上海财经大学出版社,2008.9

书名原文:Management Innovation: New Technology, New Products and New Services in a Global Economy

ISBN 978-7-5642-0236-1/F·0236

Ⅰ.创⋯ Ⅱ.①艾⋯ ②王⋯ ③刘⋯ ④王⋯ Ⅲ.企业管理-技术革新-研究 Ⅳ.F273.1

中国版本图书馆CIP数据核字(2008)第064522号

□ 责任编辑　蔡美凤
□ 封面设计　周卫民
□ 版式设计　孙国义

CHUANGXIN GUANLI
创　新　管　理
——全球经济中的新技术、新产品和新服务

[美]　约翰·E.艾特略　著
　　　（John E. Ettlie）

王华丽　刘德勇　王彦鑫　译

上海财经大学出版社出版发行
(上海市武东路321号乙　邮编200434)
网　　址:http://www.sufep.com
电子邮箱:webmaster@sufep.com
全国新华书店经销
上海市印刷七厂印刷
宝山蕰村书刊装订厂装订
2008年9月第1版　2008年9月第1次印刷

787mm×1092mm　1/16　32.75印张　518千字
印数0 001—4 000　定价:48.00元

图字:09-2007-069 号

Managing Innovation: New Technology, New Products, and New Services in a Global Economy 2nd ed.
John E. Ettlie, Ph. D.

Copyright © 2006, John E. Ettlie. All rights reserved.

This Second edition of *Managing Innovation: New Technology, New Products, and New Services in a Global Economy* by John E. Ettlie is published by arrangement with ELSEVIER INC, 525 B Street, Ste 1900, San Diego, CA 92101-4995.

No part of this publication may be reproduced, stored in a retrieval system, or transmitted in any form or by any means, electronic, mechanical, photocopying, recording, or otherwise, without the prior written permission of the publisher.

2008年中文版专有出版权属上海财经大学出版社
版权所有 翻版必究

译者序

时下，创新管理是热门话题。从行业的发展来看，行业需要创新促进发展；从企业的目的来看，企业需要创新创造超额利润。本书的焦点问题就是从管理层高度来看如何通过产品和流程创新来获得效益。

本书的结构严谨，阐述流畅，各章之间有机联系，循序渐进。作者用通俗易懂的语言，将关于创新的重要观点和理论、创新的策划，及如何对策划案进行贯彻和如何进行技术的管理一一详尽地叙述出来，最后得出结论——企业要想从组织技术创新中获得效益，就必须进行整体管理。在这部著作中，作者潜心研究，列举了大量案例，特别是每一章的最后有习题、案例讨论、背景资料介绍与各章的理论分析相呼应，给学习和参考者们提供了很大的帮助。

在此，我要向对于本书的翻译提供帮助的所有人表示诚挚的谢意。首先我要感谢本书的原作者，美国的约翰·E. 艾特略博士，他的系统阐述和大量详尽素材以及具体案例的分析讨论，使我和本书的读者们获益匪浅。其次，感谢各位译者的通力合作，感谢上海财经大学出版社的编辑们为此书的出版所付出的努力，他们对于学术的一贯关注和支持，是本书顺利翻译出版的关键。最后，特别感谢吕彦儒博士，他在本书翻译出版的整个过程中，倾注了大量的心血，没有他负责和有效的努力，本书不可能面世。

本书的主要译者简介：

王华丽，女，河南省潢川县人，讲师，山西财经大学财政金融学院教师。

刘德勇，男，山西省祁县人，高级统计师，在太原高新技术产业开发区发展改革局工作，山西省人事厅职称评定专家库成员，山西省统计系列高级专业技术职称评定委员会的评委。

王彦鑫，男，山西五台县人，经济师，在太原高新技术产业开发区发展改革局工作。

译校过程的具体分工如下：

第一、第四、第六、第七章 王华丽

第三、第五、第九章 刘德勇

第二、第八、第十章 王彦鑫

由于译者水平有限，书中翻译不当之处敬请批评指正。

译 者

2008 年 8 月

第二版序言

在所有书的第一版面世后都会发生很多事情,这对任何书、技术或者变化来说都是很正常的。但是在2000年的时候,我没有想到的是本书一经出版就获得了这么好的销量。现在我们有充分的证据说明"事情已经变化了"。网络和新型的经济模式方兴未艾,我们就遭遇了"9·11"恐怖袭击、卡特里娜飓风等难以估计的灾难。值得我们注意的是,我们的世界不只是动态的世界,它的复杂性同样令人烦恼。因此,本书就是为了让我们能更好地理解和管理发生在我们周围的那些技术性变化的原因和结果而写的。

本书的第二版发生了比较大的变化。首先,通过增加服务创新的素材和案例的方法拓展了本书的外延,并且对全书进行了简化,这就能使你更好地阅读和理解本书。本书只有10个章节,而不是原来的12个章节。当然,如果教师把本书当作教材或者首席执行官们把它当成改进创新方式的途径,他们必然会花费更多时间在这些素材、案例和练习上。另外,在网上(www.managinginnovation.org)还有很多视频资料和其他的一些推荐案例可以对这些老师和首席执行官们有所帮助。其次,第二版增加了一些第一版没有的原始案例,同时在学生们的建议下保留了一些经典案例。最后,虽然第二版有所简化,但是它所保留的内容都得到了修改和深化。正是千百次的课堂测试以及那些大胆而又热心的教师们的及时反馈造就了本书的第二版。书中内容有何不妥之处敬请指正。

约翰·E. 艾特略
2006年3月
纽约 罗彻斯特大学

第一版序言

什么是创新？人们经常问这样的问题,但是他们是真的想知道答案吗？我们总是被与众不同的东西所吸引,而这些新颖事物的不同之处往往就在于技术上的创新。但是技术创新有其不确定性。华纳—兰伯特公司(Warner-Lambert Company)旗下的知名制药公司帕克—戴维斯公司(Parke-Davis)最近决定要改变药物耐绞宁(Nitrostat)在波多黎各的生产工艺。耐绞宁是一种用来降低心绞痛的药物。当新旧技术的更替出现问题时,耐绞宁出现了短缺,一度造成了全国性的恐慌。这可不是一个上《纽约时报》头条的好办法。

虽然技术创新可能会带来麻烦,但是它同样会促进社会经济的发展,比如计算机、飞机、抗生素等。就像依赖方法的改进一样,我们不能否认,我们正通过这些技术上的突破来使我们更快地提高生活的质量。这些新的技术正在逐步改变我们的日常生活,并且这种改变将永远持续下去。

本书对那些在现代公司中视野宽广的经理人和专业人士关于技术创新方面的观点进行了阐述。如果组织机构和信息系统没有大范围的变动,那么这些观点对新的产品和服务多少都会有些帮助。如果你不想成为变革的主导者,那么这些观点对传统的分销商和供应商也能起作用。每年有大量的金钱被用于创新上——成百上千万的美元、欧元、日元、英镑……几乎包括了你能想到的所有货币。这些用于开发新产品、信息系统、办公室、车间和设备或者改进方法等方面的投入几乎囊括了世界上各种类型的组织。创新的目的就是为了加深客户的印象,加强控制以及降低成本并最大限度地减少变化带来的痛苦。但是就像帕克—戴维斯公司那样,事情往往并不按照我们的设想发展。许多错误应该被避免。

本书由四个部分组成。技术创新的生命周期贯穿于全书,从创意的提出、丰富、完善,到商业化、出成果,成熟,直至最后被一个新的周期替代。

本书的第一部分介绍了创新的过程以及这一领域的重要观点和理论;第二部分着眼于创新的策划(战略管理、研发管理、经济学理论);第三部分阐述了如何对策划案进行贯彻(产品创新、组织战略、过程创新);最后一部分则对技术的管理进行了论述,并重申了本书的中心——要想从组织技术创新中获得效益,就必须要进行整体管理。

假设总是伴随着创新的过程。组织的运转是一个复杂的过程,而技术的创新更增加了这种复杂性,这对于任何经理人、专业人员或者组织核心成员来说都是挑战。因此创新和这种复杂性之间的冲突是不可避免的。技术的变化时刻都在进行着,我们也不必无所适从。

对企业内环境和外环境(例如,供应商)所进行的综合技术和创新机制的管理是理解综合竞争能力的关键。例如,产品的质量和生产产品的过程密不可分,而如何对此类综合性影响进行管理正是本书的重点。将组织创新和技术创新紧密相连是所有创新管理成功的秘诀。

本书适用于所有级别的商科学员,因为创新本来就是将发明运用于实际的基本能力。本书同样适用于变革促进者、工程管理人员、项目经理、品牌经理、制度制定者,以及其他管理人员。本书对那些受到新技术影响的人们也能有所帮助。对创新有兴趣的读者也可以通过本书对创新有一个初步的认识。技术的更迭也许不可避免,但是这种变化的形势和结果并不是确定的。

约翰·E. 艾特略
1998 年 7 月
密歇根　安阿伯大学

致　谢

在本书的第一版出版后,我的学生们立刻对书中不完善的地方进行了修订,这才产生了本书的第二版。这些自始至终勤奋工作的学生包括我的大学助教阿莱克斯·芬(Alex Feng)、格雷特·曼哈特(Garrett Manhart)、克里斯汀·亚历山大(Kristin Alexander)、大卫·费勒(David Fuehrer)、丹尼尔·康德(Daniel Conde)和马休·库巴瑞克(Matthew Kubarek)。莫莉·薇玛(Molly Weimer)帮助摘录整理了许多需要的资料。

由于我们身处的世界在不断变化,我们必须不断地学习,而总有一些人能够从与众不同的角度来理解这种技术的演进。我必须要感谢我的同事、顾问以及那些先行者。虽然可能有所遗漏,但是请允许我罗列出那些还没有感谢到的人,因为他们对我的帮助实在太大了。首先,我想感谢拉夫·凯茨(Ralph Katz)对《管理科学》(*Management Science*)杂志编辑工作的帮助,以及在我们对"如何管理创新过程"这一课题的研究过程中所发挥的重要作用。《产品创新管理》(*Journal of Product Innovation Management*)刊物的前编辑阿比·格里芬(Abbie Griffin),他的坚持不懈和鼓励使我和我的同事能够在这个艰难的研究领域持续前进。我还必须感谢为我提供帮助的同事、顾问和合著者,他们的贡献必须得到肯定:汤姆·阿斯特伯(Tom Astebro)、佩德罗·奥利维拉(Pedro Oliveria)、迈克尔·塔释曼(Michael Tushman),弗朗西斯科·维罗所(Francisco Veloso)、斯蒂芬·罗森赛(Stephen Rosenthal)、莫哈·萨博拉曼妮姆(Mohan Subramaniam)、马克·科特里尔(Mark Cotteleer)、迈克尔·约翰逊(Michael Johnson)、大卫·维兰加(David Vellenga)、基恩·弗拉姆(Gene Fram)、埃里克·西里

(Erik Schlie)、鲍勃·雅各布(Bob Jacobs)、迈克尔·弗兰(Michael Flynn)、爱德华·科华农(Ed Covannon)、丹·罗布森(Dan Robeson)、康德卡·凯利姆(Khondkar Karim)、约翰·弗雷尔(John Friar)、安迪·迈卡非(Andy McAfee)、汤姆·阿伦(Tom Allen)、马克·迈尔(Marc Myer)、吉姆·阿特贝克(Jim Utterback)、吉娜·奥克纳(Gina O'Conner)、多恩·威尔森(Don Wilson)、安迪·霍夫曼(Andy Hoffman)、安迪·金(Andy King)、克里斯·塔奇(Chris Tucci)、依尔拉斯·博耶德(Eulas Boyd)、斯科特·尤尔尼克(Scott Ulnick)、劳拉·卡蒂娜(Laura Cardinal)、迪克·奥斯本(Dick Osborn)、埃里克·冯·希贝尔(Eric von Hippel)、夏卡·扎赫拉(Shakar Zahra)、约格·艾尔森贝奇(Jorg Elsenbach)、吉姆·雅各布(Jim Jacobs)、阿尔·鲁宾斯滕(Al Rubenstein)和吉尔·科里(Gil Kurlee)。我还必须感谢我在爱思唯尔(Elsevier)的同事马吉·史密斯(Maggie Smith)能和我这个老头子一直合作到最后。最后是我的妻子纳扎尔(Mazare),对她的不离不弃我感激不尽。

目 录

译者序 ·· 1

第二版序言 ··· 1

第一版序言 ··· 1

致谢 ·· 1

第一篇　走进创新

第一章　技术创新 ··· 3
   综述 ·· 6
   技术原因 ··· 8
   技术和文化 ··· 11
   技术和历史 ··· 15
   科学技术 ··· 17
   技术政策 ··· 18
   技术和经济 ··· 20
   服务创新 ··· 23
   技术和组织 ··· 28
   在网上搜索技术创新 ·· 29

创新过程 …………………………………………………… 29
　　伟大的技术辩论 ………………………………………… 31
　　阶段模式 ………………………………………………… 32
　　研发管理 ………………………………………………… 33
　　技术策略 ………………………………………………… 38
　　技术和社会 ……………………………………………… 41
　　总结 ……………………………………………………… 45
　　　练习 …………………………………………………… 46
　　　案例 1—1 ……………………………………………… 46
　　　讨论题 ………………………………………………… 50
　　　案例 1—2 ……………………………………………… 50
　　　讨论题 ………………………………………………… 55

第二章　创新理论 ……………………………………………… 56
　　个体与创新过程 ………………………………………… 56
　　社会技术系统 …………………………………………… 65
　　组织和创新过程 ………………………………………… 67
　　创新的扩散 ……………………………………………… 75
　　演化理论 ………………………………………………… 77
　　更多演化理论 …………………………………………… 82
　　理论观点总结 …………………………………………… 94
　　总结 ……………………………………………………… 95
　　附录　企业中的创新目的和行为:记分卡 ……………… 96
　　　练习 …………………………………………………… 97
　　　案例 2—1 ……………………………………………… 97
　　　讨论题 ………………………………………………… 102

第三章　战略与创新 …………………………………………… 103
　　本田效应 ………………………………………………… 104
　　回到基本:定义战略 …………………………………… 106

技术能力⋯⋯⋯⋯⋯⋯⋯⋯⋯⋯⋯⋯⋯⋯⋯⋯⋯⋯⋯⋯⋯⋯ 109
技术预测⋯⋯⋯⋯⋯⋯⋯⋯⋯⋯⋯⋯⋯⋯⋯⋯⋯⋯⋯⋯⋯⋯ 111
并购⋯⋯⋯⋯⋯⋯⋯⋯⋯⋯⋯⋯⋯⋯⋯⋯⋯⋯⋯⋯⋯⋯⋯⋯ 119
包含创新的企业战略⋯⋯⋯⋯⋯⋯⋯⋯⋯⋯⋯⋯⋯⋯⋯⋯ 122
商业道德与技术⋯⋯⋯⋯⋯⋯⋯⋯⋯⋯⋯⋯⋯⋯⋯⋯⋯⋯ 145
总结⋯⋯⋯⋯⋯⋯⋯⋯⋯⋯⋯⋯⋯⋯⋯⋯⋯⋯⋯⋯⋯⋯⋯ 147
  练习⋯⋯⋯⋯⋯⋯⋯⋯⋯⋯⋯⋯⋯⋯⋯⋯⋯⋯⋯⋯⋯ 148
  案例 3—1⋯⋯⋯⋯⋯⋯⋯⋯⋯⋯⋯⋯⋯⋯⋯⋯⋯⋯ 148
  讨论题⋯⋯⋯⋯⋯⋯⋯⋯⋯⋯⋯⋯⋯⋯⋯⋯⋯⋯⋯ 153
  案例 3—2⋯⋯⋯⋯⋯⋯⋯⋯⋯⋯⋯⋯⋯⋯⋯⋯⋯⋯ 153
  讨论题⋯⋯⋯⋯⋯⋯⋯⋯⋯⋯⋯⋯⋯⋯⋯⋯⋯⋯⋯ 156

第二篇　开展创新过程

第四章　研发管理⋯⋯⋯⋯⋯⋯⋯⋯⋯⋯⋯⋯⋯⋯⋯⋯ 159
为什么要研发⋯⋯⋯⋯⋯⋯⋯⋯⋯⋯⋯⋯⋯⋯⋯⋯⋯⋯ 160
基础研发和应用研发⋯⋯⋯⋯⋯⋯⋯⋯⋯⋯⋯⋯⋯⋯⋯ 161
专利⋯⋯⋯⋯⋯⋯⋯⋯⋯⋯⋯⋯⋯⋯⋯⋯⋯⋯⋯⋯⋯⋯ 161
研发度量标准⋯⋯⋯⋯⋯⋯⋯⋯⋯⋯⋯⋯⋯⋯⋯⋯⋯⋯ 165
研发强度⋯⋯⋯⋯⋯⋯⋯⋯⋯⋯⋯⋯⋯⋯⋯⋯⋯⋯⋯⋯ 166
研发效率⋯⋯⋯⋯⋯⋯⋯⋯⋯⋯⋯⋯⋯⋯⋯⋯⋯⋯⋯⋯ 169
服务研发⋯⋯⋯⋯⋯⋯⋯⋯⋯⋯⋯⋯⋯⋯⋯⋯⋯⋯⋯⋯ 173
企业内部的科学家⋯⋯⋯⋯⋯⋯⋯⋯⋯⋯⋯⋯⋯⋯⋯⋯ 178
研发的资本化⋯⋯⋯⋯⋯⋯⋯⋯⋯⋯⋯⋯⋯⋯⋯⋯⋯⋯ 180
综合研发与企业⋯⋯⋯⋯⋯⋯⋯⋯⋯⋯⋯⋯⋯⋯⋯⋯⋯ 180
公司创业和新技术启动⋯⋯⋯⋯⋯⋯⋯⋯⋯⋯⋯⋯⋯⋯ 183
研发中真正的选择权价值⋯⋯⋯⋯⋯⋯⋯⋯⋯⋯⋯⋯⋯ 192
研发结构的成功之道⋯⋯⋯⋯⋯⋯⋯⋯⋯⋯⋯⋯⋯⋯⋯ 196
合作研发⋯⋯⋯⋯⋯⋯⋯⋯⋯⋯⋯⋯⋯⋯⋯⋯⋯⋯⋯⋯ 203
总结⋯⋯⋯⋯⋯⋯⋯⋯⋯⋯⋯⋯⋯⋯⋯⋯⋯⋯⋯⋯⋯⋯ 221

练习 ·· 221
　　案例 4-1 ··· 222
　　讨论题 ·· 226
　　案例 4-2 ··· 227
　　讨论题 ·· 253

第五章　经济证明与创新 ·· 254
　研发投资 ·· 259
　证明我的技术 ·· 261
　证明新操作技术 ·· 262
　在实践中证明 ·· 267
　目标成本法 ··· 269
　新技术的后期投资审计 ·· 272
　平衡记分卡 ··· 273
　总结 ·· 275
　　练习 ·· 276
　　案例 5-1 ··· 276
　　案例 5-2 ··· 278
　　讨论题 ·· 281

第六章　新产品和新服务 ·· 282
　什么是新产品 ·· 284
　新产品开发 ··· 285
　新产品开发过程 ·· 287
　新产品开发用于商业成功的一种模式 ·· 292
　新产品开发过程的更新模式——新的阶段—关卡流程® ················ 294
　产品开发的平台方法 ··· 299
　新产品开发过程中的七个诀窍 ··· 301
　预测新产品成功 ·· 303
　集合设计 ·· 305

新产品开发过程的标杆和实验 ················· 312
远距离的协同设计：新产品开发的虚拟团队 ········· 314
新产品和竞争回应 ·························· 315
营销和顾客忠诚 ···························· 316
服务创新 ································· 318
新产品开发中普遍遵守的最佳实践 ·············· 323
未来的趋势 ······························· 328
给构思新产品的企业家的一点建议 ·············· 330
总结 ···································· 331
   练习 ································· 332
   练习 6—1 ····························· 333
   案例 6—1 ····························· 335
   讨论题 ································ 336
   案例 6—2 ····························· 337
   讨论题 ································ 339

第七章　新型的工艺和信息技术 ················· 340
制造技术 ································· 344
新的制造工艺技术的吸收 ···················· 350
服务业创新 ······························· 364
制造业集成体系的实现 ······················ 367
新工艺技术创新值得吗 ······················ 370
制造业的信条 ····························· 376
企业资源计划系统 ·························· 378
总结 ···································· 383
   案例 7—1 ····························· 384
   讨论题 ································ 388
   案例 7—2 ····························· 389
   讨论题 ································ 396

第三篇 创新环境与未来展望

第八章 公共政策 ··· 399
- 专利 ··· 402
- 研发税收抵扣 ··· 404
- 《贝多法案》 ··· 405
- 合作研发协议 ··· 406
- 商业化联邦研发 ··· 416
- 研发税收抵扣 ··· 417
- 无损害生产和技术创新 ·· 419
- 生产扩大计划 ··· 420
- 政府采购 ··· 421
- 监管 ··· 423
- 政府和服务经济 ··· 424
- 总统动议 ··· 427
- 技术和反托拉斯 ··· 429
- 州及省的主动权 ··· 431
- 国际比较 ··· 433
- 总结 ··· 434
  - 案例 8—1 ··· 434
  - 讨论题 ··· 439
  - 案例 8—2 ··· 439
  - 讨论题 ··· 442

第九章 全球化转变 ·· 443
- 合作生产的要求 ··· 445
- 联合生产与合作生产 ··· 446
- 合作生产 ··· 448
- 全球新产品发布 ··· 460

总结⋯⋯⋯⋯⋯⋯⋯⋯⋯⋯⋯⋯⋯⋯⋯⋯⋯⋯⋯⋯ 464
　　　案例 9—1 ⋯⋯⋯⋯⋯⋯⋯⋯⋯⋯⋯⋯⋯⋯⋯⋯⋯ 466
　　　讨论题⋯⋯⋯⋯⋯⋯⋯⋯⋯⋯⋯⋯⋯⋯⋯⋯⋯⋯ 471

第十章　未来技术的管理⋯⋯⋯⋯⋯⋯⋯⋯⋯⋯⋯⋯ 472
　　那些改变了世界的创新⋯⋯⋯⋯⋯⋯⋯⋯⋯⋯⋯⋯ 473
　　汽车改变了世界⋯⋯⋯⋯⋯⋯⋯⋯⋯⋯⋯⋯⋯⋯⋯ 476
　　创新经济⋯⋯⋯⋯⋯⋯⋯⋯⋯⋯⋯⋯⋯⋯⋯⋯⋯⋯ 477
　　高端技术发展趋势⋯⋯⋯⋯⋯⋯⋯⋯⋯⋯⋯⋯⋯⋯ 478
　　社会发展预测⋯⋯⋯⋯⋯⋯⋯⋯⋯⋯⋯⋯⋯⋯⋯⋯ 482
　　结束语⋯⋯⋯⋯⋯⋯⋯⋯⋯⋯⋯⋯⋯⋯⋯⋯⋯⋯⋯ 483
　　致谢⋯⋯⋯⋯⋯⋯⋯⋯⋯⋯⋯⋯⋯⋯⋯⋯⋯⋯⋯⋯ 484
　　　练习⋯⋯⋯⋯⋯⋯⋯⋯⋯⋯⋯⋯⋯⋯⋯⋯⋯⋯⋯ 484
　　　案例 10—1 ⋯⋯⋯⋯⋯⋯⋯⋯⋯⋯⋯⋯⋯⋯⋯⋯ 484
　　　讨论题⋯⋯⋯⋯⋯⋯⋯⋯⋯⋯⋯⋯⋯⋯⋯⋯⋯⋯ 504

第一篇
走进创新

第一集

太极长拳

第一章

技术创新

本章目标：介绍技术创新，并通过案例演示对新技术的管理。本章与其他章节的不同，在本章的结尾你会了解。本章回顾了基本的创新过程——旧的技术、模型平台、定义性技术、创新类型、研发，以及技术战略。在本章的最后有两个练习和两个案例，能够使你更好地理解本书及其主题。关于吉列感应剃须刀的案例是第一版中已经有的。另外还有一个关于网站AskMen.com 发展的新案例，主要是对网络练习的进一步深入。

现在请思考以下内容：

《旧金山观察家报》(*San Francisco Examiner*) 2002 年 11 月 15 日报道，交通商业委员会建议，未来将禁止电动交通工具在人行道上行驶。耆真行动网络 (Senior Action Network) 的执行董事布鲁斯·利文斯顿 (Bruce Livingston) 说："行人们不想天天面对两个轮子的子弹"。(在图 1—1 中你可以看到各种电动交通工具。)

最近，因为（美国）美国食品及药物管理局的禁令，迪斯尼禁止游客（包括残疾人）在他们的主题公园内使用这种新的交通工具 (http://www.msnbc.msn.com/id/4217573/)，尽管迪斯尼的员工在公园内也公开使用这种交通工具。这就是新技术的遭遇吗？

资料来源：翻印得到摄影师斯蒂芬·克鲁格·贝利(Steven Craig Berry)的许可。

图 1—1 电动交通工具

(HTTP://WWW.SEGWAYCHAT.COM/FORUM/TOP1C.ASP? TOPIC_ID = 4114)

电动交通工具的问题是否是个特例呢？答案是否定的。请看关于黑箱选举的新闻资料：

《有线新闻》(Wired News)2004 年 4 月 2 日报道，2003 年 1 月，因为其惊人的发现，热衷于选举的贝弗·哈里斯(Bev Harris)在其华盛顿家中的地下室上网查询电子投票器手册时被捕。

哈里斯在属于戴博选举系统(Diebold Election Systems)的文件传输端口下载了约 40 000 个未被保护的文件。这些文件包括戴博公司的触摸屏投票器的源代码，包括其全球投票管理系统表格软件的主程序，登记有选民姓名和地址的得克萨斯州选民注册表，还有一些看起来像是 2002 年加利福尼亚州 57 个地区初选的现场投票数据。[1]

电子投票器的统计数据能解决 2000 年美国总统选举遭遇的问题吗？我们应该相信什么？宣传者称所有的新技术和创新对大家都有好处：人们更健康、更富有，交通更加便利；国家的政治和经济更加稳定；生活更加美好。或者，你同意"新技术必将导致令人不愉快、意想不到的负面后果"的反面观点？有折衷的观点吗？优势微弱的 2004 年总统选举证明，新的选举技术确实能改善投票的过程，但是目前我们的投票技术仍然需要提高。约

---

[1] http://www.wired.com/news/evote/0,2645,62790,00.htm

翰·霍普金斯(Johns Hopkins)大学的教授艾维·鲁宾(Avi Rubin)说："这就像在说，那里没有隐性轰炸机，因为雷达上没有。"[1]

新技术无情地改变着我们的生活。创新已经融入到我们的组织和社会的各个方面。创新不会走开，也不是下一件大事，它一直都存在。[2] 每一款新车都不一样，每一个计算机版本都在挑战现有的技术，每一天几乎都有新疗法发布。技术引起的变化在组织效率、事业、职业、舒适度等领域影响深远。有的公司利用技术获得了成功，另外一些则没有。无论如何，你都无法避免技术的影响。有三个重要的原因让我们关注技术变化的重要性。首先，技术主导的变化无处不在而且立竿见影。其次，在当今世界，技术成了竞争对手成功战略的重要组成部分。再次，新技术创造的价值富有挑战性且并非一劳永逸。

本书假设创新是规范的。多数时间里，因为方便，我们使用的技术不会变。一旦变化被忽略，我们的工作就受到了威胁。马奇和西蒙(March and Simon)[3]首先系统地解决了组织创新时机的问题。在1958年，他们认为主要有两个原因会引起组织的变化——成员热情变化引起的内部压力和现有业绩不足产生的外部压力。在极端的案例中，当组织的环境发生突然变化或动荡，组织需要做出反应时，创新出现的几率会有所上升。

本书关注技术创新的管理：新产品、新服务、新的操作流程和新的信息技术。现有的这方面的著作几乎都是关于研发过程或者新产品的，内容单一。这不奇怪，因为大多数研发资金都是投入到新产品的开发中，而且数额可观。根据国家科研基金会(National Science Foundation)的报告[4]，1994年，美国公司在研发方面投入的资金将近1 000亿美元；到2004年，这个数字已经增加到1 500多亿美元(见第四章)。如果其他部门的研发(如政府部门和大学研究)也包括进来，那么这个数字将达到每年2 500亿美元。这些投入对公司的生存影响巨大。1999年，全美在研发方面投入的资金大约为

---

[1] Levy, Steven. (Dec 6, 2004). Four more years to finally get it right. *Newsweek*, Vol. 144, Iss. 23, p. 12, 1p.

[2] See the Special Report in *Business Week*, Getting creative. (August 1, 2005). pp. 61ff.

[3] March, J. and Simon, H. (1958). *Organizations*. New York: John Wiley & Sons.

[4] National Science Foundation, Division of Science Resources Studies, *Research and Development in Industry*. (1994). Washington, D.C.

2 500亿美元,占GDP总额的2.79%,而在过去4年里这个数字变化不大。从比重上来看,这个比例低于日本,但高于法国、德国、英国、加拿大和意大利。[1]研发投入的多少受到产业和国家/地区的影响,这个问题我们将在后面的章节讨论。

当对企业进行考察时,我们看到了完全不同的景象。在20世纪70年代,霍尼韦尔公司(Honeywell)为了让飞行旅途更加安全而开始开发新型的飞机导航仪。经过一系列的重要事件,霍尼韦尔公司最终由一家小公司成长为市场的主导者,掌握了市场约90%的订单。在这个过程中,霍尼韦尔公司把这一领域的昔日巨头——利顿(Litton)甩在了身后。霍尼韦尔公司灵活的客户往来,不断发展新技术,并大胆利用新技术,最终迫使利顿将其诉诸法庭,审判的最终结果仍未可知。[2]

另外还有与管理新技术同样重要的问题——整合公司的三大职能:营销、研发、运作。几乎每项新技术或新服务都需要一个新的或者改良过的流程来执行。在1983~1993年的10年间,美国公司在计算机系统方面花费了超过1万亿美元。[3]这些投入和其他类似的投入的利润真的充分实现了吗?不能确定。

综 述

本书的焦点问题是从管理层高度来看如何通过产品和流程创新获得效益。在大多数情况下,流程创新不是完全由组织内部来完成的,而至少有一部分是从外部买来的。因此,在多数技术已经被竞争对手应用的情况下,如何使这些投资变成你的竞争优势就成为了一项独特的挑战。本书和创新过程的前半部分,在知识产权高度独占的情况和知识产权的保护方面着重介绍前者。在西方世界,我们重视专利权、版权、商标、契约等知识产权,所以当冒险进入风险领域时,资本市场倾向于选择知识产权被保护或高度独占

---

[1] National Science Foundation Brief, 10/4/99.
[2] Carley, William M. (September 20, 1996). How Honeywell beat Litton to dominate navigationgear field. *The Wall Street Journal*, pp. A1ff.
[3] *Forbes*, March 29, 1993.

的环境。[1] 本书对营销(顾客的需求)和研发(驾驭新产品和新服务的技术能力)之间的微妙平衡进行了论述。

第三章将讨论对创新过程进行总体的规划(见图1-2)。

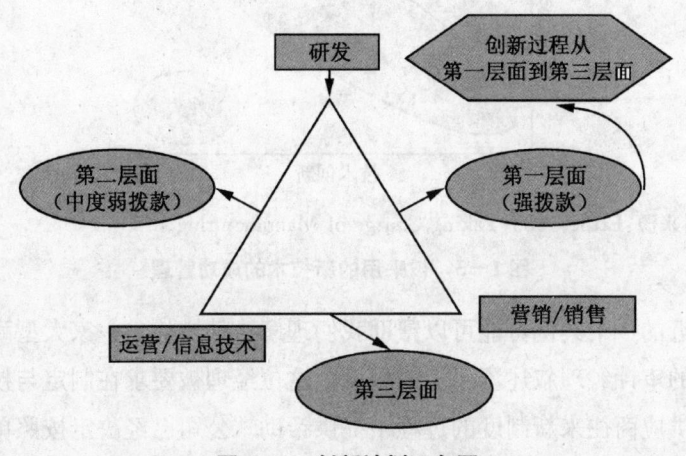

图1-2 创新计划三角图

在独占性比较低的环境中(比如,购买技术对所有的竞争对手都是可用的,对供应商也是一样),问题就简单了:为了能够有效率地管理产品和流程的转变,我们最终充分了解技术创新过程和公司管理系统之间的关系。

技术创新↔组织创新

在产品、服务和组织方面的技术变化越多,管理程序变化得也越多——新战略、新组织架构、新流程都将成为获取创新潜在效益的手段(见图1-3)。在技术变革中失败的主要原因有两个:过快地接受过多的新技术(图1-3的右下角部分)和没有足够的技术来保持竞争中的优势(图1-3的左上角部分)。

---

[1] Grand, Simon, von Krogh, Georg, Leonard, Dorothy, and Swap, Walter. (Dec 2004). Resource allocation beyond firm boundaries: A multi-level model for open source innovation. *Long Range Planning*, Vol. 37, Iss. 6, p. 591; and *David J. Teece*. Capturing value from technological innovation: Integration, strategic partnering, and licensing decisions. (May-June 1988). *Interfaces*, Vol. 18, Iss. 3, p. 46, 16 pp.

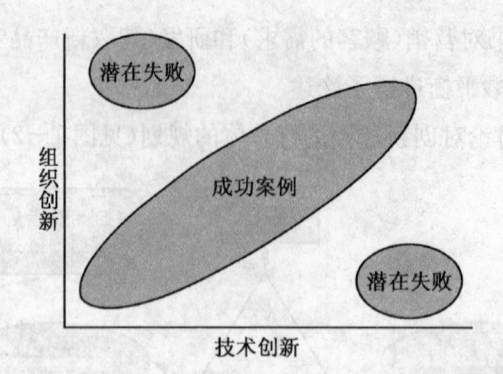

资料来源：Ettlie,1988,Taking Charge of Manufacturing。

图1—3 被采用的新技术的成功管理

最近的一个案例可能可以帮助我们理解这种挑战。一家大型耐用品生产公司的审计经理叙述了下面的故事。这位经理被要求在制定与技术和设备工具供应商往来新制度的过程中提供帮助。公司已经决定按照单元生产技术及各设备和部门的职能对传统产业技术进行结构重组。他的公司投入了2亿美元和巨大的努力来升级他们的主要设备。但是，最终只实现了预期目标的1/3。换句话说，这是在创新管理中的一个昂贵的失败。这种失败如何避免呢？为这个问题提供一个符合逻辑的答案正是本书的目的之一。公司与技术供应商的协作是解决上述案例问题的一个方面。

技术原因

奥地利经济学家约瑟夫·熊彼特(Joseph Schumpeter)最早系统地论证"有眼光的人用新产品赌自己和投资者的钱"是推动经济增长的原动力。一个成功的企业家"创造性地毁灭"现有的市场和竞争者，同时促进新的经济增长。有线电话、无线电话、多媒体电话之间的竞争是最近的例子，还有太阳微系统公司(Sun Microsystems)的联网电脑和其他很多涉及现有公司的例子。这一理论的证据包括观察到对欧洲市场的保护扼杀了变化和增长，而在自由的亚洲市场，比如新加坡，却激发了创造性毁灭的过程。[1]

---

[1] Becker, Gary S. (February 23, 1998). Make the world safe for creative destruction. *Business Week*, p. 20.

斯坦福经济学家保罗·M. 罗默(Paul M. Romer)发展了熊彼特关于技术发展是经济发展原动力的理论。更重要的是,引起变化的新创意本身也是有区别的。土地、机器设备和资本是稀缺资源,而创意和知识却是丰富的,这些创意和知识并不会遵循递减规律。创意是以个人为基础的,并且层出不穷。当你投入越来越多的设备时,设备的平均产出却越来越少。而创意则恰恰相反,特别是那些在新技术中得到体现的创意,能够持续不断地创造价值,并最终超过其投入的成本。但是这一理论还不完善。例如,罗默博士和他的"新增长理论"的反对者们指出,如果美国拥有最丰富的创意并为这些创意进行最大的投资,为什么美国经济的增长不是最快的呢?答案很简单。最富有的经济体从来不是发展最快的经济体。这对以下考量具有重大的意义:风险资本主要来自于银行,而美国政府对类似磁悬浮列车这样的重大科研项目的投入有多少呢?[1]

现在美国生产力的增长速度已经下降到20世纪五六十年代的水平——大约2%。上述数据统计的基础是最近美国制造业生产力在美国生产力增长中所占的比重一直保持在3.3%~5.2%之间(见美国劳工部,劳工统计局表1—1)。[2] 由于夸大了美国劳动力的实际工作时间,因此生产力增长速度下降的趋势没有在统计数据中得到应有的体现。当"新经济"理论诞生之后,这种趋势就必须得到解释,并且对造成这种趋势的两个原因——贸易和技术也一直争论不休。联邦政府财政赤字的减少并未消除美国长期以来的贸易逆差(约占GDP的1%左右),所以唯一的解释是技术原因。[3]

技术真的存在问题吗?事实上,1994年美国企业和政府在研发方面花费了超过1 500亿美元(企业投入1 320亿美元),而且这个数字后来一直在增长(见第四章),另外还有2 500亿美元被用来开发新的计算机系统,难道这些投入都没有发挥作用?[4] 资料1—1中有案例的汇总。几乎没有什么

---

[1] Wysocki, Bernard. (January 21, 1997). Wealth of notions: For this economist, long-term prosperity hangs on good ideas, *The Wall Street Journal*, pp. A1, A8.

[2] http://data.bls.gov/cgi-bin/surveymost.

[3] More evidence of a new economy. (February 23, 1998). *Business Week*, p. 138; and Koretz, Gene. Is the trade gap a ticking bomb? (February 23, 1998). *Business Week*, p. 22.

[4] Wolfe, Raymond M. *Data Brief*, National Science Foundation, Directorate for Social Behavioral and Economic Sciences, NSF 97—332, December 16, 1997, send publication requests to pubs@nsf.gov; and Wysocki, Bernard. (April 30, 1998). Some firms, let down by costly computers, opt to "de-engineer." *The Wall Street Journal*, pp. A-1, A-8.

人为的因素是技术所不能影响的。新产品意味着收入的增加,新流程充分提高了生产力,在一些公司中商业模式重建已经成了生活的一部分,尽管重建的成功率很低。

表 1—1　　　　　　　　　　美国制造业生产率

序列号:PRS30006092

时间:前一季度变化(%),年比率

计量:小时产出

部门:制造业

年份	第一季度	第二季度	第三季度	第四季度	全年
1994	3.0	5.4	1.0	4.1	3.3
1995	4.4	3.4	3.4	4.3	3.6
1996	5.1	1.3	4.0	2.1	3.6
1997	3.0	3.8	7.0	4.3	3.6
1998	5.4	3.6	6.7	0.7	4.8
1999	5.0	2.3	0.5	10.8	3.6
2000	5.6	5.6	−1.4	2.8	4.7
2001	−0.9	3.8	3.5	11.1	2.1
2002	11.2	5.8	6.3	2.2	7.5
2003	5.7	3.3	11.0	3.2	5.2
2004	3.0	7.6	4.4	5.8	5.2

资料 1—1

是技术问题?

1. 从 20 世纪 90 年代中期以来,工业生产力的增长带动了信息产业的硬件生产,同时信息产业的快速投入也推动了整体生产力的增长。[1]

2. 技术发明可以增加生产力和就业机会,特别是在高科技领域(欧盟)。但是这要求在三个方面同时增加投资——设备、创新和人力资源。[2]

---

[1] Baily, Martin N. (2004). Recent productivity growth: The role of information technology and other innovations. *Economic Review—Federal Reserve Bank of San Francisco*. San Francisco. pp. 35,7 pp.

[2] Corley, Marva, Michie, Jonathan, and Oughton, Christine. (July 2002). Technology, growth and employment. *International Review of Applied Economics*, Vol. 16, Iss. 3, p. 265.

> 3. 美国耐用品制造业新产品平均收益为 27%(最近 5 年的统计数据);全球平均水平为 19%,新产品公司为 49%。[1]
> 4. 20 世纪 40 年代催化裂化工艺的产生节约了 98% 的劳动力成本,节约了 80% 的资本成本和 50% 的原材料投入。[2]
> 5. 美国制造业公司在 20 世纪 80 年代后期新的柔性自动化设施的运用使废料/返工平均减少 32%;产品转运时间减少 54%,服务和保修成本减少 59%。[3]
> 6. 成功的商业模式重建项目可以获得现有业绩 2 到 3 倍的效益,同时项目失败的几率也高达 70%。[4]
> 7. 信息系统技术使公司的产出提高了 21%,工人的生产能力是没有信息系统时的 6 倍。[5]

技术和文化

在许多语言中都有丰富的传统,这种传统一直在探索着无尽的新旧技术课题。马克·吐温(Mark Twain)的作品中有密西西比河上的汽船撞翻哈克贝利·费恩(Huck Leberry Finn)的小舢板的情节。具有讽刺意味的是,如果没有历史学家和历史发烧友们,有谁会知道吐温当年还是一位内河

---

[1] Ettlie (1995); Wolff (1994); Ettlie, J. E., (April 1997). Integrated design and new product success. *Journal of Operations Management*, Vol. 40, No. 2, 462—479; and Ettlie, J. E., and Sethuraman, K. (1997), Resource-Based vs. Transactions-Cost Based Locus of Supply, working paper.

[2] Freeman, C. (1982). *The economics of industrial innovation*, (2nd Ed.), Cambridge, MA: MIT Press.

[3] Ettlie, J. E. and Reza, E. M. (1992). Organizational integration and process innovation. *Academy of Management Journal*, Vol. 35, No. 4, 795—827.

[4] Hammer, M. (1990). Reengineering work: Don't automate, obliterate, *Harvard Business Review*, July-August, 104—112; Stewart, Thomas A. (1993). Re-engineering: The hot new managing tool, *Fortune*, August 23, 41—48; and Rohleder, T. R. and Silver, E. A. (1997). A tutorial on business process improvement. *Journal of Operations Management*, Vol. 15, 139—154.

[5] Rovetz, Gene. (February 14, 1994). Computers may really be paying off, *Business week*, p. 20.

船的领航员呢(参见资料1—2)?

> **资料1—2**
>
> ### 哈克遭遇汽船
>
> "夜晚又黑又沉,这是仅次于大雾的糟糕天气。你看不到河流的轮廓,你甚至连前面有什么也看不见。夜色已深,周围一片寂静,这时候有一艘汽船正开过来。我们点亮了马灯,并且觉得船上的人可以看见我们……我们可以听到机轮撞击水的声音,但是直到船已经很接近了,我们才看清它。他们经常这么干,想看看自己能让船离对方的船有多近:有的时候汽船的机轮会擦到对方的船,这个时候领航员会把脑袋伸出来,张牙舞爪,耀武扬威。这艘船很大,正在快速接近我们,看起来就像一片乌云。突然,乌云膨胀起来,巨大而恐怖,一排炉门就像冒着热气的血红的牙齿,巨大的船舷和保护装置就挂在我们的右边。吉姆在船的一侧,我在另一侧,我们大声喊叫,并拼命摇铃,想让汽船停下来。但是汽船带着那个家伙的咒骂声和汽笛的咆哮声从小船的右边狠狠地撞了过来。"
>
> 资料来源:*The Adventures of Huckleberry Finn*, Mark Twain (Samuel Langhorne Clemens), pp. 507, in *The Family Mark Twain*, New York, Harper & Brothers, written sometime after 1874。

玛丽·雪莉(Mary Shelly)在她1818年出版的关于重生和永恒的书中虚构了人物弗兰克恩斯滕(Frankenstein),该人物在1931年被环球电影公司搬上银幕。并且由于电影的生动表现,导致该电影的主演鲍里斯·卡洛夫(Boris Karloff)在欧洲乡间很不受欢迎。这部电影实际上是在1823年由理查德·布里斯利·皮克(Richard Brinsley Peake)排演,帕吉·韦伯林(Peggy Webling)编剧的基础上完成的。科林·克莱夫(Colin Clive)饰演一个技术专家,维克托·弗兰克恩斯滕博士,在潜心研究只有他才能了解的人的潜在力量。电影生动地描述了他把自己反锁在实验室,在矮人弗里茨(Fritz)协助下逼迫自己找到答案的奇怪景象。这本书的一个主题,而没有作为电影的一部分,是由弗兰克恩斯滕所创造的人必须足够强大且允许重塑。这个怪物因为电影而以"弗兰克恩斯滕"之名家喻户晓。克莱夫的演出无疑是精彩的,他看着试验设备的那种热切而又疯狂的眼神让电影增色不少。詹姆斯·韦尔(James Whale)的导演引发了早期的电影热潮,对当时的电影业起到了很大的促进作用。电影史上的这个时刻和小说中对禁止技术创造的情节描写提示我们,就像莎翁写的那样,不是所有的事情都可以善始善终的。

这个出色的博士所释放的力量不是他可以控制的,甚至是他难以想象的,最终,他和他的家庭都毁在他天才的创造下。在雪莉书的结尾中,这个恶魔失踪了,谁也不知道他的命运如何。社会大众对这个恶魔的反应异常强烈,就像电影中和雪莉书中的其他角色一样。现在看来不朽的名声似乎并不是可望而不可即的,但是终究是不受欢迎的。弗兰克恩斯滕的假设告诉我们:无论人类创造者的初衷是多么的伟大,新技术带来的伤害将终究多于好处。

技术的未知负面影响从来就没有与其期望的积极影响平衡过。史丹利·库布里克(Stanley Kubrick)的电影《2001:太空漫游》(*2001: A Space Odyssey*)中的计算机霍尔(Hal)在第一次前往木星的空间飞行中几乎杀死了所有的船员。

飞利浦·迪克(Philip Dick)在其1968年《机器人梦到电动羊了吗》(*Do Androids Dream of Electric Sheep?*)中以不同的方式诠释了这一理论。该书最终被翻拍成电影《银翼杀手》(*Bladerunner*),由哈里森·福特(Harrison Ford)出演里克·迪卡德(Rick Deckard)。本书的主人公是一个叫尼克萨斯—6号(Nexus-6)的机器人,它是一件完美的人类复制品,甚至可以躲过最先进的探测器的搜索。在书中,这种人造人被称为"超级聪明的安迪"。基本上故事是围绕人造人展开的,就像迪卡德在书的开始部分反映的那样,现在的人造人"已经超越了人类,这样是更好还是更糟"。现在弗兰克恩斯滕不会再以那个未成人形的模样出现在众人面前了,而是以超越人类的形式存在,而且大多数不会被发现。他们只缺少一个人类特征——人性。(书中称杀死人造人为"让他退休"。)

科尔特·弗尼加特(Kurt Vonnegut)在其1952年出版的第一本书《钢琴家》(*Player Piano*)中涉及到这个问题。弗尼加特早年是通用电气公司在纽约的公共关系代理。像他的书反映的一样,他反对通用电气利用数控机床使车间实现自动化生产的计划。钢琴的调音轴有点像早期的数控机床上的磁带轴,这些磁带可以将机器的操作程序编成电子码,理论上可以代替技术熟练的工人。就像现代的国际象棋选手面对 IBM 电脑,弗尼加特的人物保罗·费内迪(Paul Finnerty)对阵计算机查克·查理(Checker Charley)。保罗最终赢得了比赛,而查理的使用者说:"如果查克·查理的工作正常,他不可能会输。"计算机上"所有的灯突然同时亮起,嗡嗡声越来越响,直到听起来像打雷,最终死机了"。弗尼加特的书是有预见性的,现实中也确实出现了国际象棋人机对战(见资料1—3)。

资料 1—3

机器战胜了人

IBM 的深蓝赢得了国际象棋比赛的胜利

布鲁斯·韦伯

纽约时报报道

昨天,在充满激情和挑战的纽约,在国际象棋世界冠军格雷·卡斯帕罗夫(Garry Kasparov)和 IBM 的电脑深蓝的第六场比赛中,格雷只走了19 步就宣布放弃比赛。由此深蓝击败了人类,成为世界上最出色的国际象棋选手,至少暂时是这样。

如此激烈的比赛以如此快速的方式结束实在出人意料,因为在昨天卡斯帕罗夫先生尚能在与深蓝比赛的开局中占据优势。

这种方式的结局减弱了关于计算机胜利意义的争论。国际象棋大师和计算机专家都称赞本次比赛为一次伟大的试验,对科学或者国际象棋来说其价值都是无法衡量的(尽管暂时打击了人类的自负),且令人们惊讶于冠军的突然坠落。

资料来源:*The Globe and Mail*,1997 年 5 月 12 日,星期一。

事实经常像小说那样离奇,有些甚至比小说更有趣,因为它确实发生了,比如说,泰坦尼克号的沉没,切尔诺贝利核电站的爆炸,三里岛核电站事故,等等。弗兰克恩斯滕的假设将永远不会结束。

技术和历史

对于技术,历史学家们同样感兴趣,关于这个主题,刘易斯·蒙弗(Lewis Mumford)[1]等很多经典著作都值得一读。伯克(Burke)的书[2]和他的电视系列片将这个主题带到了很多对它不感兴趣的人面前。

大卫·F. 诺伯(David F. Noble)[3]的《生产力》(Forces of Production)中显示早期的制造业自动化是由政治目的引起的。他本人也在美国空军的支持下,于第二次世界大战结束后在麻省理工大学发展数控技术。这本书的中心假设是数控技术被类似通用电气这样的公司用于公司管理,以提高他们对劳动力的控制。"技术决定论"经常被用来形容这种假设,即技术就是改变我们工作方式的力量。技术决定论曾经是早期的如学校设计之类的研究创新过程管理方法论和晚些时候的工作场所改造努力的中心,这一情况印证了该假设。路易斯·戴维斯(Louis Davis)和他同事吉姆·泰勒(Jim Taylor)的早期工作以及哈维·柯罗得尼(Harvey Kolodney)在他们的基础上继续进行的研究都是该情况的最佳例证。[4]

诺伯充分意识到了技术决定论的弊端,并且在他的书中指出,历史上数控程序和自动化程序的发展是如何取得异曲同工之效的。数控程序是指将局部工作和该工作的日程在磁带(最早是纸做的,后来是聚乙烯)上进行编码,并通过磁带在数字环境中模拟材料移动的技术。自动化程序是利用"记忆回放"技术即先手动教机器人进行一次工作,然后在记忆设备上记录机器人的动作。在早期的发展过程中,两种技术都被用到,或许就是弗尼加特《钢琴家》的灵感来源。然而,这个拷贝如何准备,对于诺伯来说的确有所不同。回放技术很明显地使技术工人成为技术革新过程的一分子,而不是完全受控于工程师和管理人员。科尔特·弗尼加特在最近的一本书中写到,

---

[1] Mumford, Lewis. (1934). *Technics and civilization*. New York: Harcourt.
[2] E. g., Burke, John G. and Eakin, Marshall C. (1979). *Technology and change*. San Francisco: Boyd and Fraser.
[3] Published by Oxford, 1984.
[4] Taylor, James C. and Felten, David, F. (1993). *Performance by design*. Englewood Cliffs, NJ: Prentice-Hall.

适应了新文化的人就是那些发现自己不再被视为他们曾经以为自己是的那种人来对待的人,因为外面的世界已经改变了。一场经济危机或是一项新的技术,或是被另一个国家或政治派别所征服,都能在不知不觉中迅速改变一个人。

诺伯的争论之一在于,管理者明确地选择了运用这一技术控制劳动力,而当时就如何从经济上判定该项技术没能达成一致,是因为技术不能仅凭经济背景来判定。在早期的经济评定研究(20世纪50年代)中运营花费是相当高的,而且并没有巨大的商业潜力来资助该项技术。

直到1975年,政府会计办公室才表示:"没有绝对的方法来预测与数控设备有关的所有花费。"按照1983年《华尔街日报》引自理特公司(Arthur D. Little)的托马斯·冈恩(Thomas Gunn)的一篇文章所述,达到现存的数控系统运作所花的时间和金钱是预想的两到三倍。[1]

当时,通用公司的代表哈罗德·斯特里克兰(Harold Strickland)说:"我们的自动化技术水平超出了我们来证明其经济可行性的能力。"[2] 这段话甚至在现代商务代表讨论当新技术被采用、管理层并不知道其所带来的收益时经常引用。按照诺伯的观点,公司重组的努力,像通用公司试图做过的实验(比如说工人参与、质量环、工作丰富化和工作扩大化),都只是管理层进一步有预测性地谋划从工人那里获得更多的生产力。

弗兰克恩斯滕的假说逐渐演化成认为技术是危险的观点,因为他认为这是反技能和反人类的,言外之意就是这种命运比死亡还糟糕。迄今为止的经验证明,过去30年制造过程中技术的革新,并没有表现出任何大范围的技能丧失,而且在许多情况下恰恰相反。[3]

在美国,团队观念很普遍。82%拥有100名以上员工的公司都实行团队制。[4] 进而,团队工作对生产力及旷工和员工流动都有一定的影响。最可能的原因是因为有许多其他因素影响生产力(如团队的规模)和个人的流

---

[1] Both quoted in Noble, 1984, pp. 216 and 347 respectively.

[2] Noble, 1984, p. 216.

[3] Ettlie, J. E. and Reza, E. M. (1992). Organizational integration and process innovation. *Academy of Management Journal*, Vol. 35, No. 4, 795—827.

[4] Cohen and Bailey, 1997.

动。例如，失业率影响获得另一份工作的能力，《华尔街日报》报道，每月有 1.2%的劳动力离岗——这是 20 世纪 90 年代中期到 21 世纪经济繁荣期的一个高峰。[1] 而团队则一致地改进工作态度。[2] 这些研究通常不受技术控制，即使在社会技术的干预下，技术仍恒定地保持其多数的设置。[3]

科学技术

同诺伯认为的"第二次工业革命"形成鲜明对比的是，J. 弗朗西斯·雷特杰斯(J. Francis Reintjes)在《数字控制》一书中集中讨论了高校工程研究的本质(*Numerical Control*, Oxford, 1991)。把新技术引入市场的工作是"漫长而不可预测的"，并且被比喻为研发环节的"发展"。其中一项就是要决定是为一个问题寻找一种普通的解决方案还是解决这个问题的某一子集。

间接地说，这一报告还表明利用理想的科学模型指导工程研究的情况并不是这样的。在很多情况下，工程研究和解决方案指导科学去发现客观的原理和规则，而不是科学指引工程研究。雷特杰斯追溯了以威廉·K. 林维尔(Willian K. Linvill)在 1949 年发表的电子工程学论文和同年约翰·T. 帕森(John T. Parsons)在麻省理工学院的访问（为了回应对"有力的驱动"或者"有力的自动控制装置"的要求）为开端的数字控制的历史。帕森最终取得空军对他以实验为基础的项目的资助，他的实验是为了通过被自动驱动的机器设备加工螺旋桨的外形，驱动使用的数据是从卡片上读取的。[4]

第一个经济学上的关于数字控制——在诺伯的《生产力》中有描述——的研究同样由雷特杰斯进行了详细的阐述。数字控制是一项经济上可行的技术吗？因为一些原因，只有对成本的评估是可能的。公司提供了用机器加工的部件，人工的比较需要由这些参与公司提供。开始的三年里，数字控制每一部分手工生产的成本都低于外界的估计，但在"排版调整"（例如程序

---

[1] *The Wall Street Journal*, October 7, 1997.
[2] Cohen and Bailey, 1997.
[3] Ettlie, J. E. (1988). *Taking charge of manufacturing.* San Francisco: Jossey-Bass.
[4] Reintjes, F. (1991). *Numerical control.* New York: Oxford. p. 18.

编排)上的成本却更高。因此,在麻省理工学院伺服系统实验室中的总成本比外界的要高,尽管每部分的加工成本都更低一些。

到1958年,其他来源可以证明这一结果的数据也出现了。加工成本以及预备成本是较低的,但是通常程序编排成本是不包括在内的。从本质上来说,程序编排成本被认为是开发成本,而不是生产成本,这样使得数字控制的开发得以进行,特别是从其他人看到利润通常没有被包括在成本估计中开始,就像加工部分通常不会被质疑。开发工作转向集中于编程,为了减少它的成本、增加它的可应用性,包括考虑新的编程语言。

甚至当编程语言被开发或者被改进时,开发系统被简化并包括记录重放技术的改进,数字控制技术的应用范围才就此拓宽。在一项现场指导装置人员和七家不同公司的早期深度研究中,数字控制的利用在两班制基础上在25%～87%之间变动。[1] 很显然,这些技术的绩效产出要比新系统本身多。这些问题将在后来的章节中进行详尽的论述。但是,在此,我们必须问一个问题:什么可以解释这一变化?

接下来讨论计算机辅助设计(CAD)以及这两种技术之间的关系。借助计算机辅助设计的工程研究工作的自动化有一点误导作用,因为计算机第一次用来绘图,它不再需要绘制设计图的大木桌。而计算机在很久之后才被应用于工程设计工作中,在这一工作中,阴极射线管(图像显示)被安装于工程设计办公室和制图工作室中。

技术政策

就像两项关于数字控制技术开发历史的研究(诺伯和雷特杰斯)中所阐述的,即使在实际情况允许的条件下,他们的解释也是不同的。雷特杰斯对于以下事实感到高兴:一些数字控制的成本早在它在实验室诞生的三年后就变低了。诺伯将这一状况视为管理专制的开始。关于这一类型更详细的对比将在下面进行。

---

[1] Ettlie, J. E. Technology Transfer in the Machine Tool Industry, unpublished Master's Thesis, Northwestern University, 1971, p.194g.

我们对诺伯的书和表1—2中杰伊·杰科玛(Jay Jaikumar)的制造历史进行比较。杰科玛是哈佛商学院的教授。在杰科玛的文章和表1—2中，粗略地同诺伯的那个时期相比，最后一列项目在技术要求、机械工艺之下涉及到数字控制时代的许多阶段。杰科玛的切入点是实验，通过学习、归纳和抽象取得成功。在杰科玛的表中，最后两个新纪元的工作哲学是控制和发展。注意杰科玛的表也记录每一项生产技术所带来的生产系统指数的提高（例如，重新工作从0.8发展到0.005是整个工作努力的一部分）。

表1—2　　　　　　　　　　　　　生产发展

	英式生产系统	美式生产系统	泰罗制科学管理	过程革新（统计过程控制）	数字控制	计算机集成生产
机器数量	3	50	150	150	50	30
最小有效范围（人数）	40	150	300	300	100	30
非直接/直接劳动力比率	0:40	20:130	60:240	100:200	50:50	20:10
新世纪生产率提高	4:1	3:1	3:1	3:2	3:1	3:1
返工占总劳动量的比率	0.8	0.5	0.25	0.08	0.02	0.005
产品数量	∞	3	10	15	100	∞
工艺侧重	体力	生产	工业化	质量	系统	知识
过程侧重	精确性	可重复性	可再制性	稳定性	灵活性	通用性
控制侧重	产品功能	产品一致性	过程一致性	过程能力	产品/过程集成	过程智能
组织变革	行会瓦解	员工/生产线独立	职能分割	项目小组	单位控制	职能集成
工作哲学	完美	满意	可再制	监督	控制	发展
必备技能	手工操作技能	可重复的次级技能	可重复的次级技能	诊断能力	实验	学习、归纳、抽象

从另一方面看这个意识形态的故事，1991年，麻省理工学院提交了一项藐视法庭的文件来反对大卫·F.诺伯（《生产力》），文件中称1984年在使用期确定过程中他过早地泄露机密（外部评价）数据[这篇文章出现在1984年的《高等教育编年史》(Chronicle of Higher Education)上]。诺伯否认使用期并为自己争辩，发生这种事情是因为他对麻省理工学院以及它和工业的联系提出了批评。诺伯在他的书中多处提及麻省理工学院开发数

字控制的实验室和联络项目。

很快到了1998年,在通用汽车城弗林特的美国汽车工人联合工会罢工,让我们有了最新的技术和政治范例。这次投资的新技术的政策得到了概括。他们过去常常说对通用汽车有利就是对国家有利。他们还说薪水名册里的工人越多说明买得起车的雇员就越多。世界正在悄然地改变。

为了进入未来的汽车业,公司不得不在新产品和新技术上投资。为了能管理好新技术,你需要的不是简单的工人而是一个受过教育的组织,包括整个企业。后来杰克·史密斯(Jack Smith)就任通用汽车大学首席执行官就是对这一现实的认可。但是通用电气早在20多年前就已经开始这样做了。福特的高级雇员转变程序也实行了差不多有20年了。

为了共同的未来,通用汽车和美国汽车工人联合工会需要精心制定一个计划。忘记工作和象征性的姿态。伴随企业未来的是些合法性的问题。当新联合汽车制造股份有限公司(NUMMI),通用汽车—丰田合资公司在加利福尼亚弗里蒙特启动一辆新车时,加利福尼亚州职业安全卫生监察局引用的新集合技术就有合法性的问题。但是存在这些问题是好事——公司和它的伙伴将来一起工作,而不是装作他们将变得多么"苛刻"(例如,在健康利益上)。

研究近100家制造厂的现代工艺的第三个发现说明答案并不清楚:尽管地方技术协议和成功的工厂现代化、合同语言以及它本身紧密相连,但它不能预期成功。如果你知道为什么这是实情——在这个产品和工厂新技术日新月异的世界中,合同语言很快就会被淘汰——那么你也就知道了通用汽车和美国汽车工人联合工会下一步应该做什么。

这些问题不会消失,而且看起来在今后许多年里将长期存在。历史将会判断这些图谋对哪一方更有利。今天密歇根州弗林特市居民的投票可能是最好的指示器。书的后面部分包括西部码头工人的例子,我们将详细介绍。

技术和经济

经济学家们把数字控制提名为这个时代的主要技术之一,而且对它做了广泛的研究。例如,在跨国新工业工艺传播研究中,纳伯赛和雷(Nabseth and Ray)把数控机床作为他们的第一章。[1] 人们预计使用技术的优势在以下方面是至关重要的,如节约人力、节约加工时间、延长工具寿命、质量改进和库存节约的提高这些方面。图1—4概括数控机器的扩散。这些传播曲线清楚地显示了采纳数控的国家之间的相同点以及不同点。在每个国家,大企业(员工人数在1 000人以上)比小企业采纳得早。另一方面,很明显瑞典和英国在样本企业里较早采用这项技术。图1—4中没有标示美国,实际上自从该技术在美国出现后,理所当然地,它比瑞典和英国采用得还要稍早些。

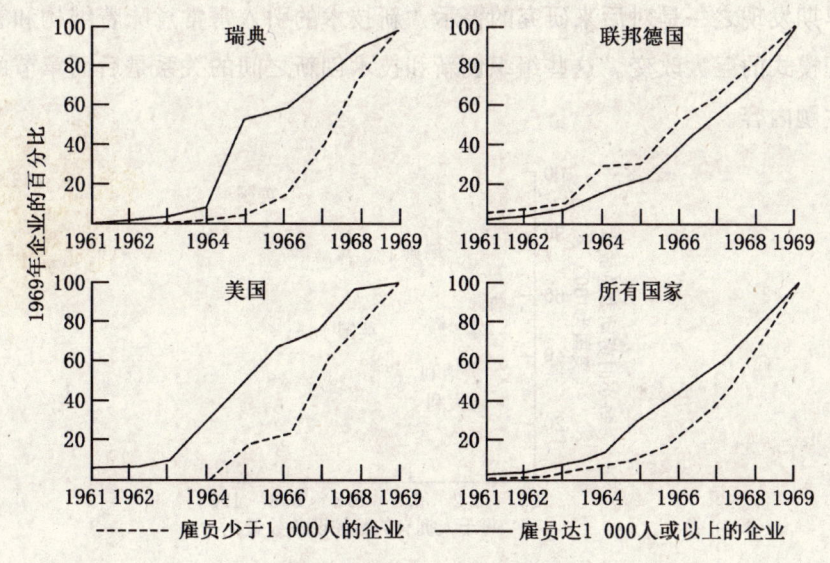

注:"所有国家"包括奥地利和意大利,但不包括美国。
资料来源:表3.9,Nabseth and Ray,1974,第36页。

图1—4 样品企业中使用数控机器的企业数量增长

图1—5证明了相对劳动成本和扩散的关系。虽然作者在预计扩散的实际原因上闪烁其词,劳动成本看起来还是最不可靠的因素。仔细观察图1—5你就会发现劳动成本和数控的采用比率的关系几乎呈线性关系。劳

---

[1] Nabseth and Ray. (1974). *Diffusion of procession innovation*. Cambridge, The first chapter is by Gebhardt and Hartzold.

动成本越高,数控的扩散就越广,这是1969年的发现。这项发现在随后的许多研究中重现,包括本书后面概括的几个研究,作者还评论了政府干预和成批数量怎样影响扩散的比率。

其他几个技术工艺(造纸专用压具,造砖中的隧道窑,氧气吹炼钢,浮法玻璃,麦芽制造中的赤霉酸,连铸钢,以及无梭织布机)在纳伯赛和雷的处理中得到了证明,但是这个计划却是对缺乏有力的理论和清晰的比较基础的挑战。后来的许多应用研究和相关领域开始对少数焦点工业和少数国家[例如,参见塔什曼和安德森(Tushman and Anderson)的研究,在后面的章节将讨论到]进行详细调查,这已经不足为奇了。纳伯赛和雷的早期发现之一是对后来研究的警示:"新技术的引入常常意味着结构和管理模式的巨大改变。"这些组织创新和技术创新之间的关系是后面章节的主题内容。

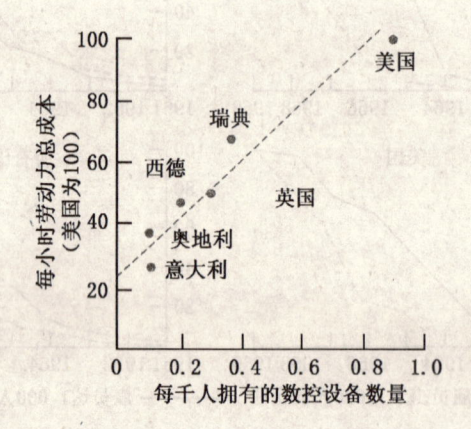

注释:回归方程为 $y=-0.2775+0.0111x$;$R^2=0.927$,$S.E.=+0.0016$,其中 x 是劳动力成本质量(澳大利亚,38;意大利,27;瑞典,69;英国,50;美国,100;联邦德国,46),y 是普及水平。

图1-5 劳动力成本与数控技术普及之间的关系

图形中的新产品传播和这些新产品技术几乎是等同的。这些图形可以形成预计市场饱和度和新技术计划投资回报的基础。彩电在这个产品引入初期的实际销售情况和预期销售情况呈现在图1-6中。[1] 这个销售曲线

---

[1] Urban and Hauser, 1980, p.104.

和传统扩散曲线(见图1－4)的不同在于扩散曲线通常小范围地采用新产品或服务。在销售预测或者实际销售范围内,相对于所有可能采用的比例来说,只有采纳的数量是包括在内的。因此,新产品的销售预测最终会随着潜在购买者的减少而逐渐下降——他们已经有了这种产品或者正在享受这项服务。

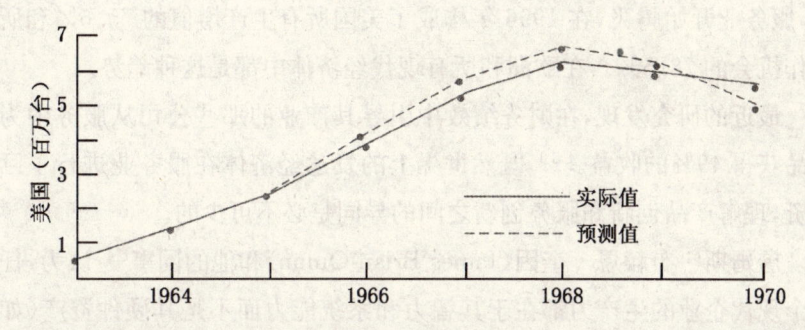

资料来源:Projected vs. Actual Sales of Color TVs; adpted from Bass, 1969, p. 225; and Standard and Poor's 1979, in Urban & Hauser, 1980, p. 104。

图1－6 彩色电视机销售 VS 预测

服务创新

我们都使用服务创新,但是很少去考虑把服务很好的交付是多么的困难。多数服务是提供者和客户共同生产出来的,这改变了质量交付的所有规则。客户服务不能被储存,除非你把排队等候的服务或者病床上的病人,还有其他形式的独特定义(例如航班或旅馆客房)也算在内。服务结果很难定量而且需要密切合作。

与产品相比,服务标准化是非常困难的,因为独特的客户服务通常需要精心打造。[1]一般来说,顾客对产品的满意程度要高于对服务的满意度,

---

[1] Gallouj, F. & Weinstein, O. (1997). Innovation in services. *Research Policy*, Vol. 26, 537－556,特别是第540页,作者使用行为科学术语去描述服务特征为"社会再造"即服务提供者与使用者之间合作生产的结果。基变产品,最终也能被看成由服务提供者决定。比如,汽车和司机提供了运输服务。关于合作生产的进一步讨论参见:Ramirez, Rafael. (1999). Value co-production: Intellectual origins and implications for practice and research. *Strategic Management Journal*, Vol. 20,49－65。

不光在美国是这样,在欧洲也是如此。[1] 许多服务管理课程是由服务营销课程产生的,服务营销课程和服务实践课程结合在一起,因为它们很难精确区分。[2]

虽然服务很难定义也很难计量,它们有时被称为可以被买卖而不是一直停留在你身边的东西,并且它们控制了美国经济150多年。大约在1960年,服务业开始腾飞,在1996年构成了美国所有生产增值的75.6%和所有工作机会的78.5%。在欧洲和所有现代经济体中都是这种趋势。

最近的研究发现,在财务绩效中引导其产业的那些公司从服务中为新产品获得49%的收益。[3] 既然世界上的发达经济体在服务业进行了巨额投资,理解产品创新和服务创新之间的异同是必不可少的。

詹姆斯·布赖恩·奎因(James Brian Quinn)和他的同事[4]认为,任何一个现代企业的生产力都在于其智力和系统能力而不是其硬件资产(如材料和厂房)。这对于大型服务业来说尤为正确:软件、医疗服务、通信、教育、娱乐、会计、法律、出版业(不是印刷,印刷属于制造业)、咨询业、广告、零售业、批发运输。单单运输大概就占GDP的10%~15%。

为了保持趋势并从正确的角度看待这些统计,大约三项服务中就有两项依赖美国制造业,这已经得到了证明。[5] 无论如何,现代经济的大部分增长都来自以智力为基础的服务,这一点似乎已经很明了。智力服务,例如软件,在我们可以预见的未来将成为服务创新的核心。[6] 企业资源计划(ERP)系统也是其中的一个例子,我们将在第七章介绍。全世界的公司每年仅在ERP系统上的投资就超过100亿美元。

---

[1] Johnson, M. D. (1998). *Customer orientation and market action*. Upper Saddle River, NJ: Prentice-Hall.

[2] Sasser, Jr., W. E., Hart, C. W., & Heskett, J. L. (1991). *The service management course*. New York: The Free Press.

[3] Hudson, B. T. (1994). Innovation through acquisition. *The Cornell HRA Quarterly*, Vol. 35, No. 3, 82—87, cited in Chan, A., Go, F. M., & Pine, R. (April 1998). Service innovation in Hong Kong: Attitudes and practice. *Service Industries Journal*, Vol. 18, No. 2, 112—124.

[4] Quinn, J. B., Baruch, J. J., & Zien, K. A. (1997). *Innovation explosion: Using intellect and software to revolutionize growth strategies*. New York: The Free Press.

[5] Cohen, S. S. & Zysman, J. (1987). *Manufacturing matters: The myth of the post-industrial economy*. New York: Basic Books.

[6] 奎因等人将技术定义为"被系统地应用于有用目标的知识"。

在美国大约85%的信息技术被销售到服务部门,约75%的资本投资在服务部门。[1] 供应方面,在1988~1998年所有的工业调研中,研发在服务部门的百分比从10%增长到25%。与这些趋势相一致的是,研发服务的增长受改进信息技术的投资的支配。[2] 微软把17%的销售用在研发上,明显高于高科技公司6%的水平。虽然研发制造仍然控制着全球的整个研究预算,但在美国,1995年,非研发制造已占个人研究经费的25%。

非制造企业在1985年时仅占研发工业的8%,在短短10年的时间里竟然增长到约25%。1998年研发服务部门在整个研发工业中上升到26.5%,超过了制造业研发,1996年制造业才占公司研究的24%。[3] 这些增长大部分集中在电脑软件和生物科技领域。

小型制造企业主要从销售中获得利润,没有外部的援助它们没有能力开发创新型服务。[4] 可编程的交换技术强烈地冲击着电信业。[5] 甚至大型制造企业也想购买而不是发展自己的服务,例如软件。[6] 经济体的外部信息服务部门据估计全世界可达到320亿美元。[7] 然而为了抓住信息服务的利润,公司经常说它们需要改变自己。

公司需要内部服务能力,不管它们是从事什么行业的公司。除了在美国服务业的所有员工(1996年占全部就业人数的79%),制造业里估计还有12%的劳动力在信息服务中从事服务活动。这些是组织中以知识为基础的

---

[1] Quinn, J. B. (October 1993). Leveraging intellect. *Executive Excellence*, Vol. 10, No. 10, 7—8.

[2] Jankowski, J. E. (March—April 1998). R&D: Foundation for innovation. *Research-Technology Management*, Vol. 41, No. 2, 14—20.

[3] Gwynne, P. (September-October 1998). As R&D penetrates the service sector, researchers must fashion new methods of innovation management. *Research-Technology Management*, Vol. 41, No. 5, 2—4.

[4] MacPherson, A. (April 1997). The contribution of external service inputs to the production development efforts of small manufacturing firms. *R&D Management*, Vol. 27, No. 2, 127—144.

[5] Mazovec, K. (September 14, 1998). Service innovation for the 90s. *Telephony*, Vol. 235, No. 11, 78—82.

[6] Ettlie, J. E. ERP Corporate Root Canal? Presented at Rochester Institute of Technology, Rochester, NY, January 25, 1999.

[7] Kempis, R. D. & Ringbeck, J. (1998). Manufacturing's use and abuse of IT. *McKinsey Quarterly*, No. 1, 138—150.

资产:人力、数据库和系统。[1] 可能客户服务更重要,它的质量也可以通过信息系统获得大幅度提高。[2]

最近的许多例子都证明了强调以内部服务为主,特别是企业的信息功能转移的趋势。加拿大的太阳人寿保险公司(Sun Life Assurance Company of Canada)正通过他们的外部市场效应衡量信息系统的作用(例如,代理人使用笔记本电脑介绍本地行情)。[3] 顾客注重信息服务变化的另一个最近的例子是乘飞机时不用出示机票或用"电子票"[4],以及纽约全市的中央保险项目带来的风险。[5] 零售部门为提高绩效广泛使用信息技术[6],如美国商业部的贸易信息中心,首先为中小型出口商提供帮助(1-800-USA-TRADE)。[7] 医院为了跟随支持信息服务的潮流以提高顾客和病人的满意程度所做的努力则明显是一个失败的反例。[8]

国营部门管理和创新政策

第八章介绍了国营部门的技术创新,但是一种关于服务、国家和地方政府的特殊分类太重要了,不得不在这里提一下,这种分类在国内生产总值中

---

[1] Quinn, J. B. (October 1993). Leveraging intellect. *Executive Excellence*, Vol. 10, No. 10, 7−8.

[2] 这包括数据挖掘和呼叫中心自动化。参见鲍勃·维奥利诺(Bob Violino)(1998年9月14日),"设计IT创新"(Defining IT innovation, *Information Week*, No. 700, 58−70),该文总结了500强信息公司第十次年度调查的结果。受访者最关注的是2000年问题、电子商务和客户服务。

[3] Henderson, J. & Lentz, C. M. Learning. (Winter 1995−1996). Working and innovation: A case study in the insurance industry. *Journal of Management Information Systems*, Vol. 12, No. 3, 43−65.

[4] Bickers, C. (December 3, 1998). Easy come, easy go. *Far Eastern Economic Review*, Vol. 161, No. 49, p. 64.

[5] Harper, J. D. (1996). Risk pooling in New York City: The anatomy of an award winning innovation. *International Journal of Public Administration*, Vol. 19, No. 7, 1193−1197.

[6] Wilder, C. A thousand points of services. *Information Week*, No. 700, September 14, 1998, 235−242.

[7] Zaineddin, M. & Morgan, M. B. (May 1998). A new look: The Commerce Department's trade information center continues its tradition of excellence with expanded services. *Business America*, Vol. 119, No. 5, 16−17.

[8] West, T. D. (Fall 1998). Comparing change readiness, quality improvement, and cost management among Veterans Administration, for-profit and nonprofit hospitals. *Journal of Health Care Finance*, Vol. 25, No. 1, 46−58.

占重要地位。20年前划时代的创新研究仍然值得我们关注,包括关于国家和地方政府的研究。这方面的两个贡献者罗伯特·因(Robert Yin)和欧文·费乐(Irwin Feller)由于他们的巨大贡献值得特别关注。这个研究是被这样一种思想激发的,即地方政府的生产力提高慢,效率低,是由于不愿意或者没有能力采用技术创新引起的,采用技术创新才能提高政府的绩效。这些发现我们在第八章再讨论。

使政府反应加快,生产力提高的挑战,或者没有能力实施全面质量计划、信息技术和创新管理,今后10年在服务部门这仍然是一个重大的挑战。也许因为在服务质量改善方面有太多的事情可以做,所以技术革新可能要等到遥远的将来,或者是许多服务性企业或政府机构所不可及的。质量和业务流程再造,以及在一些服务部门相对较少采用创新,导致传统服务行业的成本降低了30%甚至更多,信息和新技术的额外利润以及可持续发展[1]还远未能实现。

大概支持客户服务信息系统的当前最好的例子是电子商务时代的到来。奎因及其同事称之为"基于用户的创新和虚拟购物",而且他认为互联网的全部创新就是软件。[2] 网络贸易[3]、电子银行[4]和娱乐冲浪只是下一次服务创新的一部分。电子商务是下一阶段的主题。互联网和美国在线服务公司(它的主要供应商)的发展如此迅猛,以至于人们担心乔治·奥威尔(George Orwel)的小说《1984》中的老大哥和意念警察很快将会重现。[5]

---

[1] Ball, D. F. (1998). Management of technology, sustainable development and eco-efficiency: The Seventh International Conference on Management of Technology. *R&D Management*, Vol. 28, No. 4, pp. 311—313.

[2] Quinn, J. B., Baruch, J. and Zien, K. A. (Summer 1996). Software-based innovation. *Sloan Management Review*, Vol. 37, No. 4, pp. 11—24.

[3] Edwards, L. (November 1998). Innovation to typify the next generation of online trading. *Wall Street & Technology*. pp. 9,12.

[4] Frambach, R. T., Barkema, H. G., Nooteboom, B, and Wedel, M. (February 1998). Adoption of a service innovation in the business market: An empirical test of supply-side variables, *Journal of Business Research*, Vol. 41, No. 2, pp. 161—174.

[5] Harmon, A. (January 31, 1999). As America online grows, Charges that big brother is watching. *The New York Times*, pp. 1,20.

电子商务

没有任何技术能够像互联网一样成为我们这个时代的标志。同其历史上的例子类似,它融合了不止一种现有技术,例如 18 世纪在英格兰围绕纺纱和编织棉花技术发明的工厂系统。使用互联网的美国人 1993 年大约有 500 万人,1997 年增长到 6 200 万人。1993 年 7 月,在美国大约有 180 万台互联网主机,到 2005 年仅美国就有 1 200 万个网址。[1] 在本章末尾将介绍 AskMen.com 的例子,以便研究电子商务的启动。

技术和组织

经济学家不是研究创新程序的唯一先驱。许多组织理论家很早就开始对这一课题进行研究并做出了巨大的贡献,同一时间扩散研究也在进行着。1958 年,詹姆士·马奇和赫伯特·西蒙(Jame March and Herbert Simon)就主张由于目标连续以及要对每个企业环境中的至少一些变化做出回应,在组织的渐变过程中温和的压力和无情的趋势始终存在。[2]

大概在 1967 年,保罗·劳伦斯和杰伊·洛希(Paul Lawrence and Jay Lorsch)提出了最著名且经常被引用的早期经验主义关于组织和创新的研究之一。[3] 他们的常规模式要求企业对环境中的不确定因素做出回应,引起了更多的内部差异(如时间范围和取向)。这一日益明显的区别引起了对于更多合作行动的需求,他们称之为综合化——合作的质量和状态以及技术常常被用来解决冲突。他们最重要的结论是在比较六家企业的基础上得出来的,因此直接复制他们的结果并不容易也就不足为奇了。不管怎么说,

---

[1] 从一个亚马逊网站下属的数据追踪公司阿历克萨数据(Alexa Data)挑选出 1 200 万个活跃网站(http://www.alexa.com/)。

[2] March, J. & Simon, H. (1958). *Organizations*. New York: John Wiley & Sons.

[3] Lawrence, P. R. & Lorsch, J. W. (June 1967). Differentiation and integration in complex organizations. *Administrative Science Quarterly*, Vol. 12, 1—47; Jackson, J. H & Morgan, C. P. (1978). *Organization theory*. Englewood Cliffs, NJ: Prentice-Hall, especially 236—238.

他们的想法都在后来的研究中得到了间接的检验。[1] 劳伦斯和洛希比较了在塑胶、食品和容器方面成功或不成功(以销售、利润和产品变化率为基础)的成对企业。在具有竞争力且不确定的塑胶工业中更需要差异化和综合,正如他们的权变理论期望的一样。公司通过适应环境生存下来,也就是说,有许多成功的组织方法,这依赖于企业或者商业机构的环境。

在网上搜索技术创新

这里有几个实验可能让你感到惊奇。登录你最喜欢的浏览器,例如谷歌,搜索"技术创新"。与此同时,当你在商学和经济学的标题和摘要研究数据库里输入同样的词时,预计在其他网站会有同样数量的"搜索结果"。例如,商业信息全文数据库(ABI/Inform)在1999年2月有3 011人次登录。我不打算在网络空间里搜索248 840条结果。2005年达到了上百万条结果。技术创新在我们的社会中是一个清晰可见的主题。我们希望这项有趣的活动能带给我们管理技术的智慧。

创新过程

18世纪早期发生的工业革命,随着棉布生产的自动化首先发生在英格兰,它以两个重要的历史结果著称:

1. 1750年,世界上80%~90%的人口从事农业生产,而1950年全世界的这个数字是50%~60%。

2. 在1750~1850年期间,英格兰平均每年每人的产量增长为1%~1.5%,也就是说,实际产量每50年增长1倍,到19世纪增长了4倍。[2]

---

[1] Some of this research is introduced in Chapter 9 and includes Ettlie, J., O'Keefe, R., & Bridges, W. (1984). Organizational strategy and structural differences for radical versus incremental innovation. *Management Science*, Vol. 30, No. 6, 682—695; Ettlie, J. & Reza, E. (1992). Organizational integration and process innovation. *Academy of Management Journal*, Vol. 35, No. 4, 795—827.

[2] Hartwell, R. M. (1967). (Ed.) *The causes of the Industrial Revolution in England*, London: Methuen & Company LTD, pp. 1, 8.

在这段时间里不仅生活水准上升和人口急速增加，其他工业领域随后的技术创新也对欧洲和其他地方造成了极大的冲击，例如化学工业、电力和钢铁行业。有人甚至把它称为第二次工业革命；即纺织业生产和工厂组织的第一次革命引发了其他产业中出现的间断性变化。

出人意料的情况遍及技术的发展历史。这不是创新过程研究的最后一件反常的事：那时的英格兰以畜牧业为主，自然革命应该发生在羊毛生产自动化中，但是相比之下羊毛生产不顺应自动化，英格兰的纺织品在比较温暖的气候中才有市场。已建立的羊毛生产系统的抵制使得利用棉花自动化生产占领市场成为可能。自然的东西和实际发生的东西不会总是像技术史展现得那么明显。

常常被称为工厂系统之父的理查德·阿克莱特（Richard Arkwright）获得了一个供他人使用系统的专利权，并把它转换成了一个工厂。阿克莱特的纺纱机能够更快地把棉花转成棉线，产品还很结实。阿克莱特的纺纱机与许多其他发明结合，最终实现了生产、工作和社会革命化。

技术创新过程的历史主题重复了一遍又一遍。最后一个例子最具说服力。这个故事介绍的是美国海军的连续瞄准开火技术。[1] 1898年，该技术首先被英国一个名叫珀希·斯科特（Percy Scott）的办公室职员偶然发现，后来在1900～1902年间被美国海军引进。选择这个例子是因为连续瞄准技术以机械系统为基础——一项技术创新——怎样把它引进到一个军事组织的一系列井然有序的程序中对现代经理人是非常有教育意义的，现代经理人也面临着类似的挑战。

让炮火瞄准海上目标的问题以环境为基础。当然了，必须估计范围。当船推动时，情况就糟了，枪炮、瞄准手或操作员就瞄不准目标了。当要走火时延后开火，这就是预见的"技巧"。炮火在海上是不确定且不可靠的，但是连续瞄准技术可以使之更有效。

连续瞄准开火系统通过改变升降装置的齿轮速比弥补了因船只推动造成的误差。因此瞄准手和炮筒在航行过程中也能瞄准目标。当瞄准越来越

---

[1] Morison, Elting E., 1996, *Gunfire at sea, men, machines, and modern times*, Cambridge, MA: The M. I. T Press, pp. 17—44; Schon, Donald A. 1967, *Technology and change*, New York: Dell Publishing, pp. 42—74 on corporate ambivalence toward innovation.

准确,使用望远镜的好处马上就变得显而易见了(如果在创新过程中有这样一种事物)。不久缺口表尺被取代了。但是望远镜将反冲炮手的眼睛,因此把它移入一个套管,套管不会反冲而且望远镜不会移动。有了连续瞄准和望远镜的观察,在海上快速准确地射击才有了可能。6年后,英国和美国海军在练习回合中的重炮准确性提高了3 000%。

现在开始讲述真实的故事。这项简单又奇妙的技术创新是怎么被美国海军得到的呢?对此反映是强烈的反对,直到当时的美国总统西奥多·罗斯福(Theodore Roosevelt)进行干涉,海军才不情愿地采纳了这个新系统。美国的一个普通军官威廉·S. 希斯(William S. Sims)把第一个新系统安装到了美军军舰上,遭到了来自华盛顿和军需用品局中海军当局的反对,后者声称连续瞄准是不可能的,即使它已经在中国驻地由珀希和希斯证明过了。美国的海军设备像英国的一样好,因此问题肯定出在那些接受军官训练的人身上。希斯坚定不移,最后得到了总统的支持。

1903年以后,从晋升名单来看,美国海军的重炮官员成了全体船员中最有实力的船员之一,海军社会的确发生了改变。这个故事很有教育意义,因为如果海军可以改变,那么确信再牢固的组织可能也会改变。但是这个故事也证明了几个创新过程的本质特征。

- 新技术通常是被偶然发现的。
- 不管解决慢性问题有多大的潜力,都会有人反对新产品采纳、推广或者扩散,而惯例和组织结构的改变则需要实施它。
- 官方在变革过程中举足轻重。

伟大的技术辩论

在众多学者当中"伟大的技术辩论"并不是你想象的那样,他们的观点和从业者正好相反。这不是讨论技术是否损害或危害了社会或社会中的一些个体(虽然辩论每天都在进行)。即使这样,关于技术究竟是什么仍然存在很多的困惑。我们坚信,技术和创新以后会得到定义的。在继续进行之前,考虑下面简单的技术创新分类并整理出来:

- 新产品

- 新操作过程
- 新信息系统(硬件和软件)

分别考虑每一类,但是在另一方面再增加两类你就有足够的依据给技术混乱而复杂的事物分类:

- 与过去的相比,是剧变
- 与过去的相比,是渐变

第三类称为结构创新[1],即所有的创新都是各部分的真正系统。这就强调了创新需要的两种知识:各个组成部分怎样结合到一起的结构知识和组成部分自身的知识。

阶段模式

创新从思想中萌芽形成观念,最终看到了商业化或能够更加便捷地组织全部技术管理工作的被应用前景,这个概念被视为组织法则。这个观点通常以阶段模式的方式总结。图1—7是这种阶段模式的一个例子,来自麦肯锡公司的出版物。

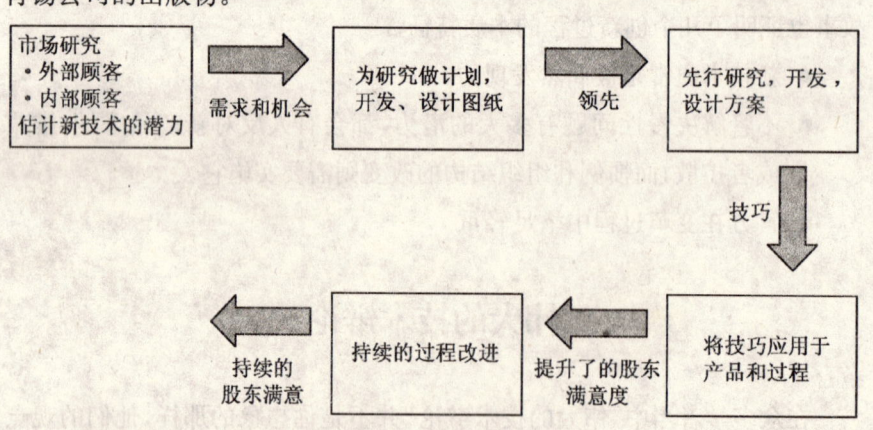

市场研究
- 外部顾客
- 内部顾客
估计新技术的潜力

→ 需求和机会 → 为研究做计划,开发、设计图纸 → 领先 → 先行研究,开发,设计方案

↓ 技巧

持续的股东满意 ← 持续的过程改进 ← 提升了的股东满意度 ← 将技巧应用于产品和过程

资料来源:Prism, McKinsey and Company。

图1—7 技术发展过程

---

[1] Henderson, Rebecca and Clark, Kim. (March 1990). Architectural innovation: The reconfiguration of existing product technologies and the failure of established firms, *Administrative Science Quarterly*, Vol. 35, 9—30.

不是所有创新程序的阶段模式都是一样的,但大部分是类似的。它们各自的角度不同,就像创新的定义一样。在这个模式中,通过咨询获得假设,过程从市场调查开始,然后依次是计划如何调查、实施调查、应用知识、不断改进结果。如果我们把这个模式和起源于技术预测区域的其他模式相比较,按照约瑟夫·马丁(Joseph Martino)(摘录在图1-8中)的观点,就会发现明显的不同。例如,在马丁的创新模式阶段里,科技发现"启动"程序而且以社会影响和经济影响告终——这暗示我们这种模式可能非常消极。马丁模式的最终结构描述从大卡车排气管排出的尾气黑烟。这些阶段模式值得我们沉思,思考它们表现了什么、未表现什么以及它们之间如此微妙的差异。另一方面,马丁同时也在暗示我们这个程序代表进展的特殊类型。注意人的原始形象,图中的那个人看起来刚从山洞里出来。最后"现代"人胜出了。

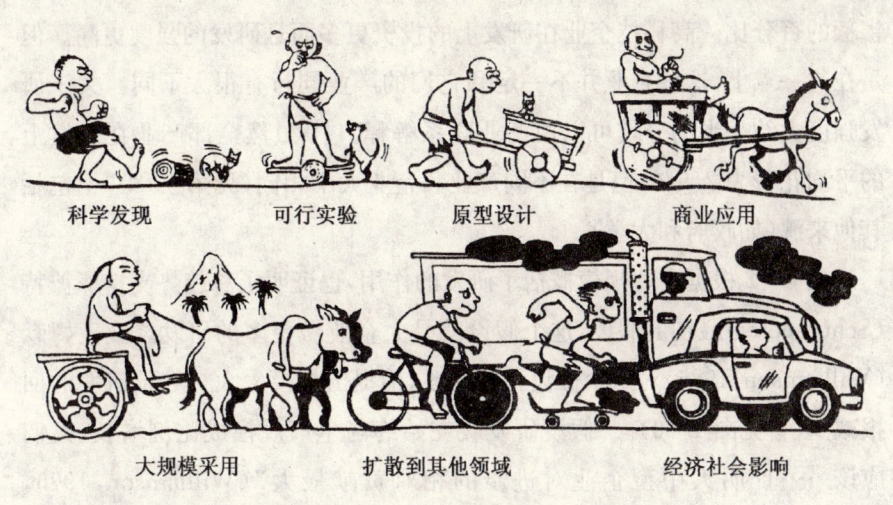

科学发现　　可行实验　　原型设计　　商业应用

大规模采用　　扩散到其他领域　　经济社会影响

资料来源:Joseph Martino, *Futurist*, July-August, 1993, p.16。

图1-8　创新的阶段

研发管理

托马斯·爱迪生(Thomas Edison)建立了第一个工业研究实验室。不用说大家也都知道,从那时起世界发生了变化。爱迪生从研究煤气工业开始着手,并且在这项较早引进白炽电灯泡的工业中仿造他的一些操作。但据说他认为当留声机作为记录那些生命垂危的老人们的愿望的一种手段时,留声机才是有用的。[1] 由此看来,首创工业研究实验室的发明家也没有完美的长远眼光。

关于创新过程的绝大部分出版物都是关于研发及其管理的,这并不奇怪。企业研发部门因具挑战力而与其他部门管理不同。今天的组织技术专业人员仍然在思考创新过程早期引进的问题。拉尔夫·卡兹(Ralph Katz)把它称为"挑战'二元论',即不但今天能有效操作,对未来同样具有创新意义"。他自己的研究重点是新专业人员的社会化及其在技术组织中的职业生涯。[2]

研发的基本原则简单易懂。产业在参与研发产品投资的企业范围内变动。最常采用的方法就是研发强度,研发强度是在研发上的投资占一年销售额的百分比。高科技企业在研发上的投资更多而且研发的强度更高。但是在这一点上,这些企业并不一定和它们的产业同行有很大不同。关于研发强度大约一半的分歧可以由产业联系解释。[3] 虽然全部产业在研发上的平均花费为2.9%,但是在不同产业和企业大不相同(见第三章),不包括其他来源(如政府和大学)。

表1-2根据企业规模概括了研发的作用,也证明了总趋势支持熊彼特(Schumpeter)最初的假设,这个假设就是大企业做更多的研发。威廉姆森(Williamson,1975)对这个假设稍作修改,他提出规模太大会导致研发的回报减少(参见图1-9)。"假设研发收支始终与生产规模成比例增长,人们应该……证明大中型企业对进步的相对贡献最大"(Williamson, 1975, p.181)。

埃特里和鲁宾斯坦(Ettlie and Rubenstein,1987)也支持这个理论——参见图1-10,新产品的激进性随着研发的集中度被分散(参见图1-9)。

---

[1] Rosenberg, Nathan. (1976). *Perspectives on technology*, Cambridge, UK: Cambridge University Press, pp. 75, 197.

[2] Katz, R. (Ed.). (1988). *Managing professionals in innovative organizations*, New York: Harper Business Division of Harper Collins Publishers, p. xi.

[3] Mansfield.

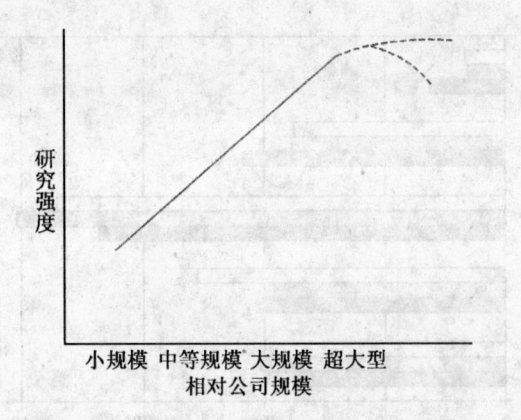

资料来源：Williams, O., *Markets and Hierarchies*, 1975, p. 182。

图1-9　扩大的公司规模与研发强度的关系

研发基金是如何分配的呢？首先，它随产业（参见图1-11）和策略（起初行动者比竞争者花费得多）的变化而变化。其次，这些资金大部分用在了新产品上（参见图1-11，研发年度基点调查）。1994年工业研究院的成员企业把它们研发预算中的41%用在了新产品上，1988年只有34%。注意，技术服务的费用有所增加，有人认为这是新产品出现得更多更快的结果——它们需要更多的后续研发。

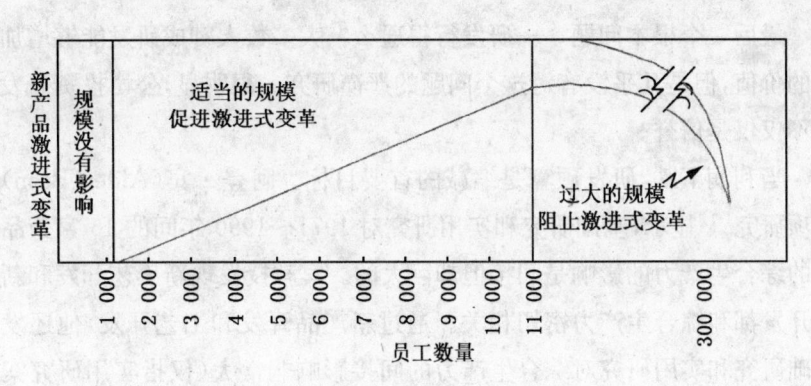

资料来源：John E. Ettlie and A. H. Rubenstein, "Firm Size and Product Innovation," *Journal of Product Innovation Management*, Vol. 4, 1987, 89-108. Figure 2, p. 99。

图1-10　企业规模和新产品激进式革新之间的关系（基于348家制造业企业的调查）

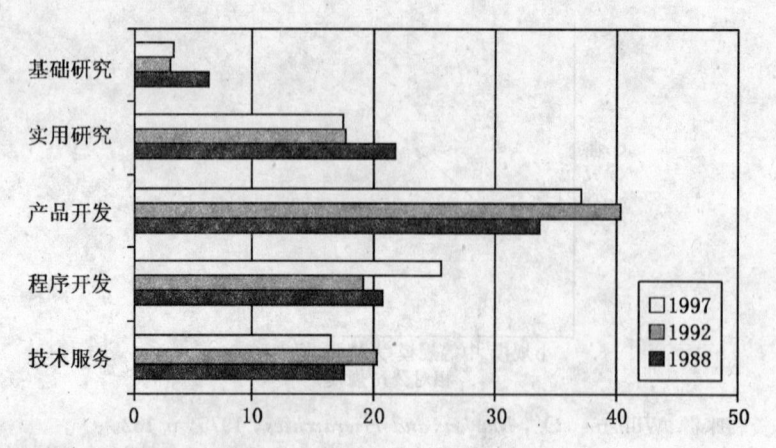

资料来源：Whitely, CIMS, *Research-Technology Management*, 1994; Bean, A., Einolf, K., and Russo, J., *Research-Technology Management*, 1999。

图 1—11 研发基金的分配，1988 年、1992 年和 1997 年

这些最新、可比较的分配文件在 1999 年出版，使用的是 1997 年的数据（参见图 1—11）。注意 1993～1997 年间的产品开发的百分比降到了 37%，稍低于 40%，但是这仍然是花费最多的一类。程序开发预算增长了一点，达到了 25%，技术服务保持在 16%，实用研究降到了 17.5%，基础研究差不多一样，还是 3.3%。

最后一个根本问题——研发行得通么？大多数人赞成研发能够增加真正的价值，但是几乎没有对这个问题的严谨研究。很明显，公司投资研发靠的不仅仅是信誉。

当利润下跌，研发预算是缩减的首要目标。阿登·宾（Alden Bean）的一项研究[1]显示，基础研究和实用研究对 1971～1990 年间的 15 家药品公司的综合生产力的影响是间接但却巨大的。宾教授发现新工艺开发和新产品开发都和综合生产力密切相关。通过新产品开发和工艺开发，他还发现基础研究和实用研究对综合生产力的间接影响非常大（仅指实用研究案例中的新产品开发）。

由于宾的发现受企业规模的限制，看一下格拉夫（Graves）和兰格威士

---

[1] Bean, Alden S. (1995). Why some R&D organizations are more productive than others. *Research-Technology Management*, p. 29.

(Graves and Langowitz)对工业制药的报告结果[1]就显得很有意思了。他们从熊彼特的假设着手,这个假设就是创造性的输出随企业的增大而变大,但是当用该结论来验证这个理论的时候发现小企业在工业上可能更占优势,因为它们非常具有创新性、需要高技术人员而且十分关注大企业。只有适度的增长才对股东价值有利[2],而企业规模和创新性之间的关系仍然吸引着人们继续研究,这一点也不奇怪。

这不能解决研发资源的投资不同问题。在那些研究和开发程序化的企业与在不同国家进行研发的企业,这些投资在提高生产力上取得了巨大的成功。研发的个人投资回报比资本设备和结构中的投资回报要大得多(是国家水平的7倍)。[3]

对于研发能够带来利润,这里还有一个研究值得关注。伯恩斯坦和纳狄利(Bernstein and Nadiri)的这项研究经常被经济学文献在合作或竞争研发方面引用。[4]他们发现在化学产品和非电力工业中,研发投资的社会回报率大约是个人回报率(投资公司)的1倍。在科技设备工业中,这种社会回报率大约是个人回报率的10倍。

即使有这些惊人的有实验根据的结果,趋势朝更实用的研究、与公司实验室相对的商业单位以及部门的方向发展,以得到更直接的结果。例如,通用电气现在把研发的绝大部分都用在分权化的经营集团中。直到最近这还是研发在美国的普遍趋势[5],但是有迹象表明这将在实例数据的基础上改变(参见第四章)。

---

[1] Graves and Langowitz, 1992.
[2] Boer, 1994.
[3] Lichtenberg, 1992.
[4] Bernstein, Jeffrey I. and Nadiri, M. Ishaq. (1988). Interindustry R&D spillovers, rates of return, and production in high-tech industries. *American Economics Review*, 78 (May 1988, Papers and Proceedings 1987), 429—434 as summarized in Katz, Michael L. and Ordover, Janusz A. R&D cooperation and competition.
[5] See Corporate research: How much is it worth? (May 22,1995). *The Wall Street Journal*.

技术策略

我们把这一章用来介绍组织的技术策略。许多读者可能已经总结过,一个组织的研发策略(例如,研发计划投资的组合和研究的长期目标)与它的技术策略是相同的(例如,一个企业为了有效地竞争将如何获得和使用技术)。在许多案例中,它们惊人地一致。但是这两个策略值得我们分别考虑,至少在公司里是如此。没有一个组织会指望像一个独立的实体那样去发展,其中所有的技术都要求维持增长。因此,一项技术策略除了投资选择还需要考虑技术承购问题。

给技术策略下定义的一个方法是用基础技术来理解一个企业带给市场的产品和服务的交叉点以及这些输出的交叉点。我们可以用一个矩阵来排列这个公司对沿矩阵顶部增值链产品或阶段与矩阵侧边的技术的总结。伯格曼(Burgelman)和他的同事总结了这个方法[1],强调是这些技术中的特殊之处——企业的相对实力——能够在策略目的上起作用。我们可以审计这些能力,而且它们为商业团体以及公司都提供了这样的审计框架,但是要提出三个不可欠缺的问题(第8页):

1. 企业如何在产品、服务的提供/或者生产、分配系统领域里保持创新性?
2. 企业的当前业务和公司策略以及创新能力三者之间的协调适应性有多好?
3. 为了支持长期业务和公司的竞争策略,企业需要什么样的创新能力?

仔细看第二点。战略家普遍认为一个企业的策略应该保持一致。有证据可以证明这种一致性支持这个观念。不管怎样,当一个企业发生变化,通常它会先改变起先所做工作的一部分,然后其他部分也会随之改变(参见第六章的产品开发的平台方式)。这就意味着在一个有创新能力的企业里,策略有时候也可能前后不一致,因此在策略中"适宜"这个名词需要一些微妙

---

[1] Burgelman, et al. (1996), pp. 5—7.

的解释。

在这一点上，技术策略的一个例子可以证明这些想法。卡特彼勒公司（Caterpiller）最近共享了它的技术策略总结和方法，卡特彼勒公司的新技术主任亚伯拉罕·萨道科（Abraham Zadoks）概括了这些总结和方法，他非常怀念质量功能配置的成果——制造了"质量屋"（house of quality）。[1]第一个质量屋在左边安排顾客的需要和需求，在顶部相对的是如何安排。在卡特彼勒公司的这个总结中，顾客的需要和需求出现在"屋"的左边，就像在QFD（质量功能配置）中一样，如何安排就是各种各样的技术策略。这些策略轮流引导进入第二个"屋"或者研究项目，然后导向技术和产品，以此再反馈顾客的需要和需求。这个更新过程提出了一种决定什么时候更新产品技术的方法，我们将在第六章讨论产品平台方式的时候讨论这种方法。

最后为了使读者完全明白这个概念，不要把技术策略和技术方针这两个概念混淆，技术策略作为一个整体用于公司，而技术政策是政府在他们的国家里追求创新的利益方针。二者密切相关——政府是否支持、应该如何支持个体企业的研发，应该如何管理这些项目，什么是产权，什么是公共物品，很大程度上影响着国家的命运（Nelson，1995）。技术政策的问题在这里不多说了，但是企业和商业团体中技术策略的问题对业务经理是非常重要的，后面我们将看到。

制造业研发

既然美国的大部分研发基金用在了新产品上，那么新的操作和制造技术是从哪里来的呢？它是从何起源的？大部分都是操作技术的使用者从供应商那里买来的。银行和其他服务机构从电脑公司、系统综合部购买硬件/软件系统。制造业的企业从公司（如机床建造者、材料搬运设备供应商等）购买硬件/软件。因此加工技术转接器存在从技术革新中窃取利润的唯一问题。[2] 也就是说，既然供应商有权把他们的硬件/软件技术卖给自由经济市场中的任何一个人，那么这些技术的使用者必须找到一种"挪用"或者

---

[1] Zadok, Abraham, *Research Technology Management*.
[2] Teece, 1983.

抓住利润的独特办法，这些利润是通过使用这些不会相互排斥的技术而获得的。

当然，许多公司特别是那些在加工处理业中的公司，如药品工业和化学工业，它们在加工新技术上花费巨大。在这些工业中分离产品和程序显得尤为困难。较典型的例子是找出产品或者服务业在制造业技术投资的企业。在汽车工业中本田是少有的一个例外，例如，本田给自己提供的是自身的加工技术。

从加工创新投资中获取利润是对这种困境的一个可选方法，这种方法你不会想卖给别人，即加入研发合作协议以缓解巨大的风险和投资负担。接下来的例子美国汽车工业中的低排放联盟（Low Emissions Paint Consortium）在世界范围内证明了研发合作更加广阔的前景。这个例子展示了福特汽车公司、通用汽车公司、克莱斯勒公司和主要技术供应商的共同发展。开发设计这个新系统是为了代替现有技术。如果这个系统奏效将避免当前对汽车工业喷漆处理的管理限制。

多数预测研发合作行为的经济理论包括多阶段理论。[1] 经济学家们都很关心在这些模式中研发的公众回报率和私人回报率，而且都从两个最基本的问题开始[2]：为什么企业进行研发？动机是什么？理论上，企业进行研发是为了创造知识以降低新产品或现有产品的生产成本。第三个原因是为了把这些知识卖给别人。

公众利润和个人利润之间的分歧从几个条件中产生（或者私人企业没有能力获取研发带来的所有利润）。最重要的理论原因是所谓的"技术溢出"——也就是说，企业不能保证生成的知识完全保留在组织内部。第二个原因来自实践中经常遭遇的一个情况，即新的较低价格的产品常常需要补充技术或者生产资产。政府政策（例如反托拉斯）经常阻碍我们获得利润，最后，出售研发成果经常产生利润，但这些利润还不足以证明有利可图。

---

[1] E. g., Motta, 1992.

[2] Katz and Ordover, 1990.

技术和社会

在 20 世纪 90 年代,特别是美国经济和制造业,史无前例地成长并发挥着重要的作用。制造业的生产力在 1996 年增长了 4.4%[1],1998 年的工业出口比 1997 年高了 3 个百分点[2]。特别是耐用品制造非常发达,1997 年出口增长了 9.5%。[3] 道—琼斯(Dow Jones)工业平均指数在 1996 年中期还不足 6 000 点,1999 年中期飞涨到 11 000 点,之后就下降了。

失业率低[4]而且由于生产力提高了,美国生产工人每小时的成本和世界主要发达地区相比还是低的。1996 年在美国,一个生产工人每小时成本 17.7 美元,比前一年增长了 3%。同一年在欧洲,一个生产工人每小时成本 22.37 美元,但是这个数字仅仅比 1995 年高了 1.2%。在日本,1996 年生产工人每小时的成本是 20.84 美元,比 1995 年降低了 12.4%。如果有人使用单位输出的成本作为比较的基础,那么美国比日本多 5%~10% 的劳动优势(130 日元对 1 美元的兑换率),比欧洲多 25% 的劳动优势。

是什么让美国的经济统计经久不衰?这种较好表现的一个可能解释是来自以下方面的策略,包括新产品、新生产技术以及美国工业中的改良方法。另外,美国技术政策也功不可没。我们在后面的内容中讨论这些假说。首先,我们分析研发投资和美国大公司之间的关系数据。然后我们直接面对制造技术和公众政策问题。

技术和经济性能

如同许多人争论的那样,技术对公司的工作情况有消极的影响么?有

---

[1] Data Bank. (Summer 1998). *National Productivity Review*, Vol. 17, No. 3, 91—94.

[2] Manufacturing boom to continue in 1998. (March 1998). *Graphic Arts Monthly*, Vol. 70, No. 3, p. 16.

[3] Raddock, R. Industrial Production and Capacity Utilization: Annual Revision and 1997 Developments. *Federal Reserve Bulletin*, Vol. 84, No. 2, February 1998, 77—91.

[4] 根据美国劳动部的数据,已婚男性的失业率从 1998 年 5 月占全部劳动力的 2.4% 降至 6 月的 2.2%。在此期间,已婚女性的失业率从 2.8% 升到 2.9%(1998 年 7 月 21 日)(*The Wall Street Journal*, p. 41)。

资料表明,在 20 个国家,研发强度对 600 种耐用品制造市场的发展有极大的直接影响[1],正如我们先前看过的一样,提高药品工业的新产品和新工艺的开发力度,将对全要素生产率产生极大的间接影响。[2]

从结果中我们可以清楚地看到技术使经济结果变得不同。但是技术是怎么做到的呢?一个理论是这样说的:新技术通过改进单位产品或者服务的性能以及重组处理能力来改变组织的知识基础。[3] 实事求是地说,这归结为整个社会如何进行技术投资。当前研发的大部分资金都用于新产品和新服务的开发,但是在不同的工业部门还是有很大的不同。[4] 结果,处理技术,包括信息技术系统常常是被购买而不是开发。在成功的公司里,人们为了支持新产品开发以及使操作标准化(例如,购买)而适应这些信息系统。不管怎样,企业进行业务流程再造已经被证明是风险很大的,其失败率高达70%。[5] 即使在美国每年有 2 500 亿美元花费在了新的计算机系统上,这些投资所能获得的利润仍难以捉摸。另一方面,在美国新产品商业化后大约有 60% 能够成功。[6] 因此,我们在此聚焦在新厂房、设备和信息系统的投资上。

制造技术

新处理技术不可能自己实施。新系统通常是从外界购买而且它们的开发是偶然发生的,特别是对那些重要的现代化或者新产品、新服务的投放来说。因此,从这些投资中获取利润是有难度的,主要是因为技术从理论上来

---

[1] See, for example, Ettlie, J. E. (January 1998). R&D and global manufacturing performance. *Management Science*, Vol. 44, No. 1, 1-11.

[2] Bean, 1995, p. 29.

[3] Wysocki, B. Wealth of notions: For this economist, long-term prosperity hangs on good ideas. *The Wall Street Journal*, January 21, 1997, pp. A1, A8.

[4] 伍尔夫(Wolfe,1994)报告说大于 43% 的研发费用用于新产品,但是服务研发同样也在增长,这表明新产品的开发活动需要"固定"在某个领域。科恩等人(Cohen et al. ,1995)认为大约一半的研发集中度的变动可以由公司所在的行业来解释。

[5] Crowe, T. J. & Rolfes, J. D. (1998). Selecting EPR projects based on strategic objectives. *Business Process Management Journal*, Vol. 4, No. 2, 114-136.

[6] Ettlie, J. E. (February 1997). Integrated design and new product success. *Journal of Operations Management Columbia*, Vol. 15, No. 1, 33.

讲可以为任何人所用,包括竞争者在内,只要你能负担得起。[1] 关于获取制造技术租金的现存文件提出了两个重要的结论:

1. 成功的现代化依赖于被采纳技术的程度和具体工艺。

2. 制造技术的性能取决于与其部署同时发生的被采用了的组织创新(如果有的话)。

这两个概括非常深远也很复杂,因此我们分开讨论。企业资源决定如何追求结果,在这一点上政府的角色变得越来越重要。[2]

制造业技术的采用

在过去的十年中,关于制造业技术采用方面的严谨的实用研究的相对缺乏已不复存在,专业和应用媒体上发布了很多重要的研究成果。这些文献在许多别的地方被复查[3],因此我们在这里集中考虑与这个调查的中心问题有关的几个相关研究。我们暂时把这项工作的限制放在一边,在第七章再回到研究需要上。

或许能用在制造业技术投资上的最全面的数据首先是在耐用品和装配产业中,美国商业部(DOC)1988 年和 1993 年收集的两个样本提供了这方面的数据。幸运的是,几乎同时加拿大收集了可比数据(1989 年)。几个研究小组分析了这些数据,但是我们这里只考虑几个。欧洲也在努力做这项工作,但是这里一带而过。

在美国商业部的调查中包括了耐用品制造业中的 17 种特殊的制造技术。将这些数据同来自制造业普查以及从其他来源的数据进行比较以调查

---

[1] 例如,参见:Echevarria, D., Fall 1997, Capital investment and profitability of Fortune 500 industrials: 1971—1990, *Studies in Economics and Finance*, Vol. 18, No. 1, 3—35. 该报告指出"只有 25%的财富 500 强……可以获得显著增大的获利能力"。

[2] 一般来说,对产业影响的控制是非常重要的。在不同经济部门下,经验相差很大。参见:Lau, R. S. M., 1997, Operational characteristics of highly competitive firms, *Production and Inventory Management Journal*, Vol. 38, No. 4, 17—21。

[3] Ettlie, J. E. & Reza, E. (October 1992). Organizational integration and process innovation. *Academy of Management Journal*, Vol. 34, No. 4, 795—827; Ettlie, J. E. & Penner-Hahn, J. (November 1994). Flexibility ratios and manufacturing strategy. *Management Science*, Vol. 40, No. 11, 1444—1454; Upton, D. (July—August 1995). What really makes factories flexible? *Harvard Business Review*.

技术对7 000家工厂的影响。[1]从几乎相似的数据中得出的结论表明,在其他因素不变的情况下,工厂运用的技术(技术强度)越多,就业率增长指数就越高,倒闭指数就越低。采用这17种可能性选择(数控机器)中的6种以上的工厂通常要支付16%的奖金给生产工人,还要支付8%的奖金给非生产工人。大工厂支付的奖金中,有60%的差异可以用这些制造业技术的应用来解释。在1988~1993年间,计算机辅助设计和局域网的使用量增长显著。大体上来说,新技术的应用大大提高了劳动生产率,这也是上几代人通过研究而得出的典型模式。

对加拿大数据进行对比分析得出了相同的结论,此外还发现制造业技术的应用与大型工厂支持的研究开发相一致,各产业之间也有些许差异。其中,对于检查以及可编程的控制技术要比其他技术对增长的作用要快得多,但控制其他因素后是否也可以支持此结论尚不清楚。最重要的是,加拿大数据显示出一些科学技术的使用问题,以及所购买的技术的数量等。在此后将提到的应用研究(电子数据交换,即EDI的采用)中得出了一个有关信息技术的比较性结论。

这些数据表明,在技术的混合应用中还存在着许多变量。在美国,最频繁采用的技术(不管是独立应用还是混合应用)就是计算机辅助设计(CAD)和数控技术(NC),尽管这种模式在案例中只占2%~4%。大约18%的大工厂采用唯一的技术混合应用模式(比如说,这对于1家或2家工厂来说是很平常的),而且采用模式通常不会因工业集团的不同而不同。

在美国,工作职位的增长与这17种技术中的11种相联系。尤其是局域网技术,不管是与计算机辅助设计相混合还是单独使用,与那些1982~1987年间从未应用过任何高新技术的工厂相比,都可以使就业增长率上升25%。计算机辅助设计和数控技术的应用都可以使职位增长率同期提升15个百分点。可编程逻辑控制技术(PLCs)和数控技术的应用使就业率提高了10个百分点。另一方面,计算机辅助设计及其制图使职位的增长速度降低了20%,但使生产率的增长更快了。

---

[1] Beede, D. N. and Young, K. H. (April 1998). Patterns of advanced technology adoption and manufacturing performance. *Business Economics*, Vol. 33, No. 2, 43—48.

在应用了以下技术的公司里,生产率水平提高了50个百分点,这些技术是:计算机辅助设计、计算机辅助设计制图、局域网技术、公司内部网络技术、可编程逻辑控制技术,以及车间微机控制技术。生产工人与非生产工人之间劳动所得的差距更直接地取决于这些技术的应用。例如,在应用了局域网技术和车间微机控制技术的工厂中,生产工人的就业增长率要高出35%。但在60%~80%的科技领域里,生产工人与非生产工人收入水平都很高。

从以上这些结果以及"是技术的应用模式决定着成效,而不是单凭技术的数量"这个最主要的发现,可以得出两点结论:首先,效果随着所采用的技术和绩效评估方法不同而不同,这在早期研究中称为"组织效能'悖论'"。[1] 其次,不论结果评价标准如何,诸如计算机辅助设计的独立技术以及像局域网技术之类的整合技术的联合应用对最后的成效有很大的影响。那些成功企业的经验表明,职能的协调对于取得新技术带来的利益是很有必要的。有关制造业技术的整合将在第二章说明。

关于制造业技术采用情况的文献性和经验结论说明:

1. 工厂采用的科学技术越多,就业增长率就越高,工资就越高,倒闭率就越低。

2. 有关制造业技术的问题——并不仅仅在于所采用的技术的范围和数量(例如,局域网技术,无论是否与计算机辅助设计一起使用,与没有采用这项技术者相比,可以提高就业增长率25%)。

总 结

第一章的目的在于介绍书中有关管理革新的主题和观点。科技是各行各业人们的生活的魅力所在。商业组织每年都在新技术上花费几十亿美元——小说作者对其潜能感到惊奇,无论好坏。史学家、政治科学家、经济学家、社会学家——所有的这些"学家"们都无法准确地区分科技的

---

[1] Quinn, R. E. and Cameron, K. S. (1983). Organizational effectiveness life cycles and shifting criteria of effectiveness. *Management Science*, pp. 33—51.

意义,他们对于科技到底是一种什么样的重要事物这个问题具有不同的世界观。好莱坞钟爱科技,从灾难电影《泰坦尼克号》,到不朽的《科学怪人》、《星球大战》、《全面回忆》、《银翼杀手》、《世界大战》,还有《终结者》。而电视节目则喜欢尖端怪异的科技,《星球大战》仍是电影爱好者的最爱之一。

一种明确的模式出现了,它与这里谈到的对科技的处理方法相一致:那就是,公司如何花费创新资金(例如研发比率)与那些尝试用新科技、新服务和新的运作系统来创造经济价值的单位和个人所能享受到的成功的程度存在着很大差异。是什么造成了这些差异?我们将通过以下的案例和练习,以及下一章的内容来思考这个问题。

练习

1. 上网,打开你的浏览器,搜索"科技创新"。记录你所查到的结果。然后去资料库找到能提供商业和技术规则的信息服务站,同样搜索"科技创新"。记录你所查到的结果,然后对两者进行对比。

2. 仔细观察图1-7里的创新阶段模式。这个模式哪里是错误的?

3. 追踪过去10年里某个企业的研发费用。选择那些家喻户晓的品牌,比如戴尔(Dell)、惠普(Hewlett-Packard)、朗讯(Lucent)、摩托罗拉(Motorola)、爱立信(Erickson),或是北电(Nortel)。请总结。

再来看一下吉列的感应系列剃须刀的案例,"一把4美元的剃须刀最后是怎样变成价值3亿美元的",然后回答后面的讨论题。

案例 1-1

一把4美元的剃须刀最后是怎样变成价值3亿美元的

在英国雷丁的吉列公司的设备研究所里有40位工程师、冶金专家和物理学家,他们每天都在思索有关剃须的事情。1977年,其中一位专家想到了一个好主意。约翰·弗朗西斯(John Francis)早已经想出了如何制造一种更薄的剃须刀片,从而可以使吉列剃须刀更容易清洁。之后,一个设计师想起了他多年前曾尝试过的一个创意:他把一个弹簧装到了更薄的刀片上,这样,就可以使刀片贴合一个人的脸部轮廓了。他做了一个简单的样品,做了测试,并且认为很不错。他把这个创意提交给他的老板,然后就去做下一个项目了。

正如结果那样,吉列公司认为他的创意非常好。不久之后,这个创意就成为了吉列高科技感应式剃须刀的技术核心,这一产品将于这个月面市。高科技感应式剃须刀是吉列公司推出的耗资最多的项目:当产品上架时,吉列公司将会花费掉近 2 亿美元,用于科研、设计以及加工。接着就是广告,公司计划今年一年投放 1.1 亿美元在电视台,以及印制宣传单上。包括在 1 月 28 日的超级碗(职业橄榄球联赛一年一度的冠军赛。——译者注)上的两分钟广告。

吉列公司愿意斥重金打造感应系列,是因为这个系列是吉列所开发的最重要的产品。它是公司试图复兴剃须系统策略的核心,近几年来,公司的市场份额已经被北克公司(Bic)的一次性剃须刀和其他品牌抢去了不少。在北美和欧洲,吉列依然占据着 67% 的市场,它仍然是剃须刀行业的领头羊。但是,每个一次性剃须刀的利润仅有 8~10 欧元,但它的 Atra 和 TracⅡ 系列产品的利润却高达 25~30 欧元。

如果感应系列可以盈利,吉列的管理层将会在 1986~1988 年激烈的并购战役中获得更多话语权。吉列首先避开了美国露华浓公司的罗纳德·O. 皮尔曼(Ronald O. Perelman),他向这家剃须刀公司报价 41 亿美元。后来吉列在与康尼斯顿公司(Coniston Partners)争夺投票的斗争中获胜权,部分是通过使股东相信当时还是秘密技术的感应系列会赢得长期的巨大利润而不是一时。但是吉列还需要更大的成功来证明对感应剃须刀的投资是正确的。新产品必须使吉列在美国和欧洲的市场份额增加 4 个百分点,用来补偿巨额的广告费用。

这些压力有助于解释为什么感应系列"千呼万唤始出来"。当公司还在指望现有的产品可以带来巨大利润的时候,吉列的经理层们却不大乐意在制造感应系列和为其打开市场方面投入巨额的资金。1989 年,吉列的净利润估计会上升 6%,达到 2.85 亿美元,销售额上升 7%,达到 38 亿美元。而且 65% 的利润和 32% 的税收都来自于剃须刀和刀片的销售。一些分析家认为吉列与公司掠夺者的斗争以及因此所带来的必须保存一定资金的需要可能已经延缓了项目的开发。

制造一把带有浮动部件的剃须刀所需要的技术并不能使制造更加容易。拿弹簧来说吧:弗朗西斯最初的想法需要把刀片安装在一支很细的橡胶管上——紧紧地,可能还带有一些可压缩的流体物质。但这样制作,造价会很高,而且非常复杂。吉列想在剃须刀上安装一个皮肤保护层,它可以在刀片修剪胡楂的时候使皮肤平展,这个皮肤保护层是安装在一个固定的弹簧上的——这可没法对付橡胶管子。

一种好树脂。波士顿的工程师们决定在盛放胡楂的小筒子里浇铸一个悬臂式的塑料弹簧。但这时又出现了另外一个问题。吉列通常都是用苯乙烯塑料来为所有的产品

创新管理

浇铸胡楂筒,因为这种材料便宜而且好用。但是测试表明,苯乙烯塑料会慢慢失去弹性。工程师们转向了一种名为"诺力1号"的树脂,这是一种更结实的材料,能够保持弹性。

1983年,吉列在500个人中间进行了感应剃须刀样品的测试。比起Atra和TracⅡ系列,他们更喜爱这款产品。在吉列公司位于南波士顿研发总部,工程师们得知后欢欣鼓舞。接下来他们就开始考虑怎样来批量生产这款复杂的产品。"有时我们晚上躺在床上都在考虑该怎样解决这个问题。"唐纳德·L. 丘克(Donald L. Chaulk)如是说,他是吉列剃须技术实验室的主任。

刀片的问题让吉列的科学家们辗转反侧,难以入眠。在Atra系列里,双面刀片只是简单地滑进塑料胡楂筒的狭槽内,用一个钢质的空格杆隔开。而感应剃须刀的刀片则是"浮动"在弹簧上,它们是各自独立的。这就意味着刀片要足够硬,才可以维持形状——尽管每片刀片都没有一张纸厚。工程师们决定在刀片上贴上钢质的支撑杆。

问题在于,怎样做?对于批量生产来说,黏合剂太脏而且太贵。答案就是用激光。工程师们先制作一个激光样本,一点一点地把刀片和支撑杆粘在一起,而不产生任何可能损伤刀片边缘的热量,完全依靠一个更常用于制作心脏起搏器之类的东西的过程。这个复杂的制作过程有一个好处,那就是可以让胡楂筒变得足够硬,以便于复制。竞争者们,比如北美维尔金森之剑(Wilkinson Sword North America)有限公司、舒适公司(Schick),以及私人品牌制造商们,他们都只做便宜的复制胡楂筒,这些筒子只适合Atra和TracⅡ系列的手柄。

在1986年6月,带着顾客的测试结果和最初的制造成功,从在公司会议桌旁的讨论开始发展到具有实质性的制作设备,吉列的安全分隔剃须刀赚得了1 000万美元。一年以后,公司证实了又有1 000万美元进账的事实。经理们说,这就是感应系列将会成为吉列主打产品的时候了。

但在那时,感应系列也卷入了吉列公司内部的争论之中。在波士顿的剃须部的经理层意识到了一次性剃须刀的盛行,他们想在生产感应系列永久产品的同时也生产一次性产品,因为市场支持的份额大部分都在一次性产品上。但是以约翰·西蒙斯(John W. Symons,后来成为了欧洲分厂的领导)为首的另一方则认为吉列过于强调生产低成本一次性产品。西蒙斯的欧洲团队已经停止生产一次性产品,转而开发具有厚重钢质手柄的欧洲版Atra系列,同时暂停了一次性产品的广告和促销宣传。

与此同时,公司内部的意见分歧进一步激化,尽管经理否认并购竞争导致感应系列的开发暂缓,吉列公司仍是四面楚歌。但是,那些在1988年就期待新的剃须产品问世的分析家们仍然对此持怀疑态度。"当你们努力节约资金的时候,你们所做的最后一件事就是大量地推出总价值几亿美元的新产品。"希尔森—雷曼—哈顿公司(Shearson Lehman Hutton Inc.)的分析师安德鲁·夏尔(Andrew Shore)如是说。

强硬的期限。并购战可能真的对感应系列的外形起到了决定性的作用。由于皮尔曼的竞标加速了公司的重组,吉列首席执行官科曼·莫科勒(Colman M. Mockler Jr.)在1988年1月把西蒙斯带到了波士顿,并任命他为剃须组的执行副总裁。这意味着,在公司里,他决定削弱一次性产品的生产。

这个转变"在公司内部掀起了轩然大波",西蒙斯说,特别影响到了波士顿分部那些曾支持一次性产品生产的经理。紧接着,他就清理了部门,用他的欧洲团队替代了绝大多数安全剃须组的副总裁。他还突然更改了感应剃须刀的零部件。他取消了一次性产品的制造,否决了塑料手柄,而这种手柄原先就已经被定为新产品的零部件了。他决定开发制造一种非常帅气的钢质产品,这种新产品之前就已经被他的团队在欧洲测试过了。而且他定下了生产期限:1990年1月。

这对于南波士顿的工程师们来说是一个非常困难的任务。他们组成了一个9人的任务小组,一周工作7天,这样持续了15个月。丘克说:"我跟他们说过:'在不久的将来,感应剃须刀将成为你们生活的一部分。'"在制造手柄的时候,队员们制造了一个塑料框架,这个框架由浇铸的没有任何瑕疵的钢质外壳所覆盖,而这种外壳的每一半都是由22个独立的分公司制造的。"很明显,这是制造过程中最难的一部分。"诺曼·普鲁克斯(Norman R. Proulx)如是说,他是北美维尔金森之剑公司的主席,也是吉列打算挖到自己公司的一个竞争对手。"在批量生产方面,他们肯定已经遇到了不少有趣的难题了。"

现在,吉列必须使人们相信,所有的这些技术都是为了制造出更好的剃须刀。基础剃须刀标价3.75美元,远低于Atra系列和TracⅡ系列,目的就是为了把客户从老型号那里吸引过来。但是,在标价3.79美元的5片装里,胡楂筒就比吉列老型号的要贵25%,这样,每个胡楂筒就可以赚得超过8欧元的利润。

最先回复的是承诺:零售商们承诺从下一年开始购进吉列感应系列的全部产品。所以在几个月以后,吉列就会看到消费者们是否真的愿意购买感应系列的剃须刀了。与此同时,在南波士顿的工程师们已经准备发起更多剃须刀的技术革新:一种弯曲的刀片正在计划中,还可能会出现陶瓷刀片。但是,也许到下个世纪,我们才可以看到它们问世吧。

资料来源:K. H. Hammonds,*Business Week*,Jan. 29,1990。

讨 论 题

1. 为什么吉列决定推出感应系列剃须刀？
2. 在本案例中，存在着什么样的技术转换？
3. 吉列对感应系列的决策是正确的吗？
4. 吉列下一步应该怎么做？

阅读 AskMen.com 的案例，然后回答后面的讨论题。

案例 1—2

AskMen.com

对于 AskMen.com 的主席里卡多·波巴达（Ricardo Poupada）来说，2004 年 5 月的一趟旧金山之行让他大开眼界。当他对他的两个搭档，克里斯·贝鲁斯（Chris Belrose）和路易斯·罗地根（Luis Rodrigues）谈起他这次访问谷歌和雅虎两大网站的朝圣之旅时，他们大吃一惊。他们原先希望可以得到一些新的信息，但他们根本就没对后来将要发生的事做任何心理准备。里卡多总结道：

当我们回到飞机上的时候，我意识到这些在泡沫经济崩溃的时候幸存下来的网络公司现在正在你追我赶地快速发展，试图成为这个产业中真正的赢家和幸存者。对我们来说，那可是超级迅速的膨胀，或者说我们被落在了后面。而且这对于一个 4 年前刚刚创立，当时一无所有，现在只有 10 名员工的公司来说是个很大的挑战。现在已经无利可图了。如果我们不发展，那将会被甩得更远，我们一定要像其他同行一样加快发展。

关于公司回报的第一次员工大会是他们在被公认为男性顾问在线杂志领头羊的短短的几年发展历史中的一座里程碑。[1] 显而易见的是，这个小公司已经处在其发展过程中最具争议性的阶段。如果按照他们在旅途中定下的速度发展的话，他们将会与 AT&T、《华尔街日报》、IGN、IVillage 及其他品牌一样家喻户晓，而这四个品牌也曾经在他们在加拿大的会议日程里，与其他三家共用一间等候室。这个团队意识到他们应该马上实施大部分的重要方案，然后全速前进，只有这样他们才可以赶上互联网革新的新阶段。

要想达到这样的发展速度，就要求他们雇用 3~4 个新人，这些新人没有在贫乏的

---

[1] 版权归约翰·E. 艾特略所有（2004），如无书面授权不得翻录。

创业初期做过自我牺牲,那时,人们在通常的工作基础上,一周工作60~70个小时。但是这也存在着一些疑问,这些新员工是否具有老员工们的职业道德,他们会不会无法在困难中坚持工作,他们对于新开的在线公司是否具有焦虑意识呢?公司的这些方案就具有一定的风险性,也会直接影响该网站在一部分康考迪亚商学院(Concordia Business School)的毕业生和他们的朋友心里树立的品牌形象。所有的人都以为这个公司规模很大,而且位于美国,但事实却非常简单。它位于蒙特利尔的圣·罗朗大街,大部分员工都是在公司创立时就在那儿工作的,大约有4年了。他们按照相对的能力水平来分配职位;他们的成功和业绩表明他们非常了解他们的客户。最近的数据显示,他们在市场(专栏1)中处于领导地位,而且他们的财力非常雄厚(专栏2)。

然而如今,棘手的问题慢慢浮现了出来,这些问题正如在公司创立之初他们所经历的那样。公司应该把前途押在哪个计划方案上?他们怎样才能在以后的短短几个月中,在增加一倍员工的同时保持快速的发展速度?他们需要仔细地策划然后马上实行;从加利福尼亚州开始,时间在不停地流逝,他们就像被鳄鱼追赶的霍克船长,与此同时,他们的广告商也想知道,为什么人们不在这个网站上购买更多的产品。

是否这种产业的创始阶段已经过去了,或者,是否商业规则已经彻底地改变了,以至于所有的公司实际上都已经在同一艘名叫新经济的大船上了?AskMen.com公司是不会在任何一个计划方案和任何一位员工身上犯错误的。我们再一次对这个公司拭目以待。

背景资料

AskMen.com的创立者们从他们初次见面的那一天开始一路经历了无数个风风雨雨。那天,里卡多和克里斯在毕业前,坐在康考迪亚商学院附近的一家咖啡馆里,看见一个年轻人走了进来:他穿着考究,但是当他坐下来喝咖啡的时候,他的白袜子却无意中露出来了。这两个准毕业生很纳闷:"一个浑身上下都很得体考究的家伙怎么却忽视了这么一个细节呢?"他们俩最后决定开一个专门针对男士的顾问网站,取名AskMen.com,而不是当初设想的地产公司。[1]

借着互联网飞速发展的东风[2],AskMen.com这个以男性的生活方式为主题,以杂志为排版形式的网站于1999年成立了。由于快速增长的在线服务市场的特定客户群,AskMen.com发展迅速,如同在这个新产业兴起的几个月的时间里成立的其他成千上万的新网站一样。同年年底,该网站已经拥有了每个月15万次的点击率。

---

[1] 最新数据表明AakMen.com的市场占有率为35%,成为在线男性时尚杂志的领导者。
[2] See, for example, Mayer, Andre. Web site for e-mails hits pay dirt. *The Globe and Mail*, Wednesday, August 27, 2003.

AskMen.com 是一份在线男性杂志,由三个康考迪亚商学院毕业不久的学生在魁北克蒙特利尔创立。他们分别是里卡多·波巴达、克里斯·贝鲁斯和路易斯·罗地根。

这个网站 55% 的网络使用者是男性和 53% 的网上销售对象是男性。在这些销售中,男性的购买类别有:27% 的消费相关项目,21% 的金融服务项目,20% 的计算技术项目,13% 的零售及邮件订阅,以及 8% 的新闻媒体。[1] AskMen.com 的目标市场之前就定下来了,主要是年龄在 18～49 岁的成年男性,或是 60% 的在线男性消费者。在美国,近半数的大学生在明年就可以在宿舍里上网了,而且大多数的上班族也可以上网(尽管会被不时地监视)。在美国,年收入超过 7.5 万美元的家庭中的半数,在家里或是工作时,每天至少上网一次。

互联网的发展已经形成了自己的一种独特模式,那就是门户网站的发展速度明显落后于有特定客户群的网站,例如,烹饪网站、家具网站和药店网站。绝大多数的增长出现在英国,一共有 9 100 万使用者,在日本有 900 万使用者,在法国和德国都是 700 万,中国 500 万,瑞典和韩国是 300 万,西班牙是 100 万,葡萄牙是 70 万。

以妇女为特定对象的生活网站,制作得非常精良。Women.com 和 iVillage.com 都成功地吸引了互联网的女性用户,超越了《时尚·COSMO》(*Cosmopoliton*)和《服饰与美容》(*Vogue*)杂志,这个现象让我们禁不住思考:是不是互联网凭借它特殊的细分策略制造了一个特殊的市场呢?与众不同的是,网站的价值不同于其他媒体、商业或是价值观点。实际上网站的价值是基于和其他网站的链接以及对信息和知识的掌控上的。

新经济

新经济中的发展速度看上去是让人印象非常深刻的,除非我们把它与全部的商业进行比较。请看下面的数据:[2]

华盛顿(路透社,2004 年 5 月 26 日)——美国的网上零售额在 2004 年第一季度下降了 11.4%,但比去年同期增长了 28.1%。依据星期五的政府报告,消费者越来越多地依靠电子商务进行购买活动。

通过互联网、电子邮件或其他电子网络购物,通称为电子商务,与 2003 年第四季度总计的 175.12 亿美元相比下降到了 155.15 亿美元。这份报告并非每个季度都更新,

---

[1] 迅速地增长和变化,预计截至 2002 年,将有 3.2 亿网络用户。1999 年第一季度网络广告总额达到 6.93 亿美元,是 1998 年同期的 2 倍。在线广告预计到 2002 年将达到 77 亿元。

[2] 资料来源:PrintwaterhouseCoopers New Media Group。

而且第一季度的数字仅仅反映了在每年年底的长假之后销售额的大幅下跌。

商业部透露,电子商务的销售额持续占总销售额的1.9%。在政府从1999年开始公布数据以来,网络销售已经从0.7%开始逐渐增长。

与2003年第四季度相比,2004年第一季度的零售额下降了8.5%,跌至8 348.29亿美元,但与2003年第一季度相比却增长了8.8%。

电子商务发展迅速,但还是不够快

从公司创立之日起,里卡多和他的同事就面临着来自所有组织的挑战,而那些在线组织大部分都失败了:怎样才可以使传统商业对他们的方式感兴趣,而同时又如何把那些非传统消费者吸引到网站上来?在初期,他们计算的是每小时和每天的点击量以及净收入,而现在,是发展速度。这是每个公司都会面临的发展周期,但现在是在互联网时代,同时也是在快速改变商业条件的新经济时代。公司里典型的广告部经理都是40多岁的男性,对变化反应较慢。只有1%的广告会在第一时间出现在网上,但是人们预言这个数字将会慢慢上升到5%。当这个上升过程开始时,可能也是通过那些著名品牌合作者的帮助。里卡多在最近举行的会议上说过:"当通用汽车需要在网上打广告的时候,他们就会去寻求与那些著名的品牌的合作,比如雅虎。"现在,因为这一辈的广告人正在被更年轻的人所取代,AskMen.com的合作者与他们的同辈才有了可能拥有赚取这些巨额广告费用的机会。

近期的市场调查数据显示,AskMen.com正在收缩他们的目标市场,原本是70:30比例的男性浏览者和女性浏览者,最近已经转为几乎全以男性为目标市场,正如他们原本期望的那样。最新的数字显示,90%的男性浏览者正好处于他们之前定下的年龄段(年轻的,就职者)内。尽管广告费用在普遍下降,AskMen.com仍然坚持这个底线,即使雅虎这样的网站正在提高价格,AskMen.com仍然要价合理,他们已经摸清了既不会因为价格太高而吓跑消费者也不会因为要价太低而让自己穷得付不起账单的这条微妙的界线。

为了更快速地发展,一项火暴的计划正在考虑中,那就是与AT&T的无线交易。仅在韩国,无线电话的使用者每年都要通过他们的手机消费1 000美元,正如当年美国人学习怎么用电脑在网上买东西一样。无线交易将会成为新经济的一部分。但AskMen.com该不该开设专门的亚洲或欧洲网页呢?这让合作者和他们的同事很是为难,因为他们急于完成新的商业项目,然后一起去面试那些想来AskMen.com一试身手的候选人。另外一些正在考虑的项目都包括在本案末尾的专栏2里了。

可控制的发展的最普遍的问题就体现在新项目计划的核心里。在2002年4月,公司就会盈利,尽管每项决定都采取保守态度,但同时,公司还会以其需要的速度来不断地学习和前进。

> **专栏1**
>
> **AskMen.com 的收入来源**
>
> 1. 广告 30%
> 2. 电子商务 50%（通过广告）
> 3. 内容审批 5%
> 4. 付费会员和 AskMen.com 的付费网页 10%
> 5. 无线收入（与 AT&T 合作）0%
> 6. 业务通讯赞助（年底为止已经有将近 25 万会员）5%
>
> 2002 年的销售：250 万美元
>
> 2002 年利润(税前)：60 万美元
>
> 未来 1~2 年的目标：
>
> 1. 再投资未来项目(电视广告、杂志投放、公关等)的"储备基金"。
> 2. 扩展付费会员专页,包括健身、理财、保健等版面。为付费会员创造"高级优质"内容。
> 3. 监控我们的搜索引擎通信量,如雅虎、MSN 和 AOL。
> 4. 通过与一些传媒公司的商谈,举行共同宣传秀来宣传 AskMen.com。
> 5. 提高由广告商支付的平均比率,以招徕更大的广告客户。
> 6. 投放新服务,每月邮寄账单：ISP、个人主页、游戏板块等。
> 7. 开设全面的"电子商店",名为 AskMen.com 礼物指导(超过 1 000 页)。
>
> 资料来源：R. Poupada,2004。

专栏 2

AskMen.com 正在考虑的项目
（大约在 2004 年 6 月）

1. 印制一本书，包含每个版面（约会向导、职业向导、时尚向导、操作向导）。

2. 增加视频游戏板块（我们的人口统计学状况非常好，花费 40 亿美元为此版面打广告）。

3. 增加电影板块，原因同上。

4. 许可我们的内容成为国家级的出版物。

5. 做一个真人秀。

6. 增加新闻、体育、娱乐、育儿等项目，让我们成为一个门户网站（天气、个性化等）。

7. 制定一个分支项目来推销我们的书（应该在内部进行还是在公司外等）。

讨 论 题

1. 为什么在网络上，女性网站的发展要领先于男性网站？
2. AskMen.com 的理念与同时存在的其他网络企业有什么不同？
3. 什么样的决定性因素将会决定 AskMen.com 能否生存以及繁荣发展？
4. 你会推荐什么样的项目计划给里卡多·波巴达和他的搭档们，帮助他们达到新的发展目标？并解释你的选择与建议。
5. 对于 AskMen.com 来说，最终的发展策略应该是怎样的？

第二章

创新理论

本章目标：回顾创新过程的理论。首先考虑个人创新，然后讨论企业创新。通过介绍实例以及创新个人的自我评价训练，对这些理论的实用性和精确性做初步探讨。此外，再深入分析一些企业（PIMS 数据）以及个案研究（惠普喷墨打印机）的例子。

什么因素使得一个人比别人更有创意？为什么有的团体具有更强的创新能力？为什么有的企业更有开创性？多年来人们一直试图回答这些问题，其中一些尝试是基于批判性思考和分析的。还有一些尝试是经验丰富的业内人士所做的。本章我们探讨创新的根本模式，这种模式可以回答有关创新多样化以及创新含义的问题。

个体与创新过程

在惠普公司，管理层会竭尽全力让员工们过得舒适。给他们额外的休假以免他们疲劳过度。惠普和 IBM 这样的公司善于培养这种常常体现在软件开发领域中的高科技"智能"，来作为自己的竞争优势。还有其他一些领域也善于培养创新人才，如生物技术、通讯技术、电脑芯片等行业。"这几乎是通用定律,真正的高科技产品都是创新思想的产物。"[1]

像日本富士通公司、微软公司、苹果电脑公司和太阳微系统公司都在挖掘富有创造力的人才。然而,营造一个能够培养创新人才,又有利于创新企业行为的环境也很重要。特别的重视是一个因素。是让研发人员还是工程人员访问顾客,有没有市场人员,这些又是一个重要因素。许多个人和公司回避这些"极端"行为。[2]

最终,想法也许是来自于个人,但是小组和团队使新的想法转化成创新产品和服务。我们看一下这些成功发明家的例子。一个是彼得·克莱姆(Pieter Kramer),他在飞利浦公司发明了光盘;另一个是乔治·赫梅尔(George Heilmeier),他在普林斯顿的 RCA 公司的研发实验室发明了液晶显示器。怎样把天才发明变为成功的创新?从这个角度考虑,这些例子都不具有教育意义。例如第二个例子中,RCA 并没看到液晶显示器的潜在商业价值,后来日本夏普成功引进了这项技术。

在其他报告领域,个体小组创新人才的故事很有趣,像约翰·戴博德(John Diebold)的书《创新者》(*Innovators*, 1990),但这些有用吗?有人能模仿天才吗?系统理论和实证研究对我们理解个体创新有哪些作用?我们先讲个性和人口统计学,然后介绍其他关于唐·坎贝尔(Don Campbell)称为"可得性行为"的证据——价值、态度、行为意图——集中讲述个体的创造力和创新倾向。[3]

冒险和年龄

在一个不是很著名的关于工作中创新行为的实验研究中,维克托·弗鲁姆(Victor Vroom)和伯尼德·帕罗(Bernd Pahl)调查了 1 484 名男性经理人对于风险的反感程度。这次调查采用了问卷的形式,题目是对生活中遇

---

[1] Hooper, Laurence. (Monday, May 24, 1993). The creative edge, *The Wall Street Journal*, p. R6.
[2] Hooper, Laurence. (Monday, May 24, 1993). The creative edge, *The Wall Street Journal*, p. R8.
[3] Campbell, Don(1965?).

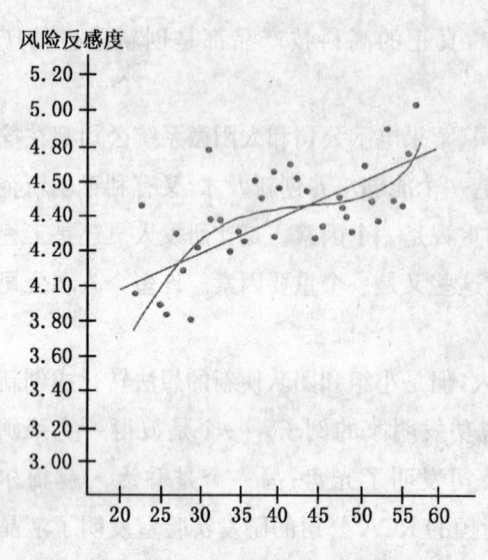

资料来源：Vroom and Pahl(1971)。

图2—1 管理人员的年龄与冒险倾向关系图

到的问题做"二选一"的回答。例如，一位已婚工程师是选择一份安定的工作，还是选择一个正处于起步阶段、有更多职责更大潜力的公司。[1]调查得出的平均风险反感度按年龄划分如图2—1所示。纵坐标上数字越大代表的风险反感度越大，数字越小就是乐于冒险（在两选项成功的可能性是30%对90%的情况下，他们选择成功可能性较低的冒险选项）。横坐标是年龄，基于这种假设，年长的经理人是不想冒险的。

虽然这次调查结果支持年长的经理人具有较大的风险反感度这个假设，但是图2—1显示，三次多项式曲线更接近于图中的调查数据。精确的三阶回归方程式为：

$$R = 1.403 + 0.406A - 0.009\,5A^2 + 0.000\,7A^3$$

其含义相当有趣。从20多岁到35岁左右，冒险度迅速降低，从35岁左右到50岁左右变化不大，然后随着年龄增长，冒险反感度又迅速上升。这往往是在一个人的事业生涯中的最有生产力的中层管理阶段。

在1971年没有关于女性的数据，但是现在有了这么多的女性职工，按照当时的方式再做一次既有男性经理人也有女性经理人的研究一定很有趣。例如，1993年4月一个由《研发杂志》(R&D Magazine)进行的调查发现，与白人男性经理人相比，女性对事业的不满更大。仅27%的男性被调查者感到在工作中被歧视，而女性有61%有这种感觉。

标准创造力测试表明，不管在哪些创新领域——艺术、科学或者其他领域——创造力强的人并没有天才水平的智商。他们的智商很高，但还没有

---

[1] Kogan and Wallach (1964) in Vroom and Pahl (1971, pp. 399ff).

高到人类的极限。这么多年来,这些测试一直保持稳定。[1] 约瑟夫·安德森(Joseph Anderson)[2]说:"创造性只不过是超越当前界限,不论这些界限是技术、知识、社会准则或是信仰。所以星际探险(勇敢地到没人去过的地方)当然满足这个条件,贝多芬的第五交响乐也是。"[3]

冒险倾向、先天智力和创造力都是变化很缓慢的性格特点,而年龄变化是不受任何事物影响的。那么像态度这一类不太稳定的性格特点呢?下面我们就讨论这个问题。

拒绝改变

由人的冒险倾向不同这个假设我们可以得出一个推论,新科技不能发挥作用是因为人们不理智地拒绝改变。人们不习惯改变,拒绝改变是人的天性。

对"拒绝改变"这个词的解释与现实相去甚远。这是一个常识错误。人的天性拒绝改变这个观念否认了人类的学习和知识发展。在理论界[4]和实践中正在产生一种企业改变的新观点。[5] 人们拒绝工资减少、拒绝舒适度降低、拒绝失去控制。但是人们本质上不拒绝改变。实际上,有些人能从改变中极大地获利。

这种新观点,其实是文学作品中一些关于拒绝改变的深刻见解的延续。在早期文学作品中,拒绝改变与缺乏机遇、失去控制是密切相关的。例如,爱德华兹·戴明(W. Edwards Deming)博士认为,"系统"有故障是管理层的责任,不是系统中个体的问题。他的这个观点反映了他对质量和改变的

---

[1] Torrance, E. P. (1978). Giftedness in solving future problems, *Journal of Creative Behavior*, Vol. 12, p. 75; Khatena, J. and Torrance, E. P. (1976). Manual for Khatena-Torrance Creative Perception Inventory, Chicago: Stoelting Company.

[2] Anderson, Joseph. (1992). *Academy of Management Executive*, Vol. 6, No. 4, p. 41.

[3] Ibid.

[4] Dent, E. & Goldberg, S. (March 1999). Challenging resistance to change. *The Journal of Applied Behavioral Science*, Vol. 35, No. 1, 25–41.

[5] 在我们对60个企业制造计划案例的调查中(参见第九章),"抵制改变"是被调查发现的一个最新的变革管理的问题。例如,如果员工没有得到培训,怎么可能期望他们适应新的企业制造计划系统?公司很明显地将他们的培训或者企业制造计划的开发预算低估了至少25个百分点。

看法。[1]

最近，一些作者号召大家重新思考"拒绝改变"的问题，人们曾经一度被这个问题困扰：

名为"拒绝改变"的一系列智力模型不能解决他们面临的问题。我们的基本方法是废除这个模型及相关术语。我们来做一个类比，专家最近提出取消"儿童发育"这一术语。他们发现，男孩和女孩的发育模式差别太大，用"儿童发育"这个词根本不能表示。我们认为"拒绝改变"这个词也是这样的。"改变"含义太广，人们根本没办法拒绝。[2]

这么多人积极地寻求改变，所以"拒绝改变"这个词失去了它的意义。新的术语和概念会代替它，下面我们会讨论这个问题。

创新态度

政府机构的计划变动越频繁，关键决策者越具有创新价值。[3] 但是也有研究表明，创新态度或价值常常受具体情况的影响。[4] 高科技公司并不多，仅仅依靠几个杰出人才的公司也不多，我们怎样思考、如何衡量工作上的创新行为呢？在高科技公司，往往一项工程中同时有几百人在工作，并不是所有的人都是杰出的创新天才，这时候我们又该怎么管理呢？

为了寻求不浪费创新倾向的方法，艾特略和欧基夫（O'Keefe）设计并使用了一个问卷，从理论和实践两个方面询问了在工作中怎样使用创新人才。[5] 这个测试综合考虑了以下倾向和行为，诸如把几个已有的方法合并为一个新的方法来解决问题，找出需要解决的难题，重视老方法的新应用，以及有幽默感。下一部分介绍"爱玩"时，要记住"我很聪明"这最后一个特征。本章附录附上有艾特略和欧基夫设计的测试创新态度的问卷中的

---

[1] Deming, W. E. (1993). *The new economics*. Cambridge, MA: MIT Press.

[2] Dent, E. B. & Goldberg, S. G. (March 1999). Resistance to change: A limiting perspective. *Journal of Applied Behavioral Science*, Vol. 35, No. 1, 45—47.

[3] Hage, J. and Dewar, R. (1973). Elite values versus organizational structure in predicting innovation, *Administrative Science Quarterly*, Vol. 18, 279—290.

[4] Rokeach, M. and Kliejunas, P. (1972). Behavior as a function of attitude-toward situation, *Journal of Personality and Social Psychology*, Vol. 22, No. 2, 194—201.

[5] *Journal of Management Studies*, Vol. 19, No. 2, 1982, 163—182.

问题。

这次研究有一个违背常识的惊人发现,当我们评价一个有创新人才的企业或团队冒险氛围时,不管什么职业,这之间是没有固定关系的。也就是说,我们以为在一个有适当冒险精神的环境中必定会有很多的创新人才。事实并非如此。为什么呢？不管什么职业的创新人才,如研发科学家、软件工程师等,他们在工作中都是出类拔萃的。一个拥有冒险精神的工作氛围只是一部分原因。正是不同性格、不同职位的员工相互合作,像齿轮紧紧咬合在一起,才把优秀的想法转化成了优良的产品和服务。

下面花点时间填一下这份自我评价表（见资料2—1）。得分对应的等级参见本章附录。

资料 2—1

自我评估

请指出下面哪一种程度接近您在工作中的实际行为或倾向,即描述您在工作中的行为或想法。用下面的选项作答：

5—几乎总是

4—常常

3—不确定

2—很少

1—几乎从未有过

——1. 我与上司公开谈论工作如何进步。

——2. 我尝试用新的思想和方法解决问题。

——3. 为了找到如何进行工作的方法,把事情或情况分开来看待。

——4. 我欢迎在我的任务中出现不确定性和异常的情况。

——5. 我与上级公开讨论薪金问题。

——6. 我找出已有方法或设备的新用法。

——7. 在我的同事和合作伙伴中,我是第一个或几乎是第一个试验新的想法或方法的人。

> ——8. 我抓住机会加强本部门与其他部门之间的沟通。
> ——9. 我会展示独创性。
> ——10. 我会挑战让别人感到棘手的问题。
> ——11. 我会从批判的角度来研究新方法。
> ——12. 我会对提出的想法做书面评估。
> ——13. 我会与非本公司的专家交流。
> ——14. 我用个人关系来选择工作。
> ——15. 我花时间追求自己的创意或计划。
> ——16. 我为追求冒险项目设定了额外资源。
> ——17. 我能容忍不按企业常规办事的人。
> ——18. 我会在职工会议上发言。
> ——19. 我与大家合作解决复杂问题。
> ——20. 我的同事认为我很聪明。
>
> 资料来源：Ettlie & O'keefe, *Journal of Management Studies*, 1982 的得分。

爱玩

玛丽·安·格林和珍妮·韦伯斯特(Mary Ann Glynn and Jane Webster)给成人爱玩下了定义，而且给出了玩的衡量标准。[1] 她们把成人爱玩定义为"个体特征，一种定义(或者重新定义)想象中的活动倾向，非严肃或隐喻方式以便提高内在的乐趣、参与和满足感"(第85页)。他们已经发现在某种程度上爱玩的程度与创造力和自发性是有关系的，但这一概念与性别或年龄无关。研究发现爱玩与工作表现成正比。成人爱玩的标准在附录中有注释。

研究发现，成人爱玩与艾特略和欧基夫所评价的创新倾向和内在动机有极大的关系。[2] 这说明天性爱玩的人在工作中能起实质性的作用，不论

---

[1] Glynn and Webster(1992).
[2] Ettlie and O'Keefe (1992). *Journal of Management Studies*.

其从事什么职业。最终,为了企业的创新成果,可以在工作部门或团队中综合运用不同性格的人。

最近头脑风暴的研究表明,单独工作和团队合作都能激励产生创意。[1] 因此可以放心地说,个体的创新趋向是可以预测的,甚至可以在企业中得到培养。

然而,时间截点和由不确定的技术对创新带来的压力也造成了很大的管理挑战。苹果牛顿掌上电脑的第一个版本的开发就是一个例子。就像《纽约时报》文章(商务版,1993年12月12日)中说的那样,这个例子是一个典型,在变化迅速、竞争激烈的市场中很多公司都经历过。

苹果牛顿的成员和团队很显然都是非常有创造力和创新精神的。但是,最初开发的结果却跟预期的不同。这件事情到底是部分的成功还是部分的失败,仁者见仁,智者见智,成败原因和人力资本消耗在这个例子中都很好地反映出来了。

流动性和创新过程

多次讨论的结果是,人们因创造力不同,相应地在他们所工作的各自企业或制度中做出不同的贡献。当然,现实情况是截然不同的。创造性和创新性的人才通常情况下是流动的。他们为了寻找适合自己并且需要自己的环境,会从一个公司跳槽到另一个公司。这个过程可以简单描述为,如果没有"发言权",也没有所谓的"忠诚",他们将会"退出公司"。[2]

评估的标准在改变,但是在美国每年大约25%的劳动力更换工作(在企业内部或企业之间——不包括新员工)。[3] 除了经验等个体特征、公司的大小或国内劳动力市场等企业特征之外,关于更换工作的社会学原因的研究少之又少。

对这类事情的更新选择有两个著名的例外。其中之一是由布里奇斯和

---

[1] Sutton, Robert I. and Hargadon, Andrew. (1996). Brainstorming groups in context: Effectiveness in a product design firm. *Administrative Science Quarterly*, Vol. 41, 685—718.

[2] Hirshman, Albert O. (1970). *Exit, voice and loyalty*, Cambridge, MA: Harvard University Press.

[3] Haveman and Cohen, 1994.

维尔梅(Bridges and Villemez)所著的一本书《雇佣关系》(*The Employment Relationship*),这本书主要讲雇佣实践和条件。[1] 书中的数据是在对芝加哥2 000位职员和雇主的随机抽样的样本分析中得出来的,这些数据将成为研究这一课题的最全面的资料。研究结果使人们聚焦到国内劳动力市场的概念的局限上。毫不奇怪,与白人男性相比,白人女性不享受相同的"固定"的提升机制。然而,令人惊奇的是布里奇斯和维尔梅发现了黑人员工在就业权利方面没有处于不利地位,并且能获得官方控制的有正式升职计划的工作。很可能是因为他们的外部就业机会受种族歧视的限制。也就是说,内部和外部劳动力市场之间成反比关系。政府通过官方控制内部劳动力市场来引导企业,但不增加人事部门。私人部门中官方控制和收入之间存在一个平衡。

第二个例外是哈弗曼和科恩(Haveman and Cohen)所做的研究[2],他们验证了一个想法,即无论是企业的建立、解散还是企业合并都对工作机会具有可预测的影响。尽管企业的建立可以增加工作岗位,但是解散和合并会破坏工作机会。从1969年到1988年,在加利福尼亚的储蓄和贷款业,5 816位经理人共更换过8 094次工作,证实了这种社会生态学的就业流动理论。也就是说,大约每位经理平均更换了1.4次工作,在5年内每个人都从事过2.4种工作。这些更换中大约23%发生在同一家企业内,17%发生在同行业不同企业之间。从事储蓄和贷款行业的经理中超过1/6的人转向了最近建立的企业,大约占10%。超过25%进入管理职位的经理人是在最近建立的储蓄和贷款机构。当机构解散或合并后,就会有1/4的经理人跳槽。

人们很少系统地研究流动性和创新性的相关问题。然而,大量实际案例以及食品工业的新包装技术证明,企业采取的新技术越是彻底,增加"新的血液"或公司间的流动性对于革新过程越重要。在新包装技术的调查中,总共23家食品企业(41%)拥有能够做出创新决定的员工。更加重要的是,采取一种特殊的前沿小包装技术(方便装),与决策部门的人事变动有很大

---

[1] Bridges, William P. and Villemez, Wayne J. (1994). *The employment relationship*. New York: Plenum.

[2] Haveman and Cohen, (1994).

关系。

也有数据表明,采用的新技术越彻底,新调来的人就越需要位于高职位(比如,副经理),才有利于促进这项技术的采用。对食品包装行业的调查研究表明,大约 27%(56 个公司中的 15 个)的案例在最初的 3 年中取得了管理方面的收获,而这 3 年对于公司的创新决策有很大影响。[1] 早期研究中的案例也支持这种观点,高层管理人员调动会影响采取创新技术的实际执行。[2]

一项新技术一旦采用了,那么企业内部调动(公司内部企业之间的人事流动)对于新技术的实际应用成功与否就相当重要。这种调动也可能涉及一般经理级别以下的人事变动。艾特略研究了 39 个用弹性的自动化技术改进了生产线的耐用品生产厂家,其中有 22 家(即 56%)在技术执行的后期阶段有至少一次的人事变动。[3] 其中一半的案例是一位生产工程师提升为经理,四位或更多生产工程师调到其他位置,以更利于新生产技术的执行(例如,团队任务分配)。这种生产工程师内部调动与更多正常运行时间(改善新系统表现)和由于新生产技术而产生的更多存货(较少在制品存货)是有重要联系的。

社会技术系统

早在 20 世纪 60 年代,随着路易斯·戴维斯和阿伯特·蔡恩斯(Louis Davis and Albert Cherns)[4]、埃里克·特里斯特、休·墨里和塔维斯特克(Eric Trist, Hugh Murray and Tavistock)等先驱的创新性工作,社会技术系统(STS)的企业改变模式已经不仅仅是一个理论。社会技术系统是哲学体系和变动方法论,也是一个为了产生关于工作系统关联(社会和技术)设计的革命性理念的变动。工作中雇员(不仅是蓝领工人)的态度、自我调节

---

[1] Ettlie (1985, p. 1059).

[2] Ettlie (1980).

[3] Ettlie, J. E. (May 1990). Intrafirm mobility and manufacturing modernization. *Journal of Engineering and Technology Management*, Vol. 6, Nos. 3&4, 281—302.

[4] Davis, L. E. & Cherns, A. B. (Eds.). (1975). *The quality of working life*, Vols. 1&2, New York: The Free Press.

团队和工作质量是这一方法的关键。工作系统中鉴定的多样性是社会技术系统工作系统设计或再设计的中心环节。几位作者开始尝试在社会技术性系统和总质量之间建立联系。[1]

然而,想要合并社会技术系统哲学和管理技术还是有很大挑战,因为社会技术系统曾经用来与新技术的介绍相关联的案例已经很少见了。[2] 对这些总的趋向有一些例外,下面我们将给予介绍。

哈维·科洛狄(Harvey Kolodny)和莫西·科戈德(Moses Kiggundu)的工作很好地解释了主流社会技术系统干预的例外。早期工作开始于在新的植物[3]和林地的收获,早期的工作表明,社会技术系统机械化收割组比低效率的小组的效率要高两倍[4]。他们开始猜测用微处理器工作的场所怎么样组织可以规范无法预测的变化。[5] 他们的关于具有新技术的主流社会技术系统的最近成果是一项跨国研究的以计算机为基础的弹性制造技术,这些研究来自瑞典、法国、加拿大的12家公司。科洛狄和科戈德并不赞成他们的第一个假设,除了在食品加工部门,新的加工技术设置将无法用来解释不可预测的变化。建议增加对开放过程、规则、步骤和管理复杂性的关注这个假定取得了适度支持。强烈支持假设四:企业安装新的基于计算机的加工技术将采取综合方法(例如,共享数据库、合作完成工程、优化企业结构、自我调节工作团队,以及协调新机制等)。这一发现几乎完美

---

[1] Persico, J. & McLean, G. N. (1994). The evolving merger of socio-technical systems and quality improvement theories. *Human Systems Management*, Vol. 13, No. 1, 11−18; Manz, C. C. & Stewart, G. L. (January-February 1997). Attaining flexible stability by integrating total quality management and socio-technical systems theory. *Organization Science*, Vol. 8, No. 1, 59−70.

[2] See Ettlie, J. (1988). *Taking charge of manufacturing*. San Francisco, CA: Jossey-Boss, for a review of this issue.

[3] Kolodny, H. F. & Drenser, B. (Winter 1986). Linking arrangements and new work designs. *Organizational Dynamics*, Vol. 14, No. 3, 33−51.

[4] Kolodny, H. F. & Kiggundu, M. N. (September 1980). Towards the development of a sociotechnical systems model in Woodlands mechanical harvesting. *Human Relations*, Vol. 33, No. 9, 623−645.

[5] Liu, M., Denis, H., Kolodny, H., and Stymne, B. (January 1990). Organization design for technological change. *Human Relations*, Vol. 43, No. 1, 7−22.

地复制了类似情境的早期研究成果。[1] 来自不同领域的调查结果的集中分析是非常重要且不可忽视的。假设五仅得到适度支持,这表明当社会技术系统应用于新的加工技术时,组织的设计者将会放大合理性。南茜·海尔(Nancy Hyer)和同事发现细胞制造的社会技术系统设计有着相似的结果。[2]

詹姆斯·泰勒(James Taylor)提出了关于传统社会技术系统应用的其他例外情况所包括的内容,他在爱达荷南帕的半导体厂一开始就直接地与高技术设计小组合作,工厂极大地改变了生产微处理器的方法。[3] 在巴克曼实验室,潘和斯科博拉弗(Pan and Scarbrough)已经将社会技术系统应用于知识管理,这一应用在顾客反应和产品创新率方面取得了很大的进步。[4]

组织和创新过程

为什么有些组织更具创新性?为什么有些组织能坚持它们的创新倾向,而其他的组织却停步不前?我们以 S 曲线的简单概念为出发点来回答这些问题。

技术 S 曲线

技术 S 曲线,就像克里斯藤森(Christensen)所称的那样,理论上获得"给定数量的工程计划的技术改善的潜力",并随时间而改变。[5] 在技术生

---

[1] Ettlie, J. and Reza, E. (1992). Organizational integration and process innovation. *Academy of Management Journal*, Vol. 35, No. 4, 795—827.

[2] Hyer, N., Brown, K., and Zimmerman, S. (January 1999). A socio-technical systems approach to cell design: Case study and analysis. *Journal of Operations Management*, Vol. 17, No. 2, 179—203.

[3] Taylor, J. C. and Asadorian, R. A. (July-August 1985). The implementation of excellence: STS management. *Industrial Management*, Vol. 27, No. 4, 5—15.

[4] Pan, S. and Scarbrough, H. (September 1998). A socio-technical view of knowledge-sharing at Buckman Laboratories. *Journal of Knowledge Management*, Vol. 2, No. 1, 55—66.

[5] Christensen, Clayton M. (Fall 1992). Exploring the limits of the technology S-Curve, Part 1: Component technologies, *Production and Operations Research*, Vol. 1, No. 4, 334ff.

命周期的初期这一潜力是相当大的,然后,在生命周期的末期,增长的工程计划将会减少技术成果的回报。也就是说,随着技术变得成熟,它将会趋近于某一"自然或物理的极限"。这种技术 S 曲线如图 2-2 所示。由图可以看出,开始是一个渐进的过程,然后是产品性能的迅速提升。随着时间的推移,工程知识的普及,这项技术变得容易理解,同时技术成果的回报也慢慢变少。

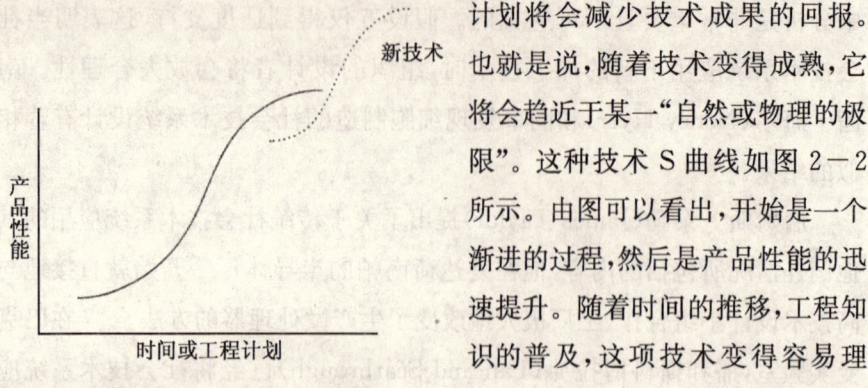

资料来源:Clayton Christensen,1992。

图 2-2 技术 S 曲线

有很多种方式可以用来表达这种技术现象,据目前所知,都是以 S 曲线或对数曲线来表示的。例如,我们可以通过跟踪观察一个新技术产品能够占有多大的市场,来关注这一产品的良好性能的影响。[1]

不难看出这个理论可以用来预测技术。戴维·萨哈(Dev Sahal)在这方面做了很多影响深远的工作,并且出版了一本书《技术创新的模式》(*Technological Innovation*)。[2] 他是不仅提出并且用案例中详细的时间序列数据来证明的人员之一,随着时间的推移,这是一个逐渐增进理解的过程,当人们了解了一项技术的潜力后,就会对该技术做进一步的开发研究。各种不同的技术的总体模式就是这样的,虽然有点小小的差别。

累积学习的过程常常会产生进一步的创新。如图 2-2 中的虚线所示。例如,1936 年 DC-3 开始服务,它是对先前航空器进行改善的产物,它在服务生涯中也经受了一系列的改善,这些改善都没有突破。它后来成为了开发活动的焦点,DC-6 有许多与之相同的特点。本书后面讨论塔什曼—安德森(Tushman Anderson)扩展时将会提到这一点。

如果我们能够了解技术类型之间的参数区别,就能对技术预测做适当

---

[1] Christensen, Clayton M. (1992). Exploring the limits of the technology S-Curve, *Production and Operations Management*, Vol. 1, No. 4, 334—357.

[2] Sahal, Devendra. (1991). *Patterns of technological innovation*. Reading, MA: Addison-Wesley Publishing Company, Inc.

调整来作为一个基本的 S 曲线和方程的变量。萨哈比较了航空器、农场设备、电力系统以及其他技术。在这些方面,他发现没有证据支持各种技术之间"需求拉动、技术推动"不同的二分想法。最后,技术"依靠保护其有效利用的大型系统的规模",这可以解释那些需要用当地资源改进的技术之间暂时的变化。例如,中国人开发小鼓风炉的失败尝试。

突破性技术

通过定义可以解释突破性技术与渐进性技术的概念,但是还没讨论根本改变的一个关键特征:它需要的时间长度不同并且给这个世界带来新东西。表 2—1 列出了一个关于渐进性技术例子的简短摘要,可以用来说明这点。您是否知道吉列感应剃须刀片的开发用了 13 年的时间?

表 2—1　　　　　　　　　　根本技术开发时间

激进式创新	开发时间	来源
吉列感应刀片	13 年	*BusinessWeek*, Jan 29, 1990, p. 62
吉列锋速 3	20 年	Boston Global, Mass, 1998, p. C1
波音 767	12 年	HBR 9-688-040"Boeing 767" Apr 1, 1991
无线保真	19 年	*Wall Street Journal*, New York, Aug 8, p. A1
浮法玻璃	7 年	HBR 9-695-024"Pilkington"Nov 16, 1994
连铸	16 年	Preston, Richard, 1991, *American Steel*
施乐 914 复印机	14 年	Diebold, John, 1990, *The Innovators*, p. 100
光纤技术	11 年	HBS case, 9-730-440, Henderson, 2002
晶体管	约 10 年	Diebold, John, 1990, *The Innovators*, p. 14

可能很容易被人忘记,但毕戈耐斯和派瑞特(Bigoness and Perreault, 1981)率先引进了一个伟大的概念。[1] 他们认为,创新是一个相对概念,相对于时间、内容(例如,公司也许创新的是生产工艺,而不是产品等)和参考领域(内部对外部),也就是说,相对于公司的各种单位、行业、其他国家或经济区。这种结构已经用来衡量创新性。请看下面的例子。

产品是……?(圈出一个答案):

a)对于世界来说是新的;

---

[1] Bigoness, W. J. and Perreault, William D. Jr. (1981). A conceptual paradigm approach for the study of innovators. *Academy of Management Journal*, Vol. 24, No. 1, 68—82.

b) 对于行业来说是新的；

c) 对于公司来说是新的；

d) 一个由现有产品做重大改良而得的产品；

e) 一个由现有产品做较小修改而得的产品；

f) 其他。

最近对这个问题作答的频率分布基本如下：大约6.7%的产品对于世界来说是新的，31%的产品对于行业来说是新的，9%的产品对于公司来说是新的，24%是由现有产品做重大改良而得到的产品，并且29%的产品是由现有产品做较小修改而得的产品。[1]

技术预测

技术预测通常是作为能产生结果的一系列工具，就像技术策略的原材料一样。现在这个话题值得讨论，是因为许多预测方法的加强都需要首先理解技术创新理论和创新扩散。

乔·马丁诺(Joe Martino)的书《决策制定的技术预测》(*Technological Forecasting for Decision Making*)是这个领域的经典著作，这本书是每个预测创新趋势和创新走向的相关人员必读的。根据马丁诺的观点，一个技术预测包含以下4个要素：

- 正在预测的技术；
- 预测的时间；
- 关于技术特征的描述；
- 与预测有关的可能性的表述。[2]

很容易看到技术S曲线怎样直接地预测技术趋向的。例如，当能够获得一项技术的性能或分布数据时，技术进步过程中的变化率可以通过S曲线的简单方程预测出来（珀尔曲线或逻辑曲线）：[3]

---

[1] Ettlie, J. E. and Elsenbach, J. "Scale, R&D Performance, and Idea Profiles for New Products," Working paper, August, 2004, working paper, College of Business, Rochester Institute of Technology.

[2] Martino, J. P. (1993). *Technological forecasting for decision making*. New York: McGraw Hill. The book comes with a CD to demonstrate the various forecasting techniques.

[3] Ibid., p. 61.

$$Y=\frac{L}{1+ae^{-bt}}$$

式中,Y 是技术进步的变化率,L 是位于增长值的上限处的曲线值,e 是自然对数底,t 是时间。

如果我们知道曲线的形状、在这种情况下的 S 曲线,然后就是确定满足曲线上数据的系数 a 和 b。如果曲线的初始值不是零,方程的右边要加一个常数。珀尔曲线[雷蒙德·珀尔(Raymond Pearl)是研究人口增长的人口统计学家]的好处是形状(陡峭度)和位置可以独立地控制,以便用来预测技术怎样快速地出现,然后又怎样趋近稳定。在增长曲线中两种技术互相交叉并且发生置换的情况,可以用喷气式飞机速度和螺旋桨式飞机速度的例子来说明(如图 2-3 所示)。通常情况下,当数据实际上符合珀尔曲线时,可以通过等式两边取自然对数把曲线调整成直线:

$Y=\ln(y/L-y)=-\ln a+bt$

等式的右边是一条直线,以 a(截距)和 b(斜率)为参数。

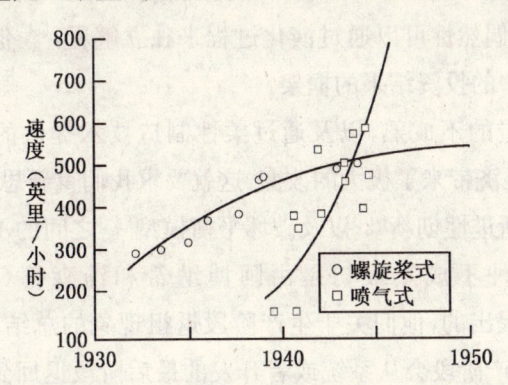

资料来源:J. P. Martino, *Technological Forecasting for Pecision Making*, 3rd edition(New York: McGraw-Hill, 1993), p. 80. Figure5-1. Reprinted with permission from the McGraw-Hill, Companies.

图 2-3 飞机动力的主流设计的诞生:螺旋桨式与喷气式

主流设计的出现是理解这些置换曲线和企业更新换代生存特征的关键。基于对三个产业的研究,安德森和塔什曼(Anderson and Tushman)认为,主流设计是单纯的基本体系,这一体系将成为可接受的市场标准。主流设计不一定是最创新的设计。相反,它应是其他地方领先特征的综合应用

(例如，IBM 360 计算机)。[1]

当我们在第三章介绍预测创新的发展和传播的各种方法和步骤时，将会进一步讨论技术预测，同时也会介绍公司实际预测的例子。最后，应该指出这个术语"技术预测"，或者预测技术趋势，在文字上有时候会和"技术评估"或预测使用一种技术的结果混淆。[2] 下面我们重点讨论技术预测的背景理论。

生产阶段的演化

阿博纳希和维恩(Abernathy and Wayne)以及后来的阿特贝克和阿博纳希(Utterback and Abernathy)研究了企业的生产阶段的演化，并且率先提出成功的企业倾向于在行业或产品组的生命周期的早期阶段在产品研发上大量投资。[3] 当新产品的主流设计出现时，投资转向加工技术，策略转向如何让成本最小化，与产品性能变化相反。竞争的基础因行业的生产—加工核心所处的成熟阶段不同而不同。虽然这个模型还存在一些问题，例如，成功性能的偶然性可以通过演化过程来独立解释，[4]但它确实是一个比较生产创新中的投资结果的框架。

耐用品制造的不成熟，以及通过柔性制造技术提供的经济机遇的出现[5]，给规模经济带来了极大的改变，这就要求我们重新思考早期的理论。突破性创新和渐进性创新[6]以及破坏平衡模型[7]之间的不同不足以解释这个趋势。这种不成熟最初是由阿博纳希和汤森德(Abernathy and Townserd)[8]提出的，他们关于生产阶段返祖现象的总结认为，当环境不稳定的时候，生产阶段会从系统或者开发的最后阶段退回到早期阶段。图

---

[1] Anderson, P. & Tushman, M. L. (May-June 1991). Managing through cycles of technological change. *Research Technology Management*, Vol. 34, No. 3, 26−31.

[2] Hendriksen, A. ,1997, A technology assessment primer for management of technology. *International Journal of Technology Management*, Vol. 13, No. 5,615−638.

[3] Abernathy and Wayne (1974); Utterback and Abernathy (1975).

[4] Ettlie (1979).

[5] Ettlie and Penner-Hahn (1994).

[6] Ettlie et al. , 1984.

[7] Anderson and Tushman (1991).

[8] Abernathy and Townsend (1975), p. 397.

2—4演示了这种返祖倾向,引自阿博纳希和阿特贝克最初的模型。[1]

阿博纳希和阿特贝克后来说,有时候最佳的选择是"缓慢或反向演变进展或者保持在一个特定阶段,这个特定阶段提供冲突矛盾(适应和创新与高生产率之间的矛盾)的最佳平衡"(第395页)。

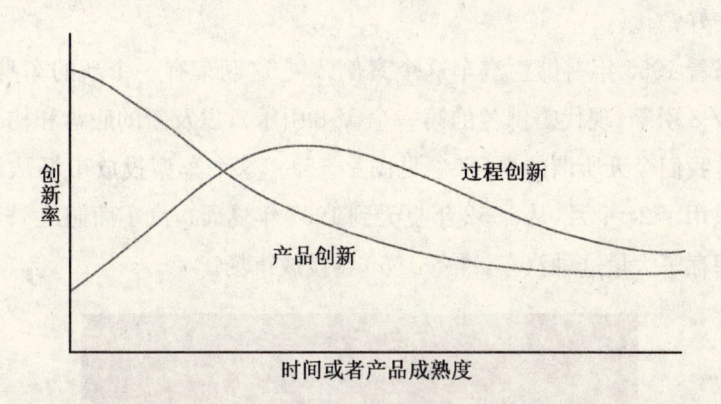

竞争侧重点	流动模式	过渡模式	特殊模式
	功能型产品性能	产品变化	成本降低
创新由何激发	用户需求和用户技术输入的信息	内部技术能力扩展而产生的机会	降低成本和提升品质的压力
主要创新类型	常见的产品主要变化	提高产量要求的主要过程变化	随产品和过程递增,生产和质量累积改进
产品线	多样化,经常包括客户定制	至少包括一个足够稳定的设计以拥有重要的产量	基本上是无差异的标准产品
生产过程	柔性和低效率;主要变化很容易被接受	变得更具刚性,伴随着主要步骤中的变化	高效,资本密集,刚性,转变成本很高
设备	普通目标,需要大量熟练的劳动力	一些子过程自动化,创造出"自动化孤岛"	特殊目标,多数是自动化的,由劳动力监控
材料	投入被限定于一般容易获得的材料	也许需要一些特殊材料,由某些供应商提供	需要特殊材料,如果不可得,垂直整合将花费巨大
工厂	小规模,靠近用户或者技术来源	一般目标,特殊部分	大规模,为了特定产品而高度特殊化
组织控制	非正式,属于企业家的任务	通过联络关系、项目组	通过对结构、目标和制度的重视

资料来源:Abernathy and Utterback. "Patterns of Industrial Innovation". p. 40, in M. Schmenaer, 1993。

图 2—4 阿特贝克—阿博纳希模型

---

[1] Abernathy and Utterback (1978).

1955年的雪佛兰汽车

如果公司环境（竞争者、顾客、政府）的改变会引起倒退，那么可以假设早期的战略和结构都更好。这是一个适当的假设吗？是否美好的过去真的如此美好？

来看1955年雪佛兰汽车这个案例。[1] 这辆车有一个新的车身，一个新的V-8引擎（现代雪佛兰的第一个V-8引擎），以及新的底盘和构架——也就是我们今天所谓的平台（参见图2-5）。这个车型投放市场从计划到生产只用了24个月（从1952年夏天到1954年夏天），汽车商们从1954年9月就库存了大量这种汽车，准备1955年投放市场。

图2-5 1955年的雪佛兰汽车

1955年的雪佛兰已经成为了经典之作，鲜为人知的是，与今天3～5年的上市周期相比较，它的上市历史同样成为了经典。基于实际参与1955年模型款式设计的工程师的报告，读者才了解到这个案例的独特之处。首先，所有设计工作都是在内部完成的。今天，重要的设计决定来源于汽车业的第一批供应商。

其次，设计部像一个工程会议室，在这里大家集合在一起共同制定决策。在20世纪60年代期间，计算机辅助绘图（CAd）和计算机辅助设计

---

[1] Ettlie and Stoll (1990) pp. 8—11.

(CAD)开始应用于汽车业和航天业,这分散了设计过程。这种团体制定决策的形式就不再存在了。

再次,20世纪50年代期间,在通用汽车公司,所有的工程师向一个总工程师汇报工作。包括设计工程师,还有生产工程师(当时叫生产工程师,也就是我们现在所说的制造工程师)。现在大多数的美国耐用品厂家中,制造工程师向制造经理汇报工作。

最后,这个项目启动的时候,在密歇根的弗林特正在建一个新的引擎工厂。工厂和汽车是同时设计的。今天,我们依靠柔性制造系统吸收设计变动,但是许多生产系统并不是那么具有柔性。

还有其他的区别,包括简单设计和更小、更简洁的企业。20世纪80年代制造业发生的大规模萎缩就是一个征兆,退化正在进行中。但我们是否可以那么容易地回到过去?沃梅克、琼斯和鲁斯(Womak, Jones and Roos)[1]发现,"精益"原则或者叫丰田汽车生产系统(TPS)原则说明了汽车行业中表现的差异性。丰田公司至少花了30年的时间来引进并完善这个精益制造系统,公司现在把这些原则应用于他们的设计过程中。但丰田在生产系统和技术方面开了一个好头,而不是在设计和产品技术上。这似乎与阿特贝克—阿博纳希模型(参见图2-4)相矛盾,至少在初步分析的时候是如此。然而,如果我们把丰田(在1936年生产它的第一辆汽车)看作对行业的彻底改造,那么在证据和理论之间将不那么矛盾了。丰田实际上成了本田在产品开发方面的基准点。[2] 根据沃梅克等人(第109~110页)所说,相对于"调整"产品开发,本田汽车公司用"管理"来快速地引进新产品,他们利用的是矩阵制组织,以前福特公司在福特2000年计划中采用过。[3]

创新的扩散

在技术创新和通讯研究领域有一本很著名的书,是埃弗特·罗杰斯

---

[1] Womak, Jones, and Roos (1990). *The machine that changed the world.*
[2] John Shook, Personal Communication, 1995.
[3] Simison and Suris, 1995.

(Everett Rogers)写的,这本书研究了创新的扩散。[1] 1962年,罗杰斯集中研究了社会系统中新思想的传播,或者说是传播,其实他所关心的基本上只是新产品。早在1968年,爱德华·曼斯费尔德(Ed Mansfield)就开始关注各种新技术的扩散,包括新产品的加工技术。[2] 创新扩散的最新研究表明,网络影响[3]和网络模式[4]正在流行。例如,一项模拟研究发现,网络联盟决定了企业怎样减少网络之外的不确定性。网络扩大或减少了一个公司对产品发布和新产品回报的反应。[5] 公司怎样获取或改变网络从边缘到中央的位置仍然是一个具有战略挑战性的问题。

地理位置与创新

是否在正确的时间和正确的地点做了应该做的事?自从拉里·布朗(Larry Brown)博士提出这个问题,人们开始想知道创新过程是否基本上是一种当地现象。在扩散到世界上的其他地方之前,所有好的发明和创新本质上就已经在当地结束了。最近许多关于地理学和技术改变方面的研究发现,在传统的化学部门科技的采用数只是通过公司的研发力度和研究项目的规模来解释。企业的能力,特别是科技的专业化对生物技术来说仍然是至关重要的。然而,生物技术模式的独有特点——地方化知识的外流——也是一个重要因素。[6] 进一步说,新的知识经济产业(例如,外流是通过接近研发部门、大学和熟练劳务中心)倾向于地理上的集中,并且有很大的创新机会。[7]

就像这个领域刚刚起步时的情况那样,技术产品的地方保护主义还很

---

[1] Rogers, E. M. (1962, 1983). *Diffusion of innovations.* New York. Free Press.

[2] Mansfield, E. (1968). *The economics of technological change.* New York:Norton.

[3] Redmond, Wililam H. (Nov 2004). Interconnectivity in diffusion of innovations and market competition. *Journal of Business Research*, Vol. 57, Iss. 11,1295.

[4] Ibid.

[5] Soh, P. and Mitchell, W. Dynamic inducements in R&D investment: Market signals and network locations, *Academy of Management Journal*, Vol. 47, No. 6,907—917.

[6] Mariani, Myriam. (Dec 2004). What determines technological hits? Geography versus firm competencies, *Research Policy*, Vol. 33, Iss. 10, 1565.

[7] Audretsch, D. B. and Feldman, M. P. R&D spillovers and geography of innovation production. *The American Economic Review*, Vol. 86, No. 3, 630—639.

严重。例如,与现在时髦的概念"技术全球化"、"无边界世界"等相反的是,国家环境对公司来说仍然是至关重要的,即便是所谓的跨国公司也不例外。简单地考虑以下内容,例如:在主要经济合作与发展组织(OECD)成员国,"大约90%的产品是为了满足国内市场,国内资本的国内投资远远超过了直接对国外的投资加上外国在国内的投资之和,国家证券交易所更多的是国内股票交易,跨国公司更准确的叫法应该是有着国际操作能力的国内公司,劳动力市场和工业之间的关系很大程度上是由国家的管制当局控制的……"[1]

演化理论

许多人把尼尔森和文特(Nelson and Winter)视为演进理论的开创者,虽然在他们的书出版之前(*An Evolutionary Theory of Economic Change*, Cambridge, MA, Belknap Press, 1982),已经有许多关于科技演进思想的文章发表。他们最著名的是引入"常规"这个词来描述"公司所有的日常行为以及可预测的行为模式"(第14页),提出了他们的演进理论的构成要素。那么什么是演进理论?"演进理论主要关注动态过程,这些动态过程随着时间的推移共同决定了公司的行为模式和市场结果"(第18页)。公司可以简化为在一系列外部条件下的各种能力、过程和决策的集合。企业追求新思想(例如,科技创新)以便做出改变来促进一些方面的增长,即使也有某些方面会降低。研发通常指向创造以前不存在的事物,并且将其当作想出新技术的概率分布的模型。这个概率分布是时间、研发策略(投资组合)、地点(接近当前的解决方案)等要素的函数。这种模型使之可以模仿其他公司——主要是"最佳实践"和投资,进入市场,以及劳动力市场情况都是模式化的。

尼尔森和文特模拟了他们的经济模型,再现了早期美国经济的结果,包括上涨的工资率和资本强度。然后实验模型开始使用四个变量进行研究:创新案例、模仿的重点、资本成本和劳动力储蓄。各个行业在它们开发自然

---

[1] Morgan, Kevin. (Jan 2004). The exaggerated death of geography: Learning, proximity and territorial innovation systems. *Journal of Economic Geography*, Vol. 4, Iss. 1, 3.

途径方面的能力是大不相同的。例如,前面提到过,棉花生产比羊毛生产更容易机械化。在美国,得克萨斯州的棉花能胜过东南部的棉花,就是因为前者更注重机械化采集(第261页)。有些公司比其他公司有更好的机遇,同时也发展得更兴旺,这导致了更大的集中,但是主导公司引导的市场势力倾向于减少集中。这是由威廉姆森最初提出的,并且由艾特略和鲁宾斯坦早期提出的数据证明了的。随着规模增加,创新能力增加到一个峰值,然后就快速下降。

深层的模式表明,有创新研发部门的企业将会输给拥有"技术熟练、进取心强的模仿者"的企业(第350页),这一点将在讲解合作研发部分时继续讨论。尼尔森和文特也给出了模拟结果,支持熊彼特所提出的创新随着规模增大的基本观点:这只发生在研发创新有利可图的情况下,倾向于排除一个产业中的小企业。当研发不能带来利益且市场势力允许时,研发密集型的企业倾向于变小。技术进步和高研发密集度是不可分割的。但是,当产业成熟并且变得集中时,技术进步就放慢了,就像在阿特贝克—阿博纳希模型中所描述的那样。

演进理论强调了创新过程的最突出特征之一,就是慢慢地改变生产方法,并且很少被迅速的变化所打断。参见资料2—2的农业方面的例证。

资料 2—2

震动,震动,震动

葡萄等水果和农产品的收获能否机械化?是否机械化会破坏手工收获的"工艺"传统,剥夺工厂工人的工作机会,并且要求与他们的工会面对面地谈判?随着在农产品收获季节可用劳动力逐渐减少,机械化的收割是否变得不可避免,并且实际上是给艰苦的体力劳动带来了仁慈的解决方法?

当葡萄收割的机械化在北部海岸还处在实验阶段时,加利福尼亚葡萄酒产业在20世纪60年代中期首先遭遇了这些问题。[1]

---

[1] Mirassou Case (circa 1965).

其他一些农业行业已经体验过并将继续体验机械化收割和生产方法的实验周期。当收割期相当短时,为了从自然中抓住价值,我们寻求的主要目标是生产率更高的方法,在这方面各种新技术各不相同。这些实验往往有一些长期效果,但是这种效果在这些技术刚刚引进的时候是不明显的。例如,密歇根的采果产业刚开始引进树干震动技术(例如,在特拉弗斯城的樱桃园)导致一些树干的毁损,缩短了果园的寿命。

这些在收割和农作物维护方面的最新实验是由求知欲强烈的三方联盟坚持做下来的,他们分别是"小修小补"并善于创新的种植者,来自拨给土地的大学(例如,密歇根州立大学)的农业工程师,以及农业设备制造商。来自这三个阵营的代表常常互补地聚集在一起,看着这些陌生又精巧的设备在田地和果园里做着巧妙的工作。例如,用较少化学物质的"漩涡"喷雾杀虫法对环境造成的危害大大减少了,这是这个行业30年来首次喷雾创新。[1]

现在一位美国农业部工程师和莓果采摘设备制造商组成了这种类型的联盟,这个联盟已经发明了一种机器,可以用来摇动柑橘树的叶子直到把果子摇下来。结果怎样呢?预计削减的收割成本节省了2/3。[2] 就像以前不计其数的例子那样,柑橘现在主要是用手工采摘,重量为90磅的一箱水果收割成本大约是1.5美元。机械树干振动器要求首先在树上喷洒化学药水,但在这个行业中还没批准用化学药品。由密歇根的南黑文的蓝莓设备有限公司和农业研究服务部门联合开发的叶子振动器看起来像一个巨大的发刷。它有12英尺长的尼龙刺毛,设计这些刺毛主要是用来进入树冠旋转,然后摇动树干直到把果子摇下来。在佛罗里达的上两个生长季节期间,在柑橘产品的收获过程中测试了这种振动器,每分钟能够收割7~9棵果树,比手工收割速度快了15倍。重量为90磅的一箱水果其收割成本大约是50美分。种植了18 000英亩柑橘的特纳食品公司现在正在制定下个季节为收割草莓而开发振动器的商业计划。

[1] MSU work.

[2] Arnst, Catherine. (March 30, 1998). Shake, shake, shake your fruit tree, *Business Week*, p. 173.

打破平衡

像萨哈、尼尔森和文特(Sahal, Nelson, and Winter)一样,塔什曼和安德森(Tushman and Anderson)[1]认为,技术随着被各种突破性进展打破渐变周期而进步,而这些突破性进展要么增强,要么毁坏了该行业中现存企业的能力。他们支持这种打破平衡的理论,证据来自于微型计算机、接合剂以及航空业,在其他行业也有类似的发现:

1. 新技术发动了破坏科技变化的能力,而现存公司需要用这一能力来提高技术水平。

2. 发动主要技术创新的企业比其他同等生产水平的企业有更高的成长率。

3. 竞争中在主流设计出现前,会有相当多的竞争混乱,当一个行业的现行标准出现后会变得相对平稳,然后混乱就消除了。

图 2-6 所示的是他们所使用的取自商用飞机行业的数据例子。

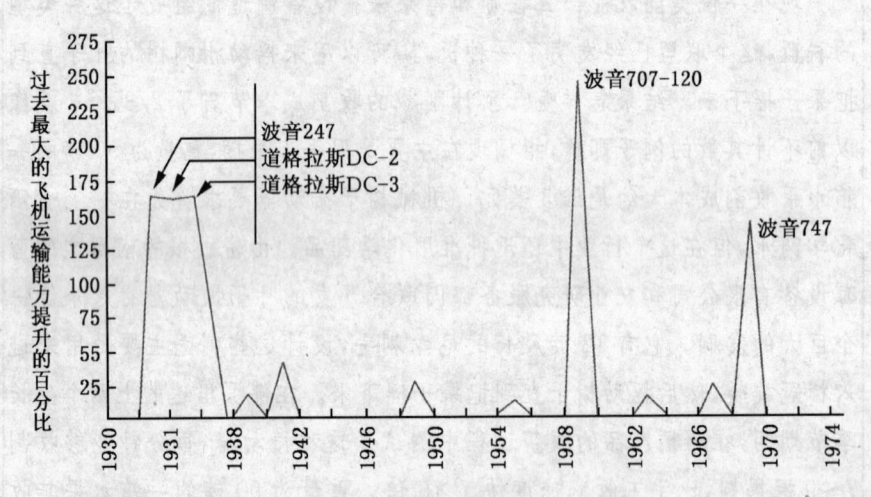

资料来源:Tushman and Anderson,1986。

图 2-6 1930—1978 年间美国航空公司年座位里程性能最大的客机

注意这些数据中不断突破的模式的创新。首先是重大的突破性技术的巨大性能影响,例如,早期谈论过的波音 247,然后是 DC-2 和 DC-3。这个时

---

[1] Tushman and Anderson (1986).

期之后是持续时间很长的由渐进性创新带来的性能上的微小改进(例如,DC-6与DC-3是相似的,只是大小不同)。接下来是一个技术突破,如商用喷气引擎,随后是性能上的一个巨大进步,如波音707-120。

后来又对这个模型做了进一步的提炼和应用[1],并且发现原有技术和创新技术之间的对比主要取决于我们是在讨论不连续性(技术上的根本突破),还是实际产品的主流设计。很显然,这两项都是相当重要的。

新技术的优势只能体现在破坏原有技术能力的新产品中。根据在三个行业中的经验发现,在其他情况下都是原有技术占优势。如果这些结果在其他设置下不是这样,我们可以看到在这些条件下,该模型的确还是能够做出很清晰的预测。这个结果与前面介绍的思想是相当一致的,渐进性创新的管理与突破性创新的管理是千差万别的。所以,我们毫不惊奇地看到,刚起步的公司的成功管理方式,特别是在高科技产业,与处在成熟期的企业和产业的管理方式是不同的。然而,总有惊奇和例外,我们在随后章节中将会看到。

突变理论

企业演化(或者叫革命)的突变理论大概是过去20年出现的与变化相关的最有趣的理论之一。[2] 这种解释比之战略响应对技术威胁(参见第三章)有更大的潜在包容性。这一理论相当简单但是很极端:当且仅当企业从所在的环境中开始突变时,它们才发生变化。更加具体地讲,"所在环境的突然改变一般会危害到企业;环境突变是一件不确定的事情,这种不确定性能够给企业学习带来好的机会,使管理具有戏剧性,并且引起无关的变动。"[3]

最近,迈耶(Meyer)和他的同事提炼了这个思想。"对于决策者来说,企业的变化包含对变化过程的相互矛盾的多样化描述,如果变化分类为连

---

[1] Anderson and Tushman (1991).

[2] Meyer, A. D. and Goes, J. B. (December 1988). Organizational assimilation of innovations: A multilevel contextual analysis, *Academy of Management Journal*, Vol. 31, No. 4, 897—923.

[3] Meyer, A. D., (December 1982). Adapting to environmental jolts, *Administrative Science Quarterly*, Vol. 27, No. 4, 515—537.

续或间断的,这个问题就可以解决,变化发生的基本等级分为企业或行业,并且变化的基本模式分为适应、变质、演化和变革。"[1]这个模型还在发展,但可以合并到本章总结的其他理论之中。

更多演化理论

创新过程中的打破平衡模型实际上代表了相当多的一系列企业演进理论,这些理论对于理解新技术是至关重要的。这类理论的另一个例子是大卫·奥德斯(David Audretsch)的书《创新和行业进化》(*Innovation and Industry Evolution*)[2],该书旨在获取近20年来全世界发生的大多数行业的地方分散情况,在这项研究中运用了一个巨大的拥有2 000万条记录的制造业数据库,时间跨度为1976~1986年。表2-2给出了关于他对公司进入市场、成长壮大、退出市场等结论的总结。

关于奥德斯的分析的一个有趣的发现是,那些只占企业技术制度一部分的小公司也能够进入规模经济主导、相关技术成熟的大产业。然而,小公司在这些情况下很可能退出市场,他称之为"旋转门"模型。在不是规模经济主导的产业,小公司进入市场逐渐代替了已有公司——这可以比喻为森林里的动物们的优胜劣汰。

其他许多研究人员在他们对于创新过程的研究中应用了演进理论,考察了进入市场、性能表现、成长壮大和退出市场(有时称为失败)的方方面面。例如前面提到过的米切尔(Mitchell)关于医疗仪器行业的研究,以及彭内尔—哈恩(Penner-Hahn)关于日本药业的全球化的研究。[3] 两者都提到了如何应用策略使其在公司的绩效、生长壮大和生存竞争中取得进步。特别是米切尔的研究,阐明了公司的新技术获取、副产品利用,以及原有技术的废除等如何对长期成功产生重大影响。

---

[1] Meyer, A. D., Brooks, G. R., and Goes, J. B. (Summer 1990). Environmental jolts and industry revolutions: Organizational responses to discontinuous change, *Strategic Management Journal*, Vol. 11, 93—110 (quote is from abstract).

[2] Audretsch, David. (1995). *Innovation and industry evolution*, Cambridge, MA: MIT Press.

[3] Mitchell (1997) and Penner-Hahn (1995).

表 2—2　　美国制造业公司生存增长概要,1976~1986 年

	创立新公司	生存	增长	企业家能力	工资因素差别	职位轮换	停职
规模经济	0	0	＋	－	＋	＋	－
资本强度	＋	＋	－	NA	NA	NA	NA
市场增长	＋	＋	＋	0	＋	－	0
创业体制	＋	－	＋	＋	－	＋	＋
常规体制	－	＋	＋	－	＋	＋	－
公司规模	NA	＋	＋	NA	＋	NA	NA

注释：NA 表示不可用

＋表示正向的统计关系

－表示负向的统计关系

0 表示不相关

资料来源：David Audrersch, *Innovation and Industry Evolution*, Cambridge, MA, MIT Press,1995,p. 169。

突破性技术

克里斯藤森和罗森布鲁姆(Christensen and Rosenbloom)[1]接着塔什曼和安德森(Tushman and Anderson)[2]没有完成之处继续研究,以先行者的优点为起点,做了磁盘驱动存储器行业的研究。他们不是预言原有企业或新企业能否运用新技术兴旺发展,而是阐明了这样一个道理,是公司投入的价值网络决定了最终结果。亨德森和克拉克(Henderson and Clark, 1990)[3]对图片平版印刷对准器的研究发现,在这方面,新企业总是占有优势且有组件的模版,但是像 IBM 这样的原有企业总是能够获得胜利(例如,

---

[1] Christensen, C. M. and Rosenbloom, M. (1995). Explaining the attacker's advantage: Technological paradigms, organizational dynamics and the value network, *Research Policy*, Vol. 24, No. 2, 233—278.

[2] Tushman, M. L. and Anderson, P. (1986). Technological discontinuities and organizational environment. *Administrative Science Quarterly*, Vol. 31, 439—465.

[3] Henderson, R. M. and Clark, K. B. (1990). Architectural innovation: The reconfiguration of existing product technologies and the failure of established firms. *Administrative Science Quarterly*, Vol. 35, No. 1,9—30.

薄膜磁头)。与此形成鲜明对比的是,克里斯藤森和罗森布鲁姆(1995)发现在磁盘驱动器行业最近五次结构变化中,有三次是新企业引导技术突破。而原有公司只有两次。在随后的出版物中,这个数字更新为六次中的四次。[1] 也就是说,在新结构技术创新中只有六次中的两次是这个行业的主导公司引导变革。

克里斯藤森和鲍尔(Christensen and Bower)[2]扩展了突破性技术的概念,这不仅仅是对突破的重新命名。这项研究沿袭了尼尔森和文特(1982)[3]开创的演化理论的传统,按照这个理论,企业和市场共同演化,并随着时间的推移共同决策。再强调一下,基本思想是相当简单的:好的管理方式正是公司失败的原因,这是因为他们过于遵从客户的要求,应客户的需要在技术方面投资,以至于后来失去了市场的领导地位(1997, p. xii)。突破性技术的原则包括以下几个方面:

1. 公司资源依靠客户和投资者。
2. 小市场不能解决大公司的成长需要。
3. 不存在不能分析的市场。
4. 技术供应可能与市场需求不平衡。
5. 突破性技术与当前技术相比性能偏低且获利较少。
6. 公司在市场中用技术来超越目标。

除了磁盘驱动器之外,克里斯藤森(1997)援引过突破性技术的其他几个案例:液压挖掘(第 68 页)[4];迷你压榨制钢机(第 89 页);折扣零售(第 110 页);以及喷墨打印机(第 115~116 页)。这些是新企业胜过占统治地位的公司的案例。他也援引了几个例外,像塔什曼和欧瑞利(Tushman and

---

[1] Christensen, C. M. (1997). *The innovator's dilemma*, Boston, MA: Harvard Business School Press.

[2] Christensen, C. M. and Bower, J. L. (1996). Customer power, strategic investment and the failure of leading firms, *Strategic Management Journal*, Vol. 17, 197—218.

[3] Nelson, R. R. and Winter, S. G. See above.

[4] 截至 1970 年前后,30 家负有责任的生产电缆驱动设备的公司中只存 4 家免于转向液压阀的生产,其他大多数都失败了。所有大批进入的公司全部都是液压阀的新进入者(J. I. Case, John Deere, Ford and International Harvester, and Caterpillar, Christensen, 1997, p. 64)。

O'Reilly,1996)[1]指出,IBM平安度过了从大型机技术向个人计算机的转变(第110页),还有英特尔在几代微处理器技术方面一直保持成功(第157页)。

他认为由阿特贝克和阿博纳希(Utterback and Abernathy,1976)提到的任何行业的成长起点或初期阶段是结构化创新(Henderson and Clark,1990),也就是"通过运用市场中可得的材料和技术……技术能量被消耗了"(第118页)。他援引了在突破性技术方面执行失败的例子,例如发明第一台掌上电脑的苹果计算机公司(Christensen,1997,第134~136页)。所有这些例子支持"在把项目视为走向成长和成功的途径,而不是视为分散公司主要商业能力的小企业,应将项目嵌入到商业化的突破性创新中"(第142页)。克里斯藤森(1997,第160页)说这是很必要的,因为突破性技术起初并不是总能成功,并且需要"做好学习的打算",而不是"做好执行的打算",这类似于塔什曼和欧瑞利(1996)所说的容忍失败。这表明了几乎在突破性技术的每个案例中,独立的小企业将会获得成功,而大的企业则无法改造自己。图2—7总结了突破性技术的概念。[2]

对这个图,这里有几个问题需要说明。首先,对于老公司没能成功运用突破性技术的例子我们能找到很多。然而,当收集并且比较系统数据时,老公司并不比新公司差(Tushman and Anderson,1986;Anderson and Tushman[3])。

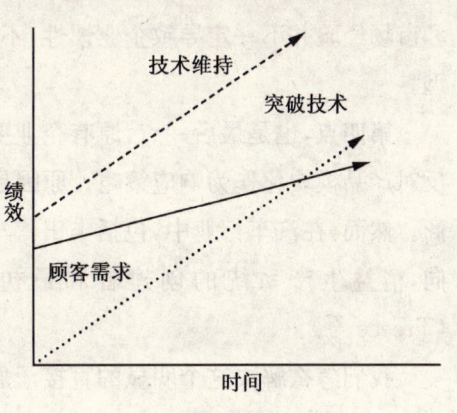

图2—7 突破性技术

---

[1] Tushman, M. L. and O'Reilly, C. A. (1996). Ambidextrous organizations: Managing evolutionary and revolutionary change, *California Management Review*, Vol. 38, No. 4, 8—30.

[2] For a review of the theory of disruptive technology see Daneels, E. (2004). Disruptive technology reconsidered: A critique and research agenda, *Journal of Product Innovation Management*, Vol. 21, 246—258.

[3] Anderson, P. and Tushman, M. (1990). Managing through cycles of technological change, *Research-Technology Management*, Vol. 43, No. 3, 26—31.

其次,研究起来最有趣的是这个规则的例外情况(后面将提到更多比较深入的例子,包括苹果公司和柯达公司),并且它们常常被忽视或被忽略,因为它们不是从一个单一行业研究(磁盘驱动存储器)得出的一系列原则的生动例证。

再次,当重新分析磁盘驱动器行业的数据时,我们会发现它们不支持突破性技术的思想。金和塔奇(King and Tucci)[1]重新分析了来自磁盘驱动存储器行业的数据,并且发现"一个公司在一种产业(在这里指磁盘驱动器)中越是有能力服务现有的市场,就越可能进入一个新的市场……并且,公司一般会通过进入新市场提高自己的销售量"(第11页)。即经验给老公司提供竞争优势,并且设计实验能使已经建立的企业继续繁荣。经验丰富的企业能够比经验较少的企业做出更好的决策。这似乎与克里斯藤森(1997,第121页)的资源依赖理论的应用既矛盾又一致。简而言之,技术和市场经验并不一定导致企业惯性,不管其所服务的顾客和市场是何种类型。

第四点,也是最后一点,原有企业要想避免突破性技术的影响,就要把反对产品模块化作为响应策略。原因是突破性技术倾向于把利益推向供应商。然而,在汽车行业中,包括丰田汽车,有一个被大量证明的模块化的趋向,精益生产系统的创建者和最初提倡者都正在采取模块化生产(Treece[2])。

我们怎么解决这个明显的直接矛盾?首先,克里斯藤森(1997)做了系统研究,集中研究市场领导力,而不涉及一般生存和繁荣发展。其次,克里斯藤森(1997)的其他"证据"被用作案例历史数据来证明一个要点。实际上,从这个角度考虑还有大量具有高度指导意义的例外(以后将会讨论)。再次,杰出、持续的好表现很罕见,但对于商品来说还是有的。塔什曼和欧瑞利(1996)给出了很多两方面做得都很好的组织的案例,例如J&J、ABB

---

[1] King, A. and Tucci, C. (2002). Incumbent entry into new market niches: The role of experience and managerial choice in the creation of dynamic capabilities, *Management Science*, Vol. 48, 171—186.

[2] Treece, J. B. (February 18, 2002). Toyota joins march toward modules, *Automotive News*, p. 3.

和惠普,这些同时也是制度渐进变化模式的例外。通用电气也是这类公司(Tidy[1])的一个例子。[2]

在最近 15 年期间,主要的、多样化、非常成功的制造企业很明显没有受到突破性技术的不良影响。这种思想引起了对二分企业这个概念的有用性的怀疑。至少代替突破性技术的理论将会被发现。

为成功地实现在相似的企业里的革命性改变,也许会出现突破性技术的代替方法,但可能不同于日本研究支持新产品的方法。至少有一种方法可以代替突破性技术的思想来自于 20 世纪 90 年代日本研究发展企业的基础研究。基础研究既不是基本的也不是纯应用的,并且为了适于实现,在产品开发期间这项新技术是必需的,特别是,当应用研究不足以满足作为两代产品之间的平台过渡时(Methe)。[3]

这种方法的一个不同之处是"托库贝苏肯宇(简称为托肯)的复杂系统

---

[1] Tichy, N. (1998). The teaching organization, *Training and Development*, Vol. 52, No. 7, 26—34.

[2] 20 世纪 80 年代后期,通用电气的电子分销和控制业务(现在是他们的工业系统业务的一部分)在进入北美工业电路开关业务上面临着来自日本(众多公司,尤其是富士电子)的威胁。这一产品线占据了这个年产值 13 亿美元的业务的大部分利润。这一威胁非常真实,并且由一个综合竞争分析(以日本努力收集来的实地智能数据为基础)进行了定量。我们对保护这条线的反应是引入一个"游戏改变者"(那时的"突破性技术"),它将会允许我们降低价格到低于我们知道的日本公司很可能为获取市场份额而在进入时确定的价格,同时,我们赚得了在那条线上同样的绝对美元价值的利润(例如,大幅降低总成本)。我们通过转变机电技术来实现这一过程。更多地,等级和部件可以被合并/改变,在这一生产线的末端,在仓库,在分销商处,或者在顾客那里,而不是仅仅可以被制成开关(可以作为生产过程中的组装零件)。很显然,我们获取了很大的内部节约和市场上的主要优势。日本的威胁被很好地击退了。美国的生产商处于了不利地位。这一生产线同样变成了我们进入欧洲市场的关键。我们同样的回答来自杰克·韦尔奇的不断发问,他总是在怀疑我们是否没有离这个太远。那时,他不断地因为通用电气内部"信号—电子工业"(现在的数码电子工业)开发失败而感到失望。我们如何克服杰克的恐惧是另一回事。另一个替代技术是在磁共振医学诊断中应用强磁场(由超导体技术产生)。磁共振由其他人发明,而通用电气使用强场方法来避开竞争。传统的理论认为这一方法不会产生作用(从生理学的角度而不是从通过超导体技术产生高磁场的角度,它可以被商业化地生产并且推向市场)。它起作用了,并且将原来的领先公司排除出局。它和 CT 一起,是将通用电气的全部医学系统业务从一个中端执行者变成了现在的高水平世界领导者的基础。没有来自其他公司的可以真正挫伤通用电气的其他突破性技术,因为通用电气的技术资源、速度和柔性允许对威胁的快速反应。资料来源:同原通用电器管理人员威廉·什然(William Sheeran)的个人交流,2002 年 3 月,经过允许。

[3] Methe, D. T. (1995). Basic research in Japanese electronic companies: an attempt at establishing new organizational routines, Chap. 2. In J. Liker, J. Ettlie and J. Campbell (Eds.), *Engineered in Japan* (pp. 17—39). New York: Oxford.

或特别研究项目……项目经理直接向高层管理人员汇报……通常是公司级,关系到紧急研究和发展问题的大规模项目"(Methe,1995,第 31 页)。这些项目资金在分公司和公司预算之间分配,有时 70% 来自分公司,有时两方面各占 50%。

还有很多例子是公司没有去做基础创新,却不知何故地产生了突破性变革。施乐公司就是这样一个例子。作为一个发明了计算机鼠标但却没有将其变成资本的公司,施乐公司因为其商业性质很难改变:它在办公室设备中创新是为了要卖掉相纸和调色剂之类的日用品,这是所有利润的来源。然而,1990 年施乐公司与富士施乐生产出版商合作实现了一个突破,他们使用数字技术生产所需印刷品,用分布处理方法和个人计算机(Webster[1])来实现,这个突破成为 10 年内该技术领域里最重要的创新。

施乐与富士施乐的成功"来自于开发之前详尽的市场调查,其中包括一个贝塔测试项目,这个项目包括了施乐公司在美国 28 个客户区域的产品安装"[2]。施乐复印机主导整个市场达九年之久,直到后来遇到来自日本佳能的巨大挑战[3]。施乐闻名于世不是因为做了突破性创新,而是借助一系列的管理模式和管理人员,如 IBM 前经理威廉·罗韦(William Lowe)[4],慢慢取得成功。还有很多重要的参与者,包括来自施乐公司高层罗伯特·亚当斯(Robert Adams)的赞助,来自首席执行官大卫·科尼斯(David Kearns)的支持,他是被"富士施乐之父"奇普·霍特(Chip Holt)说服的,如果施乐公司不引进数字打印,其他竞争者就会引进。另外的一个例子是惠普的喷墨打印机[5]。

尽管柯达有一项能与富士施乐相抗衡的产品,最终还是不能用不同的

---

[1] Webster (2000). *50 Years of digital printing:1950—2000 and beyond*. DRA of Vermont, West Dover, VT.

[2] Bertrand, K. (1991). Betting the ranch on a new product, *Advertising Age's Business Marketing*, Vol. 76, No. 7,29—32.

[3] Klein, A. (November 3, 1999). Canon to unveil high-volume printer, challenging Xerox's big lead in sector, *The Wall Street Journal*, p. B9.

[4] Schneidawind, J. (October 3, 1990). Lowe's baby births new year at Xerox, *USA Today*.

[5] Ettlie, J. E. (2000). *Managing technological change*. New York:John Wiley.

技术独自发展,而不得不与海德堡合作才能继续在这个行业中生存,而施乐打印机则继续在桌面打印上独占鳌头。但是柯达在数码相机方面确实成功地顶住了挑战,至少在写本书时还是如此。柯达率先引入胶卷相机,后来却不得不跟着宝丽来做速取胶卷,其成功仅仅是昙花一现,输给了35毫米版式(用开放式设计且允许跟风效应)。当索尼在1982年引进了MAVICA电子(后来是数字式)照相机时,柯达陷入了困境。随后在1995年柯达做出了它自己的数码相机,但此时数码相机所占的市场份额仍然很小(大约10%),因此现在说这场创新竞争将如何结束还为时尚早。然而我们可以说的是"随着技术间断,新生的设计不能用其固有的技术属性作比较"(Munir[1])。

玛丽·迪萨斯(Mary Tripsas)发表了关于这次讨论的两篇论文。其中一篇认为原有的企业尽管不太适应新技术,但是,当它们在商业化方面占有优势的时候,就能够在突破性技术改变中生存下来,尤其是当它们控制了通过将价值转移进创新制度而得以保值的补充资产的时候。[2] 另一篇是和乔万尼·迦文特(Giovanni Gavetti)合写的,调查了管理层认知在强制适应新技术时所扮演的角色。他们对宝丽来深层的研究表明,管理精神模型在新技术制度(数字成像)上是怎样影响研究的,又是怎样约束管理人员思考新技术商业化的。特别是,他们不能放弃对于铒与钩商业模型的坚定信念。[3]

皮斯特瑞斯和阿特贝克(Pistorius and Utterback)[4]的确试图通过建立一个理论模型解决这些问题,这个模型可以解释什么情况下一项突破技

---

[1] Munir, K. (203). Competitive dynamics in the face of technological discontinuity, *Journal of High Technology Management Research*, Vol. 14, No. 1, 93.

[2] Tripsas, Mary. (Summer 1997). Unraveling the process of creative destruction: Complementary assets and incumbent survival in the typesetter industry. *Strategic Management Journal*, Vol. 18, p. 199.

[3] Tripsas, Mary and Gavetti, Giovanni. (Oct/Nov 2000). Capabilities, cognition, and inertia: Evidence from digital imaging. *Strategic Management Journal*, Vol. 21, Iss. 10/11, p. 1147.

[4] Pistorius, C. W. I. and Utterback, J. M. (1996). A Lotka-Voltera model for multimode technological interaction: Modeling competition, symbiosis and predator prey modes, *Proceedings of the Fifth International Conference on Management of Technology*, Miami, Florida, Feb. 27—March1, 1996, 62—71, Elsevier Advanced Technology, Oxford, UK, Robert Mason, Louis Lefebvre and T. Kahlil (Eds.).

术对原有企业来说也许是"食饵或捕食",也可能只是其附属。"可以确定技术之间相互作用的三种主要模型,如果一种技术对另一种技术成长率的影响……纯竞争……合作关系……和捕食—被捕模型……"(Pistorius and Utterback,1996,第62~63页)。这种模型的优点是它允许有效利用创新制度来代替制度变化,不管这家公司是老公司还是新企业。他们的方法总结如图2—8。

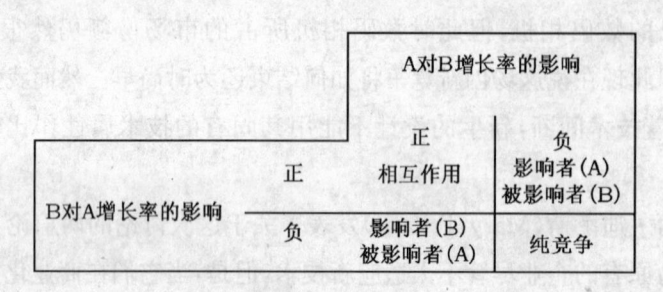

	A对B增长率的影响	
B对A增长率的影响	正	负
正	相互作用	影响者(A) 被影响者(B)
负	影响者(B) 被影响者(A)	纯竞争

资料来源:Pistorius and Utterback,1996,p.63。

图 2—8 技术之间相互作用的多种模式

最初也是最后显而易见地,但我们很少解释新技术实际上可以补充现有技术的可能性,如果新技术能提供本质的东西。这种罕见事件的一个例子是数字印刷公司奈克斯印刷公司(Nex Press),该公司最初是由柯达和海德堡合资的,现在由柯达管理。由于他们聪明地采用了数字印刷,他们的一些客户已经开始享受印刷业的大幅进步。

概括地说,回顾一下在制度化渐进创新方面的现有文献,包括主流设计、打破平衡、突破性技术的概念,会有如下几点发现:

1. 主流设计的理论并不是为了解释在生产非装配产品或者服务部门的行业中的技术变化,它也从来没这么声明过。进一步讲,在集成电路方面也没有数据支持这个创新模式,并且后来在实证研究中又强调了这一点[例如,埃森哈德和布朗(Eisenhardt and Brown)[1]]。在我们的社会中,随着集成硬件—软件创新的风行,大家也不会对这个理论看起来不够完整而感到吃惊。

---

[1] Eisenhart, K. M. and Brown, S. L. (March-April, 1998). Time pacing: Competing in markets that won't stand still. *Harvard Business Review*, 59—69.

2. 研究人员无法预言哪些技术和哪些企业在取得技术突破后能够生存下来并且发展壮大。

3. 在多数情况下,间断是相当罕见的。例如,50 年来在计算机行业出现了 3 次间断。公司把追求间断或突破性技术作为一个策略,这种逻辑在面对实验记录的时候看起来很虚假。

4. 主流设计被定义为唯一的最佳设计并作为市场标准,然而它一般是通过技术参数来衡量的,包括技术性能数据,这使得这项技术在原有技术中看起来很独特。进一步讲,大多数新的主流设计并不能与当时最有突破性的技术组合为一体。

5. 在许多行业,主流设计并非只有一种(计算机行业、照相机行业等)。

6. 为突破性技术和被淘汰的曾引导本行业的企业做实验记录,只是在有限的时期内在一个行业内发现的一种趋势。[1] 相当多的拥有多家子公司的企业生存下来了,它们看起来似乎并没有受到突破性技术的挑战,如果它们还记得的话。IBM 和通用电气就是例子。如何解释这些例外呢?

7. 文化差异和研发的全球化使得我们对重大创新的替代方法有了新的解释。其中一个思想是,日本基础研究的实践,既不是基本研究和应用研究,也不是发展研究。至少有一些案例可以证明日本人在对导向重要新产品的基础研究方面并不是孤军奋战。例如施乐公司的富士施乐和惠普的喷墨打印机。后者很有趣,因为克里斯藤森(1997)曾把惠普喷墨打印机作为突破性技术的典型例子,即使它并不满足突破性原则。例如,喷墨打印机的性能表现比点阵式打印机等竞争对手都好,比激光打印机便宜。还有,喷墨打印机是由惠普的一个现有子公司引进的,不需要新的机构。

8. 间断创新和突破性技术方面的文献经常被称为以产品为中心,这种说法忽视了加工创新(例如,组合制造技术)和信息技术(例如,在新产品的

---

[1] 在克里斯藤森(1997)对驱动器行业的原始调查中,1/3 的时候主导公司保持领导地位。在他的原始数据中,这一比例是 40%。这很难被称为是对一个新理论的有力支持。更进一步,当这个经验性的记录被重新分析的时候,它根本不支持突破性的趋势,因为大多数即使不是所有的公司在磁盘驱动器行业确实生存下来,并且常常发展繁荣,其中一些发展出新技术(King and Tucci, 2002)。

开发中,用计算机网络支持团队合作)所起的作用。

9. 成功的创新制度似乎会因所处环境的影响而变得缓和,环境的一个重要方面由皮斯特瑞斯和阿特贝克(1996)的共生的多状态模型所定义,也就是原有企业和新企业之间的纯竞争关系或捕食与被捕食关系。这个模型和生物技术方面的案例证明,为什么说突破性对于原有企业和新企业来说都是一件好事。

在一项研究中得出所有这些议题的解决方法是不可能的。然而,在把使用制度移植作为首要关注之前,这些问题可以被用来引导假设的产生和检验。首先讲解制度移植的一些定义和环境,然后讨论假设。

创新制度

尼尔森和文特(Nelson and Winter,1982,第 97 页)把制度定义为"对个人能力来说,在整个企业中的活动的重复模式,或者,作为描述企业或个人绩效的平稳和平凡的效力的形容词"。(Godoe)[1]对通讯行业的研究将创新制度定义为"原则、规范和意识形态,决策制定过程中的准则,在这个过程中执行者根据一项技术的未来发展形成期望和采取行动"。古德(Godoe)发现通讯行业的突破性创新不是巧合或偶然的事件,而是做好充分准备的改变策略的结果。这些"强大的技术制度"可以描述如下:

1. 通讯行业的突破性创新来自于这个部门"与国际网络之间密切的长期的相互作用"(Godoe,2000,第1 037页)。

2. 这个网络为创造新颖的技术解决方法提供了一个正式的框架。

3. 网络成员之间的会议在各个研发实验室之间循环召开,这些实验室允许学习同事所承担的工作,允许标准化,允许未来技术方法的和谐共享(例如,研究综合业务服务网或全球移动通信系统)。

4. 制度由以下几个方面组成:目标的阶段划分体现目标要素的研发项目,可以成为标准的系统概念的并行设计,引导走向规范的协议,原型测试和现场试验,制造并慢慢扩大生产进入试销市场,以及在企业网络上快速地

---

[1] Godoe, H. (2000). Innovation regimes, R&D and radical innovation in telecommunications, *Research Policy*, Vol. 29, 1033—1122.

扩散和采用。

这种强大的制度基于强大的网络，这个网络能够超越国际边界，并且试图同更具竞争力的关于国家创新系统的假设竞争。[1]进一步说，这种说法支持费尔德曼和本特朗（Feldmen and Pentland）[2]对于"常规"的重新定义，"它们可以是惯性和不可变性的来源，同时也可以是适应性和可变性的来源"。

电信公司以及它们带来的创新可能已经有了展示强大网络影响力的名声——也就是说，如果大家都用，那么它们就是价值高昂的；如果只有少数人用，那么它们就是一文不值的。这种创新制度的确消灭了该行业中的风险和惯性，这些风险和惯性往往会阻碍突破性创新，例如影像文本的失败。

像康宁（Corning）之类的光纤企业，两年内销售量降低了一半。这些来自企业表现方面的最新证据，充分证明了这个行业的风险还是很大的。进一步说，一个强大的制度局限在网络纽带支持的那些方面，这种思想似乎有很大的局限性。所以，创新制度的概念在这里扩大了，包含任何一致的持久的规则模式、决策过程、由企业复制的规范，它是很难改变的，经得住时间的考验，至少在一个创新周期里是成功的。例如，我们再看看康宁的例子，它拥有很强大的创新制度，这个制度鼓励内部开放、长期雇佣、乐于奉献。但是随着康宁不断发展，它必须应付不是本公司培养出来的新成员，还得应付这种思想，即认为团队支持一些想法却不会考验这种强大制度的力量。[3]最后，当强大的制度（与文化相似）与进取性的技术策略相结合时，产生突破性创新的可能性就非常大了。[4]

---

[1] Nelson, R. R. (1993). *National innovation systems: A comparative analysis*. Oxford University Press.

[2] Feldman, M. S. and Pentland, B. T. (2003). Reconceptualizing organizational routines as a source of flexibility and change, *Administrative Science Quarterly*, Vol. 38, No. 1, 94—118.

[3] 罗彻斯特光学所保罗·马克思（Paul Marx）在他2001年春天为罗彻斯特理工学院的商学院做的演讲中，列出了两大挑战：（1）许多创造性的提议，并非所有都可以继续下去并且实现新产品供应，怎样让一个团队听从（通常是）一个人想要胜利的想法？公司增长比我们从内部提拔或者找到适合文化的人选的速度更快……文化变化……之后是什么？

[4] Ettlie, J. E. (May 1983). Performance gap theories of innovation, *IEEE Transactions on Engineering Management*, Vol. EM—30, No. 2, 39—52.

理论观点总结

在过去10年期间,有关创新的出版物大量涌现,我们在这里只能回顾其中的一部分。最近有两次值得关注的尝试,巩固了这个领域的各种理论和实验研究结果。这两次尝试在管理学专业出版物上受到了极大的关注,作为特别专题,下文将对此做一下总结。

第一个总结来自费奥(Fiol)在《管理学评论》(Academy of Management Review)上对许多专题文章的回顾,如图2—9所示。[1]

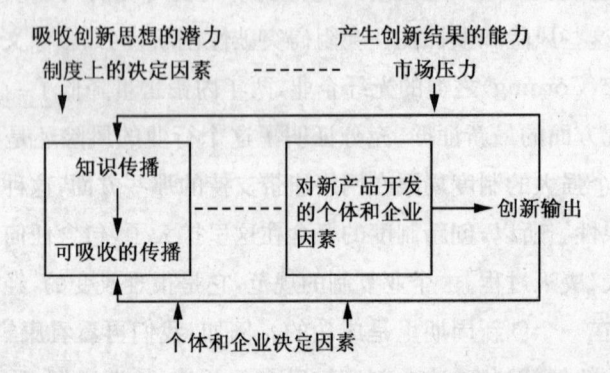

资料来源:Fiol, Academy of Management Review, October 1996, p. 1019。

图2—9 创新研究图

在这个模型里,内力(个体和企业文化)与外力(知识传播)都能够提高企业的吸收能力。然后创新能力用来提高促进新产品和新工艺的研发,开发周期缩短。在这个模型里,吸收创新思想的潜力和产生创新思想的能力之间是紧密联系的。

这个领域里的第二个总结来自德拉津和斯科霍文(Drazin and Schoonhoven)在《管理学会杂志》(Academy of Management Journal)一个特殊问题的介绍。[2] 他们在处理这个问题时,先提出一个推断,即在过去

---

[1] Fiol, Academy of Management Review, October. 1996.
[2] Drazin, R. and Schoonhoven, C. B. (1996). Community, population and organizational effects on innovation: A multilevel perspective, Academy of Management Journal, Vol. 39, No. 5, 1065—1083.

30年里用来解释创新结果(数量增加了)的理论慢慢发生了变化,并且这些理论是由以下三个假设引导的(第1 066页):

1. 企业普遍渴望创新。

2. 当企业的规模增大到大于临界点时,就会变得迟钝,产生有意义的企业变化的能力就会降低,创新也就变得步履维艰。

3. 某些特定结构和实践能够克服惯性,并能加快创新的更新换代。

关于这个特别问题的文献表明了在这个研究领域里的两个惯例:企业创新的背景和行业动态水平对创新的影响(例如,社区和人口)。这个总结表明,创新背景不仅仅包括企业水平的因素(如公司策略),还包括个体水平的因素(如创造性)以及团队水平的因素(如企业项目之间的相互作用)。这些概念影响到对创新问题的关注以及创新所缺资源的获取能力。在这方面的发现之一是,高层经理人往往会因为各种因素的影响而不能专注于创新议程,这些因素如减小规模、资源获取、合并、降低成本,以及其他策略问题。几乎每次谈到与这个主题相关的案例时都会提到这个总体趋势,而且总会以吉列感应剃须刀的案例作为证据,在这项技术的开发过程中,由于对手的接管,整个高层都分散了对于技术创新的注意力(参见第一章)。

总　结

我们需要的理论是任何可以对创新过程做出因果预测的逻辑构造。最简单的理论,例如,创新出现在各个阶段,以及一些个体比另一些个体更喜欢冒险,这些都是理论的最根本形式。本章中所提到的理论都可以简单地转化成一张图表,随手画在一张纸上。通过这种方式,理论变得很有用,因为这样就不容易忘记,可以随时提醒你该怎么行动。例如,断点平衡模型里关于"峰顶和谷底"的思想提醒我们,管理突破性的创新技术远远不同于管理渐变性技术变化。本章后来介绍的大多数模型都是在这些基本模型的基础上扩展开来的,例如突破性技术。请注意:当某一创新行为在该领域的发展阶段正好发生的时候,一个理论看起来往往可以解释所有的创新行为。

附录
企业中的创新目的和行为:记分卡[1]

1. 第一步,按照资料 2—1 上的方法,在你的创新潜力记分卡上累加你的 20 项总得分。

2. 第二步,我们以对 MBA 夜校的学生和经理的抽样调查作为标准,你可以把得分与这个标准相比较。[2] 平均分是 70 分。请注意,如果你对所有的问题都回答"不确定",那么你的得分就是 60 分。如果你对所有的问题都回答"经常这样",那么你的得分就是 80 分。平均分就恰好介于这两种回答的平均值之间(或者,有三四个其他回答)。90 分以上是相当值得赞赏的,你的得分就处于我们抽样调查的前 10% 了。如果你的得分大于或等于 90 分,那么你在工作团队中就有相当大的创新倾向。

3. 我们的研究同时表明,有些问题比其他问题更能反映在企业中的创新意图。特别是,第 6 题(对于老方法的新应用),第 7 题(第一个去尝试新想法),第 12 题(写出所提想法的书面评估),第 13 题(与公司外部的相关专家保持联系),还有第 18 题(在员工大会上积极发言),是能反映创新倾向的最好的 5 个问题。再回顾你的个人情况得分,看一下你对这 5 个问题是如何反应的,第二次测试这个对于个体创新倾向的问卷测试的信度。如果这 5 个问题你都得了 5 分("几乎总是这样"),并且总分大于 90 分,这就更加突出地表明了你(或者其他任何人的)创新倾向。但是请记住,要组成一个创新工作系统,需要各种类型各种职位的人(顾问、支持者、经理人、投资者,等等)。在一个富有创新精神的成功企业中,每个人都有自己要扮演的角色。

---

[1] Ettlie, J. & O'Keefe, R. D. (1982). Innovation attitudes, values, and intentions in organizationas. *Journal of Management Studies*, Vol. 19, No. 2, 163—182.

[2] Ettlie, J. (1983). A note on the relationship between managerial change values, innovative intentions, and innovative technology outcomes in food sector firms. *R&D Management*, Vol. 13, No. 4, 231—244.

练习

1. 下表是来自 PIMS（营销战略的表现影响）数据库的关于投资回报、研发和资本集中度的数据。仔细观察这些数据，看它们是否支持阿博纳希—阿特贝克的生产阶段演化理论。

	资本密集度		
研发百分比(%) 4.0	44%	31%	12%
3.0	投资回报率		
0.25	40%	25%	12%
0	31%	23%	10%
	20%　　35%	50%	65%

阅读惠普喷墨打印机案例，然后回答案例后面的讨论题。

案例 2-1

在竞争中，惠普公司是怎样用日本人的战略打败日本人的

这是一次甜蜜的复仇。

去年，惠普公司遇到了来自 NEC 公司的挑战。日本巨头 NEC 公司计划以历史悠久的日本模式打破惠普在崭露头角的电脑打印机市场的霸权：以更新更好的设计模式来降价。十年之前，日本的另外几家公司运用这个策略，从惠普手里夺得了掌上计算器行业的领导权。

这次，这个策略没有发挥作用。在 NEC 引进它的便宜的单色喷墨打印机之前的几个月，惠普发布了它改进的彩色打印机，并且在 6 个月内，对它最畅销的黑白打印机降价 40%。NEC 的喷墨打印机投放市场 4 个月之后就撤出了市场，因为此时与惠普比起来已经是价格过高且没有竞争力。

"我们太迟了，"约翰·麦金泰尔（John McIntyre）说，他当时是 NEC 美国区的市场总监，"我们没有那么大的经济规模"来与惠普竞争。

几年之前，美国公司一直在苦恼日本很多行业不可战胜的发展速度和经济规模。打印机就是一个主要的例子。1985 年，美国人购买的计算机打印机中，有 4/5 是由日本制造的。但是现在，许多美国公司和日本公司正在交换位置，周二报道的年度全球调查证实了这一点，美国作为世界上最有竞争力的公司，已经取代了日本的位置，自从 1985

年以来这是第一次。

在美国不断增长的复兴故事里,在各种技术方面,例如,磁盘驱动器、便携式电话、寻呼机以及电脑芯片等,惠普是最戏剧化的企业之一。直到1984年,惠普才开始做计算机打印机,但是,今年预期在打印机方面的收入达到了80亿美元。

除此之外,惠普的故事击碎了关于美国和日本的相对优势的神话,表明了在适当的领导艺术下,美国大公司用他们丰富的资源展开"日本"策略,开发美国创造力的能力。惠普用它的财政力量在实验室技术突破方面大量投资,然后通过执行在日本被看作真理的规则来保持市场份额:走向大众市场,降低成本,保持产品更新和降价的速度,瞄准对手。

惠普执行官理查德·哈科伯(Richard Hackborn)也成功了,因为他可以做到他的日本同行做不到的事情:抗拒制度。他的打印机商业团队在郊区,像爱达荷州的博伊西等地——远离惠普在加利福尼亚州帕罗奥特(Palo Alto)的越来越官僚化的总部。尽管不是那么情愿,总部还是允许他们有时候可以按自己的方式工作。

惠普的其他经理大部分都在鼓吹对市场来说高利益、高成本的产品,这就是为什么惠普失去了计算器市场。哈科伯先生的团队设置的利益门限低于公司惯例,他们自己走向了大众市场。他们行动迅速,而且当意味着能够赢得客户时,他们不惜违反公司惯例。

"如果你支持美国文化但是要在全球范围内竞争,你就要在企业家精神和中央集权之间寻求一个平衡。"哈科伯先生说,他去年退休后成了惠普的董事。"美国牛仔文化中粗鲁的个人主义不起作用,但是如果只是一味地中央集权也没有用,你会失去创新和责任带来的巨大贡献。"

日本实业家们经常以说教的口气谈论美国公司的容易自满和目光短浅,实际上,日本的企业取得胜利时也会这样。惠普能够一直保持其强大的市场领导力,是因为日本的制造商们在取得成功后又花了太多的时间在旧技术上榨取利益,而没有注意到作为领头羊的美国市场正在发生快速的变化。

"惠普更了解电脑业,更了解美国消费者,它能更快速地给市场带来好产品,"斋藤隆(Takashi Saito)说,他是佳能公司喷墨打印机事业部的负责人。日本制造商的文化使得他们不能快速制定决策,而这是活跃的美国计算机市场所必需的,他说道,因此"市场就成了惠普的花园"。

惠普走向打印机市场巅峰的过程起始于1979年的实验室事件,在1992年日本开始溃败时达到顶峰。

当惠普开始考虑进入打印机市场的时候,它意识到如果没有技术进步,就不能打败占领导地位的日本制造商,例如日本精工株式会社的爱普生科技公司,以及冲电气工业株式会社等。日本用低价位、高质量的"点阵"打印机锁定了大众市场,能够打出相对复杂的文字。

惠普技术突破的种子是从1980年种下的,由工程师们在一个看门人的储藏室改造的实验室里培养起来的。一年之前,一位惠普科学家注意到他实验室的长椅上有水滴溅起来。他试着电击一个薄薄的金属胶片;当金属变热的时候,下面的液体开始沸腾并喷出来。这个发现演化成了后来的"热"喷墨。

哈科伯先生看到对于大众市场来说,喷墨技术比起激光打印有着引人注目的优点:它便宜,更容易适应彩印,还没有其他人使之完美化。用一个喷气机把墨水喷到纸上的思想已经存在好几年了,但是还没有人找到把墨喷过小洞的好方法。产生于1984年的惠普第一台喷墨打印机实在算不上完美。它需要特殊的纸,墨汁常常成为污点,每英寸上只能打96个点,而现在的打印机每英寸能打600个点。"惠普的第一台喷墨打印机质量很差,"爱普生美国区的主席丹羽宪夫(Norio Niwa)说,"我们的工程师认为如果他们发布这样一个产品,他们会颜面尽失的。"

惠普不这么认为。它同时还成功地推出了一款比较昂贵的激光打印机,主要是面向企业客户,但是公司相信普通的计算机用户很快就会需要高质量地打印文本、图片、照片等。大众市场正在发展中,也就是原来惠普忽略的市场。为了避免重蹈覆辙,惠普不得不在低成本的喷墨技术上大量投资,哈科伯先生说,"要向日本人学习"把它们做成整套的产品系列。

期间,日本企业犯了错误。在惠普之前早早地申请了喷墨设计专利而又同意共享专利的佳能公司,选择了一款复杂的设计来实现,这使得它落后了好几年。而有点阵打印机之王称号的爱普生公司没有注意到消费者的品味正在发生变化。

1985年前后,爱普生美国区的经理回到日本,告诉他们的总部,低预算的个人计算机用户很快就会需要高质量的打印机,爱普生应该在喷墨等技术方面增大投资。爱普生前市场营销经理彼得·伯格曼(Peter Bergmen)这样说道:"他们的反应是,'这些美国人是谁?他们干嘛跑过来告诉我们应该怎样生产我们的产品?'"

爱普生有自己的喷墨技术,但很昂贵。除此之外,爱普生执行官丹羽宪夫先生说:"每个工程师都很看好点阵打印机,因为我们有巨大的市场、丰厚的利润、大宗的生意,而且,该技术本身具有悠久的历史。"

惠普差点犯了同样的错误。总部变得越来越官僚主义,一项产品计划需要经过层层审批。但是事业部就像是自由封地一样,每一个都有很大的自治权。"我们拥有大公司的资源,但是我们做自己的事情,"哈科伯先生的接班人理查德·布鲁佐(Richard

Belluzzo)这样说道,"这里没有中央计划,所以我们可以相当快速地制定决策。"

根据在腹地做出的决定,惠普工程师采取了两种日本策略:(1)申请了大量专利来保护其设计并挫败对手,(2)投入到不断的改进过程中来解决喷墨上存在的问题。惠普的工程师开发了在每英寸上打 300 个点的打印头,并且造出了在墨盒中处于液态到普通纸上就马上变干的墨水。一位工程师测试了几乎所有类型的纸:便笺纸、工程纸、卫生纸——为了保险起见,又在砂纸、玉米圆饼以及袜子上做了测试。

1988 年惠普推出了 Deskjet,这款普通纸打印机最终成为从日本公司夺回市场份额的型号。1989 年,虽然还是没有竞争对手能够赶上来,但这条路线却一直没有达到销售目标。它的竞争对手是惠普自己的那款比较昂贵的激光打印机。销售额太低以至于不能支付研发和工厂的高额成本。喷墨打印机需要新的市场来转移经济方面面临的危机。

那年秋天,一批工程师和经理人集合到一起,在俄勒冈州胡德山顶的一间小屋里隐退了两天。他们凝视着市场份额图表。现在领导惠普个人计算机打印机事业部的理查德·辛德(Richard Synder)说,那天直到夜幕降临亮起灯光,才找到了真正的目标对手。经理们决定,不应该用低成本的喷墨打印机来代替正受欢迎的激光打印机,而是转向日本主导的点阵打印机市场。

占据最大市场的点阵打印机存在严重的缺陷——打印质量不高,颜色也不怎么样。位居第一的爱普生有一个软肋:没有竞争力强的喷墨打印机,而且正在分心处理在个人计算机销售方面的惨重损失。"我们说:'也许现在是我们发动攻击的好时机。'"辛德先生说道。

惠普这样做了,开始向正在分神的日本公司发动进攻。一周之后,惠普团队穿上了印有"打败爱普生"的足球运动服。这家公司开始追踪爱普生的市场份额,研究它的市场行为以及公开的财务数据,调查爱普生的忠实客户,汇编爱普生高层经理人的履历。惠普的工程师们拆开爱普生的打印机,查看设计思想和制造理念,这种招数是日本公司经常用的。

他们发现:爱普生的市场人员让商店把他们的打印机放在最显著的位置上;爱普生把降价作为战略武器来挡开竞争对手;客户喜欢爱普生打印机的性能可靠;爱普生打印机的设计易于生产。惠普做出了回应,要求商店把他们的喷墨打印机放在爱普生的旁边,把保质期翻了 3 倍,增至 3 年,并且重新设计了便于生产的打印机。

工程师们得知爱普生销售量很好的一个原因是开创了一条宽广路线,都在同一种基本型号做些微小改动。与之相反的是,"在惠普我们有一个理念是,每一次你都得追求全新的平台。"辛德先生说道。改变并不是一帆风顺。1990 年,惠普正在开发彩色打印机,工程师们正在创造全新的多功能的机械奇迹。市场人员建议说,对大多数消费者来说,简单的、略显笨拙的方法就足够了。

工程师们几乎要造反了,幸亏一位名叫朱迪·施普(Judy Thorpe)的生产经理对消费者们做了一个电话民意测验。实际证明人们正在渴望使用到被工程师认为是"组装电脑"的新产品。惠普意识到"你可以调节那些过时的东西,开发最新潮的产品了"。施普小姐这样说道。通过坚持已有的平台,惠普在如今火速发展的彩色打印机市场里远远超过了竞争对手。

到 1992 年,喷墨打印机的销售量开始飙升,日本制造商们开始清楚地意识到,点阵打印机市场正在遭受猛烈的冲击。

当得克萨斯坦迪公司(Tandy Corp.)的电脑城分部准备在 1991 年开第一批分店的时候,连锁店的主席艾伦·布什(Alan Bush)告诉打印机制造商,他们想把喷墨打印机作为热门项目。日本公司意识到他们没有准备好任何产品。"我们相当震惊,"布什说,"1991 年的夏天,在喷墨打印机方面你可以做的选择是:惠普,惠普,还是惠普。"

在喷墨打印机研究方面做了投资的日本制造商们正努力进入这个市场,这个时候他们遇到了巨大的障碍:惠普封锁了许多相当重要的专利。西铁城公司发现惠普"几乎覆盖了所有的基础研究,使得任何人都很难再涉足这个领域"。西铁城美国区的高级副总裁迈克尔·戴·维可(Micheal Del Vecchio)这样说道。正在努力开发打印头的西铁城工程师们得知,惠普在墨汁如何通过打印头方面覆盖了 50 项专利。"这就像在一个迷宫里探索,你顺着这条路向前走,突然发现可能会触犯他们的主要专利,然后你就得退回原点,一切重新开始。"

穿越这道障碍意味着竞争对手们都失掉了宝贵的时间。"我们以及其他很多人想彻底改造但是失败了,这样每过去一年,惠普的领导力就变得越来越强大。"NEC 前执行官麦金泰尔先生这样说道。

惠普的经济规模如此强大,它有实力可以把价格降得比别人都低;当佳能把第一个可以与惠普相匹敌的产品投放市场时,惠普已经卖出了几百万台打印机,并且开发了几千种可以替换的墨盒。惠普又根据其经验在生产方面做了连续的改进。例如,今天的 Deskjet 的价格只是 1988 年那款的一半。

于是,惠普可以施行一个重要的策略:当有对手出击时,就又快又狠地还击。去年佳能本来打算推出一款彩色喷墨打印机,但是还没投入市场,惠普就对它原有的版本做了大幅度降价。1988 年价格为 995 美元一台的黑白打印机,现在只卖 365 美元。

"他们非常善于牺牲自己的老产品。"麦金泰尔先生说。

惠普同时也非常善于竞争。现在它占有世界喷墨打印机市场 55% 的份额。在打印机方面的成功,也包括激光打印机,促进了惠普整体的巨大进步,使它成为美国两家成长最快的跨国公司之一(另外一家是摩托罗拉公司)。惠普其他分部的员工也因打印机分部员工的大众市场理念而转变了,现在开始做市场上最低成本的个人掌上电脑。

惠普在打印机方面的领导力能够带来更大的利润,因为喷墨机构正在研究传真机和彩色复印机。如果像预期的那样,喷墨技术能够应用在交互式电视设备的内置打印机,其销售量将会暴涨。哈克伯先生说:"打印机就会像卫浴设备那样,在家庭生活中处于重要地位。"

资料来源:S. Kreider Yoder, The Wall Street Journal, Sept. 8, 1994, P. A1. Reprinted by permission of *Wall Street Journal* © 1994 Dow Jones and Company. Inc. All rights reserved.

讨 论 题

1. 喷墨打印机是"技术推动"的产品,还是"市场拉动"的产品?
2. 根据这个案例所讲述的情况,惠普产品开发组织的优点和缺点各有哪些?
3. 惠普对于竞争所做出的反应,哪些是你预料到的? 现在能不能总结出一条策略来阻碍这些预料之中的竞争者行为?

第三章

战略与创新

本章目标：介绍各个层次的带有战略目的的创新战略，如科学与公共政策，公司与业务单位战略。这些是创新和技术管理的长期战略计划。本章集中讲解技术能力和组织战略，后者包括创新、创新战略的探析，以及对于创新的竞争性回应。还会特别介绍领导能力、领先地位，以及创新战略。管理中出现的问题我们用几个案例来说明，例如，ABB、卡特彼勒（Caterpillar）、食品包装、美国安全剃刀公司、美泰、铁路行业的自动化交通设备鉴定、EDI（电子数据交换），以及3M。本章的最后将会介绍 IBM 和美国国家机械公司的案例，然后做一些领导能力方面的练习。

市场先锋们总是能够比后来者抓住并保持更大的市场份额，并且在研发方面投资更多。[1] 这是不是一条创新战略呢？这只是本章将要介绍的战略与创新的论题之一。下面我们就以本田效应作为起点开始介绍。

---

[1] Robertson, T. S. and Gatingnon, H. (Sept/Oct 1991). How innovators thwart new entrants into their market. *Planning Review*, Vol. 19, No. 5, 4—11; Dowling, M. J. and McGee, J. E. (December 1994). Business and technology strategies and new venture performance: A study of the telecommunications equipment industry. *Management Science*, Vol. 40, No. 12, 1663—1697.

本田效应

本田效应并不是你想的那样。在贸易压力下，本田 1998 年的销售记录已经是广为传颂，当谈到新生产线转变速度时大家经常提到这一点。这种转变是用天(据报道，从 0 到 100% 的生长量，或者每天 1 750 个单位，两条生产线，20 天)来计算的，而不是像其他汽车公司那样用周或者月来计算。在新产品开发方面，丰田是以本田作为基准的。所有这些都是事实，但这还不是本田效应。

1998 年 2 月 2 日，一个本田经理人小组在密歇根大学的工程学院做了一个关于新雅阁(Accord)的详细报告。这些杰出的经理人、工程师中有本田汽车有限公司执行副总裁兼本田研发有限公司总裁吉野广由岐(Hiroyuki Yoshino)先生；本田研发有限公司执行总工程师加美阳三(Yozo Kami)先生；本田研发有限公司美国区总工程师埃里克·波克曼(Erik Berkman)先生；本田美国制造有限公司副总工程师蒂姆·唐宁(Tim Downing)先生。他们列出了本田在技术方面面临的三个挑战：(1)使公司既强大又灵活；(2)世界范围内每个区域都能自力更生，又能保持同步增长；(3)产品越来越环保。与上次的市场记录相比，本田的销售量在日本增长了 38%，在美国增长了 20%，所以，他们采取的方式应该是正确的。

基于同一平台的雅阁共有三种款式，分别是为美国、欧洲、日本设计的。它们在零件、工具、焊接设备、喷漆工艺等方面有相当多的共同点。新款式包括一个五点悬浮技术，以适应空间、性能、成本等方面不断变化的标准，应用生产需求推动的标准件设计。

将雅阁酷派引入市场对这个团队来说虽然是个巨大的挑战，但却完全可以胜任。新赛欧投放市场一个月之后，酷派就随之而来，而 1994 年新赛欧进入市场 6 个月之后雅阁 Wagon(旅行车)才进入市场。

如此，你会说，本田效应就是：快速的产品引进和发布。不是的，继续往下读。当他们演讲时，我的一位同事提问，本田是否利用他们在制造技术方面的柔性来购买将来设计变化和(或)促进学习方面的特权。不，不是这样，他们回答说，而是简单地"节约成本"。那么，这就是本田效应？不是，这并不独特。通用汽车、福特、克莱斯勒，以及整个世界都想着节约成本。所以，这还不是。

他问的下一个问题是,怎样定位雅阁酷派的市场位置,才能不干扰雅尼的销售?这点他们做到了,但这还不是本田效应。在发行酷派之前,需要做多少模型?这至少是本田效应的一个方面,因为答案是大于 1 小于 10,我们永远不会知道。供应基础从 384 到 408 的增长是不是呢?答案仍然是否定的。

你肯定急得要杀了我了,现在就说本田效应:本田效应就是公司用来对付突发状况的未经计划的紧急战略,常常是企业内部个体的自发行为,而不是正式的、自上而下的计划程序。本田效应所说的应急战略恰如其分地解释了理查德·帕斯科尔(Richard Pascale)先生所讨论的这种现象,他见证了本田汽车进入美国汽车市场的过程。那是 40 多年前的事情了。

"1959 年本田的主管人员们刚从日本来到洛杉矶建立美国分公司的时候,他们的最初目标(目的策略)是集中精力卖 250-cc 和 350-cc 的车,来迎合汽车发烧友们,而不是卖当时在日本如日中天的 50-cc 的本田摩托车。"本田经理人们只是假设本田五零不适合美国市场,因为在美国的各种消费品都要比日本奢侈。"然而,250-cc 和 350-cc 的销售步履蹒跚……又被机械方面的失败折腾得痛苦不堪。"

形势对本田来说并不怎么好,然而,意想不到的事情发生了。"本田的管理人员们在洛杉矶周边用本田五零来交差,引起了极大的关注……一天,他们接到了来自西尔斯百货的买家的电话……"接下来的事情就是我们所知道的历史了。本田的管理人员们开始极不情愿地放弃大型车,转向小的本田五零。他们这次"撞进了一个前所未有的市场"——从来没有买过摩托车的那些美国人。本田还发现了一个没有试过的销售渠道——普通零售商。到 1964 年,在美国有一半的摩托车是本田的。[1]

"本田成功之路的常规解释是,公司用精心构想的意图性战略重新定义了美国摩托车市场。而事实是,本田的意图性战略几乎是一个巨大的灾难。"[2]从另一方面来说,应急的战略作为突发情况的产物,同时应该归功于当时的本田经理人们开阔的思维和乐于学习的精神。底线是:所有的战略来自计划和应急的行为。而本田将这两方面都发挥得淋漓尽致。

---

〔1〕 *Strategic management*, Fourth Edition, by Charles W. L. Hill and Gareth R. Jones, Boston, Houghton Mifflin Company, 1998, especially pp. 18—19.

〔2〕 Ibid, p. 20.

回到基本：定义战略

我们回顾战略基本定义。制定战略的过程就是将企业的内部资源与环境机遇和风险有机组合来达到目标的过程。战略包含四个要素：目标、策略、行动计划和执行方案。在多数公司里，战略是这样分层的：首先是公司战略，回答这个问题：我们在做什么样的生意？业务战略是从公司战略推理出来的：在所处的行业中我们怎么竞争？最后是职能战略。例如，运营战略的一部分是决定设备的存放地点——做这一类的决定需要承担长期的义务。制定采购决策也是一个长期的过程，不过可能比较容易改变。

战略管理文献的两个非常重要的贡献都与创新决策的制定密切相关。第一个是现在非常著名的迈克尔·波特(Michael Porter)的五力分析模型和通用的战略框架。[1] 如图 3—1 所示，这同时也是很多战略分析的起始点。然而下面我们会看到，我们可能低估了技术在这个框架中的重要性。[2]

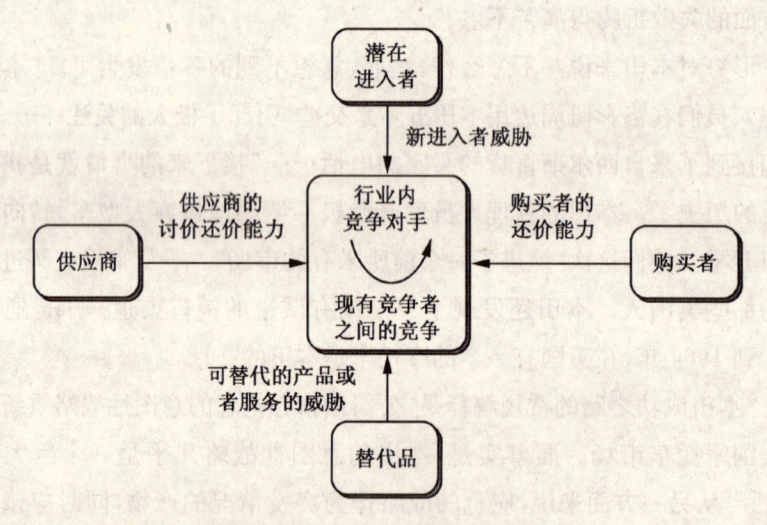

图 3—1 决定产业利润的五种竞争力

---

[1] Porter, M. E. (1985). *Competitive advantage*. New York: The Free Press, especially p. 5.

[2] Also see Tidd, J., Bessant, J., & Pavitt, K. (1997). *Managing innovation*. Chichester, UK: JohnWiley & Sons, especially p. 66—67, for a critique of Porter's model.

第二个贡献是博格曼、梅狄科和维尔怀特（Burgleman Maidique and Wheelwright）最近出版的一本关于技术战略管理的书。[1] 作者在书中的方法总结如图 3—2 所示。这个模型的中心思想是，在技术和商业环境中，结果和行动＋管理能力＝企业精神。从这个模型可以推出一个假设，不论创新过程是由市场推动的还是由技术构想推动的，如果想成功就需要一个反反复复的过程。

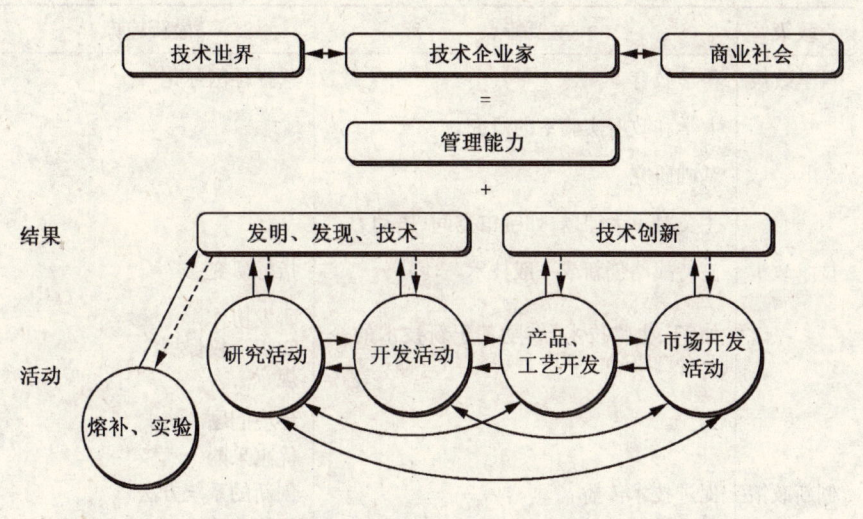

资料来源：Burgelmen et al., 1996。

图 3—2　有关技术核心概念间的关系

尽管这两个贡献的重要性不可低估，更明智的做法是从长远的角度来看待这两个模型。它们并不全部包含本书中所提到的重要的、详细的概念，或者是那些进行生产、加工和信息系统配置的经验丰富的经理人和研发人员的经验之谈。这不是它们的目的。它们迈出了创新之旅的坚定步伐，这只是一个开始，无论如何也不是结束。

创新战略的范围

划分战略和创新问题的一种方法是根据聚集的水平。国家应该有创新

---

[1] Burgelman, R., Maidique, M., and Wheelright, S. (1996). *Strategic management of technology and innovation* (2nd ed.). Chicago: Irwin.

战略,就像公司或者公司联盟,公司内部的业务单位,生产或服务部门那样。表 3—1 所示的是组织这些方面的一种尝试。[1] 这里是在比较以下三点的不同:科学政策,包括科学教育和基础研究(通常是国家级的);技术政策,主要是战略创新或一般技术(通常是企业级的);创新政策,主要是技术转移(通常是业务单位级的)。

表 3—1　　　　　科学政策、技术政策和创新政策

政策	主要特点	最新趋势
科学政策	科学教育 大学和政府实验室的研究 基础研究 主要是重大课题,如宇宙空间、核动力	选择性国际化
技术政策	支持战略创新或一般技术 如 IT、生物技术、鼓励基于新技术的企业(NTBFs)	指标研究 研发协作 知识产权保护 规章 环境问题 优惠采购
创新政策	促进技术传播 鼓励转移科学 特别是 AMT(主动管理技术) SME 聚焦	创新的系统方法 网络建设 媒介开发 区域分布 组建公司职能和资源

资料来源:Mark Dodgson and John Bessant, *Effective innovation policy: a new approach*, International Thomson Business Press, London, 1996, p. 5.

在这些项目里没有列出解决这些问题的方法或计划的实际类型。例如,在技术竞赛中,科学政策的目的不在于找出优胜者,而在于培育高风险的基础研究。对于技术政策,战略可能是自己做所有的核心技术,外购非核心的技术(例如,信息技术)。对于创新政策,也有很多主导课题:竞争方式各有不同,如合资、股权状况、研发合作,或技术获取。是否应该再做另外一张表呢?

---

[1] Dodgson, Mark and Bessant, John. (1996). *Effective innovation policy: A new approach*, London: International Thomson Business Press, p. 5.

技术能力

企业运用员工的技能在增值链上开展活动的能力叫做竞争力（competency）。[1] 一个企业的独特能力，可以用来解释为什么各个企业之间的应变能力不同。当然，在这里我们最关心的是技术能力，因为可以把技术能力作为基础来阐明应变战略。帕利·帕特尔和基斯·巴甫特（Pari Patel and Keith Pavitt）最近研究了世界上的 400 多家大型公司（其中美国公司占 47%，欧洲公司占 29%，日本公司占 25%），发现这些公司拥有持久的竞争力是因为以下三个"特征"：[2]

1. 他们一般是多领域的，并且随着时间的推移越来越是如此，因为企业的能力超出了"独有核心"技术领域的生产范围。

2. 他们是高度稳定和差异化的，技术形态和方向受企业主导产品的本地化研发的影响很深。

3. 研究的速度既受企业主导产品的影响，也受国内环境的影响。然而，还有很多难以解释的因素影响着管理方面的选择范围。

帕利·帕特尔和基斯·巴甫特用专利数据来衡量技术能力，尽管这种方法有一定的局限性[3]，但所得的结果与技术管理人员的现有意见相当一致。他们还发现，大型公司更倾向于做多样化投资，在专利活动上也是相当的多样化，并且它们的技术比产品更多样化。例如，化工企业 71% 的专利是化学技术，但它们在自己的核心领域之外也有相当坚实的竞争力。另一

---

[1] 这一定义根据奥兰·阿弗改写（Afuah, Allan., 1998, *Innovation management: Strategies, implementation and profits*, New York: Oxford, p. 52）。这一定义同普拉哈德和哈莫使用的核心竞争力相似（Prahalad, C. K. and Hammel, G., 1990, The core competence of the corporation, *Harvard Business Review*, Vol. 68, No. 3, 79—91），他们认为核心竞争力根植于组织内部的人员身上。

[2] Patel, Pari and Pavitt, Keith. (1997). The technological competencies of the world's largest firms: Complex and path-dependent, but not much variety, *Research Policy*, Vol. 26, 141—156.

[3] 同上，第 141 页，帕特尔和帕威特（Patel and Pavitt）列出了三个限制：(1)专利并不对一个公司的外部联系程度进行衡量——但是这些联系倾向又是互补的。(2)专利衡量系统化的知识，但是不发现隐藏的知识——尽管，再一次地说，隐藏的知识趋向于完善而不是替代系统的知识。(3)专利并不衡量软件技术。

个例子是制药企业,它们有10%的专利是关于非电力机械的。企业多元化一般是基于两个原因:公司产品和材料、设备供应商之间在技术上相互依赖;不断涌现的技术机遇。

虽然技术能力的这些特点多年来一直保持稳定(1965～1984年和1985～1990年),制约着新技术的研究方向,研究速度却变化不一。技术机遇越大,专利的积聚就越快。一些行业和国家提倡更多快速的研究,由于90%左右的研发是在国内完成的,这对国家政策是个重要的影响。帕利·帕特尔和基斯·巴甫特的研究报告与其他研究一致。杰夫(Jeffe)研究了432家企业,发现随着技术机遇的增多,研发可以带来很多盈利。[1]科恩(Cohen)等人提出,研发力度的不同有一半是因为行业的不同。[2]

这些发现主要适用于关于生产的研发,但是艾特略发现制造业计算机方面的投资在各个国家和经济区之间也有很大差异。目前南美在这方面的投资是落后于世界其他国家和地区的,但是由对20多个国家的600多个耐用品生产厂家研究发现,这个评估不因行业的不同而不同。[3]

帕利·帕特尔和基斯·巴甫特还发现,他们的预言可以解释50%以下的专利活动差异(56%～80%的差异是不能解释的),这留下了很大的空间,可以用企业水平的影响因素来解释这些差异。其他人的研究发现也确认了这一点,在研发方面的大力投资,与有技术背景的高层管理人的存在成正比。[4]

一些研究证实了波特的观点,不同国家在竞争力的优势和劣势方面各有不同,包括创新能力。[5]有些初步的证据支持这个模型。例如,毕林斯

---

[1] Jeffe, A. B. (1986). Technological opportunity and spillovers of R&D: Evidence from firms' patents, profits, and market value, *American Economic Review*, Vol. 76, No. 5, 984—1001.

[2] Cohen, W., Levin, M., and Mowery, D. (1987). Firm size and R&D intensity: A re-examination, *Journal of Industrial Economics*, Vol. 35, No. 4, 543—565.

[3] Ettlie, J. (January 1998). R&D and global manufacturing performance, *Management Science*, Vol. 44, No. 1, 1—11.

[4] Patel and Pavitt(1997); Bosworth, D. and Wilson, R. *Technological change: The role of scientists and engineers*, Avebury, UK: Aldershot; and Scherer, F. and Hugh, K. (1992). Top management education and R&D investment. *Research Policy*. Vol. 21.

[5] Porter, M. (1990). *The competitive advantage of nations*. New York: MacMillan.

和雅布拉克(Billings and Yaprak)比较了美国和日本的14个行业的创新效率。研发效率可以从很多方面来衡量,如销售和增值是按研发方面落后2~5年来划分的。[1] 美国在以下行业中研发效率较高,分别是食品、纺织、化工、橡胶、金属以及金属制品行业。而日本在造纸、石油、机械和科学设备方面更有优势。这两个国家在电气设备、交通运输、采矿行业等方面的研发效率势均力敌。

曼斯费尔德发现,美国企业在柔性制造系统方面的应用不如日本企业多,因为这方面利润不高。当讨论平均利润时,"没有统计学上的明显趋势,证明美国企业的模仿效率比日本和欧洲的低"。并且,在这三个区域"往往都是较大的企业才采用柔性制造系统"。大公司更倾向于安装柔性制造系统。[2] 当技术来自外购的时候,制度约束就不是特别严格,关于在新加工技术上投资回报的话题,在第五章和第七章还会继续讨论。

技术预测

战略和计划都是为了将来。但如果将来的情况与现在有所不同,根据今天的世界制定的计划就会变得陈旧。避免这个问题的一个方法是预测计划实际执行时的情况。市场和销售预测对任何部门来说都是相似的,但技术预测有所不同。

第二章在介绍创新理论的时候提到了技术预测使用的方法是马丁诺称之为直接预测的一个例子。[3] 也就是,技术S曲线代表实际行为,并能衡量一项技术的进步,通常是解决某个技术难题的一种特定的技术。技术S曲线假设有一个基于物理能力的上限,这个上限由该领域的基础科学决定。

创新的扩散也可以由S曲线来表示。在图上,一项新技术的潜在用户

---

[1] Billings, B. A. and Yaprak, A. (1995). Inventive efficiency, how the U. S. compares with Japan, *R&D Management*, Vol. 25, No. 4, 365—376.

[2] Mansfield, E. (February, 1993). The diffusion of flexible manufacturing systems in Japan, Europe, and the United States, *Management Science*, Vol. 39, No. 2, 149—159.

[3] Martino, J. P. (1993). *Technological forecasting for decision making*. New York: McGraw Hill.

群所占的人口比例作为 y 轴,时间作为 x 轴。这种情况下,上限就是潜在用户群的人口规模。例如,1820 年之后,美国机械动力商船的比例开始迅速上升,1900 年之后又戏剧化地下降,1960 年几乎达到了 100%。此处 S 曲线可以用我们常说的增长曲线或对数曲线来近似地表示,这种曲线有几个数学函数公式。第二章中的例子是珀尔曲线。[1]

尽管技术 S 曲线和增长曲线的技术预测之间的关系显而易见,但是,我们为什么要努力去做技术预测,这个问题可能不是那么明白。对于销售预测我们也有同样的疑问。虽然多数公司都做销售预测,很多公司都有不止一种预测以备使用。市场预测又与生产和业务预测有所不同。

业务计划通常开始于需求预测,与为什么需求会增长、稳定或降低并无关系。技术计划至少有一部分开始于对技术进步的预测,与这些技术怎样发生变化、为什么发生变化没有关系。马丁诺博士说,当资源充分的时候,与技术相关的任何人、任何企业、任何国家都要进行预测。通过推理,资源配置对技术的未来情况做出预测。系统的预测是周期性进行的:不做预测(或者把将来看成同现在一样);百叶窗预测(线性);恐慌或危机预测,即直到发生什么事情然后采取行动;天才预测,即通过咨询过去在这方面取得成功的人来预测将来。[2]

系统技术预测的优点是,人们可以学习并掌握这些方法,当实际的变化发生时,可以拿来作为参照、回顾、做成文献供以后学习。如果预测很精确,就可以检查其准确度。即使不够精确,它们仍然很有用,因为当预言很清楚时,可以用来衡量预测的性能。

技术预测有如下四种基本方法:

■ 推断(根据时间序列分析或趋势分析)对长期预测非常有效。如图 3—3 所示,对代表上百万千瓦时发电量的 y 轴数据做指数变换。

■ 先行指数作为晴雨表。有些时候数据不能直接获得,就会用到像专

---

[1] 有很多技术 S 曲线的描述。一个是巴斯模型,最近在五种新的医疗设备设计(例如 CT 扫描和磁共振成像)的曲线——拟合运用中被检验,并且该模型被建立成为在扩散过程中对实际模仿的一个很好的预言者。

[2] Martino, J. P. (July-August 1993). Technological forecasting: An introduction. *Futuristic*, Vol. 27, No. 4, 13—16.

利数据之类作为指数。[1]

- 因果模型根据原因和结果来做预测。例如,科学家根据物理定律知道将会发生日食。
- 概率模型给出各种结果的概率分布。

阅读专业杂志《技术预测与社会变革》(*Technological Forecasting and Social Change*)可以探究这个领域的发展。

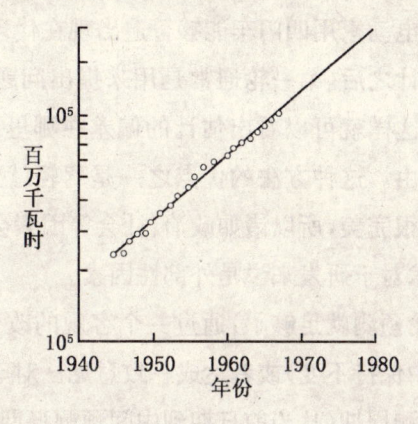

资料来源:J. P. Martino, *Technological Forecasting for Decision Making* (New York: McGraw-Hill, 1993), p. 84. Figure5—3。

图 3—3　趋势预测实例:美国电力生产[2]

德尔菲法

关于技术预测方法的一个著名例子是德尔菲法,这同时也是最容易被误会的一个例子。[3] 德尔菲法以希腊圣贤命名,是 20 世纪 60 年代在兰德

---

[1] 马蒂诺(Martino)在他的书中使用了日本申请照相机的美国专利的例子(Martino, *Technological forecasting for decision making*. New York: McGraw-Hill. 1993)。厄恩斯特(H. Ernst)使用专利数据来显示计算机数字控制的趋势,为机器工具行业,特别是在日德之间的贸易模式上;他发现市场活动紧跟专利活动(Ernst, H., August 1997, The use of patent data for technological forecasting: The diffusion of CNC-technology in the machine tool industry, *Small Business Economics*, Vol. 9, No. 4, 361—381)。

[2] Martino, J. P. (1993). *Technological forecasting for decision making*. New York: McGraw-Hill, p. 84. Figure 5—3.

[3] H. Lindstone & M. Turoff (Eds.)(1995). *The Delphi method: Techniques and applications*. Reading, MA: Addison-Wesley.

公司发展起来的。它是这样一种方法,在委员会或座谈会上系统地获取并应用专家观点。德尔菲法只在没有技术数据的情况下适用。这些特殊的座谈会并不是面对面的形式;其特点是三个重要条件:匿名、反馈反复作用、统计响应。这不是观点调查,而是一种用德尔菲预测的几个连续回合系统地询问和总结专家意见的方法。

德尔菲预测法的一个例子是汽车专家们预测什么时候,处于通货膨胀调整后平均价格的电动家用四门车能够普遍出现在代理商或者其他零售商的店里。第一轮估计之后(第一轮通常是用来提出问题),会谈小组给出反馈意见,删去 1/4,这样就可以看出估计的偏差在哪里。接下来,匿名专家给出如此估计的理由。这种方法的优点之一是驾轻就熟、经验丰富的专家之间的交接并不是很完美,所以诸如政治、社会等因素会影响到技术的预测和演变,而这种技术对于研发来说是外部性因素。

最后(一般四轮预测就足够了)通过一个客观的改变过程,达到相对的稳定(在中间预测中保持不变)或者达成一致意见。对于一致意见的一种典型的衡量方法是预测周期(从当前日期到中间预测日期的跨度)的 1/4 的比率。虽然像期望的那样绝对不确定度会随着预测周期的长度增长,但事实证明这个比率是相对稳定的。[1]

技术机会分析(TOA)

艾伦·波特(Alan Porter)和他的同事们在系统技术预测和战略计划特别是对新兴技术关系方面做出许多贡献。[2] 他们用技术机会分析法(Technology Opportunities Analysis)在佐治亚技术学院做测试,来验证这种关系。技术机会分析包括观察、预测和评估,集中关注研究人员和方法论的鉴定阶段的调查。用一个矩阵来匹配重要的、新兴的技术机会与佐治亚技术竞争优势。还有一个包括风险(利润成本比率)和增长潜力(研发活动的期望增长)的矩阵。当艾伦·波特和他的同事们的研究表明增长潜力和

---

[1] Ibid., p. 21.
[2] Porter, A., Xiao-Yin, J., Gilmour, J., Cunningham, S., et al. (Fall 1994). Technological opportunities analysis: Integrating technology monitoring, forecasting, and assessment with strategic planning. *SRA Journal*, Vol. 26, No. 2, 21—31.

风险之间有密切联系的时候,收集到的大部分信息就可以用来支持上述矩阵。第二阶段的重点对确定领域的深入分析。第三阶段是分析机会、需求、行动选择。在技术机会分析的分析阶段要用到其他学院(例如麻省理工学院)的基准数据。更进一步的资料(如混合的资料)来自基于对62人的调查结果得出的与优先权相关的领域。

除了与校园匹配的战略计划和实际技术能力趋势之外,分析还得出了两个重要结果。第一,确定了七个目标领域(以及其他领域)之间的关系。这对设计之类的传统部门非常有利。第二,技术管理有下列趋势:

1. 爆发性的中心增长说明跨校联合有很大的机会。
2. 行业参与和合作可以调整。
3. 在跨学科合作中,可以把员工奖励机制作为评价升职、任期、薪金等方面的一个特别因素。

技术机会分析成功的本质在于应用了定量定性输入的多技术预测方法(例如,文献统计学、基金水平分析,以及专家意见调查)。[1] 还有就像在研究环境关系时那样,在这些分析中同时采用了自下而上和自上而下的方法,其中包括国家议程。

技术监测和情境法

我们需要特别关注一个特殊的技术预测方法,这种方法既受到普遍欢迎又易于使用,那就是监测。例如,20世纪80年代后期施乐开发了一种新方法来监测技术传输系统的速度和质量,促进了至少两种新产品的诞生。这种方法带来了一系列的具有技术里程碑意义的技术,特别是在产品开发

---

[1] 这一想法与一个全面的技术评估定义相一致,它从早期被广泛用于平均影响分析的这一方面的定义分离,参见:Hendriksen, A., 1997, A technological assessment primer for management of technology, *International Journal of Technology Management*, Vol. 11, No. 5&6, 615—638);Thomas, C. W., 1996, Strategic technology assessment, future products and competitive advantage, *International Journal of Technology Management*, Vol. 11, No. 5/6, 651 — 666);Tschirky, H. P., April 1994, The role of technology forecasting and assessment in technology management, *R&D Management*, Vol. 24, No. 2, 121—129)。

周期的初始阶段。[1]一些企业把它称作技术评定[2],与美国国会的技术评定不同,这实质上是一个技术效果的程序。

监测行为导致技术情境分析。[3] 情境分析对新兴技术和新兴市场来说是恰当的计划工具。情境法在战略计划中已经用了很多年了,但大多数企业都是最近才把它集中应用在技术预测和计划方面。

减少技术预测中的误差

技术预测方法还不完美,有些时候甚至大错特错。美国电话电报公司(AT&T)的电视电话就是这样一个例子:开发太早,后来出现了更加便宜的新技术。现在电视电话技术只能裹足不前。[4]大家都知道在一个企业的历程中,竞争环境是所有技术与绩效关系的重要缓和剂,但这种关系的程度有很大差别。[5]

影响技术选择曲线的当前发展的例子包括,自动化控制中的开放结构的输入[6],技术转让方和日益重要的 ERP(企业资源计划)系统供应链管理之间的协作。[7] 互联网在 ERP 开发和传播中的作用在预测技术发展趋势中仍有待观察,因此,导致现在为信息技术领域所做的决策中存在很大的不确定性。

采用多样的预测方法和具体情况具体分析都是避免预测错误的方法。

---

[1] Hartmann, G. C. & Lakatos, A. L. (March-April 1998). Assessing technology risk—A case study. *Research Technology Management*, Vol. 41, No. 2, 32—38.

[2] Hendriksen, A. D. (1997). A technology assessment primer for management of technology, *International Journal of Technology Management*, Vol. 13, No. 5, 6,615—638.

[3] Bers, J. A., Lynn, G. S., & Spurling, C. (June 1997). A venerable tool for a new application: Using scenario analysis for formulating strategies for emerging technologies in emerging markets. *Engineering Management Journal* (*EMJ*), Vol. 9, No. 2, 33—40.

[4] Coates, J. F. (November-December 1998). What picturephone teaches about forecasting. *Research-Technology Management*, Vol. 41, No. 6, 7—8.

[5] Zahra, S. A. (May 1996). Technology strategy and financial performance: Examining the moderating role of the firm's competitive enviroment. *Journal of Business Venturing*, Vol. 11, No. 3, 189—219.

[6] Miles, P. (Summer 1998). Open architecture: Forecasting the adoption wave. *Robotics World*, Vol. 16, No. 2, 23—29.

[7] Stein, T. (October 19, 1998). ERP's future linked to e-supply chain. *Information Week*, Vol. 705, SS20.

例如，在预测双轨道、发光二极管(LED)材料技术以及薄膜晶体管(TFT)技术的发展时，采用了专利数据作为先行指数，这可以用来解释上述两种思想。这两种技术的专利数据所表现出来的趋势，可以作为最初的路线图，然后再用第二数据资源，也就是学术杂志上的新发现和行业信息来补充，以便修改技术计划。[1] 有证据表明，采用新技术的反馈评估中的错误，随着越来越多的企业开始创新而减少[2]，但这对创新者没什么帮助。

选择正确的技术预测方法取决于以下几个重要因素：[3]

1. 可用资本——开发资本可以给预测带来更多的成就，也可能缩短开发周期。

2. 可用数据——德尔菲需要的数据较少；趋势推断需要很多数据。

3. 数据正确性——一些方法要求严格的标准；另外一些是粗略的。

4. 成功的不确定性——某些方法善于处理不确定性。

5. 新技术和现有技术的相似性——越相似得到结果的可能性就越大。

6. 影响发展的变量的个数——某些方法善于合并多种影响因素。

莱弗瑞和翰(Levary and Han)总结了不同背景情况下适用的技术预测方法(参见表3—2)。[4]

最近在回顾技术预测文献和 29 种模型时，米德和伊斯兰(Meade and Islam)按照创新过程和交替过程中转变发生的时间点把各种方法分为三类。模拟之后作者总结说，"确定一组可能的方法比较简单，而确定出'最佳'模型就比较难。这引出了模型预测组合(我要强调的)……以及胜过个体组成模型的趋势。"[5]这与波特的技术机会分析(TOA)是一致的。[6]

---

[1] Shang-Jyh Liu, S. & Shyu, J. (1997). Strategic planning for technology development with patent analysis. *International Journal of Technology Management*, Vol. 13, No. 5/6, 661—680.

[2] Mansfield, E. (1996). A note on estimating the returns from new technology, how much learning. *International Journal of Technology Management*, Vol. 11, No. 7/8, 814—820.

[3] See Levary, R. R. & Han, D. (Jan/Feb 1995). Choosing a technological forecasting method. *Industrial Management*, Vol. 37, No. 1, 14—18.

[4] Ibid., p. 17.

[5] Meade, N. & Islam, T. (August 1998). Technological forecasting—Model selection, model stability, and combining models. *Management Science*, Vol. 44, No. 8, 1115—1130.

[6] Porter et al., 1994, 21—31.

表 3—2 使用特定技术预测方法的先决条件

预测方法	先决条件
德尔菲法	所有的参与人员都必须是专家,他们对这项技术有了解。
提案组技术	(1)所有的参与者都是专家,他们对这项技术有了解。 (2)需要一位领导者。
案例学习法	可以学习与少量组织相关的复杂技术。
成长曲线	(1)可获得的跨越时代的历史数据。如果拿不到较长时段的历史数据,只可以获得有限的信息 (2)技术的生命周期必须可知。
趋势分析	每一个趋势分析的模型必须有自己的假设。预测精度取决于假设与吻合的程度。
相关分析	要预测的技术必须与已成熟的技术有相似性。
层次分析法	高质量的两两比较的信息必须先于技术预测获得。
系统动态	影响技术开发过程的所有变量之间的关系必须先于系统动态模型的建立而获得。
交叉影响分析	影响技术开发的可能性的相互关联的未来事件必须可知。
关联树分析	技术开发的层级结构必须可知。
情境法分析	情境法分析者必须在将要开发的技术的各个方面都是专家。

资料来源:R. R. Levary and D. Han,"Choosing Technological Forecasting Methods,"37, no. 1(Jan/Feb 1995),pp. 14—18. © 1997.

如果你开始做技术预测,对它做评估需要考虑几个重要问题。不要相信那些说"这一定会发生"的预测。这也是情境法,但还不确定。确保预测能做出清晰的假设。长期预测(10 年)最好是试探性的。如果预测用了大量的数据,要考虑所用的数据和模型的质量如何?有哪些因素是不合格的?

还有几个问题。为了做出有效的预测,需要做哪些监测?它与其他预测有什么关系?预测怎么避免对于变化速度过于乐观而对于变化影响规模的估计过于悲观等后续问题?最后,为了在乐观与悲观两种观点之间寻求一个平衡点,找到趋势的收敛点,因为一个单独的因素不大可能会引发巨大变化。[1]

---

[1] Coates, J. F.. How to recognize a sound technology forecast. *Research-Technology Management*, Vol. 38, No. 5, 11—12.

并　购

在成本压力和全球化的驱动下,这里要谈一下并购,现在是回顾这个过程的好机会。[1] 关于并购有三个问题:

1. 公司可以通过多样化来降低风险。
2. 公司可以通过资产组合来创造价值。
3. 有关联的合并比无关联的合并容易实现。

第一个问题是把多个鸡蛋分别放在多个篮子里就会降低企业失败的风险。实际上,只有通过集中的多样化,企业才能繁荣发展。单一行业的企业和综合公司都面临着巨大的风险,这个结论是迈克尔·卢巴特金和萨扬·查特吉(Michael Lubatkin and Sayan Chatterjee)基于对财富500强公司中的246家的调查总结出来的。[2] 具有中等规模的多样化的企业遇到非系统风险的可能性最小。作者提出,"多条腿站立"实际上使得桌子更容易倒。而通过放大核心能力填补差距的战略是一个好方法,特别是通过收购。发展差距部分需要很长时间,并且不能增加"补充"技术。这些年来3M公司在这方面做得相当出色。

第二个问题是对战略管理应用资产组合可能创造价值。资产组合方法类似于波士顿咨询公司的2×2矩阵。波士顿矩阵法将一个公司的业务分成四种类型:"现金牛"、"明星"、"瘦狗"和"问题"。公司被收购通常是因为它们拥有一些其他公司需要的技术,它们同意被收购一般是因为需要更多资源来培育这项特殊的技术。然而,收购公司往往把"明星"当作"现金牛"来对待,结果就失败了。有时候企业本身并不采用2×2矩阵,而是利用有缺点的潜在"逻辑",也有效果。有个好规则是当年为了技术收购一家公司时,再在技术发展方面追加10%的投资。进一步讲,把现有的生意作为"现金牛"忽视了潜在的发展机会。"不要忘记是怎么走到这一步的",当面对强

---

[1] Lubatkin, M. & Lane, P. (February 1996). Psst... The merger mavens still have it wrong! *Academy of Management Executive*, Vol. 10, No. 1, 21—37.

[2] Lubatkin, M. & Chatterjee, S. (February 1994). Extending modern portfolio theory into the domain of corporations. *Academy of Management Journal*, Vol. 37, No. 1, 109.

大的竞争对手时这条公理很适用。

第三个问题是,有关联的合并比无关联的合并容易。也就是说,协同本身是很有益的。有两个原因使得有关联的合并更容易。第一,有关联的合并往往是纸上谈兵,现实中没有。优秀员工的辞职以及不协调的公司文化都会阻碍合并的成功执行。有关联合并的另一个问题是"家族斗争",典型的是石油公司的合并,不能达到预期效果。

由这个协同问题可以得出推论,如果你有足够的钱来支付,一次有关联的收购就会带来另外一次。罗伯特·伊顿(Robert Eaton)得到了来自密歇根大学商学院的商业领导奖,他评价了戴姆勒—克莱斯勒新组建的管理团队做出的不收购日产的决定。最后决定放弃角逐收购日产是因为这个同化过程再增加第三方就太多了,特别是考虑到要同时协同日本、美国、德国三方合作者。尽管日产有债务,最后促成这项决定的是时间选择和共同文化问题。

那么收购的最佳途径是什么呢?迈克尔·卢巴特金和彼得·伦(Michael Lubatkin and Peter Lane)提出了一些建议,这些建议来自于他们几年来的研究以及对成功和失败的并购的几十年的观察。当然,关键问题在于让合并真正地战略化,因为这正是它的特点——规模宏大、不可逆转,给公司带来的结果是长期性的。

第一,确保并购的动机是正确的。企业不能放弃传统成熟的业务,而试图通过收购来逃避逆境。实际上,成熟行业中最成功的战略是合并。第二,多样化而万变不离其宗,把鸡蛋分放在相似的篮子里。第三,企业不能在所有领域的研发上都做足够的投资,这可能会影响其表现,可以考虑用创新的联盟和合并来代替收购。第四,在收购之前与目标企业合作一段时间,这是我们观察到的合资的一种常见模式,在汽车行业中也是这样。第五,合并之后就有趣了,考虑和安排合并本身就是有趣的事情。回顾一下技术收购失败的典型模式:不要把明星当作现金牛来对待,永远不要忘了现金牛的价值。如果对于一次并购存有任何的疑问,就不要继续前行。

出于技术原因而收购一家公司或者与其合并和其他动机的并购相比有所不同。把技术收购作为现金牛而不是需要培养和成长的投资中心,对于买方公司(或者主导方)来说是一个巨大的诱惑。这是打消技术动机的收购意图的唯一且最好的方法。[1]

如果我们在这个等式中加上信息技术,并购游戏就变得更加复杂。例如,在银行业(参见资料3-1),把技术加在并购的理由列表上是很有诱惑力的,但是,在这种类型的战略调整里有很多隐藏结果和意料之外的事。这次研究和这些例子告诉我们,不要把技术收购作为现金牛。还有,当信息技术增加了计划的额外时间和预算,来支持这些新系统的继续演化时,要特别注意。

资料3-1

技术驱动银行合并[2]

1998年4月22日,花旗银行用280亿美元收购了梅隆银行(Mellon Bank Corporation)。这种类型的合并通常有三个原因:顾客、成本降低,以及计算机和信息系统技术。其目标是达到高速、综合的服务,覆盖从活期账户到共同基金和保险单等一系列业务。综合利用所有的媒介:电话、家用电脑、自动取款机。

对规模和地理位置的监管的放松也是促进银行合并的原因。由于与其他金融机构的竞争导致贷款利率降低也是银行的一大问题。为了降低经营成本,银行鼓励实现计算机化:处理一张纸质支票要10.5美分,电子支票的处理是5.7美分。自动取款机平均服务每位顾客的成本是40美分,而出纳员办理该业务的成本大约是每位顾客90美分至2美元之间。

IBM的综合金融网络是可以通过个人电脑、电话或者互动电视提供家庭银行服务。微软近期宣布将要让他们名为OFX的技术与IBM名为Gold的标准兼容服务。

---

[1] Hitt, M. A., Hoskisson, R. E., Ireland, R. D., & Harrison, J. (November 1991). Are acquisitions a poison pill for innovations? *Academy of Management Executive*, Vol. 5, No. 4, 22; Chakrabarti, A., Hauschildt, J., & Suverkrup, C. (January 1994). Does it pay to acquire technological firms? *R&D Management*, Vol. 24, No. 1, 47—56.

[2] Murray, M. & Narioetti, R. (April 23, 1998). Bank merger's major engine is technology. *The Wall Street Journal*, pp. B1, B9.

> 标准也确定了ATM(自动取款机)技术的趋势。顾客可以用世界各地的任何一台自动取款机通过网络取得现金。加拿大帝国商业银行正在测试用康柏电脑的串列单元和NCR开发的自动取款机,它将股票、汇票、保险、储蓄等各项业务分开办理。
>
> 高科技的自动取款机还可以自助服务,这是关系到顾客满意度的关键所在。[1]例如,如果你想提取面值50美元,系统每次都能符合要求。也可以按利率排出顾客优先权。在美国北卡罗莱纳州的夏洛特市,第一联合银行(First Union Corporation)正在用一款全新的软件帮助预测顾客破产。
>
> 基于产品和市场原因所做的收购对于ERP(企业资源计划)的升级有相反作用。例如,欧文斯科宁(Owens Corning)从1994年开始的旨在标准化系统和消除原有软件的ERP的努力,因为同时还有其他收购,已经超过了预算的两倍。[2]在近期的一些案例中,特别是一些小的买家,欧文家族的新成员保持着他们的原有系统。

包含创新的企业战略

技术方案和投资怎样才能适合一个企业战略计划?在ABB,业务战略和计划影响技术战略发展,并且有一部分是当前结果的结果(如图3—4所示)。

ABB的方法是一种典型。业务战略(我们怎样竞争)产生于公司战略,反过来影响技术战略发展和评估。技术战略反过来影响技术计划等。卡特彼勒(Caterpillar)的方法有所不同,如图3—5所示。[3]卡特彼勒是享誉

---

[1] Johnson, M. D. (1998). *Customer orientation and market action*. Upper Saddle River, NJ: Prentice-Hall.

[2] See Chapter 9, Box 9—4.

[3] Figure 1 from Zakoks, Abraham. (January-February 1997). *Research-Technology Management*.

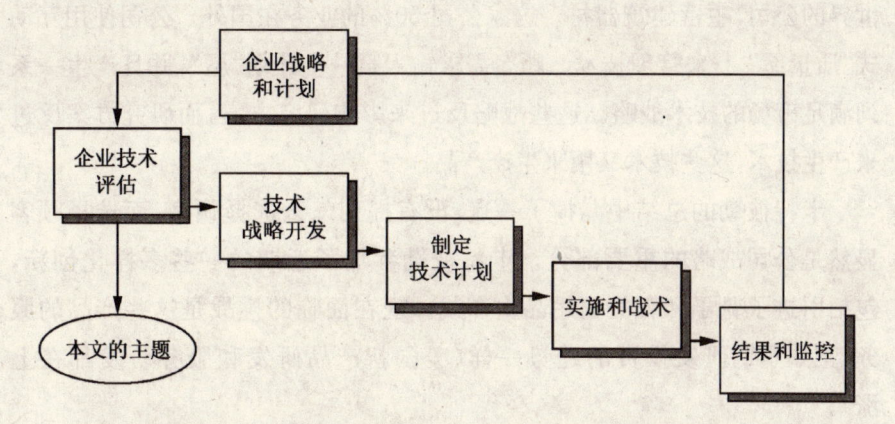

资料来源：Figure 1 in Harold M. Stillman, "How ABB Decides on the Right Technology Investment," *Research Technology Management*, November—December, 1997, 14—34。

图3—4 企业技术评估是联结 ABB 公司业务与技术战略开发的技术管理过程的组成部分

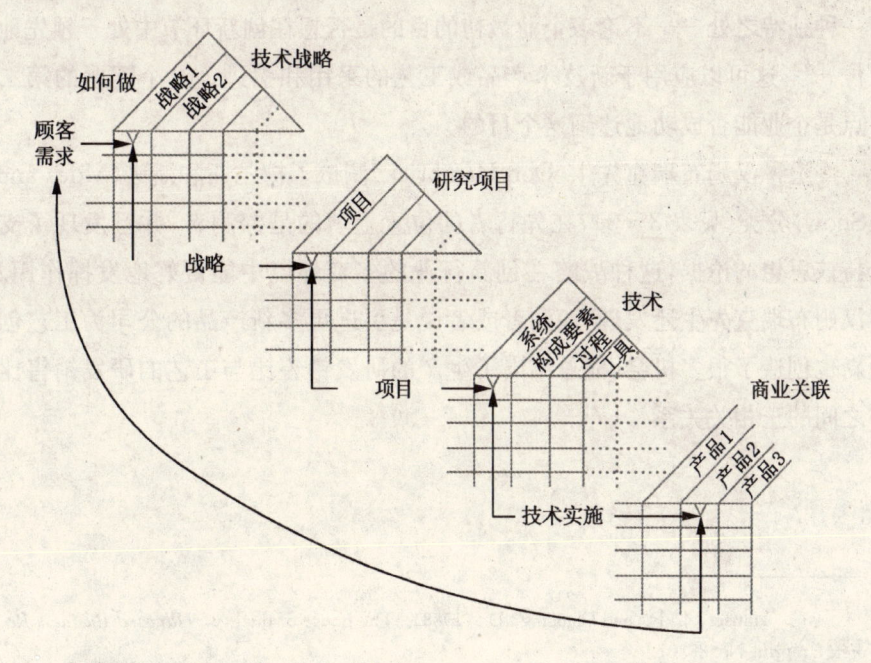

资料来源：Figure 1 from A. Zakoks, *Research-Technology Management*, January—February, 1997。

图3—5 卡特彼勒的技术管理

世界的公司,主营建筑器材。这家公司50%的业务在国外。公司使用互动式"质量屋"[1]来管理技术。顾客需求输入第一个计划"屋",并且产生一系列满足市场的技术战略。这些战略反过来影响研究方案,而研究方案反过来产生技术,这些技术又用来生产产品。

卡特彼勒的总结中漏掉了一点,没有提到怎么选择顾客,而选择顾客显然是公司战略的重要部分。卡特彼勒参加了近期的一些多样化创新,包括引进了靴子和鞋类耐用品生产线。现在面临的挑战是这些产品的服务,正如早期研发投资的趋势一样(美国新产品研发和服务研发都在上涨)。

创新战略

大家已经尝试了很多方法来描绘创新战略的特点,并想将其编辑成文。表3—3就是其中几种情况。这些分类中的大部分至少指出了创新战略的一种独特之处——不论该企业最初的目的是否想在创新环节中处于领先地位。[2] 这可以应用于新技术产品或工艺的采用和引进。这个问题的第二点是企业能否成功地达到这个目的。

道·汉姆布瑞克先生(Don Hambrick)测试了梅尔斯和斯诺(Miles and Snow)分类(见表3—3),在先行者的位置上填的是探测者,并且发现了支持该思想的论据,这种战略在创新行业的多变环境中能更好地发挥作用。汉姆布瑞克先生还发现,探测者或者说是引进更多新产品的公司为工艺创新也创造了很多机会,他总结出了生产的研发销售比与工艺的研发销售比之间的正相关关系。[3]

---

[1] Hauser, J. R. and Clausing, D. (1988). The house of quality, *Harvard Business Review*, reprint No. 88307.

[2] Kerin, R. A., Varadarajan, P. R., and Peterson, R. A. (1992). First-mover advantage: A synthesis, conceptual framework and research propositions. *Journal of Marketing*, Vol. 56, No. 4, 33—52.

[3] Hambrick, Donald C. Some tests of effectiveness and functional attributes of Miles and Snow's strategic types, *Academy of Management Journal*, Vol. 26, No. 1, 5—26.

表 3—3　　　　　　　　　　　创新战略

来源*	分类
梅尔斯和斯诺(1978)	防卫者、探测者和分析者
弗里曼(Freemen, 1982)	攻击的、防守的、模仿的等
艾特略和布里奇斯(Ettlie and Bridges, 1987)	进取的技术政策
科林等人(Kerin, et al., 1992)	先行者

* Miles, R. E. and Snow, C. C. *Organizational Strategy, Structure and Process*, New York, McGraw-Hill, 1978. Freeman, C. *The Economics of Industrial Innovation*, 2nd Edition, Cambridge, MA, MIT Press, 1982. Ettlie, J. E. and Bridges, W. P. "Technology Policy and Innovation in Organizations," *Technology as Organizational Innovation*, J. Pennings and A. Buitendam, eds., Cambridge, MA, Ballanger Publishing, 1987, 117—137. Kerin, R. A., Varadarajan, P. R., and Peterson, R. A. "First-Mover Advantage: A Sythesis, Conceptual Framework and Research Propositions." *Journal of Marketing*, Vol. 56, No. 4, 1992, 33—52。

弗里曼概括了创新战略的具体类别，总共分为六类。表 3—3 列出了其中三类，与梅尔斯和斯诺分类非常类似。但是他的另外一些分类是不独立的、传统的、机会主义的。不独立的战略就是一个企业可以接受扮演强劲对手的附属角色——只有按照顾客的要求改变生产方案。传统竞争者或多或少保持现有的产品和服务，只是（以消减成本）变动价格。机会主义的竞争者寻找其他人忽视了的细分市场，通常是先行者。

艾特略和布里奇斯的研究（参见图 3—3）调查了创新战略对食品公司从硬包装到软包装的转变中所起的作用到底有多大。他们用进取性的技术政策指标，包括以下四个各不相同的特征：

1. 在问题的技术解决方案上做长期投资。
2. 用人力资源补充战略技术计划。
3. 通过跟踪和预测来保持环境开放。
4. 综合功能的结构化适应（如"老虎团队"）。

艾特略和布里奇斯的分析结果参见表 3—4。他们使用了一种独特的量表技术来检测一个关于正在研究中的新型软包装技术的采用的部分订单，这项技术是关于蒸煮袋的。蒸器是一种用来给食物杀菌消毒的炊具，以前放在罐子里。现在食物包装在灵活的、多层的袋子里。袋子不需要蒸馏很长时间,因为从表面到中心的距离小于罐子,所以可口的食物用这种包装来卖,并且这种"扁平盒子"也提高了多样化的可能性。

表 3—4　　　　　　　食品行业突破性的包装技术决策

等级记分	对应的模式	
0	所有项目都失败(0000)	
1	知道是否需要新产品(0001)	
2	知道是否需要新产品+ 积极的计划(0011)	知道是否需要新产品+ 推行可行(0101)
3	知道是否需要新产品+ 积极的计划+ 推行可行(0111)	
4	知道是否需要新产品+ 积极的计划+ 推行可行+ 使用可蒸煮的包装技术(通过所有项目)(1111)	

资料来源:图6—1,创新实施对应模式的等级。Ettlie, J. E., and Bridges, W. P., "Technology Policy and Innovation in Organizations." *Technology as Organizational Innovation*, J. Pennings and A. Buitendam, eds., Cambridge, MA, Ballerger Publishing, 1987, 117—137.

艾特略和布里奇斯在147家食品加工企业的抽样调查中总结出了两种企业类型。处于第二级决策点(参见表3—4)上的企业知道市场是否需要某种产品,但是不会最先采取行动购买,另外一种类型是最先做决策的企业。第一种类型的企业往往采用进取性技术政策。

技术战略中也有高技术的例子。克里斯藤森和罗森布鲁姆从前一章介绍的断点平衡模型开始,做了磁盘驱动器行业的研究,调查了攻击者的优势、先行者在技术更迭方面的前景。[1] 然而,他们没有预言原有企业或者新进入企业是否会随着基于竞争力提升和竞争力降低假设的新技术而繁荣发展,而是表明企业所在的价值网络决定了磁盘驱动业的结果。他们把自

---

[1] Christensen, C. M. and Rosenbloom, R. S. (1995). Explaining the attacker's advantage: Technological paradigms, organizational dynamics, and the value network, *Research Policy*, Vol. 24, 233—257.

己的研究与亨德森和克拉克(Henderson and Clark)对平版照相技术的研究做了比较[1],在这方面新进入企业总是占据优势地位,而像IBM之类的原有龙头企业总是会取得成功。他们还发现,新进入企业引导了最近五次架构变化中的三个,而原有企业只引导了两次"变革"。

这个行业中的第一次过渡是1973~1980年之间从磁盘组到温彻斯特(Winchester)驱动器的转变。在图3-6中用点标了出来,该资料来自克里斯藤森和罗森布鲁姆的文章。[2] 原有的龙头企业通过引进14英寸温彻斯特驱动器来领导该行业:IBM最先引进14英寸温彻斯特驱动器,然后是控制数据公司,最后是微数据公司于1975年引进。它们都是用相同的供应基础服务于相同的已有市场:主流电脑制造商。"只要这个技术能满足现有网络中顾客的需要(第253页),它们就能引导变革"。"当顾客的需求处于新兴网络中时,新进入企业引导变革"(第253页)。之后,在磁盘驱动器行业,新进入企业引导开发了针对不同客户的小型温彻斯特驱动器,如图3-6中空心点所示。8英寸、5.25英寸、3.5英寸和2.5英寸软盘的开发都是由新进入企业主导的。新的结构缩小了驱动器的体积,打开了另外一个购买市场。

1989年,普来瑞泰科公司(Prairietek Corporation)从迷你斯科莱(Miniscribe)公司剥离,开发出了第一个新产品,笔记本电脑专用的2.5英寸温彻斯特驱动器。新进入企业占据了针对笔记本电脑的3.5英寸驱动器和针对台式计算机的5.25英寸驱动器,以及针对小型计算机的8英寸驱动器(后来针对大型计算机)市场。原有企业没有介入这些增值网络,而是集中精力在前一代产品和目标顾客。只要顾客满意,他们没有理由去为新的顾客开发新产品结构,新进入企业由此乘虚而入。进一步讲,从最终用户系统中除去的供应基础越多,网络的流动性就越大。例如,供应堆积磁性材料的铝盘的企业能够卖掉从14英寸到2.5英寸各种型号的盘。做铝

---

[1] Henderson, R. M. and Clark, K. B. (1990). Architectural innovation: The reconfiguration of existing systems and the failure of established firms, *Administrative Science Quarterly*, Vol. 35, 9—30.

[2] Christensen and Rosenbloom, Ibid., Figure 5. Impact of Winchester architecture on the average areal density of 14-inch disk drives, 251.

盘镀层的企业更是不遗余力地服务于驱动器制造商，历经这么多改革而保持不变。

在图 3—6 中，用点画出了这种突破性技术，实心点是磁盘组套结构，空心点是温彻斯特结构。在 1973 年以后，当 IBM 引进 14 英寸温彻斯特驱动器的时候，这项技术是由其他市场和价值链的新进入企业主导的。图中由虚线连接起来的那些空心点就是这个结果，可以看出它从老技术性能曲线中分叉了出来。对于管理原有企业和突破性技术改变的建议是如果企业方向没有向新的价值链做实质性的转移，原有企业从当前轨道和当前结构发生偏移的可能性将微乎其微。

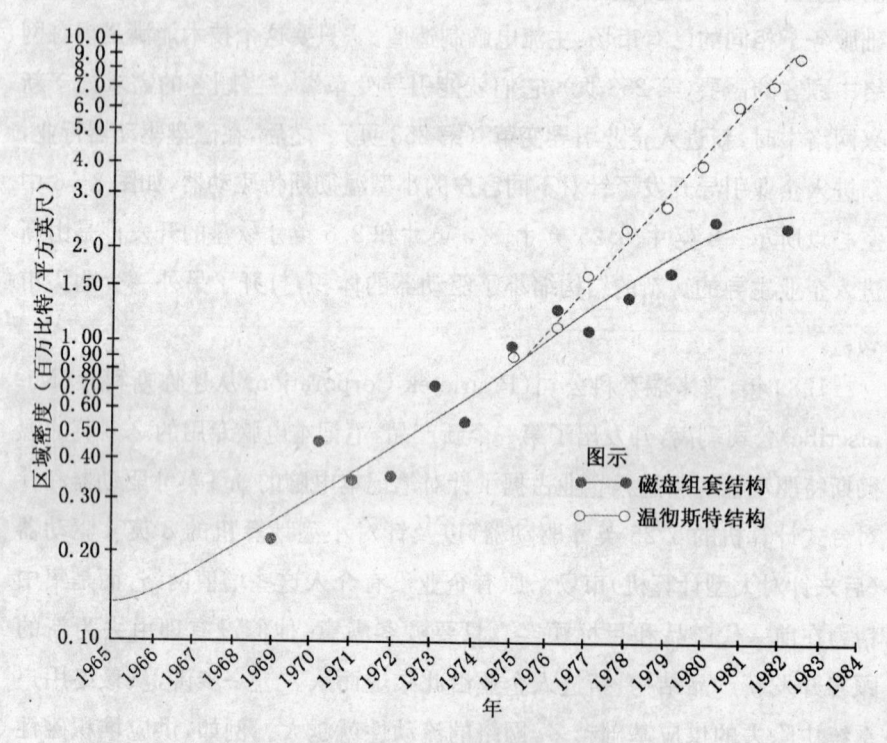

资料来源：图 5 温彻斯特结构对 14 英寸磁盘驱动器平均区域密度的影响，摘自：Christensen, C. M. and Rosenbloom, R. S. "Expleining the Attecker's Advantage: Technological Paradigms, Organizational Dynamics, and the Value Network," *Research Policy*, Vol. 24, 1995, 233—257。

图 3—6　磁盘驱动业中的突破性创新

技术融合

C. K. 普拉哈拉德和盖瑞·汉默尔(C. K. Prahalad and Gary Hammel)[1]在他们关于核心竞争力的著名文章中提出,战略计划的要点之一是要明确知道核心技术的发展方向,这样才能将这些要素列在公司的议程上。

该战略的一个例子是信息(计算机)和通讯技术,例如互联网。"基于技术融合的创新和基于知识经济的转变"产生了很多各种各样的技术元素,这顺应"跨企业"的混合产品趋势。[2] 还有其他一些例子,像无线自动取款机[3],美国电报电话公司最近投标综合媒体中心(Media One),它使得电信公司能够让网络、电话、电视同时进入家庭。[4] 电信是近十年来技术融合的最佳例子。[5] 综合企业需要新技术来建立核心竞争力。[6]

第一个因在文献中使用技术融合的概念而受到称赞的作者是儿玉文雄(Fumio Kodama)先生。[7] 文雄先生相当及时地观察到,公司既可以在突破性技术的研发上投资,也可以集中精力将现有的技术综合为混合技术,称为技术融合。技术融合有三项根本原则:

1. 市场推动研发日程。
2. 公司要有收集情报(观测)能力。

---

[1] Prahalad, C. K. & Hammet, G. (May-June 1990). The core competence of the corporation. *Harvard Business Review*, 79—91.

[2] Millar, J., Demaid, A., & Quintas, P. (December 1997). Trans-organizational innovation: A framework for research. *Technology Analysis & Strategic Management*, Vol. 9, No. 4, 339—418.

[3] Parket, T. (November 17, 1997). Wireless ATM flexes its muscles. *Telephony*, Vol. 233, No. 20, 24—32.

[4] Siklos, R., Barrett, A., Yang, C., & Crockett, R. (May 10, 1999). The Net-Phone-TV-Cable Monster. *Business Week*, 30—32.

[5] Kenward, M. (June 1995). Telecom's fusion power. *International Management*, Vol. 48, No. 5 (Europe Edition), 38—43; Cauley, L. (May 5, 1999). Comcast reaches accord with AT&T on MediaOne. *The Wall Street Journal*, pp. A3, A8.

[6] Lei, D. T. (1997) Competence-building, technology fusion, and competitive advantage: The key roles of organizational learning and strategic alliances. *International Journal of Technology Management*, Vol. 14, Nos. 2, 3, 4, 208—237.

[7] Kodama, F. (July-August 1992). Technology fusion and the new R&D. *Harvard Business Review*, Vol. 70, No. 4, 70—78.

3. 技术来自于与多行业的各种公司（还有大学、政府实验室等）的长期合作。

研究发现要顺利完成一项技术融合战略并不像说起来那么容易。[1] 尽管化工行业的技术完备和经济成熟抑制了工厂承包商的研究与开发活动，却很少有这方面的证据证明承包商们采取新颖的战略从设备制造公司获取特殊利益。

承包商和设备制造商之间的联盟不仅有助于减少工厂设计、采购，降低成本，还能提供有效方法来抵御来自更专业化公司的威胁；特别是那些拥有自己工程承包技术的大型设备制造商。生态合作和技术融合类型的创新提供了一个途径，在共同分担成本和承担风险的同时提供技术竞争优势的机会。[2]

技术威胁的竞争反应

当竞争对手引进新的技术产品和服务的时候，最可能的反应是什么？先行者方面的文献提醒大家，搭便车者和早期基督徒风险是脱离标准操作的潜在惩罚的一部分。搭便车者可能不需成本（例如，研发成本）就能享受到先行者的变革成果，也可能从已经开放而又不满足于一个创新者的新市场中获利。在罗马时代，早期基督徒获得了最大的那份利益。[3] 如果我们能够预测竞争反应，先行者战略可能会多些风险计算，少些运气成分，尽管在新企业中运气也是一个重要因素。答案并非显而易见。

1990年（参见第一章）吉列决定用新引进的感应剃须刀彻底改造剃须刀行业，8年之后又引进了锋速三（Mach3）[4]，对手公司是怎么做的呢？像威尔金森（Wilkinson）之类的强劲竞争对手引进新技术产品来竞争，但收效甚微。小竞争者对这次突破技术有他们自己的反应。例如美国安全剃刀公

---

[1] Hutcheson, P., Pearson, A. W., & Ball, D. F. (January 1996). Sources of technical innovation in the network of companies providing chemical process plant and equipment. *Research Policy*, Vol. 25, No. 1, 25–41.

[2] Ibid., p. 25.

[3] 感谢鲍勃·伦德（Bob Lund）为我指出这一点。

[4] Hammonds, Keith H. (January 29, 1990). How a $4 razor ends up costing $300 million. *Business Week*, p. 62–63; and Symonds, William C. (April 27, 1998). Would you spend $1.50 for a razor blade? *Business Week*, p. 46; and Maremont, Mark. (April 4, 1998). Gillette finally reveals its vision of the future and it has 3 blades. *The Wall Street Journal*, pp. A1, A10.

司(American Safety Razor，ASR，占6％的美国市场)引进了一款新的刀片硬板盒，具有海军蓝色的精美外观，并且采取了在资源有限的情况下对新技术做出反应的唯一方法：价格。美国安全剃刀公司(ASR)的产品价格比强大的竞争对手吉列(占67％市场份额)和沃纳—兰博特公司的舒适(占16％市场份额)低40美分。[1]

美国安全剃刀公司(ASR)因为它的博马剃须刀广告而名垂青史,这个连载广告常常出现在公路边的招牌上,使用打油诗如："少女理想的白马王子,有着光洁的下巴,博马剃须刀。"1996年这个品牌重出江湖。现在该公司做适合吉列和舒适手柄的剃刀,其口号是让顾客货比三家。其销售额增长了11％,而吉列增长了8％。现在ASR的愿望是顾客们不再购买高价位的吉列锋速三剃须刀,这种剃须刀零售价大约6.5美元～7美元,几乎是ASR高端产品的2倍。

集中讨论技术威胁战略反应的早期研究之一是库伯和舒恩德尔(Cooper and Schendel)进行的。[2] 作者研究了7个行业中的22家公司，包括柴油发电机车代替蒸气机车，圆珠笔代替钢笔，喷气式飞机螺旋推进器。他们发现：

1. 22家企业里，除了其中5家之外都努力寻求新技术。
2. 2/3做研发的原有企业通过寻求新技术对竞争做出反应。
3. 所研究的每个行业在新技术引进后,原有技术发展进入了高峰阶段。
4. 大多数原有企业都是在新技术和旧技术两方面双管齐下。
5. 很少用收购来作为竞争反应——不是因为资源有限，而是因为缺少战略。

特别是关于库伯和舒恩德尔的最终报告总结,他们继续指出,原有企业的发言人一再强调新技术的缺点很正常。在4/7的案例中传统行业之外的企业采用新技术,只能部分地解释这个现象。在资本需求不大的行业里有3/4出现了同样的情况。所以说,尽管传统S曲线是创新技术更新换代的

---

[1] Hagerty, J. R. (Friday, June 12, 1998). Concede defeat to gillette: Not just yet Burma-Shave, *The Wall Street Journal*, pp. B1, B8.

[2] Cooper, Arnold C. and Schendel, Dan. (February 1976). Strategic responses to technological threats. *Business Horizons*, 61—69.

典型,新技术并不总是遵循传统的 S 曲线。有些时候这种模式又飘忽不定,常常受到主流的社会原因和经济状况的影响(例如,电动剃须刀、螺旋推进器和蒸气机车都受到了第二次世界大战的影响)。

竞争反应的这个模式也适用于其他情况。在有关竞争反应的文献中有很多观点相当一致。公司以实力互相竞争,而惯性是一种强劲的力量。所以当企业遇到新的竞争威胁时,可能会按以前的方法办事,而不是转向其他途径。这种现象的一个例子是爱普生对惠普引进喷墨打印机做出的反应(参见第二章)。作为点阵打印机之王的爱普生没有注意到消费者正在转变口味。

先行者赖以竞争的技术越具有突破性,对其的反应似乎越是迟钝——特别是常常发生的对抗手段是全新的产品或服务的情况。例如,为了回应美国西南航空公司的低票价、少服务的运营模式,主要的航空运输商用了数十年的时间,在这个过程中很多新企业都因效仿而失败了。[1] 这种战略响应模式并没有阻碍该行业中的新兴者[2],但这里还有一个固有问题,在受管制的行业中我们希望创新者做什么? 威廉·罗宾森(William Robinson)发现新进入企业的挑战一般是用新技术打破进入市场的壁垒,推迟原有企业对竞争的响应。罗宾森发现原有企业往往会忽视新进入企业,特别是作为第一反应战略。[3] 当面临的挑战是一项新产品时,原有企业最终也开发一项新产品来竞争的几率是 50%。但价格和广告反应是很容易预见的。

当原有企业推出一项新的产品,竞争者们将此作为敌对目标,然后回到自己的地盘时,75%至少会采取以下措施中的一种:[4]

- 42%会推出新产品
- 1/3 会采用市场回应(降价、广告)
- 22%会发布新产品声明

一个行业(尤其是高科技方面)中的专利保护越强或越集中,原有企业越可能配合市场手段发布产品声明,而不是开发新产品。这是因为专利的

---

[1] Zellner, Wendy. (June 8, 1998). Will this short-hauler fly? *Business Week*, p. 39.

[2] Leonhardt, David. (June 22, 1998). Small airline, tricky flight plan. *Business Week*, 96—97.

[3] Robinson, W. T. (1998). Sources of market pioneer advantages: The case of industrial goods industries. *Journal of Marketing Research*, Vol. 25, 31—52.

[4] Robertson, et al (1995).

确阻碍了新产品的研发。多样化行业的其他研究表明,60%的企业会开发一项新产品来对抗新产品,不管威胁是来自于原有企业还是新进入企业。[1]

战略反应或战略开拓并非局限于新产品。任何行业都潜伏着新的加工技术。许多突破性的变革来自于操作技术上的变化:浮法玻璃、连铸钢、数控机床、银行自助取款机等。20世纪40年代的流化床催化裂化加工技术的引入节约了98%的人力成本、80%的资本成本,以及为每单位的输出节约了50%的输入材料。[2] 在扩散方面的文献中,众所周知的是加工技术的扩散和成功应用取决于"在结构和管理实践中的巨大变革"。[3] 例如,蒸汽引擎的工业应用需要工厂生产做重大的重组。

成本压力常常会刺激加工技术变革,政治和工会也是影响因素。哈菲公司(Huffy)作为美国最大的自行车制造商,最近宣布结束在俄亥俄州瑟林娜的业务,那是它在国内仅存的业务。原因是亚洲竞争使得自行车价格在4年内降了25%。另一美国竞争对手施温公司(Schwinn)的全部产品都从国外工厂进口。现在美国每年销售的自行车60%是外国制造的。[4] 不只是小公司有成本削减方面的压力。罗克韦尔国际公司(Rockwell International Corporation)面临着工业自动化业务的缓慢增长(特别是在亚洲),改变了半导体方面的技术(例如,计算机的调制解调器),近期宣布将裁去48 000名员工中的10%。罗克韦尔最近卖掉了航空和汽车零件方面的业务。[5]

针对这种削减成本的价格战略还有其他解决方法。在众多不是很出名的成功运用加工技术作为战略武器的案例中,有一个是关于美国国家机械公司(National Machinery)的,在本章末尾的案例中有这方面的总结。该公司与少数主要客户合作重新开发"螺母和螺钉"产业。正如你所想的,多少

---

[1] Bowman and Gatignon (1995).

[2] Freeman, C. (2nd ed.). *The economics of industrial innovation*, Cambridge, MA: MIT Press, p. 27.

[3] Nasbeth, L. and Ray, G. F. (1974). *The diffusion of new industrial processes*. London: Cambridge University Press, p. 310.

[4] Quintanilla, C. (May 29, 1998). Huffy to close its largest U. S. factory, idle 950, to combat Asian competition. *The Wall Street Journal*, p. A4.

[5] Rose, Frederick. (June 26, 1998). Rockwell plans staff cuts of up to 10%. *The Wall Street Journal*, p. A3.

年来螺钉一直是用同一种工艺生产的。在20世纪80年代除了重新开发之外别无选择的国家机械公司决定巩固原有工艺,然后采用一种难以模仿的方法重新设计螺钉定形设备。引进这项生产之后很快就对俄亥俄州蒂芬市的工厂做了现代化改革。该战略彻底改变了这个行业。

技术路线图

技术路线图[1]对于很多企业来说并不陌生,因为多年来他们一直在这方面做得很好,例如康宁公司。这种方法为技术导向的企业列出一个计划框架,虽然不是屡试不爽,但它能够帮助画出将来的进程。其最一般的形式是对于利益相关者的产品计划指出未来的发展方向,包括机遇、能力、产品以及技术。其中最重要的是指出路线或计划过程,而不是模拟创新的未来。[2] 最早试用路线图(参见资料3—2)的有摩托罗拉和康宁等公司,后来还有很多公司,像英国石油公司(BP)、菲利普公司(Phillips)、惠普(HP),以及朗讯科技公司。这些公司把他们独有的公司形态增加到这个提议中。对路线图的最普遍的应用是生产计划,但政府和产业集团也用这种方法引导政策和联合行动。

资料3—2

路线图的起源[3]

虽然该方法在美国汽车制造业有它的早期形踪,却是摩托罗拉和康宁公司在20世纪70年代末80年代初首先运用了路线图方法。康宁公司主张对于公司和事业部战略采取严格的事件计划方法;摩托罗拉采用

---

[1] Wells, Rachel, Phaal, Robert, Farrukh, Clare, and Probert, David. (Mar-Apr 2004). Roadmapping for a service technology organization, *Research Technology Management*, Vol. 47, Iss. 2, p. 46, 6 pp.; and Phaal, Robert, Farrukh, Clare, Mitchell, Rick, and Probert, David. (Mar-Apr 2003). Technology roadmapping: Starting-up roadmapping fast, *Research Technology Management*, Vol. 46, Iss. 2, p. 52, 8 pp.

[2] Probert, David and Radnor, Michael. (Mar-Apr 2003). Technology roadmapping: Frontier experiences from industry-academia consortia, *Research Technology Management*, Vol. 46, Iss. 2, p. 27, 5pp.

[3] Probert, David and Radnor, Michael. (Mar-Apr 2003). Technology roadmapping: Frontier experiences from industry-academia consortia, *Research Technology Management*, Vol. 46, Iss. 2, p. 27.

技术改革和配置方法。

在美国的技术管理上,摩托罗拉方法取得了更加显著的效果。在其后来的首席执行官罗伯特·盖尔文(Robert Galvin)的领导下,摩托罗拉开创了公司流程,旨在鼓励业务经理对企业技术的未来给予更多关注,并且引导他们聚焦于企业技术预测方法。引入这种方法是为了平衡长期和短期问题,技术的策略和实际操作问题,以及公司里的其他问题。威尔亚德和麦克黎斯(Willyard and McClees)1987年的研究论文描述了摩托罗拉的运用和方法,在这个论题上领先一步。文中指出路线图提供了一个让设计工程师和开发工程师互相交流的方法,也提供了未来产品开发和应用特殊技术的市场信息。至关重要的一点当时没有提到,因为公司越来越多地寻求获得对技术开发和配置的控制,通过阶段关卡和一系列的管理流程,路线图可能会成为综合的关键步骤。

摩托罗拉模式和经验后来成了继续演化的美国方法和贡献的基础。为了阐明这种方法在其他公司是怎么发挥作用的,高层管理人员揭示了摩托罗拉用技术路线图做的事情,这直接导致了罗克韦尔自动化公司于1995年采用这种方法。可以这么说,在20世纪90年代大家对路线图感兴趣的高潮时期是产品开发周期一直缩短的直接结果,创造了对协同的更大需求(例如,只要有可能,顾客总是希望将新技术应用在产品中)。速度(以及与时间相关的过程)成了这个"快鱼吃慢鱼"的时代里最基本的考虑因素。反过来,这触发了对加速发展的路线图越来越大的需求。

早期摩托罗拉方法描述了路线图的两种类型:新兴技术路线图和产品技术路线图。新兴技术路线图由一小群专家为某项专用技术准备并保存。产品技术路线图则需要提供更多细节。它不是一张简单的地图,而是对为分配和操作小组准备的产品生产线(过去、现在、未来)的完备描述文件的编辑。详细描述了路线图的八个部分,包括在每个案例中可能用到的工具和方法。有业务记录、技术预测、技术路线图矩阵、质量、资源分配、专利购买、生产记录、阶段报告、总结图表,以及少数派报告(有趣的是,摩托罗拉已经利用它命名为"少数派报告"的方法克服了群体思维固有的危险;少数派报告的概念只是在最近才合并到其他企业的技术路线图过程中)。刚才提到的八个部分之一是技术路线图矩阵,这个矩阵总结了未来产品的技术要求。后来多数读者集中关注路线图的这个要素,尽管它只占数据总量的一小部分。

资料来源:Probert and Radnor。[1]

在实践中合并技术推动和市场拉动的因素时,技术路线图非常成功。它总是基于时间并且集中精力于关键问题上,可能是一项关键技术或一项新产品。在平衡图 3—7 所示的创新三角的第一边的时候非常有效。如果没有研发或市场界面的解决方案,创新过程成功的可能性微乎其微。该领域的故事和应用都表明,新产品的成功依赖于这两种功能之间的早期合作。[2] 创新三角形的另外两个界面是研发操作界面和操作营销界面,后面的章节将会陆续介绍。

是什么驱动美国国家机械公司的保罗·艾利(Paul Aley)在成熟的螺母和螺钉行业创造了突破性变革?想成为一个创新者需要哪些能力?怎样才是一位创新领导者?我们下面将讨论这些问题。

早期一项关于公司领导者背景的研究表明:在研发方面的大力投资同有技术背景的高层领导人的数量成正比。在资料 3—3 中将会非常详细地讨论这个问题,同时将会回顾加工技术应用的大量数据,这些数据也是同种模式的,还有些有趣的惊奇之处。

虽然有制造经验的高层管理人也会增加进取性技术政策并采用柔性生产系统,但他们其实更倾向于强调直接节约人力成本作为变革的基本依据。

创新问题的经济原因将在第五章讨论,请注意有一点很有意思,20 世纪 80 年代高层管理人的"隔代"效应——他们更强调改变加工技术的传统评估方法。

---

[1] Probert, D. and Radnor, D. (2003). Frontier experiences from industry-academia consortia. *Research Technology Management*, Vol. 46, Iss. 2, 27—30.

[2] Hise, Richard T., O'Neal, L., Parasuraman, A., and McNeal, J. U. (1990). Marketing/R&D interaction in new product development: Implications for new product success rates. *Journal of Product Innovation Management*, Vol. 7, 147—155.

图 3—7 创新计划三角

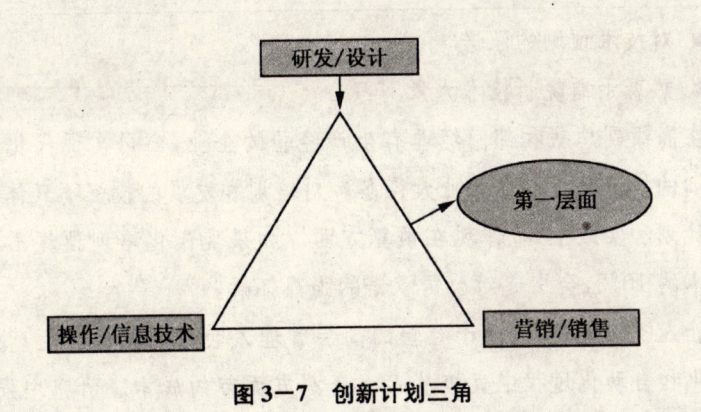

资料 3—3

总经理与制造创新

从罗伯特·海斯和威廉·阿博纳希(Robert Hayes and William Abernathy)的著名文章"经济衰退中的经营对策"(Managing Our Way to Economic Decline)在《哈佛商业评论》(*Harvard Business Review*, 1980年7月~8月)上发表到现在已经接近20年了。这个趋势在20世纪80年代逐渐开始改变。《华尔街日报》(1988年10月18日)报道在1984~1987年期间,来自金融部门的首席执行官从21.8%降到了17.3%,而同一时期来自生产和经营部门的首席执行官从33.1%增到了38.9%。制造业高层管理人的这种变革有哪些影响?

对30多家正处于产品生产和加工现代化改革进程公司的研究表明,罗伯特·海斯和威廉·阿博纳希的假设只有一部分是正确的。有生产经验的首席执行官的确能够在这些北美制造业公司做出突出贡献,这是一个事实。在其首席执行官拥有生产经验背景的公司中,公司比一般公司更可能会冒一些有备之险,并会采用柔性生产和灵活装配之类的新加工技术。这些公司有以下四个重要特点:

- 有尝试新技术和设备的声誉
- 会积极地招聘最佳技术人才

> - 对技术预测的承诺
> - 热衷于通晓新技术力量
>
> 在高级副总裁和部门经理有生产经验的企业,公司在现代化进程中对培训的投资会比其他企业大得多。对培训和发展的投资不只体现在培训的计划和实践上,也体现在预算方面。如果现代化培训预算不到总项目成本的10%,会引起对公司承诺的强烈怀疑。
>
> 让人吃惊的是,有生产经验的高层管理人会特别强调在生产操作的现代化和自动化过程中直接从人力资源方面节约成本。研究中发现,部门经理与此相反,他们比其他总经理更倾向于支持采用行政实验方法(例如,在合作合同中采用技术协议,在工厂中满意于企业结构,遵循公司的未来契约)。
>
> 如果部门经理有生产经验,新安装的系统就比在部门经理没有生产经验的企业中得到更加显著的利用。在总经理有生产经验的部门平均利用率是80%,而在总经理没有生产经验的部门则是61%。
>
> 资料来源:J. E. Ettlie。[1]

有相当多的事实强调,对创新和变革的管理态度与政策和结果的关系很密切。[2] 领先变革的经理们常常会提出创新战略并认真贯彻执行。即使在成熟行业,储备研发也是创新的必要步骤。[3] 创新战略和结构的相互作用问题一直都没有彻底解决,但有一点是显而易见的,在执行关于新技术产品的计划时,专项技术人才是不可或缺的。特别是对成熟行业里的新生

---

[1] Ettlie, J. (November 1990). What makes a manufacturing firm innovative, *Academy of Management Executive*, Vol. 4, No. 4, 7—20.

[2] Hage, J. and Dewar, R. (1973). Elite values versus organizational structure in predicting innovation. *Administrative Science Quarterly*, Vol. 18, 279—290; Miller, D., Kets de Vries, M. F. R., and Toulouse, J. (1982). Top executive locus of control and its relationship to strategy-making structure and environment, *Academy of Management Journal*, Vol. 25, No. 2, 237—253; Scott, S. G. and Bruce, R. A. (June 1994). Determinants of innovative behavior: A path model of individual innovation in the workplace. *Academy of Management Journal*, Vol. 37, No. 3, 580—607, 文中发现,领导力、管理角色期望、职业状态和问题解决风格同个人的创新行为是很有关系的。同时,创新行为反过来对上下级之间的关系有正向的影响。

[3] Myhrvold, N. (December 8, 1997). What's the return on research? *Fortune*, Vol. 136, No. 11, p. 88.

产和再加工过程来说更是如此。进一步讲,随着企业因多样化而涉猎到不太成熟的行业,在预测新产品以及采用前沿加工技术等方面,对于变革的管理态度变得尤为重要。[1]

还有证据证明,企业间高层管理人员的人事流动能够促进变革,并且与前沿加工技术的采用有着相当密切的关系。[2]虽然这些调动通常发生在公司的副总裁或者更高级别管理人员中,而且原因一般是雇用了外来人员,这与只有旁观者才能洞察到公司根本变革的惯例有所不同。以伦纳德·哈德利(Leonard A. Hadley)先生的故事为例,他最近升职做了位于爱荷华州牛顿市的美泰公司(Maytep)首席执行官。在其董事会选择哈德利先生之前,他以"才华平平的首席执行官和忠诚而毫无想象力的副官"闻名。后来情况发生了改变,他采取了果敢的行动,制定了盈利的欧洲操作计划并且积极推广。"在一个不怎么善于创新的公司,他在新技术上投资,把希望寄托在美泰价格昂贵的海王星牌洗衣机上"。这场赌博收获颇丰:美泰现在比它的主要竞争对手惠尔浦公司和通用电气家电集团的发展速度快得多。[3]同一时期,惠尔浦公司正在设计适合全世界所有文化口味的标准洗衣机。哈德利先生说,在家电行业很难做到既全球标准化又能赚到钱。现在有了一个全球化的产品,但人们认为每种产品都适合那种情况。了解这些情况之后,我们就不会奇怪为什么他的技术方法被称为"敌对法"了。[4]

美泰推出海王星洗衣机的过程是典型事例。美泰数十年来的策略是在市场中不要做出头鸟。1993年,哈德利先生把这种思想抛到了九霄云外,创造出银河系列产品,这是一系列绝对机密的九种新产品,每一种产品都用不同的行星做密码名。高价位的海王星与大多数典型的美国品牌有所不

[1] Howell, J. M. and Avolio, B. J. (December 1993). Transformational leadership, transactional leadership, locus of control, and support for innovation: Key predictors of consolidated-business-unit performance. *Journal of Applied Psychology*, Vol. 78, No. 6, 891−902.

[2] Ettlie, J. E. (November, 1990). Manpower flows and the innovation process, *Management Science*, Vol. 26, No. 11, 1086−1095; Ettlie, J. E. (September 1985). The impact of interorganizational manpower flows on the innovation process, *Management Science*, Vol. 31, No. 9, 1055−1071.

[3] Quintanilla, Carl (June 23, 1998). So who's dull? Maytag's top officer expected to do little, surprises his board. *The Wall Street Journal*, pp. A1, A8.

[4] Ibid, p. A8.

同,是前开门的,它对衣物磨损小且耗水量低,但是价格高达1 100美元。20世纪50年代前后开门的洗衣机因为漏电和振动问题退出了市场。消费者自然而然地认为这种款式比较低级,而初始的市场调研也做得不够。尽管如此,哈德利依然勇往直前。海王星洗衣机带来了巨大的收益,公司不得不三次追加产量。拥有美国家电三分之一销售量的西尔斯百货也开始销售海王星洗衣机。

哈德利先生打算从公司外部招聘能取代自己职位的人,他说自己已经做了最大努力,想用公司内部人员来取代自己,但是没有找到合适的继任者。他的接班人到底是谁呢? 49岁的劳埃德·沃德(Lloyod Ward)先生是美泰的第一位黑人主管,他是刚从百事可乐的菲多利公司(Frito-Lay)调来的营销专家。这与为了执行变革计划而从内部提拔人士的典型模式恰恰相反。[1]所以说美泰的改革和创新还在继续进行。

虽然美泰的改革模式在表面上看起来相当惊人,却是创新文献中领导故事的经典模式。哈德利先生之所以让许多人感到吃惊,甚至让他的董事会也感到吃惊,是因为我们大多数人终其一生都觉得技术会保持不变,所以才会对这么短时间内发生的变革感到惊讶,然后就会想我们为什么不快点改变呢。近期铁路行业做的一项关于采用自动化设备软件技术(Automatic Equipment Identification, AEI)的研究验证了这种模式。[2] 这使我们再次把目光聚焦在了一个拥有技术创新的多变历史的成熟行业。AEI用射频认证系统在移动的电子标签上扫描。这个系统可以安装在有轨电车、火车、拖车或集装箱上,用来更新运输管理系统的载货数据和移动数据。研究中有92人曾在四个一级铁路部门面试过,结果表明在预测技术的过程中,理解技术应用的好处远比知道哪种技术可用及其怎样发挥作用重要得多。有冒险精神的人在信息量不足的情况下也有可能采取行动,而不愿冒险的人

---

[1] Ettlie, J. E. (1990). Intrafirm mobility and manufacturing modernization, *Journal of Engineering and Technology Management*, Vol. 6. 281—302. 本文中的数据显示:在突破式工艺创新的初始阶段,公司之间高层经理的活动非常典型,而到实施阶段,工程师们变得更重要(内部能动性)。

[2] Williams, Lisa and Roa, Kant. (1998) Information technology adoption: Using classical adoption models to predict AEI software implementation. *Journal of Business Logistics*, Vol. 19, No. 1,5—16.

就不会这么做。[1]

很多以前变革失败的公司现在因为有了较好的领导人,制定了新的革新策略,又东山再起了。美国银行也是一个例子。20世纪50年代,美国银行因率先引进IMB702计算机系统而名声大噪,它曾失去了在业内保持了十年的领先地位,后来通过信息技术管理重新获得了领先地位。[2] 这种情况在高科技公司[3]、建筑业[4]、食品行业都很常见,这一点在前面提到过。只有领导能力可以解释这种类型的革新。领导们高瞻远瞩,尔后制定策略、步骤和行动方案来坚持完成革新。例如,鼓励创新的好公司有创新奖励机制,对不同的领导能力会有相应的奖赏。[5]

关于技术扩散的研究让大家看到了总经理们是怎么把策略变成实际行动的。例如,欧洲零售业中,在竞争激烈以及潜在客户懂得电子数据交换市场价值的地方,电子数据交换技术的扩散就特别快。当然,扩散的环境也很重要。在数字技术普及的法国、英国、荷兰和爱尔兰等国,电子数据交换技术的扩散就远远快于比利时、卢森堡和德国等数字技术普及率较低的国家。在一个特定国家,电子数据交换语言的标准化(如零售业里的国际信息交换标准)也能促进扩散,这一点早有预料。[6]

一般来说,创新战略联盟需要全局领导能力[7],因为这是一个长期过

---

[1] 参见表3—3和图3—1。

[2] McKenney, J. L., Mason, R. O., and Copeland, D. G. (September 1997). Bank of America: The crest and trough of technological leadership. *MIS Quarterly*, Vol. 21, No. 3, 321—353.

[3] Madique, M. A. and Hayes, R. H. (Winter 1984). The art of high-technology management. *Sloan Management Review*, Vol. 25, 18—21. 在这篇文章中,作者认为高技术管理有6个成功主题:(1)业务聚焦;(2)适应性;(3)组织凝聚力;(4)企业文化;(5)对正直的感觉;(6)亲自实践的管理。

[4] Nam, C. H. and Tatum, C. B. (May 1997). Leaders and champions for construction innovation. *Construction Management and Economics*, Vol. 15, No. 3, 259—270.

[5] Montemayor, E. F. (1996). Congruence between pay policy and competitive strategy in high-performance firms. *Journal of Management*, Vol. 22, No. 6, 889—908.

[6] Jimenez-Martinez, Julio and Polo-Rendondo, Yolanda. (1998). International diffusion of a new tool: The case of electronic data interchange (EDI) in the retailing sector. *Research Policy*, Vol. 26, 811—827.

[7] Celeste, Richard F. (Winter 1996). Strategic alliances of innovation: Emerging models of technology-based twenty-first century economic development. *Economic Development Review*, Vol. 14, No. 1, 4—8.

程，并且为了抵御外来影响和干预，会互相暴露核心技术，还会有一些潜在的技术泄漏。合并也是这样。当瑞典通用电机公司(ASEA)与瑞士勃朗—鲍威利有限公司(Brown Boveri)合并的时候，珀西·巴韦克(Percy Barnevik)接管担任首席执行官，不仅仅打开了崭新、艰难的市场，全球地位也增强了，比如在印度和中国的本地项目都做得很好。前面介绍过 ABB 的战略(参见图3—4)。[1] 克莱斯勒和戴姆勒—奔驰的合并在产品线和生产平台等多方面都给双方带来了明显的利益。[2] 双方所面临的挑战会克服在创新模式中明显的文化差异问题。[3]

在技术领导力方面，资产剥离也是战略艺术的一方面。例如，为了跟上数字存储行业的步伐，明尼苏达矿务及制造业公司(3M公司)最近改革了数据存储和成像业务。[4] 3M公司向来以产品创新闻名于世，通过分离出一个在快速发展的行业里有竞争力的部门，公司尝试允许该部门灵活地自治。

在策略和创新管理中，领导力过去一直是而且将来也是最重要的因素。一项研究清楚地表明了这一点。豪特和卡特(Hout and Carter)声称，他们此次涉及到美国、欧洲、日本各个行业的 550 家公司的研究表明，全面质量管理、流程再造、团队自治、多任务小组等著名项目都不能彻底分清楚哪些公司做得最好，哪些做得最差。只有高级管理层因其宏观把握能力能够发挥作用。[5]

[1] Anderson, John (Jan-Feb 1996). Innovative leadership. *Independent Energy*, Vol. 26, No. 1, 42—44.

[2] Taylor Ⅲ, Alex (June 8, 1998). Gentlemen, start your engines. *Fortune*, Vol. 137, No. 11, 138—146.

[3] Shane, Scott, Venkataraman, S., and MacMillan, Ian. (1995). Cultural differences in innovation championing strategies. *Journal of Management*, Vol. 21, No. 5, 931—952.

[4] Ferelli, Mark. (December 1995). 3M data storage spin-off: Something old, something new. *Computer Technology Review*, Vol. 15, No. 12, 38. For more information on 3M and innovation see Mitsch, Ronald A. (Sep-Oct 1992). R&D at 3M: continuing to play a big role. *Research Technology Management*, Vol. 35, 22—26.

[5] Hout, Thomas M. and Carter, John C. (Nov-Dec 1995). Getting it done: New roles for senior executives. *Harvard Business Review*, Vol. 73, No. 6, 133—141.

产品推介人[1]

企业内部的产品推介人是那些总是努力让总经理相信，资源配置会因具体情况不同而发生偏移的人士。这个概念引发了关于新服务、新加工技术的想法，如新颖的制造系统、新的计算机系统或新的做事方式。例如，20世纪80年代，食品行业正在向灵活包装技术转变的时候，进行了一个比较产品推介人和其他因素在创新过程中的影响的早期研究。创新产品推介人在采取更先进的包装技术的过程中是一个至关重要的因素，在推行扩张性技术政策并且有很多技术专家的企业中，出现产品推介人的可能性比较大。[2] 变革观点越是激进，越需要产品推介人。

最近，斯蒂芬·马卡姆（Stephen Markham）提出产品推介人的作用可以总结为公司内部冒险的推动者。[3] 马卡姆教授推荐的许多步骤都是企业家们在向潜在投资者提出意向时所采用的。这样就会促成业务洽谈，很多企业家实践证明风险资本家在商议具体细节之前会为了看清对方的底线而不按步骤办事。当然，把企业的技术能力与市场需求紧密连接是必要的第一步，但是，如果观点相当新颖，像市场细分、市场渗透等小问题往往更难具体量化。

几乎每篇谈到产品推介人的文章都认为激情和影响力是关键的，但是还需要哪些特点才能领导一个革新观点经过重重障碍从迈出第一步到最后取得成功呢？首先，产品推介人可能从企业中任何部门任何岗位脱颖而出。戴安娜·戴（Diana Day）在对于136家公司内部冒险事件的研究中发现，自下而上和自上而下的产品推介人都是有效的。[4] 戴安娜·戴进一步发现，总经理往往扮演推介人和发起人双重角色，特别是当冒险代表了一种新的

---

[1] Copyright © John E. Ettlie, 2005, all rights reserved. This section will appear as new material in the forthcoming 2nd edition of *Managing innovation*, Elsevier, 2006.

[2] Ettlie, J. E., Bridges, W. P., and O'Keefe, R. (June 1984). Organizational strategy and structural differences for radical versus incremental innovation. *Management Science*, Vol. 30, No. 6, 682—695.

[3] Markham, S. K. Moving technologies from lab to market. *Research Technology Management*, Vol. 45, No. 6, 31—43.

[4] Day, Diana L. (May 1994). Raising radicals: Different processes for championing innovative corporate ventures. *Organization Science*, Vol. 5, No. 2, 148—173.

战略方向或新的资源配置的时候。当观点不确定，而又不是技术驱动的时候，推介人和发起人的双重角色一般来自于高层领导人。

对推介人的最近研究表示，两个关键特征促进了新创意的更新换代：环境的灵活度和对具体情况的把握。简·霍韦尔和克伦·伯依斯(Jane Howell and Karen Boies)[1]研究了19对推介人和非推介人，发现灵活的角色导向以及充满热情地通过正式和非正式渠道销售，以及把创新和企业的成果相连接都是造就推介人的关键因素。

简·霍韦尔和她的同事[2]继续了这方面的研究，这次不只局限于有没有推介人，而是总结出了有效的方法来衡量推介人的优点，包括14个核心行为，大体分为以下三类：

- 遇到困难时会坚持不懈
- 对于创新的成功充满了热情和信心
- 用人有术

对推介人的优点衡量与成功的项目表现有很大关系，这在以前的相关文献中很少提到。他们进一步提出推介人常常以非正式的方式来领导项目，这种推介人衡量方法能够预测出一年之后的团队表现。推介人的优点与团队力量和外部交流活动也密切相关。[3]

这些新发现之所以令人振奋，是因为早期的研究中没有证据能够证明推介人实质上促进了冒险创新活动的成功，而只是推测最后公司会不会支持该项创新活动。[4] 现在有了证据清楚地证明推介人的行为力量和正面绩效密切相关。

---

[1] Howell, Jane M. and Boies, Kathleen (February 2004). Champions of technological innovation: The influence of contextual knowledge, role orientation, idea generation and promotion on champion influence, *Leadership Quarterly*, Vol. 15, No. 1, 123ff.

[2] Howell, Jane M., Shea, Christine M., and Higgins, Christopher A. (February 2005). Champions of product innovations: Defining, developing and validating a measure of champion behavior, working paper.

[3] Howell, Jane M. and Shea, Christine M. (2005). Effects of champion behavior, team potency, and external communication activities on predicting team performance, forthcoming in *Group and Organization Management*.

[4] For a review of this work, see Schilling, Melissa A. (2005). *Strategic management of technological innovation*, Irwin, New York: McGraw-Hill, p. 221.

推介人可能从企业的任何等级任何岗位出现的发现与新产品研究中成功创意的新发现是一致的。即成功新创意的来源十分广泛,可能来自于公司内部跨越技术、营销、销售、配送等部门,在美国和德国都是这样。[1] 这大大加深了我们对这个领域的认识。事实证明,产品推介人的情况的确随文化不同而不同:在法国,公司产品推介人一般是高层管理人,而在德国就未必如此。[2] 但有一点是清楚的,我们开始走上了这条理解文化和推介人的道路。

商业道德与技术

在每个行业,管理人都在苦苦思索商业利润和道德责任问题。很多行业里,技术革新也带来了新的道德困境。[3] 美国嘉吉公司(Cargill Inc.)最近撤销了关于以 6.5 亿美元的价格把在北美的种子业务卖给德国赫司特·先灵·艾格福有限公司(Hoechst Schering AgrEvo Gon bH)的协议,表现了法律诉讼对于生物技术行业的影响。这个事件引起人们对植物遗传材料的所属和使用问题的关注。"北美嘉吉杂交种子公司的原计划销售已经推迟了几个月,正等待先锋种子公司(Pioneer Hi-bred)于 1998 年 10 月对嘉吉公司提出的关于知识产权预测诉讼的解决方案,诉讼宣称嘉吉公司不适当地使用了先锋的玉米种子。"[4] 这种情况本来可以避免吗? 在技术道德和商业道德方面,领导人应扮演什么角色呢?

在每个企业中都会遇到雇员的隐私和不断扩展的计算机监控技术之间的问题。[5] 在今天的工作场所中"隐私"的真正含义是什么呢? 考虑到

---

[1] Ettlie, J. E. and Elsenbach, Jorg. (November 2004). Idea reservoirs and new product commercialization, working paper.

[2] Roure, Lionel. (May 2001). Product champion characteristics in France and Germany, *Human Relations*, Vol. 54, No. 5, p. 663ff.

[3] Hosmer, L. T. (1996). *The ethics of management* (3rd ed.). New York: McGraw-Hill.

[4] Papanikolaw, J. (Feb 15, 1999). Cargill, Monsanto accused of technology misuse. *Chemical Market Reporter*, Vol. 255, No. 7, 3, 8.

[5] Hartman, P. L. & Bucci, G. (1998). The economic and ethical implications of new technology on privacy in the workplace. *Business & Society Review*, No. 102/103, 1—24.

国家和联邦雇员隐私保护的现状,这个问题的答案可能会让人们大吃一惊。这些保护政策追求雇主权利与企业产权[1]之间的平衡,或评价各单位在雇员的隐私权方面的表现。具有讽刺意味的是,随着计算机环境变得越来越亲和,雇员们有了越来越多的自主权,不道德的行为也变得越来越多。[2]

最近发生的美体小铺(The Body Shop)的案例可以进一步解释这个问题的复杂性,美体小铺一向对自己以环保导向为道德观的业务[3]感到自豪,然而实际情况与宣称的"保护环境"和"保护动物"的生产和测试方法并不完全相符。还有很多打出广告称自己为"道德商人"的厂家也并不总是为公众考虑。在自然环保活动中很多管理人说过:"只有你拥有客户需要的其他一切商品时,绿色商品才能畅销。"宝洁公司是这种道德观企业的另一个例子。

造纸等行业,由于在技术转换过程中用到的技术性质,使得它们一直对于环保问题苦恼不堪。[4]在一个基于资源的行业中,选择用另外一种新技术对于其道德表现有着深远的意义,因为技术性的解决方案通常会带来新的环境问题。生物多样性在工业中将继续是一个热门话题。

多数公司没有商业道德的概念,但这里有许多可用模型[5],并且可能很容易地运用技术作为测试案例。商业道德和技术的最普遍问题,例如计算机监控,自然是最应该首先考虑的问题。我已退休的同事拉吕·霍斯默(LaRue Hosmer)教授给大家建议了一般性的解决方法:"管理者应该完美无缺地、精力充沛地行动起来,按照历代道德哲学家定义的那些道德原则来

---

[1] Sibley, K. (May 25, 1998). Survey ties high-tech to unethical practices. *Computing Canada*, Vol. 24, No. 20,4.

[2] Cardinali, R. (Nov-Dec 1995). Reinforcing our moral vision: Examining the relationship between unethical behavior and computer crime. *Work Study*, Vol. 44, No. 8, 11—17.

[3] Sillanpaa, M. (October 1998). The Body Shop values report—Towards integrated stakeholder anditing. *Journal of Business Ethics*, Vol. 17, No. 13, 1443—1456.

[4] Poesche, J. (April 1998). Business ethics in the choice of new technology in the Kraft pulping industry. *Journal of Business Ethics*, Vol. 17, No. 5, (Part 1),471—489.

[5] Hosmer, L. (October 1997). Why be moral?: A reply to Shaw and Corvino. *Business Ethics Quarterly*, Vol. 7, No. 4, 137—143;Hosmer, L. T. (1996). *Ethics of management* (3rd ed.). Chicago, IL: Irwin.

增加正义、公正或者道德。"[1]不仅因为这样做是"正确的",而这样的行为能够产生"信任",而"信任"对于一个企业的繁荣发展是不可或缺的。革新创意只有在信任的环境中才能共享,当信任不存在时,分享也就无从谈起了。

总　结

战略是企业为了竞争而正式采取的应急或计划的结果。清楚的目标和远景在企业中有很强激励力,不同水平的战略之间的协调是成功的第一项原则。当然也有些例外,技术规划经常是其中一个。偶尔,企业的某些部门必须勇往直前,带头改革,采取一些暂时不是很协调的战略。

技术战略有两种类型,广义地讲:先行战略和跟随战略。也有可能在一个公司中同时采用两种战略,取决于正在开发哪项服务或哪种产品。在指导战略意向选择中技术预测的作用不可小觑。技术预测的部分过程用来确定技术路线和新兴主流设计。这是建立技术融合的潜力以提高未来核心竞争力的第一步。建议多个技术预测配合使用。将技术能力应用到满足顾客需求的产品生产里是我们的目标。技术监控和情境法成了越来越普遍的预测和计划方法。

并购活动在北美和世界各地都有增无减。然而基于技术原因收购一个企业或与之合并,与并购的其他动机大不相同。将一项技术收购作为现金牛而不是需要培育和成长的投资,对于收购方(或主导方)来说是一个巨大的诱惑。在收购或与技术伙伴合作的过程中,这是最需要避免的一项战略。

我们能够预测竞争对手对于引进新产品等重大技术活动的反应。竞争者的反应分为几种,但是变革越大(如重要新产品的引进),竞争对手的反应就越迟缓。领导能力是打开企业创新潜力大门的钥匙,并且领导企业把开发和执行技术变革进行到底。对于任何技术战略来说,总经理和企业领导人都是至关重要的:经理人越是积极进取,技术战略就越有扩张性;高层管

---

[1] Hosmer, L. (October 1997). Why be moral?: A reply to Shaw and Corvino. *Business Ethics Quarterly*, Vol. 7, No. 4, 137—143.

理人员越有功德心,整个企业就越有道德。

正备受关注的一种领导是产品推介人,或许最有前景的新发展之一是我们期望的对推介人能力的衡量方法,特别是当这个角色与发起人的角色合二为一的时候。

练习

1. 回顾一下你的职业生涯,注意你观察到的每一位经理人。
   - 你有过几位不同的经理?
   - 在这些经理中,哪些是真正有天赋的优秀领导者(写出优秀领导者所占的比例)?
   - 这些领导者为什么优秀呢?(如果不止一位,请写出他们的共同之处。)
   - 用搜索引擎找出一个在技术企业中优秀领导人的例子(如IBM的郭士纳先生就是其中一个例子),再找出一个失败的领导人的例子(如苹果公司的斯卡利(Skully)先生的例子),做好准备在课堂上讲述。

案例3—1

郭士纳削减研发投资10亿美元;对IBM来说也许是件好事情

IBM最新的研究突破——把电脑芯片置入用铜而不是导电率较低的铝做的微型电路,能够将电脑芯片的能力提高40%——让整个行业为之一振。两个星期之后宣布的事情对于其积极进取的总裁路易斯·郭士纳又是一次锦上添花。

四年半之前,郭士纳先生作为管理纽约阿蒙克(Armonk)这个电脑业巨人的第一个外来人员,进入国际商用机器公司(IBM),当时公司正在大量赔钱并渐渐失去市场份额。郭士纳先生关掉了工厂同时大量裁员。令人震惊的是他的另外一个举动:将IBM一度神圣不可侵犯的研发预算削减了10亿美元。

有人说,郭士纳先生以前管理的是卖信用卡和小甜饼的公司,对技术财富没有商业头脑。他们警告这一举动会威胁到美国的竞争力,担心曾发明了硬盘驱动器和存储芯片等基本电脑器件并因此而获得诺贝尔奖的IBM研发部门难免会受到伤害。"如果IBM退出了(基础研究),谁来做下去呢?"美国国家科学基金会一位官员当时提出疑问。

但是今天看来,当时对于IBM研发的成本削减和重新调整并不是一件坏事情。那一举动不但没有让士气受挫,而且大大鼓舞了硅谷、纽约和瑞士三个主要研究实验室的员工们。

为了研究而研究的时代已经一去不复返了。现在重要的是将研究结果迅速地投向市场。

这些变革解决了 IBM 一个古老的问题：尽管几十年来 IBM 的实验室研究出了多项开创性技术，然而这些技术却常常首先应用在竞争对手的产品中。例如，IBM 发明了名为精简指令集计算机(RISC)的突破性计算机设计方法，可以用于精简指令计算。由于没能用专利来保护这项技术，太阳微系统公司等将之转化成了商业财富，IBM 因此落后了很多年。IBM 整个失掉了共他改变行业态势的发明。对手们开发了微处理器、Windows 的"图形用户界面"，这些研发驱动了整个个人计算机行业，也带来了巨大的利润。

遗憾的历史让郭士纳先生感到难过。微软公司和英特尔公司尽管几乎没做什么基础研究，他们的业务大部分是基于其他公司发明的，然而他们赢得了这个行业的声誉和大部分市场份额。这个事实让郭士纳先生感到愤怒。

客户服务

所以，新的首席执行官命令他的公司将研究首先转化成自己的产品。

这个命令让公司进行了大清洗。IBM 研发部放弃了前途无望的搜索领域，把研究重心放在了潜力较大的项目上，并裁掉了一些能力较差的职员。科学家们开始把很多时间花在产品开发商甚至客户身上，这在原来的 IBM 是闻所未闻的。

"这里曾经有乡村俱乐部的氛围。"在加利福尼亚圣荷赛的 IBM 阿尔马登研发中心工作的翰斯·康弗(Hans Coufal)说，他正在完善一个器件，这个器件有一天也许能在全息图数据存储上取代计算机硬盘。在新的制度下，康弗先生说，"我确实喜欢解决现实世界的问题，这让我觉得自己真的有用并且得到了赞赏。"

然而有一个问题，IBM 是否失去了意外收获的机遇。那些在实验室里有了新发现的惊喜瞬间是无法像推出新款个人计算机那样列进商业计划的，这需要多年的耐心埋头钻研。

告别蓝色天空

由于研发投入从每年 60 亿美元削减到了每年 50 亿美元，并且仅仅研发部门 6.5 亿美元的年度预算一项就减了 37%，很多科学家离开了 IBM。留下来的很多科学家把精力从蓝色天空转向了世俗的产品问题。IBM 那些怀着发展爱因斯坦理论，追求最先测量最小亚原子——中子质量的日子一去不复返了。取而代之的是开发折叠键盘，以及改进用来控制 IBM 笔记本电脑光标的小"橡皮擦头"。"长远发展不再受到重视，"理查德·韦伯(Richard Webb)说。他是一位受人尊敬的科学家,于1993年的裁员中失望地离开了IBM。"一切都服从短期目标:解决方案和实际应用"。

韦伯先生一度在研究微小设备中原子的物理行为,哀叹他的小组从12人减到了2人,IBM失去了"一些很有才华的青年人……这15年来我呕心沥血建立起来的企业结构被彻底毁掉了"。他现在在大学城管理马里兰大学的一个研发项目,他认为,裁员的事在IBM和其他公司还会时常发生。"这样的情况还要维持多久呢?再继续下去,这个国家的技术优势将面临消失的危险"。

关于IBM全球研究的一个详细研究表明,IBM公司从未放弃过基础研究和长期项目,至少在它认为对业务最重要的领域从来没放弃过。IBM没有让自己限定在狭小的范围内,而是把目标定在了有广阔背景和最佳创意的领域。今年研究部门的预算慢慢回升到大约6亿美元,并且职员人数也从3年前的不足2 500人增到了2 785人。IBM估计公司中10%~15%的研究人员都正在做长期项目。

IBM的研发主管保罗·霍恩(Paul Horn)说,这场改革不仅仅是削减成本。15年前,IBM牢牢掌握着大型计算机市场,并且掌控着新技术进入市场的速度。"现在,竞争的胜利就是把创意以最快的速度转换成重大的技术优势。"他说。

1945年还没有人关注进军市场的概念,IBM的创始人托马斯·沃森(Thomas Watson)爵士通过在纽约的哥伦比亚大学开办实验室开始了公司的第一个正式科学项目。实验室的第一位主管华莱士·埃克特(Wallace Eckert)说,当时的中心任务是做"问题本身的兴趣点所主导的研究,而不是外部因素所主导的研究"。

那种风气持续了很多年。1961年,IBM在约克镇开办了托马斯·沃森研发中心,该研发中心设计成半圆形,围墙由玻璃和石头筑成,十分壮观。其研发部门以分形几何学和超导材料等深奥而迷人的基础科学而闻名遐迩。

其研发基金一直相当丰厚,直到20世纪90年代初期,大型计算机市场开始走下坡路,IBM面临着金融危机。第一次削减研发基金是在郭士纳先生到来之前,IBM命令后来成为研发主管的詹姆斯·麦戈狄(James McGroddy)从研发部门1992年下半年的预算中减掉5 000万美元。

"我们曾经是一家非常富有和愉快的公司,"现在已经退休的麦戈狄先生说,"我们像疯了一样消耗资本。其实很多事情可以轻而易举地做得更好。"他安排研发部门20%的员工做与产品和客服直接相关的工作,而在1990年这方面的员工只占2%。他召开会议解释为什么公司需要革新,告诉科学家们:"我们要来一个大转变。这次改革是真的。"有些人相当愤怒。"他们不能接受我们的解释。"麦戈狄先生现在说。

1993年4月1日郭士纳先生来到IBM之后,压力更大了。到1995年的时候,研发部门的预算已经从1991年的6.5亿美元降到了4.75亿美元。到1994年的时候,实验室的员工人数减到不足2 500人,比1990年少了大约1 000个职位,其中大多数裁员都是在研究部门而不是支持部门。研发部门腾出了租来的办公楼,集中到了IBM自己的公司所在地,在纽约北部的办公大楼从六栋减到了两栋。办公楼和员工的裁减使得年营业额节约了3 000万美元左右。

集思广益

IBM将原来分散在各个实验室中的研究力量集中在了一起,而不再做重复工作。例如,磁盘驱动器方面的工作全部转移到硅谷的阿尔马登中心。麦戈狄先生否决了那些因为技术改革而看起来没有成果的项目,以及那些IBM没有最佳技术的项目,如"磁泡"存储器、天体物理学、用外来物质砷化镓做的芯片等。这些领域的研发人员们有的转去做IBM实验室留下的项目,另外一些则到大学里去做自己的项目研究。

同时,IBM扩展了一些销路广阔的能够快速服务于客户的项目。包括声音识别系统、互联网安全软件、数据存储技术和生物测定学,其中生物测定学是用生物信号来识别人。

"我们所介绍的郭士纳制度的不同之处在于,它不只是将创意转移到产品世界。对于我们研发人员来说最重要的是了解市场需要什么。"从市场的需求出发,英德·郭派(Inder Gopal)说,他去年离开IBM研发部门去了颇地吉(Prodigy)公司。

IBM研发部门响应郭士纳先生号召的表现之一是一个叫做"第一等"的项目,这个项目是与IBM的一位客户的解决现实问题的项目配合完成的。目的是能够找出一种方法可以用来解决更多客户的类似问题。

记录口述

在一次这样的配合研发中,研究人员与纽约的纪念斯隆—凯特琳(Slean-Kettering)的癌症研究中心和波士顿的马萨诸塞州总医院合作,为放射线学者开发了一套声控系统。以前,医生先检查病人的X射线,口述他们的观察,用录音机录下来,然后再抄写做出诊断,而这样就有一个延时。现在他们可以直接对着个人计算机口述,然后就能自动把诊断转换成文本。由此而开发的IBM产品正在卖给全美各地的医院。

研发组与IBM产品开发商的进一步合作也收获颇丰。单单今年,IBM实验室的工作成果有:IBM正受到广泛欢迎的新大型机的处理芯片;通过电波连接多台个人计算机的无线调制解调器;能够存储50亿字节信息的笔记本电脑的磁盘驱动器。研发部门今年最令人兴奋的成果与商务机没有关系,而是与国际象棋大师加里·卡斯帕罗夫(Garry Kasparov)对弈的超级计算机深蓝。

另一个研发人员和生产人员之间合作的突破性成果是做出了 IBM 的铜芯片，它带来的影响将是最深远的。其目标有点难以理解：怎样在电脑芯片的硅基上用铜代替传统的铝来制作微型电路。铜更容易导电，更细小的电路中能够穿过更多的电子，每块芯片上可以布置更多电路。反过来说，就是可以通过增加电路来做出功能更强的芯片。

原子倾斜

但是铜原子难以控制。它们不是原位不动，而是渗入硅基里，形成杂质。"我开始觉得这个问题是不可逾越的。"兰德尔·伊萨克(Randall Isaac)回忆道，他是 IBM 研发副总裁，负责团队的科技部门。在铜表面涂一层薄膜来保持铜原子的位置是一种潜在的解决方案，但这样就要求铜线非常细，那么铜电路板相对于较厚的铝电路板的优势就没有了。

"在 20 世纪 90 年代早期，突破性发现之一是薄而粘的镀膜。"伊萨克先生说，当时大家拒绝谈论这种材料，IBM 把它视为一个商业秘密。"找到这种材料是我们在材料科学方面能力的体现。由此而来的技术改变了芯片制作的基本方法之一"。

约翰·凯利(John Kelley)说，他是 IBM 微电子芯片部门的副总裁。

尽管一再强调将科研转化成产品，IBM 的部分科学家仍然在做需要在实验室孕育多年或者永远见不着天日的研究。其中一位就是唐·艾格勒(Don Eigler)先生，他因在特殊的显微镜下移动单个原子，并用这种小微粒拼出了"I、B、M"三个字母而享誉世界。

像电脑游戏

在被 690 英亩野生动植物保护区环绕的山边 IBM 阿尔马登中心实验室里，艾格勒先生移动着鼠标。在隔壁的房间里，一个像针一样的机械装置正在一个冰箱大小的设备上随着他的动作执行命令。随着显微镜的末端照过含有铜和锰的薄层，代表锰原子的一系列灰色斑点出现在计算机屏幕上。通过给末端加上微小的电流，艾格勒先生可以取起一个原子，然后把它放在附近。这的确是一个惊人的成就，他的特殊设置操作起来就像在玩电脑游戏。

他的表面原子运动的研究也许某天会在硬盘驱动和芯片的制作方面发挥巨大作用。也许，永远都不能应用在产品上。

然而，即使是在 IBM 做纯研究的艾格勒先生也在担心底线问题。这位喜欢穿黑色 T 恤和牛仔裤的科学家骄傲地给客户代表们做着介绍。"让他们移动原子四周乱动我觉得很郁闷，每个人都喜欢玩这个。"他的目标不仅仅是演示和讲解，他希望这"能够帮助建立一个纽带"。何必如此麻烦呢?"我是 IBM 的一分子。"

资料来源:"Lab Experiment: Gersner Slashed R&D by $1 Billion," *The Wall Street Journal* (October 6. 1997), pp. A1, A5 Bart Ziegler, reprinted by permission of *The Wall Street Journal* © 1997 Dow Jones and Company, Inc. All rights reserved worldwide.

讨论题

1. IBM 的研发资金、策略和结构做了哪些改变?为什么会采取这些变革?
2. 迄今为止这些变革的影响有哪些?
3. 这些变革的深远意义(利弊)有哪些?

案例 3—2

联邦机械[1]

1985 年,当保罗·艾利(Paul Aley)作为总裁接管了美国国家机械公司的时候,公司正处在有史以来最低迷的时期。平静的水面下正酝酿着一场暴风骤雨,即将到来的技术竞争让生活举步维艰。"螺钉和螺母"行业以及用来生产螺钉的设备按照标准来评价不能算是高科技。俄亥俄的蒂芬市(Tiffin)也不是硅谷。但是刚过去的 10 年里,这个有如心灵净土的小镇创造了技术复兴的历史。国家机械公司是行业的主导力量,那么它的管理人员们

---

[1] 本案例专门为本书编写,并且版权由约翰·E. 艾特略所有。本案例中的信息通过同国家机械公司的保罗·艾利和汤姆·海(Tom Hay)以及夏木洛克紧固件公司(Shamrock Fasteners)的保罗·莫拉斯(Paul Morath)于 1998 年 6 月 10 日进行的访谈获得。其他来源包括《国民记录》(*National Notes*),由保罗·艾利于 1998 年 5 月撰写,是国家机械公司的周期性出版物,主要用来进行内部沟通。案例中的数据和图表在访谈过程中和访谈结束后获得,是国家机械公司促销资料中的一部分,经过允许进行了加工。

为什么要担心竞争给生产设备带来的改变呢？客户们后来发现自己犯了多么大的错误。他们怀疑的事情根本就没发生过。

美国国家机械公司创办于 1874 年，那时是美国设备公司的全盛时期，后来经历了萧条时期，于 1958 年将业务扩展到了德国，1975 年在日本办了工厂。保罗·艾利在美国国家机械公司的个人履历开始于这段全球扩张时期之后。1979 年他成了公司 30 名实习生中的一员，其中还有汤姆·海。保罗·艾利升职做总裁的时候，在国家机械公司的售货店里还没有计算机数字控制机床，并且当时公司正在日本开展业务，每年只能卖掉 10 台机器，而生产却是全速进行。

保罗·艾利赴任的时候，公司正处于很特殊的时期。美国联合汽车工会（UAW）正在就雇员的退休金问题审查公司。当地银行告诉国内董事会，除非公司换一个总裁，否则将停止对该公司的贷款。保罗·艾利以小组会谈和单独对话的方式，让公司的每一位成员相信，他将用比美国联合汽车工会更让大家满意的方法解决这个问题。董事会同意了他的做法。他的"彩虹"战略简单而切中要害（参见图 3-7）。他说："这不是我们和他们的事情，是我们自己的事情，除非我把事情办砸了。"大家都明白这个问题。工会失去了人心，保罗接管了公司。讽刺的是，如果不是工会企业的那场运动，他永远也不会有这个机会。他对他的职员说："倾听我们员工的声音，倾听我们客户的声音，我们就能取得成功。"结果证明他是对的。

在一次精彩的技术计划中，保罗·艾利及时地站出来做了三个关键性的决定：

1. 生存第一：与顾客好好相处，一步一步地前进。他让确定的工程师去做产品的不断升级工作。

2. 让汤姆·海和一个工程师小组去开发一个变革性的新产品。

3. 通过清算存货购买计算机数控设备，用现代化设备来配置工厂。

除了这三项技术决策之外，保罗·艾利决定改变美国国家机械公司千篇一律的用人哲学，因为很多富有才华的员工根本没机会表现自己。他只在销售部门招聘了一个新人。其他人都是公司的老员工，只是现在去做跟以前不同的工作。以前由于零件各不相同，技术工人做出的设备每一个一种样子。他们很骄傲自己能够在加工过程中修补各种错误。现在情况变了。不再一次制造一台机器，而是每次批量生产 10 台、20 台、60 台甚至 200 台一模一样的螺钉制造机，没有次品，并且技术工人以产品的整齐划一感到自豪。这对于公司的大部分员工来说都是一个根本性的变革。当分布在世界各地的另外五家工厂都关闭了，在蒂芬的国内公司的规模缩小到跟 1957 年一样大小时，大家渐渐明白了。在德国纽伦堡和日本名古屋只剩下销售业务和客服业务。

但首要也是最重要的是，他们必须有正确的新产品。他们这时只有一次机会。整个公司开始把精力集中在核心客户上,开发出一整套零件和一系列产品,全部都是冷锻加工方面的,新战略受到了沉重的打击。

1989年公司引进了新的产品生产线 FORMAX。为什么选择这个名字? 它是否代表什么含义呢? 其实不代表什么。麦克斯(Max)是销售部门的总监,一天他们开会讨论给新的生产线起名字的时候,有人说:"……这样吧,新产品是为我们的核心客户开发的,麦克斯是这样告诉我们的,所以这实际上是为了麦克斯……"名字就这样确定了。

产品卖给了最佳合作的核心客户,客户用分期付款的方式付钱。很多客户在交货之前付了款,公司给了他们5%的折扣。采取了几项行动之后,美国国家机械公司得已有能力打造这种冷锻机的新生产线。后来制造了两台机器。一台卖给了伊利诺伊州罗克福德市的欧科(Elco)公司,那年美国国家机械公司的存货销售一空。另一台作为alpha版本留在公司作为以后研发之用。有一个零件再次出现了故障,但是公司很快重新做了设计和测试,所以没有影响欧科公司的运作。如果 FORMAX 生产线运作不成功,公司就完了。但 FORMAX 是那么根本地与众不同,潜在客户不可能对它视而不见,竞争对手们又不能模仿或改造美国国家机械公司的专利产品。

当最初的问题解决了之后,FORMAX 产品的市场需求开始平稳上升。当时有这样的说法:如果您想要最佳冷锻机,那就必须是 FORMAX。然后管理层遇到了有史以来最重大的挑战。一家一直是很好的合作伙伴的大公司想买断一整年的产品。并想开发 FORMAX 的后继产品,这款后继产品相当诱人。但保罗·艾利和他的员工们没有同意。他们不会做一个大客户的俘虏。因为这毫无道理,只要店里有"自己的"产品,你又怎么可能只有一个客户呢? 俄亥俄州蒂芬市的800个家庭都指望着这个正确决定呢。

保罗·莫拉斯继续前行,由于在蒂芬没有同种类型的设备,用 alpha 版本测试了 FORMAX 增强版本的机器。战略一直在演进,现在美国国家机械公司充分相信一些客户而可以在自己的工厂之外做 alpha 测试,也就是暂时让部分员工到客户的工厂去。现在能够在真正的客户环境中测试新机器了。

美国国家机械公司很快在工程和制造能力方面遇到了瓶颈。随着交付周期变得越来越长,有些客户不得不转向其竞争对手。这样一来,美国国家机械公司必须在店铺和实验室里都提高效率。四年以来,国家机械公司的销售量毫无起色,错过了增长的机会。公司认为可以将大规模的 FORMAX 机器作为这种不连续产品的最新平台,用来克服亚洲金融危机并将其作为长期战略。

竞争对手呢? 为什么没有对手跳出来挑战这家被每个人都视为已经走投无路的公司? 根据保罗的说法,道理很简单,大家还没有意识到这一点,大部分人还没有注意到事情已经发生了变化。用创新文献中的专业语言来说就是,主流设计发生了变化。特别是,他们不知道需要什么样的技术资源来引进和维持新的机械设计平台。有两个日本竞争对手在不停追赶但却赶不上。为了小心起见,保罗一直密切关注着竞争对手的工程人员数量。

现在的副总裁汤姆·海把改变了美国国家机械公司的哲学核心称之为 FORMAX 生产线的源泉。"我们想为我们的客户做些事情,同时也想为我们自己做些事情。"唯一的方法是发明一个新的冷锻机,使之既能够融合不同于国家机械公司的最佳创意,又能够使客户能力产生飞跃。重新生产一种新机器的唯一前景是采用革命性的新概念,用标准模块方法批量生产和设计产品。"当我们确定了不在1988年的两台原始机器的基础上继续开发的转变观点,我们将希望寄托在运动学的知识上,然后快速采取行动并且取得了成功。"汤姆解释道:"竞争对手们还没有将全部工件组装在一起,也没有哪个竞争对手用50多位工程师齐心协力设计出能够保证50微米公差的冷锻机。我们用零次品的理念来管理工厂,并且达到了设定的目标。"

讨 论 题

1. 为什么美国国家机械公司在面临紧固件行业的技术变革时,那么不愿意改革它的产品生产线和工厂业务?

2. 你认为如果没有主要客户的帮助,美国国家机械公司是否能够做出突破性的变革?

3. 在一个行业中,主要客户是不是对所有的突破性变革都是必不可少的?

4. 在突破性变革中,谁是最大的受益者?是先行者(例如,美国国家机械公司)还是早期追随者(来自日本和德国的竞争对手们)?

第二篇

开展创新过程

第四章

研发管理

本章目标：介绍企业技术部门的管理，以及研发管理问题中的技术与创新战略的概念。继续介绍第三章中 IBM 的案例。探讨了最新一代的合作风险。此外，本章还强调了研发协作的重要性，以及介绍考虑了自然环境的可承受技术与合作技术这两个概念。本章结尾部分有研发创意练习及两个案例：柯达一次性相机和艾文鲁德电子科技公司(Evinrude E-Tec)。

正如罗伯茨(Roberts)[1]在其绪论中明确指出的那样，企业中技术部门的作用是进行技术创新：

1. 创造新知识；
2. 提出一些新产品或新功能、制作工艺及服务方面的新想法；
3. 根据上述想法制作模型；
4. 将体现在这些新产品或服务中的创意投入到制造、分配及使用中去。

把创新过程描绘得非常有序和便于管理通常很有用，至少在起步阶段

---

[1] Roberts, E. B. (1987). *Generating technological innovation*. New York: Oxford, p. 3.

是这样。例如,斯迪尔(Steele)[1]提出的创造与应用图谱(creation-application spectrum,见图4—1),覆盖从基础研究到产品服务。基础研究(创造新知识)与应用研究(解决一个问题)的区别是很明显的。在美国,基础研究多半在大学中进行。但实际上,这一区别是模糊的。当客户的需求成为创新的动力时,收获会增加很多。那些开发新市场和为企业前景带来实际增长的前沿创新并不按照一般公司的常规来办事。从工业研究机构研究得来的初步结果表明,突破性创新往往来自于一些"乱七八糟的过程……以及那些不断重复削减与重建的项目"。[2]

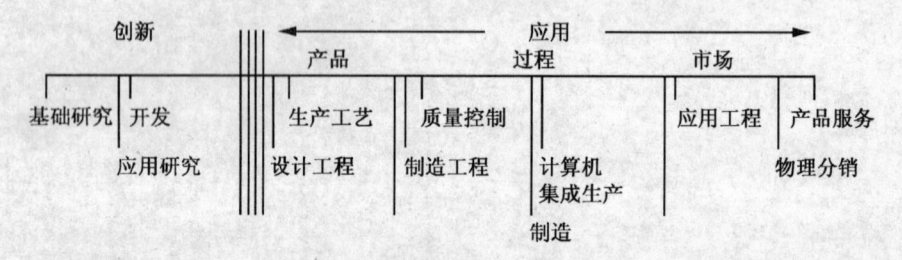

```
        创新    ←————     应用    ————→
               产品         过程        市场
基础研究  开发    生产工艺   质量控制     应用工程    产品服务
        应用研究  设计工程   制造工程    计算机       物理分销
                            集成生产
                            制造
```

资料来源:Lowell W. Steele, *Managing Technology*: *The Strategic View*, New York, McGraw-Hill, 1989, Figural.1, page10.

图4—1 创新与应用图谱

为什么要研发

企业必须要达到顾客所提出的规范。但是经常需要大量时间来准备才能及时答复客户的问题。因此,研发和营销经常就同一问题同时展开而不是先后进行。

创新过程的阶段模型最好是对在创新过程中实际发生的事情事后的合理化。不是所有客户的问题都能解决的,也不是所有技术都能应用。但是最基本的想法是:增加的创新与前沿创新并不相同。最后,只有将所有关键

---

[1] Steele, L. W. (1989). *Managing technology*: *The strategic view*. New York: McGraw-Hill, p.10.

[2] Port, Otis and Carey, John. (November 10, 1997). Getting to Eureka! *Business Week*, pp.72—73.

功能包括公司、市场、研发和经营整合在一起才能满足客户的需求。

或许技术经理的最大挑战就是在不伤害创新精神的同时利用那些有天赋的人的创造性。那些有天赋的人的营业额常常比其他雇员高,然而,一个合适的冒险氛围是与企业中创新个体的数量和种类无关的。[1]

基础研发和应用研发

国家科学基金会(National Science Foundation)[2]定义了三种类别的研究:

- 基础研究。基础研究的目标是"对目前课题的理解与知识拓展,而不是实际的应用"。考虑到工业生产目标,国家科学基金会将工业项目的定义改成"没有特定的商业目标,尽管这些研究可能在现在或将来为报告公司带来利益"。
- 应用研究。应用研究的直接目的是"学习必要的知识来为达到某些特定需求寻找一种合适的方法"。产业中的应用研究包括了直接"发现与产品和工艺相关的特定商业目的的新科学知识"。
- 开发。开发指的是"系统地应用研究中得来的知识,即直接针对有用的材料、设备、系统或方法,这包括了对模型和工艺的设计与开发"。

专 利

创意,或者通俗地说,发明,如果它很新、实用并且不是显而易见或者像科学理论和自然法则那样抽象的话,就可以申请专利。《美国宪法》第一章第八节中写道:"国会有能力……促进科学与有益工艺的发展。在限定时间内发明人和作家对其发明物和作品享有专有权。"专利法于1790年颁布,在

---

[1] Ettlie, J. E. and O'Keefe, R. D. (April 1982). Innovative attitudes, intentions, and behaviors in organizations. *Journal of Management Studies*, Vol. 19, No. 2, 153—162.

[2] National Science Foundation, Science Indicators [1985, p. 221, reprinted in Jain, R. K. and Triandis, H. C. (1990). *Management of R&D organizations*. New York: Wiley. pp. 6—7].

接下来的法律中,国会又描述了专利以何种方式被承认。乔治·华盛顿的提案中称凡是为美国引进外来新技术的企业家将拥有专有权,以此来鼓励这个新生国家的工业发展。1836年美国专利局成立了。但法律却有政治妥协。法院宣称所有专利中差不多2/3将在1921年和1973年之间失效。商业应用的成功作为衡量结果的一种尺度,获得了普遍的认可,因而得到了人们的重视,并把它与发明和创新相提并论。[1]

在最近十年,虽然认真考虑过国外与国内专利申请比重问题,但是最近研究表明并没有出现很糟糕的结果。专利申请增加了(参见图4-2),这被经济学家认为是生产力提高的先行指标。美国专利申请在20世纪80年代之后以50%的速率增长。最近,平均增加到大约286 000个专利申请(2000~2003年)。

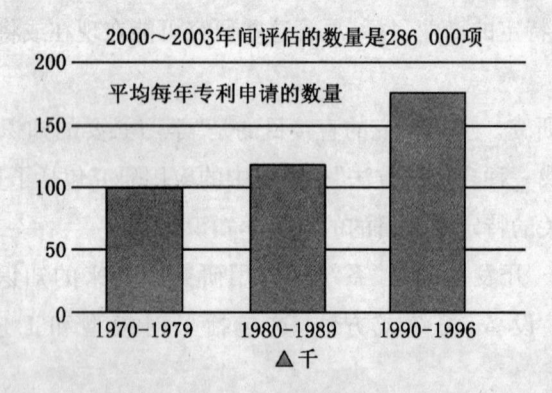

2000~2003年间评估的数量是286 000项
平均每年专利申请的数量

美国审计署(GAO)报告,2004年5月,美国审计署040-603,"专利:关于出版物供应的信息"

资料来源:《商业周刊》,1997年12月1日,第28页。

图4-2 美国的专利局前所未有地繁忙

最近的专利数据表明在1992~2002年,欧洲、日本、美国增长了40%。自从公司在类似于饮料这类在研发和专利上相对投资不高的市场上运作以后,横跨所有行业的前112家企业(德尔菲昂美国专利数据库)变化了很多。美国公司主宰了三种产业:宇宙航空/国防、医疗器械和软件/数据资料

---

[1] Lauber, Steven. (Spring-Summer 1990). New, useful, and nonobvious. *Invention & Technology*, 9-16.

服务。例如,霍尼韦尔(Honeywell)2004年时就拥有了593项专利,美敦力(Medrontic)拥有298项,同期微软拥有681项。IBM拥有3 253项,并引领整个电脑与办公设备领域。其次是佳能,拥有1 904项专利,接下来是惠普1 834项,以及富士通1 516项,最后是施乐725项。[1]

大量的应用研究把使用专利作为创新的指标。将创新等同于一个专利的概念是一种潮流,我们不能屈服于这种过度简单化的认识。专利仅仅是一种潜力的保证,并不确保一定能获得商业成功。进一步说,很多创意(如一些工程实践)不能变成专利,并且公司经常给发明申请专利的目的只是为了避免其他公司会随后申请。

如上所述,专利并不是创新潜力或实现程度的完美指标,但可以利用它们来推动企业机构的改变。例如,一项最近的研究使用了联盟成员在专利引用上的重叠来表示他们的联盟产生的技术能力改变。样本包括了1985~1986年间的792个联盟。其中132个(16%)是合资企业,226个(29%)是单边合同联盟(如技术许可和研发合同),434个(55%)是双边合同联盟(如相互特许、联合开发及分享技术)。280个(35%)联盟的双方都是美国公司。102个(13%)联盟的双方是美国和日本公司。最终,剩下的410个联盟都是由美国与其他国家(主要是欧洲国家)组成。研究还使用了一个858家非联盟企业的控制样本。产权安排是一种显著促进知识流动的方法,但这种增强能力的方法也有一定的局限。进一步说,联盟在起初经过一段时间的磨合后确实开发出了发散思维的能力,就有促进专业化的趋势。[2]

值得注意的是,最近一份在制造业方面的研究使用了专利来表示创新进程的进展。韦斯利·科恩、理查德·尼尔森和约翰·沃尔什(Wesley Cohen, Richard Nelson, and John Walsh)报告了以下位于美国的进行制造业

---

[1] Bowonder, B., Krishnan, S., and Mastakar, N. (May-June 2005). Who patented what in 2004. *Research-Technology Management*, 7—11.

[2] Mowery, David C., Oxley, Joanne E., and Silverman, Brian S. (1996). Strategic alliances and interfirm knowledge transfer. *Strategic Management Journal*, Vol. 17 (Winter Special Issue), 77—91.

研究的实验室的研发中1 164个(54%的回馈率)案例的结果。[1]

1. 自20世纪80年代以来,专利相对于其他突出的知识产权机制来说,并没有像原先预计的那样有效果。

2. 从那时起,"对专利的保密工作加强了,使它从被认为是一种保护产品创新利润的最无效的机制提高到一个主导地位。"(第19页)。

自1980年以来,因为美国公司使他们的专利申请比例成倍地增加,所以这两个并行的结果是个谜。一个可能的解释是,由于技术竞争,所有适当的能力机制可能更被重视。进一步说,专利不仅被用于保护知识产权。它们能阻止、协商及保护企业免受侵害。现在可以用专利来标出潜在诉讼,并且包含有阻止市场进入或产品组进入的战略。作者也宣称"大公司的规模并不与……专利效果措施特别相关"(第22页)。专利这一话题在公共政策和创新一章仍将介绍。

关于专利和申请专利以防止他人使用自己的发明要特别注意非常实用的两点:[2]

■ 确保实验室笔记本由企业内其他无关的专家经常查看(至少每月一次);
■ 要小心和有策略性地与顾客分享秘密,因为你最后可能不得不寻求专利和知识产权法律的保护(商标法、版权法等)而你的企业却还依赖于他们的合作。

静电复印术的历史是个很好的教训,说明为什么仅仅拥有专利并不够。切斯特·卡尔森(Chester Carlson)多年研究发明并且加以商业化,而在我们现在觉得这是理所当然的:干复印。[3] 他本来可能找不到一家合作公司。IBM、通用电气和贝灵巧(Bell & Howell)这类大公司都拒绝了他。不过幸运的是巴特莱实验室(Battelle Labs)及接下来小得多的哈洛伊德公司(Haloid Corporation)在20世纪50年代做出了超过他们收益的投资。

---

[1] Wesley M. Cohen, Richard D. Nelson, and John Walsh. Appropriability Conditions and Why Firms Patent and Why They do not in the American Manufacturing Sector, presented at Science Policy & Technology Meeting, NBER, July 24, 1997, Cambridge, MA.

[2] 多谢专利律师卢克·A. 基利克(Luke A. Kilyk)1998年7月23日指出在现有专利法律中存在的问题。

[3] David Walton. Machine dreams, Review of copies in seconds by David Owen, Simon and Schuster, NY, 2004, in the *NY Times Book Review*, October 3, 2004.

专利妨害还是刺激创新

创新过程中一个持续问题是专利以及申请专利制度是否能与福利、国家利益以及创新者所要求的对发明的权利相平衡。当审理英特华生物科技公司(Integra LifeSciences Corp.)和德国默克(Meck KGaA)(不再与美国默克公司相关)这个案例时,最高法院再次回到这一问题。争论焦点是食品与药物管理局保护公司在新药物研究早期免受专利侵犯这个相对而言针对制药行业的条款。这个案件从1996年以来就一直在法院里循环。从事工具研究的公司和大学不赞同豁免,并且认为这不适用于所有的工具和测试者。初审法院避开了这个问题,但最近,上诉法院限制了他们的应用。生物科技公司争辩说,在德国,默克使用化合物处理细胞时以食品及药物管理局的豁免令作为后盾。进一步,生物科技公司称如果法院关注案件的细节,他们将会发现默克涉嫌使用豁免令进行更宽泛的研究,并且工作在德国完成而不是美国。另一方面,默克声称如果没有强制豁免,药品开发者将不得不在他们找到一条研究道路前等候专利期满。[1]

帕特·乔特(Pat Choate)的著作《烫手的知识产权》(*Hot Property*)[2]很好地记载了知识产权的占用问题,书中摘要提到了"专利钓饵公司"——专门购买专利和诉讼的公司。参见威廉·巴克利(William Bulkeloy)发表在《华尔街日报》的文章。

研发度量标准

测量研发的输入和输出量,并且称它为创新生产力是件冒险的事,但研发比率(或研发强度),即研发以当地货币计算的年投资与年销售额的比值仍是首选。在近期一项比较1984年和2004年使用的度量标准研究中,研

---

[1] Wysocki, B. High court to examine role of patents in drug research. *The Wall Street Journal*, Monday, April 18, 2005, pp. B1, B6.

[2] Choate, Pat. (2005). *Hot property: The stealing of ideas in an age of globalism*, New York. Knopf, and Bulkeloy, William. Aggressive patent litigants pose growing threat to big companies. *The Wall Street Journal*, Vol. CCXLVI, No. 52, Wednesday, September 14, 2005, pp. A1, A6.

发强度仍然是北美洲、欧洲和亚洲 202 家公司的第一选择(参见图 4—3)。[1]

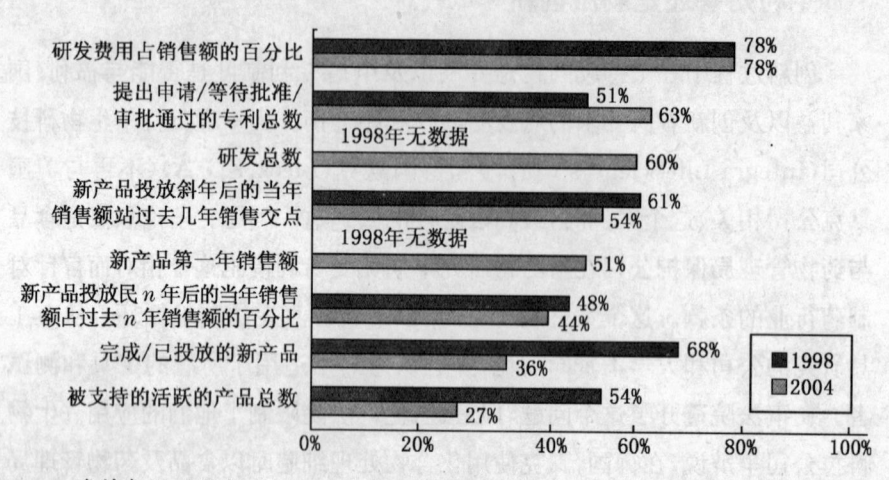

指标	1998	2004
研发费用占销售额的百分比	78%	78%
提出申请/等待批准/审批通过的专利总数	51%	63%
研发总数	1998年无数据	60%
新产品投放斜年后的当年销售额站过去几年销售交点	61%	54%
新产品第一年销售额	1998年无数据	51%
新产品投放民 n 年后的当年销售额占过去 n 年销售额的百分比	48%	44%
完成/已投放的新产品	68%	36%
被支持的活跃的产品总数	54%	27%

资料来源:*PPMA Visions*, January 2005, p. 12。

图 4—3　公司使用的研发度量标准——1998 年和 2004 年

研发强度

最普通的显示企业创新潜力的指标就是它的研发强度,或每年的研发费用与销售额的比率,以下用一些篇幅表述这一概念。典型地,高科技企业在研发上每年花费超过销售额的 5%~6%,并且大部分花费在科学家和工程师——技术员工的薪金及企业管理费用上了。另一个比率,专利发明的数量与真正的研发费用的比(专利—研发比率),或者说,科学家和工程师的数量自 20 世纪 60 年代以来在美国和其他经济体都在减少。对这一减少有以下三方面解释:

■ 技术机遇的耗尽;

■ 市场膨胀增加了专利价值并导致对每个专利更大的研发开支的科研竞争;

■ 处理专利申请的成本上升导致研究人员较少申请发明专利。

---

[1] Goldense, Bradford L., Schwartz, Anne R., and James, Richard J. (January 2005). As more companies use more R&D metrics, the "top five" metrics remain the same. *PDMA Visions*, Vol. XXIV, No. 1, 12—13.

一项使用工业数据的研究发现最后一个解释似是而非——专利倾向的减弱降低了专利—研发比率。[1]

如第一章所述的研发强度随着行业和公司的不同而有很大的变化,但是其中一半的变化可以由公司背景说明(行业平均研发强度),另一半取决于公司的战略。美国研发投资摘要参见图4—4。出版或未出版的报告中继续报道了研发投资导致高销售额、市场份额和公司生存的证据。[2] 此处没有重提美国研发投资趋势,最近一直在下降。

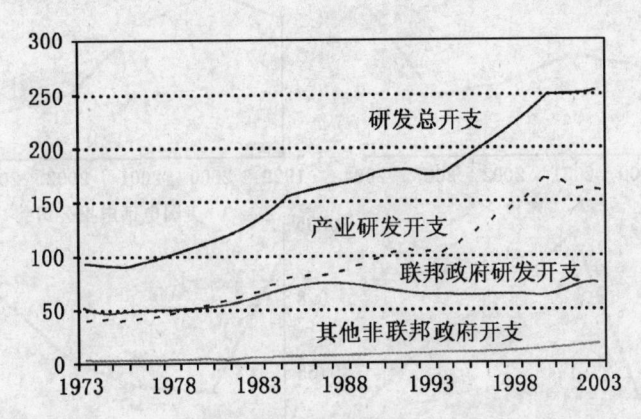

资料来源:National Science Foundation, Division of Science Resources Statistics.

图4—4　美国研发开支资金来源,单位:1996年10亿美元

关于是否该关注这种下降又有激烈的讨论。一方面,下降经常显示缺点以及缺乏战略承诺,但另一方面,由于在销售方面并没有由新产品和服务带来的明显下降,所以我们可能得出研发成绩实际上正在进步的结论。

对这种趋势的另一个貌似合理的解释是研发日益增长的外部采购(参见2005年3月21日《商业周刊》(特刊的图表)。这一趋势首先来自于电子业,接下来蔓延到航空业以及其他行业。例如,宝洁的目标是到2010年为

---

[1] Kortum, Samuel. (May 1993). Equilibrium R&D and the Patent-R&D ratio: U. S. evidence. *American Economic Review*, Vol. 83, No. 2, 450—457.

[2] Izmodennova-Matrossova, et al., Optimization of R&D investment under technology spillovers: A mode and case study (Sony Corporation), IR-030-04, www. ilasa. ac. at, International Institute for Applied Systems Analysis, Scholossplatz 1, A-2361 Laxenburg, Austria. Abstract: "... in the long run, R&D investment leads to increased sales and production diversity."

创新管理

止将外部采购新产品创意的比例从 20% 提高到 50%。[1]

我们随机选择了四家著名的公司来验证这一趋势,如果假设研发比率降低是可信的指标,我们发现两家外购研发争论升级的公司:宝洁和雅虎(参见图 4—5)。另两家公司,微软和美国电话电报公司在 1999~2004 年同一时段增加了他们的研发比率。

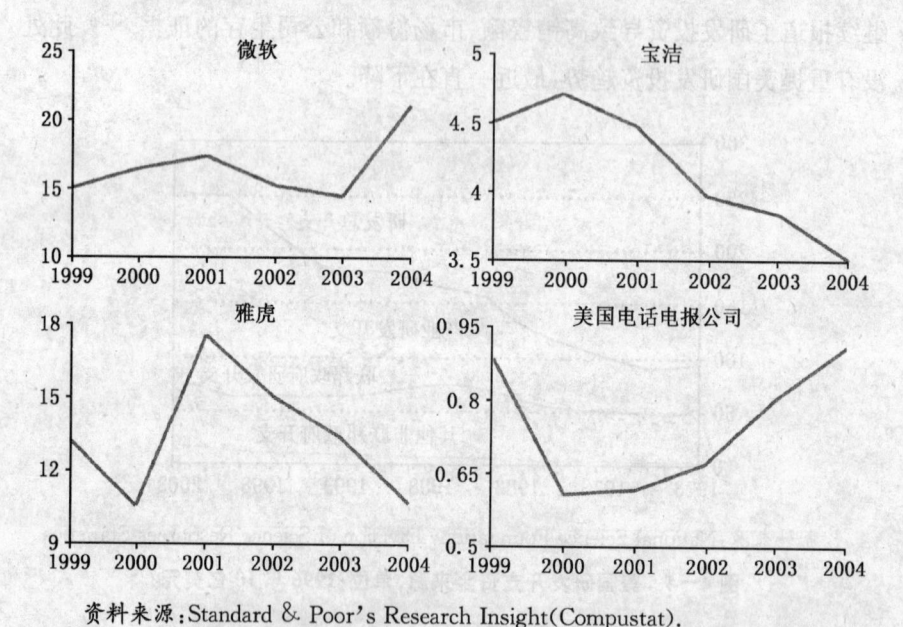

资料来源:Standard & Poor's Research Insight(Compustat).

图 4—5 被选公司的研发比率趋势

在一份没有出版的《财富》1 000 强公司的研究中,我们建立了一个模型,首先发现了研发投资影响市场的因素(例如,销售增长、资产回报),完全不同于其他计算绩效的测量方法,我们这一模型用研发强度(研发投资占销售额的百分比)作为首要的商业绩效预测指标来预测技术投资的成果。如我们所料,使用《财富》1 000 强公司的样本,与其他绩效测量法截然相反,研发强度很明显与销售增长和资产回报有关。结果随着行业不同有所中和。明显地,我们能用这个模型说明销售额中 6% 的增长以及资产回报中 37%

---

[1] Kripalani, M., Reinhardt, A., Nussbaum B., and Burrows, P. (March 21, 2005). Outsourcing innovation. *Business Week*, 84—94.

的变化。[1] 个别企业投资分析以及对新技术项目的资本调整参见下一章。

记住研发强度随区域和行业的不同变化很大这一点很重要（参见图4—6、表4—1）。因此，凭经验估计，大约有一半公司的研发比率可以通过行业类别被预测，另一半通过公司战略来预测。例如，汽车行业的行业平均值是3.8%（研发占销售额的百分比）。然而，作为技术引领者的宝马在研发上花费了销售额的10%。

研发效率

企业因为有相对高的回报，所以在研发上投资。在化学与制药行业以及其他行业，不断有研究表明研发投资提供了比资本消耗和固定资产花费相对高得多的回报（近2倍）。[2] 进一步说，大量的证据也集中在研发等级和这些投资的相对影响上。中小型企业（SMEs）在使用技术资源上更有效率。[3] 例如，尽管大型企业在研发上花费更多，提出更多专利，但是小型企业取得专利的比例更高，这就是研发效率之争。[4] 同样有证据表明，大型企业并不是激进的创新者。[5]

实际上究竟是什么方法实现了创新结果，在效率之争中这一点并没有解释清楚。大型企业确实看起来易于受突破性技术的攻击[6]，部分由于缺

---

[1] S. Rothenberg, J. Ettlie and S. Zyglidopoulos. R&D Performance in Large, U. S. Firms, working paper, College of Business, Rochester Institute of Technology, Rochester, NY, January 2001.

[2] Hsieh, P.-H., Mishra, C. S., and Gobeli, D. H. (2003). The return on R&D versus capital expenditures in pharmaceutical and chemical industries. *IEEE Transactions on Engineering Management*, Vol. 50, No. 2, p. 141.

[3] Simmie, J. (2002). Knowledge spillovers and reasons for the concentration of innovative SMEs. *Urban Studies*, Vol. 39, Nos. 5 &6, p. 885.

[4] Audretsch, D. B. (2002). The dynamic role of small firms: Evidence from the U. S. Small Business. *Economics*, Vol. 18, Nos. 1—3, pp. 13ff.

[5] Ettlie, J. E. and Rubenstein, A. H. (1987). Firm size and product innovation. *The Journal of Product Innovation Management*, Vol. 4, No. 2, 89—109.

[6] Christensen, C. and Raynor, M. (2003). Innovating for growth: Now is the time. *Ivey Business Journal Online*, London, p. 1.

少远见和文化敌对[1],不过我们并不知道那些小型的通常是新建的公司是否经常受资源缺乏之累。进一步说,使图表变复杂的是累积的证据,这些证据说明创新中大部分变化是网络。小公司和大公司都加入了这场交换。[2] 首先,由于敏捷和有效的创新进程,总的来说,中小企业确实更能保障创新结果(例如新产品的成功率)吗?即使如此,什么机制能说明这一执行优势?进一步说,按照最近的研发企业的全球化观点,特别当规模和所有权形式变化很大时,这个效果能跨越文化的障碍吗?一项最近的研究使用了来自美国、德国的数据资料探究了这一问题。他们不仅仅重现了研发效率假设[3],并且还发现总的来说,企业形成了一个更大的来源于成功的新产品投资案例的国内技术及营销方法的范围。这不仅解释了研发效率效应,还提供了大型企业效仿这一效应的方法。

排序:罗德岛和特拉华这两个最小的州按研发强度大小分别排第一和第三。罗德岛排在第一的原因可能有两点:有大量各国防服务的电子企业,另外它在几年前创立了美国最慷慨的研发退税额度。在特拉华的例子中,是杜邦的出现和其他研发高强度的化学制品和配药企业将它推向了第三的位置。其他领先的州(如加利福尼亚、马萨诸塞或华盛顿)都倾向于设置能完成相当数量研发的高科技区。一般来说,获得好评的州都拥有重要研发合作实验设施(如康涅狄格、密歇根和新泽西),或重大联邦实验室设施(如爱达荷和新墨西哥),这些都可以进一步刺激公司研发。

---

[1] Hannan, M. T., Polos, L., and Carroll, G. R. (2004). The fog of change: Opacity and asperity in organizations. *Administrative Science Quarterly*, Vol. 48, No. 3, p. 399.

[2] Nicholls-Nixon, C. and Woo, C. Y. (2003). Technology sourcing and output of established firms in a regime of encompassing technological change. *Strategic Management Journal*, Vol. 24, No. 7, p. 651.

[3] Ettlie, J. E. and Elsenbach, J. Scale, R&D Efficiency and Idea Profiles for New Products, working paper, College of Business, Rochester Institute of Technology, August 2004.

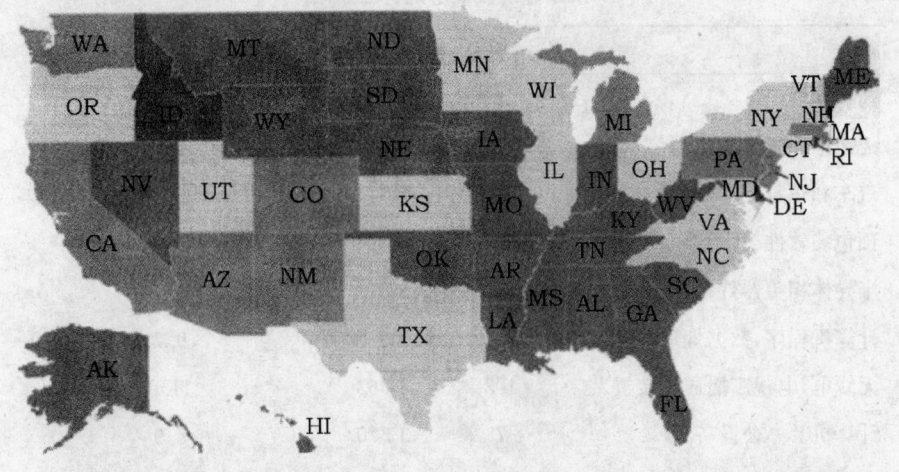

WA:华盛顿;OR:俄勒冈;CA:加利福尼亚;AK:阿拉斯加;AZ:亚利桑那;HI:夏威夷;ID:爱达荷;NV:内达华;MT:慕大拿;UT:尤他;WY:怀俄明;CO:科罗拉多;NM:新墨西哥;TX:得克萨斯;ND:北达科他;SD:南达科他;NE:内布拉斯加;MI:密执安;IL:俄利诺伊;IN:印地安纳;GA:佐治亚;KS:堪萨斯;OK:俄克拉荷马;MN:明尼苏达;IA:爱荷华;MO:密苏里;AR:阿肯色;LA:路易斯安那;OH:俄亥俄;WV:西吉尼赫;PA:宾夕法尼亚;VA:弗吉尼亚;NC:北卡罗莱纳;SC:南卡罗莱纳;FL:佛罗里达;WI:威斯康星;IL:伊利诺伊;TN:田纳西;MS:密西西比;AL:阿拉巴马;KY:肯塔基;NY:纽约;VT:佛奈特;NH:新罕布什尔;CT:康涅狄格;MD:马里兰;DE:特拉华;NJ:新泽西;MA:马萨诸塞;ME:缅因;RI:罗德艾兰。

"企业资助的研发占国民生产总值的比例继续向上攀升,于2000年到达它的最高水平。"它为什么重要？研究与开发能够进行产品创新并将其加入行业基础知识,从而成为经济增长的一个关键驱动因素。企业资助占的比例已经超过了所有研发资助的三分之二。该比例在经历了20世纪80年代的平稳上升到90年代的下落以后,企业资助的研发作为国民生产总值份额继续向上攀升,于2000年在通货膨胀调整后的金额和占国民生产总值的比例两方面都到达了它的最高水平。(http://www.neweconomyindex.org/state/2002/05-innovation-05.html)

图4—6 在研发上的产业投资

表 4—1   用预算规模表示的行业组成

行业	公司数量	科研机构数量	2002年研发与销售额比率
药物制剂	225	2 834	13.8
无线电话外的电话通信	176	4 813	3.8
汽车和车身	19	3 711	3.8
预包装软件	502	7 372	17.6
半导体相关器件	152	3 674	15.3
计算机程序,数据处理	286	7 370	9.7
无线电,电视广播通信装置	103	3 663	11.9
计算机及办公设备	7	3 570	5.9
电话电报设备	78	3 661	16.2
集团企业	18	9 997	2.6
除计算机外的电力、电器装置	6	3 600	7.2
电子计算机	29	3 571	4.5
航空	8	3 721	9.2
计算机通信设备	75	3 576	20.4
计算机集成系统设计	160	7 373	8.6
化工相关产品	13	2 800	4.7
汽车零部件	50	3 714	3.9
家用视听设备	20	3 651	6.9
石油加工	43	2 911	0.3
计算机外围设备,日电公司	60	3 577	7.6
生物(制剂)	138	2 836	24.9
食品与同类产品	8	2 000	1.9
特殊行业机械,日电公司	53	3 559	12.4
无线电话通信	71	4 812	1.7
电子测量与测试设备	42	3 825	14.1

资料来源:*R & D Ratios & Budgets*,Schortfeld & Associates,Inc.,Copyright June 2002.

服务研发

在1988~1998年间所有行业研究中,服务部门的研发从10%增长到25%。与这些趋势相一致的是,服务研发增长主要来自于改进信息技术的投资。[1] 微软在研发上花费了销售额的大约17%,这大大高于传统的高科技公司在研发上花费销售额的6%。虽然制造业研发占总预算的18%,在美国,1995年非制造业的研发占私人研究所支出的约25%。

据估计,1997年,美国在研发上花费了2 060亿美元,使得研发—国内生产总值比率达到2.6%。集中考虑相对小范围的企业时,总额的大约65%是工业研发。8家企业占所有工业研发投入的1/4,40家企业占了一半,而300家企业占到了工业总投入的80%。[2]

工业与大学、非营利组织及政府实验室签订的合同大约占其研发预算的80%,根据1984年《国家合作研究法》(National Cooperative Research Act,NCRA)(参见第八章),1996年以前有665家企业按照这条法律注册了。电信公司占所有研发合资企业的1/5,它现在达到了近2 000万家,包括那些按照《国家合作研究法》注册成立的公司。

政府提供了总研发预算的大约15%,其中有一半都是企业要建造航天器、导弹或者科学仪器以及电子设备。根据1986年《联邦技术转让法》(Federal Technology Transfer Act),政府实验室参加研发合资企业更加容易,只要按照《合作研究与开发协议》(Cooperative Research and Development Agreements,CRADAs)来实施就行。在1992~1995年期间,此类协议共计超过3 000份,其中大多为能源部(1 553份)、国防部(1 001份),以及商务部(412份)订立。1986~1996年间,主要在美国企业之间或者欧美企业之间,建立了大约2 500个信息技术联盟。略多于1 000个联盟形成了世界范围内的生物技术联盟。

在近三年里,美国全国研发消费经过通货膨胀调整后以大约6%的比

---

[1] Jankowski, J. E. (March-April 1998). R&D: Foundation for innovation. *Research-Technology Management*, Vol. 41, No. 2, 14—20.

[2] Ibid.

率增长,在全球经济中只有日本能达到这一速度。八国集团(美国、英国、法国、意大利、德国、日本、加拿大以及俄罗斯)经历了 20 世纪 90 年代研发支出停滞或者下降的过程。[1] 经合组织的最新数据(2003)表明美国在研发上仍然花费最多,但欧洲在研究花费上增长得比美国要快。

1985 年非制造业企业只占工业研发的 8%,但用 10 年的时间增加到总量的大约 25%。1998 年服务部门的研发上升到占所有研发的 26.5%,超过了 1996 年制造企业的 24%。[2] 这一增长大多数来自计算机软件和生物科技方面。1986 年,微软、太阳微系统公司、安进公司、希捷科技公司以及基因技术公司甚至都不在前 100 名研发执行者的行列内;1996 年,它们都进入了前 50 名。1995 年的非联合研发中,计算机编程、数据处理,以及其他计算机维护占 85 亿美元。批发与零售贸易花费了 75 亿美元,通信服务在研发上花费了 48 亿美元。1995 年金融和银行业务在研发上花费了 7 亿美元。在加拿大也有同样的消费趋势。加拿大企业研发的 1/3 在服务部门。服务研发在欧洲占 13%,在日本是 4%,但是这一比率一直在增长。[3]

研发管理的新方法是针对同时从事提供制造业和服务业的公司的,例如通用电气(GE)。通用电气现在从金融服务得到的盈利占总额的 40%。这是一个巨大的挑战,因为"他们必须重新起草他们的研发制度。"[4] 安徒生咨询(Anderson Consulting)是另一个例子。在资金有限的长期项目中,因管理人员和客户变化得太快,多数研究选择迅速地解决问题。

1988 年通用电气发起了一个内部服务研发战略,以此来支持美国全国广播公司和通用电气资本服务部,而不是减少企业外部的研发。作为一种区别于竞争对手的方法,通用电气和安徒生咨询都决定开始服务的研发项目。接下来的问题是该如何在一个毫无任何经验可循的领域做研究。

通用电气尝试了一种渗透战略:他们派了一名研究人员帕卡施·饶

---

[1] Ibid. pp.14—15.

[2] Gwynne, P. (September-October 1998). As R&D penetrates the service sector, researchers must fashion new methods of innovation management. *Research-Technology Management*, Vol. 41, No.5, 2—4.

[3] Jankowski, J. E. (March-April 1998). R&D: Foundation for innovation. *Research-Technology Management*, Vol. 41, No.2, 14—20.

[4] Gwynne, P. p.2.

(Parkash Rao)去通用电气资本服务部的公司信用业务部门实习。此行的目的不仅仅在于学习业务，更主要的是找出那些可以被新技术所解决的问题。这最终导致了汽车租赁授权系统的自动化。金融建模是一个普通的工作领域，并且在任何时候都有 30 名来自于通用电气研发中心的员工为通用电气信用项目工作——经常在与其他供应商的竞标中获胜。[1]

在安徒生咨询公司中，研究有三个目的：

- 为企业创造新的业务，例如提供新的互联网服务。
- 发现新的想法和"市场机会"并使技术风险降低到最小。
- 提供营销服务以使客户确信安徒生是在为他们的未来着想。

基于产品的产业研发和服务之间的主要区别之一是技术转让时间。由于客户急于解决问题，且服务的生命周期相当短，特别在咨询业中，它总是冒着成为商品的危险。安徒生的目标是在三到五年内成为市场领先者。在通用电气，对产品和服务而言时间是不同的。对产品而言，例如医疗系统，时间大致是相同的，技术一代代地更替。而对服务而言，每次都必须与客户沟通时间。

来自于时间和生命周期的压力促使安徒生建立了与学术和工业实验室的新型合作关系来适应服务部门。新服务经常与硬件和软件供应商共同发展。在一个最近的案例中，安徒生聚集了十几家不同公司的信息技术，包括康柏、惠普和由于信用，英特尔。通用电气开展了一个项目，所有研发员工直接与公司客户一起工作，而不顾商业部门、制造部门和服务部门的限制。通用电气研发的口号是：要"充满生命力"。[2] 研发平台的工作人员必须能清楚、明确地表达他们的想法对企业的好处。而这经常是新员工刚加入通用电气实验室时最难学会的事。

伦理思考

技术评估寻求避免创新所带来的意外负面影响：引入第一次商业化的产品和服务。任何史无前例的事情都伴随一定的风险。以决定开展或者资

---

[1] Ibid., p. 3.

[2] Edleheit, L. S. (March-April). GE's R&D Strategy: Be vital. *Research Technology Management*, Vol. 41, No. 2, 21—27.

助哪一项研究为开端,技术的道德规范开始发挥作用。[1]

美国国会曾经有一个技术部门,名为技术评估办公室,负责技术评估和提供政策建议。1995年这个办公室被撤销。第一章中介绍过的弗兰克恩斯滕假说(技术最终将成为主宰),在科学道德与技术评估领域中仍然是一个促进因素。当然,政府的其他部门仍然掌管健康(如食品与药物管理局)、安全以及环境问题(如环境保护署),但这些主要都是调整及回顾项目,而没有对是否该发展新技术的指导。

当今科学界最重要的伦理问题之一就是对转人类基因生物技术的争论。美国最高法院裁决发布人和动物细胞基因密码方面知识的专利是合法的。美国专利局在人的染色体方面已经发布了数以万计的专利。目前只有法国仍然拒绝发布这类专利。价值伦理学家坚持认为我们需要对自己的行为负责,而尽管治疗结果总是有风险概率的,医生仍然专注于治疗疾病。人体比显微镜所能检查反映的要复杂得多。当生物技术由疾病治疗转向其他领域后发生了什么?[2] 现今已经有动物克隆了[3],不过许多科学家和立法委员仍反对克隆人。

1996年秋,伦理问题首次成为工程学的基础之一,这促使了那些想获取专业工程师执照的人进行伦理方面的学习。[4] 软件工程学现在有道德准则。准则有八个关键原则,包括产品、公众、客户、管理、同事和自己。这些原则与专业软件工程师的决定及行为相关。以产品为例:"对公众、雇主、客户及用户,软件工程师应当尽可能地保证他们研究的软件功能到位、质量合格,此外工作要按时完成、收费要合理并要尽量避免发生错误。[5]

---

[1] Remenyl, D. & Williams, B. (December 1996). Some aspect of ethics and research into the silicon brain. *International Journal of Information Management*, Vol. 16, No. 6, 401—411.

[2] Flowers, E. B. (November 1998). The ethics and economics of patenting the human genome. *Journal of Business Ethics*, Vol. 17, No. 15, 1737—1745. Also see, Clones and Clones (November 14, 1998). Fact and fantasies about human cloning. *Economist*, Vol. 349, No. 8094, S11.

[3] Hamilton, J. & Flynn, J. (March 10, 1997). Commentary: When science fiction becomes social reality. *Business Week*, No. 3517, 84—85.

[4] Lowery, M., Rabins, M., & Holtzapple, L. (August 1997). Why care about ethics. *Chemical Engineering*, Vol. 104, No. 8, 125—127.

[5] Gotterbarn, D., Miller, K., & Rogerson, S. (November 1997). Software engineering code of ethics. *Communications of the ACM*, Vol. 40, No. 11, 110—118. Also see Adam, J. (December 1995). The privacy problem. *IEEE Spectrum*, Vol. 32, No. 12, 46—52.

如果商业道德可以显示出来,那些牵涉到道德决策的麻烦就在于它们很少是在对与错之间做选择。一般都是在两种不好的结果中选择一种伤害较小的。例如,解雇员工很明显会对他(她)及其家人产生负面影响。但当裁员决定了公司存亡时,哪种结果更糟糕?当企业越来越趋于全球化时,随着价值观的变化,这个问题就变得更复杂了。专家认为,企业应该尽力实施一些实际性的项目而不是仅仅停留于纸上谈兵来渡过这个道德风暴。另外还需认识到:尽管文化上有差异,但是所有人所持有的某些道德价值核心还是相同的。[1]

工程中,成本与质量是经常出现的一对矛盾。"工程师们如果把他们的道德底线降到最低,'无害'质量标准也会相应地成比例降低。"[2]所有领域都有无法令人满意的道德盲点。在工程中,安全是个永恒的话题,但生态安全却一直没有被考虑进去。[3] 由几十家公司倡导展开了"新"一轮的自然环境运动(也就是通常说的"超越顺从"环保活动),旨在改变这个现状。[4]此外,自然环境方向的专业研究也开始起步了。[5] 然而绿色战争绝没有结束。有些不但企业没有接受环境工作的信息[6],而且西方世界认为发展中国家起步晚,所以污染也不严重,对这一观点,世界上很多发展中国家也认为很正确。长期以来,全世界的工程师都不得不处理这一矛盾问题。[7]

研究显示,在1985~1997年间的内幕交易表明,相对于销售额来说,在研发密集公司的内部人获得的要比那些没有在研发上高投资的内部人多得

---

[1] Davids, M. (January-February 1999). Global standards, local problems. *Journal of Business Strategy*, Vol. 20, No. 1, 38—43.

[2] Enyart, J. (May 1998). Can a symbol make you a better engineer? *Civil Engineering*, Vol. 68, No. 5, p. 6.

[3] Hole, S. (April 1997). The ethics of remediation. *Civil Engineering*, Vol. 67, No. 4, p. 6.

[4] Lerner, S. (May 1998). The new environmentalists. *Futurist*, Vol. 32, No. 4, 35—39. Also see (June 1998) Industrial ecology: Doing business in a sustainable world. *Environmental Manager*, Vol. 9, No. 11, 1—4.

[5] Hart, S. L. (January-February 1997). Beyond greening: Strategies for a sustainable world. *Harvard Business Review*, Vol. 75, No. 1, 66—67.

[6] Morse, P. M. (August 3, 1998). Sustainable development. *Chemical Engineering News*, Vol. 76, No. 31, 13—16.

[7] Sebasco, S. (October 1996). Best professional judgment: A synthesis of environmental law, waste discharge, effluent limitations and engineering ethics. *Water Engineering & Management*, Vol. 143, No. 10, 18—21.

多。结果不仅促使了道德交易的增长,还带动了赔偿、激励以及针对披露的政策的增长。[1]

企业内部的科学家

1976年派兹和安德鲁(Pelz and Andrews)出版了一本关于企业内部的科学家和工程师的具有里程碑意义的著作。该著作不仅为后来的人力资源和研发管理方面成千上万的文献设定了标准和基调,他们的许多发现至今还在广泛应用,并且有很强的适用性。例如,他们的研究结果认为总有一个最佳项目任务规划适合一位成功的工程师。考虑到多样性的问题,所以至少有两个项目实际上能够激发出成功工程师的创造性。很明显,项目太多也会阻碍创造性和表现。[2]

后来还有许多这方面的研究。我们在此不可能一一回顾,其中最有趣且最有用的一本是罗伯特·凯乐(Robert Keller)写的。罗伯特研究了研发主管们怎样相互影响以及怎样评价他们的下级技术人员。关键的影响变量是员工的自信心。凯乐发现下属员工的自信心越高,下属和主管在工作表现评估上达成一致的可能性就越大。自信心较低的员工往往会对自己的工作表现做出比其上司的评价过高或过低的自我评估。这点很有道理,因为自信心较高的工程师和科学家是根据对他们得到的反馈的精确评估来判断自己的工作表现。而自信心较低的技术员工常常会对某些类型的信息视而不见,这就造成了低估或高估自己工作表现的恶性循环。[3]

并非只有工程师和技术员工的动机才是独特的挑战[4],这里有一点违背"常规"的规则(例如,只有工作本身才是最重要的),工程师和科学家常常在职业生涯的早期就升职到管理层。职位不只局限在技术管理方面,很多

---

[1] Aboody, David and Lev, Baruch. (December 2000). Information asymmetry, R&D, and insider gains. *The Journal of Finance*, Vol. 55, Iss. 6, p. 2747, 20 pp.

[2] Pelz, D. and Andrews, F. (1976). Scientists in organizations, University of Michigan, Survey Research Institute, Ann Arbor, Michigan.

[3] Keller, R.

[4] Badawy, Michael K. (May 1978). One more time: How to motivate your engineers. *IEEE Transactions on Engineering Management*, Vol. EM-25, No. 2, 37-42.

情况中还有企业其他部门的管理,如经营部门或服务部门。对大多数 30 岁出头的研发专家来说,很明显知道做什么事情才真正有"回报"。[1]

工程经验在 1~4 年之间的项目小组的工作表现是最佳的。由于没有足够的经验,新组建的项目小组一般会相对地表现欠佳,而有 5 年以上工作经验的项目小组的工作表现会慢慢退步。所以,工作年限很长的项目组需要更多的指导,这种说法也就不值得大惊小怪了。控制比参与能起到更好的作用,因为后者只影响满意度,不影响工作表现。一个技术小组的工作年限越长,传统类型的主管就做得越成功。[2]

或许在这方面最有趣且最有用的一个研究流派是关于研发部门里的双轨制。这种结构的特点是给优秀的技术人员一个升职做管理人员的机会,下面将会详细介绍。

双轨制

拉尔夫·卡兹(Ralph Katz)和他的同事在研发部门的双阶梯结构方面做了多年研究,得出了很多有趣且有用的发现。[3] 对于科学家和工程师们的工作成果的传统奖励一般是主管及时地表示称赞,现在改用另外的方式让大家感到相当犹疑。原因可能是技术主管升职一般是因为技术工作和人际关系两方面都做得很好。而备选的双轨制奖励让大家感觉好像是这种情况下的安慰奖。而且,即使在那些双轨制运用得很成功的公司里,技术阶梯的效果也不如管理阶梯的效果好。

人事流动与新技术

越来越多的证据证明,跨企业的人事变动——有时候也叫人事流

---

[1] Allen, T. and Katz, R. (1992). The dual ladder: Motivational solution or managerial delusion? *R&D Management*, Vol. 16, No. 2, 185—197; and Age, education, and the technical ladder. *IEEE Transactions on Engineering Management*, Vol. 39, 237—242.

[2] Katz, Ralph. (1997). Managing creative performance in R&D teams. Chapter 17 in R. Katz (Ed.). *The human side of managing technological innovation*. New York: Oxford University Press. pp. 177—186.

[3] Katz, R., Tushman, M., and Allen, T. (1995). The influence of supervisory promotion and network location in subordinate careers in a dual ladder RD&E setting. *Management Science*, Vol. 41, 848—863.

动——对于创新过程的影响相当大。一项对于半导体感应器行业长达 18 年的研究发现，主管的流动对战略变革有重大的影响。特别是对于主管人员所在的新公司的产品进入市场的决策影响很大。任期较短的小规模高层管理团队能够促成更多变革。[1]

重要加工变革过程中也发现了类似的现象，既有制造方面（例如，耐用品和食品加工），也有服务方面（例如，运输）。具体而言，副总裁级别以及更高层次的人事变动与突破性加工技术的引进关系相当密切。研究还发现，公司内部各部门之间同级别（横向流动或升职变动）的工程师和工程主管的人事流动，对于这些突破性改进的主动性有导向作用。渐进性改进与此不同，很明显不符合这些模式。[2]

研发的资本化

最后，看起来这个技巧能够从研发投资和企业中获利最多。成功的企业是怎么运用这个技巧的呢？对于开创者来说，有些知名实验室已经创办多年，他们模仿的是爱迪生实验室。资料 4—1 总结了其中两个家喻户晓的研发实验室的奇特之处：斯坦福国际研究院实验室和沙诺夫（Sarnoff）实验室。

研发的成功资本化和商品化至少取决于两个重要因素：领导和有效且及时的创新战略。

综合研发与企业

只有当能够支持或"发扬"企业的战略时，研发才是有效的。如何获得

---

[1] Boeker, Warren. (1997). Executive migration and strategic change: The effect of top manager movement on product-market entry. *Administrative Science Quarterly*, Vol. 42, 213—236.

[2] Ettlie, J. (May 1990). Intrafirm mobility and manufacturing modernization. *Journal of Engineering and Technology Management*, Vol. 6, Nos. 3 & 4, 281—302; Ettlie, J. (November 1980). Manpower flows and the innovation process. *Management Science*, Vol. 26, No. 11, 1086—1095; and Ettlie, J. (September 1985). The impact of interorganizational manpower flows on the innovation process. *Management Science*, Vol. 31, No. 9, 1055—1071.

这个权利又是一个长期的挑战。前面章节提到过,ABB经营战略和计划影响了技术战略发展,部分是受到当前结果的影响。

资料 4—1

为最后的胜利做好准备

合理管理研发的战略挑战能够让你的资本增值。也就是说,研发是一个昂贵且危险的命题,有些人还是不肯接受创造性是可以预先安排好的。发明的回报有两个方面。它能够促进现有产品和服务的渐进性改进,它还能够帮助创造出新的产品和服务——一般是开创了全新行业的突破。

位于加利福尼亚州门罗帕克镇(Menlo Park)的斯坦福国际研究院和沙诺夫公司(其前身是位于新泽西州普林斯顿的大卫·沙诺夫研究中心)是两个做了很多突破性贡献的基础研究实验室。虽然说斯坦福国际研究院(其前身是斯坦福研究所)是硅谷的"灵魂",但是它的创办远远早于硅芯片的问世,并且研究范围广泛,涉及多个学科领域。

沙诺夫的历史更久远,在电视技术方面做出了开创性贡献,并在半导体、电子和材料科学等方面颇有建树。1986年,也就是RCA(美国广播公司)创立4年的时候,沙诺夫研究出了彩色电视的显像管,然后研究出了液晶显示器(LCD)和摄影机的核心器件电荷偶合器件(CCD)。

斯坦福国际研究院也有非常让人难忘的辉煌记录:信用卡和支票上用的磁性墨水,由此诞生了保罗·M.库克雷德曼公司(Paul M. Cork's Raydum Corporation);20世纪60年代研制出了调制解调器、鼠标、屏幕窗口、超文本(用来点击上网);70年代研制出了治疗疟疾的药物和血液凝块抑制剂。

1986年两大实验室合二为一,沙诺夫以6 500万美元的价格并入了斯坦福国际研究院。20世纪90年代早期,这两个实验室的发展遇到了红灯,促使保罗·库克(Paul Cook)回来做了董事长,后来又雇用了威廉·沙莫(William P. Sommers)(原来在博思—艾伦—汉密尔顿咨询公司任职)担任总裁。到1994年,斯坦福国际研究院开始盈利,1995年,沙诺夫开始有了纯利润。自1994年以来,这两个智囊团体建立了20家企

> 业来把他们的研究成果商业化。其中包括1997年建立的DIVA体系，该体系在市场上推出了一款名为Onset的视频点播系统，它能够像卡带式影像录放机那样通过有线电视进行24小时连续操作。
>
> 　　这次成功转型的秘密是什么呢？答案的一部分是将"需要自由的技术最优化"的智慧，因为同时允许特许权和股权共享的策略激发了企业家精神。答案的另一部分是斯坦福国际研究院和沙诺夫的成功路线。根据负责鼠标、屏幕窗口和其他很多发明的道格拉斯·英格巴特（Douglaus Englebart）的说法："作为人类的最佳指南来说，市场不是最好的，甚至连好都算不上。"对于英格巴特，这些创新的本身不是目的，而是"走在路上的脚步"，它们能够深深地影响人们之间相互交流的方式。这是促成突破性技术的一类观点，斯坦福国际研究院和沙诺夫这样的实验室可以将它们发扬光大。
>
> 　　资料来源：Otis Port,"Tales From Spin-off City,"*Business Week*, February 23, 1996, 112—116。

　　我们怎么用企业中其他的资源将技术功能整合在一起呢？很明显，企业和分散经营（例如，部门、项目、分散的地址、生产线或工厂）的研发基金企业之间需要达成平衡。现在大多数研发力量都是分散的，至少从资金角度来说是这样的。但是部门和项目是如何协同运作的呢？谁来负责双方的协调和去除冗余？高层管理者怎么才能避免让两个分散异地的单位研发同一个新产品？

　　技术共享的主题掩盖了技术协调方面的一些问题。像克莱斯勒汽车公司一类的企业会把有创新想法的员工组成团队聚集在一起，由罗伯特·卢兹（Robert Lutz）（现在在通用汽车）之类的核心主管领导大家为公司的未来而努力创新。克莱斯勒汽车公司是一家名副其实的平台驱动型企业，并且用"技术俱乐部"的方法来保持像引擎技术之类能影响多个平台的技术发展。如果最佳创意和技术能够脱颖而出得到执行，此类泛技术和创意集成对于公司的前途是至关重要的。克莱斯勒汽车公司的另一个著名之处是与一流的供应商合作融洽。毫无疑问，这是克莱斯勒的很多技术的源泉。下面将讨论关于培养内部和外部的启动技术的问题。

公司创业和新技术启动

专项创业资本产业达 435 亿美元之多,这还不包括常常支持那些不能从其他渠道(甚至个人渠道)获得资金启动公司的所谓金融"天使"。并不是所有的企业都能发明高科技产品(研发强度大约略高于 6%),或者从大公司转变而来,但是有很多公司都是科学家和工程师或者大学教授基于自己的技术开办的。一个知名的例子是西摩·R. 克雷(Seymour R. Cray)的故事。1972 年克雷宣布他将离开控制数据公司(Control Data Corporation,CDC)而开办一个新公司,这家名为克雷研发公司(Cray Research)的新企业部分依靠控制数据公司的支持——因为控制数据公司不愿意为他开发 7600 大型计算机的提议提供内部资金。

大多数这些新产品的创业,大约占到 20%的企业,涉及到某些类型的技术,资料 4—2 将介绍一个这方面的例子。

这是关于"Un-du"的案例,一种用来去除粘合剂的产品,它让我们看到一个创业者发布一项新产品的每一步都是艰辛的。虽然资源是相当关键的因素,但这不只是资源问题,还关系到各级企业和民众意识。在新商业的海洋里,相对重要的因素有哪些呢?问题也延伸到了企业的内部。那些名为"内部创业者"的创业者们往往是在有内部创业基金的时候,在大公司内部开始自己的创业。美国明尼苏达矿务及制造业公司(3M)就是这样做的,还有许多其他公司也是如此。通过这种方式获得资源,发明者或创新者也能够在大公司的资助下获取利润,这样就弥补了创业的风险。而且可以使用已有的销售渠道,并且创造内部空间,创业者就不必回归到最初的原点。

资料 4—2

"Un-du"的故事

怎样才能成功地引进一种全新的消费品呢?更好的情况是,怎样才能第一次尝试就取得成功呢?可能一个较好的捕鼠器本身就很好卖,但在 21 世纪情况显然不同了。看一下道玛公司(Doumar)的产品"Un-du"

的案例。它是一种"粘性中和剂"。这是一个"好卖的捕鼠器":用它能够擦掉油性标签、不干胶标签、价格标签、保险杠贴纸、胶纸带和口香糖。但是经过两年的市场测试、商业展览以及家庭网络购物以后,道玛只是步履蹒跚地靠近了成功。经济上失败的原因有很多,有对于大型竞争对手会模仿生产类似产品的担心,还有对于来自财大气粗的挑战者的法律战的担忧。

技术创业真的很不容易。每年新开办的小型企业都要雇用大量员工,但是开发一种新产品对于新企业来说的确是很冒险的事情。美国每年都有60万至70万家新公司开始创业,其中不到20%的企业能够开发出新产品或者做出特别的产品。但这些可以累积。哈佛商学院近期在毕业生中做了一项调查,调查结果显示其中一半的毕业生把自己列为企业家类型。

"Un-du"的案例很典型。1997年11月,一家名为"雷丁瓷器和玻璃超级市场"的销售厨房和餐厅用品的大型超级市场,做了"Un-du"的第一批大规模订单,但是那年年终结算,道玛缴税38 000美元,开支400 000美元。首席执行官加里·李奇(Gary Reiching)说:"我们支出的钱比我们的预算要多得多。"为了满足订单需求,公司必须扩大在得克萨斯的生产能力,必须雇用更多员工,并且得安装更多计算机和电话系统。当生产从芝加哥迁移到得克萨斯时,成千上万没盖好瓶盖的Un-du蒸发了。每个人都努力地工作,用手工重新装瓶,他们手上的水泡可以证明这一切。为了保持平稳发展,道玛的主管两次降低工资。首先支付供应商和员工的收入。1997年12月大家第一次按时拿到了工资。

最大的问题来自于一家名为魔力美国(Magic American)的创办于克利夫兰的公司,该公司的专业清洁剂有3 000万美元的年销售额,并且有运作良好的分销链。魔力美国公司最近宣布消费品安全协会让他们对道玛的产品做易燃性研究。李奇先生说联邦政府机构的最后结论是该产品没有问题,但是这个事件给很多新公司的启动问题造成了相当大的压力。顾客们告诉道玛的员工,魔力美国公司盛传以他们风行的"粘性去无痕"牌推出了"Un-du"的低价位版本。在一个近期的商业展览中,魔力美国公司的摊位上特别推出了"粘胶清除器",其包装与"Un-du"非常相似。尽管"粘性去无痕"用的也是慢性溶剂,也能够去掉带子和标签上的痕迹,并且也像"Un-du"那样在表面上不会留下油性污点,但它有一个塑料的起重工具不在道玛的专利范围之内。这对道玛快速地在全国推广和全球化非常不利,当然更不利于道玛的领导地位和品牌效应。

资料来源:Barnaby J. Feder, Good product. Sound plans. No sure thing, *New York Times*, Sunday, January 8, 1998。

吉弗德·平肖(Gifford Pinchot)把内部创业者称为"梦想家"。在大多数企业中,人们将员工分为梦想家或实干家两种。把内部创业者与发明家相比较:发明家问的问题通常是"如果……那该多么美妙啊",而内部创业者会问"谁能帮我做这件事情……"

资料4-3总结了平肖对于怎样才能成为成功的内部创业者所提出的建议。

资料 4-3

在企业内部成功创业

每个新的创意都会遇到很多批评者。毫无疑问,做一个企业内部创业者是很困难的,即使在最宽容的企业中也是如此。那么怎样才能取得成功呢?

1. 为实现自己的创意做好每件事情。如果你本来要做研究,但问题出在制造过程中,那就悄悄地到试验工场去并建立一个新的工艺流程。如果是一个营销问题,那就做自己的营销研究。如果这意味着你要扫地,那就去扫地。只要是能帮你实现梦想的事情,那就毫不犹豫地去做。不用说,不可能每件事情都十分满意,所以请时刻牢记下一步。

2. 请求饶恕总比请求许可更容易。如果你四处去问,就会得到并不想要的答案,所以尽量把要做的事情做好,然后再去问。经理们应该鼓励员工这样做。把那些管理方面的复杂的批准程序做些简化是十分有必要的。

3. 每天来上班时都想象自己被解雇。我在与一位久经沙场的老军人的谈话中加深了对这个道理的理解。他说:"你知道,要想在战争中生存下来有一个简单的秘密:每天进入战斗时都把自己想成已经牺牲了。如果你已经牺牲了,你就能更清醒地考虑问题,那么在战斗中生还的机会也就更大了。"

内部创业者要像战士那样,必须有勇气去做正确的事情,而不是去取悦那些试图阻碍创业者前进的人。如果他们太小心翼翼,那么就输了。如果他们太畏首畏尾,这种恐惧的气味对公司免疫系统是一个化学信号,会将"不同"的想法迅速地扼杀在摇篮里。

我发现必要的勇气来自于内部创业者对自己所掌握知识的自信——如果他们的雇主愚蠢得想解雇他们,他们能够马上找到一份更好的工作。没有勇气是不可能做出创新的,而没有自信就没有勇气可言。

4. 尽可能地不被发现。每个企业都有一个公司免疫系统。当有新创意产生时,马上就会有"白细胞"出来将其扼杀。我在此并不是批评企业。如果企业没有免疫系统,那么它就难以长久生存。但是为了让新鲜创意长久生存,我们必须得想办法将其隐藏起来。这是每位经理的工作,经理必须能够确认哪些创意是需要隐藏的,哪些创意可以暴露给公司免疫系统,然后自然而然地消亡。很多时候会过早地暴露那些最佳创意。

资料来源:Gifford Pinchot III, "Innovation Through Intrapreneuring," *Research-Technology Management*, Vol. 30, March-April, 1987, reprinted in R. Katz, ed., *The Human Side of Managing Technological Innovation*, Oxford, NY, 1997, pp. 288—295.

管理内部创业者又是另外一个问题。建议给他们特别奖励和15%的自由支配时间。还可以进一步创建像独立团队之类的特殊组织结构。最后,内部创业者知道他们的行动不需要等待命令。

公司创业

继企业家和创业家区分之后出现了很多公司创业方面的文献。在这一代创业活动中普遍存在着在企业内部建立的公司创业中心,该创业中心有自己的基金和自由，为公司的未来去追求新鲜的、暂时独立的创意。例子特别多，知名的案例有宝洁公司的"未来计划"[1]和诺基亚的海外计划等。[2]此类创业在其自始至终的内部培养形式上大有不同。[3] 公司创业方面最著名的（最终并不成功的）事件之一是朗讯的案例，亨利·切斯布莱弗（Henry Chesbrough）的文章中对此做了总结。[4] 这些创业活动的特点之一是，当情况变得不利（销售下降、成本上升等）时，创业组就离去作为独立的企业自己谋求发展。

在研发上投资

因为创新投资注定是有风险的，所以自然就有了很多这方面的文献告诉大家怎样进行创新投资，或者怎样不做创新投资。为了实现公司的整体目标和一致的技术战略，研发项目通常被认为是风险投资，把一系列项目放在技术职能管理系统的大环境下整体考虑。风险投资中战略计划和研发项目之间的联系如图4—7所示。[5] 冒险在任何企业的技术项目中都是一个必要特征，在风险投资中评估冒险是通过在一个给定领域的技术发展水平图中标出相对于时间的不确定度。

对于现有的和即将发生的事件之外的项目调查是有风险的，包括基础研发和研发。低于当前技术发展水平的项目的成功几率大约是70%～80%。在项目周期的早期阶段，对技术可行性的评估方法可能只有一种。一项技术越具有突破性，将创意转化成能够让潜在用户测试的实际产品所需要的时间也就越长。定期审查风险投资项目可能会搁置项目，也可能会

---

[1] Morgan, Jeffrey and Covin, G. (Spring 2002). Exploring the practice of corporate venturing: Some common forms and their organizational implications. *Entrepreneurship Theory and Practice*, Vol. 26, Iss. 3, p. 21, 20 pp.

[2] Nokia steps up corporate venturing. (February 1, 2002). Editorial. *European Venture Capital Journal*, p. 1.

[3] Julian, Rob, van Basten, Batenburg, and Gordon, Murray. (Winter 2002). Venturing to succeed. *Business Strategy Review*, Vol. 13, Iss. 4, p. 10.

[4] Henry. (Spring 2000). Designing corporate ventures in the shadow of private venture capital. *California Management Review*, Vol. 42, Iss. 3, p. 31, 19 pp.

[5] Theis is Figure 8—2, p. 154 from Rousell, P. A., Saad, K. N., and Erickson, R. J. (1991). *Third generation R&D*. Boston: Harvard Business School Press.

促进项目进展,取决于战略甚至策略优先权和延续项目的成功和失败。

当我们面对现实时,多数技术知识实际上是在特定企业之外,随着事情的发展变化,定期的风险投资审查必须考虑到外部因素的影响。风险分析是研发管理文献中最先提出的正式方法之一。(另外还有项目管理等,用的是计划评审技术(PERT)以及其他项目管理工具。)资料4-4讲解了这种正式风险分析的一种方法。所有这些工作都是为了阐明技术和研发政策,但它很大程度上取决于怎样评估成功的可能性和结果的实用性。所以,这种形式化只是跟做分析的时候团队成员或经理的最佳推测一样好而已。

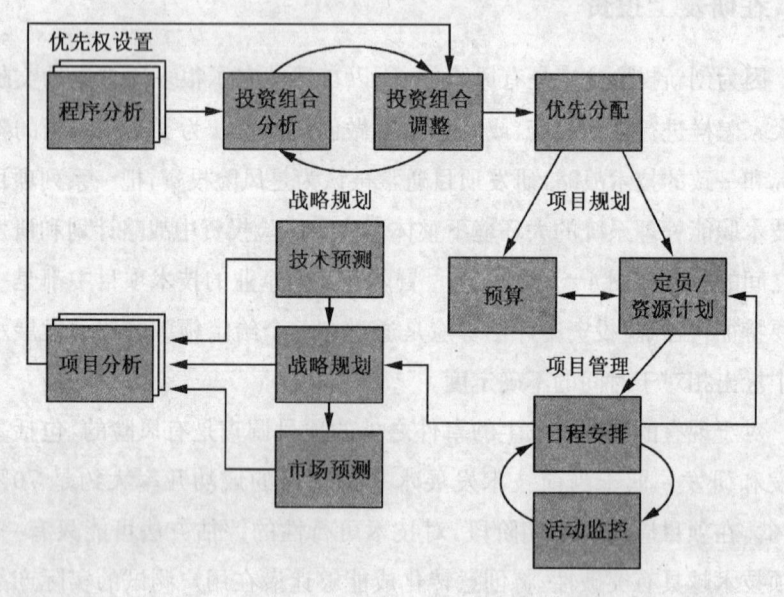

资料来源:Figure 8-2,Rousell, et al.,1991,p.154。

图 4-7 将战略计划同项目计划和实际操作相联系

资料 4-4

研发风险分析的正式化

有一个不可避免的事实,那就是需要研发的项目总是很多,而资金总是很少。这是一种普遍的状况。从基尼和莱福(Keeney and Raiffa, 1976)的文献中推导出来的一个模型,考虑到了多种目标、优先选择以及价值权衡,这篇文献对怎样从诸多竞争需求中选择项目提出了建议。使用这个方法的主要问题是部分技术用户倾向于将那些不能量化的条目量化。

在制定(较高层次)的政策或在诸多竞争需求中做出具体项目选择的过程中,决策者可以一一列出每条途径的可能结果的效用价值,而不是使用外在数量指标。通过对三种途径中的每一种列出一个能够完全描述该途径行为的可能结果,可以算出理论上的盈利。有一点必须强调的是,并不是所有的盈利都一样,有很多是大相径庭的。用数学公式描述如下:[1]

$$a' \text{ 的优先级高于} a'' \Leftrightarrow \sum_{i=1} P'_i U'_i > \sum_{i=1} P''_i U''_i$$

其中 a' 和 a'' 代表选项,P 代表可能性,并且 U 代表实用性;符号 $\Leftrightarrow$ 读作"等效于"。

这样可以给出结果的实用性数据,尽管一个选择的某些方面既不在同一个部门里,也可能原本就是很主观的东西。这就成了一个多属性的问题。可以非正式地解释,也可以用数学公式清楚、正式地表示优先权结构。公式如下:

$$v(x_1, x_2, \cdots, x_n) \geqslant v(x'_1, x'_2, \cdots, x'_n)$$
$$\Leftrightarrow (x_1, x_2, \cdots, x_n) \geqslant v(x'_1, x'_2, \cdots, x'_n)$$

其中 v 是价值函数,它可能是决策者的目标,在结果空间中是一个点,符号读作优于。

在决策者列出了问题结构并分配了可能性和实用性之后,就可以总结出能将期望的实用性最大化的最优战略。当比较不能量化或单位不同的因素时,可以使用价值权衡方法,也就是要么用决策者的评断,要么用明确的数学公式。

在决策者结束了个人分析并列出了各种策略和项目之后,做一个小组分析可以进一步确定各种策略和特殊项目的优先权。

---

[1] Keeney, R. L. and Raiffa, H. *Decisions with multiple objectives: Preferences and value tradeoffs.* New York: John Wiley, pp. 6,68.

> 在研究了项目选择和优先权以后,应该对风险投资做一个整体分析。研究项目风险投资分析应该包含基础研究和应用研究两部分。整体分析列表如下:
> - 企业的技术。
> - 企业的规模。
> - 研发人员的能力。
> - 研发设施。
> - 与各种资金来源的联系。
>
> 资料来源:R. K. Jain and H. C. Triardis, 1990, *Management of R&D Organization*, New York, John Wiley & Sons, pp. 15—ff. R. L. Keeney and H. Raiffa, 1976, *Decisions with Multiple Objectives: Preferences and Value Tradeoffs*, New York, John Wiley, pp. 6,68。

近期一项关于205家企业的调查[1]发现,虽然成功研发的风险投资所用的标准千差万别,其中最突出的两大标准是:
- 战略适应能力和核心能力(90.4%的受访公司)。
- 盈利(86.8%的受访公司)。

风险与成功概率位列第三(76%),时间是第四位(66%)。即使这样,还有一些重要的外部事件的影响力可能比这些风险投资的影响力都要大。显然,很多情况下,经理和工程师不按自己的最佳想法办事,而是就风险投资管理问题寻找外部建议。当风险越来越大而政策鼓励企业发展的时候,在已经将研发和技术职能正式化的典型公司中,执行者之间在会议上常常会有冲突。这种情况会给公司的那些不太重视核心政策变化的公司办公室和分部之间的关系带来很大压力。

风险投资分析是一种工具。就像任何一种工具和任何决策制定过程一样,怎样运用这个工具取决于企业。分析结果则取决于投入的概率大于所选模型的概率。有许多很好的模式可以去选择,并且有很多做成了方便应

---

[1] Cooper, Robert G., Edgett, Sott J., and Kleinschmidt, Elko J. (July-August 1998). Best prectices for managing R&D portfolios. *Research-Technology Management*, 20—47.

用的软件。任何专业研究都可以提供数据来支持案例,并且很多情况都能够取得良好效果。对于事实情况及其确切含义的认识,人们的确存在很大分歧。公司实际上"知道"什么呢?公司代表常常宣称,他们"知道"竞争对手在干什么,但也许他们能够更好地预测竞争对手对技术活动的反应,而对于能促进他们进步的行动方案就不能预测得这么好。

20世纪90年代初期,美国一家汽车公司在严重的财务困境下停止了对一切在18个月内见不到成效的制造研发项目的经济资助。由于长期允许生产风险投资的各种冒险行为,当时财务赤字非常严重。虽然并没有直接影响到新产品的研发,但这次研究经费紧缩的确影响到汽车业的项目计划。有些企业要求技术团队从本来分配给新项目的经费中拿出一半来开发新车型。

我们再回头看一下ABB集团的案例,企业技术评估(BTE)是控制和计划公司的技术和业务单元的中心内容(如表4—2所示)。ABB集团有一个小型企业评估小组专门负责企业技术评估。这个小组:

- 根据审计的需求将ABB集团划分为各级业务单元,并与当地主管一起建立基准和评价标准。
- 推选审计领导,并代表首席技术官(CTO)确保审计的时限和质量。
- 为企业技术评估确定外部资源(例如,顾问)。
- 向高层管理人提出填补技术空白的项目计划。

表4—2 ABB集团进行企业技术评估的方法分为相互交叠的三个阶段,完成每个阶段需要一两个月的时间

	商业技术评估		
	第一阶段	第二阶段	第三阶段
焦点(做什么)	收集结构信息	分析当前形势	分析差距并确认选择权
方法(怎样做)	■ 综合众人意见 ■ 访问 ■ 查阅已有文献 ■ 得出内部观点	■ 车间,如 —市场需求和机遇 —技术定位评估 —竞争定位 ■ 能力评估 ■ 辅助项目建议	■ 辅助项目 ■ 确定关键差距 ■ 确定填补关键差距的几种选择权 ■ 综合技术和业务 ■ 改善建议

资料来源:Stillman,1997,Figure 5,p.17。

如表 4—2 所示,企业技术评估共有三个阶段。每次审计开始于一个问题,如某单位是否有正确的技术用来进行有效的竞争。有些审计开始于例行的财务总结,与单位的各个成员谈话,这样可以知道问题的焦点和改良建议。第一阶段结构数据收集包括历史、状态和战略、技术优点和缺点、非技术性的能力、市场需要,以及财务。

企业技术评估的第二阶段分析这些数据,从而得到合作市场评估、技术评估,以及竞争评估。再加上能力评估来评价相对于竞争者的基础设施能力。

审计的第三阶段集中在对整体表现改进的方法选择。为了有效地进行改革,这个过程需要与当地领导一起执行行动计划。例如给某项特殊技术重新分配研发资金,采用新的协作工程加工技术,或者在某个特定的国家开展业务。[1]

我们如此强调逻辑又系统的审计和评估,以致会忘了外部因素使这些严谨、周密的工作失效。看看 IBM 最近研发重组的例子。

首席执行官郭士纳再次指挥 IBM 的研发改变这种专利公开赛赢家的原则,也许是永远改变。削减了 10 亿美元的研发经费预算,命令各部门根据营销来组建实验室,并"确保研究成果首先应用在自己的产品中"。事实证明收获颇丰。IBM 不仅有最早可行的个人计算机声控系统,它的计算机深蓝还打败了世界象棋冠军(参见第一章)。基本的全球化研发差点销声匿迹,但研发哲学和文化与旧时的"乡村俱乐部"是大不相同的。

研发中真正的选择权价值

在一些研发项目中,随着收集到的项目技术性能和市场输出潜力的信息越来越多,柔性管理越来越有价值。这种柔性价值现在被理解为"真正的

---

[1] Stillman, Harold M. (November-December 1997). How ABB decides on the right technology investments. *Research-Technology Management*, 14—34.

选择权价值"。胡泽迈耶和洛奇(Huchzermeier and Loch)[1]又给这个概念增加了超越实际清算的意思,也有惩治行为的选择权。选择权价值理论表示,项目回报较高的不确定度增加了弹性管理决策制定的真实选择权的价值。但是并非只有市场回报有不确定性,预算、技术性能、市场需求,以及项目进度等都有不确定性。在图4-8的模型中,市场需求的变化减小了真实选择权的价值,这种现象反过来又破坏了对信息柔性响应的价值。某些极端情况里根本没有保持项目存活的选择权利益。

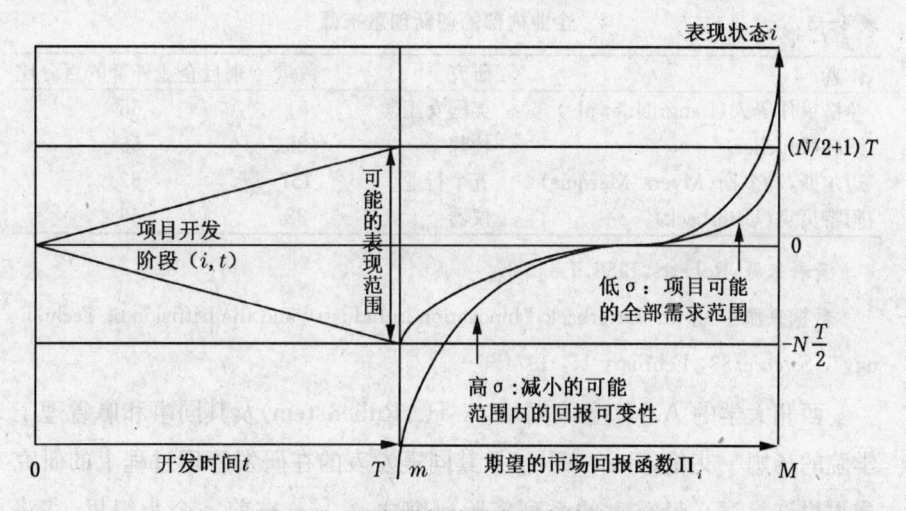

图4-8 不断增加的需求可变性的作用

这个模型的涵义是,对于研发项目来说,不断增加的可变性会减小在柔性恒定点之外的柔性价值。这违背现有的选择权价值理论知识,更适用于研发中的风险管理。

这个模型说明,当不值得将业务推迟的时候(例如,延期设计),就在研发项目中保持柔性管理。

最近某些在新产品开发中应用真正选择权理论的证据建议,与基于集合的设计方法相比,更应该采用基于点的用早期凝固或者冻结设计选择权来加速过程的方法,因为前者会在寻找速度和决策质量的平衡点的过程中

---

[1] Huchzermeier, A. & Loch, C. H. Project Management Under Risk Using the Real Options Approach to Evaluate Flexibility in R&D. Working paper. WHU Koblenz and INSEAD. February 1999.

推迟依赖技术(例如,知识和技术在不断改变)的关键性决策。早期模拟证据和实验案例很多,例如,丰田喜欢用基于集合的方法(参见第六章)。[1]

研发中的创意生成和交流模式

成功创新的创意一般来自于企业外部,并且一般是通过负责营销职能的员工而来的。表4—3列出了这方面的几个研究。至于这类信息是怎么与技术和经营职能协作的并不明显。

表4—3　　　　　　　　　企业内部的创新创意来源

作者	研究	数量	来自企业外部的百分比
兰格里什等人(Langrish et al.)	英国女王奖	51	65
缪勒(Mueller)	杜邦	25	56
迈尔斯/马奎斯(Myers/Marquis)	五个行业	157	62
阿特贝克(Utterback)	仪器	32	66

资料来源:Roberts,1988,Table 2。

数据来源于:J. M. Utterback,"Innovation in Industry and the Diffision of Technology", *Science*/83, February 15, 1974。

西北大学的A. H. 鲁宾斯坦(A. H. Rubenstein)及其同事和麻省理工学院的汤姆·艾伦(Tom Allen)及其同事发表的在研发管理过程上的研究成果也许是意义最重大的系列实验研究之一。[2] 在前一个小组里,艾洛克·查克拉巴迪和鲍勃·欧基弗(Alok Chakrabarti and Bob O'Keefe)研究了研发实验室中关键交流者的作用,研究发现交流的频率和重要性往往成反比。另一方面,艾伦和他的同事将这个观念扩展成了一个包括两阶段的研发实验室里的交流过程:对关键交流人或技术把关人的交流与来自于

---

[1] Ford, D. N. and Sobek, D. K. (2005). Adapting real options to new product development by modeling the second Toyota paradox. *IEEE Transactions on Engineering Management*, Vol. 52, No. 2, 175—185.

[2] Chakrabarti, A. K. and Rubenstein, A. H. (February 1976). Interorganizational transfer of technology—A study of adoption of NASA innovations. *IEEE Transactions on Engineering Management*, Vol. 23, No. 1; and Chakrabarti, A. K. and O'Keefe, R. D. (September 1977). A study of key communicators in research and development laboratories. *Group and Organizational Studies*; and Allen, Thomas J., Tushman, Michael L., and Lee, Denis M. S. (1979). Technology transfer as a function of position in the spectrum from research through development to technical services. *Academy of Management Journal*, Vol. 22, No. 4, 694—708.

交流人或技术看门人的交流。麻省理工学院的小组发现最有效的交流模式取决于研发项目所处的阶段。

1. "当项目组成员与企业外部的同行保持着高水平的交流时,项目研究的表现最佳"(第694页)。

2. 当实验室的研发主管或非正式领导人作为技术"把关人"(第702页)"与外部进行交流的时候"(第694页),"生产和工艺开发项目会表现出较高的绩效"。

3. 技术服务研发不符合任何一种模式,可能由项目的其他主管来负责协作和交流会比较好。

图4-9表示了这些结论,其中画出了交流和项目性能的斜率系数。注意到研究项目的斜率非常小(成功项目的斜率要么很高,要么高得适度),而成功的发展项目的斜率就很大(斜率系数大约是1.75)。

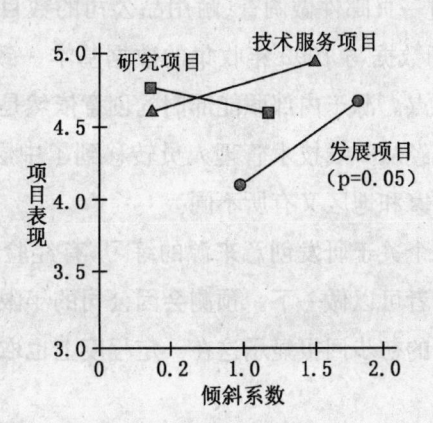

资料来源:Allen, et al., 1979, p.703, Figure2。

图4-9 项目表现和项目成员与外部技术交流的程度之间的关系

21世纪的创意来源

我们对创意来源和研发流程特别是新产品,及已经出现的有趣的趋势进行了跟踪、调查。[1] 我们开发了一个模型来预测满足内部职能部门要求

---

[1] Ettlie, J. E. and Elsenbach, J., Idea Researvoirs and New Product Commercialization, working paper, College of Business, Rochester Institute of Technology, Rochester, NY, 2004.

的成功的创意来源，来自1992年126家美国耐用品公司的数据，以及后来就美国和德国公司所做的调查与这个模型非常相符，说明该模型相当稳定。特别是：

1. 根据1992年126家新耐用品生产公司的数据得出的结果表示，新产品取得成功很大程度是源于一线研发主管和营销人员的创意，与模型相符。对新产品业务成功的重要反作用来自于总经理（内部的管理）观点、财务部门（内部的管理）观点、政府（外部的管理——本质上不是制度）观点，这些在模型中也预测到了。新产品的技术成功极大地促进了商业上的成功，反过来又极大地影响了投资回报（ROI）。在预算之内的技术成功和设计变革的缺乏要求极大地提高了投资回报。正如研发来源（如研发部门职员和一线管理人员表明创意流程和知识储备关系密切一样，营销和顾客创意也是息息相关的。

2. 2004年通过一页邮件做调查（耐用品公司的数目，对美国 $n=45$，对德国 $n=37$）得出的数据与1992年收集的数据基本一致，实质上是确认并更新了那些早期观点。源于内部职能部门的创意依然是最成功的；然而，案例中的研发储备已经从一线技术管理人员转移到了中层管理人员那里，而这种情况在各个国家和地区又有所不同。

本章结尾有一个关于研发创意来源的练习，有经验的读者和对基于模型预测感兴趣的读者可以做一下。预测会因公司的年限、规模、所处行业的不同而不同。早期的初步回报显示这在一定程度上也取决于国家的文化背景。

研发结构的成功之道

在项目中设立跨职能机构的矩阵管理思想似乎永不过时。在公司结构进行调整时，管理者们总是把它当作一种时尚来谈论。矩阵管理的思想可能源自于某一研发机构——起源时间尚未确定（截至20世纪50年代前，许多公司已经在运用它并称之为"矩阵"）。但是，这种将每个项目分阶段开发，利用公司中不同单元的技术资源——科学技术为主，工程和研发团队其次——直到项目投入运营的思想至少在二三十年前或更早的时间就已经在研发管理界广为传播了。

在公司运转周期的初期阶段,营销部门往往拥有对公司资金的很大一部分决定权。但是如果分散的单元之间共享资金,生产主管也可以通过正式的审核或者非正式的指示等手段来决定许多项目的命运。这就是为什么很难找到一个真正能把矩阵管理方法运用到项目研发或者整个公司中的机构的原因。许多公司都采取了一种修正的基于项目的结构,并不关心在矩阵结构中缺失的那些单元,而只要工作能顺利完成就行。

且不管真正的矩阵管理是否实际存在于公司之中,我们真正无法预知的是:在分散的产品和服务需求与公司的知识信任和知识创新机制之间能否有一个平衡。

什么因素促成了一个有效率的研发机构?作为一个有力的证据,计算机主机产业告诉我们,在资源丰富的公司中,针对研发过程的每个阶段制定出积极的目标将为公司带来更大的市场份额。[1] 虽然这清晰地表明了研发目标具有的"第一推动力"作用,同时也强化了公司基于资源、重视构建能力的意识,但是,它对研发增值过程的中间过程描述不够具体。

福特汽车公司在1994年的"福特2000"计划中做出了一个整合全球业务的决定,这基本上是对旗下老旧机构进行的一次矩阵化改造。其目标是消除重复劳动、标准化零件、减少供应商的数目,以及到2000年之前能节约30亿美元的成本。研发整合对于这个计划来说非常关键,因为据估计在2000年之前,一辆汽车有50%的部分是由电子器件构成的,而这些电子器件按传统来说,还没有成为汽车制造商的核心技术优势。福特通过矩阵组织形式把制造、市场营销、销售和采购联系了起来。经理人有两个上司:一个在车辆计划中心(VPCs),比如FWD(大型前轮驱动)中心,而另一个在某一职能机构中。职员们需要所谓的T技能,或者说在某一方面扎实的专业知识,并能把对其他机构的广泛理解综合地联系起来。"福特2000"矩阵企

---

[1] Khanna, Tarun and Iansiti, Marco. (April 1997). Firm asymmetries and sequential R&D: Theory and evidence from the mainframe industry. *Management Science*, Vol. 43, No. 4, 405—421.

业结构参见图 4—10。[1]

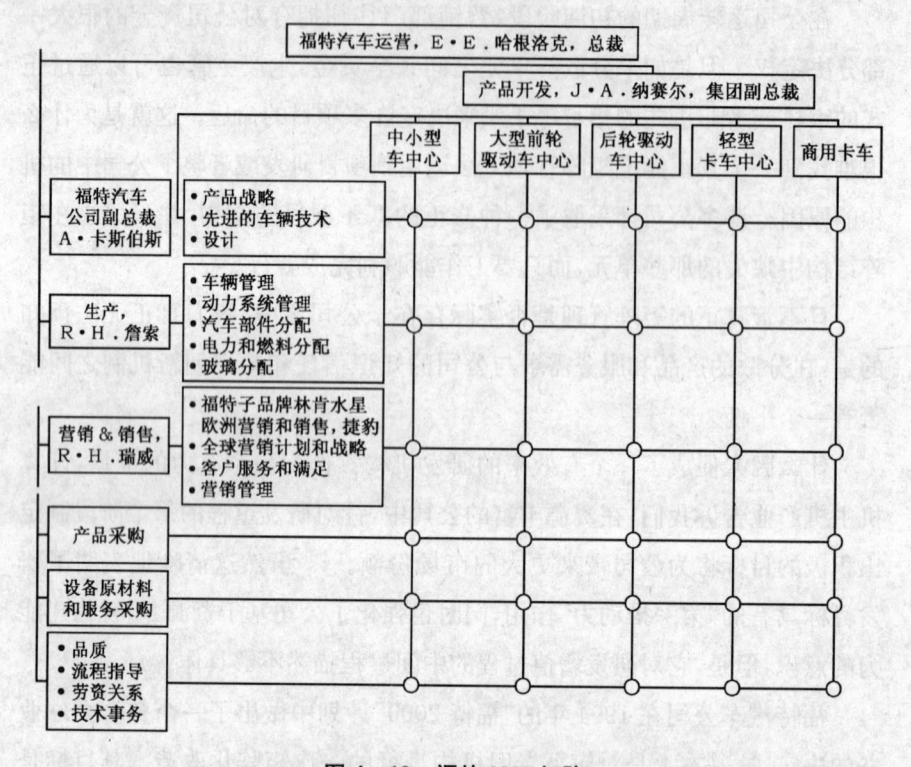

图 4—10 福特 2000 矩阵

有趣的是,"福特 2000"计划在公司新任总裁雅克·纳赛尔(Jacques Nasser)的成本削减政策的打压下最终只得草草收场。在其在职的 14 个月里,纳赛尔通过把低排量、低利润的车型改换为大功率、高销量的运动车型等主要手段,成功削减了公司几十亿美元的成本。同时,他还期望能将新车的开发时间缩减至 24 个月(而不是 3~4 年)以提高效率,降低成本。[2]

麦克·蒙克(Michale Menke)最近公布了一项关于 79 家广受关注的研发机构的基准测试的调查结果,由此引出了略显繁复的 10 条关于做出正确决策的建议和 10 条关于提高企业竞争力的建议。

---

[1] Practice case: Ford Motor Company and Ford 2000. (1998). In Allan Afuah, *Innovation management: Strategies, implementation, and profits*. New York: Oxford. pp. 283—293.

[2] Simson R. Ford's heir-apparent is a maverick outsider. *The Wall Street Journal*, Friday, February 13, 1998.

请看表 4—4,该表总结列出了关于如何在研发方面做出完美决策的 10 条最优准则。雇用最好的员工以及关注终端客户的需要是其中最重要的两项准则。然而从表中我们可以看到,对终端客户需要的关注却是做得最不好的(从有效运用角度来说)。而对产业变化驱动因素的理解(表中第四项)这一项也做得不好,居倒数第二。

这 10 项最优准则可以通过一些能加强竞争力的内部手段来实施,包括本章中讨论到的如何从审计及证券投资分析中得到启示等。从机构内部的角度来看,坚持选择权是最难实施的一条准则。这就要求即使是那些管理很好的技术企业也要尽量维持对新思路的开放性。

运用这些最佳实务基准信息的方法其实很简单。先分别给出你的单元在这些实务上的估计分值(取值范围为 0~7)。然后关注那些你单元的分值与对应基准表项的分值差距最大的重要项目(列表的上面四项)。不要犯在新产品开发案例(如质量功能开发,简称 QFD)中常见的错误,即通过难以列尽的客户需求项目来决定产品或者服务的特点。其实,任意一个含有 10 个项目的列表就已经足够了。我们需要的是集中关注那些存在差异的重要因素。

总的来说,该证据表明了研发资源面临的压力仍在继续增加,而这也从某种程度上促使我们进行讨论,以制定一个关于该如何面对这个挑战的战略,即合作研发。

研发结构方面的最新证据表明,生产规模似乎成了地位仅次于生产战略的影响研发结构的驱动性力量。最近的研究显示[1],生产规模成为结构调整的最主要驱动因素,而交易成本经济学模型准确地揭示出治理结构的错误联合及联合结构的选择将可能带来的负面影响。[2]

---

[1] Shefer, Daniel and Frenkel, Amnon. (January 2005). R&D, firm size and innovation: Anempirical analysis. *Technovation*, Vol. 25, Iss. 25, Iss. 1, p. 25. 文章摘要中说:"大公司趋向于在研发中投入更多,相比小企业来说。大量的研究发现研发更集中于大城市地区,并且在创造创新这一方面,它在中心地区比在周边地区发挥着更重要的作用。这篇文章展示了一个模型,该模型假设研发费用受公司特点的影响——主要是规模、行业类型、所有制类型和地点。实证分析得到的结果基于通过个人访谈收集到的数据,访谈包括 209 个以色列北部的工业公司。"

[2] Sampson, Rachelle C. (October 1, 2004). The cost of misaligned governance in R&D alliances. *Journal of Law Economics & Organization*, Vol. 20, Iss. 2, p. 484; Sampson, Rachelle C. (September 2004). Organizational choice in R&D alliances: Knowledge-based and transaction cost perspectives. *Managerial and Decision Economics*, Vol. 25, Iss. 6—7, p. 421.

表 4—4　　　　　　　优秀研发决策质量的十个必要实践条件

决策质量最佳实践	对决策质量的潜在贡献(0~7) 平均值	基准	实施效果*(0~100%) 平均值	基准
雇用最好最持久的专家	6.4	7.0	60	94
关注终端用户的需求	6.2	6.7	48	83
确定、衡量并理解终端用户的需求	6.1	7.0	46	88
理解行业变革的驱动力量	6.1	7.0	41	79
利用交叉功能的团队	6.1	6.7	55	98
使用正式的开发流程	6.0	6.8	60	96
研发与商业化齐头并进	6.0	6.8	49	92
达成清晰的、可测量的目标	6.0	6.7	50	91
长期业务与研发计划协调合作	6.0	6.3	39	82
根据日常用户的反馈改进项目	5.9	6.8	45	90

* 实施效果＝使用频率×执行质量，也就是有效的使用。

资料来源：Tabe 1,from menke,1997,p.49。

表 4—5　　　　　　　技术网络机制

1. 技术把关人员，或称关键交流人员
2. 特殊主题或领域的技术委员会
3. 部门研发主管的例会
4. 研发或技术咨询、合作、控制委员会
5. 实验室之间正式或非正式的联络机构
6. 技术研讨会
7. 交流目录数据
8. 跨部门项目组
9. 为研发人员提供开放的跨部门调动和升职机会
10. 公司里具有较强合作意识的研发人员作为联络人员
11. 系统、有效地汇报交流计划
12. 暂时地跨部门调动(为了项目、培训、更新、交流)
13. 公司研发人员评论并审计部门项目、计划、输出和人事
14. 将两个或更多部门的项目研发资金合并使用
15. 激励(正面或反面)部门主管们在研发创新领域合作
16. 跨部门设计评论:互相评论
17. 将各种创新努力集合起来
18. 研发技术的合作划分不同的长期或战略计划
19. 互相评论计划
20. 技术中心:如陶氏化学公司、IBM 等。

资料来源：Adopted from Al Rubenstein, *Managing Technology in the Decentralized Firm*, 1989, p.142。

企业技术共享

人们几乎总是惊讶地发现,大公司中的职员更多地从报纸而非公司内部资源中得知公司的主要活动信息。而且,外界人士常常比那些大公司中的中层管理者以及技术人员对公司的整个业务知道得更多。引用这些众所周知的例子到当前的话题,就是要说明大型、分散型的公司中技术资源的合理化及资本化问题确实值得研究。

来看看下面惠普的例子。[1] 惠普早已利用其企业部门划分的优势开发出了一套独特的不受企业标准限制的技术解决方案。但是在20世纪70年代,这种方案最终导致了生产线的重叠:"一个部门在开发'扫描合成器',而另一个部门则被催促着发布一款'合成扫描仪',即便它们就是一模一样的仪器。由于市场开始出现对集成系统的需求,更多的麻烦随之而来。"[2]

鲁宾斯坦编写了一份有关被用来协调分部研发工作机构的综合列表,我们将其在表4—5中呈现给大家。[3] 尽管已设置了诸如分部研发经理的日常会议(表4—5第3项)等多达19个协调机构,作者还是在表中又添加了一项更受欢迎的选择:可供所有部门使用并且主要由这些部门出资建设的企业技术中心。陶氏化学、IBM、摩托罗拉以及其他许多公司都采用了这一方法来整合及协调分散型公司的技术资源。

通用汽车公司成立了由电气系统等技术领域专家组成的团队,以此来完成企业技术整合的任务。这些团队能给新车提供"最好的方法和零件",因为他们比其他任何汽车制造商做过更多的汽车项目。[4] 采取这种战略的同时,多种车型在普通平台上开始出现。但是这与20世纪80年代的情况并不相似,因为这些工厂有着明显的不同,且常常面向不同的市场(美国

---

[1] Miller, Katherine E. and Garvin, David A. (1991). Hewlett-Packard: Corporate, group and divisional manufacturing (A). President and Fellows of Harvard College.

[2] Ibid., p. 2.

[3] Rubenstein, A. H. (1989). *Managing technology in the decentralized firm*. New York: John Wiley and Sons. p. 142.

[4] Child, Charles. (March 4, 1996). GM to cut development time by a year. *Automotive News*, p. 24N.

和欧洲)。

　　罗克韦尔公司尝试着将技术与技术咨询整合在一起,并交由一个技术咨询理事会负责监督。在20世纪90年代初期,这项方案的结构如图4—11所示。该方案有一个独到之处,就是将每个关键技术共享项目已做出的或正要做出的成效直接与部门管理者的管理工作挂钩。这是在整体利益与部门利益互相牵制的状态下,企业必须解决的关键问题之一。

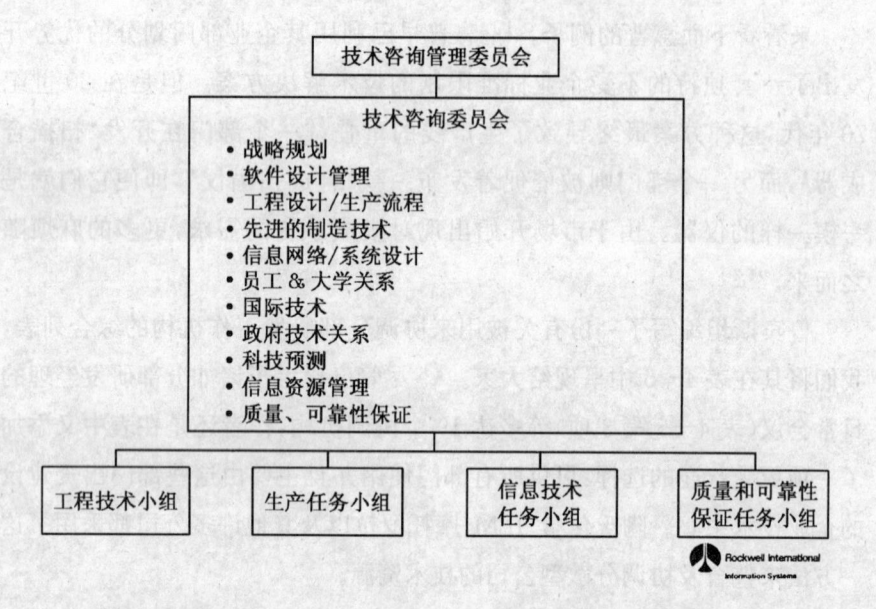

```
              技术咨询管理委员会
          ┌─────────────────────────┐
          │      技术咨询委员会       │
          │ • 战略规划               │
          │ • 软件设计管理           │
          │ • 工程设计/生产流程      │
          │ • 先进的制造技术         │
          │ • 信息网络/系统设计      │
          │ • 员工 & 大学关系        │
          │ • 国际技术               │
          │ • 政府技术关系           │
          │ • 科技预测               │
          │ • 信息资源管理           │
          │ • 质量、可靠性保证       │
          └─────────────────────────┘
   ┌──────────┬──────────┬──────────┐
工程技术小组 生产任务小组 信息技术  质量和可靠性
                        任务小组   保证任务小组
```

资料来源:Yankee Group Presentation, circa 1990, Wheeling, Illinois.

图4—11　罗克韦尔公司技术整合(约1990年)

　　在所有的技术网络机制中(参见表4—5),第15条(对部门主管的激励)的潜力是最大的。原因在于高级管理者控制着相当数量的资源,同时有效的技术共享依赖于短期或长期的资源平衡。如何辨别哪些部门管理者是管理有效技术共享的最优人选呢?只需要问他们一个问题:管理者如何管理直接技术资源(如制造工程)或非直接技术资源(如高级制造工程师)?如果他们不知道这两者的不同,就不是好的候选人。[1]

---

　　[1] A. H. Rubenstein. Personal Communication, circa 1990.

合作研发

全球经济似乎有两种不可逆转的趋势:公司之间形成了更多的联盟[1],每个公司都在持续减少直接供应商的数目。[2] 关于合作研发的文献资料非常宽泛,各种形式的理论模型和调查都有。合作可以有多种形式,如两个公司为了共同的目的而进行的简单合作[3]、竞争者之间的合作同盟、政府实验室与企业的研发合作、企业与大学实验室研发合作等。[4] 在1992年,大学研发所用的164亿美元中的11.4亿资金来自企业。[5]

此外,值得一提的是,波泽曼(Bozeman)和他的同事们在对229个政企合作项目所做的研究报告中发现,这些项目中的22%已经商业化,另有38%的项目正在开发新产品。[6]

这些关系的全球性比较已经变得普遍起来。[7] 为了实现大学—企业的技术合作,位于大学里的合作研发中心试图"不断改变、适应并寻找业务

---

[1] Osborn, R. and Hagedoorn, J. (April 1997). Special issue on organizational alliances. *Academy of Management Journal*, Vol. 40, No. 2; Whittaker, E. and Bower, D. Jane. (July 1994). The shift to external alliances for product development in the pharmaceutical industry. *R&D Management*, Vol. 24, No. 3, 249—260; and Thayer, Ann M. (February 12, 1996). Combinatorial chemistry becoming core technology at drug discovery companies. *Chemical & Engineering News*, Vol. 74, No. 7, 57—64.

[2] Feron, H. (1995) Personal communication, Center for Advanced Purchasing Studies, Arizona State University, Tempe, AZ.

[3] Katz, J. Sylvan and Martin, Ben R. (1997). What is research collaboration? *Research Policy*, Vol. 26, 1—18.

[4] Bozeman, B. and Crow, M. (1991). Technology transfer from U. S. government and university R&D laboratories. *Technovation*, Vol. 11, No. 4, 231—246.

[5] Thayer, Ann M. (August 23, 1993). Biotechnology industry looks to more creative financing options. *Chemical & Engineering News*, Vol. 71, No. 34, 10—13.

[6] Bozeman, B., Papadakis, M., and Coker, Karen. (1995). Industry Perspectives on Commercial Interactions with Federal R&D Laboratories: Does the Cooperative Technology Paradigm Really Work? Georgia Institute of Technology, Final Report to the National Science Foundation, Contract No. 9220125.

[7] Liker, J., Ettlie, J., and Campbell, J. (1995). (Eds.), *Engineered in Japan*. New York: Oxford.

创新管理

```
结束/展开   结束/展开   结束/展开   结束/展开   DECLINE/结束
步骤1:  →  步骤2:  →  步骤3:  →  步骤4:  →  步骤5:  →  步骤6:  →  步骤7:
起源       规划       初始管理    中等规模    成长变化    成熟       自给自足
                       修订        修订        修订        改变
```

成功因素	成功因素	成功因素	成功因素	成功因素	成功因素	成功因素
1.资助人的声誉	1.学校和同事的支持	1.学院系所参与的内容和质量	1.与产业会面	1.支持性的互联网架构委员会	1.积极的中心领导	1.保持良好的声誉
2.长远的眼光	2.产业的支持——甚至只是口头的	2.指导人的改变	2.学院系所与行业互动	2.科学基金会的参与和支持	2.中心和多个关键所的良好的学术和技术声誉	2.保持技术转化
3.学校支持	3.国家科学基金会的参与和支持	3.学校管理费用的减少	3.科学基金的参与和支持	3.保持目前与产业的互动	3.产业技术人员的支持	3.保持多方资金来源
4.学术项目的本质	4.发起者的适应力和动力	4.毕业生的质量	4.理解产业关心的事务	4.国家支持	4.有序的领导步骤和避免精疲力竭	4.保持前进速率和尖端研究
5.信心、动力	5.学院系所表示出的兴趣	5.支持性的咨询管理委员会	5.坚定的信心和领导的动力	5.中心成果的科技质量		5.计划并且调整改变
6.学校的对于合作研究的充足经验	6.学院系所的质量	6.理解产业关心的事务	6.技术指导			
		7.场地和设施	7.中心科技研究的质量			
		8.学校支持				
		9.国家和其他支持				
		10.国家科学基金的参与				
		11.学术项目的本质				

资料来源：Eliezer Geisler, A. Furino, and T. Kiresuk. "Toward a Conceptual Model of Coperative Research: Patterns of Development and Success in Unversity-Industry Alliances," *IEEE Transaltions on Engineering Management*, Vol. 28, No. 2, May 1991, 136—145。

图4—12　产学合作研究中心的诞生、发展和成长的一般步骤模型

的适合模式"(第142页)。[1] 虽然导致成功的因素在合作进展的每个阶段有所不同,但在许多大学和技术领域中,它们都逐渐趋于一致。例如,维持自身的声誉和通过多方融资来进行技术转移对于一个成熟的研发中心未来的成功非常重要。但是,许多公司往往把技术转移的成功狭隘地定义为最终录用的合格学生的人数(参见图4—12)。

在这种合作研发关系的处理上,存在两类最初的差别:有无直接管理的介入。在后面会对这两类处理方式进行更详细的介绍。但是值得注意的是,一个技术同盟的正规化也许还不足以彰显其重要性。实验科学家和工程师们确实常常加入非正规的合作之中。[2] 最后给出低排放涂料联合会(LEPC)及美国半导体制造技术战略联盟(SEMATECH)的例子,以此引出合作创新理论的含义。

行业研发合作

没有政府直接介入的研发合作可能比我们猜测的还要难以观测。显然,我们有大量没有正规政府结构介入的研发协作的例子。但是即使这些例子将放在后面讨论,我们也能从两方面来源中间接地得到一些启示:其一是来自于1984年通过的《合作研发法案》,其二则部分来自于环境保护署(EPA)行动的激发,以及根据洁净空气修正案做出的环境保护署行动预判。

结束了上述介绍,我们便可以开始这一节的内容。首先来讨论怎样把垂直整合的想法应用到知识更新换代中去。什么时候应该明智地去购买一项技术而不是去开发一项新技术呢? 鲁宾斯坦认为唯一持久的技术战略就是能够让技术的外部资源与内部资源相结合,或者使二者变成更强的技术。"内部技术人员应该努力保证他们的动力、持久的兴趣、对后续改进及创新的'掌控'能力、与特殊技术领域相关的内在技术能力剩余……以及在某一

---

[1] Geisler, E., Furino, A., and Kiersuk, T. J. (May 1991). Toward a conceptual model of cooperative research: Patterns of development and success in university-industry alliances. *IEEE Transactions on Engineering Management*, Vol. 38, No. 2, 136—145.

[2] See footnote 16 and Kreiner, K. and Schultz, M. (1993). Informal collaboration in R&D. The formation of networks across organizations. *Organization Studies*, Vol. 14, No. 2, 189—209.

项或者某一系列技术上具有连续创新能力的竞争优势。"[1]

韦尔怀特和克拉克(Wheelright and Clark)[2]警告说许多公司"常常将对合伙者的管理从其余开发企业中分离出来",这将阻碍新产品开发项目的成功。"即使当伙伴公司对一个项目全权负责时,收购公司必须贡献出自身的资源来监督这个项目,掌握那些新创造出来的知识,并为新产品的制造及销售做准备"(第842页)。两位作者继续讨论到,所有这些长期目标是为了培养出至关重要的能力,其中包括人员发展和基础结构(例如,CAD系统)。

尽管总的合作研发及技术联合的成功率很少能被人所知,但我们仍可以发现合资企业(JV)在原始管理形式下6年后仍存活下来的几率从与日本人合伙时的35%升为与美国国内合伙者合作时的45%。在75年之后,美国的跨国合资企业的完整存活率只有31%,拥有子公司的企业甚至更少,大概维持在16%左右。而所有在那种管理形式下存活的国际合资企业概率为45%~50%。[3]

莱特斯倍克(Litespec)公司是一个从事高科技制造的美日合资企业,它由持有51%股份的美国电话电报公司与持有49%股份的日本住友电气株式会社合资建立,在1989年建立之初拥有1 090万美元的资本,其业务方向主要是光纤光缆的制造。而在经历了一次专利败诉事件后,日本住友电气株式会社不得不重新寻找一位新的合作伙伴。

注意到莱特斯倍克公司的主要特点:保护技术权利,独立于母公司实施自治,以及针对两种文化间的合资企业这一挑战做出了具有创造性的企业解决方案。在这家合资企业的早期就已经开始有技术转移至美国电话电报

---

[1] Rubenstein, A. H. (1989). *Managing technology in the decentralized firm*. New York: John Wiley, pp. 218—219.

[2] Wheelright, S. C. and Clark, K. B. (1996). Creating project plans to focus product development, reprinted from the March-April, 1992 issue of *Harvard Business Review* in Robert A. Burgelman, Maodesto A. Madique and Steven C. Wheelright. (Eds.), *Strategic management of technology and innovation* (2nd ed.). Chicago, IL: Irwin, pp. 838—849.

[3] Ettlie, J. E. and Swan, P. (1995). U.S.-Japanese manufacturing joint ventures and equity relationships. Chapter 12 in J. Liker, J. Ettlie and J. Campbell (Eds.). *Engineered in Japan*. New York: Oxford University Press, pp. 278—308.

公司的工厂,这使其成为少有的美日合资企业的成功代表。[1] 莱特斯倍克最近又凭借一个成功的工艺自动化项目大肆宣扬:"我们生产光纤的速度在逐年猛增。我们希望通过提高处理能力的手段来增加产量和改善产品质量。"莱特斯倍克光纤制造有限责任合作公司的高级工程师约翰·斯比维(John Spivey)说道:"我们设计了一个自动质量控制系统,它使得我们能提高生产能力,优化光纤的制造过程,并使员工劳动力的消耗减至最小。而自动化工业管理系统的产品极大地提升了我们对制造行业的洞察力,并且将集中用纸的制造环境转换为了无纸环境。这样,我们的员工能够特别设定并随时调整光纤的制造工艺,从而使生产能力平均提高了26%(线速度)。"[2]

同制药行业——规模往往介于小型生物科技公司和大型的功能完善的医药公司之间——的合伙,也许是最有趣的创新联盟类型之一,因此似乎总是备受关注。最近此种合作方式的例子是礼来公司(Eli Lilly)与艾米林(Amylin)制药有限公司的联盟。其目的是为了将一种新的治疗糖尿病的药物推向市场,而这种药物——你们绝对不会想到——是一种从毒蜥唾液中发现的蛋白质的人工合成产物。有时候,即使药品销售很好,合伙企业仍免不了失败,这主要是因为这种合伙关系很难管理。

通常,大型制药公司提供项目所需的资金,而相对小型的公司则负责供应药品。这种分工方式看起来太有代表性了,但在上面这个例子中,艾米林公司找不到适合对象来和礼来公司谈判,而礼来公司也不能解决如何保持项目进度的问题。礼来公司同时拥有15个这样的合伙公司,并分别给每家合伙公司派去了一位联盟经理。许多小型的制药公司只生产一种药品。艾米林公司过去已经有过跟另一家大公司强生(J&J)合作的糟糕经历。这看起来是愚蠢的合作,因为艾米林公司员工用的是黑莓手机,而强生则使用语音邮件。而像这样细微的差别往往可以促成或者分裂一个项目的合作关系。礼来公司从这次失败的合作退出后,认购了艾米林公司市值3 000万美元的股份,并且预付了8 000万美元以实施先前的项目。此外,礼来公司还承诺了

---

[1] Ibid.
[2] http://www.aimsco.com/News/stories/Draw_Tower.htm.

2.15亿美元的付款(在投资了1.5亿美元,并且经历10年失败尝试之后)。

两家公司之间的合作继续进行着,但是其中掺杂着一些其他事情,比如它们不能就如何进行一项研究以找出新药物工作机理这一问题达成共识。礼来公司希望有一项能展示给监管者看的研究材料,而这可以归结为如何为美国糖尿病协会2003年会议书写一份摘要。比如说,两公司会就到底是采用"葡萄糖降低"还是"葡萄糖调整"的措辞展开辩论。此外,双方在由谁负责制造注射艾塞那肽用的塑料注射器这件事情上意见也不能统一:礼来公司想制造那个注射器,但是艾米林公司却不能确定它的这位伙伴在这个至关重要的任务上是否值得信任。

礼来公司联盟管理办事处的一位调解人员介入了此事,并试图化解两家合伙公司间的这些巨大分歧。但是,靠一些吃喝玩乐的派对显然不能将双方之间的所有问题完全解决。而这一切直到礼来的最高管理层承诺将不再耍大牌和为所欲为时才出现了转机。因此,礼来公司不得不在注射器的问题上花费几个月时间来展现他们的实力,以赢取艾米林员工的认同。于是在一个共同目标的大框架下,这项任务的领导权在两家公司间进行了分摊。[1]

另外一个最近在汽车行业发生的不同寻常但又清楚可见的合作案例就是福特——通用变速器项目。[2] 在2005年按计划生产了一种六速自动变速器后,该项目开始运作了起来。而它的成功关键在于其共享的文化价值以及共同的客户需要。迄今为止,这两家公司一直都共事得十分融洽,且据报道,像这样的竞争对手之间的合作,其项目运行的结果在任何行业都广受关注。

产学研发合作

如果去查阅科学指标数据库最近十年的工作报告,我们会在这些海量文档的图表和统计数据中找到一个埋藏于此的有趣数据。主要是关于在美国如何利用人类技术资产的:企业与大学签订的应用研发合同继续在以

---

[1] Abboud, Leila. (April 27, 2005). How Eli Lilly's monster deal faced extinction—But survived. *The Wall Street Journal*, pp. A1, A9.

[2] Truett, Richard. (April 11, 2005). Ford-GM transmission remains on track. *Automotive News*, p. 28.

5％的速度增加,直到最近才有小幅回落。[1] 这些趋势可以参见图 4—13 (NSF 数据)。总的来看,当经济快速增长时,公司更少地依赖于合同和合作研发。[2] 而在 2003 年,大专院校从申请专利许可这门生意上赚取了将近 10 亿美元。[3]

企业与大学文化的不同使得研发项目的合作变得困难但又令人期待。企业常常将当地的大学看作一片肥沃的土地,他们在那里可以找到新技术开发的伙伴以及廉价的技术援助资源。而大学也越来越需要研究资金的支持。但是,两位合作伙伴在利益目标(企业要的是结果,大学要的则是出版物和授予的质量等级)与时间结构(大学看的是研究时间,企业看的产品发布时间)上却有着很大的不同。大学从这些项目中获利的困难度增加以及激进的知识产权政策都放慢了这些合作协议达成的速度。因此,如果彼此间没有信任,即使采取一些有创意的协议安排——如延迟出版时间直到获得专利保护等,这种合作的关系也常常不能开始或者很难维持下去。但是,尽管有着这么多的困难、从保健、电子以及能源等一些发展中的行业中还是不断有许多合作研发的声明公布。[4]

---

[1] "R&D funded by industry sources, at ＄2.2 billion, declined by 1.2 percent from the FY 2001 figure. This reported decline in industry funding of academic R&D is the first since 1964." Page 2, from "U. S. Academic R&D Continues to Grow..."Brandon Schakelford, NSF INFO Brief, 04—319, May 2004 (http://www.nsf.gov/sbe/srs/infbrief/nf04319/). Also see: http://www.eurekalert.org/pub_releases/2004-05/nsf-svw043004.php. And http://www.nsf.gov/sbe/srs/seind04/.

[2] http://www.nsf.gov/sbe/srs/seind04/c4/c4s3.htm (This latter cite shows that as economic conditions improve, firms rely less on outside and collaborative R&D.)

[3] 在 2003 会计年度,学院和大学申请了更多的专利,标志着比过去更大量的带有商业前景的科学发现,并且根据一项计划今天发布的报告,通过授权许可赚取了超过 9.68 亿美元,参见: http://chronicle.com/weekly/v51/i15/15a02701.htm。

[4] http://uc-industry.berkeley.edu/about/introduction;htm. http://www.ucop.edu/pres/industryinit.html; http://econpapers.hhs.se/paper/nbrnberwo/7843.htm; http://www.eng.fsu.edu/departments/industrial/; http://www.mgmt.purdue.edu/centers/tti/caloghirou.pdf (The latter is a study of 312 European firms). Rubenstein (1995); Santoro, M. D. and Saparito, P. A. (August 2003), The firm's trust in its university partner as a key mediator in advancing knowledge and new technologies. *IEEE Transactions on Engineering Management*, Vol. 50, No. 3, 363—373; Santoro, M. D. and Betts, S. C. (May-June 2002). Making industry-university partnerships work. *Research-Technology Management*, 42—46; and Hagedoorn, J. (1995). Strategic technology partnering during the 1980's: Trends, networks, and cooperative patterns in noncore technologies. *Research Policy*, Vol. 24, 207—231.

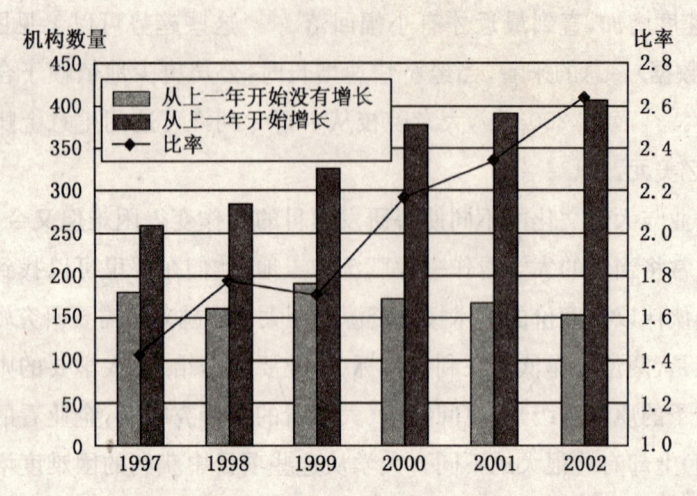

注：图中比率是那些报告从上一年开始增加研发费用的机构的数量除以报告从上一年开始没有改变或者减少了研发费用的机构的数量。

资料来源：National Science Foundation, Division of Sicence Resources Statistics, Survey of Research and Development Expenditures at Universities and Colleges, FY 2002。

图 4—13　1997~2002 会计年度高校研发趋势指标

也许影响产学联合研发的最有意义的一件大事要算是 1980 年《贝耶—多尔法案》(Bayh-Dole Act)的通过和实施。而在 1981 年 7 月，它成为了正式的法律。[1] 隐藏在这部法律背后的是鼓励大学获得专利权，并将已开发的技术在政府授权及约定的范围内——在不能摆脱政府控制，不能将其转移给未经授权的私营部门的范围内——实现共享的思想。

尽管《贝耶—多尔法案》本身以及它对创新的影响在第八章"公共政策"中有更加详细的叙述，大量的经验研究发现说明了这个法案执行起来有问题，大学专利文件不断增加（从 1969 年的 188 个增加到了 1997 年的 2 436 个）[2]，是这个法案在最近 20 年内产生影响的诸多因素之一，而它对于学

---

[1] The Bayh-Dole Act, A Guide to the Law and Implementing Regulations. September 1999, Council on Governmental Relations. http://www.ucop.edu/ott/bayh.html.

[2] Mowery, D. C., Nelson, R. R., Sampat, R. N., and Ziedonis, A. A. (2001). The growth of patenting and licensing by U. S. universities: An assessment of the effects of the Bayh-Dole Act of 1980. *Research Policy*, Vol. 30, 99—119.

术研发环境的影响却不大。进一步讲,《贝耶—多尔法案》对教师的流出影响最大,外流的原因是有些人从一个大学(原来任职的大学)到了另外一个大学(新大学)。[1] 与之前的研究相反,《贝耶—多尔法案》通过之后,对学术文章的引用的确减少了。[2] 近期研究发现,"对于追求突破性创新的公司来说,客户和大学是重要的知识源泉,在没有正式的研发合作的情况下,这些知识源泉大大促进了创新销售"[3],这给管理公司内部的突破性变革而非渐进性变革提出了很好的建议。

联合研发的理论观点

许多博弈论[4]或其他经济学的观点[5]已经出现并试图建立起研发合作模型。但是,似乎这些方法大多都低估了研发成本和稀缺资源的作用[6],又或者在经验理论与实际的研发溢出效应之间存在许多不一致(Fisher,1990)。

莫塔(Motta)描绘了一个双头垄断市场的简单案例。[7] 两家公司在进行一场多阶段决策博弈,其中他们可以:(1)决定进入一家企业,(2)决定研发的经费等级,(3)选择输出和质量等级。在第二阶段,这两家竞争者将在

---

[1] Mowery, D., Sampat, B. and Ziedonis, A. (2001). Learning to patent: Institutional experience, learning and the characteristics of U.S. university patents after the Bayh-Dole Act, 1981—1982. *Management Science*.

[2] Sampat, B., Mowery, D., and Ziedonis, A. (2003). Changes in university patent quality after the Bayh-Dole Act: A reexamination. *International Journal of Industrial Organization*.

[3] Belderbos, Rene, Carree, Martin, and Lokshin, Boris. (December 2004). Cooperative R&D and firm performance. *Research Policy*, Vol. 33, Iss. 10, p. 1477.

[4] Motta, M. (1992). Cooperative R&D and vertical product differentiation. *International Journal of Industrial Organization*, Vol. 10, 643—661.

[5] Kamien, M. T., Muller, E., and Zang, I. (December 1992). Research joint ventures and R&D cartels. *American Economic Review*, Vol. 82, No. 5, 1293—1306; and Katz, M. L., (1995). Joint ventures as a means of assembling complementary inputs. *Group Decision and Negotiation*, Vol. 4, 383—400; and Perry, Martin K. (1989). Vertical integration: Determinants and effects. In Richard Schmalensee and Robert D. Willig (Eds.), *Handbook of industrial organization*, Amsterdam: North-Holland. pp. 183—255.

[6] Roller, Lars-Hendrik and Sinclair-Desgagne, Bernard. Heterogeneity in Duopoly, Working Paper, CIRANO, Montreal, Quebec, Canada, October 1996.

[7] Motta (1992).

合作或者非合作的状态下选择研发的投资等级。当溢出增加时,对合作研发的需求有所下降。

有时候,合作会带来很好的结果并且导致更高的质量水准。所有这些都依赖于两家公司之间合作或非合作状态下的技术溢出效应。如果几乎不存在溢出,合作将使公司和社会双双受益,因为公司可以重新定位研发或者其他资源的方向,前提是有足够的资金。在这个特殊的例子中,假设研发被定位于改善产品和服务的质量。这样,执行的问题变成了:谁先将信息共享出来?[1]对于低排放涂料联合会(LEPC)——后面将要讨论到的一个试生产制造研发协会来说,最终的问题可能是:谁将先来使用新的产品技术?

战略管理学的观点强调指出了诸如个人与网络联盟、治理结构以及公众政策对联盟的影响等问题。[2]然而,这些观点却没能捕捉到蕴藏在这些联盟及其后果中的实际技术问题的生机。下面的两个案例将阐明这些当前在这一领域的理论文献限制下的结论。

半导体制造技术战略联盟

彼得·葛莱德里、大卫·C. 莫厄里和布莱恩·斯尔弗曼(Peter Grindley, David C. Mowery and Brian Silverman)[3]发表了一篇内容深入的关于半导体制造技术战略联盟的研究报告,目的是吸取其他公办或私营的合作企业的设计和管理经验。半导体制造技术战略联盟成立于1987年,仅仅是遍布美国、日本以及欧洲的许多此类技术联盟的其中一个。但是应该了解的是美国、日本以及欧洲的各个技术联盟之间在结构和运作流程等方面

---

[1] Motta, 1997 personal communication.

[2] Miyata, Y. (March 1996). An analysis of cooperative R&D in the United States. *Technovation*, Vol. 16, No. 3, 123—131; Choi, J. P. (1993). Cooperative R&D with product market competition. *International Journal of Industrial Organization*, Vol. 11, No. 4, 553—571,发现如果你假设总行业利润随着创新后竞争的增强导致的溢出率上升而下降,个人对于合作的激励比社会激励要少。Folster, S. (May 1995). Do subsidies to cooperative R&D actually stimulate R&D investment and cooperation? *Research Policy*, Vol. 24, No. 3, 403—417,发现需要结果分享协议形式的合作补贴可以大大增加合作的可能性,但是它们降低了对管理研发的刺激,这一结论同波泽曼和克罗(Crow)的工作一致。

[3] Grindley, P., Mowery, D. C., and Silverman, B. (1994). SEMATECH and collaborative research: Lessons in the design of high rechnology consortia. *Journal of Public Analysis and Management*, Vol. 13, No. 4, 723—758.

存在着很大的不同。[1]

首先也可能是最重要地,可以总结为半导体制造技术战略联盟或者其他可能的大多数联盟在成立后有了非常坚实的发展:在这个案例中,半导体制造技术联盟的成员们——半导体工艺设备及材料的主要用户,从水平研究合作方式变成了垂直合作方式。"从许多方面看,半导体制造技术联盟现在更像是一个行业协会,负责传播信息和最实用的技术、设定标准以及协调共同的研究……(而)现在其在推动技术发展上的贡献也广受关注。"[2]

作者总结的其他结论还包括:

1. 半导体制造技术战略联盟重视近期结果,就像美国其他许多企业领导的联盟一样。

2. 从水平式到垂直式合作策略的变化最终导致了半导体制造技术战略联盟的几个发起成员的离开。

3. 半导体制造技术战略联盟已经无力阻止几家仪器公司退出该行业。

尽管有上述这些整体结论,许多人还是认为只有半导体制造技术战略联盟能对半导体行业的掌控权来一个巨大的改变,因为以前这个行业一直被日本公司主导,现在终于换成了美国公司(《纽约时报》,1994年10月6日,星期四)。确实,在1992年,美国公司在半导体制造设备上的市场份额已经超过了日本公司。而且同年在半导体行业,由英特尔领军的美国公司与日本公司打成了平手(Grindley et al.,p. 739)。

1992年,半导体制造技术战略联盟雇用了722名员工,其中225位是成员公司的受托人。半导体制造技术战略联盟得到了来自联邦政府高级研究项目署的1亿美元资助以及来自成员公司的等额资助,另外还有来自得州的一小部分捐助(厂房设在得州的奥斯汀)。半导体制造技术战略联盟成立之初的目的是为成员公司提供用以改进半导体制造工艺的研究厂房,但是现在更专注于加速半导体制造设备(SME)行业的发展。1993年1月,官

---

[1] Aldrich, Howard E. and Sasaki, Toshihio (1995). Governance structure and technology transfer management in R&D consortia in the United States and Japan. Chapter 4 in j. Liker, J. Ettlie and J. Campbell (Eds.). *Engineered in Japan*. New York: Oxford University Press. pp. 70—92; and Peterson, John. (1993). Assessing the performance of European collaborative R&D policy: The case of Eureka. *Research Policy*, Vol. 22, 243—264.

[2] Grindley, et al., p. 724.

方申明对修正后的研究战略做出了如下解释:"它已经达到了制造 0.35 微米集成电路的目标"(Grindley et al. ,pp. 730—731)。这是一个普遍的成果而非针对某些具体产品或者公司特有的产品。

由于难以发展研究议程以及成员不愿意共享信息等主要因素,半导体制造技术战略联盟进行了策略的转换,同时也伴随着其知识产权政策的改变。起初,成员公司拥有对研究成果的两年专享权,现在,成员享有比非成员优先预订及接收设备的权利。不足为奇的还有,项目的投资组合取得了一些改善:1988 年财政预算的 20% 用于供应商合同,而 1991 年这个数字变成了大约 50%,并且有可能继续上升。设备改良工程(EIP)是一项重大的活动,实施它的目的是为了对批评美国半导体制造设备不可靠言论做出回应。

挑战依然存在着。美国平板式步进电机产业的经验说明对合作技术研发及改进的支持还不足以挽救那些投入资金不足的小型公司的命运,因为这些公司有限的技术和管理资源无法跟大的竞争对手抗衡。此外,对基础设施的重视程度的改变使得挑战转到了增值链的上游。至少有一个关于专利数据共享的案例已经出现。自从半导体制造技术战略联盟改变了其合作策略之后,国外的公司对美国半导体制造设备行业的收购也增多了。由于非半导体制造技术战略联盟成员的计划有时也会获得资金支持,成员的利益得到了质疑。最终,半导体制造技术战略联盟的设备测试并没有取代测试现场安装,因此开发过程的效率仍然面临着挑战(Grindley et al. ,pp745—746)。

总结起来,半导体制造技术战略联盟带来的经验教训应该是这些:

1. 对短期的技术开发而非长期研发的重新关注给了半导体制造技术战略联盟一些帮助,但仍然有许多长期的基本研究问题有待这类联盟企业去解决。

2. 单靠半导体制造技术战略联盟一家并不能解决半导体制造设备行业的竞争问题,但是共同的技术开发方法对其大多数成员确实有用。

3. 半导体制造技术战略联盟的集中式结构似乎提高了其研究议程的可塑性和响应能力,尤其与西欧联盟对比时可以看出。

4. 水平合作可能在那些产品创新依靠工艺创新的行业难以实现。

尽管在那些需要不同合作研发模型的企业之间可能存在着明显的差别，但是有一点却很明确，即成员公司直接而坚持不懈的投入对任何这类联盟企业的成功都是至关重要的。这种关系下，当小成员公司吃紧时，它们需要处理更多的合作问题。然而，在半导体制造技术战略联盟的案例中，对某一特殊行业问题的关注，而非全面改造一个行业的做法似乎很有成效。最新消息可以登录 www.sematech.org 查询。

低排放涂料联合会

关于制造业合作研发的一个案例就是美国汽车行业中的低排放涂料联合会(LEPC)。[1] 该协会通过利用一部 1984 年颁布的旨在帮助福特、通用汽车以及克莱斯勒遵守日渐严格的空气质量标准以及美国环境保护署规章的《合作研发法案》的授权法而得到了发展。

1985 年，由表面涂层及涂层操作产生的挥发性有机混合物(VOCs)占到所有工业排放物总量的 27%。当被阳光曝晒时，这些挥发性有机混合物将导致低层大气（对流层）的臭氧形成。1990 年通过的《空气洁净法》(Cleau Air Act)修正案旨在明显减少由固定源（定点）及移动源（如交通工具）带来的挥发性有机混合物排放。该法规中提出了减少排放物的方法，因而，在 1991 年度美国环境保护署关于挥发性有机混合物排放量的调查报告中可以看到：由工业表面喷涂所释放的挥发性有机混合物为 186 万吨——比 1986 年时的 220 万吨减少了 15%。而同时，由其他渠道排放的挥发性有机混合物增加了 5%。即使这样，美国在世界涂料贸易中的地位仍能保持强势，因为在欧洲仅有几个国家对挥发性有机混合物排放实施管理，而日本当时则没有任何相关措施出台。美国环境保护署(EPA)受到这个结果的鼓励，决定推出一项更严格的挥发性有机混合物排放标准。

汽车制造产生的污染将近 90% 都来自于最后的组装过程，而这其中 90% 的污染气体又来自于喷漆及镀膜工艺。那时（大约在 1991 年）北美大多数涂料工厂都采用四阶段工艺：(1)清洗（磷酸盐）以及电泳漆(ELPO)，

---

[1] Ettlie, J. E., Low Emissions Paint Consortium. University of Michigan Business School, 1995.

(2)底漆施工，(3)底(色)涂料施工，以及(4)清除或完成涂料施工。

理解低排放涂料协会坚持不懈的关键就在这个案例中："预备联盟委员会试探性地同意了一条重要的原则：如果美国三大汽车公司不结盟，就不允许游说供应商团体投资作为试制生产厂房的发展经费。供应方最终必将受益，但是好处必须足够大以至于'比以前我们在涂料业做过的任何事都伟大10倍'，克莱斯勒的代表艾尼·麦克劳夫伦（Ernie Mclaughlin）如是说。"[1]

从福特、通用汽车以及克莱斯勒三家公司合作之初起，就有人在想肯定能从粉末喷涂项目中获得政府的资助。但是，议案被提交到美国商务部国家科学技术研究所（NIST）时，并没能得到资助。随后，议案又被提交到了美国环境保护署，并将复印件递交给了国防部和能源部。1994年12月，在美国环境保护署几次超过了信息反馈的截止日期之后，其环境技术创制权议案终于变得引人注目起来，因为此时国会已不准备继续资助不受管辖的收入制度了。由于过去汽车行业与美国环境保护署的对立关系，汽车联盟中的许多成员都反对美国环境保护署的资助，认为这将破坏长期努力所获得的成果。于是，这些事件造成了联盟的一次资金危机，并且还不容易解决。

在这个案例中的关键知识点可以浓缩成下面两个问题：

1.有没有必要为了在供应商中间全面开展研发合作而与竞争者结盟？

2.当需要支出和挪用新技术开发投资的收益时，环境问题是否真的变得无关紧要或者可以不考虑呢？

一座新的预制研发厂房终于落户于密歇根州的福特威克瑟姆（Ford Wixom）组装工厂中，这就是为什么它被选中作为合作研发案例的原因。这个案例既具前沿性又明白易懂。尽管这次合作只是被当作一种合作的模型，用以在美国汽车企业保护伞下的竞争对手之间刺探情报，但试验的最终结果可能要等到12年合同期满后才能公布。

透明喷涂油漆被使用在汽车的预制过程中（早在1996年），直到2001

---

[1] Ettlie, J. E. (1995). Product-Process development integration in manufacturing. *Management Science*, Vol. 41, No. 7, 1224—1237.

年才因为发现这种白色的油漆暴露在阳光中时会产生问题而停止使用,并随即将团队召回研发实验室。必须清晰地认识到,我们离在喷涂工艺中完全消除所有挥发性有机混合物的目标依然还很遥远。实验设计仍在继续探索最佳的证明过程。合伙者仍然在问:谁将首先令此过程商业化?还有,来自世界各地汽车行业的其他对手(如日本和欧洲公司)的排挤真的是研发同盟的努力过程中面临的巨大问题吗?

其他案例

存在于这些案例(半导体制造技术战略联盟和低排放涂料联合会)以及许多技术合作文献中的趋势表明伙伴关系的进展似乎对促使他们坚持不懈的努力很重要。斯沃恩和艾特略(Swan and Ettlie)[1]发现一个趋势,在落户美国的日美合作企业中,管理结构变得越来越复杂和微妙。特别是,这些公司已经超出了合资企业和附属公司的范围,且最近在日本公司直接投资的案例中出现了更多利用部分产权关系的情况。部分所有权归日本母公司享有的这种现象很可能发生在与美国公司合作的高科技制造加工企业中。合资企业在政治敏感行业(如钢铁、汽车)更典型,且日本公司对其国内产品有经验。

在前面,我们对四个美日制造联盟的案例进行了深入的研究,并做出了相应的报告。有些贯穿始终的线索我们可以记下来,以便对大量直接投资案例的结论进行简要分析。

1. 所有四个案例似乎都服从一个在美日合资制造企业中建立的固定模式:日本公司为合作联盟带来了产品的技术情报,美国公司则带来了市场营销及产品技术。所有四个联盟都有很好的运作表现(例如,质量水平)。

2. 在合资企业中盈利变得更困难,但是在同样的环境下,日本公司会比美国公司更能长久地坚持把企业做下去。合资企业(与完全或部分所有制企业相反)更有可能存在于如钢铁或汽车等政治敏感行业中。

---

[1] Swan, P. and Ettlie, J. E. (April 1997). U. S.-Japanese manufacturing equity relationships. *Academy of Management Journal*, Vol. 40, No. 2, 462—479.

3. 高科技联盟与低技术联盟之间存在明显的差别：高科技联盟更难管理，企业构成的动机常常很不一样，其结果也很难预测。高科技公司更可能采用部分所有制形式。

4. 一个高度整合的企业结构看起来是这些联盟成功所必需的——日本的企业结构在适当位置上没有"阴影"。一家高科技公司就是一个很好的例子——不同层次的公司被美国和日本的经理所管理，并且这些经理们从本土组织或者在领导层中的关键位置之间轮换。例如，研发部门的副主席（美方）五年后将取代一位日方主席的位置，同时一位日方管理者填补美方留下的空缺位置。

坚持研发合作的突现模型

在关于坚持研发和其他跨企业边界技术合作等问题的讨论中，有两个重要的理论上的辩论出现。

1. 成立条件，例如，行业状况、技术发展情况以及竞争背景等似乎对合作的开展建立起了严格的边界约束条件。[1] 它就是一个在这些技术合作企业中假定存在的严格同盟效应。

2. 所有的技术联盟，包括那些符合1984年《合作研发法案》的正式研发联盟，为了生存将会在这些成立边界条件中发展。它不像研究反复无常的环境的案例那样是一个在不明区域内研究目标和策略的过程。

最近的关于海峡隧道的案例可以用来为这个理论方法做支撑。集中型的决策导致了合作的困难以及弹性的缺失，这将限制项目的进展。[2] 此外，波尔顿（Bolton）发现在合作联盟成立的初期，不同的公司对是否加入研发联盟会有不同的决定（例如，有些公司会在联盟早期业绩不佳时被鼓励加入），而反过来，对于那些在后面才做出决定的公司，有可能"在联盟业绩很好的时候，它们不再被要求加入进来"（第57页）。[3]

---

[1] Pisano, G. P. (1990). The R&D boundaries of the firm: An empirical analysis. *Administrative Science Quarterly*, Vol. 35, 153—176.

[2] Genus, A. (1997). Managing large-scale technology and inter-organizational relations: The case of the Channel Tunnel. *Research Policy*, Vol. 26, 169—189.

[3] Bolton, M. K. (1993). Organizational innovation and substandard performance: When is necessity the mother of innovation? *Organization Science*, Vol. 4, No. 1, 57—75.

绿色研发及设计

工业生产真的有必要进行可持续发展吗？这个问题可以看成是安迪·霍夫曼(Andy Hoffman)在这个发展领域中做出的新贡献。[1] "绿色"研发实验室只是一个开始。[2] 而这个问题的答案相当复杂。在企业可持续发展运动中涌现出了一些先锋或者模范企业。但是，通常情况下，如果想把这个运动推行起来，许多东西都要相应改变。我们以桑德拉·罗森博格(Sandra Rothenborg)的研究为例来分析。令人惊讶的是，她发现在美国，日本装配厂并不是推行绿色产业(消除挥发性有机混合物排放，参见本章中关于低排放涂料协会的案例)的带头力量，因为他们关于消除排放物的质量方针首先要符合精益生产实践的需要，其次才是遵守政府的法规。[3]

生产的可持续发展仅仅靠设计环境友好型的产品是不够的。只有一个能保证这种生产过程一直延续下去的完整体系才能真正带来深刻的改变。例如，菲克瑟(Fiksel)[4]认为："(可持续设计的)选择之一是设计一个具有多样性、效率、适应性以及凝聚力等优良属性，且带有内在柔性的系统。以前，可持续设计主要关注的是生态效率的提高。例如，许多公司发现减少材料和能源的密集使用以及将废物转化为有价值的再生产品能够为股东甚至整个社会创造不少价值。"

战略问题可能最为迫切和需要关注。最近，我们开始注意到在福利经济学模型中的绿色创新公司面临着投资不足的问题。因为它们不用自己来承担由其行动带来的不可预期的负面影响(比如，水、土、空气等资源的破坏)，这些基本上由政府负责。这种情况可能要等到新的费用结构被采纳后才可改变。

斯图亚特·哈特(Stuart Hart)和他的同事总结可持续发展运动时这

---

[1] Hoffman, A. (June 2000). Integrating environmental and social issues into corporate practice. *Environment*, Vol. 42, No. 5, 22—33.

[2] Maine, Garrick. Guides for "greening" your lab. *R & D*. Highlands Ranch: 2004, p. 67.

[3] Rothenberg, S. (Fall 2001). Lean, green, and the quest for superior environmental performance. *Production and Operations Performance*, Vol. 10, No. 3, 228—243.

[4] Joseph. (December 1, 2003). Designing resilient, sustainable systems. *Environmental Science & Technology*, Vol. 37, Iss. 23, p. 5330.

样说:"就如同为股东创造价值需要看多方面的表现一样,这个全球性的可持续发展问题也是多方面的,包括经济、社会以及环境等。确实,这个问题对一个公司的战略及业务模式的各个方面基本上都有影响。但是,许多管理者没有把可持续发展看成是一个多方面的机遇,而是一个单方面的麻烦,其中包括管制、额外的成本和义务等。这种做法迫使那些条件不佳的公司以战略的态度来处理可持续发展问题。因此,可持续价值框架发展了起来,并将全球可持续发展问题的挑战与公司股东价值的创造联系在一起。我们的文章通过一系列恰当的商业案例,展示了全球性的可持续发展问题如何能帮助公司的确定战略及其为实施该战略而应采取的行为,以便实现可持续发展世界的同时能兼顾到股东的利益;这被定义为公司创造的可持续价值。"[1]

哈特教授和他的同事以经验总结支持他们提出的可持续设计。他们分析指出"以基于美国的跨国企业为样本的全球环境标准跟它们的股市表现有关",同时,他们还发现采用单一严格的全球环境标准的公司比那些没有强制执行标准的公司拥有更高的市场价值,这和托宾(Tobin)估计的一样。因此,那些环境法规松懈却又想吸引外国直接投资的发展中国家很可能最终只吸引到那些低质量、没有竞争力的公司。我们的结论也表明,外部环境是广义的公司价值的组成部分。

绿色开发绝非一件容易的事情。详细看看福特汽车公司用压缩天然气作为替代能源的那段历史就知道了。[2] 那个计划失败了,福特公司现在又在投资另一个绿色汽车项目(类似燃料电池[3]和混合动力)。注意到这不仅仅是一个基础设施建设的问题[4],更是一个同许多公司和技术进行竞争

---

[1] Stuart, Milstein, Mark B, and Caggiano, Joseph (May 2003). Creating sustainable value; Executive commentary. *The Academy of Management Executive*, Vol. 17, Iss. 2, p. 56.

[2] Ford Motor Company kills compressed natural gas program—Green is not easy. Sunday, September 26, 2004, *The NY Times*, Business Section, p. 11.

[3] http://www.fuelcellsworks.com/Supppage1208.html (Ford Fuel Cell Car).

[4] 本田拥有加拿大多伦多燃料制造者公司(FuelMaker)20%的股权,并且于2004年9月宣布,截至2005年春天,一种名叫菲尔(Phill)的设备将会面市,可以让天然气汽车在家里充气。菲尔的零售价格估计为2 000美元。本田将会于2005年在加利福尼亚推出思域GX。美国经常允许单人驾驶替代燃料车辆使用合伙用车车道。(资料来源:Honda databrief, September 2004, Honda North America, Inc., Detroit office, 150 W. Jefferson Ave., Suite 250, Detroit, MI 48826, p. 2.)在本书写作期间,本田打算推广他们公司的混合燃料汽车(计划时间为2004年12月3日),雅阁混合动力车,该车型代表了本田先进的第三代综合电机辅助(IMA)完全混合动力系统。

的问题。由于没有便宜、绿色环保的氢来源，同时也没有安全、有效的可行运输船来储运它，实用的燃料电池汽车离我们的生活还很遥远。[1] 尽管如此，许多公司还是在积极研发这项技术。例如，本田公司已经向纽约州出租了两辆 2005FCX 燃料电池汽车。[2]

本章末尾的两个案例都是跟可持续发展问题有关的。特别是关于电子技术舷外引擎系列中艾文鲁德的那个案例，就是以可持续设计为主题的。将有两个问题出现："绿色"是否真的能成为卖点？为了将"绿色"产品打入市场而增加的研发投资是否值得？

总　结

研发管理概括了创新过程的严格适用条件，包括专利知识产权的保护、版权以及商标等。高科技公司基本上将销售额的 5％～6％用于研发，这其中主要是花在技术人员（例如，博士）的薪水上。一个公司应该先制定用于研发的资金比例，然后才转向创新过程的下一阶段。研发管理的趋势包括技术成果的全球化以及各种合作管理的出现（例如，公司与公司、公司与大学、公司与政府等）。企业创业投资是当前的时尚，读者应该提出一个关于"是否有方法可以使宝洁这样的大公司中的创新重具活力"的基本问题。最后要说的是，可持续发展技术正在推进。

练　习

1. 运用你在本章中所学的关于成功新产品和服务的相关知识，完成下面的"创意来源"练习题。下面列出了一些新产品的潜在创意来源。第一，指出哪些是最常见的来源——激发新产品创意的企业和环境因素。第二，指出至少两个跟新产品成功相关的

---

[1] 一个有保证的替代技术包含一种新型的原子能反应器和电解装置。第二位的，但不是很渴望的，从生命周期成本和可持续性来说，是将天然气（不再充足）和蒸汽混合起来。参见瓦尔德（Wald, M. L., 2004 年 11 月 28 日）。氢气的生产方法将会增加燃料供应（*The New York Times*, p. 22）。

[2] Honda dataBrief, November, 2004, p. 2 (Honda Makes State of New York Customer for FCX Fuel Cell Vehicle), Honda North America, Inc., Detroit Office, 150 W. Jefferson, Suite 250, Detroit, MI 48226, 313-964-5676.

创新管理

来源。第三,指出至少两个跟新产品失败相关的来源。

产品或服务的新创意潜在来源

公司内部	□	公司外部	□
■ 研发职员	□	■ 顾客	□
■ 研发部一线管理人员	□	■ 政府代表	□
■ 研发部中层管理人员	□	■ 供应商	□
■ 研发副总裁	□	■ 高校顾问	□
■ 总经理	□	■ 私人顾问	□
■ 营销/分销/销售	□	■ 有技术的专业同事,但不是	□
■ 生产		付费的顾问	□
■ 工程设计	□	■ 其他_____	□
■ 技术服务	□		
■ 其他_____	□		

答案写在这里:

a. 多数普通的来源 _____

b. 新产品成功的原因 _____

c. 新产品失败的原因 _____

阅读并分析下面的关于柯达一次性相机的案例。回答案例后面的几个讨论。

案例 4—1

再循环设计

柯达一次性相机

伊斯曼柯达公司一次性相机项目经理阿兰·凡德·默尔(Alan Van De Moere)

回顾 1987 年,柯达公司产生了一个创意——创造一款非常简单易用的照相机。这种相机被称为 35 毫米一次性相机。当我们最初描述这款相机并为其取名时,不幸地称它为一款 Fling 相机。那以后不久,我们发现这个词字面上的意思已经激怒了环保人士们。他们立即声称这种相机是垃圾品,并给它制造了一系列的负面影响。

创意的改进

让我们看看柯达一次性相机从 1987 年诞生起到现在的经历。这些相机基本上采用的都是 FunSaver 的型号。我们最初的目标是创造一种简单易用的相机,能拥有与常规的傻瓜自动对焦 35 毫米相机同等的日景拍摄效果。于是,Funsaver 相机应运而生,并且其拍摄效果超过了消费者的预期。我们运用了许多我们认为是世界级的制造和产品开发技术——计算机辅助设计、实时统计过程控制——来启动这个项目。我们的目标底线就是高品质,而事实上,当消费者买了这款相机后发现比预期的品质更高。

生产线

现在,有五类具有部分相同零件的 FunSaver 模型已经投产。我们的战略是使大多数产品的设计"相互促进",因此相机的基本子系统被使用在不同的模型中。

我们发布的第二款相机名为"Stretch 35",它的特点是其独有的格式。它能拍摄 3.5×10 英寸的全景照片。

当我们最初开发这款相机及其 FunSaver 模型时,我们的目标是确保消费者不能拆开相机。这是我们的设计初衷。于是,我们把相机焊接密封了起来。但是随后,当我们开始回收相机时,发现焊接确实给回收再利用带来了不少麻烦。所以,我们又重新设计了这款相机以使其机壳仅仅是咬合在一起,便于回收时拆卸。

我们最关心的问题之一是是否有人使用我们的相机时换上非柯达的胶卷重新利用它。我不认为某一款产品对柯达有多么特别,在我们看来,胶片才是我们的摇钱树。它是我们企业的生命力所在。所以,我们不希望人们买了我们的一次性相机后,换上其他非柯达的胶卷使用。但是事实上,从物理结构上来说这并非不可能。虽然我们在设计时在相机内部设置了一些"障碍"以使它更难被拆开,但是,这对一个有技术的聪明人来说根本算不上什么。我们确实了解到美国的一个商人试图把这个拆卸相机的过程和步骤商业化。但是这对我们没有什么不好,因为他在重装相机时用的是我们柯达的彩色胶卷,看起来他做得让我们满意。但是,我们确实有紧急预案来防止相机被拆卸,当有大量相机被拆开并使用非柯达胶卷时,我们可以启动这个预案。但是这些预料外的变化只会增加回收时的费用,所以不到万不得已,我们不会采取这些手段。

我们开发的下一款相机是"Weekend 35"。这基本上是一款定位于旅游爱好者外出时使用的防水相机,例如,去雪地滑雪或者深水潜水时。利用我们当前设计之便,再添加一些额外的零件,这样便产生了我们这款相机的计划。

由于发布这 3 款相机时都受到了一些挫折,我们对后面能取得的成就都感到十分高兴。假想你在管理一个大型集团的业务;你有 3 件主要的模型从概念到运输到物流中心,在所有的成本控制内,在 8 个月之内,将高质量的图片呈给了消费者。

时间来到了 1989 年,我们意识到我们走上了相机回收的道路。回收的这些相机的销量以每年 50%的速度递增,这种势头在过去 5 年始终持续。但是,当我们合计所有这些相机的数量时,发现我们已经制造出了数不清的废物垃圾,而且速度远比我们计算得快。

再循环设计

接下来的一款相机是 FunSaver 闪光照相机。我们依然利用了先前几款型号相机的许多构思，但是这次，我们把这款相机设计成了可循环使用的。在那之前，有许多关于柯达一次性相机的负面报道，但是工程技术人员对这些产品都有着强烈的感情。某天下午，我们聚在一起策划了一个方案，回收并拆卸这些相机。我们建议将这个方案递交给管理层，但是他们的响应却不是很积极，于是我们只好搁置这个方案。但是后来，在强大的社会舆论压力下，公司终于决定启动这项方案。

这款闪光照相机带来了一些特殊的回收问题。因为它需要能量供应，所以我们给它配备了一颗碱性无汞电池。同时，这款相机中还有电子器件，这是我们从前所未处理过的。我们的做法是在这些电子器件中装上一个计数器，以显示这些部件被使用的次数。它们被系统调用的次数被预设为 10 次。

主题的变化

我们介绍的最后一款相机，是最近 6 个月之内才发布的"Telephoto 35"。它是一款带有长焦镜头的运动型相机——变焦范围是其他型号相机的 2.4 倍——同时采用高速胶片。这款相机的构思是，白天时你可以将它设为日光模式，在你露天阳台的座椅上随意拍摄；而到了晚上，你又可以打开闪光灯，并把相机调为闪光模式，继续拍照。

同以往一样，我们再次利用了之前已有的设计并加入了新的部分。我们同时也开始在相机上添加"可循环利用"的色码标记，这点我将稍作解释。这是一个有趣的现象——世界级的制造工艺水平使得我们的相机十分成功，但是当我们决定将这些相机变成可循环的产品时，这些工艺又变得非常实用。

设计过程

相机的设计需要经过一个特殊的大量人工组装的过程。我们把优秀人才调用到一些自动化领域，同时利用本地的零件供应商来帮我们完成大量的人工组装工作。装配工人只需简单地装配一些容易而且便于直接组装的零件，几乎不可能安装错误。整个过程不需要固定器、测量器以及工具。我们发现这样也使得回收循环时的工作变得更加容易。

我们的模型车间采用了在线联网系统。在这个车间，大块的固态塑料被切割成样品模型。同时，工程设计师可以开发新的模型，并且评估它们的工程技术规格。这就是我们可以在短短 8 个月时间里创造一款产品并将其推出市场的重要原因。

此外，我们的工具设计工程师也通过在线联网系统进行计算机辅助设计。他们一起讨论并评价那些相同零件的几何尺寸是否合格，而这将决定我们能否制造出精密的注塑模，以及最后能否生产出相同规格的相机成品。

在我们的设计过程中，另一个关键的生产要素就是我们的授权工作小组。它要对整个过程的所有生产要素全权负责——产品运输、产品成本、计划安排——以及在整个处理过程失去控制时被授权停止设计加工。

在线统计过程控制技术的应用确保了高质量的设计生产过程。这对柯达来说十分重要，因为柯达所拥有的名声是建立在所有这些相机拍出的高质量照片上的。

当我们每次开始生产一款新的相机时，我们总告诉自己生产过程不是一成不变的。当产量增加时，我们将采用更高程度的自动化生产。另一个要做的重要决定是采用机器还是人工来装配相机。在需要做出主观判断和决定的环节，人工会比机器做得更好。而在组装精密镜头时，比如全景相机的镜头，机器操作是最好的选择。

此外，我们这些相机的图像质量，或者说产品的可靠性，是非常高的。我们的设计目标之一就是让每位消费者都拥有一台柯达的相机，并且能用它们拍出与传统35毫米相机效果一样好甚至更好的照片来。我们估算了每百万个相机零件中的次品率，同时我们生产了更多能真正被回收利用的相机，且其质量水平在不断提升。

循环利用计划

关于这一点，我想先让大家对回收计划的运作步骤有个基本了解。首先肯定是消费者买了我们的相机并且使用。然后，消费者拿着相机去照片冲洗店洗印照片。冲洗店取出胶卷，冲洗好照片并将照片交给顾客。随后，柯达从这些冲洗店买回相机的基本框架部件（附加处理费用以及运输费）。如果冲洗商将这些相机送回我们在纽约州罗彻斯特的回收中心，我们会付给他们平均每台相机5美分的基本费用。

我在前面说过，本地的零件供应商帮我们完成了部分人工组装工作。在这个计划中，其中的一些本地零件供应商指的是纽约州的福利工厂。这些工厂给一些在生理或者心理上存在障碍的人士提供了有意义的工作岗位。同时，它们也是我们最好的零件供应商之一，这点看来十分明显。福利工厂所要完成的工作十分直接和简单，就像一次性相机制造过程中的许多生产要素一样。

为了便于分类整理，不同的零件使用了不同的彩色编码。在回收时，有些零件将被销毁或者重新研磨加工，有的会进行测试并重新利用。相机的引擎会卸下来装上新的胶卷，然后又开始一次新的循环过程。从这个角度来看，回收利用是一个闭环过程。

我们的整个相机组装工作为纽约门罗县创造了超过1 000个就业机会。其中，约有

40%的职位不是柯达的员工,而是由当地合作企业提供。这其中就有15%来自福利工厂。

相机的循环使用过程中有一点至关重要,就是必须确保所有的金属材料已经跟塑料材料完全分离开来。要知道,没有什么比在价值10万美元的注塑模中发现金属碎屑更让我们沮丧了。所以,所有材料在进行塑模操作前必须先经过金属探测器的检测。

分类整理后的碎片中有些将被重新研磨和加工成原材料。以一次性相机中的聚苯乙烯材料为例,我们可以将其重新研磨和塑造,然后循环利用10次,它依然能够符合我们的质量和性能要求。由于一次性相机的某些零件可以直接重新利用,而有些零件可以压成小球状,然后被重新塑造成为新的零件,所以其材料的重新利用率可以高达86%。

另一个有趣的事情就是,自从我们1990年实施回收利用计划以来,回收到相机的数量一直在不断增加。在我们开始这项计划之前,我们曾经和软饮料行业的一些专家谈过这方面的事情。我们询问这些专家是怎样处理和利用那些易拉罐的,他们说经过10年,大概已经回收利用了50%的易拉罐。对于这样的成绩,他们已经觉得很不错了。然后,我们简单介绍了一次性相机的循环利用计划。而当我们告诉这些软饮料行业人士我们的想法时,他们却说我们的目标有些不切实际。"我们从事这方面的工作很长一段时间了,"他们说道,"你们不明白它的复杂程度。"

尽管有了他们的这些预言,我们依然做出了非常大的成效。1990年,我们回收了大约100万台一次性相机。1991年,我们回收了约290万台。同时,除了在美国之外,我们又在加拿大、欧洲以及日本实施了此项计划。而今年,截至4月份,我们已经回收了约120万台相机,估计到今年底截止,将可以回收超过500万台。这就意味着约有500万台的一次性相机将被循环利用,从而将总重超过70万磅的垃圾转化为了可用材料。

讨 论 题

1. 柯达的一次性相机是怎么转变为可再使用相机的?
2. 这些可再使用相机又是怎么变成循环再生相机的?
3. 在这个案例编写完成后(案例完成于1990年),一次性相机又发生了怎样的变化?给这个案例最新的补充(2004年)。

阅读、分析下面的关于电子技术舷外引擎艾文鲁德的可持续设计的案例,并回答后面的讨论题。

案例 4—2

艾文鲁德®电子技术™舷外引擎

2000年12月,舷外海洋公司(Outboard Marine Corporation,OMC)——艾文鲁德(Evinrude)和约翰逊(Johnson)等拥有近百年历史的老牌船舶发动机的制造商,陷入了困境。公司根据《破产法》第十一章提交了破产保护申请,并开始了破产资产的拍卖。在过去的五年里,公司在船舶舷外引擎市场中的市场份额削减了一半。舷外海洋公司工程师已经开发出一种强大的燃油喷射技术以符合新的美国环境保护署技术规范,但是随着引擎故障的报道变得多起来,许多销售商都纷纷停止出售舷外海洋公司的引擎。尽管重新设计的引擎解决了故障问题,但是已经来不及挽救公司破产的命运。这些过去的问题还会给公司新东家带来不好的影响,并使得这个著名品牌的从此声名扫地吗?舷外海洋公司的工程总监乔治·布莱顿(George Broughton)博士将会给新东家什么建议呢?

艾文鲁德的品牌历史

自从100年多前奥易·艾文鲁德(Ole Evinrude)的第一款舷外引擎诞生以来,艾文鲁德这个品牌名称就与新颖的设计特色和出众的技术水准联系了起来。但是到了20世纪90年代初期,公司业绩逐渐不景气、日本制造商带来的渐增的压力以及质量控制上的问题开始给舷外海洋公司敲响了警钟,而艾文鲁德当时正是舷外海洋公司旗下的著名品牌。

船舶引擎带来的污染

截至2004年,美国共有1 200万台船舶引擎处于运转之中。那些被用在游艇上的火花点火式汽油引擎是美国碳氢化合物(HC)和氮氧化合物(NOx)的主要排放源。碳氢化合物和氮氧化合物会产生对流层臭氧,这将刺激人类的呼吸系统,引起胸肺部的炎症。臭氧还会使人们的呼吸状况恶化,如产生哮喘等[1](参见表4—8、表4—9、表4—10)。

根据一系列的政府研究报告,1990~1999年,每年有2 900万加仑汽油中的85%左右进入了北美的海洋水域中,而这些汽油都是来源于被污染的陆地径流和河流、小型船

---

[1] U. S. Environmental Protection Agency, http://www.epa.gov/otaq/marinesi.htm.

只和水上摩托以及飞机等人类活动。[1][2] 据估计,每年从二冲程舷外电动机中流出并进入美国海岸水域的汽油和机油在60万～250万加仑之间。[3] 最新的报告表明,联邦当局仍在努力说服人们逐渐停止使用那些老式的低效能二冲程引擎,并准备制定一套联合强制措施。在2002年,据估计汽化二冲程式引擎在美国舷外发动机市场中的市场占有率仍有约60%(参见表4—6、图4—14)。

新的规范和限制

1990年,由于意识到公路用引擎的污染物排放已经缩减到了令人比较放心的程度,美国国会通过了《清洁空气法》的修正案,要求美国环境保护署编制一份非公路用引擎的目录,并确定新的非公路用引擎法规是否在技术上和经济上可行。美国环境保护署明确指出,美国所有的常用非公路引擎排放的碳氢化合物占全国总排放量的10%,[4] 而这其中的30%又是来自于游艇的引擎。[5]

美国环境保护署出台的《舷外电机新守则》以及《个人船只管理法》(PWC)中都规定,从1998年起船舶引擎的排放物必须有明显的减少,最后到2006年达到排放物减少70%的目标。[6] 在加州,相关的约束更加严格。加州空气资源理事会要求制定一个加速管理计划,以实现到2001年排放物减少70%、到2004年减少77%、到2008年减少90%的计划。[7]

尽管加州的航线没有严格禁止二冲程式引擎的使用,但还是采取了一定的管制措施。由于二冲程引擎会将其大量的未完全燃烧燃料排放到空气和水中,所以它们被加州有关机构认定为是一类高排放引擎,禁止在加州11个湖泊的船舶中使用。而电子控制燃油喷射式(EFI)二冲程引擎的使用在排放方面确实带来了一些改善,但是仍然被加州空气资源理事会认定为是高排放引擎并同样在这些湖泊中禁止使用。

---

[1] *Oil in the sea III: Inputs, fates, and effects*. (2003). National Research Council. The National Academies Press,http://books.nap.edu/books/0309084385/html/.

[2] See Exhibit 1, "Petroleum Pollution Sources," on pape E-1.

[3] 要估计石油碳氢化合物带来的负担,要考虑很多因素,包括水运工具的数量、平均马力、排放率、平均使用时长。二冲程外侧引擎广泛使用的平均时长通过一个模型可以计算出来,结果是34.8小时/年。

[4] Personal Watercraft Industry Association,http://www.pwia.org/issues/marine.html.

[5] See Exhibit 2, "Petroleum Pollution—All Sources, North America" and Exhibit 3, "Non-road Engine HC Sources," on page E-2.

[6] Orbital Engine Corporation Limited, company Web site; http://www.orbeng.com.au/orbital/orbitalTechnology/marineRecreational.htm.

[7] California Department of Boating and Waterways,http://dbw.ca.gov/MTBEnew.htm.

新的排放管制条例规定,所有达到加州空气资源理事会认证要求的引擎都要在引擎盖上贴上一个印有1~3颗星标识的标签,其中,星的数目依次代表船舶引擎制造商生产的引擎符合加州空气资源理事会的2001年、2004~2008年标准。因此,为了顺利达标,在1998~2002年之间,海运工业总共投资了超过10亿美元用于技术改良,最终成功将碳氢化合物和氮氧化合物的排放量减少了75%,噪音污染减小了70%。[1]

除了引擎带来的环保问题之外,其安全性问题也备受关注。一氧化碳(CO)是一种由碳氢化合物的不完全燃烧产生的无味、剧毒性气体。在诸如滑水之类的水上体育运动中,意外死亡往往是由溺水导致的。在这些死亡案例中,常常是由于滑水者吸入了船尾部引擎排放出的有毒烟气(比如,一氧化碳),导致缺氧而晕厥,失去知觉并发生溺水事故。因此,引擎制造商们的另一个生产目标是减少引擎中一氧化碳的排放量。当然,不同的引擎可能排放出的特定污染物的含量一般不会相同[2](参见图4—15)。

为什么是二冲程引擎?

二冲程式引擎具有一些明显的缺点,这就是为什么我们通常没看到它们被使用在汽车等一些交通工具中的原因。

每次进入到二冲程电机燃烧室的一股新的空气/燃油混合物中,有将近20%~30%的燃油未经燃烧或未完全燃烧就已通过了燃烧室,并从排气口排放了出来。[3] 对于一艘船来说,这是个麻烦的问题,因为新鲜燃油和漏出燃油中的碳氢化合物将被直接排放到洁净的水域里(参见图4—18和图4—19)。

在二冲程引擎中[4],曲轴箱起到一个增压室的作用,迫使空气/燃油的混合物上升到汽缸之中,因此,它不能控制油的粘稠度。所以,操作者必须在二冲程引擎专用油中混合一些汽油,这样可以起到润滑机轴、连杆和汽缸壁的作用,以确保引擎不会过热太快或者卡住不动。二冲程引擎中排出的气体常常带有很重的刺激性气味,这正是这些润滑油燃烧的结果。

相比之下,四冲程式引擎拥有一个与燃烧室完全隔离开来的曲轴箱,这样,润滑油就不会和燃油混在一起了。同时,曲轴箱内充满了一种更加具有粘性的油,以起到润滑汽缸壁、机轴轴承和连杆端轴承的作用。[5]

---

[1] Personal Watercraft Industry Association, March 20, 2002.

[2] Refer to Exhibit 4, "CO Emissions Comparison" and Exhibit 5, "ICOMIA vs. Idle CO Emissions" on pages E-3 and E-4, respectively.

[3] EPA Web site, http://www.epa.gov/region1/assistance/cmei/types.html.

[4] See Exhibit 7, "Two-stroke Engine," on page E-5.

[5] See Exhibit 8, "Two-stroke Engine," on page E-6.

二冲程引擎的另一个缺点就是它们的使用寿命只有四冲程引擎的一半。这是因为它没有一个专门的润滑系统,所以其零件更容易磨损坏掉。

　　此外,二冲程引擎的使用成本也更高。二冲程引擎的专用油价格昂贵,而且一个汽化引擎中的每加仑汽油就需要使用4盎司这种专用油。如果二冲程引擎被安装在汽车里,那么每跑1 000英里就需要消耗1加仑这种油(或者,每1 000公里需要超过2升)。[1] 而且,二冲程引擎的燃油利用率也不高,船主常常需要携带更多的汽油在船上,并且更频繁地进行补给。

　　同时,有些二冲程引擎的制造商在营销策略上往往也存在不足,因为相比来说,许多消费者更熟悉他们的汽车引擎制造商,而这些引擎基本上都是四冲程式的。汽车品牌比如本田和铃木等的知名度,加上其产品的可靠度,都是使新买车者放心购买的因素。站在制造商的立场,如何能利用好这些品牌优势是使其获利的关键因素之一,而且,船舶和汽车引擎中的相同部件也为这些公司节约了一定的经济成本。

　　那么,既然二冲程引擎有如此多的缺点,消费者为什么还要购买并使用它呢？二冲程引擎的优点之一就是它具有比四冲程引擎更简单的结构、更少的零件以及比后者轻10%的重量[2],这主要是由于它没有阀门的缘故。[3] 拥有较少的零件也使得二冲程引擎价格更加便宜;它们的零售价格通常比四冲程引擎低8%～10%。[4] 于是,在价格这点上出现了一些争议,我们知道,对于一台小型电机来说,价格就算不同也不会差很多钱。类似地,对于一个愿意花费5万美元在船的改造上的人来说,再多花300～400美元来更换一个四冲程引擎根本不算什么。[5]

　　二冲程引擎的另一个优势就在于从理论上来说,如果经过一定改造,它们能产生出两倍于四冲程引擎的动力。这是因为二冲程引擎每旋转一圈就点火一次,而四冲程引擎是每旋转两圈才点火一次。

　　此外,二冲程引擎在任何方向上都能正常工作,这对于像电锯一类的设备来说相当重要。而四冲程引擎则可能会在油流上产生问题,除非它是垂直放置的,或者附加了一些复杂结构以克服这些问题。

---

　　[1]　Brain, Marshall. "How two-stroke engines work," How Stuff Works Web site, http://science.howstuffworks.com/two-stroke3.htm.

　　[2]　The future of outboard engine technology, *Boating Industry*, Friday, March 1, 2002; http://www.boatbiz.com/output.cfm? ID=513955.

　　[3]　Brain, Marshall. "How two-stroke engines work," How Stuff Works Web site, http://science.howstuffworks.com/two-stroke.htm.

　　[4]　The future of outboard engine technology, *Boating Industry*, Friday March 1, 2002, http://www.boatbiz.com/output.cfm? ID=513955.

　　[5]　Ibid.

潜在的解决方案：直接喷射

有些公司已经开始改良燃烧技术，以求能开发出一种既能保持其本身优势，又具有低排放特性的二冲程引擎。[1]而直接燃油喷射(DI)就是这些改良技术的其中之一。在传统引擎中，纯净的燃油/空气混合物都是经由汽化器或者传统的电子燃油喷射器被向上输送到汽缸的。在进给冲程中，喷雾状的燃油被送入了汽缸，并在此形成同样的空气燃料混合物。[2]

而在直接燃油喷射二冲程引擎中，其燃油系统与柴油发动机十分相似。[3]只有当排气口被活塞裙挡住并有效关闭时，喷射器才将雾化的汽油喷射到汽缸中，这样做可以最大限度地减少从排气口排放的纯净空气燃油混合物。目前来说，在市场中主要有两种形式的直接燃油喷射——轨道燃烧工艺技术和菲希特燃油喷射技术。

直接喷射：轨道燃烧工艺技术

在20世纪80年代，有一家名为轨道引擎(Orbital Engine)的澳大利亚公司开始生产采用二冲程引擎的吸尘器。这家公司为直接喷射技术系统专门研发了一种独特的喷射泵，并将这项技术授权给了几家汽车公司使用。

但是，这些汽车公司最终还是放弃了这项技术，因为该喷射泵需要消耗太多引擎的功，从而大大降低了引擎的性能。于是，轨道公司随后又研发了一种新型的喷射泵，它可以利用燃烧时产生的气体压力驱动下一个冲程的喷射。[4]

轨道燃烧工艺(OCP)是一种分层燃烧技术，它通过一种低压空气助力燃油喷射方式将燃料喷射到引擎的燃烧室中。在整个过程中，燃油输送、喷射定时、点火和其他可变因素均由电子设备控制，并且燃油会被雾化成8微米直径大小的小燃油滴，然后在汽缸中被压缩在很小的一片区域内，而汽缸中剩下的大部分空间则是不会燃烧的空气。[5]

由于在轨道燃烧工艺技术中，燃油/空气雾化混合物中空气和燃油的成分比例可以

---

[1] Also refer to Appendix 4, "Other Low Emission Technologies under Development."

[2] Orbital Engine Corporation Limited, company Web site, http://www.orbeng.com.au/orbital/orbitalTechnology/combustProcess.htm.

[3] Gorr, Eric. (1997). Future dirt bike technology, *Dirt Bike Rider Magazine* (UK), http://www.eric-gorr.com/techarticles/future_biketech.html.

[4] Refer to Appendix 2, "Orbital Timeline," on page A2-4.

[5] Orbital Engine Corporation Limited Web site, http://www.orbeng.com/au/orbital/orbitalTechnology/combustProcess.htm.

控制,燃烧过程变得清晰而且可控,这样既可以提高燃油的利用率,又可以减少污染物的排放。但是,一台使用轨道燃烧工艺技术的引擎在轻负载的情况下运行质量会比较低劣(较低的燃料与空气比)。而在重负载的情况下运行时,轨道燃烧工艺系统会像传统引擎那样,燃料/空气混合物的成分比例比较平均[1];空气和燃油都达到了既定标准[2](参见表4—12)。

舷外海洋公司曾经试用过一些高度改装版本的轨道引擎,但是当另一项技术,即菲希特燃料喷射技术出现后,舷外海洋公司便决定搁置前面的试用计划,转而采用这项更先进的技术。[3]

直接喷射:菲希特燃油喷射技术

菲希特直接喷射系统最初是由沃尔夫冈·海姆博格(Wolfgang Heimberg)在冷战时期设计出来的,当时它被当作一种螺栓紧固系统,用以清除从特拉本特(Trabant)这种因"吞噬大量燃料,吐出滚滚黑烟"而臭名昭著的前东德轿车中排放出的尾气。[4] 菲希特喷射系统采用了液压冲击方法将喷射汽油推入燃烧室。这项技术要比轨道引擎公司开发的轨道燃烧工艺技术更为简单,后者采用的是一台空气泵或者说燃烧产生的气压来驱动系统(参见图4—20、表4—12)。

在20世纪90年代中期,舷外海洋公司开始选择与菲希特直接燃油喷射技术合作研发新产品,并购买了这项技术的技术授权。此后,这项技术给舷外海洋公司带来了51%的利润,令其十分振奋。1997年,舷外海洋公司发布了其装备菲希特系统后的第一款艾文鲁德型号引擎。

菲希特燃油喷射(FFI)系统由四部分组成:燃油喷嘴、一个润滑系统、一个电气系统以及一个用空气冷却的引擎控制单元(ECU)。引擎控制单元负责控制燃油泵和螺线形电导管,使其每秒向燃烧室中直接喷射燃油100次,并负责根据引擎的转速调整燃油的流量。系统运行在将近每平方英尺250磅的压力下(1 725千帕)。而电机每转一圈,电容放电系统将触发点火线圈12次。

这个系统也不是没有缺点的。许多采用这种系统的第一代电机经常会遇到慢性熄

---

[1] Ibid.

[2] Banse, Tim (November 1995). "OMC's giant leap," Boats.com, http://www.boats.com/content/default_detail.jsp? contentid=2588.

[3] Banse, Tim. (1996). "1996 Outboard review: Cleaning up and moving ahead," Boats.com, www.boats.com/content/default_detail.jsp? contentid=2593.

[4] Banse, Tim. (November 1998). "What's up at OMC?" Boats.com, www.boats.com/content/default_detail.jsp? contentid=2586.

火、突然停转、火花塞污浊以及引擎故障等问题,这些问题常常是由于引擎工作在宽开节气门状态以下所致。[1]

调查发现,这些引擎在上市之前,基本上都是在高压高速的状态下接受测试的。尽管舷外海洋公司的工程师们也不期望这样,但是在低速运行的情况下,引擎中会有黑烟产生并造成麻烦。

那时,舷外海洋公司只在引擎出厂之前做尽可能少的测试。这些测试最多不超过1分钟,并且几乎不用确认引擎是否在运转。因此在这种情况下,技术人员根本无法对引擎的长期性能作出任何判断。由于这些问题的出现,舷外海洋公司马上对其技术人员进行了特殊培训以处理菲希特系统带来的问题,并且指派他们到现场对5 000～10 000台引擎进行性能的抽样评估。而这些引擎中已经有80%的数量被零售顾客预订了,剩下的也已经在经销商的仓库中了。[2]

1999年,经过一些性能改进后,第二代的菲希特动力引擎发布了。其第一个改进就是,将起触发点火线圈作用的电容放电系统从每动力冲程工作3次改为5次,且火花持续时间限制在3～100毫秒之间。除了燃料点火上的改进,系统还有效地防止了火花塞污浊现象的发生,从而解决了先前的熄火问题。而引擎的另一大改进就在于其铂金火花塞的使用,因为它能承受菲希特喷射过程中的高温和高压。此外,引擎控制单元冷却方式改成了水冷。引擎中也添加了一台新的燃油泵。而且,为了更好地防止气阻现象,加大燃油流量以及减少有关元件故障的发生,这个版本的引擎中有两个燃烧室。

破产

不幸的是,在舷外海洋公司最不走运的时候,这些新引擎出现了问题。由于常常被失败的商业决定、财政困难、高层人员的辞职以及日渐下滑的品牌形象等诸多问题困扰,再加上公司对自身产品可靠性的特别要求,包括其令人尊敬的信誉,这些因素都将舷外海洋公司推到了悬崖边缘。[3] 而且,在美国环境保护署的新环保法规出台之前,舷外海洋公司的工厂所在地就已经面临了严重的污染。[4]

2000年12月,舷外海洋公司中断了生产制造,停止了对买方的供货,撤销了产品质量保证,并解雇了1 190名员工。公司已经按照《破产法》第十一章提交了破产保护申

---

[1] Ajootian, Caroline. (November 1999). A big fix for OMC's Ficht, *Boat/US Magazine*, http://www.findarticles.com/cf_dls/m0BQK/6_4/61555469/p1/article.jhtml.

[2] Ibid.

[3] Refer to Appendix 2, "Evinrude Timeline, Part 2," on page A2-1.

[4] Tiger, John. (April 2001). "Lean, clean machines," *Sports Afield*, Vol. 224, Iss. 4, p. 18, www.sportsafield.com.

请，并开始了破产资产的拍卖。此时，公司欠下的债款已经超过了7.68亿美元。

"其技术是非常棒的，不过舷外海洋公司已经没有时间和资金来提炼和改进它了。"一位来自威斯康星州的船舶代理商布赖恩·贝尔(Brian Bell)[1]在回顾舷外海洋公司遇到的问题时如是说。

新主人

这以后直到2001年2月，来自加拿大魁北克省蒙特利尔的庞巴迪公司才被破产法庭宣布为收购舷外海洋公司引擎资产及其菲希特随机喷射技术的中标者。庞巴迪公司是一家以生产诸如里尔公务喷气飞机、摩托雪橇雪地车以及全地形交通工具和地铁车辆等各类交通工具而闻名的家族控股公司，它总共出资了8 700万美元来竞标。而拥有超过12家造船子公司的杰玛实业集团(Genmar Industries)则花费了将近700万美元，竞得了舷外海洋公司旗下船舶品牌的大部分股权。

同时，破产法庭还同意了舷外海洋公司用580万美元购买菲希特技术剩余的49%股权，前提是其必须将这项技术出售，即将这项燃油喷射技术的所有权完全转让给庞巴迪公司[2]（参见表4—11）。

业务清扫行动

庞巴迪公司毫不迟疑地对收购的舷外海洋公司进行了改造。在代号为业务清扫的行动中，庞巴迪向舷外海洋公司派遣了一位副总裁洛克·兰博特(Roch Lambert)，外加公司中20名专家组成的团队，以协助舷外海洋公司重新聘任的制造专家，全面督查舷外海洋公司的公司形象及业务情况。此外，庞巴迪还需要帮助那些仓库中堆满了舷外海洋公司引擎的代理商们重拾对其产品的信心。由于许多艾文鲁德和约翰逊舷外引擎的购买者都在关注谁将负责承担这些产品的零件更换及售后服务，庞巴迪公司只好涉入到这些与其没有法律义务关联的产品质量保证问题之中。2001年3月，庞巴迪公司提出召回1999~2000年之间舷外海洋公司生产的菲希特型200和225马力舷外引擎，总计超过11 000台。

兰博特和他的同事们制定了一份十分详细的计划来重组舷外海洋公司的制造业务。在2001年工厂由于只生产了一种引擎，导致了后面10个月的工作延误。这也让

---

[1] Barrett, Rick. (January 19, 2002). "New owner hopes outboard motors make a splash," *Milwaukee Journal Sentinel*, JS Online, http://www.jsonline.com/bym/News/jan02/13983.asp.

[2] Refer to Appendix 2, "Evinrude Timeline, Part 3," on page A2-3.

兰博特的团队有了充足的时间来研究所有引擎元件的工程技术图纸,并改正发现的问题。

果然,在手头核查的数千个引擎零件中,兰博特的团队发现有几十个达不到质量标准。例如,在12万个机轴中,只有15 000个能用。此外,在舷外海洋公司库存的几千个连杆中,有80%已经是废品。[1]而在活塞、轴承、引擎壳、齿轮以及其他零件中也有很多无法使用。[2]

对原舷外海洋公司工程师的大量采访也有助于团队决定该优先考虑哪条捷径,以迅速减少产品的质量问题,避免将那些不合格的产品卖给顾客。[3]

新的加工策略、新的工厂

舷外海洋公司的制造加工过程走了不少的弯路。由于20多年的生产策略影响,公司的生产设备被分散到了位于美国、墨西哥以及中国的9个工厂之中。工厂过去被迁到了南部,因为在那里工会的力量没有工业发达的中西部强。但是这也造成了如原舷外海洋公司职员所说的"一条绵延2 000英里的组装线"。零部件往往需花费3周运输时间,因为有一部分的船和引擎只能通过卡车从一个工厂运到另一个工厂。比方说,引擎的变速箱壳可能在伊利诺伊州的沃其根分厂进行压铸,然后到北加利福尼亚的安德鲁分厂完成制造和部分组装,最后运到佐治亚州的卡霍恩分厂,最终组装完成。由于这样繁冗的制造过程,舷外海洋公司的利润仅能达到行业平均水平的一半[4]、[5](参见图4-2)。

2001年3月,兰博特和他的团队制定一份时间表,以求能在3个月内恢复舷外海洋公司的制造加工业务,并赶在秋季到来之前在新厂房开始引擎生产。此外,庞巴迪公司关闭在卡霍恩、沃其根、伯恩斯维尔和北加利福尼亚的工厂,也没有将密尔沃基西北的那间工厂重新投产。取而代之的是,公司将95%艾文鲁德和约翰逊舷外引擎的生产任务移到了位于威斯康星州斯塔迪文特的一个面积达471 000平方英尺(44 000平方米)的

---

[1] Bylinsky, Gene. (September 2, 2002). "Elite factories," *Fortune*, Vol. 146, Iss. 4, p. 172B, http://www.fortune.com/fortune/imt/0,15704,406928—3,00.html.

[2] Clark, Andy. (August 28, 2002). "Ficht ram—Where are we now?"The Bosun's Mate, Ltd., http://www.bosunsmate.co.uk/ficht_ram.htm.

[3] Grimes, Ken. (April 12, 2002). "Johnson and Evinrude outboards fire up," Boats.com, www.boats.com/content/default_detail.jsp?contentid=15422.

[4] Bylinsky, Gene. (September 2, 2002). "Elite factories," *Fortune*, Vol. 146, Iss. 4, p. 172B, http://www.fortune.com/fortune/imt/0,15704,406928—3,00.html.

[5] Borden, Jeff. (June 28, 1999). "Battle for OMC: Who really won?" *Crain's Chicago Business*, www.chicagobusiness.com.

新厂房中来完成。这个厂房曾是已破产的金色图书公司(Golden Books)的大本营。[1]为了进一步提高零部件的质量,庞巴迪公司又找回了以前的供应商并帮助他们升级那些已无法生产出合格零件的老旧制造工具。[2]一些关键零件的精密加工业务,如燃油喷射系统等,庞巴迪则交由自己内部来完成,并且为此投入了几百万美元的资金。最终,庞巴迪公司在短短78天内,就完成了整个改造计划,令其竞争者震惊不已。

公司生产率的大幅提升要归功于其联合一致的生产运作。在斯塔迪文特分厂,庞巴迪公司发现其可在约8小时之内生产出一台舷外电机,与之前在舷外海洋公司生产系统中零件需要从南部工厂运到伊利诺伊州和威斯康星州的工厂,花好几天才能生产出一台电机相比,真是一次飞跃。[3]

新的员工

庞巴迪公司收到了6 000份想要应聘新工厂300个空缺职位的申请书。在专业人事顾问的协助下,负责招聘的小组仔细挑选出了他们认为具有问题解决能力和团队合作精神的新员工,而不是只关注他们在引擎装配方面的工作经验。[4]

在舷外海洋公司破产时聘用的360名工程师之中,只有80位继续被聘用下来,此外还增加了20位新招聘进来的。乔治·布莱顿(George Broughton)博士,当时的庞巴迪公司旗下艾文鲁德和约翰逊舷外引擎制造分部的工程主管,被授命组成了一个新的创新者团队。后来,他将他的"领导创新团队的五点想法"解释并总结如下:[5]

1. 朽木已亡

布赖顿曾经提出过一个关于某一机构的工作效率的公式,可以用下面的数学公式表示:效率=明星员工/边缘员工。要创建一支有效率的团队,领导者不仅要弄清楚该聘用哪些员工,更要明白哪些员工必须从机构中除去。布莱顿觉得下列类型的员工应该被剔除:

- 推动者:把事情交给别人做而自己不做的人
- 说教者:详细地描述事情而不采取行动的人
- 问题陈述者:一而再再而三地陈述问题,而提不出解决方案的人

---

[1] 参见第235页注[5]。
[2] Daly, Jim. (December 2002). Bombardier's new warranty. *MotorBoating Magazine*, p. 20.
[3] 参见第235页注[5]。
[4] Grimes, Ken. (April 12, 2002). "Johnson and Evinrude outboards fire up," Boats.com, www.boats.com/content/default_detail.jsp?contentid=15422.
[5] Running Against the Wind: The Search for Innovation, presentation for the New Product Development Forum held at Rochester Institute of Technology on October 7, 2003.

- 甜言蜜语者:总是甜言蜜语,只说你喜欢听的话的人
- 整天开会的人:把整天的时间都用在开会上,却任何事情都完成不了的人

2. 为普通的老板工作

在舷外部门中工作的信条是,让舷外马达开心,整个公司都开心。其思想就是,以产品为老板,而不是以公司为老板,也不是以某个人为老板。这是因为人类天性趋向于寻找乐趣和异国风味,以产品为中心比以老板为中心更有利于工作。

3. 期望创新遇到问题

认真招聘——招聘那些能够解决问题并能与他人合作的员工。一个企业需要有激情的人,并不一定是高材生。人们应该相信它能找到解决问题的办法。

进一步讲,团队成员应该把同事的问题也作为自己的问题来解决,而不只是了解同事有哪些问题。消除部门之间的界限——在必要的情况下去除工作性质描述。通过一般的现象来区分部门,而不是通过工作描述来区分。

周一早晨放马后炮拥护你的人很好,这能让大家的精力集中到正确的地方,比周一早晨总是唱反调的人要好。你自己不能解决或不能发现的问题,通过与大家合作能够意识到,并能找到解决的方法。

4. 先失败,并且失败多次

第一次做不好:先失败,并且失败多次。有时候你那些负责解决问题的员工会提出一大堆解决方案。不要让他们把最好的方案放在最后执行;这会给他们拖延进程的借口。首先用你的最佳方案。

显著情绪经验(Significant Emotional Experience, SEM)是必要的。克服对完成工作的恐惧感——让大家知道总有很多工作要做,这样员工们就会做完一个项目就继续做下一个。你不要让大家觉得没有多少工作,因为这样的话,他们就会以此为借口而迟迟做不完手上的工作。

5. 领导与谎言

用未知的事情来使得大家信服:用可能性来激发士气。听起来好像项目已经取得了成功;也许是打擦边球的谎言,但是不要自欺欺人。

新的质量控制

庞巴迪公司实施了一项激进的测试计划,即让测试电机在满负荷情况下过度工作几百个小时,以找寻它们的不足和问题。布莱顿解释这样做的目的是因为,虽然你在开车时通常只用到其引擎最大动力的五分之一,但对于舷外引擎来说,必须能经得起几百小时的满功率运转。

质量控制不再是某个生产监督部门的职责。它变成了与生产过程中每一个步骤都紧密相关的综合环节。从供应商处过来的零件需要经过检查，而合格通过后，这些零件将被送往两条组装生产线——一条组装内部模块，另一条组装引擎外壳。然后，引擎配件被运往下一条被称为回转(Turnaround)的生产线，这里安装了电磁记录卡，可以帮助统计出正确配对的内部组件和引擎外壳组合数目。在两条组装线再次汇合之前，船舶底部引擎将经过一个铬酸盐转化过程，使引擎表面生成一层氧化铝分子保护膜，以保护其免受海水的腐蚀。

在斯塔迪文特工厂，每条组装线上有20％的工人专门负责检查前一个工作站完成的工作。而且每隔5个工作站，就会有一个独立的全体检查。组装完毕后，每台引擎需要在12个由电脑控制的水箱其中之一里满负荷运行15分钟。会有将近1％的引擎需要从运输箱中取出，经过250项的检测，然后被安装到船上进行试运行，测试场地一般选在密歇根湖或者其他湖泊中。为改善产品质量做出的努力收到了成效。截至2002年9月，在原来的4 600家代理商中，有3 800家重新申请为艾文鲁德和约翰逊引擎的代理。

对于艾文鲁德引擎制造工厂的员工来说，新的质量控制策略使他们能一起努力并见证全新产品的诞生。布莱顿甚至在2002年参观新工厂时宣布，从实用的角度来说，"菲希特已经死了！"[1]尽管这个宣言稍显激动，但至少在营销和广告方面，已经达到了其目的。它彻底划清了新公司生产的引擎与以前问题缠身的产品之间的界限。现在新公司要做的就是使顾客对这个概念确信不移；也就是它必须打造出一个基于菲希特技术上的全新产品品牌。

新的营销策略

曾经，艾文鲁德这个品牌一直是创新的、高技术含量引擎的代名词，但是由于近年来舷外海洋公司的种种原因，艾文鲁德的品牌影响力已大不如前。兰博特意识到庞巴迪公司必须经过艰苦的努力才能赢回那些以前痴迷艾文鲁德的信徒的心。舷外引擎分部的同事们也明白这只是公司打造全新产品定位计划的一部分，而首要的任务就是要重申公司自己的传统。因此，庞巴迪公司需要重启创新方案，使得公司内部能再次迸发出创新的思想来。用布莱顿的话说，就是公司必须"有梦到过去传统思路的能力"。要实现这个目标，公司首先必须将其营销策略与业务内容紧密整合在一起，并且学会怎么

---

[1] Anonymous. (June 2002). Ficht badging will be dropped. *Trailer Boats Magazine*, Vol. 32, Iss. 6, p. 12.

针对其消费者和雇员制定相应的创新策略。

于是,引擎部门展开了一项营销行动,找到并理解消费者的需求所在,然后开发出能满足他们需求的创新产品。在这项行动开展之前,公司指出,最好是倾听顾客的真正需求,而非他们提出的解决议案;顾客不会站在创新的角度考虑问题,只会看竞争者给他们发放的问题解决指南。此外,艾文鲁德的员工知道要"倾听心声",因为有时候顾客没有说到的内容比他们说过的内容更为重要。

美国的消费者群是舷外电机行业的一个重要组成部分,他们至少占据了50%的全球市场份额。尤其是那些喜欢在淡水钓鱼的消费者,他们形成了65%～70%的美国舷外引擎市场。[1]

市场研究者通过对潜在消费群体的问卷调查,获取了许多信息,并根据被关注的消费者群体的需求,重新对市场进行定位和理解。通过观察消费者代表之间的坦诚交流,公司听到一句话被不断重复:"驾船就是一件烦人的事。"消费者们希望买到的船是能在水上驾驶的,而不是经常离开水面,拿去维修。他们也不想总是要为船的维护、发动甚至报废等问题操心。现在的消费者都有很多业余活动,不会愿意花时间对买来的船进行修补、抛光或者维护。总之,他们需要的是可以让他们省心省力的船和引擎。此外,这些消费者还在考虑他们买来的船在未来新的环保法规下,能否被允许下水使用。

舷外引擎部门常常面临着来自本行业的强大竞争压力。例如,水星海事(Mercury Marine)就是宾士域公司(Brunswick Corp)旗下的舷外引擎制造分部,它位于威斯康星州的丰迪拉克附近,是全美国最大的舷外引擎制造商之一。2003年,该公司的全年销售额达到了18亿美元,占据着美国舷外引擎市场38%的份额。[2]同时,来自日本的本田、雅马哈、铃木和东发四家公司也将其在美国市场的占有率从2000年时的43%提高到了2002年时的56%。[3]在一份关于其竞争对手的评估报告中,艾文鲁德团队发现本田在引擎的清洁和低噪音方面名声很大,雅马哈因经久耐用而出名,而水星引擎的特点则是转速高且拥有独特的外观——其引擎的商标是黑色的。受其启发,艾文鲁德团队也决定为自己的艾文鲁德引擎打造出一个具有高辨识度的品牌特征,并最终成为"水上霸主"。于是,团队开始找寻自身产品的特点,并最终作出了3年无质量问题的保证,以此作为其产品的品牌特点。

---

[1] The future of outboard engine technology. (March 1, 2002). *Boating Industry*, http://www.boatbiz.com/output.cfm?ID=513955.

[2] Barrett, Rick. (January 24, 2004). "Roiling the waters of the boating industry," *Milwaukee Journal Sentinel*, http://www.jsonline.com/bym/news/jan04/202334.asp.

[3] Wisconsin outboard engine maker Mercury accuses Japanese of predatory pricing. *Knight Ridder/Tribune Business News*, January 9, 2004.

尽管本田的引擎素以清洁著称,但是艾文鲁德随后推出的电子技术引擎似乎更胜一筹。这种引擎已经达到甚至超过了国家职业安全和健康研究所(NIOSH)的各项严格要求[1],成为世界上一氧化碳排放量最低的引擎。同时,艾文鲁德也选择了领衔市场的雅马哈(市场份额为38.3%[2])作为竞争目标,宣称艾文鲁德引擎与其相比"更可靠、更出色、更清洁"。而且,全新的神秘外观和醒目的新品牌标识都将被用在这款新的电子技术引擎上,以使其看上去与众不同。

艾文鲁德和约翰逊(Johnson)两种品牌的大多数引擎都是在斯塔迪文特工厂同样的组装线上加工组装完成的。为了能区分这两种品牌的引擎,庞巴迪公司决定将艾文鲁德定位成高科技含量的引擎品牌:它将更快地与最新技术结合,同时其销售时的宣传信息也将着重突出其大功率和高速的特点。与此同时,约翰逊将被定位成高质量、高可靠性的引擎品牌。

根据J. D. 波尔(J. D. Power)和他的助手于2003年发表的船舶引擎竞争信息研究报告所述,尽管庞巴迪公司的舷外引擎部门可能已经在尽力向消费者传达其产品的技术信息,但消费者似乎还是需要对各种引擎技术的利弊来一个全面深入的了解。

在对此报告做出响应的船舶所有者中,只有30%的人表示他们能彻底明白电子控制燃油喷射、直接燃油喷射或者二冲程、四冲程引擎技术的优点所在。超过20%的人表示他们对引擎相关技术没有一个明确的概念。在第一次买船的消费者中,只有1/4的人会把技术含量作为买船舶引擎时的考虑因素,但是对于那些已经有一台船舶引擎的人来说,这个统计数字可以翻2倍多。[3]

新的产品:电子技术

在2003年2月举办的迈阿密国际船舶展览会上,庞巴迪公司生产的休闲游艇震惊了在场的新闻媒体,因为有一项全新登场的技术——电子技术被运用到了公司一系列全新的艾文鲁德引擎中。"评委们都说,这是一项让人久违且兴奋不已的全新技术,它将会给整个行业带来惊天动地的影响。"《游艇世界杂志》(*Boating World Magazine*)高级编辑兼国家船舶制造商协会(National Marine Manufacturers Association, NMMA)2003年创新大奖的评委之一迈克尔·威顿(Michael Verdon)激动地说。[4] 尽管这款

---

[1] National Institute for Occupational Safety and Health.

[2] Yamaha company Web site; http://www.yamaha-motor.co.jp/eng/profile/ir/report-data/2003/05Review_Marine.pdf.

[3] "Technology Plays Major Role in Engine Purchase Decisions," *Boating Industry*, October 30, 2003; http://www.boating-industry.com/output.cfm? ID=746641.

[4] Boating Writers International (BWI) Web site, http://www.bwi.org/innovation.html.

引擎是多么的具有革命性意义，布莱顿还是提到庞巴迪公司仅仅用了 19 个月的时间就走完了从事"第一条生产线到成品线"的过程。电子技术拥有大量新技术特征[1]，这些都是基于第三代的菲希特燃油喷射技术的发展结晶。

在这一代产品中，采用了一种全新设计的使用洛仑兹线圈的燃油喷嘴。这种线圈与用在扬声器发声单元的线圈是同样的类型，它周围被磁性非常强的永磁体包围，能根据通过的电流大小产生对应的力，从而将燃油输送至燃油喷嘴中。同时，由于加在线圈两端的电压极性可变，线圈可以产生出引力或者推力，从而使得喷射装置能迅速复位，加速电机的运转。这种新的设计也使得电子技术的喷射装置拥有更低的能耗，以及超过 600PSI(4 200千帕)的喷射压强——大约是前一代电磁驱动菲希特喷射系统的 2.5 倍。

新的燃油喷射系统能在引擎低速运转时产生出分层雾状燃料，并将其集中喷射到火花塞的尖端部位。由于劣质燃料混合物燃烧时温度很高，电子技术系统便将连接引擎管理模块(EMM)的传感器内置了起来。引擎管理模块是全新的操作系统，用于密切监视汽缸盖的温度、气压和机轴转速。电子技术系统是靠调节燃油与空气混合物的成分比例来对上述变量进行反馈补偿的。当机轴转速上升时，将产生更大的雾状燃料滴，以帮助活塞更好地冷却。此外，电子技术系统采用了一套经重新设计的热静力学控制冷却系统，以防止过热现象的产生。

由于在出游黄金季节结束后，休闲游艇通常会被搁置相当长一段时间，其电池很可能因此耗尽，汽油箱里的剩余燃油也会因氧化而变质。为了防止上述问题的发生，电子技术的电气系统经过了彻底的重新设计。它装备了一台高输出功率的磁发电机[2]，可用来向引擎管理模块供能，把燃油运到燃烧室后点火，整个过程不需要电池。同时，新的电子技术系统可以在电机转动一圈内将其启动，这使得我们可以通过手摇方式发动它。此外，燃油喷射系统采用了封闭式结构，能有效防止燃油的氧化，即使是有任何气体进入油箱并变质也对其毫无影响[3]（参见图 4—17、药表 4—7）。

强化的耐用性

为了加强引擎耐用性，电子技术引擎中的许多零件都是按照更大型号的艾文鲁德

---

[1] Evinrude Web site：http://www.evinrude.com/e-tec/background.htm.
[2] 磁发电机是生产周期性的高压脉冲而非持续电流的装置。Brain, Marshall. How does a magneto work?. How Stuff Works Web site；http://science.howstuffworks.com/question375.htm.
[3] Boltz, Brian J. (December 2003). Bombardier reinvents the two-stroke engine. *The Boating News*；http://theboatingnews.com/1203Bombardier.html.

引擎标准设计的,比如连杆和轴承,以及那些坚固的高推力底部组件。电子技术引擎在运行时,所有的系统都是通过声光信号严密监视的。一旦发生严重问题,自动减速功能将立即启动,并允许船只低速驶回港口。[1]

此外,新的引擎中还采用了使用航天合金制成的伞裙活塞,它在常温下比传统铝合金活塞的硬度大2.5倍。[2] 而可滑动的硼亚硝酸盐磨孔能帮助减轻引擎最初运行几小时内的活塞撞击。[3]

引擎发出的声音是另一个在生产时值得仔细考虑的问题。顾客常常希望电机运行时会发出一定声音,但绝不是噪音。为了实现这个目标,零件与零件之间应该尽可能地和谐工作。新型合金的使用能解决这个问题——这种材料带来了更严格的公差,从而减轻活塞和引擎带来的噪音。除此之外,其他的噪音减低措施还包括安装了一个名为玄姆霍兹共振器的进气口空气消音装置,以及一个由模塑泡沫做成的特殊缓冲衬垫。

低维护率

电子技术引擎一直是带着降低维护率的目标进行设计的。艾文鲁德对外公布,该引擎不需要经过试运转期,3年内也不需要进行任何维护。此外,过去需由顾客完成的引擎冬季防冻措施[4]和春季恢复措施已经没有必要了,取而代之的是只需用户启动,其他过程都由引擎管理模块控制运行的自动维护措施。

四冲程引擎通常每两年就需要更换一次引擎油和过滤器,这将要花费大约几百美元。此外,气门间隙每隔一年也需要调整一次,气门皮带更是需要经常更换。而在电子技术引擎中,不需要进行定时和同步的调校。同时,在电子技术引擎中没有皮带和滑轮,没有引擎盖齿轮、凸轮、刮油环以及机械油泵。

转机的暗示

在 J.D. 波尔和他的助手的 2003 年度船舶引擎竞争力信息研究报告中,艾文鲁德

---

[1] "E-Ticket Ride," Jim Barron, Bass and Walleye Boats, 05/01/2003; http://www.bassandwalleyeboats.com/site_page_897/article_page_149.html.

[2] Sawyer, Christopher A. (June 2003). The two-stroke lives (cleanly, too). *Automotive Design and Production*, Vol. 115, Iss. 6, p. 34; http://www.autofieldguide.com/articles/060301.html.

[3] "E-Ticket," Jim Barron, *Trailer Boats Magazine*, Feb. 1, 2004; http://www.iboats.com/sites/trailerboats/site_page_1480/article_page_243.html.

[4] Winterization protects against rust, freeze damage and gelled fuel.

的直接燃油喷射引擎因无引擎烟气和突出的在两次断油之间的时间/范围而高分登上"消费者最满意的二冲程引擎"排行榜的首位。雅马哈公司在二冲程引擎的排行中紧随其后,且同样因过热状态停止启动、巡行航速状态低噪声和可靠的质量保证赢得了高分。[1]

这份报告中的信息来自于在2002或2003年度购买了新船的消费者的反馈。在调查问卷中,这些船主被要求提供他们使用新引擎的经验感受及其船舶引擎的类型——舷外机、舷内外机,还是舷内机。

菲希特的未来:代用燃料

2002年6月,美国政府与庞巴迪公司取得了联系,并要求其研发一款使用菲希特直接喷射技术的代用燃料引擎,作为军事用途。在此项研发计划中,这些所谓的代用燃料包括:JP5、JP8,以及Jet—A航空煤油、柴油#1、民用燃料油和煤油等。

这种新引擎被称为高级开发模型的无汽油燃烧式舷外引擎(ADMNBOE),是根据美国国防部的"汽油远离前线战场"倡议和美国海军"2010年前实现战舰无汽油化"的策略而设计制造的。[2]、[3]庞巴迪公司希望能在2004年4月时开始生产这种引擎,以完成美国海军价值300万美元的订单。[4]

休闲产品小组被剥离

2003年4月,庞巴迪公司宣布即将实施一项大规模的资本结构调整计划,这其中包括将放弃占公司11%销售业绩的休闲产品小组。[5]庞巴迪公司准备卖掉一些不能产生利润的业务,以达到每增加1%市场份额时公司业绩上升30%的目标。于是,同年8月,公司正式签订协议将该小组卖给了庞巴迪休闲产品公司(Bombardier Recreational Products Inc.,BRP),这是一家由贝恩资本(Bain Capital,拥有庞巴迪休闲产品公司50%的股份)、庞巴迪家族成员(35%股份)以及一个名为魁北克储蓄投资集团(Caisse

---

[1] 研究成果通过一个引擎绩效指标计算出来,该指标包括8个引擎因素:引擎冷却之后发动的难易性,引擎在热的时候发动的难易性,在巡航速度下引擎的噪音,船只加速能力,船只巡航速度,引擎气味,巡航时间/断油之间的时长,引擎标准保险年限。

[2] Johnson website; http://www.johnson.com/docs/320001/0_787_US.htm.

[3] Ficht technology to be applied to alternative fuel engines. (Wednesday, July 24, 2002). *Boating Industry*; http://www.boatbiz.com/output.cfm?ID=684523.

[4] Kertscher, Tom. (July 5, 2003). Navy to test Bombardier engine. *Milwaukee Journal Sentinel*; http://www.jsonline.com/news/racine/ju103/152858.asp.

[5] Hoover's Online, Web site; www.hoovers.com.

de Depot ET Placement du Quebec)的魁北克养老基金管理小组(15％股份)联合成立的新公司。截至同年12月该交易结束时,成交金额共计9.6亿美元。从此时起,艾文鲁德和约翰逊两个品牌归属于该独立公司门下了。

2004年1月,庞巴迪休闲产品公司宣布了其新的管理结构,将北美市场的业务整合了进来,并搬迁了公司办公总部。此外,庞巴迪休闲产品公司还宣布将于2004年春对外公布其新商标和公司招牌。

舷外引擎技术的未来

随着舷外引擎设计水平的不断提高,二冲程引擎与四冲程引擎在技术上的优劣对比变得越来越不明显,而对于这两种引擎的传统市场观念也由对立开始转变为融合。

同时,这两种引擎的价格差距也在缩小。正如海运船舶代理集团首席执行官约翰·安德伍德(John Underwood)所述:"二冲程引擎和四冲程引擎的差价很小,顾客可以毫不犹豫地选择购买四冲程引擎。在可以选择四冲程引擎的条件下,对应型号的二冲程直接燃油喷射引擎在市场中就稍显多余了。"[1]

二冲程引擎的销售黯淡可以部分地归咎于市场的划分。对于海运船舶来说,其重量功率比并不显得那么重要。此外,像铃木这样的公司已经制造出了重量更轻的四冲程引擎,并且声称其四冲程引擎与二冲程引擎性能相当,但是在调整了影响最终输出驱动的齿轮比例的前提之下。与此类似的是,现在很多四冲程引擎的制造商都会在各类引擎生产平台中充分利用规模经济学原理以及技术的共享,以充分降低其设计和生产的成本。

2003年10月,水星海事向媒体简单展示了其开发的代号为Project X的新引擎。据称,水星海事投资了1亿美元来开发一个全新的引擎推进系统,它能给引擎带来更小的噪声和更低的排放。[2] 而这款引擎也被安排在2004年2月的迈阿密国际船舶展会上正式亮相。

---

[1] The future of outboard engine technology. (March 1, 2002). *Boating Industry*, http://www.boatbiz.com/output.cfm?ID=513955.

[2] Barrett, Rick. (Oct. 13, 2003). Mercury set to unveil project X. *Milwaukee Journal Sentinel*, JS Online; http://www.jsonline.com/bym/news/oct03/176996.asp.

表4—6　　　北美每年平均排放进的汽油量(1990～1999)　　　　（单位：千吨）

来源	最佳估测
自然渗出总量	160
平台	0.16
蒸发	0.12
产生的水	2.7
石油提取过程中排放总量	3
管道渗漏	1.9
油船渗漏	5.3
操作性释放（货船清洗）	n/a
海岸设备渗漏	1.9
蒸发	0.01
石油运输过程中排放总量	9.1
地面（随水流走）	54
休闲航海船只	5.6
渗漏（非油船）	1.2
操作性释放（大于等于100GT的船只）	0.1
操作性释放（小于100GT的船只）	0.12
蒸发	21
废弃的航空燃料	1.5
石油耗用过程中排放总量	84
总量	*260

＊由于各项是独立四舍五入的，所以总量不等于各项的代数和。

资料来源："Oil in the Sea Ⅲ: Inputs, Fates, and Effects," National Research Council. The National Academies Press, 2003, p.69.

http://books.nap.edu/books/0309084385/html/69.html#pagetop.

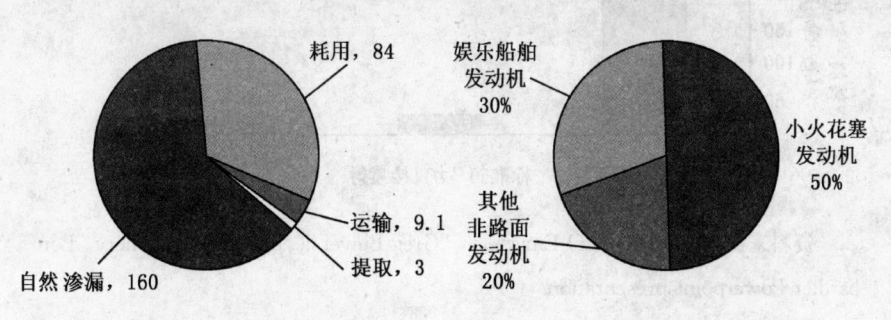

资料来源：National Research Council, http://books.nap.edu/books/0309084385/html/69.html/pagetop.

图4—14　进入北美海水的石油的几个主要排放源（单位：千吨）

资料来源：U.S. Environmentel Protection, Agency(EPA), http://www.epa.gov/otaq/marin—fs.htm.

图4—15　非路面发动机的碳氢化合物排放源

创新管理

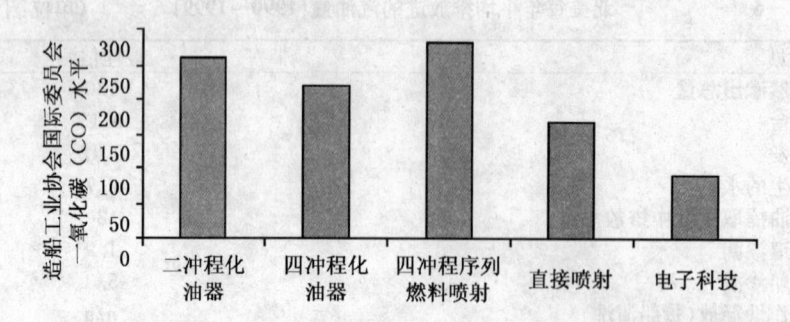

资料来源:"Outboard CO Levels," Greg Binversie, David Montgomery, Bombardier Powerpoint Presentation.

图 4—16　一氧化碳(CO)排放量对比

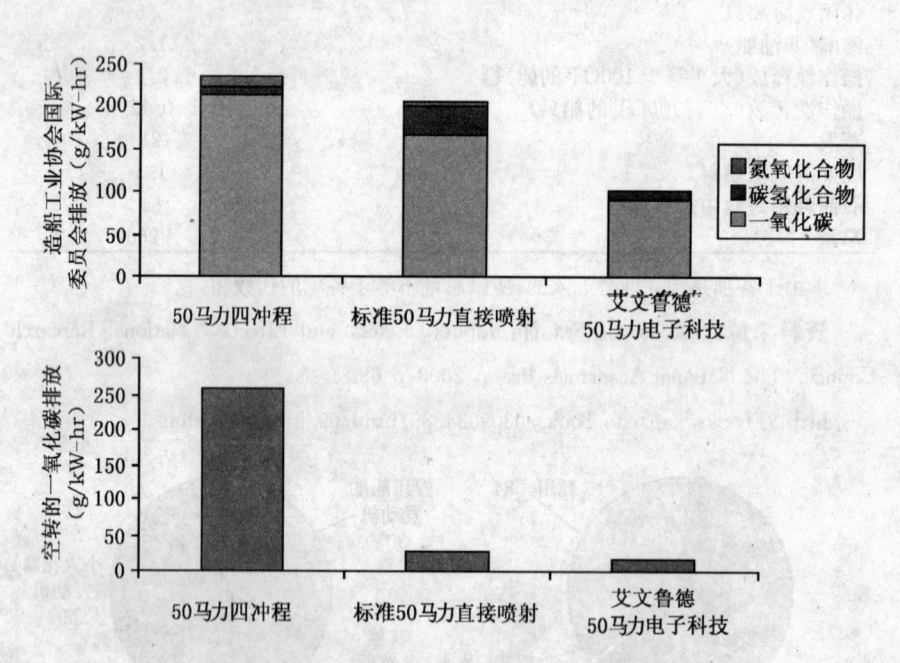

资料来源:"Outboard CO Emissions," Greg Binversie, David Montgomery, Bombardier Powerpoint presentation.

图 4—17　造船工业协会国际委员会和空转的一氧化碳(CO)排放量对比

表4-7　造船工业协会国际委员会(ICOMIA)发动机测试周期

模式	速度百分比	扭矩百分比	重量百分比
1	100	100.0	0.06
2	80	71.6	0.14
3	60	46.5	0.15
4	40	25.3	0.25
5	Idle	—	0.40

资料来源："Outboard CO Emissions," Greg Binversie, David Montgomery, Bombardier Powerpoint presentation。

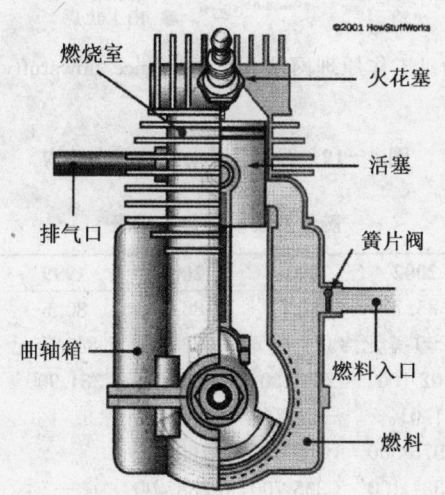

资料来源：发动机工作原理网站 http://science.howstuffworks.com/two-strokel.htm。

图4-18　二冲程发动机的基本结构

创新管理

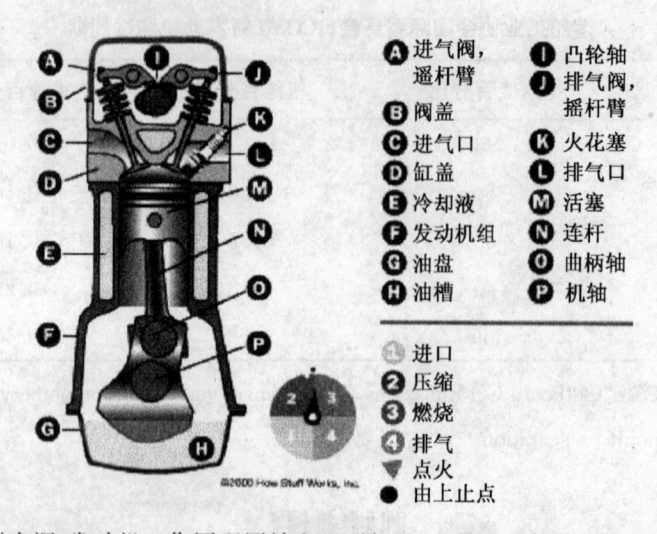

	A 进气阀，摇杆臂	I 凸轮轴
	B 阀盖	J 排气阀，摇杆臂
	C 进气口	K 火花塞
	D 缸盖	L 排气口
	E 冷却液	M 活塞
	F 发动机组	N 连杆
	G 油盘	O 曲柄轴
	H 油槽	P 机轴

1. 进口
2. 压缩
3. 燃烧
4. 排气
▼ 点火
● 由上止点

资料来源：发动机工作原理网站 http://science.howstuffworks.com/engine3.htm。

图 4—19　四冲程发动机的基本结构

表 4—8　　　　　　　　舷外发动机销售数据表

	2002	2001	2000	1999	1998	1997
平均马力	85.7	86.5	86.9	80.5	80.1	79.5
平均零售价	8 209 美元	8 061 美元	8 322 美元	7 840 美元	6 865 美元	6 643 美元
舷外发动机出货量	302 100	299 100	348 700	331 900	314 000	302 000
与前一年相比	1.0%	−14.2%	5.1%	5.7%	4.0%	—
舷外引擎自有量	8 976 500	8 759 400	8 702 800	—	—	—
舷外船舶自有量	8 381 100	8 335 700	8 288 400	—	—	—
			舷外发动机出货细目分类			
马力	2002	2001	2000	1999	1998	1997
0～3.9	10 876	11 366	10 461	12 944	11 304	12 382
4～9.9	41 690	44 267	47 075	47 794	48 670	47 112
10～29.9	40 784	44 566	53 002	50 449	49 612	47 414
30～49.9	27 491	29 013	34 521	35 181	34 854	38 354
50～74.9	42 596	40 079	49 167	44 807	38 936	33 824
75～99.9	34 439	34 097	41 495	35 513	33 912	31 710
100～149.9	41 690	34 397	40 101	40 492	38 308	34 428
150～199.9	23 262	26 321	32 778	28 875	28 574	29 596
200 及以上 Over	39 273	34 995	40 101	36 177	29 516	27 482
总计	302 101	299 101	348 701	332 232	313 686	302 302

资料来源：美国国家船舶制造协会，www.nmma.org。

表4—9　　　　　　　　　　　美国的汽艇数量

年份	每年7岁以上参加汽艇活动的人数
2002	26 600 000
2001	23 900 000
2000	24 200 000
1999	24 400 000
1998	25 700 000
1997	27 200 000

资料来源：美国国家运动用品协会，www.nsga.org。

表4—10　　　　　　　　　　　美国船艇登记数据

2002排序	州	2002	2001	2000	1999	1998	1997
1	加利福尼亚	1 051 606	967 909	904 863	955 700	895 132	894 347
2	密执安	1 000 337	1 003 947	1 000 049	985 732	980 378	957 105
3	佛罗里达	922 597	902 964	840 684	805 079	805 581	796 662
4	明尼苏达	834 974	826 048	812 247	793 107	780 097	768 555
5	威斯康星	650 280	575 920	573 920	562 788	559 321	543 034
6	得克萨斯	624 390	621 244	626 761	629 640	625 754	615 438
7	纽约	529 732	526 190	525 436	524 326	514 749	512 430
8	俄亥俄	413 276	414 658	416 798	407 347	407 686	399 888
9	伊利诺伊	398 431	369 626	372 162	372 618	396 945	368 513
10	南卡罗来纳	383 971	382 072	383 734	414 527	394 842	376 201
	全美合计	13 040 726	12 886 792	12 782 143	12 735 612	12 565 981	12 309 724

资料来源：美国国家船舶制造协会，www.nmma.org。

创新管理

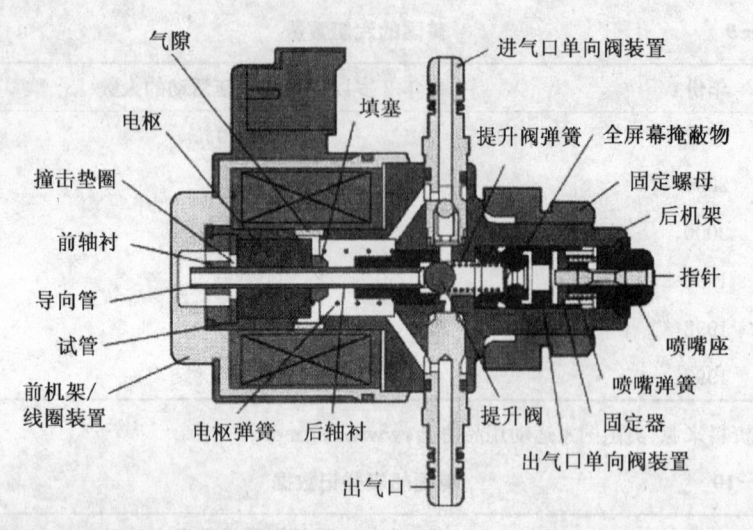

资料来源:"Jet Bikes Go Green," Popular Mechanics, Jim Gorant, May 1998, http://www.popularmechanics.com/outdoors/boating/1276936.html.

图4—20 菲希特燃料喷射器

资料来源:MasterTech Marine Web page, http://www. maxrules.com/graphics/bomb_trip/entrance.jpg.

图4—21 斯特迪文特,威斯康星新的艾文鲁德—约翰逊厂址

资料来源:艾文鲁德网站。

图4—22 电子技术引擎

表 4—11　　　　　　　　　　2003年庞巴迪的销售量数据表

	百万美元	占比%
美洲		
美国	7 264	47
加拿大	1 201	8
南美洲和中美洲		
欧洲		
德国	1 684	11
英国	1 528	10
瑞典	497	3
瑞士	422	3
意大利	331	2
法国	295	2
西班牙	253	1
葡萄牙	160	1
荷兰	141	1
澳大利亚	132	1
亚洲		
日本	179	1
中国	141	1
其他地区	1 254	8
总计	15 482	100
航空宇宙	7 389	47
交通设施	6 164	39
娱乐产品	1 620	10
庞巴迪资本	585	4
部门销售	(276)	—
总计	15 482	100

表 4—12　　　　　　　　　　内部点火发动机专利

第一受托人	2001	2000	1999	1998	1997	总计
私人拥有的专利	195	129	135	159	123	741
本田汽车有限公司	103	48	61	63	76	351
丰田汽车公司	71	45	76	84	56	332
罗伯特——博世	89	80	46	66	48	329
福特全球技术	82	52	51	43	25	253
卡特皮勒	52	73	34	32	43	234
雅马哈发动机有限公司	27	35	29	73	40	204
日产汽车公司	48	48	40	15	24	175
三进股份有限公司	1	2	2	3	0	8
三菱电机股份有限公司	1	3	2	0	1	7
日立集团	0	0	1	3	3	7
电装株式会社	2	0	1	2	2	7
优尼佳株式会社	7	0	0	0	0	7

续表

第一受托人	2001	2000	1999	1998	1997	总计
康敏斯发动机公司	6	0	1	0	0	7
通用汽车公司	0	4	0	2	1	7
戴姆勒克莱斯勒公共公司	0	7	0	0	0	7
戴姆勒—奔驰公司	4	3	0	0	0	7
三菱自动车工业株式会社	1	6	0	0	0	7
克莱斯勒汽车公司	3	2	2	0	0	7
舍弗勒无限责任贸易公司	4	3	0	0	0	7
西门子公司	7	0	0	0	0	7
铃木汽车公司	0	0	1	3	3	7
福特汽车公司	1	0	1	3	2	7
电装有限公司	0	0	2	4	1	7
西门子(加拿大公司)	4	0	1	2	0	7
布伦瑞克公司	0	2	2	2	1	7
五十铃汽车公司	1	1	4	1	0	7
德国FEV发动机技术有限公司	0	0	1	2	3	6
伊顿公司	0	0	2	0	4	6
德尔菲技术公司	4	1	1	0	0	6
戴姆勒克莱斯勒公司	2	2	2	0	0	6
卢卡斯工业集团	2	1	2	1	0	6
西门子汽车公司	6	0	0	0	0	6
马自达汽车公司	3	3	0	0	0	6
共立株式会社	1	0	0	3	2	6
富士重工有限公司	2	1	2	1	0	6
华博罗公司	0	0	2	3	1	6
现代汽车有限公司	0	0	3	2	1	6
底特律柴油机公司	0	4	1	1	0	6
保时捷股份公司	0	1	0	5	0	6
柴油机减速器公司	3	0	2	1	0	6
宝马汽车公司	1	1	2	2	0	6
德国菲尔特沃克曼＋休谟有限责任公司	5	0	0	0	0	5
舍弗勒两合公司	4	1	0	0	0	5
舷外海事公司	0	3	2	0	0	5
布里格斯垂顿公司	1	2	1	0	1	5
轨道发动机有限公司(澳大利亚)	0	1	3	0	1	5
纳维斯塔国际公司	1	1	2	0	1	5
伊莱克斯	1	1	3	0	0	5
通用电气公司	1	0	1	2	1	5
杰克赛尔株式会社	0	0	2	3	0	5
李斯特内燃机及测试设备公司	0	0	1	2	2	5

资料来源：美国专利和商标局。

讨 论 题

1. 从历史的观念出发,什么可以解释艾文鲁德的衰退?
2. 电子技术代表这个行业中突破性技术吗?
3. 这个案例是如何阐述可以被用在其他情况下的创新过程中的准则的?
4. 电子技术的竞争性反应有哪些?
5. 一家公司或者公司的一个部门在实施重大转变之前一定会失败吗?
6. 对艾文鲁德和电子技术来说,下一步要怎么做? 怎样使四驱技术更加适应现实环境?

第五章

经济证明与创新

本章目标:介绍创新的经济证明概念,并且提供解决该问题的可行方法——既理论严谨,又操作实际。通过一些为新技术项目所进行的经济策划的案例来说明和补充这些概念及方法,比如西蒙德斯精密仪器公司(Simmonds Precision Products)对于计算机辅助设计技术的应用等。

当公司研制或购买新的技术产品或服务时,人们通常认为这是公司在对未来进行投资。因此,一个公司的财务功能通常是在计划启用新技术项目的最初阶段就表现得很明显了,这个现象对于任何一种投资来说都是可预期和典型的。但是新技术项目与其他投资项目大不相同,而且在所难免,即使是在最平静温和的环境里也是这样。比如说,大多数的公司很少用同一型号的机器来替换那些已经损坏和不能再用的机器。通常来说,老旧的机器在一定时间内还是可以修理的,但是老技术从来都是要让位于新技术的。

这里到底存在什么不协调因素呢?实际上,焦点集中在那些评价投资方案的传统方法,比如折扣现金流折现法(DCF)是否足够充分以至于能够被用来做出重要决策呢?(折扣现金流折现法之类的传统评价方法将在本章附注中加以说明。）

项目提议一旦被当前净现值或是利润限制在投资百分比上，那其他重要的策略问题就会被忽视。对这个问题起到积极作用的是这样一个争论，有关于总经理的培训和经验拥有很大的影响力，这个影响力表现在这些按传统方法制造的产品在何种范围内不贬值，同时充分考虑到一些财务分析没有抓住的因素或者是那些未被认证的设想的实施。还有一个与此相关却完全独立的问题，那就是一旦新技术恰逢其时地出现的时候，我们该如何解释它——包括对新技术投资的事后审计。

两篇具有创新性、影响巨大的文章将被视为一场讨论的起点和出发点，而这场讨论是关于新技术投资决策所面临的挑战。第一篇文章是由罗伯特·海斯和威廉·阿博纳希写的，名为《应对经济下滑》(Managing Our Way to Economic Decline)。[1] 这篇文章的主要论点之一就是：从20世纪60和70年代的"金融和法律领域"专业出身的公司总裁数量突然增长直接引发了仅仅基于财务标准的决策，因此导致从长远来看其竞争力将会被减弱。我们很容易就可以把这种视点与短视思维和对新技术的投资不足联系起来。

当然，实际问题要复杂得多。而且现在也有一些应用研究正在调查这个问题（参见资料3—3）。即使在管理层巨变的20世纪80年代(1984～1987年，生产和运营部门的首席执行官数量从33%增加到39%)[2]，仍然存在着一个问题，那就是，传统的资本投资方式能否适应新的技术决策。

拥有制造业经验的总经理们在管理公司时，更喜欢启用具有进攻性的技术战略，同时也更强调直接人工积累，而不是新技术投资。而部门经理们则正好相反，如果他们具有制造经验，他们都不太重视直接人工积累，而是更专注于投资培训和进行有利于抓住新技术所带来利润的组织重组。如果部门经理有制造经验，新的组织系统就会达到更高的实用率（80%），而如果部门经理没有这方面的经验，实用率只有61%。

第二篇文章名为《计算机一体化制造可以只为信念所验证吗？》(Must

---

[1] *Harvard Business Review*, July-August, 1980, 67—77.
[2] *Wall Street Journal*, October, 18, 1988.

CIM be Justified by Faith Alone?)[1]，作者是罗伯特·卡普兰(Robert Kaplan)。他提出，在使用折扣现金流折现法来验证一种新技术——计算机一体化制造（CIM），这种既包括生产单元编程又涉及这些灵活的电脑自动化单元整合的新技术时，存在一些问题。

卡普兰坚持认为，传统的折扣现金流折现法可以用来验证这项技术，如果方法运用得当的话。他特别指出资本的真实价值（大约8%）是很少在这些分析中涉及的，而且典型的两位数的比率有可能会抵御第一次使用新技术所带来的潜在风险。这和公司中决策的制定方式（工厂经理可以批准小额投资，而较大的投资则由董事会来决定），都可以导向渐进性决策的制定，而非突破性的项目。工厂经理将会倾向于提出那些可以在工厂管理层决定的提议，这可能远远不足以包括新技术的采用决定。

公司经常对计算机一体化制造之类的新技术投资不多，因为他们不能对相关可选择性的办法进行评价。例如，大多数的公司考虑不到，一旦有新技术问世，他们的一个或多个竞争者就会去采用。现今的技术能支持现金流、市场份额以及利润差额吗？

另外一个问题就是，只有那些易于量化的积累，比如，劳动力、原材料或是能源等，通常是被包含在传统投资分析中的。通常被忽视的是，存货积累，使用期长的灵活且适用的技术，减少了的占地面积，较高的质量，基本不被察觉的灵活性的增长，更短的生产时间，以及继续学习。另外，当新技术软件和培训真正成为投资的一部分的时候（在大部分的案例中是很重要的一部分），一些公司会对其投放资金。这通常是发生在新组织系统确立下来的时候（参见资料5—1）。公司为现代制造系统安装新软件通常会延迟项目的软件维护。以上这些实践证明，使用现金流折现法的产品和其他传统验证方法是容易产生误导的。

卡普兰论点的重要性在于部分抵制了早先的二分法（参见第一章）。西方企业的研发大部分是在新产品上。因此，人们更容易考虑投资那些与新产品有关的技术，并把这作为对公司未来的一种选择，因为竞争者们同样也面对并不稳定的未来。制造业的研发经常不被认为是一种核心能力，因为能

---

[1] *Harvard Business Review*, March-April, 1986, 87—95.

体现这种技术的制造设备通常是从供应商那购买来的。研发经理对为技术风险编制预算更有经验。但是,一旦别的部门也参与进来,作为另外一种选择的传统投资分析法就会更多地被采用。可能更糟糕的是,当新的管理技术被引进的时候,财务代表们通常都认为由别的部门或是供应商提供的信息是绝对准确的,很少或是从来都没有别的方法或信息来质疑这些观点。相反的另一个极端也很危险——在许多公司里,某些决策者可能也无法使用那些复杂的经济分析方法。这些调查证据实际上也支持了以下这个结论(见下)。

资料 5—1

制造软件的维护

制造软件的开发和维护(如所有的软件维护一样)已经成为了拖延新的制造和管理技术的适时安排和有效利用的严重问题。在深入调查了那些正在进行生产系统现代化的制造企业之后,人们发现,当某些软件的开发被延迟到新系统的第一次应用之后,工厂的使用者会对维护过程更加满意。有效的新系统使用中的潜在问题通常就是缺乏那些可以帮助性能目标向必要条件转化的一般条件和方法的认识。要想学习怎样实现这个目标,对新系统的丰富经验(不仅仅是计划或原型)是非常必要的。在这种复杂环境中做经济计划和评估是极其困难的。

获得新的操作和制造软件权以及使之按时提交,这种挑战对很多管理者来说已经是当务之急。考虑以下因素:

- 项目生产力仅以每年4%的数字增长。
- 美国总审计局关于软件合同的一项报道发现,实施的项目中有47%未被使用。
- 维护通常占60%的软件预算——不包括主要的软件性能的提升。

这些数据看起来相当惊人,但是考虑到现有的为提高开发和维护能力的200多个软件工具的存在,这些数字会更加惊人。计算机辅助软件工程(CASE)工具曾承诺有很多功能,但在解决及时有效地提交制造系统的问题时彻底失败了。计算机辅助软件工程在制造系统的软件开发流程方面采用了太多狭隘的观点,其对需求的确认并没有认识到大多数现代项目的真实本质。这种客户化的软件与推动项目前进的平衡即使是不完美的,也通常是值得推荐的一种路径。

使用者把太多的软件开发与维护任务托付给供应商,因此要快速了解他们的需求,以便对总体系统设计产生合理影响困难很大。专业人士在软件与其他因素是否最重要这一点上有着不同的理解。信息专家大多对先进的解决维护问题的工具的潜力持悲观态度。我们主要关注在软件的开发过程中,尤其是在现有的39个北美国家的现代操作工厂的先进制造系统(如柔性自动化)维护中用户的感知和经验。我们从回答的问题中来衡量用户对于制造软件维护的满意度,比如,"您对软件维护功能有多满意?"(如果使用者与供应商同样影响了整体系统的设计状态,他们也提交较高满意度的报告。)

在列举的8项可能的软件维护活动中,如排除程序错误、优化等,仅2项与对软件维护的整体满意有很大关联:新硬件与软件的调整,根据需求、特殊要求或者标准转变进行的修正。我们对此结果的初步解释是用户倾向于延长开发周期,使维护成为其中的一部分,以便弥补对需求理解不足所产生的功能缺失。有很多满意的用户也报道了较低的人员流动率。新软件与硬件维护定义的调整、由于特定要求的改变而做的修正,以及优化等是否包括在内与开发周期显著相关。总的来说,对于制造软件维护的总体满意度与包含一些而不是全部为维护软件而进行的开发活动的趋势有重大关联。

这些结果表明一个问题,关于促进制造技术现代化软件问题的频繁报道,那就是用户与供应商了解其生产工厂的需求的难度。由于满意的用户更可能要求增加对软件维护的新需求,并去掉一些其他功能,他们倾向于延长开发周期。我们的建议是需求的了解和特殊工具的开发,应该成为用户和技术供应商促进成功应用新操作技术的关键因素。

这些结果的暗示之一就是,评估包含新操作软件开发的新技术项目是非常困难的。

资料来源:John E. Ettlie and Christopher E. Getner,"Manufacturing Software Maintenance," *Manufacturing Review*, Vol. 2, No. 2, June,1989,129—133)。

研发管理者提交了内部项目的预算,最后也面临着相似的挑战。谁会精确地知道一个新技术项目成功完成的概率?这些根据经验的猜测,至多也是基于先前不适合的项目历史的估计。鲁宾斯坦[1]指出计划的时间底线不得不符合公司的形势。研发回报必须在时间上与公司其他战略相吻合,如配股以及长期债务融资。

但从本质上说,新的技术项目很难与组织生活中的事件相匹配。不足为奇的是,新产品工艺系统的安装,如在肯塔基州的通用电气应用经济园的新洗碗机生产线,这种与过去相比是突破性技术的预算有预算缓冲,即该项目的内部回报率在原预算的 10% 与 25% 之间。那么,为新技术工程做出经济验证的现有实用状态是什么呢?这项议题接下来分两部分阐述。首先,研发投资议题将会被提出,然后是针对操作程序技术的经济验证的议题提出讨论。

研发投资

研发程序的两个特点使投资分析在创新产生上的应用独一无二:风险和时间。从本质上说,研发寻求至少创造一些新知识,即使是在应用上。因此就涉及到不确定性。第二,研发并不立即产生回报。因此,投资需要漫长的等待。

在美国,研发投资[2]预计在 1997 年达到 1 920 亿美元,相对于 1996 年的 1 840 亿美元来说增长了 4.2%——根据《商业周刊》的说法,这其中大部分来自于私人部门。[3] 这种增长大部分是因为工业部门研发费用的增长以及在新产品上的集中投资和市场增长之间的假设。

研发投资现被普遍认为是在低、中、高风险企业的项目组合。此外,研发项目,如创新过程,是随时间发展的,因此,研发投资必须从多个预算周期考虑,通常与组织中的其他活动传统的每年预算不同。在这种阶段平衡高

---

[1] Rubenstein, A. H. (1989). *Managing technology in the decentralized firm.* New York: Wiley. p. 184.

[2] Studt and Duga (1997).

[3] Carey (1997).

低风险投资以及收益是一种艺术。根据詹姆斯·梅森和迈克尔·门克(James Matheson and Michael Menke,参见图 5—1)[1],开发有效的投资组合策略的基础关键在决策质量。这从评估公司产品的量化特点开始——缺陷率、使用寿命,以及总体消费者满意。作者推荐一个六步程序,用蛛网式表格来帮助评价研发组合:

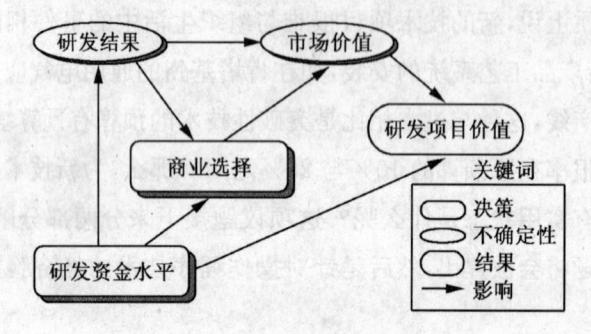

资料来源:J. E. Matheson and M. M. Menke, "Using Decision Quality Principles to Balance Portfolio," *Research-Technology Management* (May—June, 1994), p. 39. Figure 1。

图 5—1　决定研发项目潜在价值的不确定性和确定关键决策的影响图表

1. 识别合适的框架——项目独一无二的背景和决策因素。
2. 产生创造性的、可达到的选择。
3. 开发有意义、可依靠的信息。
4. 弄清价值,并进行权衡。
5. 应用逻辑正确的推理。
6. 建立行动承诺。

最后,研发项目根据一些方案被分类。梅森和门克在图 5—2 中概括了这种方法。项目最后被分类为"面包和黄油"(技术上高度成功,但相对而言商业化不太成功)、"牡蛎"(短期收效不大,但长期有很大潜力的回报)、"珍珠"(一些有高技术和商业化可能的项目),以及"白象"(被保留到后来或终止)。其他类型的项目需要不同的管理方法。例如,珍珠可能需要一种创业

---

[1] Matheson, James E. and Menke, Michale M. (May-June 1994). *Research-Technology Management*.

路径。面包和黄油项目仅仅需要按预算和计划执行,因为它们的回报只是一个时间问题。牡蛎需要特护照顾,因为它们是长期项目并且要花费很多牡蛎来生产一颗珍珠。在这些项目中首先尽力去接受艰巨的技术挑战——你要尽快查明是否有一颗珍珠在那里。

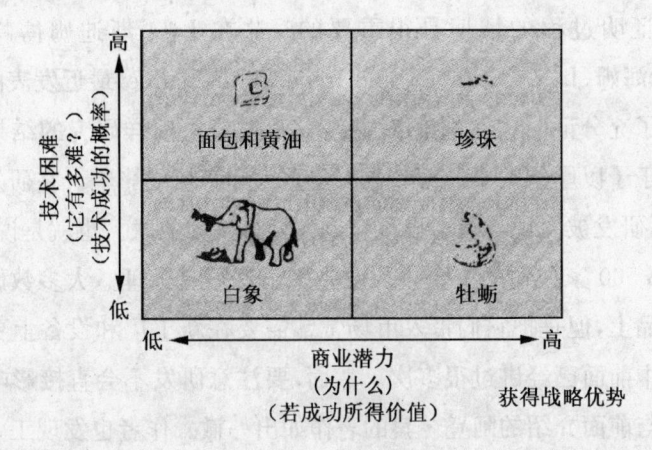

资料来源:Figure 4, p. 41, James E. Matheson and Michael M. Menke, "Using Decision Quality Principles to Balance Your R&D Portfolio," *Research-Technology Management*, May—June, 1994, 38—43。

图 5—2　根据技术成功的概率和商业化成功后的潜在价值描述研发项目的组合表格

证明我的技术

麦当娜曾经唱过"证明我的爱",但是我们知道一些人喜欢新技术。罗伯特·卡普兰[1]曾说道:"证明我的技术——但不仅只在信念上。"但是大多数决策制定者相当依赖简单的投资分析技术来做出新技术决定。因此我们不得不探究"超越信念"以及"超越爱"是什么,以便能理解技术选择是如何被做出的。即使在不选择新技术的时候,这也是一种选择。

技术创新的证明存在很多争议,情境(历史、决策制定者的组合等)对挑战的实质和技术选择的决策过程有很大的影响。例如,有制造经验的高级经理倾向于更具进攻性的技术政策,在耐用品制造中,采用更先进的生产技

---

[1] Kaplan, Robert (1986).

术。另一方面,同一批经理在做出创新决定时倾向于支持更传统的投资标准(例如节约劳动力)。在公司或者行业中很少有新技术如软件存在,在新技术发布之后,他们倾向于强迫公司延迟新系统的开发。这样就使新技术很难被评估和证明。

　　了解证明过程的情境是很重要的。这在 J. L. 斯迪姆博特和艾瑞妮·M. 杜海姆(J. L. Stimpert and Irene M. Duhaime)最近发表的一项研究中得到了充分证明。[1]他们对财富500强公司抽样研究的结果表明资本投资对于予以厚望的事业部效益有着重大和直接的影响。在研发支出和多样化中,研发被发现与资本投资有重大且直接的关联。也就是说,研发费用越多,那500家公司的资金投入就越多。这很有道理。大多数研发费用花在新产品上,但是把它们带入市场常常需要在新工厂和设备上更多的投资。本书中前面已经讲过很多次。然而,要注意研发不会直接影响工作成果——这与前面介绍的阿登·宾的著作如出一辙。作者也发现工业环境确有不同——工业盈利与多样化程度成反比。换句话说,当工业盈利疲软时,它促进了多样化,这减少了在研发上的投资,主要可能是因为它造成了资源的损耗。这并不奇怪,正如先前研究的,许多公司为突破性新技术项目储备资金,就如在20世纪80年代美国通用电气公司的洗碗机。

证明新操作技术

　　证明新技术项目的先进性根据被考虑的技术类型和形式改变。新技术体现在新产品中,并融合了通常把早期的旧技术和新技术结合起来的材料和硬件—软件操作系统。

　　关于先进制造技术,从迈克尔·斯莫和伊尼亚斯·陈(Michael Small and Injazz Chen)最近进行的研究中获得了一些证据。[2]作者调查了在美

---

[1] Stimpert, J. L. and Duhaime, I. M. (June 1997). Seeing the big picture: The influence of industry, diverisification and business strategy on performance, *Academy of Management Journal*, Vol. 40, No. 3, 560—583.

[2] Small, M. H. and Chen, I. J. (1997). *International Journal of Production Economics*, Vol. 49, 65—75.

国销售量超过 500 万美元的 125 家耐用品制造厂，回答者被要求描述用于先进制造技术项目评估的证实技术，至少描述下述 16 项中的一项，如计算机辅助制造、柔性制造系统、自动化材料处理，或者检测设备和即时生产信息技术。

制造工厂应用证明技术的组合包括两种或更多种方法，一家工厂在调查中报告说实际应用了列出供选择的 7 项技术中的 6 项（参见表 5－1）。斯莫和陈发现，跟他们之前的其他结果一样，先进制造技术的证明数据具有典型模式。

1. 偿还和投资回报率是最流行的技术（分别大约占这些工厂的 53％和 40％）。

2. 净现值（27％）及内部收益率（16％）运用最普遍的方法。

3. 更复杂的技术如风险分析（5.2％）和加权评分模型（2.6％）的使用相当少。

此外，他们发现，使用经济和战略联合证明的工厂（也就是一种涉及确定先进制造技术是否会加强商业、竞争力、研发，以及工厂技术目标的办法），比那些仅使用单一评估办法的工厂更可能应用新技术成功。"发展容易获得和可以理解的途径来把战略标准融入决策制定过程在未来将是对先进制造技术投资的一个巨大改变"。他们用成功的 12 项标准因素评分，包括完成项目的时间、随时间转变的产量、管理费用、收入、质量，以及用自己公布方法在工厂里制造的产品种类。

博耶尔、沃德和利昂（Boyer, Ward, and Leong）[1]使用聚类方法将 202 家耐用品工厂根据对先进制造技术的投资方法进行分类。传统主义者对先进制造技术的投资不多。一般者对设计、制造和管理先进制造技术进行适度投资（例如制造资源计划、即时生产、作业成本法）。高投资者广泛应用先进制造技术的所有 3 个方面。设计者强调设计的先进制造技术，例如计算机辅助设计、流程规划。不足为奇的是，1994～1996 年间在技术领域使用增长最大的是电子邮件。

---

[1] Boyer, et al. (1997).

表 5-1　在不同规模的企业中的调整方法应用

企业规模	企业数量 小型	百分比	中型	百分比	大型	百分比	没有确切规模的企业数量	使用方法的企业总数	百分比
调整方法									
单纯战略	6	7.7	0	—	0	—	0	6	5.5
单纯经济	17	21.8	5	26.3	1	12.5	0	23	21.1
战略与经济	48	61.5	14	73.7	7	87.5	4	73	67.0
经济以及其他	1	1.3	0	—	0	—	0	1	0.9
什么都做	5	6.4	0	—	0	—	0	5	4.6
其他	1	1.3	0	—	0	—	0	1	0.9
总计	78	100.0	19	100.0	8	100.0	4	109	100.0

小型：5 000 000 美元＜年销售额＜50 000 000 美元

中型：50 000 000 美元＜年销售额＜200 000 000 美元

大型：200 000 000 美元＜年销售额

样本总数=116(提供年销售额信息的受访企业数量=105)

资料来源：M. H. Small, I. J. Chen, *Int. J. Production Economics*, 49(1997) 65-75。

最初的结果显示出在先进制造技术上的投资类型和某一时点的成功这两者之间无关(1994)。但是博耶尔[1]之后报告称，两年后(1996)评估从141家工厂的子样本得出的数据(1996)时，一般者获得巨大收益，并在很小程度上有增长；高投资者次之。设计者在4种投资方式中总是业绩最低。

建立在针对研发项目基金的组合方法上的这些发现暗示着管理人如果懂得，技术是一个系统——一种各种技术类型之间的关系(新、旧、高风险、低风险、自制技术、外购技术等)——就是最成功的。

这些结果与用新处理技术客观衡量业绩的领域研究是大体一致的。资料5-2总结了4种资源，都是不同类型，但都使用业务表现的客观数据衡量新操作技术。资料5-2的第一部分是一项针对在美国耐用品制造厂的弹性自动技术(制造和组装)的应用而进行的专业水准研究(Ettlie and Penner-Hahn, 1993)。这些工厂应用新的弹性自动系统后，获得了平均40%的投资回报率，减少了32.6%的报废，返工。斯沃米达斯(Swamidass, 1993)发现在相同行业的公司运用现代制造技术后生产率平均提高近6万美元(不采用新技术时每名员工14.1万美元的销售额，而用新技术后是20万美元)。

---

[1] Boyer (1997).

资料 5—2 中的第三个项目关注德国软件包——SAP 公司的 R/3,用于企业整合。其结果因有 7 000 家安装该系统的公司的不同境遇而难以作出简单的判断,正如学术研究所预测的那样。戴尔计算机公司已经放弃了 R/3,但是雪铁龙(每年节约 3 000 万美元)、康柏(减少一半库存)、微软(每年节约 1 800 万美元)、欧文斯科宁已经因为使用这一软件而收获巨大。欧文斯科宁通过应用 R/3 软件可以减少 400 个工作岗位。这些是业绩提升的模范,他们通常因为成功的业务流程再造而被报道。

资料 5—2

新操作技术成功的总结

耐用品工厂现代化项目平均有 40% 的投资回报率,减少了 32.6% 的报废和返工(从 4.3% 降到 2.9%),以及缩短了 54% 的生产时间。[1]

斯沃米达斯(1993)发现,这些来自相同行业(SIC 34—39)的公司平均每名职工有 14.1 万美元的销售额,然而,使用某种现代技术的那些公司平均每名员工有 20 万美元的销售额。

怀特、克拉克和艾斯卡瑞利(White,Clark and Ascarelli,1997)在《华尔街日报》中报告了德国软件包 SAP R/3 的使用。将近 7 000 家公司据说使用了这种软件。一些公司没能实行(如戴尔电脑放弃了这种软件)。其他一些厂家使用该软件节省了大量资金。例如,雪佛兰称他们 1 亿美元的投资每年可以节省 3 000 万美元。康柏电脑称 R/3 把存货从每年 2 200 万美元削减到每年 1 200 万美元。微软使用 R/3 每年节省 1 800 万美元。欧文斯科宁第一年省 1 500 万美元,第二年则会是 5 000 万美元,包括删减 400 个职位。听起来像流程重组类型的节能。

马俊达(Majumdar)[2]对 40 家主要的美国电信公司交换技术的影

---

[1] Ettlie and Panner-Hahn (1993), p. 31.

[2] Majumdar, Sumit, K. (1995). Does new technology adoption pay? Electronic switching patterns and firm-level performance in U. S. telecommunications. *Research Policy*, Vol. 24, 803—822.

响进行评估,并且发现即期的效果很明显,效率更高,而且随着时间的推进,这会大大加强公司的业绩(如市场份额)。

麦古金、施特赖特维泽尔和道姆斯(McGuckin, Streitwieser, and Doms,1995)[1]分析了商业部收集的数据,并发现技术使用增加了平均相对劳动生产力,由1988年的37%(在无技术使用和高技术使用间的区别)增加到1992年的40%。

资料来源:Ettlie, J. E. and Penner-Hahn,. , 1993, "High Technology Manufacturing in Low Technology Plants," Interfaces, Vol. 23, No. 6, November—December, 25—37. Swamidass, P. , 1993, "Technology, People and Management," *IEEE Spectrum*, September, 1993, 68—69. White, J. B. , Clark, D. , and Ascarelli, S. , "This German Software is Complex, Expensive—and Wildly Popular," *Wall Street Journal*, March 14, 1997, A-1, A-8. Majumdar, Sumit, K. , "Does New Technology Adoption Pay? Electronic Switching Patterns and Firm-Level performance in U. S. Telecommunications," Research Policy, Vol. 24, 1995, 803—822. McGuckin, R. H. , Streitwieser, M. L. , and Doms, M. , 1995, "The Effect of Technology Use on Productivity Growth," Center for Economic Studies, U. S. Census Bureau, Washington, DC. May 1—2, 1995.

马俊达(1995)研究了美国电信产业的40家大公司,想要查明是否采用电子交换技术会影响其业绩。确实如此。在短期内,通过改进规模经济,新交换技术显著提高了效率,它可以使内务管理格式化或用其他方法进行处理。在长期内,这些效益实实在在地影响了组织业绩如市场份额并增加了更多营业项目。

资料5—2的最后一部分是应用1988~1992年的17种先进制造技术

---

[1] McGuckin, R. H. , Streitwieser, M. L. , and Doms, M. (1995). The Effect of Technology Use on Productivity Growth, Center for Economic Studies, U. S. Census Bureau, Washington, DC. May 1—2, 1995.

的非常大(超过36 000家公司)的数据库的研究。[1] 在那两年里,劳动生产率获益平均为37%和40%。

这些是整体的结果。用什么来解释在收益方面的差别或者差异?第七章深入研究了这一点。然而,博耶尔、利昂、沃德和卡拉斯基(Boyer, Leong, Ward and Krajewski)的报告结果给出前提[2]:当在新的先进制造技术上的投资与制造基础设施的投资连接时(他们通过提出工人授权、质量领先和无技术手段的协调衡量此项内容),采用这些新操作技术将产生最大效益。下一章节将会讨论此议题,新技术项目的后期审计也会被提出。

在实践中证明

正规的模型、方法和新技术经济的证明等式在允许人们保持对最重要的问题——成本、利益、时间和产出状况的关注上非常有用。对此没有异议。但是它也许值得停下来一段时间并且讨论这一过程是在实践中如何开展的——无论是写在信封的背面或者是严谨地将每一个可能的优点和不可测事件记录下来。

在深入钻研这一话题之前,应该弄明白经济证明这一过程的极大讽刺之一——"废进废出"的最终等式——并没有让任何人脱离困境,除非你错了。实际上,有一种不记录这些项目的所有潜在利益(例如任何新的东西都提供了学习的机会)的趋势,因为这些未被说明的利益将会被未预料的成本所消耗。因此,任何你可以从调整过程的形式中得到的帮助将会非常有用。对此陈述的一种方法是规则可以最终使你随意地探索那些你不能使之程序化的问题。直到你使提议程序化——以净现值等式表示,你才能随意地考虑新技术挑战的细微方面。

一些分析家或者专业人士在基本模型完成后继续更复杂地建模,或者推进一项敏感性分析,或者在计算出预计净收益后测试分析中使用的假设的稳健性。做这些是为了揭示隐含的假设、潜在的漏洞,或者分析中的弱点

---

[1] Ibid
[2] Boyer, et al. (1997).

和漏洞,并且真正地做到客观性。在对主要项目进行计划的过程中,创新支持者或者甚至是一群为该计划工作的人很容易地从客观转向鼓吹。在某些时候,才智和严格是很可贵的,但是对新技术来说,你可能什么都得不到。管理风险要强调短期收益(参见案例5-1中对这种倾向的简短列举)。

证明的很多方面在大多数公司里成为争论的主体,比如选择技术供应商或是合作者。这一类决策有很多正式模型,比如技术成功的概率和选择的加权标准。这个过程的一个例子便是第四章中提到的低排放涂料协会讨论。在低排放涂料协会案例中,考虑到了几项选择的标准,在例子中没有明文呈现也没有被正式涵盖到分析中。例如,当涉及不止一个供应商时,这非常典型,计划小组决定供应商们会如何合作。既然粉体涂装的技术是不合常规的,如果合作者没有共同的学习和工作方式,长时间地一起工作转变成纯粹的折磨。这是对冲不确定性的方法。

对于例子中计划人员"捏造"数字,或为了支持或反对某一决策而只包括正面或反面信息的做法,我们很多人都听说过或者亲身经历过。关于这些问题的评论在实践中有不少。经验往往表明,在这过程中我们没有意识到的而不是我们可以包括或者排除的那部分,对它的展开更有启发性。大多数资金预算的正式处理,尤其是针对新技术,促使人们在分析中去涵盖所有潜在的成本以及利益,以保持客观性存在,让逻辑和冷静占主体。问题是除非我们对在信息把握的概率分布上的不同有看法,比如竞争者对我们的反应——这项练习可能会令人相当沮丧,并且一些团体做不到这一点。好的计划就是那些对能使用的信息有效的计划——至少有5个共同点:

1. 它们是真诚尝试去解决一个问题很多方面的产品——这来自于包含所有相关的规律的输入(比如,市场营销、研发、经营、财务、供应商,等等)。

2. 它们可得到的最好的信息以文件方式呈现——常常从别无企图的咨询者那里得到——并且包括或有费用和期权买入价值(处在一种万一将来会变重要的游戏中——像早期在医药行业中的生物技术)。

3. 它们使用与组织文化相一致的时间底线。那就是公司必须足够敏捷地去满足项目计划的时间限定,并且项目设计不能拖得太久以至于无法评估。

4. 它们足够简单而能被每个人理解。

5. 它们考虑不只一种未来的情景,但不低估竞争者。

在继续推进之前,有一点值得考虑一下。作者最近在为一家大型耐用品制造商的新全球产品做计划。在为产品开发的营销和制造战略做框架的早期缜密思考里——真的是一个商业计划书,一个公司代表说公司竞争者中没有一个从事这种产品类型的工作。他对这项设计既担心又忧虑,因为他的公司素有快速追随者而不是首先推进的领导者的名望和记录。

在谈话的过程中,因为还处在早期阶段以及竞争者对将要采取的计划还不知情,可以很容易地保持项目的机密性。有趣的是,组织中其他成员最后争论说尽管机密性很重要,更需要很审慎的假定竞争者正在开发具有类似创意的产品或者当公司发布新产品的消息出来时能迅速反应来仿效它,像它经常做的那样。原因很简单。快速反应,并因此使公司很快在学习曲线的低成本开发是更加可持续的策略。这种态度是一种来获得创新设计的不确定性的正确方式,即使这种产品将使用古怪的证明技术,因为用这种方法会很快地展现潜在的成本和利益。通过实际去做而不是决定去做,能学习得更加迅速。

目标成本法

日本企业,尤其是在日本建立的汽车公司,在上一个十年让目标成本法变得闻名,很多公司把这项技术应用于新技术开发项目。[1] 我们自己的研究展示了这项技术的很多内容,以及它在公司财务部门的正确指导帮助下如何帮助公司集中开发努力。

当我们开始我们的研究时,我们期望目标成本法的使用没有充斥美国的公司。实际上,文献中唯一的例子是施乐复印机。在设计过程中,他们用一套系统来监控新产品的估算生产成本。和预测的一样,我们从使用目标

---

[1] Much of what appears in this section is taken from Boer, German and Ettlie, John. (July 1999). Target costing can boost your bottom line. *Strategic Finance*, Vol. 81, Iss. 1, p. 49.

成本法的不同产业的日本公司中发现了几个例子。科比大学研究者发现100%的日本汽车制造厂家使用目标成本法。我们都知道这些成功的故事——丰田、本田和三菱。那么美国公司在目标成本法领域在做些什么呢？施乐复印机在美国是唯一长期认真使用这一会计方法的吗？我们很乐意承认这个例子是肯定的。

这是这项研究告诉我们的：

- 单位成本估计实际上被用在设计过程中。
- 产品设计师直接通过成本会计制度取得数据。
- 工程师和会计师往往使用相同的数据库。
- 这些世界级的制造商和日本公司一样以市场为导向。
- 正式系统与操作者相连接，因此交流可以畅通。
- 复杂化的系统允许工程师估计自动化产品的设计。

首先，让我们看一下谁对这项调查有所反应。最佳研发公司，投资平均6.8%的销售额在研发上，是我们的调查样本。我们可以使用126个调查问卷，有29%的回答率。大部分来自总经理(42%)、经理或者管理层(29%)。

很容易准备一份成本估算，然后把它束之高阁，但是在设计过程中真正能做出估计则是另一回事。这些领导级的公司平均要修正他们的评估5次，指出公司用什么做出单位成本估算的正确性。比起仅仅浏览估计单位生产成本的动议，他们看来做了更多。

样本公司用正式的程序来预测单位成本，对于某些产品他们甚至关注超过80%的在概念设计阶段末尾的制作成本。他们清楚地懂得生产成本早期控制的重要性。用早期设计中的这些信息，如果有很多人说这不会盈利，公司可以停止这一项目。

对于成本会计系统的评论来自方方面面，既包括专业人士的也包括实践者的。面对这些议论，你会觉得从现存成本系统得来的数据对产品设计者来说是没有用的。这不是问题。令我们惊讶的是，回答者中86人说他们从成本系统中直接取得数据，在产品设计期间来评估产品成本。甚至更多的人说会计师和工程师为取得成本数据使用相同的产品数据库。这个结果为把管理会计数据整合到设计过程中提供了进一步的证据。

至少对产品的设计者来说可以有两种方法来评估单位成本。使用从下而上的办法,工程师可以将购买组件的预算价格和每一部件的估算生产成本加入新产品中。包含现有组件的购买价格、加工路线以及现存部件的物料清单的数据库。能使设计工程师来估计新部件的成本。另一种解决的办法是从产品预计销售价格减去期望利润。这种办法与日本的"价格下降、成本下降"的理念一致,也就是说当一种产品的价格下降时,产品的成本必须下降,换句话说,市场决定了一种产品可接受的成本。

我们的回答显示日本在市场导向的成本控制上没有独占权:回答者77人也表现出这种倾向。这样,很多公司正在使用市场导向的成本计划,我们发现这是相当鼓舞人心的。

一个有效的目标成本计划系统比一项简单的产品成本估算的要求多得多。这一成本必须分解成组件和单个部件的成本,比如,一部典型的轿车有超过4 600个部件。除了各个部件,成百的工程师、材料管理者和采购人员必须在设计过程中密切合作。他们设计部件,发展供应商关系,并且组织部件运输系统。同时,制造工程师致力于用设备装备工厂,这意味着一个在有时广泛分散的个体间的高效沟通系统对功能完善的成本管理系统是必需的。

我们来看一下施乐复印机。这个系统要协调设计工程师、采购人员、材料管理者以及制造工艺设计工程师的所有活动。这些人有些居住在美国;其他人遍布在欧洲。为协调在价格报价领域的努力,此系统需要采购人员在特定时期从供应商那里收集报价。施乐系统告诉每一个采购人员,报价必须对应一个特定日期,如1999年5月15日。然后所有的采购代理人会要求供应商给出报价,他们将在这一天和随后的阶段报价。没有一个要求的日期,报价是没有意义的。另外,施乐复印机定义了一系列采购经理使用的代码来表明评估的可靠性。此系统用几种其他的方法和技术创造出一种标准化的语言,用来在设计新产品的个人之间交流。

施乐在实践中并不是孤独的。很多的回答者也依赖正式系统把设计过程中的很多个人联系起来。这些系统分辨卖方报价的不确定程度,创造一种标准化的语言和标准化的年表来使成本信息在各部门之间可比较,并提供设计工程师和采购人员/工程师相同的计算机辅助设计和计算机辅助制造数据库。

在计算机广泛使用之前,设计工程师辛勤地花费很多时间为各部件画了一幅二维图。这些手工绘画的部件描述，一个简单的改变能导致花费数百小时重新绘一幅新图。

今天，设计工程师用鼠标的点击可以创建、修改和模拟三维图的操作条件。部件完整的数学描述存在于包含绘图的文件中，而且工程师可以通过连接此数据到制造、加工和采购数据库，使用这种描述来估算那部分产量的成本。用这种系统，设计组从中可以了解部件几何图形并估计机器运转时间。我们的研究表明，大约回答者中的一半已有这种能力，因此很多公司已准备评估自动化的产品成本。

新技术的后期投资审计

你不会奇怪组织用项目的预计净收益或新技术的预算和项目目标来审计在新技术上的投资结果。但在新技术项目进入制造阶段后会有多大比例被后期审核？是25％、33％、50％、75％，还是95％？

答案可能会令你吃惊，它不是95％，也不是25％，但也不是75％或50％。最佳答案是33％；也就是大约三分之一的制造技术项目被正式后期审计。

罗伯特·霍威尔和斯蒂芬·索斯（Robert Howell and Stephen Soucy）[1]总结了为全国会计师协会做的调查结果，发现超过65％的回答者称他们没有做后期投资审计，或者仅仅审计了在先进制造技术上选择的投资。这35％的后期审计与艾特略和斯托尔报告的结果在实际上是非常一致的。[2]他们报告说在美国柔性生产装置的39个案例中，仅有14个（35.9％）进行了对耐用品生产厂的实地参观，这是一项为了对已经计算出的投资回报率进行补充而进行的事后审计。最初看起来，这是一个惊人的比率，但很多质量专家称技术投资项目的结果可以在其他已到位的产品指标上得到，审计项目就是增加不必要的质量成本和行政开支。

艾特略和斯托尔的结果在表5—2中呈现，被部署用来反对在设计和生

---

[1] Capital investment in the new manufacturing environment. (November 1987). *Management Accounting*.

[2] *Managing the design manufacturing process*. (1990). McGraw-Hill：NY, p. 63.

产部门用来采用新制造技术系统使用的重组类型。首先注意,在表5-2中,投资回报率的范围相当大:从1%的投资回报率到119%(表5-2早期为相同研究报道的平均值是40%)。

更重要的是,当考虑新组的程度时(从0到5,或交叉功能团队的使用),表5-2数据显示出更重大的组织改变(如交叉功能团队)与设计中更高的投资回报率结果相关。这14个例子中除1个之外的所有投资回报率在20%及以下(低于20%的有4个)的案例都没有进行重组。这些案例中获得40%及以上投资回报率的案例或者在设计和制造部门之间的合作中或者在交叉功能团队的合作中使用了虚线关系。这里的关键是行政管理(如新组织结构)的改变和经营中的技术创新需要在一起部署,以便保证成功的最终结果。

平衡记分卡

平衡记分卡最初是由罗伯特·卡普兰和大卫·诺顿(David Norton)引进的,在他们著名的论文里[1],主要作为一种手段来利用公司业绩考核过程中的无形指标。在第一篇文章里,作者总结了他们与12家公司的工作,并描述了以消费者满意度、内部处理和组织创新以及改进活动的操作指标补充财务指标的方式。他们使用他们所谓的平衡记分卡来衡量四个"平衡"的维度:消费者的观点、追求卓越、改善和价值创新的前景、公司如何对待股东。在第二篇文章里,卡普兰和诺顿把平衡记分卡拓展到了衡量战略管理和学习型组织的方面:远景、交流、商业计划和反馈。

作者的第一个贡献可能是这里最相关的。低估组织的创新能力将导致错位投资和渐进性技术的不懈投入。大部分时间这正好是恰当的。这就是为什么反应迟钝的大公司能继续生存,但一些小型、进取、创新的公司却失败了。但最后,在大潮流中平衡是必需的:在渐进和不连续改变之间的平衡。

---

[1] Kaplan, R. S. and Norton, D. P. (January/February 1992). The balanced scorecard—Measures that drive performance. *Harvard Bussiness Review*, Vol. 70, No. 1, pp. 71–79; Kaplan, R. S. and Norton D. P. (January/February 1996). Using the balanced scorecard as a strategic management system. *Harvard Business Review*, Vol. 74, No. 1, pp. 75–85.

表 5—2　用来管理同时设计的特殊结构和项目投资回报率的交叉矩阵

<table>
<tr><th rowspan="2"></th><th rowspan="2"></th><th colspan="12">投资回报率</th></tr>
<tr><th>1%</th><th>5%</th><th>11%</th><th>15%</th><th>20%</th><th>24%</th><th>30%</th><th>36%</th><th>40%</th><th>45%</th><th>50%</th><th>100%</th><th>119%</th></tr>
<tr><td rowspan="5">特殊结构</td><td>不存在</td><td>1</td><td>1</td><td></td><td>1</td><td>1</td><td></td><td></td><td></td><td></td><td>1</td><td></td><td></td><td></td></tr>
<tr><td>动态优化联盟</td><td></td><td></td><td></td><td></td><td></td><td></td><td>1</td><td>1</td><td></td><td></td><td></td><td></td><td></td></tr>
<tr><td>正式的支持</td><td></td><td></td><td></td><td></td><td></td><td>1</td><td></td><td></td><td></td><td></td><td></td><td></td><td>1</td></tr>
<tr><td>新职位的虚线</td><td></td><td></td><td></td><td></td><td></td><td></td><td></td><td></td><td></td><td></td><td>1</td><td>1</td><td></td></tr>
<tr><td>交叉职能团队</td><td></td><td></td><td></td><td>1</td><td></td><td></td><td></td><td></td><td></td><td>1</td><td></td><td></td><td></td></tr>
</table>

($n=14$ 案例)

资料来源：Ettlie and Stall, *Managing the Design-Manufacturing Process*, New York, McGraw-Hill, 1998, p. 63。

　　许多公司已将平衡记分卡并入他们的技术证明过程[1]，就像其他改进创新证明的一项创造性方式一样。[2] 多种案例的研究和调查在技术信息和弹性制造上也是可用的，都意图能够在资本预算上超越传统的折现现金流量法。[3]

　　一个更具体的关于克莱斯勒公司（现为戴姆勒克莱斯勒）的案例介绍了其证明采用快速原型设计技术的方法，即详细描述计划和开发信息的每个步骤。[4] 这个克莱斯勒的例子包括了其他公司证明该技术的标杆信息和比较数据。方法论看起来也用作评估参与某一技术选择权的价值以抵消未来不确定性的影响。[5]

---

[1] Leavitt, W. (October 1998). Technology and profit: Crunching more than the numbers. *Fleet Owner*, Vol. 93, 51—55.

[2] Webb, W. (December 1996). Case Study No. 2: Goodyear shows how technology provides strategic advantage. *Presentations*, Vol. 10, No. 12, 38; Anderson, B., Wiedenbeck, J., & Ross, R. (June 1997). Nondestructive evaluation for detection of honeycomb in the sawmill: An economic analysis. *Forest Products Journal*, Vol. 7, No. 6, 53—59.

[3] Slagmulder, R. & Werner van Wassenhove, L. (August 1995). An empirical study of capital budgeting practices for strategic investments in CIM technologies. *International Journal of Production Economics*, Vol. 40, No. 2, 3, 121—152; Lee, B. (March 1996). The justification and monitoring of advanced manufacturing technology: An empirical study of 21 installations of flexible manufacturing systems. *Management Accounting Research*, Vol. 7, No. 1, 95—118.

[4] Sorovetz, T. (December 1995). Justifying rapid prototyping. *Manufacturing Engineering*, Vol. 115, No. 6, 25—29.

[5] Kumar, R. A note on project risk and option values of investments in information technologies. *Journal of Management Information Systems*, Vol. 13, No. 1, Summer, 187—193.

在所有这些对证明过程的处理中,最重要的需要记住任何方法都会因组织环境和条件而进行调整。为了应对变革,数据以及技术出售者提供的信息必须与公司未来面临在学习的机会方面相权衡。风险很大,同时也很具有挑战性,令人兴奋。

总　结

在管理技术创新上的一个最困难的挑战便是准确地预测从史无前例的项目上会导出什么样的结果。一些机构甚至不去做这些预测,争辩称资金预算在创新博弈中是没有一席之地的。大多数公司至少采纳关于记录投资回报的评估或者简单的回报周期的提议,并且他们真的是为了能够有系统地分门别类地记录。其他公司已尝试更复杂的证明新技术的方法,在一些方面基于严格的投资选择模型。大约仅有 1/3 的投资在新的大型制造和操作项目上的公司在实施后审计了他们的结果,一些质量专家称如果结果因其他度量方法而清晰显现,那么这是一项可避免的成本。并行的设计抵消了在研发上的一些风险,但这通常是一项代价高昂的选择。

推荐使用传统证明方法的替代方法如计算净现值。包括计算持续参加一个新技术的期权价值以及对手行为的不确定性。一种方法认为软件和培训将是费用计算为投资。一些推进的创新组织的成员反对在进行资金预算期间进行归档处理,因为随着对技术理解的深入和项目的逐步展开,会发现一些足以弥补潜在成本的潜在收益。几乎没有人注意学习的价值和创新能力的潜在增长,将此作为采用新技术的一项主要得益。技术是一个系统,"通才"最终会盛行。

不考虑使用过的方法,好的项目通常遵循下述五项简单的规则:(1)包含所有被新技术投资影响的规则和功能的输入。(2)文档,包括意外事件。(3)使用与公司文化和环境一致的时间限度。(4)使用每个人都懂的简单方法。(5)包含不只一种未来的场景。使用平衡记分卡这样的标杆,会很有用。

练习

根据你自己的经验，总结一下关于新技术投资的经济证明的一个例子。回报的原始估计有多准确？解释任何改变之处。

阅读案例 5-1"西蒙德斯精密产品：计算机辅助设计行得通吗？"然后阅读案例 5-2"资本成本和投资标准"。回答讨论题。

案例 5-1

西蒙德斯精密产品：计算机辅助设计行得通吗？

西蒙德斯精密产品为工业和航空顾客设计并制造仪表、控制并展示系统。这是西蒙德斯仪器系统分部项目在证明和执行计算机辅助设计和计算机辅助制造技术上的总结。这个分部是坐落于佛蒙特州的弗吉尼斯，每年1亿美元的西蒙德斯销售部。

像很多其他公司一样，西蒙德斯争论是否使用传统的经济证明和计划模型去评估计算机辅助设计和计算机辅助制造技术。在西蒙德斯的资本设备证明像在其他公司一样，使用直接节省劳动力或者需要在两年或更短时间内获得回报的保守方法所主导；在项目被通过之前，要比较可用奖金和和预算的金额；资金购买在每一季度被评估。

在评估计算机辅助设计，计算机辅助制造的原材料时，10∶1、20∶1 和 40∶1 的生产力获益的生动报告很典型。需要支持2年回报证明的详细信息是很难找到的。当细节可获得时，成本如服务通常不参与计算。

西蒙德斯的印刷电路设计呈现出作对比的最大潜在机会，因为历史设计数据是可用的，并且这一领域在数年前已采用了计算机辅助制图。机械设计也有潜能，但对比却更加困难，很难找到有经验的使用者。考虑第三个领域，制造和绘图。40个月得到回报被发现是可能的，而不是现在政策要求的24个月的回报。

基于其他使用者的报告，考虑了无形资产收益。无形收益包含标准化的提高和创造性的加强，但是公司在其分析中选择不包括这些收益，因为它们断定潜在的成本，如心理因素会抵消这些收益。这是人们评价案例中的风险和未料到的影响的传统方式。这些风险真实存在而且不应该被去除。对风险进行量化并把其融入决策过程是困难的，但并非不能进行。

西蒙德斯高层管理者继续支持技术的研究，并重申了走向整合的战略。某些新技术将被用来促进战略的执行。他们请顾问帮助制定资本计划，但在预测采用技术后的收益上相对保守。

一套计算机辅助设计和计算机辅助制造系统被采用了。实施计划包括培训、全职的集中的设计组织和项目中高压力任务的转移。系统达到接近100%的可靠性。

我们得到了对计算机设计的后期审计信息。师是可用在第一年做的每项/标准设计平均有67小时和75美元的卖方费用被节省了。计算机设计时间平均从119小时降到50小时。这一数据采自一个计算机项目管理信息系统。过去做一个可行性研究需要的时间,公司现在能做4~5个。不包括无形部分,计算机设计在第一年里节省15.4万美元。到第20个月末时,总共节省了49.8万美元,伴随100%的设计产品周期的减少。

在机械设计上,由于设计过程没有自动化,结果没有被记录下来。作为数控项目减少的结果,预计在制造中节省1.86万美元,但与培训成本相比,损失也产生了。然而,绘图技术被大大加强了。

绘图的生产时间从2~6个小时降到了15~60分钟。计算机辅助制造和计算机辅助设计在西蒙德斯的错误减少上发挥了巨大的作用。每次绘图(平均0.20~0.26的错误)的错误降低了24%。改正错误的成本已从每个错误需要14美元减少到每个错误9.50美元。

在工程上,直接劳动力被减少了27%,相当于增加了等量的工作量。大体上第一个20个月的税后节约已超出了2年回报少20%的期望。

总体来说,集中化的设计员工的旷工率比平均水平要低,但是因为员工的限制,每天必须工作10小时。更进一步,用户基础的扩大已经在西蒙德斯成为了一个问题,尽管这个初期的经验是积极的。

与在其他部门的经历相比,如建设、工程、咨询和建筑,西蒙德斯的经历看起来很典型。西蒙德斯选择最简单的部分自动化(计算机化)并发现它很难把这项技术扩展应用到全公司。短期的成功是很可能的,但是长期这项技术和其他整合技术的应用确实令人怀疑。然而,他们有可以依靠的成功经历,并且它被完成的希望还是存在的。

资料来源: This case was prepared by J. E Ettlie. Drawn in part from R. C. Van Nostrand "CAD/CAM Justification and Follow-Up: Simmonds Precision Products Case Study," *CAD/CAM Management Studies*, New York, NY, Auerbach Publishers, Inc., 1987. Other material of interest is: Jan Forslin et al., "Computer—Aided Design: A Case Strategy in Implementing a New Technology," *IEEE Transactions on Engineering Management*, 36 (3), August 1989, pp. 191—201. J. E. Ettlie, "Innovation in Manufacturing," *Technological Innovation: Strategies for a New Partnership*, Denis O. Gray et al., eds., North Holland, Amsterdam, 1986, pp. 135—144, has documented the case of failure of a CAD system in an architectural firm.

案例 5—2

资本成本和投资标准

每次涉及物质财产或开支(提供持续利润和回报)时,资本成本在生产或经营管理上影响决策问题。从会计学的角度来看,最初的资本成本必须通过折旧机制收回,并且必须以营业费用的形式从收入中扣除。资产的折旧年限以及这些年中每年应分配的折旧总金额(即贬值是直线的还是加速的)代表了直指税收策略的可选择性战略。我们必须记住所有这些折旧的项目和分配是任意的,没有从用于制定决策的成本数据的观点来设计。

机会成本

设想我们正在讨论用于广泛目的的一项财产,如可以上路行驶的半拖车。假设我们拥有这样一辆卡车,那么问题是,"拥有一辆卡车,它将花费我们多少?"这些拥有的成本,或称资本成本,不能从组织的日常会计数据中得出。多拥有这辆卡车一年的成本取决于它的现值。如果这辆卡车在二手市场上能卖5 000美元,这是其经济价值的衡量。因为它有价值,我们有两种基本选择:我们以5 000美元卖掉它或者我们使用它。如果我们卖出,5 000美元能赚得利息或者替代投资的回报;如果我们留着这卡车,我们放弃回报,这将变成拥有此卡车一年的机会成本。此外,如果我们留着卡车,一年后价值将减少,因此有第二个机会成本,通过一年中残值的降低来衡量。

在这一年里赚取回报机会的损失和回收价值的损失是继续拥有的成本。它们是机会成本而不是支出成本。尽管如此,在比较需要不同金额的投资项目上,它们是相当重要的。如果卡车被保留,这还有一个来年可能的资本成本的成分,可能的续订成本或"资本增加"。这里,我们不考虑平时的保养,但考虑了大检修,比如能够延长卡车的物理寿命的一个新的发动机或者发动机大修理。总结一下,资本成本,或者说是多一年拥有卡车的成本如下:

1. 机会成本:

a. 在年初时残值的利息

b. 一年中残值的减少

2. 再用一年卡车需要的资本增加或者更新。

通过假定残值的时间表,我们能够计算财产年复一年的资本成本。表 5—3 已做好了一辆原价值1万美元的卡车以及它的回收时间表。最终结果是每年都会引起计划的资本成本。随着卡车变旧,如果我们决定操作和保养成本增长的方式,我们能绘制一组年成本的曲线。联合的资金、操作和保养成本曲线将有一个最小值。在机器使用寿命中,这个最小值定义了最佳的成本表现年。过了那一年,增加保养的效果比抵消降低的资本成本要花费的多。

表 5—3　　　一辆半拖车每年的资本成本和回收时间表(利率 10%)　　　单位:美元

年份	资本成本利润	年终残值折旧	期初残值利息	折旧和利息的资金成本
新一年	10 000	—	—	—
1	8 300	1 700	1 000	2 700
2	6 900	1 400	830	2 230
3	5 700	1 200	690	1 890
4	4 700	1 000	570	1 570
5	3 900	800	470	1 270
6	3 200	700	390	1 090
7	2 700	500	320	820
8	2 300	400	270	670
9	1 950	350	230	580
10	1 650	300	195	495

过时和经济生命

根据定义,当一种机器过时后,一个拥有和使用更经济的替代机器或系统就会产生。新机器的产生不会导致使用和维护现有机器成本的增加。那些成本由现有机器的设计安装和状况决定。然而新机器的产生导致现有机器残值的下降,引起资本成本的增加。对于技术性动态分类的财产,残值通常在预计到成新率时急速下降。经济生命相当短暂。另一方面,当创新率相对缓慢的时候,残值会保持得相当好。

表 5—4 对比了两台原来价值 1 万美元的机器每年的资本成本,但它们却有不同的回收时间。机器 1 的价值保持较好;机器 2 在回收时间上遭遇更严重的淘汰。结果是,在最初几年里,机器 2 的资本成本比机器 1 的要高。前 5 年中平均的资本成本是:

- 机器 1:1 913 美元
- 机器 2:2 198 美元

因此,如果两部机器操作花费的时间一致,机器 1 看起来会更理想。然而,因为这两部机器资本成本的时间限定是不同的,我们对它们的等现值进行数据调整。

创新管理

表 5—4　　　　　两台价值 10 000 美元但回收时间
　　　　　　　　　不同的机器的比较（利率 10%）　　　　　　单位：美元

机器 1				机器 2			
年终残值	年终残值	期初价值的10%的利润	资本成本	折旧	期初价值的10%的利润	资本成本
10 000	—	—	—	10 000	—	—	—
8 330	1 670	1 000	2 670	7 150	2 350	1 000	3 850
6 940	1 390	833	2 223	5 100	2 050	715	2 765
5 780	1 160	694	1 854	3 640	1 460	510	1 970
4 320	960	578	1 538	2 600	1 040	364	1 404
4 020	800	482	1 282	1 360	740	260	1 000
3 350	670	402	1 072	1 330	530	186	716
2 790	560	335	895	950	380	133	513
2 320	470	279	749	680	270	95	365
1 930	390	232	622	485	195	68	263
1 610	320	193	513	345	140	49	189

现值

因为货币有时间价值，未来的开支将会有不同的现值。因为货币可以获得利润，如果设利率为10%，现在在手里的1 000美元相当于一年后的1 100美元。同样地，如果我们等一年去获得现在价值的1 000美元，一年后我们能期望得到1 100美元，而不是1 000美元。当涉及的时间范围有所扩展时，适当的利息以复利计算，它的效果会变得更大。支付和收款的时间会使各种各样的备选方案的价值大大不同。

未来一次性支付

我们知道如果一个本金 P 以利润率 i 投资，如果所有的收入被保留并以复利计算，在 n 年后它将产生一个未来的总共整笔支付 S。因此，按照复利的角度，现在的 P 是与未来的 S 完全等同的，那就是：

$$S = P(1+i)^n$$

这里 $(1+i)^n$ = 利润率 i 和 n 年按照复利计算的数量。

对 P 我们能够决定几年后将被花费的现有的整笔支付价值：

$$P=\frac{S}{(1+i)^n}=S\times PV_{ip}$$

这里 $PV_{ip}=1/(1+i)^n$,1 美元整笔支付的现有价值 n 年后将以利润率 i 产生。因此,如果我们 10 年后将收到 1 万美元的支付,我们应该愿意接受一笔较小但相等的现有金额。如果 10%的利率被认为是公平合适的,那部分较小而等同的数量便是:

$$P=10\ 000\times 0.385\ 5=3\ 855(美元)$$

因为

$$\frac{1}{(1+0.10)^{10}}=PV_{ip}=0.385\ 5$$

资料来源:E. S. Buffa and R. K. Sarin, *Modern Production/Operations Management* (New York: John Wiley & Sons, 1987)。

讨 论 题

1. 你认为对于新技术投资来说 24 个月这样一个偿还阶段是合理的吗?说说你的理由。

2. 为什么在估计新风险的收益上公司是保守的?

3. 真的不可能去估计新技术系统的无形价值吗?选择一个例子(如创新增强)并讨论。

4. 这种新技术投资的策略收益是如何被获得的?

第六章
新产品和新服务

本章目标：从各种职能的角度介绍新产品开发的概念。回顾议题、模型和新产品开发的方法，包括领导者使用方法。本章还包括服务创新课题和这一领域的一个新模型。为测试预测新产品商业化成功可能性的模型，本章末尾讲到了奥克森（Acuson）和公司新产品赛奎娅（Sequoia）的案例。赛奎娅投入市场提出了对新产品可能成功作预测的挑战。最后，这一领域产品继续改进的议题将在本章末尾的3M医疗产品事业部这一案例中介绍。

在美国，2003年有3万种新产品被引进，但仅有5种是大赢家。[1] 美国经济预测继续将经济重点放在新产品引进上，尤其是在某些部门，正如在

---

[1] Phil Lempert is The Supermarket Guru ® http://www.supermarketguru.com/page.cfm/485. 请注意即使5%也是个大赢家，大约60%的新产品实际上一经推出就大获成功（作为对大量投资的回报），并且这一数据多年来保持稳定。(cf. Crawford, M., New Product Management, 5th edition, 1997, Irwin, Homewood, IL.).

过去 20 年里所做的那样。考虑下面从美国劳工统计局得到的预测:[1]

- 到 2006 年,出口和进口水平将接近国内生产总值的 20%。
- 高科技领域和计算机相关产品领域的商业扩张为对外贸易和私人投资的增长奠定了基础。因此美国劳工统计局预测新市场和新产品在未来 10 年里将是一项重要的特征。

国家科学基金会创新和组织项目在这一领域的资金应用项目上非常活跃。它将统计排除出理性推测的范围,而带入经验判断中。国家科学基金会最近总结了一些他们提供资金的研究。[2] 结果发现,不奇怪的是,产品成功主要依赖 3 种东西:选择正确的项目、顾客的全程参与、以稳步的方式把项目移交营销和制造。然而,在这里并非任何事情都符合常规:

- 奇怪的是,流程的成熟和结构化流程没有成为最重要的因素,与现有新产品开发文献的核心思想相反。
- 在估计实际的执行时间上,公司的数字是远离目标的。不是所估计的 1~2 年,实际的过程可能将花费 5 年。
- 即使公司能成功地辨别在发展过程中哪里出了问题,他们在执行改变时(由于风险预防)也会有一段非常困难的时期。

10 年前,在波士顿大学的未来制造业调查发现了一个保留至今的倾

---

[1] 摘自一篇 1997 年在《劳工评论月刊》(*Monthly Labor Review*)上发表的文章。实际国内生产总值和它的组成部分是按照 1992 年滚动加权的美元来计量的。滚动加权算法通过参考固定的基年价格取代了过去计算实际国内生产总值及其组成部分的均值算法。因此,对于某一个特定的年份,实际国内生产总值的滚动加权组成部分不会加到总滚动加权实际国内生产总值上去,并且,将会剩余。更多信息参见:Preview of the Comprehensive Revision of the National Income Accounts: BEA's New Featured Measures of Output and Prices, Survey of Current Business, July 1995, pp. 33–38。国民收入和生产账户现在注意到作为投资在设备和结构上的政府支出。于是,政府采购现在就被分为两部分:消费支出和总投资。这样以一种对私营公司类似采购更对等的对待方式来对待政府固定资产采购。更多详情参见:Preview of the Comprehensive Revision of the National Income Accounts: Recognition of Government Investment and Incorporation of a New Methodology for Calculating Depreciation, *Survey of Current Business*, September 1995, pp. 33–41。

[2] Comstock, T. and Dooley, K. (1998). A tale of two QFD's. *Quality Management Journal*, Vol. 5, No. 4, 32–45. Also see Dooley, K., Durfee, W., Shinde, M., and Anderson, J. A. river runs between us: Legitimate roles and enacted practices in cross-functional product development teams, to be published in *Advances in interdisciplinary studies of work teams: Product development teams*, Vol. 5, JAI Press.

向：很明显的是，在日本、美国和欧洲的最高制造优先权是新产品发展阶段。

对实践者来说更重要的是，有一些早期的、可靠的指示，那就是成功的实践在全世界都是相似的，不论经济区域。除我们想要检验新概念以保证当它们被使用时不会产生危害这一条件之外，对新产品和新服务的持续成功的介绍知之甚少。肯定地说，有一些更宽泛的倾向。面对同样的商业环境，成功的制造商选择相似的战略，不论地区。例如，商业环境越具有活力，公司强调运输能力、灵活性和质量竞争战略就越成功。差劲的竞争者则错误地强调成本，即便如此，通常对低成本的追求也做得不是很好。这些结果源自研究中的各个样本行业，具有很强的说服力。[1]但要进行普遍推广，这些不能算是可行动的准则。

在我们自己的研究中[2]，我们同样观察到了聚焦的普遍性。比如，我们发现了研发的集中(研发费用占每年销售额的百分比)与20个国家和所有耐用品制造业现有和增加的市场份额有重大关联。市场份额也通过以下措施大大提高：

- 新产品开发速度上的积极改变(注意与讨论过的制造业未来的发现一致)
- 及时运输和顾客服务，反过来带动制造业的计算机化

我们能总结出什么呢？新产品过去是现在也是一个热门主题，它很可能不仅仅是转瞬即逝的幻想。回忆第一章中的研发投资的简要数据：现有的数据证明研发资金的大部分正花费在新产品开发过程中。

什么是新产品

新产品是消费者第一次体验或行业第一次提供的，但是这些供给中有

---

[1] 本文第一部分的细节见：Ward, Peter T., Duray, Rebecca, Leong, G. Keong, and Sum, Chee-Chuong. (1995). Business environment, operations strategy, and performance: An empirical study of Singapore manufacturers. *Journal of Operations Management*, Vol. 13, 99—115. 这种类型的聚集的另一个例子是我同事教堂山北卡罗莱纳州大学科莱·威巴客教授(Clay Whybark)给出的。他报告说北美和西欧非时尚的纺织业和小机器工具公司在他们的制造实践如销售预测和材料管理方法上差别很小。

[2] See, for example, Ettlie, J. (January 1998). R&D and global manufacturing performance. *Management Science*, Vol. 44, No. 1, 1—11.

多少是真正的新产品呢？表6-1总结到：根据表6-1，对全世界来说大多数新产品不是新的，而仅仅是现有产品一次性的仿效和复制品，在现有产品基础上略有改变。当评估新产品开发文献时记住这点是非常重要的。一直带有疑问"这（或这些）是世界上真正的新产品吗"也很重要。出新率在下降，从1986年的19％到1996年的7％再到1997年的6％，很明显是因为很多新产品虽正在被引进却不是真正的世界级新产品。

表6-1　　　　　　　　　　新产品发展

年份	推出的新产品	新产品比例
1997	25 261	6％
1996	24 496	7％
1986	NA	19％

资料来源：*Marketing News*，March 30，1980。

新产品开发

福特汽车公司和其他公司一样，继续尽力重新投资和改建他们的新产品开发过程。早在1996年夏天，公司就彻底检查他们的产品开发系统。过去用36个月开发一部新车，现在的目标是用24个月来开发一部新车，并且每年减少10亿美元的成本。[1] 丰田和马自达不想被超过，都宣称要在18个月里开发一部新车，很可能是因为日产已宣称要在19个月里开发一部新车。[2] 其他很多公司正尽力在不影响质量效益的情况下缩短开发时间，这在本章后面我们将会看到。最近，福特宣称他们要有更多的创新，尤其是新兴技术，如连续可变传动和混合动力引擎技术。[3]

前面早已提到，大多数在欧洲、美国和日本的公司报告称新产品开发是它们第一位的战略制造优先权。就在最近，面对丰田和本田混合动力（电力/汽油）车的崛起，福特宣布为了在新技术方面不落后，他们将开始外包更

---

[1] *Automotive News*，June 24，1996.

[2] *Automotive News*，January 27，1997，p. 24，and *Automotive News*，March 17，1997，p. 3，respectively.

[3] Chappell, L. Martens says Ford moves outside for innovations, *Automotive News*，March 15，2004，p. 32j.

多的技术。[1]让我们仔细地看一下这些倾向。

在文章里没有提到的福特对新产品开发过程的改造是产品表现和质量。但很多人相信上市时间、质量和产品性能之间有一个平衡。关于此课题,最近的一篇应用研究文章在发现新产品开发中什么是新的方面是一个好的开端。这篇文章即《新产品开发:表现与上市时间的权衡》(New product development: The performance and time-to-market tradeoff)[2],由宾夕法尼亚大学沃顿商学院的莫里斯·A.科恩和杰霍沙·伊莱亚斯博格教授(Morris A. Cohen and Jehoshua Eliashberg),以及洛杉矶的加利福尼亚大学安德森管理研究院的前任教授、现任于沃顿商学院营销系的泰克华·霍(Teck-Hua Ho)教授所做。科恩教授和他的同事们开发了一个关于新产品开发过程的多阶段模型,下面是其中一些最有趣的总结:

- 集中努力在新产品开发过程最具生产力的阶段——根据公司不同而不同——竭尽全力。不要把努力分布在新产品开发过程的所有阶段上。
- 如果竞争表现过高或者过低,很少或没有必要去开发有野心的新产品。
- 只关注上市时间并最小化这段时间的趋向,导致产品的渐进性改变,而不是利润的最大化。产品性能也必须被考虑进去。
- 有超强性能的新产品成为进入壁垒,竞争对手必须在上市时间和产品性能上均有上乘表现。
- 与新产品的第一代比较,取代现有产品总会耽搁新产品上市时间和表现目标。
- 最好的战略是去用较快的改进速度来开发一项更好的产品,而不是去较快地开发一个产品。

具体而言,最后一条与人们的常识,明显是矛盾的,即对产品进行渐进性的改变比进行突破性的改变对竞争更有效。

在实践中这些结论站得住脚吗?早期表明它们是有效的。例如,在我们对美国耐用品制造的新产品和开发过程努力的最近调查中,我们问了126个新产品组的代表,他们是否有到位的项目来改进新产品开发过程。

---

[1] Ibid.
[2] *Management Science*, Vol. 42, No. 2, February 1996, 173—186.

这些案例中大约90%的管理者对这个问题的回答是肯定的。

改进新产品开发过程的这些项目的焦点是什么？考虑到时下时尚和专业出版物对上市时间的关注，我们预计上市时间是最重要的议题，且调查报告结论也支持这一假设。结论并不是这样：在关于新产品开发的有效问卷中，47例（39%）把质量作为新产品开发项目发展努力最重要的中心。的确，上市时间是第二位的，占44例（36%），但它不是第一位。质量和上市时间在有效问卷中总计91例（75%）（这包括称没有新项目改进新产品开发过程的回答者的13例或11%。有5例避开了这个问题）。

我们可总结出新产品开发努力改进的平衡战略是耐用品制造成功的关键。此外，我们发现了新产品开发的整合方式——很好地超越了并行项目小组的最小观点——很大程度上支持了产品市场和顾客知识开发的努力。这些新产品开发过程改进努力能大大加强新产品成功的可能性。例如，创意的来源平衡（那就是，在新产品的创意形成和精炼阶段同样重视研发或营销）能够把新产品商业成功的可能性提高30%。[1]

关于技术把关者有一部已为大家接受的文献，显示出研发过程的成功依赖一种两步的交流过程：第一，通往或来自技术把关者（实验室中一个正式或者非正式的队长）的交流，然后是或来自研发组的成员的交流。研究和服务（经理）使用一个不同的一步交流过程。近期，数据显示出把关者的角色在研发上广泛扩展，并且基层管理人员往往不是焦点，而是试验工程师和中层经理，甚至在技术或市场组织中有更高职务（所有基于学科的新产品信息来源）。[2]

新产品开发过程

你最近的一次听到在专业会议或在鸡尾酒会或高尔夫球场上讨论的企业业务流程再造是在什么时候？那突破性技术呢？第二件大事总是追逐令

---

[1] Ibid.

[2] See Ettlie, J. E. (February 1997). Integrated design and new product success. *Journal of Operations Management*, Vol. 15, No. 1, 33—55, for findings on balanced development. Revisit Tom Allen and his associates work on technological gate keepers concerning communication patterns in R&D (1978).

人恼火的话题，并且我们避免涉及，以便能与公司最强的一面保持一致。否则的话，这整章就会是外包新产品给印度和中国的叙述。

加拿大安大略省汉密尔顿市麦克马斯特大学的罗伯特·库伯和艾克·克莱斯米特教授（Robert G. Cooper and Elko Kleinschmidt）公布了一项最佳实践的首次研究（本章后面会更新）。[1] 鲍伯（Bob）和他的同事最初对161个事业部做了一项标杆研究，并发现几项重要的性能评判上有四个关键驱动力（如盈利和新产品的成功率），这里是他的发现：

- 当提到盈利，最强的动力是高质量的存在、严格的新产品工艺——你需要强调前沿的作业，"强有力的决策点"，非常鲜明的早期产品概念，还有灵活性。仅仅有正式的新产品开发过程不能分辨高性能和低性能。新产品开发如何组织是关键。

- 事业部新产品策略的作用对性能有重要影响。必须清楚地交流这一策略且必须把该策略贯彻到新产品的目标中去，聚焦的地区需要清晰地描绘，还有长期计划中新产品的作用需要被每个人很好地理解。

- 资源是重要的。充足的金钱、人力资源和集中的研发是成功的关键。仅仅有交叉功能团队是不够的——这些团队的质量是关键。

- 研发强度也是非常关键的。研发强度是研发支出占的销售额的百分比（其他研究发现，公司或事业部只有一半的研发强度与其所在行业的竞争有关。汽车工业通常把3%～4%的销售额花在研发上——这不是一种高科技的水平。在汽车工业被认为是高科技之前，这必须要加倍才行）。而且，研发强度不预示着盈利，但通常预示了市场份额或者市场份额的增长。[2]

研发—营销界面

理解新产品和新服务发展成功的必要条件是对研发和营销两者关系的理解。但这个问题又比单纯满足眼界包含更多的东西。在任何机构中合并"顾客的声音"都稍微有一些约束——这很明显，却常常被忽略。公司里每

---

[1] Ettlie, J. E. and Elsenbach, J. Idea Reservoirs and New Product Commercialization, working paper, College of Business, Rochester Institute of Technology, April 2004.

[2] Ettlie, J. (January 1998). R&D and global manufacturing performance. *Management Science*.

个人都同意顾客很重要这一观点,但政策却倾向于取胜;公司不想要偏离他们的核心竞争力太远。压力就在这一点上。在动态世界里顾客会对公司的核心竞争力满意吗?

因为时间关系暂且不论这种观点,即没有机构能产生为新产品和新服务开发项目服务的所有技术,有少数例子中顾客实际上为你发明了新产品。领先用户帮助把"顾客的声音"直接进为产品创意例子不少[1],但这种转换过程是困难和需要时间的(参见案例6—2)。

使新产品和新服务跟上消费者没有说出来的需求的必要条件是在研发和营销界面的管理。但在这过程中功能仍然是不同的。仅仅在一些关键领域中紧密合作和信息共享是最重要的。这些包括懂得顾客需要,监控市场的发展,以及控制多样化的研发项目。[2]

新产品开发过程的时间压缩

如下一节提到的,在新产品开发过程中管理者可能犯的最大错误是第一次采用一些新的方法和途径(如交叉功能团队),并认定它会加快新产品和新服务的开发过程。用来改进新产品开发的大多数方法最终加速了进展,也需要花费时间去了解如何使用这些新方法。这就延缓了过程。使用多次以后,就会加快新产品的开发速度。

---

[1] von Hippel, E. (May-June 1998). New product ideas from "lead users." *Research Technology Management*, Vol. 32, No. 3, 24—27; Wagner, C. & Hayashi, A. (March 1994). A new way to create winning product ideas. *Journal of Product Innovation Management*, Vol. 11, No. 2, 146—155.

[2] Gupta, A. & Wilemon, D. (November 1996). Changing patterns in industrial R&D management. *Journal of Product Development Management*, Vol. 13, No. 6, 497—511. Also see Moenaert, R. K. & Souder, W. E. (November 1996). Context and antecedents of information utility at the R&D/Marketing interface. *Management Science*, Vol. 42, No. 11, 1592—1610; Haggblom, T., Calantone, R. J., & Di Benedetto, C. A. (September 1995). Do new product development managers in large or high-market-share firms perceive Marketing-R&D interface principles differently? *Journal of Product Innovation Management*, Vol. 12, No. 4, 323—333; Gupta, A. K. & Wilemon, D. (October 1990). Improving R&D/Marketing relations: R&D's perspective. *R&D Management*, Vol. 20, No. 4, 277—290 with respect to offensive R&D strategies and the effectiveness of the R&D-market interface see Link, A. N. & Zmud, R. W. (February 1986). Additional evidence on the R&D/Marketing interface. *IEEE Transactions on Engineering Management*, Vol. 33, No. 1, 43—44.

前面已经讲过,当在发展过程上花费不必要的时间时,几种常用的指导实践很有效。第一是简化,然后消除不必要的步骤。[1] 重新考虑所有的关键节点、所有的特点、所有的测试,并从顾客的角度集中在价值增加的步骤上。在惠普案例中(参见案例 2—1),投入市场前在第一个喷墨打印机开发上,关键的一点达到了。工程师想要获得产品的技术详细信息权,而市场调研显示首先采用者不在乎技术是否雅致。惠普在第一次推出之后改进了产品并将继续改进它。

如果你想让事情加速,则不要增加更多人员,也不要增加更多时间。更多的人员会减慢过程(因为他们尽力去赶上和了解正在进行的事物),"内耗"会使部门里的创新思考者混乱。大多数新产品部门总是自我激励的,并且无论怎样都根据自身能力来工作。过多要求会带来损伤。是时候工作得灵巧点了,而不是更辛苦。压力和学习不是并行的。学习的加速正是新产品开发加速的中心。看看内耗发生时苹果的牛顿开发项目发生了什么(《纽约时报》,1993 年 12 月)。结果令牛顿项目更加艰难——简直是悲剧。

最后,加速开发项目的两个最大的战略障碍是错误技术和好干涉的总经理。当你尽力满足一项项目的截止日期时只能使用渐进性技术——当你必须节省时间时不要尝试任何新东西(记住渐进性和突破性的项目的组合保证了长期的成功)。而且如果总经理让团队自我管理,整个团队将会利用机会窗口。与减少新产品开发成本相比,有多少次加速开发是长期绝对必要的?有两个不同目标。如果总经理在项目一开始便加以干涉,不仅事情会延缓,而且,因为信任的缺失而使士气会受到不利的影响。

什么是新的?

尽管所有的这些努力,新产品开发的高山是很难攀登的。一些现有的研究发现指明了这项挑战性课题的倾向。如下所述:

1. 时间进度的研究表明"较频繁的新产品引进在较快的时间进度前提下是最佳的",也就是说,一个公司必须跟上主要行业从业者的脚步来获得

---

[1] Millson, M. Raj, S. & Wilemon, D. (1992). A survey of major approaches for accelerating new product development. *Journal of Product Development Management*, Vol. 9,53—69.

成功。即"……分析的结论支持行业时间进度和上市时间紧密相连的管理理念。"[1]

2. "一些分析的发现是令人震惊的：对其潜在顾客缺乏初步认识的公司应该把公司 1/3 的资源分配给市场调研。"[2]

3. "产品成功……与决定规格的方式有很大关联（从一般要求来说）——那就是主要通过应用外在力量（如转换过程中市场和顾客的影响）。"然而，这些是主要的产品融合了现有技术的渐进性变化。[3]

4. 即使新产品成功受到外在力量如市场和顾客强烈影响，成功的新产品创意主要来自技术和营销人员。这种努力将会成功："新产品技术成功大大推动了商业成功，反过来又大大推动了投资回报（ROI）。"[4]

5. 在制造业（如宝洁、3M）和服务业（如美洲银行）有很多公布和未公布的例子，通过超越传统思维和使用公司内部创业的机制、领先用户研究和工具，他们已重新设计了其新产品开发过程。[5] 他们都有一个共同点：管理人员有勇气承担可计量的风险去再创造新产品开发过程，耐心等待自然发生的成果并从这些努力重点中看得见（增加市场份额和销售额）和看不见（员工流动率降低、乐观信号和吸引人才能力的增强）的利益中吸取教训。

6. 外包设计是看起来没有尽头的趋势，而某种程度使用虚拟团队的协同设计[6]对今天很多新产品开发项目来说是一项新准则。考虑下面这段话："……福特拥有了它们。通用汽车也是。并且航空大鳄波音和空中客车

---

[1] Souza, G. Bayus, B, and Wagner, H. M. (April 2004). New product strategy and industry clockspeed. *Management Science*, Vol. 50, No. 4, 537—549.

[2] Hess, J. D. and Lucas, M. T. (April 2004). Doing the right thing or doing the thing right: Allocating resources between marketing research and manufacturing. *Management Science*, Vol. 50, No. 4, 521—526.

[3] Ettlie, J. E. and Subramaniam, M. (2004). Changing strategies and tactics for new product development. *Journal of Product Innovation Management*, Vol. 21, 95—109 (p. 106—107).

[4] Ettlie, J. E. and Elsenbach, J. Idea Reservoirs and New Product Commercialization. Working paper, College of Business, Rochester Institute of Technology, Rochester, NY, April, 2004.

[5] 这三个全部都是哈佛商学院出版的教学案例。

[6] 协同设计将会在本章的稍后部分进行讨论，但是如果需要介绍，请参见：Malhotra et al. (June 2001). Radical innovation without colocation: A case study at Boeing-Rocketdyne. *MIS Quarterly*, 229—249.

也拥有了。那么我们正在讨论的是什么呢？印度软件公司设计的工程组件，这就是答案。1亿美元在今天是一个相对较小的外包业务。但它正以每年50%的速度增长——大多数的增长发生在过去的18个月。"印度软件服务企业协会(Nasscom)/麦肯锡的研究说这一细分市场期望到2008年可增加到1 100亿美元。[1] 本章末可以看到这些倾向的另一个例子（通用汽车—福特合作的六速变速器项目）。

7. 一切改变了，一切还是一样的。新产品开发最初的工作表明一旦新产品投入市场，成功的可能性（投资回报的多样比率）大约是60%。没有改变。在2003～2004年，几项新调查显示新产品成功的这个比率（不是新创意成功的比率，而是发布的产品）保持在大约60%。[2]

新产品开发用于商业成功的一种模式

我们研究了1990～1992年推出的126种新的耐用产品[3]，图6—1总结了研究的结果。这些结果不仅证实和重复了新产品商业成功的早期发现，经验支持的模式大大扩展了我们关于"是什么促使新产品开发成功"的知识。这些结果的提示总结如下：

1. 新耐用产品的商业成功直接取决于开发公司或事业部了解市场（和顾客）需求的程度。不用惊讶这一点。但需求必须转换成新产品的属性。

2. 市场需要了解。综合设计的方法大大提高了对市场需求的理解能力。这不仅是因为有了公司各部门的代表组成的团队。这是科学的设计方法，它将现有的各种技术综合到协同开发过程中了。工作轮换（包括成本会计），如设计和工程设计的永久转让，兼容的计算机辅助设计系统，一般数据

---

[1] Arti Sharma | April 17, 2004: http://inhome.rediff.com/money/2004/apr/17bpo.htm

[2] 最新的数据参见: Stevens, Greg A. and Burley, James (2004). Piloting the rocket of radical innovation. *IEEE Engineering Management Review*, Vol. 32, No. 3, Third Quarter, p. 111. 实际上，最新的关于推出576种新产品的360个工业公司的全球研究证实了60%的推广成功率。从2003年关于60个汽车制造公司和237个耐用品与建筑公司的数据中，艾特略和佩罗蒂(2004)发现推出后的成功率分别是60%和62%。

[3] Ettlie, J. E. (February 1997). Integrated design and new product success. *Journal of Operations Management*, Vol. 15, No. 1, 33—55.

库,工程小组内部的工资公平等新政策,是这种新综合产品开发新方法的一部分。

3. 综合设计法受到 3 个其他因素的大力推动。首先是先行战略——某种进攻优势。

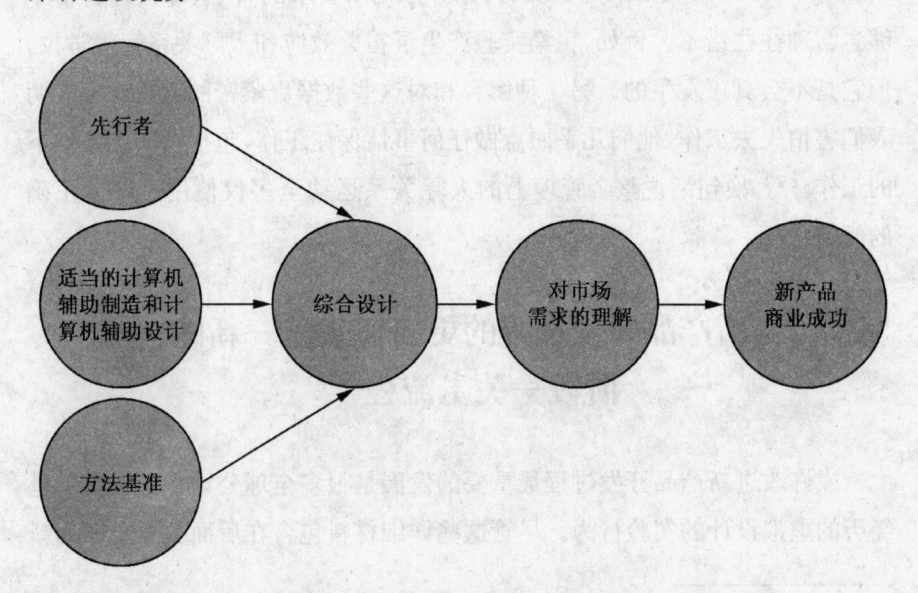

资料来源:J. Ettlie,"Integrated Design and New Product Success," *Journal of Operations Management*, Vol. 15, No. 1,(February 1997),pp. 33—35。

图 6—1 美国新耐用产品的商业成功

那就是,没有必要去做第一个,但是早期或者快速的跟随者能享受在新产品领域第一个进军的一些或所有优势。第一个和先行者的优势就如一个公司阻止效仿者的能力一样有利,能维持一种不能被效仿的文化。[1] 第二,采用或开发计算机辅助设计—计算机辅助制造系统对公司来说是适当的。这些系统适合公司独特的要求。第三,新产品开发方法标杆促进了综合设计法的使用;即不仅决定了哪个公司在新产品发展上有最佳的表现,也明白了对于你的公司那意味着什么。就定义而言,如果它是一个独一无二

---

[1] Heinzl, Mark. (April 25, 2005). With its Blackberry a big hit, rim is squeezed by all comers, *The Wall Street Journal*, p. A1, A6.

的，[1]它将很难被模仿。因此关键是懂得你的公司如何能独一无二地利用其他的知识资本。

是的，标杆很受欢迎，也是马克姆·波多里奇国家质量奖(the Malcom Baldrige National Quality Award))指导原则所要求的，但它却被理解得不够。常理往往错了。例如，霍桑实验产生了霍桑效应和人际关系管理学校，但它是不会真正发生的。另一种解释和对这些数据更紧密的客观观察表明人们害怕失去工作，他们几乎愿意做任何事情保住工作，包括在实验条件下的工作。[2] 换句话说整个管理上的人际关系运动至多仅使用了部分正确的假定。

新产品开发过程的更新模式——新的阶段—关卡流程®[3]

或许改进新产品开发过程最重要的发展是很多全球公司在过去5年里经历的虚拟设计的实验行为。尽管这些详细材料包含在后面关于全球创新

---

[1] See J. Barney's article. (1986). Organizational culture: Can it be a source of sustained competitive advantage? *Academy Management Review*, Vol. 11, No. 3, 656—665.

[2] Frank, R. H. and Kaul, J. D. (October 1978). The Hawthorne experiments: First statistical interpretation. *American Sociological Review*, Vol. 43, No. 5, 623—643; and Jones, Stephen R. G., (November,1992). Was there a Hawthorne effect? *American Journal of Sociology*, Vol. 98, No. 3, 451—468.

[3] 阶段—关卡流程是罗伯特·库珀(Robert Cooper)的注册商标。这一部分的参考文献包括:Baback, Y. and Holmes, C., Four Models of Design Definition: Sequential, design center, concurrent and dynamic, Journal of Engineering Design, Vol. 10, No. 1, March 1999,25037. Busby, J. S. and Payne, K., The Situated Nature of Judgment in Engineering Design Planning, Journal of Engineering Design, Vol. 9, No. 3, September, 1998, 273—293. Cooper, R. G., Winning at New Products, 2nd Edition, Reading, MA, Addison-Wesley Publishing, Co., 1993; Ettlie, J. E. and Stoll, H., W., Managing the Design-Manufacturing Process, New York, McGraw-Hill, 1990. Griffin, A., PDMA research on new product development practices: Updating trends and benchmarking best practices, The Journal of Product Innovation Management. Vol. 14, No. 6, November 197, 429—458. Shaw, N. E., Burgess, T. F., Hwarng, H. B., and de Mattos, C., Revitalizing New Process Development in the U. K., Fine Chemicals Industry, International Journal of Operations & Production Management, Vol. 21, No. 8, 2001, 1133—1151. Skalak, S. C., Kemser, H., and Ter-Minassian, N., Defining a Product Development Methodology with concurrent engineering for small Manufacturing Companies, Journal of Engineering Design, Vol. 8, No. 4, December 1997, 305—328.

的章节中,在这里一些发展也是值得提一下的。我们现有研究已证明的一件事情是拱形的阶段—关卡流程程序,因罗伯特·库伯教授和其他一些人而盛行,在首次引进后也改变了许多。

用来引导新产品和新服务开发过程的阶段—关卡流程的很多支持者和热心人争论说它已经促进了高速度、高质量、大项目,及整体上所有与之相关的更好表现。[1] 但在新产品开发中的创新点上,很少提出或调查关于阶段—关卡流程的真正作用的问题。图6-2列出了传统的阶段—关卡流程模式供将来的讨论作参考。[2]

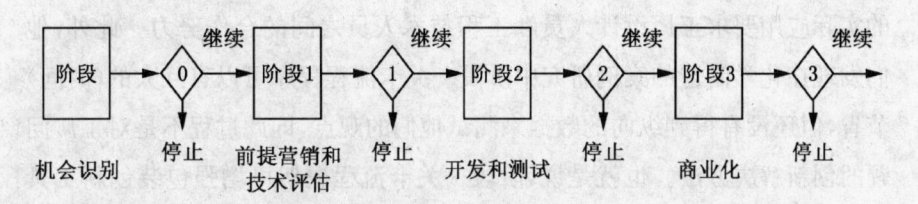

```
阶段 →◇0→继续→ 阶段1 →◇1→继续→ 阶段2 →◇2→继续→ 阶段3 →◇3→继续→
          ↓停止              ↓停止              ↓停止              ↓停止
机会识别          前提营销和         开发和测试         商业化
                  技术评估
```

资料来源:Adapted from Cooper,1990。

图6-2 新产品开发过程阶段—关卡流程

关于阶段—关卡流程程序如何影响创新,在最近的经验文献上有一些建议。例如,巴斯比和佩恩(Busby and Payne)[3]发现工程师对于活动长期性的预测根据环境和条件而大不相同。这相当重要,因为富有创新的项目常常不能满足时间期限的目标,部分由于要求完成任务的学习没有算入最初的估计中。

巴斯比和佩恩通过访问工程师,研究了复杂武器系统的一个大的国防承包商,发现活动持续性的判断受到项目是一个从上到下的目标成本框架练习,还是一个自下而上详细的工作分解的广泛影响。研究的一项重要发现是做出项目活动估计的工程师并不总是实际参与项目的同一个工程师。

---

[1] Cooper, R. G. (1993). *Winning at new products: Accelerating the process from idea to launch*. 2nd ed. Reading, MA: Addison Wesley.

[2] 尽管这是根据库珀的论文(Cooper,1990)修改而来的,它被重新加工在杰弗瑞·施密特(Jeffery B. Schmidt)的论文中出现。根据获奖的论文,管理的投入可能是有害的,或者是有益的(PDMA Visions,Vol. 27, No. 4, 22—23)。

[3] Busby, J. S. and Payne, K. (1998). The situated nature of judgement in engineering design planning. *Journal of Engineering Design*, Vol. 9, No. 3, 273—293.

他们也发现越是有经验的工程师在预测活动时间的持续性上越不乐观,更可能接受返工,在任务的分解上更粗略,并且更加可能向别人咨询。一般而言,设计上的专门技术不等同于项目计划的专门技术。这些发现暗示新产品开发过程的管理通常独立于工作环境的挑战技术,并且受到环境强烈影响,尤其是受到公司的创新日程影响。

肖、伯吉斯、霍恩和马托斯(Shaw,Burgess,Hwarng, and Mattos)把阶段—关卡流程方法用到化学工业上并发现公司人员常常面对模糊、一般的关卡和阶段概念,对缺乏进步的借口是此处无发明。阶段—关卡流程程序的实际应用要求工厂设计人员和工程技术人员之间的合作努力。此外,他们发现在化学制造的案例研究中阶段—关卡流程程序可以有巨大的(时间)节省,但还没有得到纵向的数据来测试他们的观点,即此过程不是对工厂问题的创新解决方法。也就是说,阶段—关卡流程框架可增强包装创新工具和方法的能力,给出了一个"受到若干新选择和评估工具支持的项目开发方法"。[1]

比较小的公司也尝试了应用结构化新产品开发方法,斯卡拉卡、凯姆瑟和特雷萨(Skalak,Kemser, and Ter-Minassian)[2]研究了4例拥有300～500个职员的公司的同步设计。他们发现贯穿这4家公司的同步设计的应用有很大不同,大多受到资源、产品类型和范围影响。

巴巴克和福尔摩斯(Baback and Holmes)[3]花3年研究了6家汽车公司和2家航空公司,发现至少4种新产品开发的结构方法是可能的,包括阶段—关卡流程(第三类),也称为同步产品定义模式。其他3种方法是顺序模式,产品由此通过各种职能部门;以设计为中心的模式,通常由一线项目经理根据轻重缓急判断的方法;动态模式非常依赖于信息技术。大的整合

---

[1] Shaw, N. E., Burgess, T. F., Hwarng, H. B., and de Mattos, C. (2001). Revitalizing new process development in the U.K., fine chemicals industry. *International Journal of Operations & Production Management*, Vol. 21, Iss. 8, 1133—1151.

[2] Skalak, S. C., Kemser, H., and Ter-Minassian, N. (December 1997). Defining a product development methodology with concurrent engineering for small manufacturing companies. *Journal of Engineering Design*, Vol. 8, No. 4, 305—328.

[3] Baback, Y. and Holmes, C. (1999). Four models of design definition: Sequential, designcenter, concurrent and dynamic. *Journal of Engineering Design*, Vol. 10, No. 1, 25—37.

往往需要阶段—关卡流程模式,这表明阶段—关卡流程通常被从事设计过程管理的公司修改。突破性项目更可能通过使用动态模式管理,而低风险、渐进技术项目利用顺序方法或阶段—关卡流程管理。这有助于构造一般性的假设,即当阶段—关卡流程被修改时,这是为了更创新的设计需要或环境。

我们调查了涉及新产品开发管理的72个汽车工程项目管理者。样本中包括了所有的大公司,包括像通用汽车、福特、戴姆勒克莱斯勒、本田、丰田、富士、日产和菲亚特/阿尔法罗密欧这些最大的组装厂,还包括一线的大供应商,像德尔福、江森自控公司、伟世通、李尔、麦格纳、德国博世、西门子和其他很多公司,代表总共60家公司。

首先,我们对阶段—关卡流程使用的调查重复了产品开发管理协会标杆调查[1]的早期发现(参见表6-2):大约一半(48.6%)回答者称他们的公司使用传统的阶段—关卡流程过程。20%(7~8个回答者)称他们没有正式或非正式的阶段—关卡流程过程。还有近30%的回答者称他们使用修改的阶段—关卡流程过程。这30%是如何不同的呢?

表6—2　　　　　　　　　汽车工业的阶段—关卡流程

阶段—关卡流程(n=72位汽车引擎新产品经理)*

		频率	百分比	有效百分比	累计百分比
有效值	未回答的	7	9.7	10.0	10.0
	非正式的	8	11.1	11.4	21.4
	正式的	34	47.2	48.6	70.0
	修正的	21	29.2	30.0	100.0
	总计	70	97.2	100.0	
缺失值	系统	2	2.8		
总计		72	100.0		

*来自60位汽车组装厂和一线供应商的72个回答。

为调查这个问题,我们将阶段—关卡流程反应(修改计分4等)与调查

[1] Griffin, A. G. (1997). PDMA research on new product development practices: Updating trends and benchmarking best practices. *The Journal of Product Innovation Management*, Vol. 14, No. 6, 429-458.

中的其他构建和措施相连并得出：

1. 虚拟团队的使用（$r=0.334, p=0.005, n=70$）。

2. 协作和虚拟新产品开发软件支持工具的采用，如应用计算机辅助设计的中性技术（$r=0.27, p=0.048, n=54$）。

3. 专为引导新产品开发过程设计的形式化战略（$r=0.331, p=0.005, n=70$）。

4. 用来引导新产品开发过程的结构化过程（$r=0.319, p=0.008, n=69$）。

这些发现的报道将会出现在《产品创新管理期刊》上（*The Journal of Product Innovation Management*, J. Ettlie, 2006）。

考虑到在新产品开发过程中更改的阶段—关卡流程有明显的重要性，我们开始更加密切地关注公司如何报道改变合理、可接受的促进新产品开发的方式。我们发现：

1. 说出他们公司如何使用修改的阶段—关卡流程的所有21个回答者解释了他们是如何做到的。

2. 改造类型的频率分布（参见表6-2原始数据）指出了一系列打破了阶段—关卡流程规则的理由。改造阶段—关卡流程过程最普通的方式就是允许回溯（表6-2）。即在某种程度上，关卡可以双向运动，这取决于外在环境。21个回答者中有9个这样说。[1]

3. 第二种最常见的改造阶段—关卡流程的理由是，程序或者项目管理经常要求否决阶段—关卡，包括持续改进的指导原则。例如，这一范畴的8个回答者中有一个说"持续改造对我们的流程来说很特殊"；另一个说，"改造取决于需要的资源、市场……发现机会"。还有一个说"内部项目管理过程"。

4. 最后，我们发现，在我们对12家这样的公司的早期初步研究和跟踪采访中，协作设计工具允许阶段—关卡流程的实质性改进。例如，一个柴油机引擎的制造商称虚拟团队软件几乎忽略了项目检查的需要，在"任何时

---

[1] 本项目中，作者和研究生助教之间的回溯编码的测量评估者之间的信度是 Phi=0.72（$p<0.001$）。

间、任何地点"都可以进行评估,因而防止项目上的耽搁。

这些研究的初步发现的暗示看起来相当清楚。在几个创新的不同环境中,阶段—关卡流程改造的深入研究看起来是下一步的重点。如果具有创新精神的公司更可能改造阶段—关卡流程,这些改造的方式将遵循更加复杂的自由模式。例如,与项目管理改造阶段—关卡流程程序相比,行业产品组会反过来回溯吗？更进一步,产品和工艺创新的程度影响到阶段—关卡流程是如何改造的。

新产品开发过程管理的暗示看起来也遵循一个模式。富有创新精神的公司在阶段—关卡流程上也更富于创造性。尤其是,他们改造新产品开发过程的后期阶段以最优化系统；即用较少的成本按时生产高质量新产品。旧学派说,不能这样做——这是一个权衡,你不能全部拥有3个。那已经改变了。用于新产品开发的信息技术和战略是这一模式的很大一部分。总经理改变了战略,因此项目经理改造了阶段—关卡流程。

产品开发的平台方法

或许在过去 20 年里的产品开发中,出现的最重要的主题是平台方法,它被成功运用在很多公司,像索尼的可携带式磁带播放机和在第二章介绍的惠普的喷墨打印机。一系列产品得到了开发、派生或改进、被跨代技术更新,如吸尘器、电子映像系统、消费功能工具、软件和英特尔微处理器。很多人相信波音商用飞行器系列(直到波音 777)是第一代喷气式客机 707 的派生物。

平台概念在图 6—3 中得以概念化呈现,而且平台方法的检查和调查出现在梅耶和阿特贝奇(Meyer and Uttenbach)的文章里。

产品系列是一个分析单位,它用来引导在开发上的决定,如公司何时应更新他们基本的技术和新产品系列。"公司产生新产品的潮流或许被认为是发展产品系列。产品系列是被定义为享受共同技术和服务相关市场应用的一系列产品"[1]。

---

[1] Meyer, et al. (1997), p. 90.

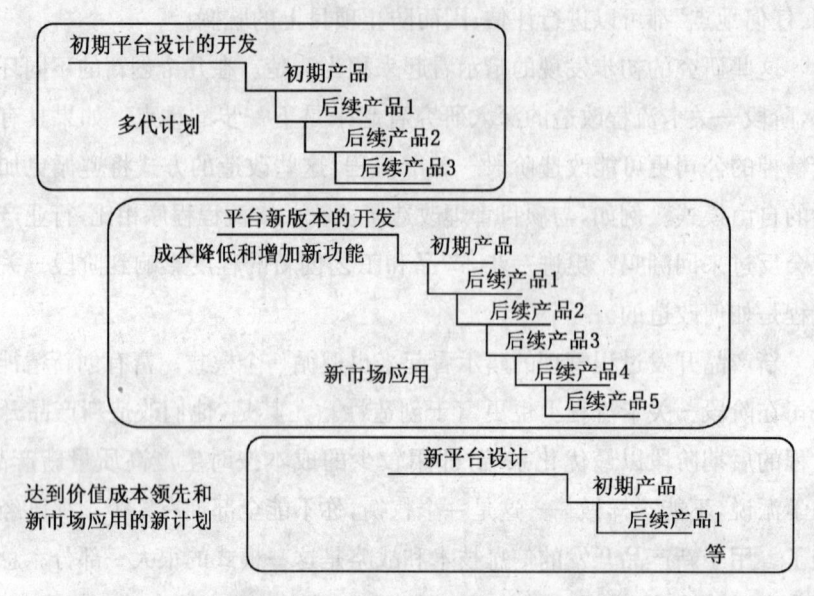

创新管理

```
┌─────────────────────────────────┐
│    初期平台设计的开发              │
│              初期产品             │
│    多代计划    后续产品1          │
│              后续产品2            │
│              后续产品3            │
└─────────────────────────────────┘
       ┌──────────────────────────────────┐
       │    平台新版本的开发                │
       │    成本降低和增加新功能  初期产品   │
       │                        后续产品1  │
       │                        后续产品2  │
       │                        后续产品3  │
       │    新市场应用            后续产品4  │
       │                        后续产品5  │
       └──────────────────────────────────┘
              ┌────────────────────────────┐
              │       新平台设计            │
              │              初期产品       │
              │              后续产品1      │
              │                            │
              │ 达到价值成本领先和           │
              │ 新市场应用的新计划    等     │
              └────────────────────────────┘
```

资料来源：Meyer et al., 1997, p. 90。

图 6—3　新产品开发的平台方法

产品系列图表和它们的平台表明了一套进化的模式，即单一产品系列如何经历连续平台扩展，以及新平台开发，进而开发出各自的后继产品。一种产品系列的商业成功不仅维持其本身的成功，也使新平台的成功成为可能，但这通常用的都是渐进性技术。

如果这种平台方法听起来太有条不紊，它可能实际上更难实现。汽车工业上一个作者熟悉的例子将作为这个问题的一个案例。当一个公司按平台（如车型）划分业务时，平台间的关系对于维持持续的技术领先地位的努力变得很关键。如果公司的大多数资源用在平台本身，很少会剩下，除非它被外包给了供应商，用于技术集中和共享。既然所有的平台同时运转——实际中比图 6—3 中显示的更多，那么平台之间就会为了稀缺资源而竞争，并且在更新时会陷入没有新技术的风险。丰田使用了一种强力的首席工程师模式来解决这些争议。

平台方法的一个优点是它有利于实现产品的订单生产。只要有利于市场利基者的较大群体的特殊要求能被满足,成功就可以继续。[1] 另一方面,产品增值会侵蚀平台方法的成本优势。问题的关键:增加的客户化促进了顾客满意度,但是太多的分类代价昂贵。

新产品开发过程中的七个诀窍

关于新产品开发已经有许多文章和图书,它们基本都在说同一件事情,那就是了解你的顾客。很少有人真正超出这个范围。今天我们试图超出它。首先必须正视新产品开发的诀窍。

1. 顾客至上。这一点虽然表面上看来显而易见,但在成功的新产品开发里并不是这样。你的组织才是第一位的。把你的人员放在第一位,他们会给你指出顾客的需求。西南航空公司的例子可以证明这一点。[2] 后来提出的应用研究结果回顾同样支持这一观点。

2. 营销部门控制新产品投放是否成功。这一点又错了,或者说只有在新产品开发早期阶段短时间内是正确的。成功的新产品或新服务开发要求一种综合平衡的新产品开发方式。如果一方的作用在组织中占了优势,最后,如果不是很快,就会出错。起关键作用的是研发、营销和运营。多个项目之间的技术分享和技术杠杆的速度对销售额增长都很重要。[3]

3. 缩短上市时间是最重要的目标。错误。市场中时机的掌握决定一切。过去公司运转慢,新产品开发的预算和成本膨胀,因此缩短上市时间很适用。不幸的是,这一公理变成了思考和战略评论的替代。缩短产品投入时间同时也缩短了产品生命周期,这既不符合社会责任,也不符合这颗行星赖以生存的自然环境的可持续政策或哲学。

---

[1] Lieber, Ronald B. Now are you satisfied? The 1998 American Customer Satisfaction Index, *Fortune*, February 16, 1998, 161−163; Martin, Justin. Your customers are telling the truth. *Fortune*, February 16, 1998, 164−168.

[2] See Freiberg, Kevin and Jackie. (1996). *Nuts: Southwest Airlines crazy recipe for business and personal success*. Austin, TX: Bard Press.

[3] Nobeoka, Kentaro and Cusumano, Michael A. Multiproject strategy and sales growth: The benefits of rapid design transfer in new product development. *Strategic Management Journal*, Vol. 18, No. 3, 169−186.

4. 采用新的软件包和新团队管理方针,包括供应商、顾客,这将缩短新产品开发的时间。这是不对的。特别是当你第一次修改新产品开发过程时,每天拿出日程安排,想用这些有价值的方法和技术修改,你不得不抽出至少一天的时间来学习怎样使用。1995年6月投放的波音777飞机的研发历史就是一个很好的例证。波音公司非常聪明,实际上为了学习新产品开发的新方法(被称为合作),他们在研发周期中多费了好几个月。

5. 使新产品开发过程项目推迟的是你的客户改变细节。它只能看起来是这样的。更确切地说,缺乏一个稳健的新产品开发过程导致新产品和服务延迟。不要使用未经证实的技术(或者进行研发),如果你希望能准时,也不要让总经理参与到新产品开发中。

6. 有竞争力的标杆能保证新产品和新服务的研发成功。我和同事迈克尔·约翰逊(Michael Johnson)所做的关于在新产品和服务研发过程中的质量功能开发(QFD)研究表明,虽然顾客的心声和内部操作过程的提高能促进研发成功,但是实际上用来提高业绩的竞争标杆在研发过程的不同阶段中对迎合顾客心声都有负面影响。只有那些能解决竞争标杆和市场研究带来的内部矛盾的公司才能抓住顾客的心声,成功开发出新产品。[1]

7. 大部分新产品一投入市场就宣布失败,很少能够成功。事实并非如此,约有60%的新产品能成功(回报是开发和投入市场的投资的数倍)。新产品创意在开发过程中是会失败,有时候在刚刚产生或准备投放前就失败了。判断各不相同,但在所有新创意中,说不定有七分之一会实现。[2] 但是一旦跳出这里,他们当中大部分都能成功。这并不是说你不能增加新产品成功的可能性。我们将随后讨论。

---

[1] See Ettlie, J. and Johnson, M. (1994). Product development benchmarking versus customer focus in applications of quality function deployment. *Marketing Letters*, Vol. 5, No. 2, 107—116.

[2] *The Wall Street Journal*, May 1, 1997, p. A1—survey of 400 product development professionals. The 60 (success)—40 (failure) split was reaffirmed recently by Cooper et al. (2004) and others (Ettlie and Perotti, 2003), discussed later.

预测新产品成功

米兹·莫特亚—威斯和罗杰·卡兰顿(Mitzi Montoya-Weiss and Roger Calantone)发表了关于新产品表现的元分析(文献的系统统计回顾)。[1] 为了从统计学角度说服读者,本书归纳了多元分析的统计结果(见表6—3)。

结合本章的讨论目的,我们节选了米兹·莫特亚—威斯和罗杰·卡兰顿的分析结果,变量的定义、影响新产品成功的前4种重大交互关系被编辑在资料6—1中。关于预测新产品成功的讨论,这里我们着重看第二个表格。

表6—3 战略、方法、市场及组织因素在新产品成功中的相互作用

因素	研究次数	占总体的百分比	衡量的数量	平均衡量/研究	r	lrl	范围	
战略因素:								
技术协同	6	50	18	3.0	.218	.273	−.332	.446
产品优势	5	42	22	4.4	.311	.363	−.426	.518
营销协同	5	42	24	4.8	.137	.303	−.312	.479
公司资源	3	25	4	1.3	.297	.297	.191	.446
战略	1	8	9	9.0	.324	.324	.190	.510
开发程序因素:								
原型	7	58	27	3.9	.293	.341	−.471	.599
专业技术活动	7	58	27	3.9	.256	.282	−.352	.415
专业营销活动	5	42	20	4.0	.308	.337	−.297	.517
专业预开发活动	5	42	14	2.8	.240	.288	−.331	.370
高层管理的支持/技术	2	17	12	6.0	.232	.260	−.169	.380
财务/业务分析	1	8	4	4.0	.182	.267	−.170	.330
上市速度	1	8	4	4.0	.177	.177	.177	
成本	0	0	0	0	0	0	N/A	
营销环境因素:								
营销潜力	4	33	18	4.5	.179	.244	−.260	.453
环境	2	17	4	2.0	.293	.293	.180	.380
市场竞争	0	0	0	0	0	0	N/A	
组织因素:								
内部/外部关系	3	25	15	5.0	.305	.305	.145	.604
组织因素	3	25	16	5.3	.304	.304	.080	.500

* 此分析包括12项研究。

资料来源:Montoya-Weiss, M. and Calantone, R., "Determinants of New Product Performance: A Review and Meta Analysis," *Journal of Product Innovation Management*, Vol. 11, 1994, p. 394—417。

---

[1] Determinants of new product performance: A review and meta-analysis, *Journal of Product Innovation Management*, Vol. 11, 1994, 397—417.

> **资料 6—1**
>
> **影响新产品成功的重大相互关系**
>
> 1. 顾客对产品优势的看法(0.363)
>
> 产品优势指顾客在以下方面对产品的认知:质量、性价比或相对竞争者的功能。
>
> 2. 草案(产品和营销要求)(0.341)
>
> 草案指在产品开发之前,公司对特定营销和特定技术的知识理解。例如,(1)目标市场;(2)顾客的需要、需求及喜好;(3)产品构思;(4)产品规格要求。这一因素也包括"创意的来源"。
>
> 3. 营销活动中的熟练程度(0.337)
>
> 营销相关活动的熟练程度这一因素叙述市场调研,原型和样品的顾客测试,市场测试/销售试验,服务,广告,分配和市场投放的熟练程度。
>
> 4. 项目战略(0.324)
>
> 项目开发的战略动力(比如,防御战略、反应及前摄战略、模仿战略)。也包括产品的定位战略,以及衡量新产品和企业战略之间是否"适宜"的指标。
>
> 资料来源:Montoya-Weiss and Calantone,1994。

作者发现要想保证你的下一个新产品的成功,以上4条关键因素或者称为基本要素实际上就是下面4条:

1. 顾客对产品优势的看法。新产品必须在质量、性价比和功能方面有明显的竞争优势。

2. 草案(产品和营销)。你必须有一流的营销和技术部门,保证一切运转正常——构思有可行性,这样才能满足顾客的需求。

3. 营销活动中的熟练性。市场调研要突出,原型代表最终的需要、销售、服务等。

4. 项目战略。企业战略要和新产品目标保持一致。

这不是与新产品成功有关的唯一因素,却是最重要的。对照资料6—1比较这两组因素。注意到上市的速度不是最重要的。莫特亚—威斯和卡兰顿说这可能是由于没多少研究有严密调查的速度。早期资料认为,速度是在相对稀有的环境下唯一的重要因素。一些行业中,像在高科技产品市场中,产品生命周期短,速度是必要的。有时公司遇到不寻常的环境,比如当竞争者要进入你的产品或地理空间时,速度就很重要。

集合设计

沃德和斯尔林(Ward and Seering)在1987年首次提出集合设计这个概念[1],指在产品开发的具体过程中,通过排除次要的选项而逐渐缩小选择范围直到找到最终的答案。沃德提到同时存在的旧的或更传统的工程设计方法——基于点的设计,参见图6—4[2]。

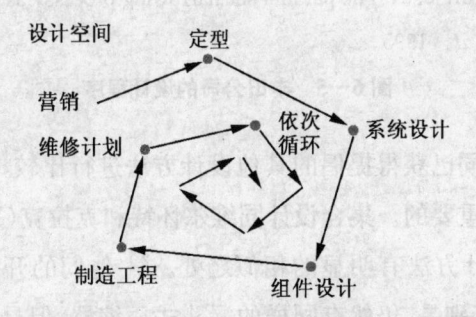

资料来源:Ward et al., Figure 8.4. A point-based concurrent engineering process, 1995。

图6—4 基于点的设计

作者用丰田的产品开发过程作为集合设计的例子,用它证明新方法违反基于点的设计的各种规则。例如,丰田在开发过程早期运用了许多原型并测试它们。在美国和欧洲,只需1～2个原型而且原型一般到过程结束才出现。这个方法没有让丰田慢下来,正好相反,那些部件的规格在过程早期

---

[1] Ward, A. and Seering, W. (1989). Quantitative Inference in a Mechanical Design Compiler. Proceedings of the First International ASME Conference on Design Theory and Methodology, Montreal, Quebec, Canada, 89—98.

[2] Ward, A., Sobek, D. K., Cristiano, J. J., and Liker, J. K. (1995). Toyota, concurrent engineering, and set-based design, Chapter 8 in J. Liker, J. Ettlie, and J. Campbell (Eds.). *Engineerin Japan*, New York: Oxford Press, 192—216.

就发布了——特别是对供应商。这看起来似乎也有了更多的利益。[1]
图6-5能说明了这一方法。

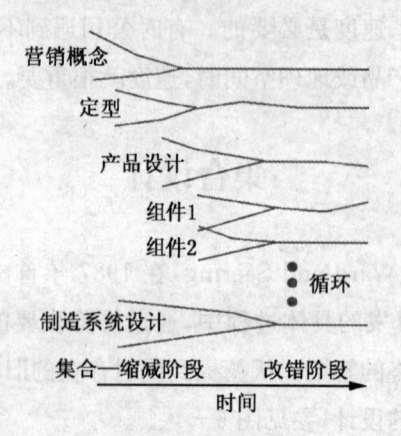

```
            营销概念 ───╲╱───────────
                 定型 ────╲╱──────────
                 产品设计 ───╲╱─────────
                      组件1 ──╲╱────────
                      组件2 ──╲╱───────
                              ⋮   循环
            制造系统设计 ───────╲╱──────
            集合─缩减阶段      改错阶段
                       时间 ───────→
```

资料来源:Figure 8.5, The parallel set-narrowing process, as drawn by a Toyota manager, Ward et al., 1995。

图6-5 丰田公司的设计程序

　　把集合设计同已获得提倡的其他设计方法进行比较,看它们究竟有什么不同之处是很重要的。集合设计同维尔怀特和克拉克(Wheelwright and Clark)提倡的设计方法有明显的相似之处。[2] 他们的开发策略框架复制在图6-6中。特别是,仍然有同样的漏斗式压缩器,但是缺少由丰田提出的平行设计和早期原型与集合设计方法。开发的这一平行方法在研发管理界广为人知。当技术存在不确定性时,为了赶上限定的最后期限,选择一直存在,直到他们共同解决了有关问题保持开发。一般来说,这种方法更昂贵,但在长期过程中,通过延迟最后的权衡时间直到完全理解技术的可行性是行得通的。丰田如何负担这个既昂贵又费时的过程,而且仍能赶上截止期限?他们不仅以其他公司为标杆,像本田和克莱斯勒公司,而且他们分配更多工程师为项目做更长时间的工作(包括上班时和下班后)。

---

　　[1] 会有四个主要的益处:(1)促进有效沟通;(2)允许平行设计以减少风险,允许对于分组的更好利用;(3)早期的、决定性的决策都是基于数据的;(4)集合设计促进组织学习(Ward et al., 1995)。

　　[2] Wheelwright, S. C. and Clark, K. B. (1992). Creating project plans to focus product development. *Harvard Business Review*, Vol. 70, No. 2.

最后一个比较,把两种方法(参见图6—5和图6—6)与通用汽车公司的四阶段方法相比较(参见图6—7)。四阶段方法旨在达成两个目标:将设计授权给那些最了解开发过程的人,在设计过程中使用不可逆(除了安全)关卡继续下去。这样事情从一开始就是正确的。在新产品开发中成功实现关卡程序至少有两个障碍。首先,当一般规格被总经理核准,如果高层经理稍后在开发周期中修改了这一规格,过程将会被破坏。其次,如果信息被保留或从开发组及其新产品开发过程中消失,在以后的过程中它将最终侵害相互间的信任和表现。

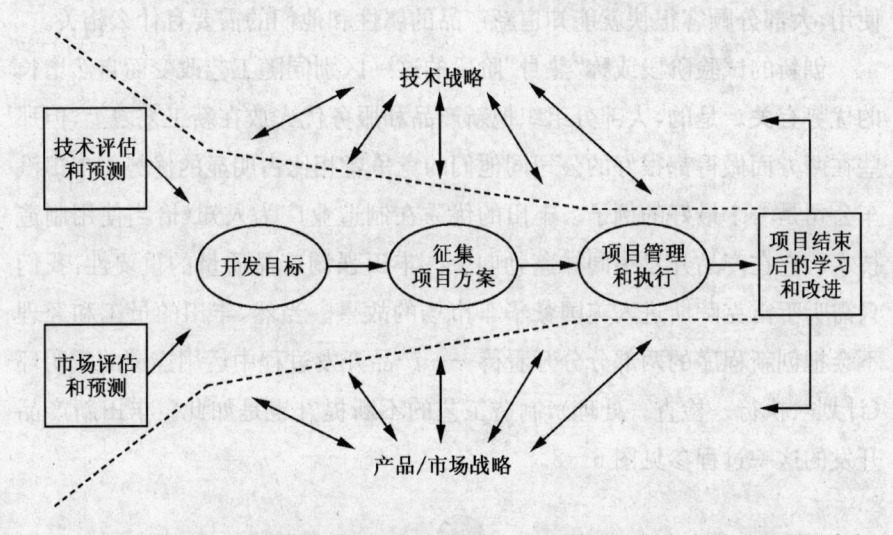

　　*用这个推荐的开发战略框架,技术和产品/市场战略在集中力量开发项目中起关键作用,这些项目将达成一系列的开发目标。

　　资料来源:Wheelwright and Clark,1992。

图6—6　开发战略框架

步骤0	1	2	3
1 冒泡、初始化	1. 批准建立原型	1. 批准试验生产	1. 绩效评估
2 概念、初始化			
3 概念、需求			
4 概念、备选方案			
5 概念、指导	2. 最后批准	2. 生产批准	
6 部门设计批准			
7 概念批准			

　　资料来源:Al Fleming,"Think Bank:Launch Center's Goal Is To Get Our Designers On The Road Sooner." *Automotive News*,February 22,1993,p. 3ff。

图6—7　美国通用汽车公司的四阶段方法

注意四阶段方法和集合设计方法的不同。在通用汽车的方法中每个阶段没有空隙也没有平行。然而,它却花费了通用汽车接近于丰田公司的两倍的时间完成四个步骤。到那时,市场、客户以及技术也许已经前进了。

丰田的方法和世界其他公司的产品开发还有其他的不同之处。制造开发软件的案例也表明新系统开发的目标随着时间逐渐形成,常常渗入投放时期甚至新硬件—软件系统的维持阶段。[1] 重点是,新工艺技术的试验阶段和新产品是不一样的,在一定程度上和新服务也是不同的。新产品可以使用,大部分顾客很快就能知道新产品的属性和他们的需要有什么相关。

创新的试验阶段或称"热身"阶段的这一区别同随工艺改变而自然增长的优势有关。是的,大部分组织把新产品和服务优先放在新工艺之上,但那些在两方面做得都很好的公司同他们的竞争者相比占明显的优势。丰田汽车公司是一个最好的例子。丰田的优秀在制造业广为人知(恰当使用制造技术),它在产品开发中同样蓬勃向上。丰田强调产品质量的重要性,我们只需听听雷克萨斯进入美国豪华车市场的故事。当然,丰田的员工和经理不会把创新程序的两部分分开看待——产品开发过程中运用连锁的戴明环(计划—执行—检查—处理),制造工艺的不断提升也是如此。丰田新产品开发的这一过程参见图6—8。

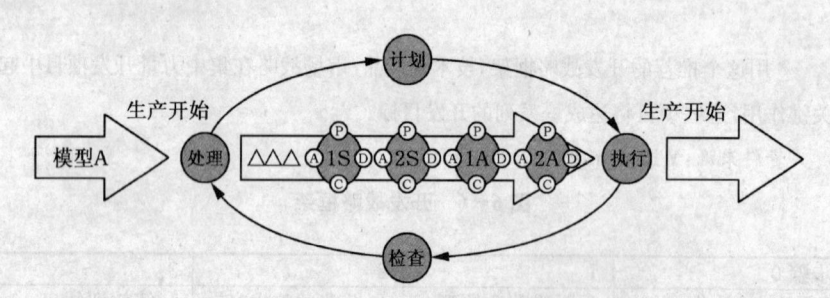

资料来源:Prepared remarks by Kunihiko "Mike" Masaki, President, Toyota Technical Center, U. S. A. at the U-M Management Briefing Seminar on Integrated Product Process Development, Traverse City, Mich., August 8, 1995。

图6—8 丰田产品开发

---

[1] Ettlie, J. and Getner, C. (June 1989). Manufacturing software maintenance. *Manufacturing Review*, Vol. 2, No. 2, 129—133.

在持续改进的中期,有关人员转而进行发布的新产品的研发(参见图 6—8),因此维护了设计和技术决策的连续性。这一系统不仅用于雷克萨斯也用于丰田的其他产品,因此在公司内部人们可以从一个平台调到另一个平台,而且在他们完成新任务前就明白一般博弈计划。

在丰田,质量和新技术是紧密联系在一起的,A.查克拉瓦迪和S.楚斯(A. Chakravarty and S. Chose)的观察综述很好地证明了这一点。[1] 在他们的范例中,创新推动制造、流程以及产品技术,创新对这三者的推动都是相等的、间接的,但是最后推动的是工程质量。营销直接冲击产品的商业化。不幸的是,它强调此理想情形的局限之一:新产品创新比新服务费用更高。因此,平衡这两点需要很大的努力。

资料6—2

集合设计的优点

1. 集合设计提供可靠有效的沟通

一般来讲,在点对点研究中,组织的某一部分发生变化都可能使先前的信息和决定作废。因为设计以可能不明显的方式紧密相连,一般不可能预知一个特定的变化能否使先前的决定和事实无效。通常情况下,团队只花时间做出更多的改变,然后再匆匆忙忙地把合适的部分拼合起来。

大部分人都在最简单的协同工程问题中经历过这种现象——选择会议的时间。要想达成一个使各部门都满意的协议,需要很长的时间和深入的交流。这是点对点研究的困境。

相反,在集合设计中,沟通描述可能出现的所有解决方法的一个集合。随着集合渐渐缩小,最后幸存的答案就是正确的解决方法(这是事实,已被公认的逻辑学证明)。

集合设计法在计划会议时间时,让所有的参会者建议时间,这样可以保证他们在最理想的时间出席会议。每个人都同意在会议达成协议之后

---

[1] Chakravarty, A. and Chase, A. (Spring 1993). Tracking product-process interactions: A research paradigm. *Production and Operations Management*, Vol. 2, No. 2, 72—93.

再做出其他的安排。

基于点和集合的沟通的这一不同带来了许多影响。最明显的是它排除了在解决方法上浪费的工作,这些解决方法随后一定会改变(比如,安排和重新安排会议)。其次,它减少了交流所需的会议数量,缩短了会议时间。在传统方法中,变化一次就需要开一次会议。此外,由于决定的结果不清楚,人们需要同时做多个决定,这会相对地延长会议时间。相反,丰田的工程师和供应商们大多能够独立工作,因为每一次会议都讨论包括供应商在内的全部设计信息。

集合设计的第三个影响是它注重信息的可信度。在基于点的设计方法中,如果开发成员所依赖的信息随时变化,他们会坚决推迟开始。如果人们所依赖的信息是正确的,那么这种坚决就会缓和下来。只要参会成员都同意在会议达成协议之前不再做出其他的安排,我们就能保证在他们建议的这些可能的开会时间他们是有空的。这可能是丰田可以这样做的主要原因,即在必要时丰田授权团队的各部分开始工作,而不是要他们遵守固定的时间表,这样做促进了彼此的信任。

2. 集合设计在程序中允许更大的平行,程序早期更有效地运用支线设计

根据传统的范例,在定义产品之前就开始计划生产程序是不合逻辑的。如果设计仍然在迭代循环,它将受后期修正的限制,这些修正既不能跳过也不能预期,它能使程序计划的重要部分无效,从而使早期的程序设计受损。相反,在集合设计中,在设计初期,它能全面考虑到哪一组生产程序可能适合哪一些产品。因此,制造业的改革可以驱动产品设计的创新,如同惠特尼(Whitney)在日本电装公司(Nippondenso)战略性新产品设计的讨论中描述的一样。制造小组有权将中心集中在产品设计过程的一个新部分,以保证当他们必须使制造系统适应新产品时,设计出来的产品能最大限度地适应新的制造系统。

3. 集合设计允许以数据为基础做出最具决定性的早期决策

众人广泛相信(我们也认为这是正确的)最早的实际决定对最终的质量和成本影响力最大,但是这种决定是在最少的数据基础上做出的。有

力的工程分析工具,像有限元分析很难应用,直到设计被详细说明。结果,在设计程序的后期经常会做出主要改变。工程程序改变代价昂贵,许多组织试图通过"一次成功,一步到位"来减少支出。但是这种方法往往不是特别奏效,这等于告诉组织中的成员工作时要更卖力以及更加细心。为了做到"一次成功,一步到位",丰田有一套特别的机制:在做出重要决定之前探究可能的设计空间。

这就是说,丰田经理人在建立子系统的规格之前,他们已经看到了各种各样的子系统,这些子系统都已设计出来而且通过了测试。因此为了确保子系统和总系统相适应,他们能够使规格决定最佳化。

4. 集合设计促进组织学习

设计者们十分反对记录他们的工作。一个原因也许是感觉那样的记录通常是没用的。对一个设计借以达到它最终构造的改变过程的描述与提供一组告诉你现在在哪里的方向是相应的——但是下一个设计将会把现在的设计当作是一个起点,并且那些方向只有在团队决定原路返回的时候才有用。

相反,丰田的程序帮助小组成员形成心理上的"设计空间地图",这是由于设计空间的大部分经历了系统的探究。举一个例子,在几个可选设计中,丰田的供应商通常会把他们的测试数据、分析结果还有对不同因素的权衡给丰田公司——为现在的汽车做出正确决定的有用信息。这些知识在将来一样受用;例如,冷却风扇的设计对现在的汽车来说太大了,说不定它会完全适合以后的汽车。因此,丰田设计组的成员和其他设计者相比,从更好的图表入手,然后通过进一步探究设计空间改良原先的设计。

丰田的一线供应商中只有5%报告过因为不了解丰田部件而出现了问题,而其他的日本公司有22%,美国代工厂商甚至超过了50%。

资料来源:Ward et al.,1995。

新产品开发过程的标杆和实验

已经概括说明的许多方法在开发过程的不同阶段涉及创意的快速重复。来自设计过程研究的经验开始系统地证明这一方法的效果，这些证明都是积极正面的。

例如，斯蒂芬·托姆克(Stefan Thomke)发现实验的确是一种解决问题的方式，在集成电路的新产品开发过程中，能对计划结果43%的不同做出解释。[1] 具体而言，"给定的实验可以在不同的'模式'下操纵（计算机模拟和迅速的设计原型），使用者会发现使这些模式转换最佳化是经济合算的，能够减少产品开发的成本和时间"。原型重复在这个行业做得更好。这一方法在组合化学中也得到了证明，并对药品发现过程的经济学产生了影响。[2]

在营销领域中，预测的任务是使灵活性在开发过程中越来越重要。实验方法能够帮助解决这个问题，但并不是唯一的解决方法。[3] 如果想增加成功的概率，技术方法的整个排列将被带进新产品开发中。标杆有潜力成为最好的方法之一。

在126种新产品研究中，我们要求人们选出最好的设计和最好的新产品开发公司。结果参见表6—4。最好的标杆是哪些公司？很清楚，胜利者是惠普（在不同的行业小组10人提及）、丰田、摩托罗拉、本田和IBM。既然惠普被提及的次数这么多，那么它的设计方法被其他人使用也是不足为奇的（参见案例6—1）。

注意顾客和用户的需要必须和战略保持一致，这是惠普最基本的两个标准。潜在的关键问题是怎样使"一切运行顺利"，或者响应顾客的心声，这

---

[1] Thomke, S. H. (June 1998). Managing experimentation in the design of new products. *Management Science*, Vol. 44, No. 6, 743—762.

[2] Thomke, S., von Hipple, E., & Franke, R. (July 1998). Modes of experimentation: An innovation process—and competitive—variable. *Research Policy*, Vol. 27, No. 3, 315—332.

[3] Thomke, S. & Reinensen, D. (Fall 1998). Agile product development: Managing development flexibility in uncertain environments. *California management review*, Vol. 41, No. 1, 8—30.

能提高顾客的满意程度,促进用户忠诚、重复购买、抵消负面事件的影响或者遵守内部规定的标准。分析最好的设计方法时,跳过在质量问题上较为传统的看法太容易了,像朱兰(Juran)(恰当使用),费格鲍姆(Feiganbaum)(买主对它的评价)。[1]

今天,商业杂志[2]报告指出不仅丰田的生产力比大部分公司高,它的设计功能也是别人的4倍(很正确——4x)。他们是怎么做到的?最简单的答案就是大多数的西方汽车公司一次只开发一种产品。在丰田,宗旨是尽你所能地多学习,建立一个知识库,在开发程序过程中设计出杰出车辆的整个流程。

表6—4　　　　　哪些组织是良好的新产品开发过程的标杆?

公司名称	频率
惠普	10
摩托罗拉	4
本田	3
丰田	2
IBM	2
太阳微系统公司、通用汽车、福特、美利肯(Milliken)、马丁(Martin)、玛丽埃塔(Marietta)、英格索兰(Ingersoll Rand)、佳能、通用动力(General Dynamics)、波音、克莱斯勒、施乐、康柏	1

资料来源:J. Ettlie,"Integrated Design and New Product Success." *Journal of Operations Management*, 15, no. 1(February 1997), pp. 33—35。

举例来说,当丰田必须要重新设计一个暖气炉时,为了顾客着想,他们会提前把所有汽车的暖气炉都重新设计。丰田坚持走先测试后设计的道路而不是先设计后测试。公司也知道少量的产品实践不会直接过渡到不同的设计开发领域。丰田的工程师们把重点放在开发知识上,只花他们20%的

---

[1] Evans, J. R. and Dean, J. W. (1999). *TOTAL quality*. Minneapolis: West Publishing.

[2] Kennedy, Michael N. Why Toyota's engineers do so much more. *Automotive News*, September 27, 2004, p. 14.

时间在实际的产品设计上,并非聚焦在服从上。如果一个公司花80%的时间在增长知识上,他们永远不会走下坡路——他们会走出一条光明大道。

远距离的协同设计:新产品开发的虚拟团队

美国商业部估计汽车业每年由于计算机系统的不兼容而浪费的资金至少有10亿美元。其他研究估计汽车业的浪费有60亿美元,如果我们经济中的其他行业也包括在内的话,这个数字将增加10倍。这没有什么可惊讶的,我们在最近的研究中发现汽车公司平均支持3个计算机辅助设计协议,而有的公司竟达到了6个。但是已出现了新的解决方法。新一代的协同工程技术已经在大多数的装配部件产业中散播开来,像汽车、宇宙飞船和计算机业。在这些产业中哪一个公司最有可能成功地掌握这些技术?为什么这些公司中的一些单位会率先利用这些新技术发展前进,把其他公司甩在身后?

最近一项全面的研究计划试图解答其中一些问题。[1] 这个计划讨论的是已被广泛接受的处理创新程序的两种不同形式的信息,这两种不同形式忽略了这一现象中的一个重要元素:每一个组织都有一种采集和处理数据的技术,同样也有至少一种产品或服务的核心技术。作者用新协同工程软件系统测试了这种数据处理和创新的观点,该软件系统能够减少或除去互通性带来的问题。他们从两方面审视了作答公司:汽车工程经理直接参与新产品的开发过程(72家汽车公司);粗略地调查了耐用品和非耐用品、装配产品和非装配产品制造商(223家公司)。他们也选了一组汽车公司进行追踪面谈:一线供应商和组装者。

他们发现在预计采纳新的虚拟团队支持系统的两个样本中,有一种稳健的因果模式是显而易见的,这一模式同提高新产品的收益显著相关。公司采纳这些新系统更能够做到:(1)报道集成信息技术战略;(2)共同进行组

---

[1] Ettlie, J. E. and Perotti, V. The Information Processing View of Information and New Product Development, working paper, College of Business, Rochester Institute of Technology, October 2004.

织创新(像新的工作职位)实现新的协同工程技术;(3)报道正式的新产品开发战略;(4)最近引进了一种主要的新产品,这种新产品对全世界、对行业或者对公司来说都是崭新的。

在两种样本中,研究不仅重复了新产品的成功率(投放后为60%),我们也发现采纳协同工程系统对绩效影响(即新产品的收益)由于采纳了量身定做的硬件/软件系统而受到了节制,这种硬件/软件系统效果更好。似乎虚拟团队的意义就在此,这已经很清楚了,最终在不久的将来,每一个新产品开发公司都必须学习如何使用全球综合技术所需要的支持技术方法。

虚拟团队的一个例子是通用汽车公司,通过有效利用计算机和计算机网络,通用汽车公司据说已经减少了40%的费用。通用汽车在北美和南美有4个虚拟的研发中心,在欧洲也有。[1]

新产品和竞争回应

研发管理和新产品开发文献不注重竞争回应,这是一个值得注意的例外。另一方面,营销文献接受了这个挑战,现将营销文献总结如下。

1. 组织的竞争通常是实力的竞争,即使在需要新能力甚至面对重大的竞争挑战的情况下也不会改变。一些公司在他们改变之前就不得不面临几近倒闭,或者在他们对竞争威胁做出重要反应之前必须面临摇摆不定的现实。爱普生对惠普带着喷墨打印机进入打印市场的反应是非常典型的——爱普生最初的竞争回应是继续推行它自己的技术,只是定位不同和销售方法不同。

2. 公司动作越大,越会延迟重大的反应。[2] 老牌的航空公司花费数年效仿西南航空公司以应对其美国航空旅游的挑战。

3. 新加入者在他们的产品和服务中挑战新技术,但是往往被在位者

---

[1] Truett, Richard. Designing parts on computers saves GM time and money, *Automotive News*, April 18, 2005, 24B.

[2] Robinson, W. T. (Fall 1998). Marketing mix reactions to entry. *Marketing Science*, 368—385.

忽视。

4. 当在位者宣布或者推出一项新产品时,竞争者用新产品回应他的可能性有50%(Robertson et al.,1995,p.11)。具体情况是:42%的竞争者通过推出一种新产品来回应,三分之一将采取另外一种市场行为,比如降低一种现有商品的价格,22%将会发布一个新的产品公告。大约有75%将会根据其竞争定位采取某种措施的反应。[1]

5. 在专利保护程度高的行业中(通常高科技行业更集中),公司宁愿采用营销组合反应反击新产品的竞争,而不是采用新产品。

6. 60%的公司对任何新产品的推出都有不同的回应,不管是新加入者还是现任者,但有一种趋势,那就是现任者更加严肃认真,因为他们是已成立的公司。[2]

总之,新产品在所有公司竞争行为中占很大一部分,这已经非常清楚,动作越大回应越强。然而,公司不是总把这些行动,特别是新加入者的行动视为大的威胁,或者他们相信专利保护会有效缓冲竞争行为对他们的威胁。

营销和顾客忠诚

读到这里我想大多数读者都很明白,在未来几十年里只简单地询问潜在的顾客想要什么,然后看自己的新产品或新服务能不能满足顾客的需要,这是远远不够的。参看迈克尔·约翰逊(Michael Johnson)教授的方法,总结在资料6-3中。迈克尔·约翰逊指出:外包营销责任迟早会带来麻烦。20世纪90年代这一切发生在了3M公司身上(新产品开发领域的一个知名领头者)。公司想当然地进行销售,10年过去了,这个公司只推出了一种新产品。

---

[1] Robertson, T. S., Eliashberg, J., and Rymon, T. (July 1995). New product announcement signals and incumbent reactions. *Journal of Marketing*, Vol. 59, pp. 1—15—especially pp. 9—10.

[2] Bowman, D. and Gatignon, H. (February 1995). Determinants of competitor response time to new product introduction. *Journal of Marketing Research*, Vol. 32, 42—53.

资料 6—3

迈克尔·约翰逊:不能过分外包了

"如果要求最大化收益,就需要内部专家。"——迈克尔·约翰逊

方法很简单:顾客忠诚等于顾客的满意加上产品/服务的质量。公司必须意识到,如果顾客不满意,他们无论如何也不可能得到顾客的信任,同样,没有产品/服务质量的保证,他们也不会得到顾客的满意。三个因素呈因果关系,影响着公司的利润。过分强调其中某一个因素或者把顾客看成是货车的第五个轮子都是与生产力相悖的。要想长期保持竞争的优势地位,高层管理必须未雨绸缪,任命内部专家以保证管理的质量、满意程度和信任度。

图6—9 迈克尔·约翰逊:企业管理专家、营销专家

如今强调减少管理层级,通过并购实施成本控制提高效率,许多首席执行官仍然对将增加员工、使活动内部化的方案不屑一顾,这些活动一直是自由承包商在做。新经济体制稍好一些。以互联网为基础的零售商对影响质量以及顾客满意度的问题比较冷淡。

这些公司没有意识到的一点是:在顾客不熟悉"核心能力",即在企业文化中根深蒂固的做业务的方法的情况下,得到并使顾客保持满意和忠诚几乎是不可能的。

同样,企业不能依赖别人来确定自己在质量和满意上所做出的投资。他们必须为收集和分析数据建立自己的内部管理系统和衡量系统,这些系统会最终影响企业的决定。企业拥有自己的流程而不只是从外界租用这很重要。

你不能从计划中除去决议者。衡量系统不能做决定,只有管理者能做。而且他们必须做,因为竞争加剧而且竞争总是在不断增多,强大的竞争者将会从竞争中脱颖而出。这些竞争者会威胁到他们的顾客,可能把顾客吸引走,如果顾客被吸引走了,这将逼着他们扩大顾客总数来代替那些损失的顾客。

> 一些公司，特别是服务部门的一些公司，在强调效率的同时成功地留住了目标顾客。长期以来，这是公司自己在辨别他们在顾客眼中的形象并满足这些顾客的需要，公司从来不会给顾客理由去跟别人做交易，即使这些人能带来最大的利益。[1]

服务创新

服务部门研发的发展已经得到了证实而且这种模式将继续下去，这一点很明确。为了给这种趋势提供理论和有事实依据的发现，我们最近重新查看了有关新服务引进这个富有挑战性的课题的文献。下面是这些文献的部分摘录。[2]

看起来经济体中真正的服务组成部分在迅速发展，特别是与商业机会新信息技术应用有关的商业机会。[3][4] 虽然可用数据和行业分类的限制给所有现象蒙上迷雾，但是我们似乎可以清楚地看到研发和服务创新也在继续成长，它们的发展成长通常不同于制造业以及其他部门。[5] 在这篇文章中，我们探索服务创新的本质，不禁会问这个部门通过一个独特的创新过程是否真的为突破性的新发展做好了准备还是它的创新归功于渐进性的变化——永恒的 beta 测试——经济体中这个部门的历史传统。虽然马丁、霍

---

[1] http://www.bus.umich.edu/FacultyResearch/Research/MichaelJohnson.htm.

[2] Ettlie, J. E. and Rosenthal, S. R. Is Service Innovation at the Divide or the Perpetual Beta Process? Presented at the Academy of Management Meeting, August 9, 2004, New Orleans, La.

[3] Gustafsson, A., Nilsson, L., and Johnson, M. (2003). The role of quality practices in service organizations. *International Journal of Service Industry Management*, Vol. 14, No. 2, 232—244.

[4] Gallouj, F. and Weinstein, O. (1997). Innovation in services. *Research Policy*, Vol. 26, Nos. 4,5,53.

[5] 例如，参见：Michale P. Gllaher, RTI International, Measurement Issues in a Changing Environment, Presented at Panel to Review Research and Development Statistics at the National Science Foundation, Workshop, July 24, 2003, RTI International, Research Triangle Park, NC: The U. S. service sector R&D has grown to 31 percent in 1999, 但该文有分类错误和衡量系统的问题。

恩和钱恩(Martin, Horne, and Chan)[1]把精力集中在服务中不可分割的生产和消费两个过程上,我们仍然可以识别创新的次要或者间接过程。这种差别近似于医生建议给病人用药的直接服务影响和在时间上的间接影响;由于病人的行为改变,他们的身体状况改善了(Gallouj and Weistein, 1997),然而时间久了以后,这种临床干预的模式间接地影响药品操作。

赞成服务创新的本质是一种增长的引擎,我们需要尽可能全面地了解传统制造业的这种现象。我们的方法是把注意力集中在服务和制造的本质区别上,作为思考服务创新的领域范围的基础。因为服务这个词包含的经济活动范围模棱两可,我们以信息媒体的建议和支持为特征,探索的范围缩小到服务的发展和动态分点。

虽然关于服务业中创新的经验证据相对较少,但还是有一些报道了服务和非服务业(如制造业)创新过程之间的巨大差异。例如,马丁和霍恩[2]发现在服务创新开发过程中很少有或者说没有明显的计划;受到顾客和竞争者(例如,需要从商业环境中获得信息)的强烈影响,以及受调查的大部分服务公司在新服务的开发中不使用服务管理人员。我们尝试确认其他重大差异和相关联系,这值得继续研究。

我们首先回顾制造业和服务业之间的比较,试图确认能够解释创新过程中的不同那些差异。我们对于服务创新日益增长的重要性以及独有性的理解——他们的产品是和顾客共同生产出来的——引导我们为相关的系统研究确认新目标。我们考虑了几个导致服务企业特殊的创新需求的重要分类,我们以关键文献的回顾为基础提出自己的研究假设。具体而言,我们认为现有的服务组织缺少制造公司的正式研发功能,他们首选的创新方式是通过和顾客一起逐渐发展。我们把它称为永久 beta 过渡,做完熟悉的、通常在新产品投放之前进行的 beta 测试以后,当顾客参与进来时就意味着服务进入了永动状态。

---

[1] Martin, C. R., Horne, D. A., and Chan, W. S. (2001). A perspective on client productivity in business-to-business consulting services. *International Journal of Service Industry Management*, Vol. 12, No. 2, 137—152.

[2] Martin, C. R. Jr. and Horne, D. (1993). Services innovation: Successful versus unsuccessful firms. *International Journal of Service Industry Management*, Vol. 4, No. 1, 49—63.

不幸的是,在服务方面直接和创新有关的系统研究很少(如果不是没有出版)。下面给出的这些例子是些典型的例外。在此期间,沃特·R.诺德和沙龙·塔克(Walter R. Nord and Sharon Tucker)[1]做了一项关于各种金融机构和可转让支付命令计息支票账户介绍的详细研究(1981年1月1日),他们的研究结果跟技术概念的理解完全吻合,技术不是突破性的就是渐进性的(他们称之为惯例)。突破性转变同时也发生在银行业。每年不仅商业银行在财务系统投资数十亿美元(根据亨特和迪姆(Hunter and Timme)[2]的研究,1981~1985年确切的数字是300亿美元),在推出新服务产品上金融机构也已变得十分具有创新性。

除了新英格兰人没有人会在一点基础都没有的情况下设计产品,因此创新为可操纵的比较提供了一些有趣的机会。采用可转让支付命令账户的每个企业都同时开始运行——1981年初当他们合法时。每个人都知道银行和存贷机构提供产品,但是它们的背景却大不相同(参见表6-5)。

表6—5　根据实施可转让支付命令账户的成功水平进行的企业分类

非常成功
第一商业银行(First Commercial Bank)
第二商业银行(Second Commercial Bank)
第三商业银行(Third Commercial Bank)
第二资本中小金融联合会(Second Capital S & L)
第一城市银行(First City Bank)
相对成功
第一国民中小金融联合会(咨询后)(First National S & L)
第二城市银行(Second City Bank)
第一社区中小金融联合会(First Neighbourhood S & L)
第二社区小金融联合会(Second Neighbourhood S & L)

---

[1] Nord, W. G. and Tucker, S. (1987). *Implementing routine and radical Innovations*. Lexington, MA: D. C. Heath & Company.

[2] Hunter, W. C. and Timme, S. G. (1991). Technological change in large U. S. commericial banks. *Journal of Business*, Vol. 64, No. 3, 339—362.

续表

相对不成功
第一地区银行(First Regional Bank)
第一资本中小金融联合会(First Capital S & L)

不成功
第一国民小金融联合会(咨询前)(First National S & L)
第二国民中小金融联合会(Second National S & L)

注：组内的顺序不代表成功程度的排序。

资料来源：Walter R. Nord and Sharon Tucker, *Implementing Routine and Radical Innovations*, Lexington, MA, D. C. Heath and Company, 1987, Table 12—1, p. 307。

作者根据在实施可转让支付命令账户过程中的成功程度把金融机构的情况划分成4类。第一类是最成功的那些，像第一商业银行。其次是较为成功的那一类，像第一国民中小金融联合会(咨询后)。然后是比较不成功的，像第一地区银行。最后是不成功的，像第一国民中小金融联合会(咨询前)。

这些例子是有限的，但是在这些成功/失败的分类中你看出它们的模式来了么？仔细观察每一个机构的定义，数一数在每一类银行中中小金融联合会出现过多少次。现在你看出其中的模式了么？

可转让支付命令账户"同过去中小金融联合会的做法完全不同，但是却是银行的惯例做法"。有了这些背景，看到表6—5中的成功模式、失败模式就不会惊讶了。银行，拥有处理支票的经验——大额交易业务——通常情况下用可转让支付命令账户比用中小金融联合会做得要好。突破和渐进都是相对的概念。

亨特和迪姆测试了加尔布雷思—熊彼特规模偏差的假说：研发预算多的大企业比资源有限的小企业创新速度要快。[1] 这一假说假设产品组合是稳定的，技术进步对所有因素的影响都是相等的。他们使用来自美国联邦储备委员会的年终报告作为一个样本，报告是1980~1986年这7年的收

---

[1] Hunter and Timme (1991).

入和红利。这几乎同诺德和塔克的研究时期是一样。技术变化被定义为219家样本银行的估计等式中剩余的不可解释部分。作为创新的结果,其他因素不变的情况下,实际成本大约每年平均减少1%。然而规模较大的银行并不比较小银行的创新速度快,而且这些结果并不支持加尔布雷思—熊彼特假说。值得注意的是规模较大银行的成本节约确实比较小银行的大。样本中大银行的一个分组成本平均减少1.5%,规模较小的银行的一个分组成本节约平均为0.25%。看起来为了增加成本效力需要扩大生产规模。

最近我们在67个案例中比较了制造业和新产品服务,其中30家是服务企业(占45%),37家是制造企业(占55%)。结果发现,行业(制造业)直接和新产品的成功联系在一起。参与市场的时间长短和新产品的成功是成反比的,支持破坏性技术影响的同时展示部门差异——这里制造业处于劣势。我们也支持采用新战略和提供新产品有部门差异的假说。制造业的企业比服务性企业更可能为了新产品把他们的战略程序化。beta测试的结果显示重要的行业影响,只针对那些在投放前示范短期 beta 测试的服务。在 beta 测试初期没有明显的行业差异。最后,我们惊讶地发现当服务(不是制造商)在研发中投资时,他们好像对提升的产品新奇感很享受。讨论聚焦在创新过程的部门差异上,因为它们和这个富有挑战性的过程的管理、创新的普遍理论以及今后这个领域的深入研究联系在一起。[1]

冒着夸大其词把最佳实践强调成是一个概念的风险,我们在这一章中概括了罗伯特·库伯和他同事的最近研究结果。罗伯特工作了数年预测和帮助公司在复杂的程序中获得成功。总结表参见图6—10,这个图囊括了他最近的许多最佳实践的研究,区分新产品开发过程中好和"不是太好"的实践。注意这些最佳实践的前两个,它们涉及高层管理层(承诺)和管理层(年度目标)。

---

[1] Ettlie, J. and Rosenthal, S. An Exploratory Study of Service and Manufacturing Innovation, Working paper, College of Business, Rochester Institute of Technology, June, 2005.

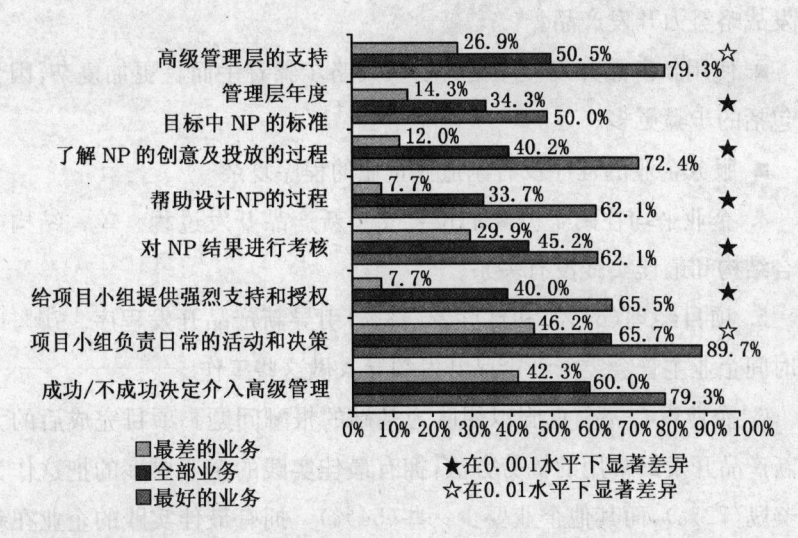

项目	最差的业务	全部业务	最好的业务	
高级管理层的支持	26.9%	50.5%	79.3%	☆
管理层年度目标中 NP 的标准	14.3%	34.3%	50.0%	★
了解 NP 的创意及投放的过程	12.0%	40.2%	72.4%	★
帮助设计NP的过程	7.7%	33.7%	62.1%	★
对 NP 结果进行考核	29.9%	45.2%	62.1%	★
给项目小组提供强烈支持和授权	7.7%	40.0%	65.5%	★
项目小组负责日常的活动和决策	16.2%	65.7%	89.7%	☆
成功/不成功决定介入高级管理	42.3%	60.0%	79.3%	

★在0.001水平下显著差异
☆在0.01水平下显著差异

资料来源：Cooper et al., 2004。

图6—10 高级管理层对新产品开发有过承诺的企业的百分比

产品开发管理协会(PDMA)从两个连续的调查中得到的标杆数据和趋势都很稳定。[1]

新产品开发中普遍遵守的最佳实践

1. 拥有最佳实践的企业能够获得成功，不是因为更广泛或者更好地运用一条新产品开发实践，而是同时更有效地运用许多。

2. 新产品开发过程变化是进化发展的，不停止的。它同时向多方面发展。

3. 新产品开发过程逐渐形成而且随着时间的推移变得越来越精良。

■ 美国企业中近60%使用交叉功能的阶段—关卡程序，在新产品开发管理上企业中有38.5%仍然使用非正式程序。拥有最佳实践的企业和其他企业相比阶段—关卡程序的实施范围更大。

■ 拥有最佳实践的企业更喜欢在项目和计划阶段通过特殊的新产品

---

[1] Griffin, A. (1997). PDMA research on new product development practices. *Journal of Product Innovation Management*, Vol. 14, 429—458.

开发战略努力开发产品。

- 使用新产品开发程序更喜欢从策略步骤着手而且更加复杂,因为它们包括的步骤更多。
- 服务企业的程序没有制造业企业的程序复杂。

4. 企业平均在两个分离的位置支持新产品开发过程。单一结构或者混合结构和最佳实践没有关系。

5. 项目经理(61%)和优胜者(43%)引导新产品开发程序。70%以上的时间企业主管会委派新产品开发领导人做这些工作。

6. 企业没有完全克服以团队为基础的报酬问题。项目完成后的大餐是新产品开发最常用的犒劳方法,拥有最佳实践的企业更多的把这作为唯一奖励(72%),而其他企业要少一些(54%)。拥有最佳实践的企业在新产品开发中不使用金钱报酬。

7. 超过84%的创新性计划运用多功能团队。然而,在创新性较小的项目里平均只有40%~50%会运用多功能团队。拥有最佳实践的企业在这些创新性较小的项目里使用多功能小组更多一些(50%~60%的时间)。

8. 拥有最佳实践企业更愿意衡量新产品开发的表现并期望从新产品开发的努力中获得更多的结果。最近3年拥有最佳实践的企业希望他们45%的销售来自商业化的产品。实际上,过去5年里他们49.2%的销售确实是来自商业化的产品,这个比率是其他企业的2倍。

9. 即使所有新产品开发提高,通过很多标准去衡量平均结果提高得很小。

- 59%的投入市场的产品能够成功,这个成功比率很稳定。
- 6.6个创意产生一个成功项目,1982年需要7个。企业新产品开发程序早期能更有效地淘汰可能性小的计划。

这和更新的产品开发管理协会标杆调查以及最近关于改变新产品开发策略的发现相一致。艾特略和苏布莱曼尼阿姆(Ettlie and Subramaniam,

2004)[1]使用深入的,开放式的访谈研究了8家制造企业,我们惊奇地发现这些企业大部分正在开发对企业、行业以及世界来说都是全新的产品(21种新产品计划中大约一半的样本)。这些新产品将由市场和技术力量联合用内部力量的一般要求推动:中级和高级管理层。结果同时显示如果改变不是那么苛刻,那么集结资源和能力就会容易一些,但是当中层经理把一般要求转变成具体说明时,资源问题就必须解决了——这表明中层经理在新产品开发过程中扮演着重要的角色。

又一份清单

新产品和新服务的研究与实践是热门话题,每个人都有自己的观点。问题是几乎没有人有可依据的真实数据。资料6—5包含最近的另一个清单可供你考虑,是嘉里·林恩和理查德·瑞利(Gary Lynn and Richard Reilly)[2]在研究了700项新产品投放以及开发畅销产品的5条黄金法则的基础上得来的。

最佳实践的问题具有两面性。首先,从一个环境转移到另一个环境是非常困难的,因为根深蒂固的文化不能在公司之间[3]甚至公司内部转移。[4] 其次,最佳实践是短暂的,而且一个公司今年处于优势可能明年就不行了,公司不同,实践也大不相同。这是再平常不过的了。

领先用户

埃里克·凡·黑波尔(Eric Von Hippel)把领先用户定义为在市场中起领导地位而且具有极大的创新动力的人。领先用户成功地创新:他们精确地创造了下一代产品或者服务。

---

[1] Ettlie, J. and Subramaniam, M. (March 2004). Changing strategies and tactics for new product development. *Journal of Product Innovation Management*, Vol. 21, 95—109.

[2] Lynn, Gary S. and Reilly, Richard R. (2002). *Blockbusters*. New York: Harper Business. pp. 11—12.

[3] Ettlie, J. E. (2000). Managing technological innovation. New York: John Wiley.

[4] Szulanski, G. (1999). Exploring internal stickiness: Impediments to the transfer of test practice within the firm. *Strategic Management Journal*, Winter Special Issue, 17, 27—43.

> **资料 6—5**
>
> **五项关键性操作**
>
> 新产品开发的5条黄金法则是什么？让我们一起来看一下：
>
> 承诺不是高管的贡献。明星团队是高层管理充分合作的产物。高级管理人员不是密切参与过程的每一个方面，就是完全支持项目给团队充分的授权。
>
> 清楚稳定的远景明星团队必须尽快确立"项目的核心任务"——为产品制定具体、不可改变的目标。
>
> 即兴发挥。明星团队进入市场走的不是有结构化的线性道路。相反，他们走的是"Lickety Stick"的道路。也就是说，他们很灵活，快速尝试各种各样一连串的方法而且反复提出新方法(lickety)直到他们开发出顾客所喜爱的原型(stick)。
>
> 信息交换。明星团队不把信息交换限制在正式会议范围内。他们有十几种共享信息的途径——从咖啡厅到视频会议，从在内外都被易事贴覆盖的房间里走动到数以百计的电子邮件。
>
> 为完成任务合作。明星团队把精力集中在目标上，而不是人与人之间的差异上。他们建立起观点一致的团队，是这样的，但是他们并没有特别地关注建立友谊或者甚至坚持认为每个人都喜欢其他人。

为什么对他们的技术供应商来说他们不是竞争者？他们可以是，但是传统来说，他们只是简单的企业家或者"修理"现有技术使它运用起来更好的"修理者"。他们不在供应商的业务范围内，但是他们一般是很老练的顾客，在解决问题上有很大天赋。如果他们很容易就能被发现，他们将会是一项很大的资产，或者也许能开发出来一种新方法，如同用领先用户的方法找到这些创新者一样，他们在创新发展中对一个公司来说是非常有帮助的。这正是3M所做的，首先改变他们的一个决定，然后把技术传播到各个事业部重新唤醒公司的创新文化。[1] 现行的领先用户方法已经概括在资料6—6中。许多公司都有使用这种方法的经历,用相关的工业或者技术专家去探究领先用户的观点,像大西洋贝尔。

资料6—6[2]

现行的领先用户方法

1. 集合交叉功能团队并且愿意保证雇员的时间

管理人员要求3M的科学家用外科手术式的改进来创造突破性技术。突破是必要的,因为产品的边际利润递减,而且几乎没有发展的空间。在这种情况下,运用传统的产品开发办法创造产品突破将会很困难,因此3M尝试使用领先用户法。

2. 确认主要趋势和消费者需求

3M的外科手术团队组通过学习传染的原因和预防开始他们的项目。这个团队研究文献并和那些在传染控制方面眼界宽广的专家面谈,这些专家理解新兴问题,像在传染处理中减弱抗生素的效力。

3. 确认领先用户

团队一旦清楚地定义了它的任务,成员应该开始通过网络在趋势的前沿领域确认创新者。对3M来说,这些领先用户可能在一些意想不到的地方露面。

4. 收集创意形成概念

一旦从整个范围的领先用户那里收集到信息,团队就可以开始为新产品做出可行的原型。3M的外科手术团队邀请领先用户——包括一个

---

[1] 3M公司由一般领先用户项目产生的创意的年销售额保守估计在5年后达到1.46亿美元——比一般非领先用户项目的销售额的八倍还高。每一个建立的领先用户项目为3M的每个部门创造一个主要的新产品线。作为一个直接的结果,资助领先用户项目创意的部门在过去的50年里经历了他们最高的主要产品线产出率(http://www.leaduser.com/)。也可参见:Lilien et al. (August 2002). Performance assessment of the lead user idea-generation process for new product development source. *Management Science*, Vol. 48, Iss. 8, 1042—1059.

[2] 摘自 http://innovation.im-boot.org/modules.php? name = Content&pa = showpage&pid=28。

> 老兵和一个化妆能手——到一个车间展开头脑风暴,在两天半的时间,讨论传染控制的革命性低成本方法。
>
> "从领先用户研究中开发出来的产品在每年的计划销售中平均为1.46亿美元,而传统的资助项目是1 800万美元……在3M的5个分部中得到的结果预计,仅5个项目就能在年销售额中产出7亿多美元,比传统的方法生产得要多。"

研究人员甚至试图衡量顾客能把领先用户的行为表现到何种程度,而且在供应商的角度可能成为创新的候选人。[1] 这项工作重新确认一个基本观点:领先用户不仅仅是未来的领头人,而且是创新者。他们是企业家。但是运用技术的两个基本挑战问题必须解决。虽然技术使得使用者既能加速又能掩盖关键创新,因为任何新技术都需要时间去学习,这两个目标本身是不相容的,但是它们被同时追求达到。第二,领先用户提供的想法属于知识产权(IP)讨论和争夺。如果一个人或者一个公司具有代表性的创新,他们至少应该分享利益,不是么?

包括在本章最后的3M例子是用来探索领先用户概念以及相关问题的。这个例子涉及生产车间技术,是典型的领先用户的例子:非常精明的使用者,有着极高的创新动力,包括现有产品限制所预计到的问题,并且在这个案例中,病人的生命处于冒险状态。

未来的趋势

最有趣的趋势当数虚拟产品开发和测试的来临。前者包括远程工程合作,在全球革新那一章中有所介绍,因为那是它用得最多的地方。在这里我们介绍一下新产品概念的虚拟测试。

在新产品开发过程中最激动人心的发展之一是新产品虚拟测试的到

---

[1] Morrison et al. The Nature of Lead Users and Measurement of Leading Edge Status, working paper, October 2002, http://userinnovation.mit.edu/papers/4.pdf.

来。艾利·达翰和约翰·豪瑟(Ely Dahan and John Hauser)[1]的工作是关于这种趋势的最好的公开案例,但是许多公司包括惠普也对这个观点进行过实验。概念很简单:加速并且用虚拟测试带出新产品观念,通常用互联网存取市场调研的资料。虚拟产品测试的方法包含适用的设计而且常常和其他技术联合起来,像证券交换概念(Securities trading of concepts, STOC),在这个概念中股票价格象征着产品的受欢迎程度。用网络服务设计出你自己的产品能够使工作摆脱关联分析,用更传统的比较测试能使实验少犯错误。以网络为基础的联合以及使用设计方法产生类似的结果(参见图6—11)。

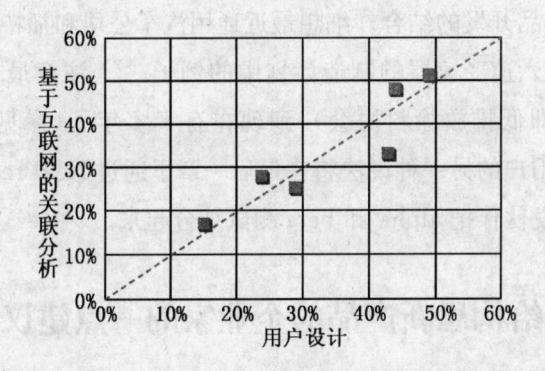

资料来源:E. Dahan, J. R. Hauser, *The Journal of Product Innovation Management*, 19, 2002, pp. 332—353。

图6—11

　　另一个重要的趋势是顾客对新产品信息的可选信息来源的依赖,加利·萨特曼(Gerry Zaltman)最近的研究能很好地证明这一点。萨特曼教授在《顾客怎么想》(*How Customers Think*)[2]这本书中争论的是在过去10年里以变化为导向的企业文化中,营销被抛到了脑后。顾客比以前更怀疑产品的表现,而且市场调研仍然陷在调查或者其他效率很低的研究技术泥潭中,用这些单一的方法来确定顾客对新产品的反应。他的解决方法是:得到顾客潜意识里95%的想法,这些通过隐喻或者其他方法变得明显。记

---

[1] Dahan, Ely and Hauser, John R. (2002). The virtual customer. *Journal of Product Innovation Management*, Vol. 19, 332—353.

[2] Zaltman, G. (2003). *How customers think*. Boston: Harvard Business School Press.

忆以情节为基础,因此记忆、隐喻和情节讲述的交叉一起构成了品牌建设。

除此以外,萨特曼认为,焦点小组访谈得出的结果是有缺陷的,因为他们受到问题和同行的限制。焦点小组访谈经常被简单地误用,但是即使他们使用的方法正确,通过一对一的面谈从同一人群中获得详细信息可能也不是最好的选择。一个组中题目的数量和人数常常限制输入,每个人只有几分钟。焦点小组访谈对获得现有产品或者现有服务的市场反应是有利的,但是对构思和观点开发就不是这样了。他们不利于评估品牌形象或者深层的思想和动机。

除了全球化,另一种趋势绕了一圈又回到了起点,这种趋势就是汽车业中研发和新产品开发的结合。细想最近通用汽车公司和福特汽车公司在接口开发和生产六速变速器的制造计划中的例子。[1] 注意最初的美国汽车计划(LEPC,即低排放涂料协会),到现在有十多年了(参见第四章)。最后,关于领先用户的另一种说法将在最后一章里通过 NexPress 的例子向大家介绍:用开发伙伴把 alpha 和 beta 测试结合起来。

给构思新产品的企业家的一点建议

我们关于新产品开发所说的一切对刚起步的公司更加重要,因为一项新产品或者新服务的失败就意味着一个公司的失败。我们所说的企业家精神指的是机会鉴别、开发和集体革新,而且常常涉及组织创造、重建和创新。[2] 正反两面的经验的快速回顾如下:

1. 避免"我也是"产品。例如,已经有 150 家公司生产冰酒器产品。为什么还要进入这样的市场呢?

2. 当你有新构思时,不要以为你是第一个这样构思的人。准备工作通常会使事实显露出来,很久以前竞争者就已经尝试过这种新产品或者新服务,以失败告终。

〔1〕 资料来源:*Automotive News*, April 26, 2004, p. 2.
〔2〕 Ireland, R. D., Reutzel, C. R., & Webb, J. N. (August 2005). Entrepreneurship research in AMJ: What has been published and what might the future hold? *Academy of Management Journal*. Vol. 23, No. 3, 77—81.

3. 了解你的差距。低估了差距是公司起步时常犯的典型错误。在零售业，50%的利润是很正常的；价格能承受这个利润么？不要忘记商标、样品和测试。

总　结

新产品和新服务在20世纪90年代末作为首选的竞争战略出现。研发资金的转移已经提早了10年出现。大多数公司正在他们的组织中更新新产品开发(新产品开发)过程，这一点也不令人吃惊。这些努力主要集中在质量和周期时间减少上。

大部分的新产品对世界来说都不是新的，却是对现有产品和服务项目的修改。真正的新产品，特别是对顾客来说，可能现在每年只占美国全部新产品的6%。不管怎么说，这些新产品一旦被引进市场，平均60%是成功的（返还投资的数倍），而且这些新产品有一些特别的前景，顾客认为这些前景很有吸引力；它们很少只是现有产品的翻版。如果一个人从一种产品还是一个概念时追踪这种产品，这个百分比就大大降低了——可能60种构思中只有1种坚持到了今天，不同行业情况也各不相同。把顾客理解和市场需求以及组织最好的技术能力结合在一起的新产品更容易获得商业成功。新产品和服务开发综合法以及进取、先行战略、设计满足企业要求的软件、新产品开发程序特点，不只是竞争产品的构思，能够使企业技术能力和市场需求之间的匹配程序变得简单。

虽然支撑新产品开发的平台方法非常流行，也取得了一定的成功，这个策略仍然有不足之处。一个明显的缺点就是技术开发中的过多储备技术侵蚀了对先进属性的投资，原本这些新的属性可以纳入新产品中，特别是对顾客来说。依赖供应商不能完全解决问题。虽然顾客把用户化看成是满意的首要因素，判定产品特点给使用者带来的是"惊讶还是喜悦"还是要取决于生产者。最终是新产品开发团队的内部运营和满足决定成功。

满足4个关键标准一定能提高新产品成功的概率：(1)顾客必须清楚地看到产品优势，有时候被称为"价值方程"或者利益/成本或者新产品使用的净利；(2)企业需要有可观的营销、理解顾客的技术能力以及解决问题的技术方法；(3)企业需要熟悉市场相关活动，如市场调研和原型测试；(4)新产品应该"适应"公司的战略（例如，前沿产品应该由"先行战略"的公司引进）。

一个刚产生的并且正在展示巨大前景的新产品开发过程方法被称作基于集合设计。为了避免设计的重复工作，这种设计方法在开发循环一开始就考虑了新产品的许多构思，然后筛选这些构思至一个可行的测试集合。丰田的新产品开发程序包含了集合设计和传统的计划—行动—检查—实施质量循环（参见第十章的总结）。无论如何，所有这些方法的关键都是使组织的各部分平衡输入，尤其注意在新产品开发论述过程中保证技术和市场职能的平衡。

练习

1. 把你在这一章和前几章中所学到的关于成功的新产品以及服务推出的知识应用到下列"创意来源"的练习中。下面是新产品创意的潜在来源的一个列表。第一，指出哪些是最常见的来源——也就是说，组织或者环境的某些部分经常产生新产品的创意。第二，指出这些来源中（至少说出两种）有哪些是和新产品的成功联系在一起的。第三，指出这些来源中（至少说出两种）有哪些是和新产品的失败联系在一起的。

针对产品或服务的新创意的潜在来源

公司内部		公司外部	
■ 研发团队	☐	■ 顾客	☐
■ 研发一级管理人员	☐	■ 政府代表	☐
■ 中层研发管理人员	☐	■ 供应商	☐
■ 研发副总裁	☐	■ 高校顾问	☐
■ 总经理	☐	■ 私人顾问	☐
■ 营销、分销、销售	☐	■ 有技术的专业同事，但不是付费的顾问	☐
■ 生产	☐		
■ 工程设计	☐	■ 其他：	☐
■ 财务	☐		
■ 技术服务	☐		
■ 其他：	☐		

答案写在这里：

a. 多数普通的来源 _____

b. 新产品成功的原因 _____

c. 新产品失败的原因 _____

2. 下面是一组惠普使用过的新产品开发标准,值得我们考虑。用这10个标准评估你能够在一项商业或者专业、大众媒体来源中找到的一种产品创意,这种创意至少3年前就出现了——但是选一个你不是很熟悉的,因此你就不知道投产后的结果。用每一个标准在可能的范围内评定构思,选择一项在你预计中有足够信息去完成的(试着从低、中、或者高3个级别评估产品或者服务)。然后从总体上评估新产品或者新服务,预计它是不是成功,接着参考更多最近的信息看你是否正确。你是怎样做的?

练习 6—1

成功的产品标准

维尔森的标准

惠普的艾迪斯·维尔森(Edith Wilson)确认了10种关键性的成功要点,似乎区分了成功和不成功的项目。她的结论建立在她的斯坦福大学论文上,1年里她探究了17个不同领域的项目,这些项目有:微波和通信、电子仪器、分析仪器、医疗产品和工作站。10个成功要点如下:

1. 顾客和用户的需要。整个小组必须理解潜在的用户或者顾客的需要和问题,并确认产品将怎样满足那些需求或者解决那些问题。

这个领域中的困难一般都是由团队引起的:
- 没有分配足够的时间和资源去研究顾客的需求,这可能是因为没有足够的资金
- 不恰当地分割市场或者把几个市场组合到一起
- 不需要正确的顾客
- 顾客研究方法没有得到恰当的训练,或者使用得不恰当(如果团队的技术人员过剩并且缺乏市场的充分认识,这可能发生)
- 不需要竞争产品的使用者

2. 战略对准线。产品必须适合事业部的长期策略。不然的话,它可能从高管、营销、技术或者其他组获得它所需要的支持。

战略对准线问题经常发生,因为高层管理者没有长期战略。或者当一个公司战略被选中时,组织中各个组的目标可能和它不一致。实际上,没有明确的前后一致的战略目标,许多公司也许不愿意将他们的资源用在特定的方向,害怕战略随后的转移会彻底破坏他们的努力。

3. 对手分析。团队必须了解的不只是对手开发的产品,而且要了解对手是怎样满足顾客的需要并解决顾客的问题的。在产品发布时团队的产品必须把那些事情做得比

对手想象得还要好。

如果团队主要看对手的产品而忽视对手的分销渠道、营销战略或者产品支持，可能就会出现问题。

4. 产品定位。相对于其他产品来说，一定要在市场中恰当定位产品。在细分市场，产品必须向顾客提供比其他任何对手的产品都要高的价值。

这里的主要问题是不能成功地确认正确的细分市场和不能正确地详细描述为什么在细分市场顾客会认为产品比对手的产品更有价值。

5. 技术风险级别。技术风险的级别一定要适合产品的战略意图。产品的所有方面都应该进行风险分析，包括部件、工艺和营销计划。高级别的风险应该在开发过程中早早地提出来。

这里常见的问题包括：

- 对团队技术和技能限制的恶劣评估
- 产品目标有太多风险
- 时间和预算分配存在太多风险
- 不知道一种从供应商那里获得的关键组件可能很快被供应商代替，因为供应商会带来新一代组件

6. 优先决策标准列表。团队应该建立一个优先目标和表现标准的列表。一个典型的列表一般包括：

- 上市时间
- 产品的主要特点
- 制造目标的质量、可靠性和设计
- 技术战略
- 灵活性和模块化战略（平台）

没有优先列表，团队会失去行动、变化和修订决定的方向和趋势。不能明确规定优先顺序的情况常常出现，因为团队对要使产品成功需要的是什么还没有充分的了解。这常常是由于：

- 没有充分了解顾客
- 没有充分了解对手以及为什么对手的产品卖得好
- 思考不出市场和对手在产品发行时将会做什么
- 在现有时间和预算情况下，缺乏对技术上能够获得什么的了解

7. 遵从政府章程法规。公司应该知道并服从政府在专利侵犯、健康和环境章程、UL标准和全球性标准上的要求。

8. 产品渠道问题。必须选择或者开发正确的分配渠道。

9. 上层管理的支持。高管一定要证明规划并在开发过程中出现困难时用人力和财力支持它。如果高管不明白规划怎样帮助企业达到策略目标,问题可能就会出现。

10. 项目规划。团队应该在准确的日程表和财务计划基础上发展详细的人力和财力要求。这里的问题可能包括:

- 错误的预算
- 转移人力或者预算去完成另一个后来的项目

资料来源:Adopted from Zangwill,1993。

阅读案例6-1和案例6-2,回答讨论题。

案例6-1

3M医疗保健:赚大钱的本领

到现在为止,3M公司是最著名的新产品开发公司之一。3M是许多鼓舞人心的故事的来源,这些故事都是关于新创意开发以及引进一种新产品的整条生产线的创新的。最近3M医疗保健的一个新产品开发的研究例子是关于公司怎样解决新产品问题的。[1]

这个案例从1996年3M的医院顾客报道的问题开始,这些顾客是在手术过程中为了维持生命使用3M体外循环心脏手术系统的病人。3M医疗保健的第二代血液循环和输氧产品有显著的新特点:防止血液回流,但是它依赖于一个关键组件。这个组件是3M公司的发明:一个发出红血球非常微弱的信号并且非扩散的超音波传感器——它本身并不接触血液。然而,顾客的抱怨越来越多,人们发现超音波传感器在手术室受到电噪声的干扰。这个领域受这个问题潜在影响的有500家单位。

3M的骨干团队立刻投入到设法确定引起超音波信号和传感器问题的电噪声干扰的原因的工作中。这需要成员在手术过程中进入手术室——不是一个容易达到的要求。但是最终,骨干团队在一名友好的顾客那里获得允许,用激活了的3M流速传感器监测操作。数据显示干扰来自电路,有时候来自手术室的灯光。

然后骨干团队开始用五步产品开发和改进程序研究新型传感器。同时,团队不得不处理顾客持续不断的抱怨,并提供不同的技术(例如,上一代传感器)和解决办法作为临时措施直到问题得到解决。重新设计过程中关键的一步在第二阶段:可行性研究。

---

[1] *The Wall Street Journal Europe*, Tuesday, May 14, 1996.

瓦瑞拉(Varela)先生说："为了集中他们的精力，人们需要有一个目标或者方向。"3M队必须保证使可行性测试数量减少的另一观念是正确的。

几个概念出现之后，类似的开发就可以开始了。一旦最终设计通过了测试，曾经成问题的供应来源就解决了，原型得到确认，顾客的抱怨带来了几项产品修改：主要的变化就是传感器将被放在一个铝容器里，而不是像骨干团队最初构想的塑料容器。最后，提交产品呈请510(k)批准。最后的概念运用了超音波信号的一个"飞行时间"的新创意，既提供了血流的频率也提供了血流的方向。

产品获得批准以后，预产就得到了认可，产品被送往CAE。为了推向市场，产品定位是至关重要的，因为这种再开发是一种产品升级。问题最多的顾客首先得到免费更换。其次是没有问题但是对升级后的产品感兴趣的顾客，部分免费，然后按照产品购买者的清单直至所有的顾客，包括那些最近的购买者也可以享受这样的服务。

3M的独特之处是项目的一年后期投放审计。这一审计包括顾客调查，相对简单，因为这些顾客90%都在美国（系统使用一个一次性离心泵头，由于成本问题它在海外并不流行）。当前的怨言下降到每段时期两次，而且这些抱怨和传感器无关。

审计结果包括以下方面：

- 单位成本和开发成本在可接受的范围之内（开发成本±10%）。
- 改型费用比想象中低大约12%，因为它主要是劳动成本，而且在安装上有重要的学习曲线。
- 更新生产、销售以及容量预测。
- 供应商的作用大大提高。

经验教训

- 适时地（短期或者长期）对顾客的抱怨和要求做出反应是至关重要的。
- 全面了解问题才能真正解决问题。
- 在这方面没有友好的顾客合作，工作无法开展。
- 继续前进之前估量所有可行的选择。
- 努力的结果被传达到3M公司的新产品开发过程。
- 有了这种回应，在分配中可以承受10%~12%的生长比率。

讨 论 题

1. 什么是"友好的"顾客，他和"领先用户"的区别是什么？
2. 这个实例在新产品开发程序方面证明了什么，除了3M自己证明和报道"可赚钱"的项目之外？

3. 你从这些数字中总结出了什么，比如这个例子中提到的改型方面的学习曲线成本？阐述你的观点。

案例6-2

新的超声波机器是奥克森的突破赌注[1]

本报作者：拉尔夫·金(Ralph T. King JR.)

加利福尼亚山景城——十月，奥克森公司(Acuson)的技术人员展示他们新的赛奎娅超声波机器，这时奇怪的火红色图像在设备的屏幕上闪耀起来。

当他们努力解决他们认为是令人困窘的计算机小故障时，在屋子里的几位心脏科医师突然意识到他们看到的是什么：血液，通过微小的动脉在心脏的尖端流动。以前从未有过任何非扩散性的图像技术能查出这样的细节。

"这些人开始像圣诞节里的孩子一样吸气和嚎叫。"威廉姆·瓦利(William Varley)说道，他是奥克森公司的一个副总裁，他记录了大家的名字以流传后世。"你看到的是你曾经认为永远不可能看到的事情。"

几个星期前，创新仪器的正式推出对奥克森这个超声波的先驱来说简直太快了，仪器把声波射入身体并且把它们的回声转换成可见的图像。这家1979年建立的公司借助它破土而出的第一个超声波产品"128"的力量急速发展。

但是自从1991年以来，公司的发展失去了效力，反应市场饱和，激烈的竞争，并且医疗保健成本受到遏制。去年，公司的净收入下降了61%，只有710万美元，每股只有25美分，销售额为3.29亿美元。自从1987年以来在赛奎娅上花费了9年，大量渐增的研究费用高达3.5亿美元。奥克森认为它已经做出了自己迫切需要的一次技术突破。

仪器"敏锐地灵敏"

博瑞·本纳瑟瑞夫(Beryl Benacerraf)，哈佛医学院的放射学教授，是发过订单的38名医生之一。"这是超声波系统新纪元的一个平台，"本纳瑟瑞夫医生说，"它是如此灵敏，它打开了可能性的新大道。"她和测试过仪器的其他一些人都相信它能够提供信息，在当前这些信息要求更加昂贵和更加痛苦的可扩散性规程，例如心脏病导管，它可能耗费5 000美元甚至更多，而如果使用超声波扫描不超过500美元。那些重要心脏动脉的

---

[1] *The Wall Street Journal Europe*, Tuesday, May 14, 1996.

清楚、详细和明显可以利用的图片,或者几乎没有成形的胎儿的图片,将简化诊断并且允许更加早期的治疗干预,本纳瑟瑞夫医生说:"它来了,你就不可能再把我带出那个房间。"

另一些医学图像专家热情没有这么高涨,他们注意到,预算控制的医院所需要考虑的最后一件事情是诊断设备价格昂贵的方面。而且他们称他们已经信服以35万美元的单位价格,赛奎娅完全优越于目前现有的超声波设备科技进步水平,而且费用大约是过时设备的一半。另外,一个竞争对手,华盛顿博赛尔先进技术实验室公司声称自从1991年以来他们在超声波仪器上就使用了类似的技术。

同时,在华尔街,几个化验员说至少6个月里他们不会尝试销售计划。"关键的问题是,怎样改善病人的健康状况,"一家纽约市场研究公司克莱恩生物医学咨询公司的哈维·克莱恩(Harvey Klein)说,"我认为不论是奥克森,还是其他任何人都没有真正地了解。"

公司股票上涨了15%

不管怎样,自从赛奎娅亮相,奥克森的股票上涨了15%——包括在周一纽约股票交易所中3.1%的上升,或者62.5美分,上升到20.625美元。

另外,有证据证明这种仪器能够拯救生命。

比如说香农·巴克马斯特(Shannon Buckmaster)的例子,一个4岁时接受心脏手术的25岁女士。几个月前,巴克马斯特小姐突然左眼失明。克利夫兰诊所的医生怀疑有血块,但是用传统的超声波设备没有发现任何心脏问题。

但是一个赛奎娅原型恰好在手头而且明显地展现了一个外物。几天后在体外循环心脏手术中,医生除去了一片由于早先操作疏忽而忘记的导管。克利夫兰诊所的心血管图像主任,詹姆斯·托马斯(James Thomas)说,厚厚的血块,有一块落在她的眼睛里,它是一颗滴答作响的定时炸弹,可能最终带来致命打击。如今,巴克马斯特小姐恢复了大部分的视力而且返回了工作岗位。

有了赛奎娅,"我们得到了许多极好的图像,"托马斯医生说,"它对于做出正确的诊断确实起着决定性的作用。"

新仪器的精髓

在那些图像的背后隐藏着复杂的物理学的应用。超声波射出后返回的声波由两部分信息组成:波幅,或者说是声波的高度;位相,或者说是声波之间的距离。许多用于商业的超声波仪器只衡量波幅。但是赛奎娅强大的计算机线路流程不仅能够同时收集数据,而且能更快地产生精确图像。

赛奎娅和它前面的"128"一样,都是奥克森公司47岁的主席和首席执行官萨缪尔·马斯克(Samuel Masiak)的发明创造。马斯克博士在麻省理工学院研究电气工程的时候对超声波产生了兴趣。他拿怀孕的妻子做超声波实验,而且使用的是20世纪70年代早期相对比较粗糙的技术系统。"它看起来像一幅糟糕天气的地图,"马斯克博士回忆道,"结果很差而且也不是很准确。"对马斯克博士来说那是一件好事:图像——后来证明错误——指出胎儿有问题。

马斯克博士作为一个发明家和惠普公司的项目负责人开发了他的第一个超声波产品。他的作品为惠普公司在最重要的早期超声波进步上获得了专利。但是惠普公司对进一步推行超声波没有多大兴趣,这让马斯克博士很沮丧。马斯克博士和他的两个同事在自己家一间空闲的卧室里策划出了"128",为了超声波研发的筹资,他建立了奥克森公司。那台仪器使超声波诊断成为继胸部X光机器之后医学图像的第二个最流行的形式。今天,马斯克博士在奥克森公司的股份大约价值4 000万美元。

在公司总部最近的一次采访中,马斯克博士说他认为赛奎娅比"128""甚至更具有革命性"。虽然不能保证它在市场中的成功,奥克森公司已经同意了史密森学会的医疗收藏馆馆长的请求捐赠一台仪器。

讨 论 题

用这一章的材料预测奥克森公司的新产品(赛奎娅)能否成功(成倍地返还投资)。请给出一个可能成功的百分比,并阐述为什么是这个比率。

第七章

新型的工艺和信息技术

本章目标：本章介绍了新工艺采用的概念，并且探索了新信息技术应用过程中所遇到的挑战。通过对工艺革新效果的评估，我们会问：工艺技术革新值得吗？本文引用了管理联盟技术协议事件，并且在本章的最后介绍了西海岸码头工人的案例来说明这些事件。为了测试新的信息技术管理模型，我们利用了企业系统和欧文斯科宁案例。

实事求是地说，关于支持工艺革新的制造业和技术对于经济重要性的研究在美国经济中仍然是极其重要的。国家制造商协会的一份报告表明，纽约州的商业委员会最近编辑了一份制造业的数据，阐明了这个行业的多重经济效应：

- 每 1 美元的制造业产品在其他的制造业部门产生 0.67 美元的效益，在非制造业部门和服务部门会产生 0.76 美元的效益。
- 私营部门几乎 2/3 的研究和开发与制造商有关，去年这些研究与开发的价值为 1 270 亿美元。
- 在过去的 20 年中，制造行业中生产力的增长是其他部门生产力增长的 2 倍还多。美国人能够多快好省地做事，可以增加竞争力，更容易为雇员提供高工资。

- 制造业的人工成本要比其他部门高,平均的工资及津贴为54 000美元。
- 在过去10年,由国家及当地政府所缴纳的税收中,制造业的公司要比其他公司高出30%。

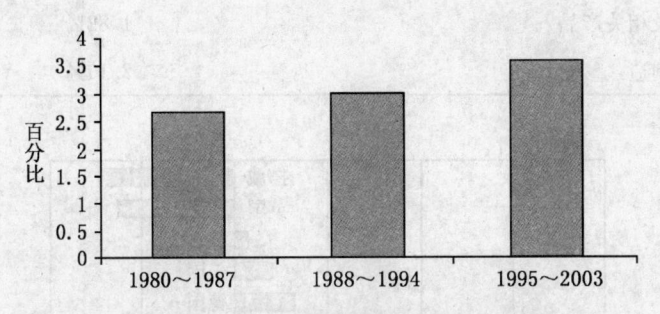

图7-1 美国制造业产量的年平均增长率

从经济力量和影响的角度考虑,你会认为制造业在新技术中是优秀管理的典范,但事实并非如此。最近几年的生产力增长数据表明了美国经济(除了汽车部门和电子部门)中的一个麻烦点:制造业。[1] 虽然整体的生产力是提高了(参见图7-1),但是包括钢铁生产部门、家具业、食品制造业在内的许多部门都在拖生产力后腿的名单上。这些结果是利用美国劳动局的数据得出的。

除了生产力的问题外,有300万人制造业岗位消失了,这些事已引起关注。原因是:大多数资金都用来投机,而不是用于研发、进口、资本支出等。即使美国的劳动力工资在1997~2003年期间降低了0.78%,但是国外的竞争对手(例如,日本、韩国、中国台湾,甚至法国)做得要好一些,如图7-2所示。

在服务型经济中继续关注制造业是因为如此之多的服务部门依赖于制造业。国家若失去了此行业的竞争力,又没有取而代之的行业,是很难立足的。

---

[1] Arndt, Michael and Saton Adam. U. S. factories: Falling behind: Why America's oldline industries are trailing in the global productivity stakes. *Business Week*, May 24, 2004, 94—96.

表7-1　生产力滞后的行业(每位员工每年平均产量的增长1997~2001)[1]

钢铁产品	0.58%
钢铁原材料	0.66%
印刷	1.06%
纸张及相关产品	1.24%
家具及相关产品	1.82%
食品制造	2.10%

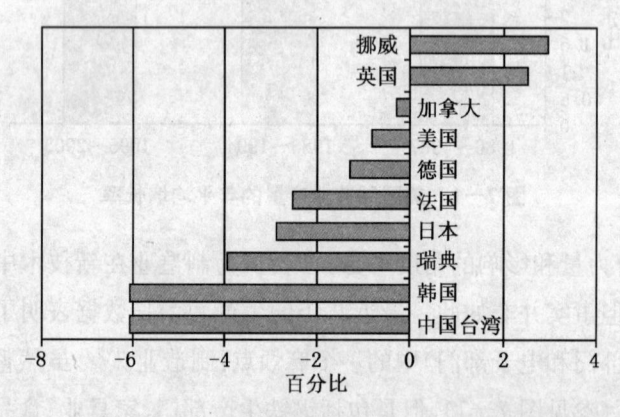

图7-2　每单位劳动力成本的平均年变化(1997~2003,美元)

美国的大部分研发资源用于开发新产品。[2] 因此,当公司推出新产品或更新作业时,他们会购买新的工艺设备,即使其竞争对手已拥有这些设备。这些新的设备吸收了新的技术,但是公司会选择购买现有的最好设备,而不是自己开发技术或设计系统。

但是仍然有不符合常规的例外情况,如本田(北美)[3]和夸德制图公司(Quad Graphics,Inc)。[4] 这些公司开发出了优秀的新工艺技术来生产他

---

[1] http://www.bls.gov/.

[2] Wolff,M,(January-February 1995). Meet your competition, *Research-Technology Management*, 18—24.

[3] Vasilash,G. S. (October 2002). Honda's hat trick. *Automotive Manufacturing and Production*, 56—61.

[4] Ynostroza, Roger (July 1994). Quotes from the quintessential printer. *Graphic Arts Monthy*, Vol. 66, No. 7, p. 10.

们的产品。但是,即使是夸德图形公司和本田以及其他优秀的制造商,如丰田、默克、通用电气、强生、摩托罗拉和惠普,每年都会购买新的设备。并不是只有制造业的公司是这样。银行和保险公司已经而且会继续购买价值数十亿美元的计算机系统。这是使得工艺技术不同的事情之一:依赖于此类技术的公司很少自己去做部分或是全部的改变。作业中的创新与制造业系统和信息系统毫无联系。即使是发展成熟的行业,例如自从1950年柴油机代替了蒸汽机以来没有做过重大改变的公路运输业,也正在发生着改变。[1]

第二件使得工艺技术不同的事情是,作业管理在过去的30年里被认为是后台服务部门,只是现在开始提升我们在工程技术方面的经营和管理才能并且给从事相关业务的人员平等的工资待遇。人们也许会说,制造业很重要,但是大部分的公司仍然没有信奉在两种职能之间保持整体的平衡和集中的准则。除非制造业的确关系重大,工艺技术才不会重蹈覆辙或是与公司中的生产技术受到相同的重视。优秀的公司会重视两者。马克姆·波里奇国家质量奖的筛选过程表明在美国只有少数的公司是真正优秀的。

第三件使得工艺技术不同的事情是在软硬件系统中软件发展的挑战。软件系统的日常维护预算超过信息部门总预算的50%,我们由此可知,制造业和经营软件系统是多么的重要和困难。软件系统不同于以机械、水力或是电子为基础的硬件系统。软件系统遵循着自己的经营规则。最糟糕的事例是20世纪80年代的通用汽车公司,数十亿美元付之东流,却收效甚微。也许更糟的情况是,很大数量的新经营技术设备无法充分发挥其功能,情况是成年累月这样,对于公司的战略目标没有任何的重大贡献。没有其他的选择,只能蹒跚前行。

新的制造业和信息系统是本章剩余部分的重点,但是此处所总结的几种趋势同样适用于其他经济部门的硬件系统。一般来讲,成功的注重工艺的公司有一个共同的特点,不管这些公司是发展自己的制造技术还是吸收其他公司的新技术,这个共同点就是他们很看重制造技术的研发。他们同样了解到管理政策和实践的改变会使制造工艺创新起作用。

---

[1] *USA Today*, Dec 26, 1997, Friday.

以我们采访过的一家日本自动化电子工厂为例,具体情况如资料7-1所示。

> **资料7-1**
>
> **自动化电子工厂的案例总结**
>
> 整个行业中,A线(隐性)占98.5%(1.5%的缺陷率在流动部件,例如,错误的缝合)。B线(隐性)有3%的缺陷率,其余有2.5%的缺陷率。以持续改善项目为例,6个月里每天都会开会,缺陷率降低了50%,从2.9%减到1.5%,最近又减少到1.39%。2个月之前,自动安装部门增加了一台X射线检测机。

此资料说明了技术革新和组织革新是如何共同起作用,从而使得领先公司能够在众多的公司中脱颖而出的。

在过去的10年里,我的同事、学生和我研究了美国以及全球的生产耐用品的公司,试图理解为什么其中的一些公司在工艺创新和吸收方面要比其他公司做得好。[1] 我们开发了一个简单的模型来描述稳定型和易受影响型的两种制造业公司(这两种公司在20世纪70年代~80年代是十分典型的),以及90年代成功的融合了新工艺的公司的不同。关于此工作的总结,请参考下文。

制造技术

新的工艺技术不会自动应用。新系统通常被卖出去,它们的发展具有偶然性,尤其是主要的现代化或新产品及服务的推出。因此,利用这些投入

---

[1] Ettlie, J. E., Bridges, W. P., and O'Keefe, R. D. (June 1984). Organizational strategy and structural differences for radical versus incremental innovation *Management Science*, Vol. 30, No. 6, 682—695; Ettlie J. E. and Reza, E. (October 1992). Organizational integration and process innovation. *Academy of Management Journal*, Vol. 34, No. 4, 795—827; Ettlie, J. E. and Penner-Hahn, J. (November 1994). Flexibility ratios and manufacturing strategy. *Management Science*, Vol. 40, No. 11, 1444—1454.

来抓住并获取利益是不正确的,主要是由于技术可以提供给任何可以买得起它的人,包括对手。[1] 现存的关于制造技术租金占用的文献提供了两个重要的结论。

1. 成功的现代化的关键是如何将吸收的技术应用于实践。

2. 制造技术是否有效依赖于(如果有的话)与该技术应用相关的组织上的创新。

这两个结论影响深远而且极为复杂,所以,我们在下文将详细地分别讨论。公司的资源决定了公司的产品,政府的角色变得更为重要。[2]

后工业制造时代[3]

当杰伊·杰科玛(Jay Jaikumar, 1986)[4]出版了他的制造业比较结果后,在学术界及管理界引起了很大的反响。以案例研究数据为基础,他的结论的一个基本点是日本的制造商在利用柔性制造系统(FMS)方面要胜于美国的制造商。也许更为重要的是,盈余造成的不同。日本公司平均有93个部门利用柔性制造系统进行生产,然而美国公司中只有10个。更进一步,日本公司84%利用柔性制造系统实行轮班,而美国公司只有52%。

杰科玛的报告出现在20年以前,此后发生的很多事依然在印证该书的结论。在宏观经济的范围内,技术和生产力增长的重要性依然为大家所接受。例如,美联储主席艾伦·格林斯潘(Alan Greenspan)说我们还没有充分挖掘出联网计算机和其他技术的潜在力量。[5] 在微观经济的范围内,杰科玛的著作代表了相当一部分人的工作,代表了哲学上关于组织生产思想学

---

[1] Echevarria, D. (Fall 1997). Capital investment and profitability of Fortune 500 industrials: 1979—1990. *Studies in Economics and Finance*, Vol. 18, No. 1, 3—35.

[2] 控制这些原则中的行业影响非常重要:不同经济体之间经验差别非常大。参见:Lau, R. S. M. (1997). Operational characteristics of highly competitive firms. *Production and Inventory Management Journal*, Vol. 38, No. 4, Fourth Quarter, 17—21。

[3] This section draws directly from J. Ettlie, Post-Industrial Manufacturing, working paper, July 2003, College of Business, Rochester Institute of Technology, Rochester, New York.

[4] Jaikumar, Ramchandran. (Nov-Dec 1986). Postindustrial manufacturing. *Harvard Business Review*. Vol. 64, Iss. 6, 69—77.

[5] Wessel, David. (Oct 18, 2001). Capital: A Green(span)light for productivity? *The Wall Street Journal* (Eastern edition), p. A. 1

派的一个转变。这是一种以规模为基础的制造业向以范围为基础的转换。

另外一种思想观点,过去和现在一直被称为精益制造哲学,准确一点说,这种思想观起源于丰田生产系统。正如被汽车业和服装业的革命所证明的,最近流行模块制造可以看作是与精益制造的融合,这里不需要将它作为一种单独的种类来考虑。[1] 模块制造与合同制造,是在此领域内发展趋势最快的一种。这方面的研究主题有些受到冷落。因此,后者的方法未经过测试。

后工业时代的制造实践,比如说,范围经济、模块制造和合同制造的经验证据仍然相当有限,新制造业和信息技术的投资程度和影响正逐步提高。最近的一项研究表明,在采用了新的制造技术以后,仅仅是美国经济行业的一个部门(8种使用机械工具的工业)在到1997年为止的5年时间里节约了1万亿美元。[2] 制造业对于国内生产总值的贡献以令人吃惊的速度增长着。就在同一时期,德国投入了大约相同数量的资金,约1万亿美元,为了在5个前东德地区的州实现制造技术现代化。[3] 企业资源计划系统每年的投入都会增加数十亿美元,但是却没有系统的以理论为基础的检测系统以检测采用该系统后结果的变化。

在公司层面的结果远远不尽如人意。弹性制造系统的失败率从40%[4][5]增长到最近的47%。[6] 以上的证据表明在大多数的公司中制

---

[1] 只有最终装配中的模块化生产的程度仍然有争议。例如,尼桑是最近一家宣布在密西西比建设模块化最终组装工厂的公司。丰田发言人继续对此表示疑问,认为如果你是世界上最好的最终组装工厂,将最终组装外包是没有意义的。丰田生产系统的一条重要原则涉及到管理供应基础,并且该公司是汽车组装商中外包程度最高的。

[2] LEAD award honors manufacturing innovation, October, 2001, *Manufacturing Engineering*.

[3] Weimer, G. (1999). New contender for advanced manufacturing, *Material Handling Engineering*, Vol. 54, Iss. 3, p. 38.

[4] Upton, David M. (1995). What really makes factories flexible? *Harvard Business Review*, Vol. 73, Iss. 4, p. 74—82.

[5] Upton, David M. (1995). Flexibility as process mobility: The management of plant capabilities for quick response manufacturing, *Journal of Operations Management*, Vol. 12, Iss. 3, 4: 205—225.

[6] Aiman-Smith, L. and Green, S. G. (2002). Implementing new manufacturing technology: The related effects of technology characteristics and user learning activities. *Academy of Management Journal*, Vol. 45, Iss. 2, p. 421.

造业仍然处于低谷,这种似非而是的观点造成了在雇佣和经济增长中所观察到的一般趋势,而不去考虑从新的工业技术中获取利益的困难。自从2000年7月以来,制造业部门失去了230万个岗位,是20世纪80年代以来最大的一次减员,这次的减员还伴随着在资金和研发方面投入的削减。在后工业时代,第一世界的国家仍然面对对于制造业产品的需求到非工业性产品的关联——制造业1%的增长会导致其他部门0.5%的增长。[1] 可笑的是,有些作者认为制造业公司的出路在于加入服务业。[2]

更加切入主题的是,道尔和凡德瑞布斯(Doll and Vonderembse)[3]从几个重要的方面对于后工业时代的制造业做了以下的特征描述:(1)市场多样性和不确定性的增加;(2)产品和工艺技术的快速发展;(3)信息技术的进展;(4)全球性竞争的增强。在后工业时代,所有的这些因素作用在一起,这就要求制造商要具有创新性而且要有高效率。道尔和凡德瑞布斯(1991)提出了一种制造业的模型,囊括了从手工艺时代到工业时代,然后再到后工业时代的特征。后者的特征包括信息强度、智力工作、自我指导工作组、以顾客为主、产品开发和响应能力。

如果我们以钻研的眼光来看这篇文献,它将试图告诉我们一个既令人吃惊又很具有争议的结论:在过去的10年里,关于解释制造技术投资的结果中的变化的知识,一点也没有增加。然而,此问题似是而非的答案。在此文献中你可以找到,它产生了后工业时代的假设。第一,制造战略和先进制造技术的成功采纳理论在早期经验支持的时期之后存活了下来。第二,整合的组织创新和新产品及工艺技术的结合作为未来研究的方向是很有希望的(参见图7—3,引用于第一章)。第三,也是最后一点,信息技术的采纳也许会代替为获取工艺创新的利益而进行的组织创新的思想,是本文献中出现的最具争议的观念。

---

[1] Aeppel,T. (May 9,2003). Manufacturers spent much less abroad last year—U. S. firms cut investing overseas by estimated 37%; The "High-Wage Paradox," *The Wall Street Journal* (Eastern edition)p. A. 8

[2] Carson,I. (June 20,1998). Survey:Manufacturing:Post-industrial manufacturing,*The Economist*. Vol. 347,Iss. 8073,p. M17—19.

[3] Doll,W. J. and Vonderembse, M. A. (1991). The evolution of manufacturing systems: Towards the post-industrial enterprise. *Omega*, Vol. 19,Iss. 5,p. 401.

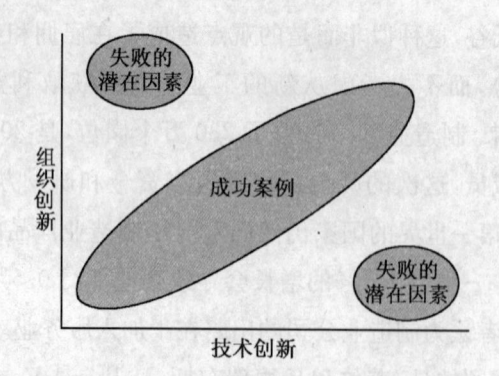

资料来源:Ettlie,1988,*Taking Charge of Manufacturing*。

图 7—3 对新技术的成功管理

严格的对于制造技术采纳的应用型研究十分缺乏,但是在过去的 10 年里,这种缺乏被大量在学术及应用媒体的重要贡献所取代。其他地方对此文献的许多篇幅都有介绍[1],所以,这里我们的重点是关于此问题最为密切的一些研究。从一开始,我们先避开本文的一些限制,并且以后会回到未来的研究上,我们将其作为一项辅助的课题。

也许,现有关于制造技术最为全面的数据,是由美国商业部(U.S. Department of Commerce)的两个样本小组在 1988 年和 1993 年所提供的,这些数据主要源自耐用品和生产组装产品的工业。幸运的是,大约在同一时期(1989),加拿大采集了类似的比较性数据。这些数据曾被许多研究小组所研究,但是,为了简洁起见,我们这里择要介绍一下。试图在欧洲复制这一研究的努力同样也是相关的,但是由于本报告的重点所在,因而只会被顺带提到。

美国商务部(DOC)的调查中包括了 17 种应用于耐用品制造业的特殊制造技术(SIC34—38)。制造业的普查数据和来源于其他方面的数据经过了统计处理,以详细说明技术对 7 000 家工厂的影响。[2] 从几乎相同的数据中得出的早期结果表明,在其他可解释性因素不变的情况下,公司采纳

---

[1] Ettlie and Reza(1992);Ettlie and Penner-Hahn(1994);Upton(1996).

[2] Much of this section is based on Beede, D. N. and Young, K. H. (April 1998). Patterns of advanced technology adoption and manufacturing performance. *Business Economics*, Vol. 33, No. 2, 43—48.

越多的技术（技术强度），公司的雇佣率就越高，倒闭率就越低。采纳了17种技术中的6种或更多的公司，比如说数字化控制的机械工具，它们为16%的一线员工和8%的非一线员工支付奖金。大公司员工工资奖金增长的60%，可以说是采纳这些制造技术的结果。在1988～1993年之间，计算机辅助设计和局域网的增长是十分明显的。一般来说，由于采用了这些技术，劳动生产率明显提高了。这些技术是早期的研究所证实的典型方式。

具有可比性的加拿大的数据（1989）产生了类似的结论，另外还发现一些较大的工厂对制造技术的采纳与研发的花费相一致，不同业之间稍有差别。检测和程序化的控制技术的采纳比其他技术似乎能够更快地促进增长，但是不清楚的是，如果控制其他的因素是否还会得到这样的结果。最重要的是，加拿大的数据表明，所采纳技术之间的相互融合很重要，而不是购买技术的数量。信息技术的一种可比较性的结论在一应用型的研究（电子数据互换）中出现，此研究我们稍后介绍。

在这些数据中，采纳技术的组合的方差很大。在美国，最经常被采纳的技术，不管是单独采纳还是联合采纳，是计算机辅助设计（CAD）和数字控制，即使此种方式在那些数据中只有2%～4%。例如，大约有18%的工厂采纳独一无二的技术联合形式，例如，只有于一家或两家工厂是相同的，采纳技术的方式与行业没有多大的相关性。

在美国，最高的岗位增长率与采纳了所研究的17种技术中的11种相关。具体而言，局域网技术要么计算机辅助设计联合使用，要么独自使用，使得1982～1987年间使用该技术的被调查工厂的岗位增长率比那些没有使用该技术的工厂提高了25%。同一时期，采纳计算机辅助设计和数字控制的工厂有着15%的岗位增长。可编程控制器（PLCs）和数字控制产生了高出10%的就业率。另一方面，采纳计算机辅助设计和计算机辅助设计的数字化表示技术的工厂其岗位增长率少了20个百分点，但是生产率增长得非常快。

采纳了下述技术的公司的生产率水平（与未采纳者相比）高出50个百分点，这些技术有：计算机辅助设计、采购用计算机辅助设计、局域网、公司内部网络、可编程控制器和车间作业管理计算机。与非一线工人相比，一线工人的工资与这些技术的采纳有着直接的关系。例如,在采纳局域网技术和车间作业管理的公司的一线工人的工资要高出 35%。但是,所有技术工人中的 60%~80%,都有着较高的工资。

从上述的结果中可以得到两个一般的结论,另外,采用技术的方式决定成功与否,而不是采用技术的数量。首先,结果会依据采用的技术及其绩效考核类型而不同。在早期的研究中,这被称为组织效力的悖论。[1] 第二个结论是在不考虑结果测量的条件下,独立技术(如计算机辅助设计)和整合技术(如局域网技术)的联合对于成功有着重要的影响。成功的工厂里装配工与流水线的融合表明职能部门的协作对于获得采用技术带来的利益是必要的。这正是下文我们所要介绍的关于制造技术整合的方面。

报告暗示了在企业集成项目中重要的变化,因此,这有利于进行长期调查。一篇力图证明信息技术投资差异的报告表明电子数据互换的投资收益类似于制造业的整合技术。[2]

总之,关于创造业技术采纳的文献和经验表明:

1. 在财富前1 000强的公司里,技术有着重大的影响——研发的投资明显与销售额的增长显著相关,反过来,销售额的增长又与收入的增长显著相关。

2. 制造技术之间的融合起了作用——而不仅仅是所采纳的技术及其数量(例如,与未采纳任何技术的公司相比,采纳局域网技术的同时,采不采纳计算机辅助设计都会带来 25%的雇佣增长率)。

新的制造工艺技术的吸收

假设工艺设备方面的投入得到保证[3],那么成功的公司是如何吸收新的操作技术的呢?首先,成功的制造公司试图购买可以经过开发而获得利

---

[1] Quinn, R. E. and Cameron, K. S. (1983). Organizational effectiveness life cycles and shifting criteria of effectiveness. *Management Science*, 33—51.

[2] Deloitte & Touche, LLP, Leading Trends in Information Services, Ninth Annual Survey of North American Chief Information Officers, Deloitte & Touche Consulting Group, 1997.

[3] Kaplan, R. S. and Atkinson, A. A. (1989). Justifying investments in new technology. Chapter 12 in *Advanced management accounting*. Englewood Cliffs, NJ: Prentice-Hall, 473—519.

益的技术,不管这些技术是被用来制造新的产品还是为未来的产品进行实验。其次,所谓的定相方式(phased approach),就是指可以使公司或工厂从一个较落后的实践水平达到一个较熟练水平的方法,在描述所发生的情况时的确有些优点,但是距离完美还有很大的差距。冒险描述一下定相的方法,模型转换状态(不是过程或阶段)在图7-4中有所表述。一般系统理论中的等同原则就是对于此种方式的理解——有很多方式可以到达最终的成功。

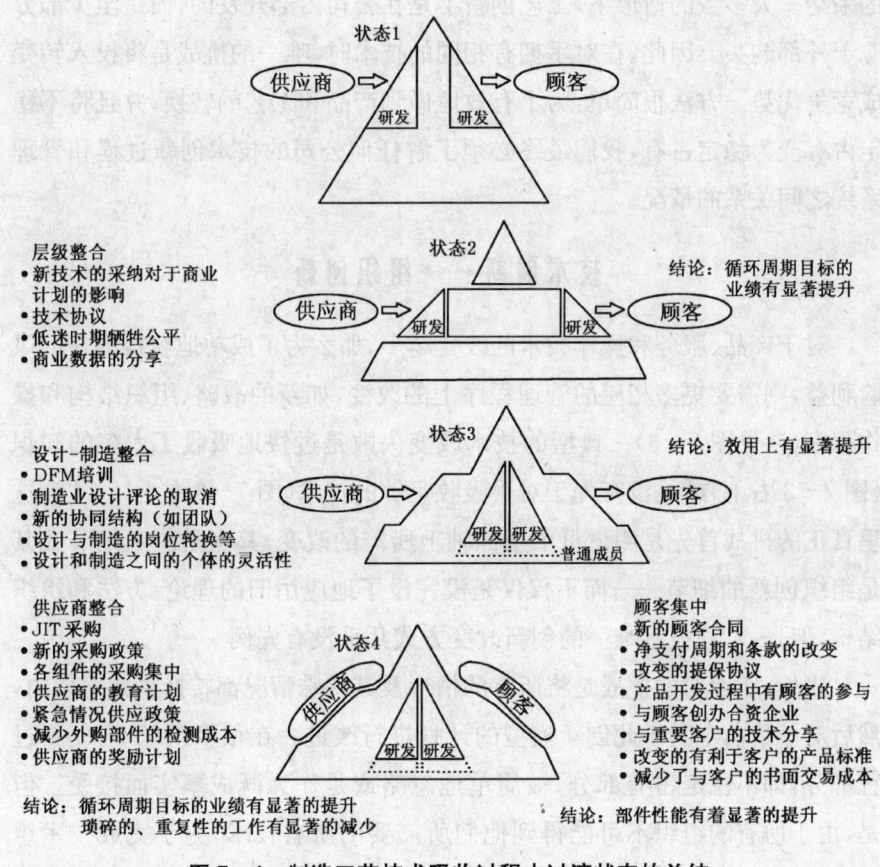

图7-4 制造工艺技术吸收过程中过渡状态的总结

因此,图7-4不是路径移动的说明,而是突出成功与不成功的实践的一种不同的方式。为了简洁明了起见,我们用图中所示的方式来表述"状态"。过程的任何改变都具有不确定性和随机性,尤其是新的工艺技术包含其中时。大多数的公司没有经历这些阶段,这就像是登山,给人的印象是所有的事情可以根据地图提前计划好。另一方面，我们所遇到的成功的公司都很好地做到了这些事，而且是新的工艺技术的模范采纳者。

开始状态和第一次不稳定占有的转换

在本书一开始的时候，介绍了本书的主题：从产品和工艺创新中获取组织价值。在前五章，我们的重点是新的产品和服务，一般认为这些是稳定占有的条件。这里我们的重点是不稳定占有的条件：新工艺技术和信息技术的采纳。大多数的情形下，工艺创新不是在公司内部开发的，而是至少部分源于外部购买。因此，在对手拥有相同的技术时，唯一的挑战是将投入转变成竞争优势。方法很简单：为了有效地做到产品和工艺的转换，并且将不稳定占有变为稳定占有，我们最终必须了解任何公司的技术创新过程和管理系统之间关系的情况。

技术创新←→组织创新

对于产品、服务和操作技术的改变越多，那么为了成功地获得潜在的风险利益，则需要更多相应的管理程序上的改变，如新的战略、组织结构和操作程序（参见图7-3）。典型的技术改变失败是过快地吸收了太多的知识（图7-3右下）或是没有先于对手吸收足够的技术（图7-3左上）。注意这里真正的挑战首先是测量每个坐标轴上所需的改变，其次是决定细节尤其是组织创新的细节——而不仅仅是没完没了地应用旧的理论、方法和组织结构，但是，管理技术唯一的创新改变方式几乎没有先例。

当然，所面对的挑战是将所有的情形及其特殊情况都转换到此框架内，然后对于目前不利于此创新模型的计划进行改进。在很多组织中，创新过程部分，即不稳定占有部分，被简单地忽略或是作为既成事实而接受。但是，由于所有的组织不可能得到他们所需要的所有技术，为了完成技术组合，他们必须从外面购买一些技术，此情况的前提假设是这仅仅是为创造竞争优势提供了机会，而且没有考虑环境的影响。所以，挑战是在工艺技术和新的信息系统中所需的改变程度的正确而详细的特征描述，然后决定哪种组织创新能够在任何环境下起作用。

例如，大多数专家的辩论和数据表明对于新的企业资源计划系统——

在图7-3中，这在x轴上标记为目前实践的完全背离，反过来，又要要求业务流程重组，它在表示组织创新的y轴上是一个明显的跳跃。

当公司或是工厂开始现代化的时候，他们通常会以传统的层次开始通向一个整合良好的产品单元。正如图7-4所示，金字塔式的结构通常是第一选择。金字塔中的各层被移动了。但是，如果你看一下成功的公司是如何做的，就会发现，他们根本不需要缩减。然而，研究表明为了获取工艺创新的利益所使用的第一项组织创新技术是采纳在低迷时期牺牲公平的战略。但是，这只是4种有效的组织创新的技术之一。他们还将所有的商业计划和技术战略整合，如果他们拥有联盟，他们会在联盟内使用技术协议，并且在公司内部免费地分享数据。简而言之，交流—授权问题最初（只是试验性地）在这一情况下被解决。

联盟管理技术协议值得特别提醒，因为对于很多的现代化形势，它们都是十分重要的。[1] 在典型的技术管理课程中，稳定占有条件[2]是在早期出现的案例的中心话题。通常这些课程不会超出稳定占有的范围。这些主题包括技术战略、新产品开发和研发管理。大部分的技术投资转化为产品以后可以用专利来保护，因此是稳定占有。这些课程根本没有涉及不稳定占有，即使它对于管理信息系统是重要的。

---

[1] 参见 Damanpour, F. and Evan. W. (1984). Organizational innovation and performance: The problem of organizational lag. *Administrative Science Quarterly*, Vol. 29, 382-409; Dimnik, T. and Richardson, R. (1989). Flexible automation in the auto parts industry. *Business Quarterly*, Vol. 54, No. 4, pp. 46-53; Ettlie, J. E. and Reza, E. (1992). Organizational integration and process innovation, *Academy of Management Journal*, Vol. 35, No. 4, 795-827; Ettlie, J. E. (1988). *Taking charge of manufacturing*. San Francisco, CA: Jossey-Bass Publishers; Machalaba, D. and Kim, Queena Sook, Dockworkers reach tentative accord on 6-year pact, *The Wall Street Journal*, Monday, November 25, 2002, A3, A10; O'Connell, Dominic. British Airways bosses launch attack on 'Time theft' strikers, *The Sunday Times*, July 27, 2003, P1 Business Section; Rousseau, Denise M. and Shperling, Z. (2003). Pieces of the action: Ownership and the changing employment relationship, *Academy of Management Review*, Vol. 28, No. 4, 553-570; Small, M. H and Yasin, M. (2000). Human factors in the adoption and performance of advanced manufacturing technology in unionized firms. *Industrial Management & Data Systems*, Vol. 100, No. 8, 389-401; Teece, D., Pisano, G., and Shuen, A. (1997). Dynamic capabilities and strategic management, *Strategic Management Journal*, Vol. 18, No. 7, 509。

[2] Teece, D. J., Pisano, G., and Shuen, A. (1997). Dynamic capabilities and strategic management. *Strategic Management Journal*, Vol. 18, No. 7, 509。

通常，当占有条件不稳定或不是非常稳定或处于从不稳定向中间状态转换时，比如说，仍然投资在新工厂，设备由于受限制无法模仿，甚至产品可以用逆向工程法分解时。在刚发生不久的案例中，当西海岸的码头工人怠工时，码头必须关闭，这每天要耗费10亿美元(参见案例7-2)。

从已公开的资料来看，码头工人由于关心安全问题而怠工乃至停工。事实上，国际仓码工会(ILWU)和太平洋海事协会(PMA)的合同在2002年6月30日已过期，怠工和停工是谈判包含关键元素的新合同的先兆，关键是：在全球运输领域引入条形码技术，以提高西海岸运输物流的效率。来自《华尔街日报》(2002年9月30日)的估计，10年后的货物处理速度会提高一倍。可笑的是，资料表明在怠工之前工会已经同意了新合同中关于采用新技术的条款，并且要求新创造的技术岗位使用其工会成员。太平洋海事协会就这一问题和其他问题没有与工会达成一致。在第十天，布什政府针对怠工动用了《塔夫特—哈特莱法案》(Taft-Hartley Act)，部分原因是考虑国家的安全和"9·11"的教训。

现在我们来到了案例的核心部分，以及案例最后几页所介绍的材料和讨论。现有的证据是不仅工会—管理层技术协议对于处理罢工或是其他方面的对峙是必要的，而且对于在有工会的环境下成功地采纳所购买的工艺和信息技术是必需的。[1] 这也解释了许多行业中所有权和雇佣关系变化的一般原则。这就是卢梭和舒柏宁(Rousseau and Shperling)[2]所说的"工人和雇主之间的心理合同的集中……"

在任何此类型的技术协议中，管理层通常希望弹性地且以能将竞争能力最大化的方式利用技术，工会则希望能有保护其会员利益的能力：岗位的安全、人身健康和安全以及在谈判中传达会员的意见(表达)。很有趣的是，工资从来都不是问题。典型的是，码头工人的案例或是说汽车工业，工人已经得到了很好的报酬。

另一个事例也许可以说明关键问题：美国汽车工人联合工会(UAW)

---

[1] Ettlie, J. E. and Reza, E. M. (1992). Organizational integration and process innovation. *Academy of Management Journal*, Vol. 35, No. 4, 795—827.

[2] Rousseau, D. M. and Shperling, Z. (2003). Pieces of the action: Ownership and the changing employment relationship. *The Academy of Management Review*, Vol. 28, Iss. 4, p. 553.

在密歇根州弗林特的一家工厂进行罢工。他们声称健康、安全和工厂中岗位的数目[1]遭到了侵害。通用汽车公司称钢铁锻压工厂没有遇到其他工厂所遇到的利用工作实践和设备的典型效率标准问题,因而对于新的卡车生产线取消的锻压方法是无效的。美国汽车工人联合工会坚持说管理层没有实现对于安装新设备的投资许诺。关键是:在这个通用汽车工厂里没有自己的技术协议,但是在其他通用汽车的分公司里却有这些协议。

我们并不是很清楚,在太平洋海事协会的案例中,他们是否应该在各个港口之间转移工作以避免通用汽车遇到的麻烦,但是很清楚,通用汽车的行为导致了与美国汽车工人联合工会关系的僵持了1年,使双方都有所损失。最后,通用汽车请来了格雷·考格先生(Gary Couger)来帮助他们更新和改善通用汽车与其工会化工厂之间的关系。

这样的事情好像永远无法结束,这也是我们要提及此案例的原因。码头工人怠工之后的夏季,英国航空公司在希思罗机场的售票工人发生罢工,以抗议磁卡系统对工作时间的监视。罢工导致了500架次航班的取消,影响到了10万人次乘客。[2] 在另一个报道中,一位英国航空官员说,之所以安装监视系统是由于员工们的早退并且让同事替他们签到。一位机械工程和电气联合工会(AEEU)的官员说,更为重要的是员工们并不反对监视系统,但是,他们的确很想商议关于如何使用系统的问题[3],这点与码头工人的案例类似。[4] 为了说明这些案例,本章的最后引用了西海岸码头工人案例。

现在开始变得有趣起来,为什么在不稳定占有(例外外购的技术)情况下,深奥的技术转换过程知识在起作用呢?一项研究表明,在这些情形下技

---

[1] White, G. L. and Simison, R. L. , UAW strikes key GM plant in Flint, Mich, *The Wall Street Journal* , June 8, 1998, p. A3.

[2] Backlog from walkout delays BA flights. *International Herald Tribune* , Tuesday, July 22, 2003, p. 2.

[3] O'Connell, J. F. (2003). Beyond unions and collective bargaining. *Journal of Labor Research* , Vol. 24, Iss. 4, p. 731

[4] O'Connell, Dominic. British Airways bosses launch attack on 'Time theft' strikers, *The Sunday Times* , July 27, 2003, P1 Business Section.

术协议是必需的,但是这些协议的合同语言并不重要。[1] 为什么？很简单：如果技术提供了确实而且是唯一的利益,那么如果不能预测公司如何利用这些所吸收的技术,将是很危险的。每种公司文化都是独一无二的,技术和管理如何共同改进是困难的,除非我们去探索。在文献中这被称为管理滞后假设。[2] 公司本身,而不是竞争者,能够加速了解并挖掘出新技术的潜在能力以发挥其最大价值。自相矛盾的是,如果公司足够了解这些技术,并且写出了有效的技术协议,那么这些技术很有可能无法提供与采纳并应用这些技术所做出的努力相匹配的潜在利益。这是很典型的,这些协议语言很快就荒废了,人们又开始忙着手头的工作,了解如何为了每个人的利益而最好地应用技术。虽然,他们有可能重新再来并且修改那些协议语言,为什么还要那么麻烦呢？那时,他们也需要开始考虑新的技术了。

首先,工会化与有效地采纳先进制造技术是不相关的。[3] 也就是说,即使拥有工会,也无法预测采纳新工艺技术的结果,技术协议是很重要的。一个很好的事例是,技术协议会掩饰操作岗位的改变——这些工作岗位安装了硬件和软件,以及在此种弹性条件下工会所想要的工作的安全性。事例有通用电气林恩(GE Lynn)、MA 飞机设计工厂和威斯康星州丰迪拉克(Fond du Lac)的水星海事工厂。[4] 然而,从长远来看,熟练的业务工作对于阻止变化起了很大作用——由于所需的维护可能要比员工的任务变化快得多。

利用 125 家美国耐用品公司的样本,斯莫和雅辛(Small and Yasin)得到了类似的发现。据作者报告,除了准时制生产制造技术的采用外,有无工会的公司在采用原先的 14 种先进技术方面没有什么不同。有工会的公司更有可能采纳准时制生产技术。有工会的公司在工人为采纳新技术而做的

---

[1] Roberta R. Turniansky, The Implementation of Production Technology: A Study of Technology Agreements, Ph. D. dissertation, University of Michigan, Ann Arbor, Michigan, 1986.

[2] Damanpour, F. and Evan, W. M. (1984). Organizational innovation and performance: The problem of "organizational lag," *Administrative Science Quarterly*, Vol. 29, Iss. 3, 392—409.

[3] Small, M. H. and Yasin, M. (2000). Human factors in the adoption and performance of advanced manufacturing technology in unionized firms. *Industrial Management and Data Systems*, Vol. 100, 8, 389—401.

[4] Ettlie, J. E. (1988). Manufacturing technology policy and deployment of processing innovations, *Annals of Operations Research*, Vol. 15, 3—20.

准备方面并没有多大差别,虽然这对业绩有着重要的影响。有工会公司对于新技术更可能采用以团队为基础的计划和应用,这对于新技术的成功同样有着重要的正面影响。总之,在新技术应用方面,公司有无工会没有显著差别。如果用销售额(直接且重要)衡量,规模是起作用的因素之一,但不是员工的数量。在艾特略和雷扎(Ettlie and Reza)[1]的研究中,规模和工会化是相互关联的。拥有大工厂的大规模公司更可能组织工会。

作为管理改善的结果,当新的工艺技术采用之后,生产能力得到了明显的提高。生产单元能够宣布达到状态2,这是一个显著的提高。弹性、整合的制造技术或是生产系统的成功应用可以使生产能力平均提升50%,个别情况下,甚至会比稳定的状态下做得更好。一般而言,这些状态和案例中的操作原则是:在技术中得改变越大,就会需要越多新的与公司文化一致的政策、实践、组织结构和远景。这取决于生产单元所处的状态和整合所选择的方式,不同的状态和方式会产生不同的结果。

状态3:研发—制造业的分界线

虽然成功的公司有大量的经验说明产品和生产工艺的同时设计从长期来看都会获利,这仅仅是最近对制造业公司系统深入研究所证明的高见。[2] 很多的公司,像通用电气,至少已经做了10年的联合或是共同设计,但是大部分的公司都不会分享成功的战略,除非是在特殊的情况下或是在标杆联盟内部分享他们的经验。

这种设计与制造的亲密调和正如状态3所示(参见图7-4)。团队很重要,而且通常在这个状态下用来进行整合。投资回报率几乎17%的方差可归因于此种类型结构上的变化,成功的团队是最主要的结构体系。然而,还有其他结构上的变化,包括工作职责的变化、新头衔、虚线汇报关系、甚至是工作分享安排。

---

[1] Ettlie, J. E. and Reza, E., (1992). Organizational integration and process innovation, *Academy of Management Journal*, Vol. 35, No. 4, 795—827.

[2] Ettlie, J. E. and Stoll, H. W. (1990): *Managing the design-manufacturing process*, New York: McGraw-Hill; Ettlie, J. E. (July 1995), Product-Process development integration in manufacturing. *Management Science*, Vol. 41, No. 7, 1224—1237. S.

系统的调查工作,包括工厂内的上百件案例,表明对于技术应用不仅仅是需要设计和制造工程师的团队这么简单。正如所期望的,大量的为制造而设计的技术培训是需要的,同样还需要设计的评估。

更加少见的是在职能和灵活性之间工作轮换的利用,包括设计和制造的核心团队,但是还有会计、工业设计、质量、市场和其他非传统的领域(如外部的供应商和顾客)。克莱斯勒公司最近的霓虹项目组有广告客户的参与,且利用了QFD(质量功能配置)来组织联合设计过程。正是这些和其他更特殊的实践情况使得有些公司脱颖而出。注意图7-4中状态3三角符号下面的虚线——是用来表示特殊情况成功的实践之一——工程师和技术人员之间障碍的移除。但是,这也可以打破任何现代化中的障碍,如办公室职员之间、员工支持人员之间和能够帮助从应用新技术中获取利益的任何人之间。

简而言之,它的作用要比团队的作用大得多。当整合技术在研发和制造业之间取得成功时,新工艺技术系统的利用率得到显著提高。技术创新之后美国耐用品工厂一班倒的情况下,系统的利用率平均为72%(最高为87%)。一些公司(如洛克维尔)拥有柔性无损耗的制造系统,多重的轮班后系统的利用率超过70%,包括过程中所有正常的扰乱。[1] 这表明了自从1971年以来系统利用率得到了稳定的提高,大约在耐用品制造业中每年平均增长1%。这些趋势在图7-5中进行了总结。其他非常成功的公司已经证明利用率超过了90%。据通用汽车报告(2003),他们的具有柔性的工厂利用率已经到了90%,预期下个10年中期会达到100%。[2]

在过去的20年里,成功的耐用品制造业在新产品开发中有着巨大的变化(参见图7-6)。在20世纪70年代,产品以一种连续的方式开发——从研发到产品和销售或服务的直线推进。在80年代,同步工程被用来整合设计与制造。在90年代,核心团队的关键成员和支持者发生了改变,他们从创意形成、产品交付、到项目所需的持续改进;都在全程参与。

---

[1] Vashlish(1993), *Production*.

[2] http://www.assemblyag.com/CDA/ArticleInformation/news/news_item/0,6501,98523,00.html.

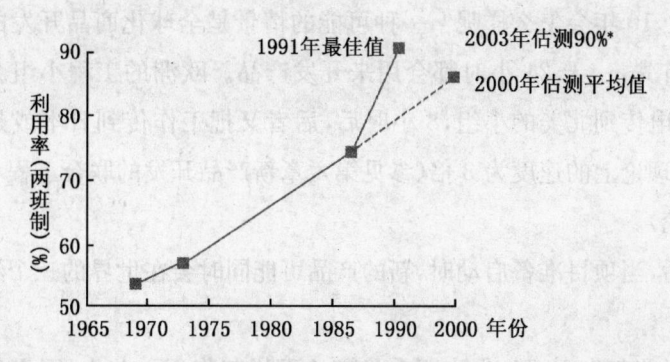

＊2003年：通用汽车北美分部产能的利用率是90%，下个五年目标是弹性工厂的利用率为100%。

资料来源：1969年的数据(Ettlie,1971)。1973年的数据(Ettlie,1975)。1987年的数据(Ettlie,1988)；均值＝72%。1991年最好的数据(Vasilask, G., "Rockwell Graphics Systems Cedar Rapids," Production, January, 1992, 50—55)。

图7—5 柔性制造系统的平均利用率

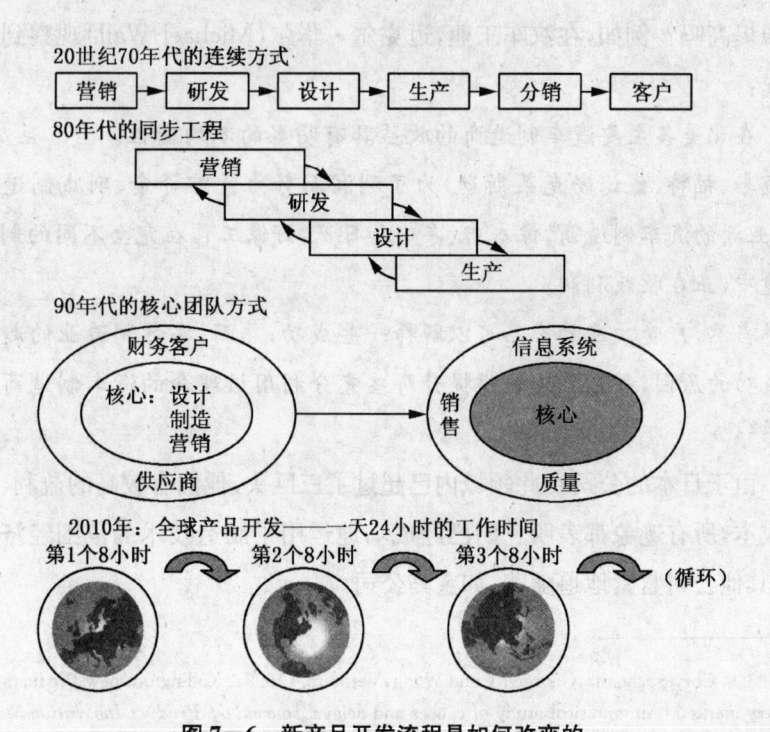

图7—6 新产品开发流程是如何改变的

第七章 新型的工艺和信息技术

下个10年会怎么样呢？一种可能的情景是全球化商品开发的循环和推出。首先，一天24小时都会用来开发产品。欧洲的工程小组会制定项目，然后电传到北美的小组，8小时后，后者又把工作传到日本或是亚洲其他国家，理论上的速度为3倍（参见第六章新产品开发的联合工程和虚拟团队的讨论）。

随后，当项目准备启动时，新的产品可能同时会在世界的三个经济领域内推出。

这样能起作用吗？也许不会像理论那样起作用。首先，因文化差异而导致的一些翻译会减少24小时的开发时间，很可能会变成12小时——根据菲尔·波恩鲍姆(Phil Birnbaum)在南加利福尼亚大学(USC)的工作，12小时在基础研发中有过先例。其次，一些产品有着共同的核心元素，但是我们要根据当地的具体情况而定。全球化的经营技术会在下一章介绍。[1]

问题没有解决，这样有效吗？由于新的弹性制造系统的引入，利用率会无限提高吗？例如，在汽车工业，迈克尔·华尔(Michael Wall)观察到以下情况：

在北美各主要汽车制造商的收益具有明显的不均衡性。当三巨头（通用汽车、福特、戴姆勒克莱斯勒）为了利润而努力紧缩资金、削减制造成本时，亚洲的汽车制造商，像本田、丰田和日产，好像工作在完全不同的制造业环境中，正在收获利润。

当然，广受欢迎的产品可以解释一些成功；然而，柔性制造业的趋势也是成功的原因，并且将进一步提升那些充分利用该理念的汽车制造商的地位。[2]

由于日本的公司在此领域内已超过了三巨头，他们有较高的盈利、较低的成本，所有迹象都表明它们已经成功地运用了制造技术的范围经济。然而，其他公司紧紧地追随着，如宝马公司。

---

[1] Chryssochoidis, George M. and Wong, Veronica. (1998). Rolling out new Products across country markets: An empirical study of causes and delays. *Journal of Product Innovation Management*, Vol. 15, 16—41.

[2] Wall, Michael Manufacturing flexibility… Automotive Industries, October 2003 (http://www.findarticles.com/p/articles/mi_m3012/is_10_183/ai_109505553).

终极形态：供应商和顾客之间的联合

也许最难达到的状态是有效地将供应商和顾客联合到采用新技术的制造过程中。这在图7—4中的状态4已有说明。供应商的联合包括了现代化的准时制生产的购买，同样也包含了其他进取的购买行为（比如，供应商的教育活动和检测成本的减少）。这也许是最困难的挑战，因为它很好地说明了是什么将新技术的采纳者与成功隔离开来。需要清除的关键障碍是公司所有产品单位的质量策略和技术策略的联合。没有这种联合，新技术和质量激励都不会顺利地起作用。这就是为什么波里奇奖有着如此困难的底线和如此多的新工艺系统失败。资料7—2中总结了供应商联合的最重要的革新之一：准时制生产Ⅱ。

资料7—2

准时制生产Ⅱ

博世公司（Bose Corporation）在20世纪80年代后期通过清除采购代理和供应商的销售人员（以及与这些职位相关的成本），引入了准时生产Ⅱ(just-in-time Ⅱ)的概念。博世用"厂内的岗位"取代了这些岗位，"厂内岗位"是供应商的代表，他们可以访问管理、预测和调度功能的系统。"厂内"代表着理想环境下所有公司的兴趣所在和供应商及顾客的利益。苹果计算机的利用第三方管理方式的科罗拉多喷泉谷的仓库每年的存货成本节约1 000万美元。

当供应商参与到工艺环节后，新的工艺系统会明显地减少琐碎和重复性的工作，并且会完成或超前完成周期目标。成功的公司在新的系统下可以完成已定周期目标的110%～115%，并且利用新的制造技术会减少超过30%的琐碎性和重复性的工作。在工业现代化之前，美国的耐用品工厂每年琐碎和重复性的工作时间平均占4.2%。在工业化之后，平均时间约为2.8%。大约有1/3成功案例将平均时间降到了1%或是获得了更低的制造成本。

最终，而且是最明显的，顾客整合策略（如新的销售合同、担保、创办合资企业等)对于新的制造系统的柔性(如更多的部件)有更大的提升。成功的现代化工厂在没有增加额外制造成本的条件下,可以为顾客提供各种产品。在钢铁厂,原先28天的周期时间现在变为5~7天。重复性的工作降低了50%。在ISO 9000标准下,真正的成本降低了30%,重点项目连续2 000天完成进程表的任务。粉末喷漆线在使用了一种水基粘合剂后,喷射量降低了50%。同时达到的是生产效率的7倍增长(Robin Bergstrom, Production, November, 1994, p. 53)。

看起来较明显的是,从供应商到顾客(包括内部的供应商和顾客)之间的供应链管理是整合技术和管理创新的关键特征。这种模型中的最终状态(参见图7—4)表示了内部和外部资源杠杆整合的概况。电子数据互换的增长和计算机辅助设计技术的分享已成为多数制造公司做生意的必不可少的方式,并且这只是所有可能的开始。曾获波里奇质量奖的美国电话电报公司说每天超过17 000个新顾客签约享受基本的服务项目(美国电话电报公司,1994年年报)。通讯技术对于制造业的影响是难以想象的。但是,技术创新中需要吸收管理创新的成果,这点是可以预测的。

这种转换过程可由目前企业资源计划系统所遇到的挑战来说明。参见资料7—3。

资料7—3

企业资源计划的挑战

已故的卡尔·萨根(Carl Sagan)教授是康奈尔大学的行星科学家,他曾说过一句名言:"……许多、许多、许多的星星……"这里,我也要说,以一种稍微不同的方式:许多、许多的钱。这就是将来每年花在企业资源计划系统上面的钱,企业资源计划系统通常被称为企业整合系统。现在,坏消息是,由于缺乏对于公司主要改变的了解,我估计大约有25%的钱会浪费掉。

由于千年虫问题所迫,公司发现他们的信息资源严重过期而且不相容。

大多数的大型公司已经更新或是正在修补他们的信息系统。例如通用汽车公司想让企业资源计划软件系统的提供者 SAP 建立一个仅满足他们自己需要的办事处。可以说,通用以及其他许多大型或小型公司在上个十年间经历了一个多变的技术采用历史。1997年,戴尔计算机在花费了1.5亿美元后,超过了原先估计的1.15亿美元,取消了软件合同。戴尔最终确定他们所安装的系统无法处理他们所预测的交易量。而且,由于反对博安(Baan)和供应商而采纳 SAP 系统的公司越多,从 SAP 公司获得的帮助就成为了一种稀缺资源。

所以,可以从几个方面了解到很多的东西,这几个方面包括那些经历巨变的公司、安装企业资源计划系统的公司和那些愿意透露使用和安装情况的管理者。麦克·雷德克力夫(Mike Radcliff),欧文斯科宁的副主席和首席执行官就是这些人之一。

麦克已经在许多国家级的出版物中进行了描述,如《财富》、《华尔街日报》,最近,我们非常幸运能够请他讲一下欧文斯科宁采纳企业资源计划的经历。以欧文斯科宁的经验来看,我对新系统采纳过程中25%的经费浪费估计一点也不为过。事实上,其他的公司都有着类似的经历。就在他们逐步确定最终该买哪些硬件和软件系统时,他们花光了钱。

顾问,麦克称他们为"租借身体者",仅仅是不曾预料到的开销的部分。他们可以帮助你快速提高学习速度,但是要非常快的话,大多数的公司也明白这需要尽可能多的顾问来改变公司的文化。在欧文斯科宁里,有7%的预算用来培训。事实上,培训占到了13%——所以,他们少算了一半。而且,欧文斯科宁安装 SAP 时,公司正处于通过并购增长的过程中,由于并购后增加了17个业务单位,他们两年的安装计划立即失去了作用。现在,他们估计要用两倍的时间才能找到正确的道路。

从欧文斯科宁中学到了什么?许多。最重要的决定不是是否要进行流程再造,而是对哪些业务流程进行再造以及再造的顺序。在欧文斯科宁的例子中,财务系统是第一位的。财务系统上线后,其余部分拥有共同的会计系统,因而可以逐一上线。最后是顾客订单等。

> 你可以打赌一定会节省下很多钱。欧文斯科宁预测每年维持旧信息系统所需的花费是3 000万～3 500万美元。现在,他们预计每年节省5 000万美元。
>
> 欧文斯科宁以重新定义市场为开始。由于在美国的主导地位,增长是很困难的。而且,欧文斯科宁的建筑系统从1992年的每套房产1 000美元增加到现在的6 000美元。这需要经历多次并购,而且要重新开发供应链来适应这项新的战略,但是,最终公司的规模扩大了两倍。
>
> 欧文斯科宁重新定义市场之后,他们意识到目前的信息系统甚至无法实行新的策略。而且,他们还意识到"技术顾问团"也无法解决问题。所以,他们决定利用整个公司的整合策略来解决问题,摒弃了200多种现存的系统,并且在公司历史上首次使整个公司共用同一套系统。
>
> 成功的关键——你曾听说过——是企业文化的改变。欧文斯科宁的文化改变所得到的结果集中在个别业务上,如订单完成率为99%。每名员工必须经过培训才能得到使用新系统的许可。如果没有这种许可,员工将会下岗,大约有20%的员工下岗。这就是主要的管理变化,正如我的同事C. K. 普拉哈拉德(C. K. Prahalad)所说,这不是"细枝末节的改变"。

服务业创新

　　服务业创新在第一章中已作介绍,而且服务的研发在第四章中进行了回顾。服务业创新的应用怎么样?又该如何从重要的服务项目(如信息技术的购买)中获利呢?

　　正如前面所说明的,现代经济增长来自于以智力为基础的服务。智力型服务,如软件,是可预见的未来服务业创新的核心。实例包括企业资源计划系统。世界范围的公司就企业资源计划系统每年将会投资100亿美元。详细的企业资源计划系统介绍请参见资料7—3。

　　小型的制造业公司可以通过购买创新型的服务项目来获得利益,在没有外界帮助的条件下,他们自己是无法开发这些服务项目的。[1] 程序化转换技术对于通讯行业有着巨大的影响。[2] 即使是大型制造业的公司也试图购买他们所需的服务,而不是自己开发——特别是软件。[3] 现在,世界范围内的经济外购信息服务部门估计为 320 亿美元。[4] 然而,为了获得利益特别是信息服务带来的利益,公司经常报道说他们需要改变。

公司需要内部服务能力,不管他们处于什么商业活动中。另外,据估计,对于美国的服务业所雇用的所有人员(1996 年占所有工作人员的 79%),在制造业中的信息服务部门大约有 12% 的劳动力增长。这是公司中的智力型资产:人员、数据库和系统。[5] 也许仅仅提供客户服务更为重要,并且这种质量功能可以通过信息系统得到明显的提升。[6]

一个制造业公司内部的信息服务转换的例子是博世公司。博世是众所周知的汽车和家庭音响设备扩音器制造商。这家公司最近意识到了信息服务的作用,这种作用对公司的业绩有着重大的影响(参见资料 7—2)。

从功能型企业向流程型企业转变是一种挑战。利用业务流程再造[7]以及质量检测试验[8],博世最终才明白了企业转变的必要性。持续的流程改进是全球性的,并且在博世公司中信息服务的作用是渐进的,但在 1992~1994 年的作用相当显著。超时完成项目从 20% 下降到 8%;超预算项目

---

[1] MacPherson, A. (1997). The contribution of external service inputs to the product development efforts of small manufacturing firms. *R&D Management*, Vol. 27, No. 2, 127—144.

[2] Mazovec, K. (1998). Service innovation for the 90s, *Telephony*, Vol. 235, No. 11, 78—82.

[3] Ettlie, J. E. (1999). ERP: Corporate Root Canal? Presented at Rochester Institute of Technologys, Rochester, NY.

[4] Kempis, R. D. & Ringbeck, J. (1998). Manufacturing's use and Abuse of IT. *McKinsey Quarterly*, No. 1, 138—150.

[5] Quinn, J. B. (1993). Leveraging intellect. *Executive Exellence*, Vol. 10, No. 10.

[6] Violino, B. (1998). Defining IT innovation. *Information Week*, Vol. 700, 58—70.

[7] Hammer, M. & Champy, J. (1993). *Re-engineering the corporation*. New York: HarperCollins.

[8] Davenport, T. H. (1993). Need radical and continuous improvement? Integrate process reengineering and TQM. *Planning Review*, Vol. 23, No. 3, 6—12.

的百分比从 60% 下降到 15%。[1]

公共管理和创新政策在第八章中介绍,这是服务的一个特别种类,州和当地政府,这些部门主导着国内生产总值,是很重要而且必须考虑的。20多年前,关于州和当地政府的里程碑式研究揭示了很多重要的发现。因其突出贡献,值得一提两位研究者是罗伯特·因和艾尔文·费乐(Robert Yin and Irwin Feller)。这些研究的起因是政府部门生产力提高的效率低,这种效率低下的原因是政府不愿意或是没有能力接受能够提升政府功能的技术创新。

费乐推广了假设,对于政府的决定而言,州和当地政府更倾向于服务型创新而不是成本削减创新。[2] 除非在当地司法机构计划进行重大创新,比如说大运量客运系统的引入,大部分的创新决定与高级公务员有关。选举的工作人员(州长、市长、州立法者、市议会代表等)很少直接参与采纳新技术的决定。例如,费乐和他的同事们研究了高速公路的普及问题和防空气污染技术。研究人员发现,是否采纳技术的决定主要是由高级公务员和技术专家做出。[3] 这些公务员和专家要达到组织的目的,而不是强调成本的削减。大部分的州和当地政府只是为当地解决问题和提供服务。因此,服务型的创新要胜过成本削减型创新,除非两者可以合并,并且能够同时实现两者的功能。成本削减型的创新很少能够被采纳,除非它包含服务创新的潜能。

罗伯特·因研究了 6 种类型的公共部门创新的历史过程,包括当地教育部门计算机辅助设备的引进、警务计算机系统、移动重点护理组、闭路教育电视、警察进行的驾驶室安全呼吸检测和当地消防部门使用的杰脱斧。[4] 因发现新技术常规化的条件依据当地机构在采纳过程中内部条件

---

[1] Harkness, W., Kettinger, W., & Segars, A. H. (1996). Sustaining process improvement and innovation in the information services function: Lessons learned at the Bose Corporation. *MIS Quarterly*, Vol. 20, No. 3, 349—368.

[2] Feller, I. (1980). Managerial response to technological innovation in public sector organizations. *Management Science*, Vol. 26, No. 10, 1021—1030.

[3] Feller, I. & Menzel, D. (1977). Diffusion milieus as a focus of research on innovation in the public sector. *Public Sciences*, 49—68.

[4] Yin, R. K. (1981). Life histories of innovations: How new practices become routinized. *Public Administration Review*, Vol. 41, No. 1, 21—28.

的不同而不同。然而,若不考虑新技术开始阶段的当地机构的条件,一项创新必须获得机构人员的支持才能生存。当一项新技术"消失"或是不再被认为是新的时,它就能够充分地常规化。要想被接受,新的技术必须获得当地政府更多的支持,比如治理和管理上的变化。当地机构将技术创新的通道分为三个阶段:产生、推广和消失。

罗伯特·因的发现还表明实行创新所需的时间依赖于策略的深度和广度。追求战略深度在产生阶段所需时间更长一些;在推广和消失阶段它所占的时间就变短了。追求战略广度在产生和推广阶段所需时间较短,但在消失阶段所需时间较长。如果创新处于开始阶段,那么追求战略广度可能无法使其制度化。[1]

让政府变得更加有责任感、更加高效是一种挑战,无力整合质量计划、信息技术和创新管理是种无能,这些挑战和无能仍然是服务部门下个十年要跨越的障碍。也许是由于仅仅是质量的改进就有如此多的事情要做,技术革新将前途未卜或是超出服务公司和公共部门的计划。在质量和业务流程再造后,成本降低了 30% 或更多,以及在部分服务部门没有采纳管理创新的情况下[2],信息和新技术及可持续发展[3]所带来的利益远远小于所计划的。

制造业集成体系的实现

这些成功的制造业公司的经验趋向集中表明了产品和工艺创新联合的潜在优势。内在的含义远远没有理解。首先,在当今充满竞争的世界里仅

---

[1] Lindquist, K & Mauriel. (1989). Depth and breadth in innovation implementation: The case of school-based management. Chapter 17 in A. Van de Ven, H. Angle, & M. Scott Poole (Eds.), *Research on the mangement of innovation*. New York: Harper & Row, pp. 561—582.

[2] Newman, K. (1997). Re-engineering for service quality: The case of the Leicester Royal Infirmary. *Total Quality Management*, Vol. 8, No. 5, 255—264. Also see Gianakis, G. & McCue, C. P. (1997). Administrative innovation among Ohio local government finance officers. *American Review of Public Administration*, Vol. 27, No. 3, 20—286.

[3] Ball, D. F. (1998). Management of technology, sustainable development and eco-efficiency: The seventh international conference on management of technology. *R&D Management*, Vol. 28, No. 4, 311—313.

掌握一种竞争能力存活下来并获得成功并不令人满意。更为重要的是必须要掌握各种重要的优势和技术。

正如制造业增长中的至理名言所说,优秀标准的定义和测量相对容易,这点是很明显的。如何达到并且超越这些标准却是一种挑战。业务流程再造案例的历史很好地教授了这一课。仅有大约30%的再造案例不够成功。公司文化是很难或不可能复制的。那么又是如何取得成功的呢?

我们的经验研究表明,制造业中重要的技术和技术创新要远比一般所意识到的重要得多,也复杂得多。特别是,我们必须承认新的产品和新的产品技术若成为成功的竞争策略核心,那么它就越难与其他的创新达到很好的平衡。这适用于内部和外部的管理挑战。例如,合资企业、合作生产、联盟管理和供应商之间的合同这些都是复杂性的例子,而且它们的利用率正在提高。无关新技术的安排很少。更为典型的是,新技术是这些联盟和管理的核心。

由于模仿是如此的困难,因此在新产品的开发过程中,工艺的重新设计经常失败,并且基准经常与顾客的要求相矛盾,这一点都不奇怪。[1] 因此,所谓的"范例漂移说",过去常用来描述组织结构转换,就没有任何意义了。这种情况下没有任何先例可以模仿;因此,没有任何范例是可行的——至少现在没有——只有代表性的形式是可能的。虽然图7-4描述了代表性的状态以经验为基础,例如,供应商集成利用及时采购系统实施松耦合,这不是重要的行动,而是在动态世界起作用的理想状态。最好的实践是短暂的。10年前,梅赛德斯以福特为基准建造在阿拉巴马州和士斯卡鲁沙的工厂。"现在底特律是基准",福特在劳动生产率上是最好的。但是福特当时是以丰田[2]为基准的。何时基准移到了另外一个标准?丰田保持着这一行业长期的基准(参见资料7-4)。

---

[1] Ettlie, J. E. and Johnson, M. D. (1994), Product development benchmarking versus customer focus in applications of quality function deployment, *Marketing Letters*, Vol. 5, No. 2, 107—116.

[2] *The New York Times*, March 4, 1995, p. 17.

> **资料 7—4**
>
> ### 丰田的不同之处
>
> 丰田在很多方面一直是汽车行业的领导者——技术、顾客满意度、业绩等。他们最近的风险投资包括澳大利亚的 4 700 万美元的技术中心以及同时省资金和达到质量标准的倾向。秘密？我们遗漏了利用计算机辅助设计的原型,为了能够满足顾客的需要,在竞争中保持领先,就像 2004 年首次展示的概念车 Sportivo Coupe。通过减少过程中的步骤和提早去确认车辆,车辆工程师更早地加入,并且创作出原型。早期进行详细的设计也是一种减少成本的方式。一种原型要花费 100 万美元。

公司中的创新类型之间的压力(例如,产品与工艺创新,或管理与技术创新)成为了现今大部分公司的当务之急。成功与否就取决于这种压力。

这种压力的证据出现在组织良好、进行产品和工艺创新的主要制造业公司中,如惠普、摩托罗拉、波音、福特和 3M。在关于对行话管理或者三个字母缩写越来越不安,以及无力利用时下流行的趋势,如精益或者柔性制造打造未来竞争力的背景下,为什么我们当中很多人对当代的变化哲学变得焦虑和没有耐心也就变得很清楚了。

一件有趣的事情是制造业中的环保运动。现在的公司对于环境保护的趋势是第一次现代和严肃的尝试,吸收那些通常在公司外部的成本(如处理产品)并且通过浪费最小化和回收利用的项目而使这些成本内在化。尽管许多公司对在这一领域重新检查决策和项目的需要很积极地作出反应,但是要想成为绿色生产领域的领导者还是很难的,因为很少有传统行业没有环境问题(比如,造纸业和化工厂)。

一项由国家制造科学中心所作的格兰特·索顿(Grait Thorton)的调查表明[1],仅有 21% 的中型制造业公司有全职的环境部经理,41% 的公司有兼职的环境部经理。克莱斯勒公司有 60 个人的工作与环境问题有关,但是仅仅只有两个人是全职致力于环境的保护问题。而且,克莱斯勒根据其

---

[1] National Center for Manufacturing Sciences (NCMS) *Focus*, January 1995, pp. 1—3.

首席执行官迪特·泽臣(Dieter Zetsche)的指示,还在利用工作组流水线继续在密歇根州的工厂里做实验。[1]

新工艺技术创新值得吗

　　事例的研究可以证明一个重点。首先,为了基准的目的,他们可以与一般的趋势相比较。投资新的工艺技术值得吗?公司对技术采纳结果的研究进行了总结(参见表3-2)。简单地回顾一下这个表格,耐用品工厂的现代化活动有40%的投资回报率,有32.6%的规模削减和重复性工作(从4.3%到2.9%),以及54%的生产时间的减少。同一行业平均每个员工的销售额是141 000美元,利用了某些现代化技术的公司每个员工平均为200 000美元。

　　美国40家通讯行业的主要公司发现通过改进范围经济标尺,新的转换技术可以很明显地提高效率。从长远来看,效率可以影响企业的表现,比如市场份额和增加更多的业务线。

　　最后,美国商业部的数据表明,工艺技术的采纳相对平均增加了劳动率(没有采用技术和采用新技术之间的不同),1988年增加了37%,1992年增加40%。

　　艾特略和彭内尔—哈恩(Ettlie and Penner-Hahn,1993)都支持这一结果。表7-2列出了它们的标杆结果,这些结果通过采用柔性装配汽车组件系统的研究和一个类型相似的采用柔性生产自动化的较大的厂内研究比较得到。公司的平均生产率提升了24%,柔性的自动化案例达到了75%的提升。另外的结果在表7-2中没有出现,同样令人吃惊。例如,生产周期目标达到了94%;每个部件的生产成本降低了39%;回收期的中值为3年;在新的技术系统中,旷工率只有1%。这种相同的方法可以应用于任何工厂。

---

[1] Connelly, Mary. (March 21, 2005). Chrysler plans team assembly at plant. *Automotive News*, p. 20.

表 7—2　　　　　　　　AMT 业绩的标杆结果的总结

所测项目	汽车工厂的柔性装配系统	国内工厂的研究
原始资本	1 200 万美元	350 万美元(估计平均值)
安装时间	11 个月	11.71 个月($n=28$)
循环周期(目标达成百分比)	73%	94%($n=32$)
运行时间	82.4%	58%($n=35$)
生产能力的降低	50%	54%($n=24$)
琐碎和重复性的工作所占总成本的百分比	无	2.8%($n=27$)
每个部件的成本减少	55%	39%($n=11$)
劳动力的节省	75%	24%($n=21$)
每个部件的操作的减少	16.5%	2.0($n=15$)
部件的数量	18	55($n=24$)
部件族	4	3.5($n=20$)
换线时间	0.33 小时	0.45 小时($n=19$)
部件族换线/时间	12(4÷0.33)	7.8(3.5÷0.45)
人员流动率	6%	7%($n=20$)
回报(年)	6	平均数=5.85,中值=3.0 ($n=10$)
缺勤率	无	1%($n=18$)
ROI	无	40%($n=14$)
利用率	65%	48%($n=34$)
系统的存货周转	188 次	24($n=14$)工厂中值=6.5 ($n=20$)

在所研究的案例和调查报告的结果的业绩比较中,(1)使用时间三班倒为基础进行了正态化,事实上有 87% 以两班倒为基础。(2)人员流动率的统计中删除了异常值。(3)利用率以三班倒为基础进行了正态化,(事实上 72% 为两班倒)。(4)尽管工厂首次运行的质量为 87%,但是还是存在着大量琐碎的和重复性的工作。

资料来源:Ettlie and Penner-Hahn,1993。

艾特略和雷扎(1992)原先发现四种内部和外部的整合机制对于生产率、质量和弹性有着重要的影响。[1] 这些结果在美国至少在应用先进制造技术的大样本案例中被创造性地复制过两次。第一次的研究由吉特曼

---

[1] J. Ettlie, Post-Industrial Manufacturing, working paper, College of Business, Rochester Institute of Technology, July 2003.

(Gittlemen)所报告[1],采纳工作组织创新的工厂比采用新的工艺技术的工厂有更明显的成功。第二个是布兰迪贝里(Brandyberry)所作的大样本研究[2],工作场所的改变有类似的结果,先进技术的采纳会带来好的业绩。这些改变依据于艾特略和雷扎(1992)所列的整合体制的等级划分。

　　几种小样本的研究同样也复制了这个早期工作。斯内尔(Snell)[3]通过74家工厂发现了整体的质量、培训和先进制造技术之间存在显著相关。这复制了艾特略和雷扎(1992)关于整合体制的等级划分的发现。帕吉尔、翰德菲尔德和巴博(Pagell, Handfield and Barber)[4]通过30家工厂发现员工管理水平和先进的技术显著相关。卡罗(Carroll)[5]在某一案例研究中发现高度分权的组织结构与高技术产品的成功显著相关。施罗德和康顿(Schroeder and Congden)[6]利用对于20家样本公司的深入访谈,还有399家制造商的调查,报告了新工艺技术和长期战略的协调是成功的关键。范德瑞布斯,瑞发内森和瑞奥(Vonderembse, Raghunathan and Rao)[7]对制造公司的案例研究,表明后工业时代全球的竞争环境、快速的市场变化、产品生命周期缩短和管理信息系统的进步有利于进行一种全新的整合模式:

---

〔1〕 Gittleman, M., Horrigan, M., and Joyce, M. (1998). "Flexible" workplace practices: Evidence from a nationally representative survey. *Industrial & Labor Relations Review*, Vol. 52, Iss. 1, 99—115.

〔2〕 Brandyberry, A., Rai, A., and White, G. P. (1999). Intermediate performance impacts of advanced manufacturing technology systems: An empirical investigation, *Decision Sciences*, Vol. 30, Iss. 4, 993—1020.

〔3〕 Snell, S. A., Lepak, D. P., Dean Jr, J. W., and Youndt, M. A. (2000). Selection and training for integrated manufacturing: The moderating effects of job characteristics. *The Journal of Management Studies*, Vol. 37, Iss. 3, p. 445.

〔4〕 Pagell, M., Handfield, R. B., and Barber, A. E. (2000). Effects of operational employee skills on advanced manufacturing technology performance. *Production and Operations Management*, Vol. 9, Iss. 3, 222—238.

〔5〕 Carroll, B. (1999). Motorola makes the most of teamworking. *Human Resource Management International Digest*, Vol. 7, Iss. 5, p. 9—11.

〔6〕 Schroeder, D. M. and Congden, S. W. (2000). Aligning competitive strategies, manufacturing technology, and shop floor skills. *Production & Inventory Management Journal*, Vol. 41, No. 4, 40—47.

〔7〕 Vonderembse, M. A., Raghunathan, T. S., and Rao, S. (1997). A post-industrial paradigm: To integrate and automate manufacturing. *International Journal of Production Research*, Vol. 35, Issue 9, 2579—2599.

与现代化时代的生产自动化孤岛,然后按照特定任务整合不同,后工业时代的公司会按照增值链整合,便为客户增加价值的活动自动化。

艾特略和雷扎(1992)与特尼安斯科(Turniansky,1986)原先的发现表明了工会—管理层技术协议和新制造系统性能之间直接而又显著相关,正如前面所述,此发现被斯莫和雅辛(2000)进行了复制。最近的西海岸码头工人因采用条形码技术进行的罢工同样是利用工会—管理层协议解决的[1],这一案例被用来说明这种观点第二部分所介绍的假设。

也许更有趣的是,施罗德和康顿(Schroeder and Congden,2000)还发现一项特殊的技术可以支持不同的策略,这取决于这项技术是如何被应用和整合的,这也许可以解释科萨和斯沃米达斯(Kotha and Swamidass)的一些发现。[2] 后者的研究发现在不考虑制造战略时,在其他条件不变的情况下,新产品的开发能力和产品的业绩显著相关。也就是说产品的开发并不依赖于制造战略。为了获得成功,就需要战略和技术采用决策与某一线工人技术的匹配;时机也很重要。

最后,从早期的研究(Ettlie and Reza,1992)中发现的供应商的整合也被创造性地复制了。纳拉斯姆翰和达斯(Narasimhan and Das)[3]报告了对全国采购经理协会(NAPM)的75起回应(回应率为12.5%)的研究。作者发现战略采购决策与先进制造技术显著相关。思姆(Sim)[4]在关于美国83家电子厂家的研究中肯定了这些结果,他的报告指出制造业的投资提升了准时制生产制造技术,但是抑制了全面质量管理。

在这些经验报告中,只有一个潜在的否定结果可以找到。海杰特杰斯

---

[1] Machalaba, D. and Kim, Q. S. (Nov 4, 2002). West coast ports set tentative deal. *The Wall Street Journal* (Eastern edition), p. A6.

[2] Kotha, S. and Swamidass, P. M. (2000). Strategy, advanced manufacturing technology and performance: Empirical evidence from U. S. manufacturing firms. *Journal of Operations Management*, Vol. 18, Iss. 3, 257.

[3] Narasimhan, R. and Das, A. (1999). An empirical investigation of the contribution of strategic sourcing to manufacturing flexibilities and performance. *Decision Sciences*. Vol. 30, Iss. 3, 683—718.

[4] Sim, K. L. (2001). An empirical examination of successive incremental improvement techniques and investment in manufacturing technology. *International Journal of Operations & Production Management*, Vol. 21, Iss. 3,373.

(Heijltjes)[1]研究了10家荷兰公司和8家英国公司,发现先进的制造技术显著改变了生产环境,人力资源管理的政策的确与这些技术的变化共同发展。这一结果与其他人的结果一致。海杰特杰斯还发现7家公司中有3家,经营的弹性程度虽然没有提高,人力资源管理却在进步。这种结果表明此领域进一步的改进和研究仍是有必要的。

大量的案例在贸易和商业期刊上发表,这些事例符合以下趋势——也就是说,当组织创新同时伴随着工艺和信息技术的采纳时,所报道的成功要比失败多。例如,得克萨斯州达拉斯的诺斯罗普格鲁门公司赢得了2000年集成制造的全球杰出成就奖。[2] 公司的目标包括在世界范围成为机载监视雷达的领导者。经营结构以7种相互锁定的元素为基础。这些元素包括集中公司的解决方法(EIS——包括基于网页的产品开发系统)、精益思维(持续的改进和文化)、服务分享、优秀中心、集成产品小组(IPTs)、高性能的文化和领导,以及为股东创造价值。这种努力最明显的结果是公司成功地超越了1999年的计划。

另一个事例是本田,在2001年7月他们在俄亥俄州东利伯提的工厂里引进了新的柔性生产系统。[3][4] 本田公司已经降低了10%的生产成本。思域的引进是本田美国制造公司历史上最好的一次创新,也是全公司历史上最好的。其他的结果包括每单位的不合格品降低了75%,一次达标车辆提高了20%,电力的消耗减少了10%,安全性能提升了30%,减少了20%与环境有关的问题,在员工的满意度上提升了25%,工厂的浪费减少了35%。员工们允许团队项目中每月加班5小时,并把它作为本田组织开发项目的一部分。本田13 000名员工大约有一半参与VIP(自愿参与项目)。

---

[1] Heijltjes, M. G. (2000). Advanced manufacturing technologies and HRM policies. Findings from chemical and drink companies in the Netherlands and Great Britain. *Organization Studies*, Vol. 21, Iss. 4, 775−805.

[2] Aronson, R. B. (2000). Internal change sparks manufacturing success. *Manufacturing Engineering*, Vol. 125, Iss. 3, 86−91.

[3] Chappell, L. (Oct 14, 2002). Honda leads the pack in plant flexibility. *Automotive News*, Vol. 77, Iss. 6007, 1−2.

[4] Ott, K. (Aug 13, 2001). Honda workers manufacture cost savings. *Automotive News*, Vol. 75, Iss. 5943, p. 26B.

整合研究的发现在上一个十年已经被大量地复制。方法继续发展着,[1]当然,行业的不同,尤其是装配产品和非装配产品,也许需要解释。为什么整合的某些方式优于其他方式,并且技术创新的方式在这一领域内仍是一种挑战。新的理论发展几乎没有出现过,很少有例外,这是巩固阶段而不是集中和管理工艺创新的发展阶段。

提供了理论发展方向的研究中的例外情况并没有包含新的生产技术,但是已经检验了组织创新及其对现存技术系统的影响。例如,伊奇尼斯基和肖(Ichniowski and Shaw)[2]在5年的时间内研究了36家钢铁生产线,并且发现了使用人力资源管理技术的生产线与那些没有使用的生产线之间巨大的差别。成本比较的经济理论是这些预测的内因:老的装配线由于成本的变换而变得效率较低,并且单一生产线由于人力资源管理策略规避了团队激励计划的免费搭乘成本同样效率较低。也就是说,多种策略的互补实践策略为高效率的生产线和工厂所钟爱。这些发现在汽车工业[3]有影响,而且与艾特略和雷扎的观点一致。最近,斯莫和雅辛(2000)研究了有工会和没有工会的工厂的技术协议并且重申了艾特略和雷扎(1992)的观点:较大的工厂更可能有工会,而有工会的工厂也会像没有工会的工厂那样采用节约劳动力的技术。有工会的工厂可能采用准时制生产制造技术,但是,另一方面,结果对于两者是相似的——为战略开发进行的准备(如再培训)——但是有工会工厂与没有工会的工厂相比,更可能将重点放在团队的计划和实行上。

---

[1] Shepherd, D. A., McDermott, C. and Stock, G. N. (Spring 2000). Advanced manufacturing technology: Does radicalness mean more perceived benefits? *Journal of High Technology Management Research*, Vol. 11, No. 1, 19—33; Boyer, K. and Pagell, M. (April 2000). Measurement issues in empirical research: Improving measures of operations strategy and advanced manufacturing technology, *Journal of Operations Management*, Vol. 18, No. 3, 361—374; and Ettlie, J. E. and Penner-Hahn, J. (November 1994). Flexibility ratios and manufacturing strategy, *Management Science*, Vol. 40, No. 11, 1444—1454.

[2] Ichniowski, C., Shaw, K., and Crandell, R. W. (1995). Old dogs and new tricks: Determinants of the adoption of productivity-enhancing work practices. Brookings Papers on Economic Activity. Washington: p. 1.

[3] MacDuffie, J. P. (1995). Human resource bundles and manufacturing performance: Organizational logic and flexible production systems in the world auto industry. *Industrial & Labor Relations Review*, Vol. 48, Iss. 2, p. 197.

制造业的信条

当制造业对过去的美好时光说再见的时候，新的技术正遍地开花，新的填补先前对手之间缝隙的技术正在开发。例如，营销和制造部门之间正在试图对话。在一家较小的美国耐用品公司里，这两个部门已经合并了。资料7—5描述的是制造业中另外一种突破性的思维。这些思想观点会使钢铁厂焕然一新。看一下肯塔基州根特的盖雷丁钢铁厂的例子。"200名员工有40%有大学学位，大部分是机械设计或冶金专业。另外的20%是两年制学位。这家公司的主席拥有两家加拿大钢铁公司，他的座右铭是'我们用200人生产5 000人所生产的钢铁'。"[1]

资料7—5

钢铁工业的改革

在1994年，LTV钢铁公司声明它在美国全部钢铁制造商中第一个建立了微型制造厂。他们和英国钢铁公司与住友金属工业株式会社联合组成了特瑞克钢铁公司，建立了一个4.5亿美元的工厂利用新技术计划。他们将利用这个新技术全面投放市场的机遇在这个钢铁制造的新领域建立一种全新的文化。虽然微型制造厂的空间比较拥挤，但是钢铁工业还会发现更多可以改进的地方。

新的职工授权项目在很多行业都实施了，它并不是要增进领导与员工之间的友好，也不是要提高生产力，而是要使员工有更大动力，包括在公司的内部和外部。持续改善团队的应用正在从日本大发株式会社(Daihatsu)向肯塔基的歌乐制造(Clarion Manufacturing)扩散。歌乐是汽车音响行业中J. D. 波尔奖(J. D. Power award)的常胜将军(例如，安装在日产的 Alti-

---

[1] Celeste, Richard F. (Winter 1996). Strategic alliances for innovation: Emerging models of technology-based, twenty-first century economic development. *Economic Development Review*, Vol. 14, No. 1, 4—8.

ma 上）。

除了技术和劳动力的事情以外，在 20 世纪 90 年代制造业的信条就是通过新的学习方式来继续实施知识建设。高等教育项目，比如说麻省理工、斯坦福大学、西北大学、密歇根大学的项目，现在正在创建一种新的工程制造经理人。一个富有经验制造的管理人员可以立志登上执行总裁的位置。女性成为车间管理人员并非发生在个别行业，也不是特例，这在制造业中普遍存在。车间管理人员将对公司战略和一些事件拥有发言权，例如日本的东芝公司[1]。

重要的人力资源问题将在未来的 10 年内迫近，这将是对"新型"制造业管理人员的挑战。随着公司加班最高记录的打破，临时雇佣继续以一种令人担心的速度增长。[2][3] 即使在成功的公司内，越来越多各个层级的职工都会问道："在一家新的公司我适合什么位置？"例如，在钢铁行业，管理机构看上去始终心烦意乱，这是因为"要尽量对人力资源采用打太极的间接手法。当你认为你有堂吉诃德式的人物难题的那一分钟，注意到并且指出有避免失望和不信任的斗争。在钢铁行业团队做出了所有的技术成就，但这与在任何事情实时发生的地方授权职工的程序相同，这就要尽量避免不信任。授权后将会带来什么？[4]

职工对工作满意度高的公司也拥有对他们满意的客户。汽车业中的英菲尼迪、雷克萨斯、土星和丰田，不但有很优秀的服务顾问，而且都是行业的品质领导者。[5] 只有具有令客户非常满意的产品的制造商才可以正确地预测他们在市场中位置的变化。[6]

作为评价计划标准的功能战略相一致的日子一去不复返了。比如罗伯特·埃顿（Robert Eaton），克莱斯勒汽车公司的主席和首席执行官，曾经说

---

[1] *The Wall Street Journal*, December 20, 1994, p. A2.
[2] *Business Week*, March 13, 1995.
[3] *Japan Management Review*, (1994). Vol. 2, No. 2.
[4] Bergstrom, Robin. (November 1994). *Production*, p. 54.
[5] *Automotive News*, March 5, 1995, p. 20.
[6] M. Lynn DeLean, AT&T's Quality Journey: An Insider's View on Bottom Line Improvement, presented at the University of Michigan Business School, December 14, 1994.

过[1]，假如你所有的计划内在都是一致的，那么你就没有未来。一些战略可以作为示范。在 20 世纪 90 年代制造业的信条就是在管理矛盾时采用这种领导定位。这些公司至少要掌握一种基本法则：随着政策、实际和综合结构的变化而对技术进行相应的改变，以达到或保持功能的平衡。企业的综合软件和信息系统也只是这种挑战的一个事例。其余则将不会幸存或痛苦地存在。

企业资源计划系统

如以前所提到的，通过购买技术而获得价值从来不会比采用企业资源计划系统(ERP)好。企业资源计划通过硬件和软件详细说明了除了研发、供应商或者客户以外的综合主要业务系统。

20 世纪 60 年代以来，制造业和经营计划编制技术的一系列成功席卷了所有的公司。早期的物料需求计划系统(MRP)主要基于主机自己生产。多年后，逐渐增加了许多功能(MRP II)，最终分布式的处理系统变为了企业资源计划的基础，比如 SAP 公司的 R/3。[2]

大众媒体并不利于企业资源计划的实现，这就意味着，这些新系统的实现要比大多数公司所期望的困难得多，并且在某些情形下，他们会放弃(参见资料 7—3)。媒体通常使用大字标题，如"程序的痛处"和"让成熟的公司痛哭的软件"；后者将企业资源计划比喻为"企业命运之河"和"口腔外科手术"。[3] 这里存在非常大的危险性。美国公司每年大约要花费 2 500 亿美元用在计算机技术上，但是调查显示 42% 的企业信息技术项目在完成之前

---

[1] University of Michigan Management Briefing Seminars, August 3, 1994, Traverse City, Michigan.

[2] Chase, R., Aquilano, & Jacobs, F. R. (1998). *Production and operations management*. New York: Irwin McGraw Hill, pp. 668—677.

[3] White, J. B., Clark, D., & Ascarelli, S. (1997). Program of pain: this German Software is complex, expensive—and wildly popular. *The Wall Street Journal*, pp. A1, A8; and Deutsch, C. (1998). Software that can make a grown company cry. *The New York Times*, pp. B1ff.

就被停止了。[1] 大多数的计算机技术投资和业务流程再造同时进行,[2]但是这些项目中的50%～70%在没有达到目标之前就宣布失败了。[3] 这似乎说明,越是突破性的创新,失败率就越高。

利用计算机技术达到更好的业绩,虽然存在一些冒险性,但这种寻求仍在继续。仅仅是在汽车行业,据估计,电子数据互换在供应商和原始设备公司之间广泛地应用,可以节约11亿美元,或是说平均每辆汽车可节省71美元。尽管电子数据互换是在公司内部或公司之间建立电子一体化的流行方式,用来指导新的计算机系统的投资的企业整合正在兴起。企业资源计划系统尝试使它们的信息系统标准化,以避免维护硬件—软件系统的昂贵的成本。

例如,欧文斯科宁公司(参见资料7-3)希望通过安装SAP公司的企业信息系统,可以避免每年用在信息系统大约3 500万美元的维护费用。[4]该公司首先重新设计了它的财务流程,然后又再造了其他业务流程,几乎取代了原先经过并购得来的所有的系统。另一个例子就是通用汽车,它把信息系统整合后,每年节约的成本大约有4亿美元。单单通用汽车的财务部门就有1 800个系统,整合后将有20%的系统不再使用。[5]

我们这里讨论的就是这种利用技术的手段达到更好的协调的企业整合的挑战,这就是经济学家所称的租金挪用问题的一个事例。换句话说,自从大量像其他工艺技术一样的企业技术系统是购买,而不是内部开发的,这就存在从这些投资中获得利润的挑战。组织倾向于投资新产品和新服务的研发,而不是新的工艺技术。任何购买的技术对所有的组织——包括竞争对手在理论上都是可以得到的。另外,由于这些新的软件—硬件系统的普及

---

[1] Wysocki, B. (1998). Some firms, let down by costly computers, opt to de-engineer. *The Wall Street Journal*, pp. A1, A8.

[2] Teng, J. T. C., Grover, V., & Filder, K. D. Business process reengineering: Charting a strategic path for the information age. *California Management Review*, Vol. 36, No. 3, 12.

[3] Stewart, T. H. (1993). Reengineering: The hot new management tool. *Fortune*, Vol. 128, No. 4, 41—48.

[4] White, J. B. & Ascarelli, S. (1997). Program of pain, this German software is complex, expensive, and wildy popular. *The Wall Street Journal*, pp. A1, A8.

[5] Jackson, K. (1998). Exec has everyone at GM talking. *Automotive News*, Vol. 73, No. 5786.

性[1]，在只有少数公司可以提供这种技术后，所有的客户都在为供应商关心的稀缺资源展开竞争。咨询公司开始提供临时劳动力和需要去计划和实行这些系统的建议。然而，顾问们从他们以前的顾客那里学习，然后把他们积累的知识卖给他们以后的客户，危害到了创新者的利益。所以，以这种方式挪用和剥夺创新利益，便成为比从挪用产品和服务技术中获得利益更加困难的挑战。逸事报告暗示了成功实施企业集成项目的方差很大。这似乎说明仍有很多的工作要做：我们怎样来估计采用旨在介入与促进协同（例如企业整合计算机系统）的新工艺技术所产生的结果的不同？这些正是我们所做的，下面我们来介绍正在进行的研究的初步成果。

成功应用企业资源计划系统

康涅狄格州斯坦福的美蒂弗集团（Meta Group）组织最近对企业资源计划系统的一项研究，有以下的发现：

- 实施企业资源计划系统的平均时间是 26 个月。
- 2 年后对维护和使用系统的成本占公司收入的 0.4%～1.1%（而 SAP 是 0.67%）。
- 要使用 2.5 年才能达到可量化的投资回报率。
- 定量收益的 90% 都是成本降低的结果。
- 建议：把全部业务整合到企业资源计划中。

我们调查了正在安装或最近已经完成企业资源计划安装的 60 家财富 1000 强的公司。[2] 在调查的这些公司中，他们新的企业资源计划系统平均花费 4 000 万美元。我们发现，值得注意的是对于企业资源计划系统的中间时期进展（在他们的行业领先于竞争对手）有 3 个方面的说明：

1. 正如所料，自己开发企业资源计划系统会显著降低系统的安装速度，与购买企业资源计划系统相比，自己开发与企业资源计划暂时的成功存在显著的负相关。不要开发——购买或者定购——企业资源计划系统是一

---

[1] Jackson, K. (1998). Exec has everyone at GM talking. *Automotive News*, Vol. 73, No. 5786. SAP 在 1998 年上半年的增长率为 66%。

[2] Ettlie, J. Technology and Weak Appropriation Conditions. Presented at the European Operations Management Association, Venice, Italy, June 7—8, 1999.

个结论(公司平均80%的新企业资源计划系统是通过购买得到的)。

2. 企业资源计划系统项目的目标结构是非常重要的。一个列表列出了6个可行的目标,例如降低成本、全球数据整合和千年虫问题,客户的响应是对于企业资源计划系统安装进展的重要预测指标。清楚的信息是:整理混乱的企业资源计划编制和落实的方式就是要集中到你的客户身上。

3. 领导是非常重要的。但是重要的是那样会使很多总经理感觉到不舒服。这并不只是一个拥有远景,并重复交流,最终产生企业资源计划结果的过程。很大程度上说它是关于领导力的社会学习过程。[1] 即领导必须要证明他们的组织行为可以得到他们想要的结果。公司高级管理人员报告说企业资源计划成功安装进展良好,需要对下面的问题做肯定的回答:"所有部门总经理都可以准确地运用信息系统吗?"

这三个预测因素——制造/购买/定购、目标结构和领导——解释了成功地采用企业资源计划后的业绩变动差异的30%,在行业(大约有60%的公司属于制造行业)和范围(销售额或者职工数量没有差别)及其他一些因素不变的情况下。虽然这些都是初步的结果,信号非常清晰:目标、领导和制造/购买决策对于企业资源计划的部署非常重要。最近我们对21个企业资源计划样本公司的跟踪调查中多次得到了几乎相同的发现。[2]

工艺创新的部署手册——"实施问题"

即使那里没有关于"你能否给我纲要或者是在经营中新技术的变革管理手册"问题的简单答案,那也值得为它做一些探索,在这章给出了搜集到的所有证据。我对于回答"你怎么才能真正地做到它"这个问题给出了一个肤浅的尝试,并声明承担任何责任。

1. 所有重大的变化——不论是否以技术为中心——是随着领导开始或结束的。但是从我们在采用企业资源计划后的结果来看,并不是拥有远景和顺利沟通远景的那么简单。那就是一个问题,如果高级管理人员了解技术,他们必须要用这样或那样的方式证明从头到尾都要有技术的参与。

---

[1] Ettlie, J. & Rubenstein, A. H. (1980). Social learning theory and the implementation of production innovation. *Decision Sciences*, Vol. 11, No. 4, 648—668.

[2] http://chronicle.com/daily/2004/09/2004092002n.htm.

根据我们对企业资源计划的调查,有很多被调查者说"企业资源计划没有完全完成",这就意味着,像品质一样,技术的改善一直没有结束。

2. 所有工艺技术的革新必须和组织的产品与服务战略相结合。这种经营的变化并没有和客户响应——产品与工艺通常一起变化分开。

3. 所有成功的工艺技术的变化包括同时采用新技术、新组织战略和结构。在技术的改革中新的地方是什么,在组织创新中新的东西就是什么。比如说,在现代成功的公司,和10年前相比人们对跳槽更"乐观",他们并没有在提升和挑战中受到抑制,同样也没有被很快地调动。这种类型的人力资源战略被公司高层和谐地结合起来,在所有的策略决策中他们都拥有合法的发言权。在创新过程中对职能影响的平衡是必需的。"方桌"通常对开展技术变革没有多大的效力,只有"圆桌"才可以。

4. 包含组织创新的同步变化在本章中有书面的记录(比如在工会合同中的技术协议),但是它们明天将会不同。然而,这些组织创新会继续在图7-4所总结的4个类型的策略中出现,这4个策略包括:层级整合策略、设计—策略制造、供应商整合策略、客户整合策略。

5. 必须要使标杆和客户呼声保持平衡。这在第六章进一步做了讨论,由于第二点的原因在这里值得提一下。

根据下面的这条新闻信息,即使在通常有专业的管理信息系统部门的大学中这种企业系统的结果也很平常:

2004年9月20日,在佛罗里达大学大约有200多名助教几乎一个月没有收到付薪水用的支票,这种现象部分是由于在盖恩斯维尔校区安装了仁科公司(Peoplesoft)的有问题的工资单软件。学校办公室在周末紧急地处理了这件事,把支票发给助教们。[1]

对企业资源计划实施的最新调查告诉我们对于一个主要的新信息技术系统的安装从来不是自动化的。研究和开发的投资、新产品和较强的专有性主导了创新文献,但是新技术很大一部分是购买的,降低了技术的专有性。最近采用企业资源计划系统的财富1000强的60家样本公司用来检测具有很好结果的采用模型。我们根据发现有4个因素可以解释企业资源计

---

[1] http://chronicle.com/daily/2004/09/2004092002n.htm.

划成功 43% 的差异性，总结如下：

利用四因素模型，包括领导的更复杂和更微妙的问题(5 个次要因素)，你会在计划或预测企业实施系统的成果中会更加准确。你可以将这种成功设为一个线性函数：

$$Y = a + b1 \times 1 + b2 \times 2 + b3 \times 3 + b4 \times 4 + \cdots + e$$

采用企业资源计划所得到的成绩如下所示：

- 领导——总经理对所有用法进行示范，联系品质的企业资源计划，第三方的管理，集中在消费者的目标，聚焦策略。
- 收购战略——购买现货的 80%
- 业务流程再造
- 电子数据互换的历史——电子数据互换并不建议在成功的企业资源计划安装的时间和预算上快速发展。

这个模型非常容易应用，在企业资源计划编制的记录上画上了惊人深刻的一笔。利用它也可以近似地去估计其他信息技术的采用情况。

总　结

创新和经营核心的挑战就是被经济学家经常称为"租金挪用"的问题。许多操作和信息技术都是从组织外部购买的，并且从理论上说每个人都可以购买，包括竞争对手。这节引入的模型，得到了耐用品制造经验的支持。该模型强烈建议，要获得外购技术利益的关键是同时采用支持组织整合的组织创新。这些组织创新展开有 4 个阶段(参见图 7—4)。首先，改变组织结构，改变层级(包括全部职工和工会问题的决议)和内部功能关系变化(例如，设计—制造一体化)。然后改变与供应商和消费者之间的关系。这就是怎样避免租金占用的方法：采用新的关系增强型创新，使竞争对手无法复制。[1]

这些公司一般都是同时将技术采用和组织创新两种途径紧密地联系在一起，效果相当明显。平均质量水平(30%)的提高和生产能力的降低

---

[1] 感谢保罗·卡普罗尼(Paul Caproni)在 1999 年 2 月 12 日的私人沟通中强调这一点。

(50％)很显著。并不只是和购买技术的数量有关,与采用技术的方法也具有密切的关系。例如,采用本地区网络会对加快就业率的增长产生显著的影响。另外对公司和技术核心的共同发展起到积极的推动作用,此时系统性能的提高一般都是双倍的(例如100％的生产能力降低)。

服务业创新的经营核心遵循类似的模式。然而,大多服务部门采用的新技术就是信息系统的购买。主要的变化,例如企业资源计划系统的采用,它的成本大约有5 000万美元,有的甚至超过了10亿美元,形成了一个巨大的挑战。通过对美国60家公司的调查初步结果显示目标(也就是关注顾客)、领导(总经理必须可表现出与实施系统相符的行为)、制造/购买决策(也就是购买或者是定购,但是不自己开发企业资源计划系统)对于发挥所采用的大型的全新的复杂信息系统性能的作用非常显著。

阅读案例7-1"程序的痛处",然后回答讨论题。

案例7-1

程序的痛处:这个德国软件非常复杂、价格昂贵,也特别受欢迎

微软拥有它;可口可乐想得到它;建筑材料制造商欧文斯科宁用了两年的时间,大约花费了1亿美元才把它安装好;通用汽车公司正在考虑花费10倍的代价来得到它。

这就是R/3,一个来自于德国公司SAP的复杂软件系统,它使企业交易的基本流程紧密地咬合在一起,并实现了自动化,例如,接收订单、核查信誉、核实付款,还有结清账户。难道以前从来没有达到这种程度? 很快你就会得到肯定的答案。与推动再造、授权和缩小规模的相同的羊群心理,R/3成了全球化大公司的新标准设备。

这是更加值得关注的,因为安装R/3对企业来说相当于实施牙根管治疗手术。这个软件的配置要求是极其复杂和昂贵的。公司必须要招待顾问团,这些人有时的费用大约是软件自身成本的5倍,他们还得在公司留职工作几年。软件的成本在公司与公司之间变化很大:欧文斯科宁玻璃丝公司说R/3项目的成本一般在1 500万~2 000万美元之间。"这主要取决于交易双方的协议。"高德纳集团(Gartner Group)的波尼·戴戈瑞斯(Bonnie Digrius)说,这个集团是美国康涅狄格州斯坦福市的一个技术咨询公司。许多公司实施R/3项目的预算增长了一倍。

数周的巨变

那是人为的因素。因为R/3是如此的复杂和难解,对公司而言,改变其职员的工作

方式比改变系统的工作方式成本更低。结果，R/3 项目引起了组织的数周巨变，在美国俄亥俄州托莱多市，欧文斯科宁公司经常被像最近的周一早晨这样的"高压"打断，公司每年十亿美元的铺项沥青器项目把所有的订单处理都转到了新的 R/3 软件，网络系统瘫痪了半小时。

"痛苦能级已经达到了 6 到 7 级，如果飓风为 10 级的话。"欧文斯科宁的首席执行官格伦·海纳(Glen Hiner)说："我们已经耗用了 1 亿美元，对于我们公司来说那是一笔不小的数目，我们没有看到任何的成本节约。"

但是，海纳先生从该年晚些时候起能够节约更多。他还说欧文斯科宁已经没有了其他的选择，我们每年要用在旧电脑的保养上就有 3 000 万美元。"我们的发展日程要求我们必须要这么做。"他说。

海纳先生有很多的公司。那些顾问经常煽动说美国商业界一些有名的企业在排队准备加入近 7 000 家使用 R/3 的公司。在 SAP 的客户名单中比较有分量的有：国际商用机器公司(IBM)、石油巨人雪佛龙公司(它对 R/3 的投资大约有 1 亿美元，在成本方面每年节省 5 000 万美元)，还有消费品巨人高露洁棕榄公司。

成功的经历

美国康柏电脑公司使用 R/3 系统去监测每天未按时交付的订单，首席技术官约翰·怀特(John White)说，去年这个系统帮助个人计算机市场库存由 22 亿美元消减到 12 亿美元，而收入增长了 23%，达到了 181 亿美元。

微软公司最引以为豪的就是它的软件系统。微软公司用了 10 个月的时间和 2 500 万美元安装了 R/3 系统来取代混乱的具有 26 个附件的 33 个财务监测系统。这样微软公司每年可以节约 1 800 万美元，首席执行官威廉姆·盖茨(William Gates)称 SAP 为"难以置信的成功经历"。

根据这些不同的证明，SAP 公司去年包括美国在内的贸易额增长了 47 个百分点。德国沃道夫公司(The Walldorf)拥有整个"企业软件"市场的 26%，相比之下排名第二的美国甲骨文公司仅占 8%。SAP 公司去年的全部收入增长了 38%，今年原来计划增长 25%，而和 1996 年的收入 24 亿美元相比，实际增长了 30%。SAP 公司也由此迅速成为继微软、美国甲骨文公司和冠群电脑公司(Computer Associates International Inc)之后的第四大软件公司。

SAP 公司的成功对于咨询业来说是非常幸运的。到 2000 年，根据行业估计，在与 R/3 相关的全部顾问费和其他企业系统中的花费计划由 1996 年的 55 亿美元增长到 150 亿美元。这还不包括像培训这样的大项目。在这些增长的同时也存在担忧，如在

2000年那些旧的计算机是不是还可以支持这些新开发的软件。不再对旧的计算机主机进行重新编码，一部分公司为了更好地使个人计算机网络运行 R/3，已经把旧的计算机淘汰掉了，这样在 21 世纪就不会出现不支持软件的问题了。

SAP 公司还做了很多的交易，比如可口可乐公司的"无限工程"，一个包括在三大咨询公司之一安永的顾问支持下的全球 R/3 系统安装的 3 亿美元的商业性合作。可口可乐公司希望亚特兰大的管理人员查看计算机上的表格就可以了解最新情况，知道在印度，经典可口可乐是怎么卖到 20 盎司一瓶的。

同时，通用汽车公司在 20 个地点安装了 R/3 系统，现在正在权衡一个 10 亿美元的决策，是否一直走下去，这个举动可能要影响到世界最大汽车制造商的所有供应商。但是通用汽车公司的选择取决于 SAP 是否愿意建立一个新的业务单位，以担保提供"绝对支持"，通用汽车公司首席信息官拉尔夫·斯金达(Ralph Szygenda)说，"许多公司都购买这种系统，但是它们都没有想象中的好。"

SAP 公司的竞争对手附和说："那个东西是非常难用的。"美国甲骨文公司首席执行官劳伦斯·埃里松(Lawrence Ellison)说。

许多专家都同意 R/3 系统是一个不可原谅的混乱的整体。在 1994 年艰难的苹果计算机公司也转向了这个系统，以处理订单管理和财务系统的不兼容问题。但是苹果的自由合作文化反对 R/3 时标准化举措。

苹果公司管理层在无意义地商讨是操作个体还是中央计算机系统来运行这个项目，然后争论怎样改变大约 200 个商业交易。根据董事会估计这个系统可能要在 18 个月内安装完毕。现在，苹果公司 R/3 项目负责人乔迪·大卫(Jody David)说，公司计划在 1998 年中期，使 R/3 的订单管理和财务模块全部上线。但是目前公司计划把这个系统应用到制造业中。"系统的合并可以提供很大的好处，"大卫女士说，"但这是一个耗费时间和金钱的过程。"

GENESYS 的终结

在一月，戴尔计算机公司悄悄地取消了超过两年的 R/3 项目，编号为 Genesys(一个电子设计自动化软件配置)，自它的预算从 1.15 亿美元涨到 1.5 亿美元后，测试显示这个软件并不能像戴尔公司想象中的那样处理销售额。戴尔公司并没有发表任何评论，但是熟悉这个项目的人们希望公司使用自己的软件来代替 R/3 运行。

SAP 公司的管理层为它们的产品辩护。"人们说它是典型的德国软件，它太复杂了。"副总裁哈索·普莱特纳(Hasso Plattner)说，他在硅谷兼职，用他的电子吉他使 SAP 公司的聚会变得更有生气。但是他说 SAP 公司仅仅比其他公司考虑了更多的功能。SAP美国公部首席执行官保尔·瓦尔(Paul Wahl)说,SAP也打算扩展有资格安装R/3的咨询公司团队,正在推出一种名为"加速的SAP"的简化安装技术,最近的一些安装只需三到五个月。

那些突然的改变是非常少见的。像欧文斯科宁公司的一个项目就是很典型的,在那里,管理层庆贺自己还停留在两年内的时间表,而其他的公司则正在进入到第三或第四年的时间表。在欧文斯科宁公司内,R/3已经不只是一个软件工具。它已经变成了一种大公司全面检查的武器。首席执行官海纳先生说:"我们发挥它的商业主动性,而不只是作为一个系统。"

海纳先生希望欧文斯科宁公司在1992年通过合并购买、海外市场拓展,还有对公司传统的建筑产品更具有侵略性的交易,把销售额由29亿美元增加到50亿美元。直到如今,客户们从一家欧文斯康宁木瓦厂订购一批木瓦,单独电话订购制作墙板,再打电话订购公司著名的粉色绝缘材料。

海纳先生的想法是:欧文斯科宁公司应该提供一步到位的采购,包括外部的墙板、绝缘材料、管道、盖屋顶用的材料等,也就是建筑所需要的所有东西。R/3系统就可以使欧文斯科宁公司有能力做到,让销售商们看到车间或者仓库里的什么东西可以用,还可以快速地收集那些客户的订单。

自治区

听着简单。传统的欧文斯科宁公司的运行方式就是收集那些自治区。铺项沥青器总裁多米尼克·塞塞雷(Domenico Cecere)说:"每个车间都有它们自己的一个产品生产线。"多年来每个车间也都根据不同的客户严格地制定自己的价格表。运输被分配给325个不同的运输单位,这些运输单位由独立的工厂挑选。技术?忘掉它吧。大多数的欧文斯康宁工厂都是跟着几十年旧的个人计算机而蹒跚发展的。

然而,R/3有效地要求塞塞雷先生的全体职员提出单独的产品列表和单独的价目表。最初,职员们努力去利用计算机的中心指挥部控制价格和市场的交易。"如果我们允许职员这么干,他们早杀死它了,"他说,"我们开第一次会议,他们只是猛地举起他们的手。"

很明显,欧文斯康宁低估了利用新的计算机和软件来培训员工的费用。计划人员只是希望拿出整个项目预算的6%用来进行对员工的培训。实际上,这个数字已经接近了13%。培训是如此的浪费时间,以致塞塞雷先生的一个车间只能暂时关闭,因为负责采购原材料的人员正在上课。

"我们是如此的天真,"全球发展信息服务的主管、R/3的主要参与者大卫·琼斯

(David L. Johns)说,"当你完全改变了人们的工作方式时,那可是一件大事。"

内在的逻辑

这件大事表现的一个方式就是当他们离开车间的时候,公司的基层员工也可以使用 R/3 系统来批准房顶木瓦或绝缘体的出货。同样关键的一点就是他们要全面更新他们的底账。但是,如果他们出现错误或者未能及时完成,R/3 的内部逻辑就会强制欧文斯科宁公司的财务人员去搜寻处理项目的结算。

总之,欧文斯科宁公司利用 R/3 合并了一些职能,因而减少了大约 400 个工作岗位。随着这个数字的增长,公司在今年可以节约 1 500 万美元,而在明年就可以节约 5 000 万美元。

决定策略性决议的房间

对于塞塞雷先生来说,过去这个周一就是行动开始的预定日期,他的部门的旧计算机都被关闭,设在托莱多滨水地区的欧文斯康宁新总部办公室装备了 SAP 系统的订单接收中心开放交易。在周六和周日大约有 60 个人在忙碌着将数据由旧的计算机转入到新的系统中来。周一上午,R/3 安装组的成员们在订购中心附近的"策略决议房间"集合,打开电脑,守备电话。当钟声敲响上午十点钟的时候,塞塞雷先生抓起同事的电话打给俄亥俄州麦迪纳市的车间主管,询问运行的情况。"比预想的还要好。"他笑着回答说。

同时,一个新成员——安迪·萨德米勒(Andy Sundermeler),通过耳机接受木瓦订单,输入计算机中的 R/3 表格。对普通的个人计算机用户而言,R/3 看上去非常像其他数据库的进入方式。在空白的单元格上写着标签:数量、价格或产品介绍。当萨德米勒输入数据时,表格计算出多少的物品可以放到卡车上。他设法安排订单,使一辆卡车可以在施工现场卸下一些木瓦,把其他货物放在仓库里。

"我不知道旧的系统是怎么工作的,"他说,"以我的想法,现在大概会有优势。"

资料来源:*The Wall Street Journal*, Friday, March 14, 1997. Reprinted by permission of Wall Street Journal © 1997 Dow Jones and Company, Inc. All rights reserved world wide.

讨 论 题

1. "程序的痛处"意味着什么?
2. 在不减少业绩的情况下,是否还有其他的方式来减轻工作压力?

3. 假如你是欧文斯科宁公司的高级管理人员,当你听说你最大的竞争对手也正在安装 SAP 的 R/3 系统时,你会有什么样的反应?

阅读案例 7-2"西海岸码头工人的停工",然后回答后面的讨论题。

案例 7-2

西海岸码头工人的罢工[1]

周五的西岸码头作业速度的减慢在周末恶化了,周日的时候码头工人开始罢工了。争论的焦点就在于雇主的管理层计划要把信息技术引进到西海岸码头,那样势必会提高效率和更好地去利用端区,在未来的 10 年中,搬运的货物量可以增长 2 倍。(《华尔街杂志》,2002 年 9 月 30 日星期一。)

当争论的最终结果在政府干涉和威胁下解决后,工会迅速直接地作出反应。从大字标题看上去,好像是西海岸的码头工人在面对"布什学说"中取得了胜利,工会谈判被视为"带刺的铁丝网保护套"。[2]

马龙·白兰度在令数百万人沉醉的电影《码头风云》中大步走向纽约海港的码头,然后对坐在出租车后座的罗德·斯泰戈尔说了那句著名的台词:"你是我的兄弟,查理,你应该照顾我一点,你应该关照我一点。我原本可以上学,我原本是竞争者。"自从那天到现在,许多美国人对码头工人的印象就是顽强的,工会的忠实拥护者,时常粗暴,辛苦工作,或者是额外的雇工,最终就像白兰度扮演的"查理的兄弟"一样向腐败作战。在这部电影中,每次技术失败,码头工人就会被杀害。

有没有改变什么事情?技术有没有发生变化?这种事应不应该?可不可以对最近西海岸码头工人罢工这个问题提供一个假设的答案?和这个国家及世界上的其他工厂、办公室和工作场所相比,这个技术发展情势有什么代表性?

码头工人和滨水地区技术:对个别的伤害就是对全部的伤害

国际仓码工会(ILWU)被认为是世界上最具有凝聚力的工会之一。在一百多年前,滨水地区的工人们在码头上为了得到高报酬、增加工作安全、工作时间更合理和控制码

---

[1] 2003、2004 年版权归约翰·艾特略和亚历山大·克里斯汀(John E. Ettlie and Alexander E. Kristin)所有。没有作者允许,任一部分都不能被机械的或者电子的方法重印。我们对大卫·奥森(David Olson)、哈里·布里吉(Harry Bridges)(华盛顿大学政治科学前任名誉主席)和玛格丽特·李维(Margaret Levi)教授(华盛顿大学政治科学系)的有用评论表示感谢。

[2] By David Bacon, *Special to corpwatch*, January 2, 2003.

头上的生产点,而和雇主作斗争。然而,在现今国际仓码工会并非团结一致的组织;它失败过很多次,以至于工人们对它可以成为一个强大的工会失去了信心。

在国际仓码工会成立之前,在西海岸工作的码头工人是附属在国际港口工人协会(ILA)下的。第一次大规模的滨水地区斗争发生在1916年,30年来工资都维持在每小时50美分,工人们寻求从工作轮换来替代工作分配的团队模式。[1] 这次运动对世界产业工人联合会(IWW)也有部分的影响,港口工人们以创造"统一工会"为目标开始把自己组织起来,实现了工人的战略战斗和团结。[2] 1916年6月1日,工人们开始罢工,经过127天的流血斗争,罢工结束时,工会没有得到任何好处。但是工人们认识到他们有能力去组织更大地理区域的工人,继续安排筹备将来的斗争。

这场罢工过后紧接着就是1919年的另一场大规模的罢工,也就是有港口工人加入的西雅图大罢工。5天后,工人们没有得到物质利益,这次大罢工彻底瓦解。主要是由于他们没有明确的目标,没有制定很好的策略来吸引工人们。[3] 他们离开了,带着一种未完成任务的感觉,在随后的十几年里仅有的一点工会主义也慢慢地消失了。

到了1934年,工人们意识到制定一个明确的目标和拥有坚强的领导的好处。在1933年又重新组成了工会,带着对"世界产业工人联合会积极成员提倡的工人团结、内部民主、国际团结"的深刻理解。[4] 另外,他们意识到如果成员想达到整体的团结,那么任何的歧视都是不能接受的。经过一年多的时间,人们提出了成员们所关心的两个核心问题。居于第一位的是临时工人的挑选系统,在该系统中,工人们被要求携带注册簿以便雇主可以对他们进行监控。第二个就是加速,工人们要工作得足够快,这就意味着港口工人必须工作得像绞车一样快。绞车技术的发展正在加速拓展工作的步伐空间。[5] 另外,船东正在削减工资,这就驱使工人们去罢工。

在1934年2月,国际港口工人协会制定了西海岸协议,根据这个协议要求组织工人。在这个协议的指导下成立了一个罢工委员会,在1934年5月9日,大约有12 500名西海岸港口工人罢工。后来,又有4 500个船员、出海渔民、管水员、厨师和乘务员加入。这些组织聚集在一起和滨水地区的雇主们进行了一个非常恐怖、激烈的争论。另外,根据港口工人反对种族歧视的发展政策,许多以前拒绝罢工并参加过破坏罢工的少数民

---

[1] Levi, Margaret and Olson, David. STRIKES! Past and Present—And the Battles in Seattle. Working Paper, March 2000, http://depts.washington.edu/pcls/LeviOlsonwp2.pdf.
[2] Ibid.
[3] Ibid.
[4] The ILWU Story, http://www.ilwu.org/ilwu_story_frame1.htm.
[5] Levi, Margaret and Olson, David. Ibid.

族工人也可以加入。后来由于联邦政府的干涉和工会同意对所有罢工事件的仲裁而结束。[1] 这次罢工和以后简短的小罢工使工人当权,改善了工作条件,可以为增加工资签订合同,还可以执行每周30小时工作制度。随着坚强的领导、提高的工会组织能力,广大的工人更加团结,港口工人最终得到了更大的权利。

在1971年,海运公司组成太平洋海事协会(PMA)。40多年来,这个组织和国际仓码的每份合同都涉及现代化问题及其对工人工作的影响。[2] 在1959年,需要能够加快货物搬运和泊船周转时间的新技术来缓解成本上升的问题。雇主们有权在实际工作中做一些变化,而工会又希望保留一些对生产环节的控制权。1960年,船运业和国际仓码协会一起制备了现代化和机械化协议(M&M)。在增加工人利益的前提下,海运公司可以得到将新技术应用到码头上的更多自由。协议的条件包括:

当前的职工总数不能减少。如果新机器和新方法无限制地引入,必将导致工作机会的减少,那样职工总数也会相应减少,这应该从工龄长的人开始减少,就是以创新的自愿提前退休制度来代替裁员。如果雇主随后觉得仍有必要裁员,他们必须支付更高的强制退休金。

以增加工资和津贴的方式来增加工人对公司利润的分享程度。

机械和节省劳动力的设备的引进可以降低那些做辛苦、危险工作的工人的工作负担。[3]

随后,在1966年,现代化和机械化协议(M&M)在工会的压力下做了扩充,包括由于引进机械的创新而节约了净劳动力成本节约或者解除了协议对职工总数的限制。尽管一直努力去调解工会工人和雇主之间的关系,但是在20世纪60年代末和70年代初,国际仓码协会中的一些年轻的积极分子开始质疑他们的权限标准。在1970年末,开始了下一个5年工会合同谈判,围绕着这次谈判的主题就是货物运输的集装箱化。新的合同在1971年7月1日开始实施。在1971年4月,工会在海湾地区拒绝搬运填满非国际仓码协会货物的集装箱。[4] 随后谈判会议在解决工会权限、工资数量和工作制度时失败了,96.4%的国际仓码协会成员投票同意罢工。[5] 在1971年7月1日,开始

---

[1] The ILWU Story, http://www.ilwu.org/ilwu_story_frame1.htm.

[2] Jablon, Robert. Longshor union's latest battle over modernization repeats history, Associated Press, October 7, 2002.

[3] The ILWU Story, http://www.ilwu.org/ilwu_story_frame1.htm.

[4] Strike of 1971, http://www.pmanet.org/docs/index.cfm/id_subcat/92/id_content/2142586624.

[5] The ILWU Story, http://www.ilwu.org/ilwu_story_frame1.htm.

了在美国历史上最长海岸线的大罢工。23年来首次将56个海岸港口全部关闭。[1]

美国政府在《塔夫脱—哈特莱法》前提下对罢工进行了干涉,并使大多数港口在10月6日恢复工作。但是双方一直没有达成一个协议,在1972年1月又重新开始了罢工。在2月下旬,经历134天的罢工终于在双方达成一致协议的情况下结束。解决的事情包括提高工人对集装箱的控制能力、牙保、五天的带薪假期、实行工资保障计划以用来帮助那些由于新机器的引进而减少工作的工人。[2]

对于国际仓码协会中非工会劳动和新技术的使用控制权问题的讨论一直持续到20世纪八九十年代,特别是在计算机技术呈指数增长的90年代。

2002年9月的码头

码头工人的合同到2002年6月30日到期,但是谈判从5月就开始了,一直持续到合同终止以后。一方是太平洋海事协会(PMA),代表海运线和卸吊公司,另一方是国际仓码协会,代表的是29个太平洋海岸港口的10 500名工人,他们要搬运美国所有进出口集装箱货物的差不多一半,每年创造的价值大约有3 000亿美元。如果关闭港口,美国企业每天的损失就有10亿美元。[3]

争论的焦点就在于雇主的管理层要把信息技术引进到西海岸码头,那样势必会提高效率和更好地去利用"端区",在未来的十年中,搬运的货物量可以增长两倍。但是工会想要保护他们高收入的工会工作(《华尔街杂志》,2002年9月30日星期一)。

在这段引文中所提到的"信息技术"到底有什么样的特征?这个报道的发表说明同意提出的一些变化,但这并不只是合同中的问题。

1. 在2002年5月,托运工的工资在5年多的时间里增加了17%,这是工会所能接受的。

2. 计算机化货物跟踪系统(条形码和电子数据交换系统)。这一条款在2002年7月被工会所接受,并依此要求只有工会职员(目前手动跟踪货物移动的人员)在计划编制的船只中使用(新技术引进的结果就是职员的工作岗位大约要减少30%)。现在集装箱的计划编制和配置一般都是由计算机操作员远程来操作,这些操作员一般不是工会成员。由于这些工作不属于工会,托运员拒绝这种要求,更有甚者,托运员不同意"新的

---

[1] Strike of 1971, http://www.pmanet.org/docs/index.cfm/id_subcat/92/id_content/2142586624.

[2] The ILWU Story, http://www.ilwu.org/ilwu_story_frame1.htm.

[3] Machalara, Daniel and Kim, Queena Sook. Dock slowdown disrupts ports, raises fears on economic impact. *The Wall Street Journal*, Monday, September 30, 2002, p. A2; *Wausau Daily Herald*, November 25, 2002.

技术对带给工会的所有工作的冲击"。[1] 在这里真正的问题就是,在新技术引进的情况下工作条件和地位的问题。工会希望工作安全并呼吁继续进行码头的技术革新。

3. 工会官员认为太平洋海事协会并没有意识到自从1971年以来没有发生港口罢工这个事实的重要性,而那个协议最终会导致在1 200名西海岸职员中要削减掉400个工作岗位(虽然在合同的保证下没有真正失去他/她们的工作)。根据商业杂志[2],去年在码头搬运的货物比以前增加了30%,在历史上也是最多的,所以事故的发生概率也就随之而增加了,其中包括2002年失去的5个港口工人的生命。工会是在一个安全的速度下布置工作的,太平洋海事协会认为这是减速。在罢工之前的港口工人的工资每小时在27.68~33.48美元之间(每年在8万~15.8万美元之间,与工会内的电工和水管工人差不多)。工会官员担心的是,下一步将扫描仪用到全自动的起重机和码头边的设备上,那样就可以进行远程操作控制了。[3]

白宫采取行动防止罢工

2002年5月初,当谈判明显趋于破裂时,白宫召集了包括商业部、劳工部、运输部和国家安全局的人组成的团体去监视谈判的进程。[4] 特别是劳工部官员,在这次谈判中的态度非常积极,只是在旧金山就和工会官员进行了两次会面,并且几乎每天都以政府的名义打一次电话。很明显,政府已经准备好要做出积极行动来避免一次罢工,包括调用《塔夫脱—哈特莱法》(上次在1978年的采矿工人大罢工时使用过),那次使罢工的时间延迟了80天。政府代表准确地预测,如果工会看不到政府做出接受他们要求的行动,他们将抛开这个方案开始怠工。工会回击说政府在干涉他们的商讨地位,想使他们妥协,进而削弱工会。[5] 然而政府代表干扰双方的谈判被报道了出来。下面是报道中的一个例子:

■ 太平洋海事协会的主席吉姆·梅奈斯(Jim Miniace),抗议布什政府要求他在将来的合同中多增加一些有利于药物医疗的条款。[6]

■ 国际仓码协会主席吉姆·斯潘说,国家安全局的汤姆·里奇(Tom Ridge)警告

---

[1] Cleeland, Nancy. White House signals move to forestall West coast port strike, *LA Times*, August 5, 2002.

[2] CorpWatch: David Bacon, January 2, 2003, West coast dockworkers: Victory in the face of the Bush doctrine. www.corpwatch.org/issues/PID.jsp?articleid=5168.

[3] Ibid. & *LA Times*, August, 5, 2003.

[4] *LA Times*, August 5, 2003.

[5] CorpWatch, Op. cit.

[6] Ibid.

他,在码头出现停工现象那将威胁到国家的安全。劳工部的官员也曾暗示如果长期停工势必要破坏港口与港口之间基本的交易协定,如果出现罢工,那么大量的货物就会被转移。用海军部队来取代工会工人将是一种极端的选择,只能在战争时代才会被考虑。[1]

在2001年9月11日之前,我们一直都想知道政府对这次停工事件持什么样的态度。当然我们一直都没有得到答案,但是研究一下这次停工和它所出现的结果,就可以为关于非工会工作和新技术的引进相关的很多问题提供答案。当罢工进入第十天后,10月初政府就开始干预了,他们想在美国最繁忙的港口结束这种僵局。

在罢工之前,国际仓码协会日益按照规则办事,也可以理解为工作机会继续减少,并且他们都是在无合同的情况下工作,在过去的6个月中已有5名工人被杀。在10月份,国际仓码协会接受了劳工部首席律师A. 斯卡利亚的提议:自动保持一段时间的头脑冷静。太平洋海事协会一开始也接受了这项提议,但是在3个小时后就废除了。布什总统被迫动用《塔夫脱—哈特莱法》,而由于码头上还在继续怠工,太平洋海事协会在2002年10月提出了不满。代理人在这个文件里提出了两个发现:"一个就是工作的减少……再一个就是雇主应该为工作的减少承担和工人一样的责任。"

新的合约

最终很明显,双方(或者你认为是三方[2])澄清了罢工事件的具体原因。根据《华尔街杂志》(2002年11月25日)[3]所述,他们的解决办法规定:

1. 退休金津贴问题作为解决办法的最后一条,并且双方达成了一致。
2. 设备技术和保持健康利益在先前已经达成一致,并包含在最终的协议里。
3. "这个暂时的协议给了管理部门更多引进新技术的自由,特别是扫描仪和其他的电子设备,去提高货物通过西海岸海运终端的流动速度。国际仓码协会的成员要去做一些棘手的工作,比如在海岸终端检查那些卡车、为设备的操作者提供指导说明,还有就是要在计算机已有的资料中反复检索那些有用的信息。"[4]

---

[1] *LA Times*, August 5, 2003.

[2] 第三方可以被认为是政府或者是西岸商务联盟,该联盟是一个类似沃尔玛、家得宝、塔吉特、盖普等甚至是美国劳工联合会—产业工会联合会(美国国际仓码工人协会在1937年被驱逐出产业工会联合会后于1988年重新加入)的大型零售商商业组织。(世界社会主义者网站第四跨国国际协会ICFI。)

[3] Machalaba, Daniel and Kim, Queena Sook. Dockworkers reach tentative accord on 6-year pact, *The Wall Street Journal*, Monday, November 25, 2002, pp. A3, A10.

[4] Ibid, p. A10.

4. 铁路和工厂计划编制工作现在向工会开放,6 年的工作合同相较以前的 3 年增加了一倍。布什总统说:"这个协议有利于工人、有利于雇主、有利于美国经济。"[1]

根据双方的利益,工会做出了退休金津贴要求的让步和所有者得到了程序仲裁使双方达成了最终的协议,就是可以引进一些较简单容易的技术。新的协议除去了对现有资料再加入或重新加工的要求,并且承诺当新技术完全引进后要增加 50% 的生产力。新的协议保护了码头工人,他们的工作只有等他们退休以后才有人接替,工会也降低了职工安置的最低要求。对于这个协定双方都没有大量的陈述,但是观察员却说:"新的合同就是对暂行的技术协议进行了一个'重要的补充'。"[2]

增加退休金津贴就是让工会去分享那些新技术可以增加的利润,这些技术包括光学特征识别仪、电视摄像机或者其他控制和搬运货物的技术。

总之,所有工会和企业经营者之间的技术协议是按照当地还是全国的水平来实施,对于企业经营者引进新技术来说,它的交易是机动的,而需要付给工会的除了高工资外,更重要的是工作的安全,增加健康和安全性,还有就是要增加他们的津贴。工会和企业经营者之间的技术协议被发现具有重大的意义和直接的联系,在其他的行政改革创新中,制造技术的最终成功使得职工和上司团结为一个整体。进一步,车间是否联合与新的制造技术是否能取得成功没有关系。[3] 也就是说,行政改革创新需要去吸收制造技术形成一体化才能出现成功的结果。[4] 应当着重说明的是,当一个加入工会的工厂经历采购来的技术的现代化时,这种技术协议形式的合同并不能预示新技术的成功。总之,拥有一个技术协议文件可以促使成功,但是技术协议形式并不能预测是成功还是失败。[5]

采用技术来改进业务流程的挑战

用经济术语来讲,对于码头工人生产力的真正挑战——装配线的质量,或者其他一

---

[1] Ibid. p. A10.

[2] Machalaba, Daniel and Kim, Queena Sook. West coast ports set tentative deal. *The Wall Street Journal*, Monday, November 4, 2002.

[3] Ettlie, J. E. (2000). *Managing technological innovation*. New York: John Wiley & Sons, p. 258.

[4] Ettlie, J. and Reza, E. (October 1992). Organizational integration and process innovation. *Academy of Management Journal*, Vol. 34, No. 4, 795—827.

[5] Roberta R. Turniansky, The Implementation of Production Technology: A Study of Technology Agreements, Ph. D. dissertation, University of Michigan, Ann Arbor, Michigan, 1986. Thomas, Robert J. (1994). *What machines can't do*, Berkeley, CA: University of California Press, esp. p. 22.

些技术引进并投入使用的工作环境,并不只是使这个技术稳定,而是要让它创造价值。可以用于在港口搬运货物的技术一样也可以用于联合包裹快递公司、联邦快递、联合航线、美国航线和圣达菲铁路。也就是说有许多运输形式的竞争,具有同样的成功几率。码头已经处于搬运货物的垄断位置,但是一些后勤系统在某些环节还是联合的。此外,港口正在为搬运货物而进行竞争。什么因素可以预测这些新技术系统是否能够成功?哪个码头或港口将会更加成功地利用这些新技术?现代化和机械化对这一系列的事情前后有怎样的影响?这些都是在完全理解了这个复杂技术管理挑战后需要回答的问题。

随着这个争论被强制性地解决,工会反应就发生了变化:

西海岸码头工人:在面对"布什学说"时取得了胜利

工会将这次谈判喻为"带刺的铁丝网保护套"[1]

自从1981年罗纳德·里根总统(Ronald Reagan)破坏了空中交通管制员工的罢工,旧金山市的美国劳资关系还没有经历过如此深刻的巨变,正如他们在最近的西岸码头工人合同协商中所做的。显然布什政府正在步他的后尘,干涉并引导港口工人们去和那次谈判相比,在"带刺的铁丝网保护套"里讨价还价。即使工会团体和世界上最大的海运公司以压倒性的优势通过一项协议,被掩蔽的谈话详情明确地对码头工人和其他劳工运动提出了警告。

"假设在最后的6个月里我们经历的一切,包括每个港口工人罢工,随后调用了《塔夫脱—哈特莱法》,非常高兴我们最终可以达成协议。"国际仓码协会信息主管史蒂文·斯塔隆(Steve Stellone)解释说:"事实上,重要的是我们可以在所有3个问题上都有所进步,这是我们最大的成就。"

讨论题

1. 在2002年秋季,是什么原因导致了西海岸码头工人罢工?
2. 你认为什么因素可以预示引进新技术的结果?(所以,现代化和机械化的背景会影响结果吗?)
3. 为什么技术协议对引进新技术的结果影响较大,而协议的具体形式影响较小?
4. 给定对于解决方案工会方面的反应,这个合同可以解决问题吗?

---

[1] By David Bacon, *Special to Corpwatch*, January 2, 2003.

第三篇
创新环境与未来展望

第八章

公共政策

本章目标：介绍及讨论公共政策与创新的一些主要观点。复习与公共政策相关的实证分析，及诸如专利法、合作研发协议（CRADA）、集资创新（如企业孵化器）和研发税激励之类的其他政府干预。为引起大家思考，将讨论由当地政府参与创新过程的丹佛国际机场案例和最近引发国际关注的微软反垄断案例。

有关政府和技术的争论焦点是什么？对公共政策和创新关注的根源主要有两方面。技术真的能使公众（社会）获益，或者大部分利益由创新者获得吗？那就是说市场无法在创新获利上做出平衡，更糟的是，相反，新技术带来的无法预计的后果（如污染[1]）通常由社会承担而非原始发起人。另一方面，政府对法规制定成本很少做出解释。2000年，美国在遵守联邦法规上就花费了8 430亿美元，每户家庭为联邦收入贡献19 613美元。环境法

---

[1] Alic, J. A., Mowery, D. C., and Rubin E. S. U.S. technology and innovation policies: Lessons for climate change, also see: U.S. technology and innovation policies to address climate change.

规和文书工作使得小公司遭受巨大打击[1]。部分问题是每个机构都有其自主性,如卫生和福利部(HHS):"卫生和福利部秘书汤米·汤普森(Tommy Thompson)宣称内部任务结构促进权衡并推进卫生方面的创新,加速高效新医药技术上的发展,如医药生物产品和医疗设备。"[2]

对公共政策关注的第二个缘由来自于全国技术创新体系——本国技术保护主义。本国技术保护主义是指国内企业的技术能力是核心竞争力,同时这些能力是具有国家意义的,可由国家行为产生。[3] 举个例子,一个高成本、高风险的创新项目是很难吸引私人投资的,但由于其有巨大潜在社会效益,此时国家政府通常会因为其比较优势而参与进来。

创新过程和公共政策之间存在不可比拟性。基于这种合理的考虑,参与不必要(或过高成本)的创新过程,这不仅对自由企业和创造力造成损失,最终会对社会造成损失。这种创新带来的利益不仅会大打折扣,而且政府参与这一概念也违背了国家的建立原则。在美国,这将被认为是政府不理解科学技术的重大创新,而且也不具备与之相应的政策和法规。关于这一点将在本章末微软案例中继续深入。

创新过程和创新企业的管理人员通常希望政府提供两件事务:

1. 可预测性(非出乎意料)。
2. 对结果的调控(如果必需的话),而非对创新过程的调控。

从这一点出发,环境保护署(EPA)的尾气排放标准可能会成为理想的创新调控手段之一,但从前面介绍的低排放涂料联合会案例来看,事情似乎并不是那么简单。汽车工业与其被任意强加众多标准,不如跳出商业监控。公司平均燃料经济性指标(CAFE)对于汽车燃料效率或汽车尾气排放标准也是如此。如果你提高平均每公里的加仑数,或使尾气排量为零,就好像加

---

[1] Crain, W. Mark and Hopkins, Thomas D. The impact of regulatory costs on small firms Retrieved from http://www.sba.gov/advo/research/rs207tot.pdf. Also see: Pendergast, J. (March 3, 2004). Government regulation threatens tech innovation. Fox News: http://www.foxnews.com/story/0,2933,113212,00.html.

[2] http://www.gcn.com/vol1_no1/technology-policy/25989—1.html.

[3] Nelson, Richard R. and Rosenberg, Nathan. (1993). Technical innovation and national systems. Chapter 1 in Richard R. Nelson (Ed.), *National innovation systems: A comparative analysis*. New York: Oxford, p. 3.

州尝试的那样，你可能只保留了一项技术而消除了所有其他技术。在后面的案例中将提到，这就是使用当今高科技引擎技术的电动汽车。

随着深入的讨论，在谁是公共政策中的胜者上存在分歧。政府在大学里筹建基础的研发，没有私营机构可以支持这类高风险项目流程是一回事；政府完全投入创新流程和资助筹建石油能源替代这样的特殊技术项目又是一回事。经济学家对此的争论和管理层争论价值的两面性十分相似。小国家则更关注在国外的研究和专利，这只能使事情更复杂。[1]

康敏斯能源公司主席兼首席执行官詹姆斯·A. 亨德森（James A. Henderson）曾说过履行社会责任仅仅只是一个开始。在关注股东利益的时代需履行的集体责任是什么？仅仅想要做正确的事情是不够的。即使每个员工都把公司利益放在第一位，但员工应该做的事情往往不是他们最有兴趣的事。大多数情况下，员工的需要和社会的需要是一致的，比如教育、培训和发展。有时候他们也会有冲突——利益的流动性向员工发出信号，驱使他们迈向下一个生活目标。

美国贸易赤字及重要进口合作伙伴方面的问题备受争论，这使得公共政策和技术之间的争论火上浇油。1997年9月，亚洲金融危机所引起的贸易赤字飙升17个百分点达到110.7亿美元。[2] 亚洲汽车制造商削减成本的报道被用来缓解日元对美元的汇率紧张态势。丰田公司声称最近预计投放产品使得80日元兑1美元。

技术竞争力办公室（Office of Technology Competitiveness）指导了联邦政府在技术和创新中扮演的角色，它承担下列任务：[3]

技术政策助理秘书负责大范围内的研发和宣传，以此影响国内技术创新——政府和私营机构的研发投资，经济和劳工情况，技术和资金来源，以及政府政策。

技术竞争人员通过与行业密切合作，辨别重要事项，指导和传播尖端研

---

[1] Mcfetridge, D. G. (1995). The Canadian system of industrial innovation. In R. Nelson (Ed.) *National innovation systems*, (p. 303). New York: Oxford.

[2] U. S. trade deficit soars 17% (November 21, 1997). *The Globe and Mail*. (Toronto, Canada), p. B6.

[3] http://www.technology.gov/TechComp/p_Default.htm.

究及分析,作为创新发起人服务于各级政府的政策制定部门来完成该项任务。这个机构主要在以下 4 个方面进行活动:

■ 研发、技术、创新基础设施:机构通过分析国家研发计划组合收支和趋势促进私营机构、大学和政府的研究和新技术发展;通过推荐政策及安排实践强化行业、大学和政府间的产品研发合作机会。此外,该机构还发展、支持政策以大力传播政府资助的研究成果,改善新技术向私营机构转移开发和商业化的状况,方便公司和组织应用创新及吸收新技术。

■ 促进商业创新:该机构同美国企业合作,寻求机会发展并传播支持技术创新的国家政策。工作通常包括研发投资、税务、贸易、知识产权、政府调控、法律实践或者教育相关政策。

■ 为未来技术驱动做人力资源筹备:《数字劳动力:以创新的技术建立信息技术》(*The Digital Work Force: Building Infotech Skills at the Speed of Innovation*)及其新版中分析了对大量熟练信息技术工人的需要。

此外,该机构同私营机构在教育方面也有合作,名为"Get Tech"(获得知识),以鼓励年轻人为技术工作做准备。同时,他们为高科技工作者不断维护更新 Go4IT 网站的创新培训计划。

■ 理解数字经济:《理解数字经济会议》(*Understanding the Digital Economy Conference*)的报告能够理解电子商务的快速成长,信息、计算机技术和交流的变化对美国经济的影响。

专 利

自 1790 年开始,美国已注册了 500 万件以上的专利。[1] 尽管如此,其中仅仅 2% 被商业化。[2] 尽管研究投入不断上升,但专利商业化的这个比例已经维持了许多年。这有点像技术突破而产生专利这一趋势的结果,但

---

[1] Forbes, Steve. (December 15, 1997). A force for freedom and prosperity. *Forbes*, Vol. 160, No. 13, p. 28.

[2] Ettlie, J. (June 1982). The commercialization of federally sponsored technological innovation. *Research Policy*, Vol. 11, No. 3, 173—192.

发现很难达到前沿科技进步。[1] 尽管在第五章提到研发管理上已经引入了专利保护,专利法律仍不断发展,且因不同国家而呈现多样化,很容易被认为是政府用来鼓励创新的主要战略手段之一。[2] 例如,日本最近宣称要改革他们的专利机构,大大加速其申请流程。[3] 在美国,争论焦点很明显集中于专利法律和反垄断法的界线:一方面,专利拥有者有排除其他人使用产品的权利,反垄断法则是要去掉这一权利。[4] 在案例 8-1 中我们将探讨对微软的反垄断行动。我们知道专利保护的价值因科技领域和国家的不同而不同。[5] 例如美国医药行业特别关注专利保护的腐败,不断扩大他们的国际贡献以使发展中国家更易获得药物。[6]

由于专利合作公约(Patent Cooperation Treaty, PCT)的产生,美国专利法于 1995 年进行修改。首先,专利期限受到影响。1995 年 6 月 8 日前的专利提交自其申请日起 20 年,或从专利批准生效日起 17 年,选两者中较长的那个。自 1995 年 6 月 8 日后的专利,自提交那天开始有 20 年的有效期,但如果专利机构批准过程缓慢,那将缩短有效期。如果额外支付 3 000 美金,申请可在全球 85 个国家同时提交。如今欧洲和美国专利机构都提供免费的全套网上专利申请业务。[7]

专利和其他一些方法能用以保护知识产权,有些仍留有不少争议。其

---

[1] Kortum, S. S. (November 1997). Research, patenting, and technological change. *Econometrica*, Vol. 65, No. 6, 1389—1419.

[2] *Patents throughout the world*. (1995). Edited by A. Jacobs and E. Hnelin, Clarke Boardman and Callaghan Publishers.

[3] Big patent reforms on the way. (June 1998). *Focus Japan*, Vol. 25, No. 6, 12—13.

[4] Marschall, R. H. (Summer 1997). Patents, antitrust, and the WTO/GATT: Using TRIPS as a vehicle for antitrust harmonization. *Law & Policy International Business*, Vol. 28, No. 4, 1165—1193.

[5] Schankerman, M. (Spring 1998). How valuable is patent protection? *Rand Journal of Economics*, Vol. 29, No. 1, 77—107.

[6] U. S. drug industry wary of efforts to weaken patents. (May 18, 1998). *Chemical Market Reporter*, Vol. 253, No. 20, p. 17. Also see Sood, J. (March-April 1998). An international patent protection system: A new approach. *Thunderbird International Business Review*, Vol. 40, No. 2, 165—179; and DeJule, R. (December 1997). Global trends in patents are increasing competition and fostering creativity, *Semiconductor International*, Vol. 20, No. 14, p. 15.

[7] Blake, P. (March 1998). The arrival of free patent information. *Information Today*, Vol. 15, No. 3, 19—20.

中一种估计是如果一家高科技公司将其某一生产流程的所有信息都转给另一家公司,第二家公司仍然需要第一家公司开发流程成本的75%资金来投入生产流程。通过操作学习内隐知识和细节工艺,并将其应用于复杂技术中。[1] 基于这个争论,美国专利法的任何改动都会引起争论就一点也不奇怪了。例如,目前专利系统的改革申请由司法裁定,需要提交申请后对外公开机密18个月,这易于对现存专利形成挑战,这一切都企图平衡美国和日本及欧洲的专利法。[2] 但是,全球贸易的迅猛增长给政府协调专利与知识产权保护法律和实践施加压力。[3]

研发税收抵扣

20世纪80年代初,当美国在新研发项目上抵扣25%税收的时候,引发了一片唏嘘和争议。许多人认为,既然是新项目上的抵扣税收,有巨大收益的现有项目将享受不到该待遇。另外,那些没有建立研发投资记录的小公司可能很难使税收抵扣生效。然而,早回报非常重要,能对公司生产力有积极影响。[4]

最近,对美国和其他22个工业国家研发方面税收抵扣的回顾引发了对里根总统政府干预无用的质疑。税收抵扣无法区分总研发和成功部分。而且,不是所有研发上的花销都能带来生产力的增长。最后,研发税收抵扣忽略了外部技术资源给公司带来的增长性因素。诸如大学、政府资助的技术中心、合作研发项目、合资企业及联盟,以及联邦劳工署,都持续提供技术资源。一项研究显示预计美国工业专利签署文件中73%为公共科学:来自学

---

[1] Coates, J. F. (March-April 1998). Intellectual property concerns overdone, not half-baked. *Research-Technology Management*, Vol. 41, No. 2, 7—8.

[2] Forbes, S. (March 23, 1998). Patently wrong. *Forbes*, Vol. 161, No. 6, p. 28; Schwartz, H. (September 1997). Patents—Whose rights do they serve. *Pharmaceutial Executive*. Vol. 17, No. 9, 26—30.

[3] Ferne, F. (Feb-March 1998). Patents, innovation and globalization. *OECD Observer*, No. 210, 23—27.

[4] Baily and Chakrabarti (1987).

术界、政府或其他公共机构。[1] 问题更多地集中在公司如何高效利用和管理内外部技术资源,而非如何构建研发部门。[2]

《贝多法案》

1980 年的《贝多法案》(Bayh-Dole Act)于 1981 年 7 月成为法律[3],如今它的影响力仍在观察,但很明显对大学,特别是那些新进投入研发和技术转换流程的大学具有深远影响。该法律背后的目的是激励大学申请专利,而后通过联邦拨款和联邦合同来分享技术发展,到那时要么接受政府监控,要么冠以非独占实施许可被转到私营企业,而这对保护风险承担者是远远不够的。

一些实证表明该法律难以实施,导致大学专利申请的增长(从 1969 年的 188 项到 1997 年的 2 436 项)[4],成为过去 20 年中众多有影响因素之一,却没能对学术研发产生太大影响。此外,《贝多法案》最大的影响体现在外流人口方面,人们与其不断学习,不如从在职大学转到另一个大学。[5] 与之前研究相悖,大学专利质量似乎并没受到有害影响,但是引用确在《贝多法案》后放缓了脚步。[6]

除了问题发生时间的滞后性,一个很明显的挑战是,由于要求学术机构花费较长时间用于知识产权保护(申请专利或不申请),许多大学不遵守该

---

[1] Narin, F., Hamilton, K. S., and Olivastro, D. The increasing linkage between U. S. technology and public science. *Research Policy*, Vol. 26, No. 3, 317—330.

[2] Leyden, D. P. and Link, A. W. (January 1993). Tax policies affecting R&D: An international comparison. *Technovation*, Vol. 13, No. 1, 17—25.

[3] http://www.ucop.edu/ott/bayh.html. (September 1999). The Bayh-Dole Act, A Guide to the Law and Implementing Regulations. Council on Governmental Relations.

[4] Mowery, D. C., Nelson, R. R., Sampat, R. N., and Ziedonis, A. A. (2001). The growth of patenting and licensing by U. S. universities: An assessment of the effects of the Bayh-Dole Act of 1980. *Research Policy*, Vol. 30, 99—119.

[5] Mowery, D., Sampat, B, and Ziedonis, A. (2001). Learning to patent: Institutional experience, learning and the characteristics of U. S. university patents after the Bayh-Dole Act, 1981—1992. *Management Science*.

[6] Sampat, B., Mowery, D., and Ziedonis, A. (2003). Changes in university patent quality after the Bayh-Dole Act: A reexamination. *International Journal of Industrial Organization*.

法律。据近期的美国审计总署报告,许多大学称不能依靠政府机构管理他们的资金。[1]

合作研发协议

低排放涂料联合会(LEPC)的组建部分依据 1984 年《国家合作研发法案》(NCRA),允许(但不豁免反垄断行为)在美国的预竞争技术合作。该项法案在公司、政府实验室和大学通过后,成千上万合作研发协议形成。它们真的有效吗?答案既肯定的也有否定的,实证分析和理论模型显示出多种结果并需要解释。

保罗·奥克和忻榕((Paul Olk and Katherine Xin)将美国的合作和其他4国(法国、德国、英国和日本)的进行比较,"美国仅仅在模仿国外机构组织设计上获得稍许的成功"。[2] 波兹曼和潘迪(Bozeman and Pandey)主要针对政府实验室和工业上的合作,将美国和日本做了比较。尽管两国政府实验室的任务和动因相似,但仍有不同之处,包括美国实验室合作协议是日本的两倍多这一事实。进一步,美国实验室的协议包含更多的专利、更多技术转移率,也更高效。[3] 当波兹曼和乔伊(Bozeman and Choi)将美国 134 个政府实验室同 139 所大学实验室进行比较时,他们发现合作研发,由跨实验室协议数量衡量,就技术向公司或政府转移来看不是个有影响的预测指标。[4] 通过各种结果就可以了解我所说的。

通过公司有关研发投资的成本价值经济模型和 1984 年前后的《国家合作研究法案》的比较,预计公司间的多样化和合作能使可用性增加,但合作研发会使竞争多元化受损。缺少多样性的《国家合作研究法案》可能更为社

---

[1] Bloomberg, C. A. Federal funded inventions and the Bahy-Dole Act compliance. *Intellectual Property & Technology Law*, Vol. 16, No. 2, p. 1, 6.

[2] Olk, P. and Xin, K. Changing the policy on government-industry cooperative R&D arrangements: Lessons from the U. S. effort. *International Journal of Technology Management*, Vol. 13, No. 7,8, 710—728.

[3] Bozeman, B. and Pandey, S. (April 1994). Cooperative R&D in government laboratories: Comparing the US and Japan. *Technovation*, Vol. 14, No. 3, 145—149.

[4] Bozeman, B. and Choi, M. (May 1991). Technology transfer from U. S. government and university R&D laboratories. *Technovation*, Vol. 11, No. 4, 231—245.

会需要,法律影响可以减小投资,使得公司远离社会优化。[1]

保罗·奥克和坎迪斯·杨(Paul Olk and Candace Young)研究了美国184个合作研究及发展协议成员,发现持续的会员资格是一个组织对在合作中使用的资源有多少思考的一小部分,使得小团体在关系上更加独立。某种程度上来说,交易成本理论是协会持续性的重要预测指标。较差的运营增加了成员离开的可能性,较好的运营则使成员留了下来。而且,成员关系情况确实影响持续性。由于"协会较少的选择增加了成员离开的可能性而不是减少它",导致作者得出"合资代表不同选择而不是合约或内部研究"的结论。基于知识相关事项的网络连接和参与是持续性的恰当预测指标。学习与持续性呈负相关。被包含的成员仍继续留在表现欠佳的联盟里,坚持技术单方投入。当表现(绩效)不好时,与知识有关的参与是重要的;当表现(绩效)好的时候,网络连接变得重要(成本理论上不一致,关系代表筹备)。[2]

尽管这些结果看似矛盾,但是安德鲁·范·德·文(Andrew Van De Ven)在整个创新过程(如使用耳蜗植入物来保护耳朵免受伤害)进行期间所做的深入研究发现了相似的模型。也就是说,研究人员在面对失败时通常并不会划定调查的范围,而且他们的坚持大大超越了外界观察员认为合乎逻辑以及严谨的事物。[3] 尤其在"缺乏理性的学习发生"或"当学习的主观经验具有强制性但是行动与结果之间的连接松动时所发生的盲目性学习"时,个人在同一等级上的创新过程会出现多种情况。即可以对结果的正面性和负面性,以及行动是否因此可以支持或者不支持后续的行动进行评估。但是无论学习是理性的或者盲目的,这都会发生。处于良好状态时,仅"在例外状况下才会发生合适的行动导致的创新失败",处于不良状态时,没有任何行动可以产生"被认为是成功的结果"。由于努力的不确定性,所以

---

[1] Scott, J. T. (September 1988). Diversification versus co-operation in R&D investment. *Managerical & Decision Economics*, Vol. 9, No. 3, 173—186.

[2] Olk, Paul and Young, Candace. (1997). Why members stay or leave an R&D consortium: Performance and conditions of membership as determinants of continuity. *Strategic Management Journal*, Vol. 18, 855—877.

[3] Van de Ven, Andrew H., Angle, Harold L., and Poole, M. S. (Eds.) (1989). *Research on the management of innovation*. New York: Harper & Row.

在创新过程中的因果关系出现错误为正常现象也就不令人感到惊讶。这也就部分解释了上文所述的佳能的研发经理说，在评定基础研究人员与项目工程师时，相比他们的客观技术的进步，更注重于他们对一个项目的坚持。

这种在各种方式下创新流程的观点解释了在不确定的所谓坚持和一致目标及政策下管理的不可预测性。资源控制者和研究经理经常产生分歧。奎因和卡梅伦(Quinn and Cameron)为了强调这种不可预测性暗示，过分强调一种组织效率准则反对另一种，并提倡平衡或回应多项效率准则的能力是不正确的。[1]

记住离开和继续与成功和失败是不同的，就像中止一个合资企业，一方购买另一方或其他多方的股份，整体继续顺利进行下去。美国电话电报公司的政策使得所有的合资企业以这种方式结束。

和低排放涂料联合会传闻的证据相一致，奥克—杨的样本或许考虑了一些独立于现在回报的东西合作的未来收益，。在低排放涂料联合会，广泛宣扬竞争是成员方和美国汽车协会这类联盟的初衷，为三大汽车生产商未来合作服务。的确，超过12个联盟加入了美国汽车协会，但是没有系统证据显示这些联合是使用这个模型的结果。事实上，至少有传闻暗示在美国汽车协会中学习确实比在模型外形成联盟要容易，新技术项目工作上没有竞争者。这使人怀疑"联盟作为先行指标更多地体现了一种关系"(第873页)这一唯一解释，后者由奥克和杨(Olk and Young)最先提出。

在美国最大的负责跨行业联盟的合作研发组织是国家制造科学中心(NCMS)，坐落于密歇根州的安·阿伯(Ann Arbor)，并在华盛顿特区设立办公室。国家制造科学中心自1987年开创以来，现有超过220个付费会员。这个特殊的研发合作案例将在下面进行讨论。

国家制造科学中心

国家制造科学中心(NCMS)是美国、加拿大和墨西哥合作的一家非营利性工业联盟。1987~1996年，国家制造科学中心拥有了200多个会员，

---

[1] Quinn, R. E. and Cameron, K. S. (1983). Organizational effectiveness life cycles and shifting criteria of effectiveness. *Management Science*, 33—51.

积累了超过4亿美元的研发收入,并将其中的94%投入于制造项目。1996年,国家制造科学中心的研发项目总值6 400万美元,并且管理着投资于100个国防部项目的2.85亿美元资金。据估计,投入于国家制造科学中心研究上的每1美元,就有5美元将回馈于投入的企业。国家制造科学中心的管理结构关注战略利益集团的各方面活动。

企业孵化器

企业孵化器的目的在于通过提供资源和服务的商业支持,通常由地方、州或者联邦政府资助,来加速企业家创办的公司顺利发展。第一个企业孵化器诞生于30多年前的纽约巴达维亚,以挽救一家快关闭的工厂,但直到20世纪70年代末和80年代,企业孵化器作为一种企业运作和产业才真正开始。今天,在北美有530多个运作着的企业孵化器。

区域研究揭示企业孵化器是商业发展的有效工具,它仅需要适当投资,就可以在区域经济的多元化和就业方面得到丰厚的回报。对1991~1996年间的50个企业孵化器项目和126个正在运作的公司的一项近期研究[1]发现,大约80%得到某些运作津贴,但可能——特别是那些新技术的孵化器——没得到政府帮助。公共投资返回回报以税收收入形式,大约每1美元的公共运作补贴有4.96美元的回报。到1996年研究结束,平均每个企业孵化器拥有13个员工,并为15个客户服务。每个企业孵化器平均有21个公司仍在运作,平均创造了468个新岗位,并对地方周边衍生的就业机会产生巨大影响(使用典型的宏观经济模型乘数1.5,不包括区域外产生的就业机会)。

经历企业孵化器后的技术公司(样本企业的34%和企业孵化器的40%)拥有最高的生存率(90%),紧随其后的是复合型企业孵化器公司(86%)和授权企业孵化公司(87%)。复合型孵化的公司(抽样的49%)包括服务、配送、轻工业生产、技术和其他一些公司。授权或微型企业孵化器(抽样的11%),如同在研究中其冠名那样,面临高失业率或危机等挑战,拖

---

[1] Lawrence A. Molnar, et al. (August 1997). *Business incubation works*. Athens, OH: National Business Incubation Association.

累周边企业。他们的任务通常多种多样,目标定位于低收入者、少数群体或女性创办的企业。

对于年轻的公司,通常提供企业孵化器中公司主要资金的是私人储蓄(87%)和个人或家庭贷款(56%)。但是技术企业孵化器似乎同其他的有所区别,它们从企业孵化器中收益较多,并和其他刚起步的以技术为基础的企业合作。

多数技术企业孵化器目标是将一项新产品或服务商业化,它们得到大学的资助,并在城镇或城郊投资。技术企业孵化器也在其他领域有不错的表现。他们比授权企业孵化器租户少,但据企业孵化器经理称,技术企业孵化器1996年的平均收入高于授权企业孵化器(2 190万美元对授权企业孵化器的300万美元和复合型企业孵化器的590万美元)。同时,技术企业孵化器平均有更多员工(257人对授权企业孵化器的90人和复合型企业孵化器的80人)。尽管密歇根大学研究项目较严格,该项研究试图产生可比较的比较控制组来证实结果,虽然调查中包括能够解释和成为审查焦点的混合样本,但最终还是失败了。[1]

对这些企业孵化器(或政府干预)进行评估一直是争论和关注的焦点。集中于企业孵化器如何同比其高或低的投资选择相比较,特别是可选择支持形式或者是完全没有支持的创办企业。多样的、可选择的控制组提出包括创造者团体、专利拥有者、周边参与者和会员联盟。后一组参与能源部(DOE)相关能源创造计划(ERIP)的一个评估。监控计划参与者和无参与者两种方式的计划案例,政府支持的干预方式在相关商业方面的成功得到证明。[2]

技术企业孵化器在硅谷(以前的圣克拉拉)数量巨大,每年有3 000家新公司在那里创办。计划创新模型中的典型是1993年美国国家航天航空局(NASA)所建沿州际280公路,穿越圣何塞(San Jose)沿公路商业区的孵化

---

[1] 三种方法被系统使用:①对50家孵化器的126家企业的调查;②对商业的孵化器的子样本和25家企业总体经济影响研究;③对来自50个孵化器项目的35位商业孵化器项目经理和72位股东进行调查,股东是38位董事会成员,34名社区领导。

[2] Brown, Marilyn A., Curlee, T. R., and Elliot, S. R. (September 1995). Evaluating technology innovation programs: The use of comparison groups to identify impacts. *Research Policy*, Vol. 24, No. 5, 669-684.

器。[1]美国国家航天航空局企业孵化器原本是建立用作航天机构发展衍生技术的,但公司直到与美国网景公司1994年4月合作后才真正发展起来。以前斯坦福大学工学研究生中有5%希望创业,现在这个数字达到了20%。美国国家航天航空局企业孵化器包括一个软件公司,基于设计加快进入企业数据库的理念,它刚开始创立时用信用卡借贷了19万美元。另一些公司正在继续挖掘网络资源,以提高工厂生产率,还有一个名为赛得其(Sightech)的可视系统完善软件公司。后一个公司的目标是增长到6亿美元市值。硅谷有其独一无二的文化[2],企业家和企业孵化器被认为是有志气的技术人员和那些过去创立硅谷技术的成功的商业人士(女性很少)的封闭社会。举个例子,后一个形式中称为"天使投资者"的一组人在硅谷的洛斯阿尔托斯高尔夫股份有限公司和乡村俱乐部定期倾听(通常一月一次)那些有进取心的人(通常是企业孵化器的雇工)的述职。估算风险投资资金从1990年的5亿美元增长了5倍至1997年的25亿美元。投资平均目标也从5 000万美元增长到今天的2.5亿美元,留出了5 000万~1亿美元的空间组建较小的潜力企业。这就是那些天使进入的地方,他们希望重获他们曾经知道的正在创立自己公司的兴奋的创造感。风险资本家约翰·多尔(John Doerr)估计五成新建公司会快速消耗完其资金,四成以较低利率回报当初的资金,仅有一成业绩斐然。1997年技术公司组合的克莱纳·珀金斯(Kleiner Perkins)雇用了16.2万名员工,总收入达到610亿美元,股票市值达1 250亿美元。[3]

  这种封闭的地域文化可能仅对风险资金家、天使投资者、有抱负的技术型企业家和有财势的人开放,硅谷中似乎有种特殊的文化群体存在。[4]这里,硅谷的文化群体网络中至少有5个文化俱乐部,针对印度、巴基斯坦、孟加拉(印度企业家协会和硅谷印度专业联盟),韩国(韩裔美国企业家社团)

---

[1] Lewis, Michael. (March 1, 1998). The little creepy crawlers who will eat you in the night. *The New York Times Magazine*, Section 6, 40—46, 48, 58,62,79,80—81.

[2] Rogers, Everett M. and Larsen, Judith K. (1984). *Silicon valley fever: Growth of hightechnology culture.* New York: Basic Books.

[3] Lewis (1998) Ibid.

[4] Takahashi, Dean. (March 1998). Ethnic networks help immigrants rise in Silicon Valley. *The Wall Street Journal.*

和中国台湾(南加玉山科技联盟)。由于硅谷23%的工作者都是移民,他们参与当地同乡会以避开当地权力集团,这一点也不奇怪。通过这个渠道能在两周内在硅谷找到一份工作。印度人、以色列人以及广大欧洲人零星散布于这片土地上,但华人是最集中的,大约有6万至7万的美籍工程师。然而,南加玉山(中国台湾)相对成员比较少,只有460个个人和180家企业,其中包括应用材料公司和惠普。晋升限制和语言障碍仍是其中的重要因素。

像红杉资本事务所之类的主流风险资本家早已开始在移民成功开办的公司中吸收合作伙伴,并创立基金来吸引他们。外来投资在增长的同时,民族关系网也在扩大成员以抵制国外出生工程师数量的减少。南加玉山现有20%的成员不是在中国出生。这些具有美国特性的同胞自视为这个主流的桥梁。

彼得·艾伦(Peter Allen),福斯特和米勒技术中心拥有者,吸引了20个租户来到他的企业孵化器,而且还有后备租户。"他们和其他软件公司共处一室,每平方英尺18美元,空间小,租期短。我们没有被分割,并且改变市价。"但是彼得找不到一家在安阿伯附近独立于密歇根大学并且寻找场地的生物技术公司。彼得说:"我拥有2 000平方英尺的空闲实验室,却找不到买主。"[1]这也许能解释为何高科技企业孵化器能产生效果——和有相同才能、志同道合的人一起使他们的公司合作起步,所产生的协同作用。

也许高科技公司需要低价空间企业孵化器和协同作用,其他初创公司则不用。黛安娜·罗希(Diane Rossi),"有小狗,好好清理"的创始人于1990年在芝加哥创办该企业,现在则是一家繁荣的清洁公司,正将眼光瞄上了回收利用方面。只要你花10美元就能帮你清理后院和照顾狗,她现在有200个常客。这是需要奉献和勇气去开始的。尽管清理狗粪便、整理花园之类的工作无人问津,但工作不会自己开始,不断会有像黛安娜所经历过的问题产生,需要不时寻求帮助。[2] 同样的问题也发生在欧洲。最近对500家小公司的研究揭示,在欧洲18.3万种工作的需求在增长,同时也面

---

[1] Personal communication with Peter Allen, March 19, 1998.

[2] Thomas, Paulette. (March 20, 1998). Diane Rossi changes her unlucky life via unlikely business. *The Wall Street Journal*, p. B1.

对着11%的失业率。[1]

更讽刺的事情发生在硅谷的企业孵化器。加州森尼维尔市被反改革派称为真空管谷(Vacuum Tube Valley)。他们经常在这里定期举行以物换物集会,重振一种因硅谷繁荣而被取代的行业。推动这一活动的是爱玩高级音响,对声音严格追求的人,这种声音只能从电子管上获取,他们如发明家李·德福瑞斯特(Lee DeForest)那样开创道路。他在1911年帕洛阿尔托的联邦电报公司将第一支真空管用于电话设备和扩音器。真空管多年来推进了无线电、广播、高保真音响、电视和录音市场。1947年晶体管的出现几乎中止了他持续多年的尝试,但真空管仍以每年1亿美元的销售在市场的夹缝中生存。大约80%的销售是针对专业音乐人和录音室的,其余是音响设备的高档客户,包括那些希望重新生产的美国公司,如特兰大天星公司(Westyex Corporation)。真空管谷实际是对坐落于森尼维尔的工业的宣传。作者、读者声称他们不是反对工业改进,只是出于对电子管提供的独一无二声音的热爱。但是,他们仍然穿T恤,写着诸如"Analog Retentive"的句子。[2]

先进技术计划

一个可比较的政府支出,推动像波兹曼研究的案例,正由美国科学和技术研究院(NIST)开展。先进技术计划(ATP)成立于1990年,对那些拥有基础广泛的经济利益的高风险技术提供成本分摊奖励。早期的报告表明,参与计划的125家公司和非营利性组织中70%表示没有资金支持将无法继续。[3] 最近的先进技术计划项目评估[4]列出以下的一些有利结果:

1. 有38项完成的先进技术计划项目(1991~1997),总计获得美国科

---

[1] Flynn, Julia, Dawley, Heidi, Baker, Sephen, and Edmondson, Gail. (March 23, 1998). Startup of the rescue. *Business Week*, pp. 50—52.

[2] Hamilton, Joan O'C. (March 30, 1998). Where the "tube guys" hunt for sweet sound. *Business Week*, pp. 16E2—4.

[3] Ashley, S. (1996). Federal labs and industry come together. *Mechanical Engineering*, Vol. 118, No. 10, 80—84.

[4] Long, W. F. (March 1999). Advanced technology program: Performance of completed projects, NITST special publication 950—1. Gaithersburg, MD: U. S. Department of Commerce, Economic Assessment Office.

学和技术研究院资助6 450万美元。

2. 大部分(34个)是单个公司的项目，多数是7个技术领域(如化学、能源、生物技术、计算机和电子)的小公司(28个，员工数量在20～400人)项目。

3. 2/3的项目称如果没有先进技术计划的支持将无法完成。

4. 7个项目获得技术奖励。

5. 63%推出了新产品或新服务。

6. 原本27个小的单独申请人公司中的60%在获得资金支持后，规模扩大了至少1倍。

7. 12个项目失败或无法延续，仅仅3个项目归还了投资金额。

8. 项目回报方式多种：一是(车身过程监控)和克莱斯勒及通用汽车公司联盟，预计到2000年在半数工厂安装设备后，将回报6 500万～1.60亿美元的资金。

能源相关发明计划

另一个受到评估方面极大关注的联邦项目是能源部的能源相关发明计划(Energe-Related Invention Program)，创于1974年。该计划帮助新技术使其商业化并得以生存，这花费了很长一段时间。使用相同指标得出的结果令人吃惊。609项能源相关发明计划技术结果如下：[1]

- 24%(609项中的144项)的能源相关技术进入了市场并实现了销售。
- 能源相关发明计划产生了20∶1的资助销售回报(4 750万美元的资助产生了9.61亿美元的销售额)；销售额是整个计划拨款的8倍(1.24亿美元)。
- 仅1994年，5个能源节约技术就节约了足够整个美国使用12个小时的能源量

这些能源相关发明计划的结果对于获得范围更大的联邦资助计划十分

―――――――――
〔1〕 Brown, M. A. & Rizy, M. A. Evaluating the Economic, Energy, and Environmental Impacts of a Technology Commercialization Program. Proceedings of the 1997 Energy Evaluation Conference (pp. 255—260). Chicago: DOE.

有利,也许部分因为仅仅2%的能源发明通过能源部的筛选过程,成为商业化的候选。所有发明中的大约2%可被商业化,这个比例比较适合。天然气研究所(GRI)自1978年开始着手一个相似计划,欧洲委员会(EC)1968年实施一个勘探计划,其结果也相适应。天然气研究所1991年预算14.1亿美元。欧洲委员会1990年的50个发明进入市场,得到了几十亿美元的研发资金。

这些能源相关发明计划的产出对那些已经消耗相当多资金的小企业创新研究(Small Business Innovation Research, SBIR)计划也十分有利。"1983~1993年间,11个联邦机构给予5万个公司近2.5万个小企业创新研究奖项,总价值超过32亿美元……1992年,小企业创新研究公司仅收到4.71亿美元的销售收入"。进一步,纽约生产扩大计划(New York Manufacturing Extension Program)在1993年4月至1994年12月投资了1 290亿美元,对增加值的影响从2 900万美元扩大到1.087亿美元。能源相关发明计划同期投入1 240万美元产生销售额1.33亿美元,两者的结果几乎是相同的。这些能源相关发明计划计划效应指标在表8-1中进行总结。

表8-1　　　　　　　　　　　计划效应指标

利益分类	计划效应指标
进入市场	至少144个能源相关发明计划技术已经商业化,约占商业化比例的24%
销售额	1994年的144个技术产生了当年9.61亿美元的销售额
衍生产品	1994年52个衍生技术产生9 800万美元的额外收入
雇佣	1994年产生757个工作岗位,10年(1985~1994)产生了6 646个工作岗位
税收	1994年美国国库收到能源相关发明计划相关税收收入440万美元

资料来源:Marilyn A. Brown, "Performance Metrics for a Technology Commercialization Program," *International Journal of Technology Management*, Vol. 13, No. 3, 1997, Table 3, p. 243。

企业孵化器、联邦实验室合作和能源相关发明计划结果之间成功率的相似性不容忽视。25%成功商业化,并有3~8倍的投资回报。这些比率自这些计划开始或者至少系统评估开始便保持稳定。新产品商业化成功率最初在美国大约是60%,但计划评估在技术投入市场前便开始了。一项研究发现,在探索、筛选、商业分析后,需要在7个新产品中选择一个投入市场,商业化率是14%。[1]进一步，1~2个明星产品能补偿许多新产品的损失，这些在波兹曼的研究中被揭示。

另一个对联邦实验室技术的商业化大型研究丰富了对成功模式的解释。艾里·凯斯乐和克莉斯汀·克莱门兹(Eli Geisler and Christine Clements)研究了43个实验室的428个科学家、工程师[2]，发现联邦实验室技术的商业化依靠实验室管理和公司的良好合作。以下将使商业化提高：

- 高层实验室管理人员将积极支持与行业的合作，提供激励以促进合作。
- 做出特殊贡献及对商业化有积极态度的科技人员将更加成功(对成功的最佳预测指标)。
- 公司职员意识到联邦实验室同事愿意承担风险并处理分歧。
- 实验室和公司以前有过合作。

该项研究发现和联邦实验室合作的平均投资是45万美元，平均回报约100万美元，这样导致平均的成本回报为2∶1。[3]然而，这些利益直到实验室推进和培养了技术队伍中的创新小组成员才实现，而这和其他对成功研发实验室文化的研究普遍一致。

商业化联邦研发

美国近代历史任何一个时期中花费在研发上的资金，联邦政府的开支占一半，一般不少于1/3的研发总支出。目前的比例是总研发支出的40%。[4]尽管世界其他国家和地区(如新加坡)拥有较为成功的政策来推动创新，美国仍然在专利奖项数量和研发对国内生产总值贡献两个方面具有领导优势。美国创新开发的比例正在加速，联邦政府至少能根据一个报

---

[1] Brown, Marilyn A. (1997). Performance metrics for a technology commercialization program. *International Journal of Technology Management*, Vol. 13, No. 3, 229—243.

[2] Elliezer Geisler and Christine Clements, Commercialization of Technology from Federal Laboratories: The Effects of Barriers, Incentives and Role of Internal Entrepreneurship. Final report to the National Science Foundation, Grant no. 94—01432, August, 1995.

[3] Ibid., p. xi.

[4] 在1996年，联邦研发预算是73亿美元，或全美研发费用的182.25亿美元的40%。

告来确认这个趋势。[1]

最近对联邦实验室技术商业化的系统调查研究结果同早先的企业孵化器研究得出同样的结论。这是巴利·波兹曼(Barry Bozeman)和他的团队对229个行业同联邦实验室合作项目,包括27个实验室和219家公司的研究报告结果。[2] 结论如下:

- 这种合作的22%产生市场产品,并有38%的新产品开发正在进行。
- 项目资金获利超过成本,比例在3:1。[3]
- 项目90%的参与公司不单独增加新的工作机会。[4]

几乎所有参与调研的公司总体上表示他们有不错的合作。波兹曼的研究中,89%处于"合作愉快"行列。成立于1990年的美国科学和技术研究院(NIST)先进技术计划,对有广泛经济利益的高风险技术提供成本分摊奖项,参与计划的125家公司和非营利机构中70%表示没有资金支持他们将无法完成。[5]

波兹曼调查还增加了那些在联邦实验室和公司合作中的大赢家,他们的回报超过1 000万美元。但总体上来说,3个综合性因素对成功产生了影响:(1)合作对新产品引入的关注;(2)实验室同公司有合同;(3)公司和实验室早前有过合作经历。[6]

研发税收抵扣

里根政府于20世纪80年代中期引入创新激励,对新研发项目有25%

---

[1] Hanson, David. (November 27, 1995). Study confirms the importance of federal role in technology commercialization. *Chemical & Engineering News*, Vol. 73, No. 48, p. 16.

[2] Bozeman, Barry, Papadakis, Maria, and Coker, Karen. (January 1995). Industry Perspectives on Commercial Interactions with Federal Laboratories. Report to the National Science Foundation, Contract No. 9220125.

[3] 波兹曼说如果你没有控制非自有资金投资的公司,这个比率是4:1,如果控制,该比率下降到3:1。(每个公司的平均利润是18亿美元,平均成本是54.4万美元)。

[4] 岗位创造是唯一准则,按照该准则实验室与行业的互动尚未取得特别的成功……雇佣增长似乎不是有限时间的函数,1985年之前岗位创造率要低于1990年后。

[5] Ashley, Steven. (October 1996). Federal labs and industry come together, *Mechanical Engineering*, Vol. 118, No. 10, 80—84.

[6] Bozeman, et al (1995) op cit., p. viii.

的研发税收抵扣是提高公司生产率和促进全面成功的一项有效手段。[1]然而,也产生了不少问题。(1)该政策只对新研发有效,所以那些已经做了正确措施的公司将无法享受到该项优惠。(2)基于国家科技基金方针,什么是研发优惠准获的条件。工程项目申请可获得吗?采购研发或合同技术或合作研发呢?这些问题从没得到令人满意的答案。

这是美国和其他22个工业国家的一项研究,它揭示研发税收抵扣在激励有效的研发花费上没有预期的影响。[2]第一,税收激励在区分总研发花费水平和成功的部分上没有作用。第二,不是所有符合研发税收抵扣的研发花费在生产力增长上有相同作用。进一步,大部分最终影响公司运作的技术知识向外部发展形成公司,如大学,州和联邦实验室或中心,合资企业,联盟和其他。能有效利用内外部资源相结合效用的公司成为了胜者,研发税收抵扣似乎并不适合现在创新过程管理领域。

另一个关于研发税收抵扣的关注是公司和经济领域与所应用行业之间的区别。仅制造行业,在技术机遇、市场规模、可获利能力方面有相当多的不同。研发密集型行业,如经济中的高科技领域,似乎更能获得创新的利益,以提高研发投资的私人价值。研发、生产率和新产品的迹象显示研发密集型行业新产品的单位研发投入较少,平均全要素生产率相对研发强度较低。研发税收抵扣也许对高科技行业没多大影响。[3]

分开而言,在最近相关发展上,克里斯托夫·科克斯(Christopher Cox,加州代表)正重提网上业务税收计划,网上业务多数迄今为止免税。尽管各州能制定其自身的税率,但每个州按该计划只能征税一次,且在今后3年保持不变。30年来最高法院坚持对实物资产征税,邮购也不例外。当然,这不适用于电子商务。[4]

[1] Bailey and Chakrabarti, circa 1987.

[2] Leyden, Denis and Link, Albert. (January 1993). Tax policies affecting R&D: An international comparison. *Technovation*, Vol. 13, No. 1, 17—25.

[3] Klenow, Peter. (June 1996). Industry innovation: Where and why. *Carnegie-Rochester Conference Series on Public Policy*, Vol. 44, 125—150.

[4] Gleckman, H. (April 6, 1998). The tax man eyes the net. *Business Week*, 131—132.

无损害生产和技术创新

无损害生产(Low-impact Manufacturing)成为一个流行词,指为保护地球自然生态而与环境和谐相处的行业实践。在美国正在进行的几项重要政策试验包括采纳由美国环境保护署(EPA)支持并批准的防止环境污染技术。早先提及的低排放涂料联合会的案例很早就提到过(参见第四章)中环境保护署仅间接介入,但有重要的政策意义,因为由此联盟发展的新技术实践会被环境保护署作为标准采纳。

美国环境保护署正资助金属表面精整2000项目(Metal Finishing 2000 Project),它在生产领域有重要的技术应用。[1] 该项目有几个"模范公司,包括在密歇根州普西兰蒂的沼泽电镀公司(Marsh Plating Coporation)。金属表面处理项目是由一个经济部门为工业参与的'快速追踪'试验挑选的,如果技术改变能证明改善整个自然环境,那么公司便能重新商议环境条例。这个过程牵涉到'灵活运作和达到巨大环境目标'的拨款,以激励其他公司遵循这一模型。[2]

计划至今的教训包括,但不限于以下几点:

1. 尽早和管制机构和利益相关者建立平等合作关系。
2. 在利益相关者参与前,计划解决与管制相关的事项。
3. 和现存计划相关联。
4. 使用转变"冠军"模型(一次或多次强烈、持续支持新项目)来培育领导和经纪人的一致观点。

这些教训基于机构能够"超越规程"的假设。环境保护署对早期回报和技术试验有档案保存,但把自然环境融入到商业计划的间接收益和由此给予公司的"先行优势"则很难评估。这是一个积极研究趋势,他们的贡献远

---

[1] U.S. Environmental Protection Agency. Metal Finishing 2000: Lessons Learned and New Project Guidance. Common Sense Initiative, Metal Finishing Sector, Strategic Goals Program, Washington, D.C., July 1998.

[2] Ibid., p. i.

不止这些。[1]

生产扩大计划

也许最骇人的公共政策挑战在制造业,正如环境保护署的金属表面精整2000项目证明的,怀有不同初衷的合作,而所有的这些都是设计用来"帮助"经济领域的。最近这在美国和全球倾向于区域发展政策推动技术领导方面显得特别重要。[2] 这里有许多原始案例,其中之一是生产扩大计划。生产扩大计划由美国科学和技术研究院于1989年创立3个中心。这个计划已经成长并在42个州和波多黎各建立了中心。[3]

生产扩大计划的一个系统评估与2个州的8个来自每年的制造业调查和普查的公司可比样本相结合。生产扩大计划客户相比非客户有3.4%～16%的高劳动生产率。这些发现很重要,给定生产扩大计划开始达到美国中小企业(SMEs),传统而言比大型工厂生产率要低。[4] 美国有37万家中小企业。

驱使这类计划的一个假设是中小企业采纳现代制造业技术和设备的速度较慢。这个研究也发现客户发展比非客户更快,单个的客户更愿意使用生产扩大计划,工厂年限和技术使用之间没有关系。小工厂和大工厂相比似乎成为客户的可能性较小。同一时期(1987～1992)销售额增长很快但生产力提高较慢的工厂更容易成为客户。与早期对技术采纳的美国商业部研究(包括加拿大同类研究)—需要对任何政策举动做出解释——一样,行业

---

[1] Hart, S. L. (January-February 1997). Beyond greening: Strategies for a sustainable world. *Harvard Business Review*, Vol. 75, No. 1, 66—67; Hart, S. L. (October 1995). A natural-resource-based view of the firm. *Academy of Management Review*, Vol. 20, No. 4, 986—1014.

[2] Storper, M. (November 1995). Regional technology coalitions: An essential dimension of national technology policy. *Research Policy*, Vol. 24, No. 6, 895—911.

[3] Oldsman, E. S. (May 1997). Manufacturing extension centers and private consultants: Collaboration or competition. *Technovation*, Vol. 17, No. 5, 237—243.

[4] Jamin, R. S. Evaluating the impact of manufacturing extension on productivity growth, forthcoming. *Journal of Policy Analysis and Management*, Vol. 16, No. 1, 1999.

之间有明显和显著的差异。[1] 因此,生产扩大计划服务关注于提高生产率,如采用新技术,比那些提供诸如 ISO9000 信息的服务更为有效。后者对获得并保留客户更有用,而不是在流程效率的改进方面。

总之,生产扩大计划客户有以下特征:大型、经历高销售增长的低生产率(行业差别撇开不谈)的单个工厂,坐落于生产扩大计划中心附近。研究使用的方法应用于联邦机构的评估,按照 1993 年的《政府运作结果法案》,需要每年的产出报告。

生产扩大计划中那些效率数据意味着什么?我们如何解释它们?丹·卢瑞亚(Dan Luria)对密歇根州的推广服务做了相关的广泛调查。他的报告说到中小企业如何定义在目标推广服务上的众多区别。[2] 38 万家在美国成立的制造企业中,37.5 万家员工少于 500 人,为经济贡献 7 830 亿美元。但是这个数字有误导,因为这些小企业其实是大企业的分厂。卢瑞亚相信推广计划应该更多关注那些员工数在 20~500 人之间的单个工厂企业,大约 75 000 家目标工厂以使扩大计划增值最大化。这 75 000 家工厂平均咨询时间大约 20 小时。

迪泽克、卢瑞亚和威尔达(Dziczek, Luria, and Wiarda)[3] 报告密歇根生产扩大服务影响的组合结果。客户和非客户相比,客户在就业和销售增长上表现较好,有较快的启动,更多使用计算机辅助设计,更多存货周转,有更好的培训经历,在统计质量理念上经过更多培训。然而,考虑到每个员工的工资和劳动生产率,客户未必胜过非客户。

政府采购

过去,在那些国防预算很高的日子里,联邦政府通过购买货物,如高科

---

[1] 对二维 SIC 代码的假设估计建议在 SIC 代码 30.33—38 组比其他行业有更高的变成客户的可能。

[2] Luria, D. Toward Lean or Rich? What Performance Benchmarking Tells Us about SME Performance, and Some Implications for Extension Services and Mission. Industrial Technology Institute, Ann Arbor, Michigan. Presented at Manufacturing Modernizarion: Learning from Evaluation Practices and Results, Atlanta, GA, September 11—12, 1996.

[3] Dziczek, K. Luria, D., and Wiarda, E. (1998). Assessing the impact of a manufacturing extension center. *Journal of Technology Transfer*, 23, No.1, 29—35.

技武器系统和相关产品及服务,扩大在私人领域创新的影响。这已风光不再了。尼尔森(Nelson)说现在有3项技术政策问题:[1]

1. 政府支持的应用研究。
2. 私人部门基础研究资金的下降。
3. 知识产权保护。

本质上,采购并不列于此。但是,联邦、州和当地政府通过购买促进技术发展。单单每年政府资助的基础设施的更新投资就有上百亿美元。一个案例是空中交通技术混乱局面(参见资料8-1)。一项5亿美元的预算如今至少增加了2倍,估计在安全及避免飞机延误上需要做出更多的渐进性改变。

资料 8-1

联邦航空局现代化计划:一旦突破性技术失败,就是快速修整时机

自里根总统解雇了联邦航空局罢工员工,人们就建议用先进自动化系统来代替过时的系统。软件问题迫使1993年的现代化设想流产。

飞机延误使得航空业每年损失上千万美元,1997年头11个月就有225个失误,比1996年增长了22%。

而后联邦航空局的主任大卫·黑森(David Hinson)准备了备用计划,提出了革命性的解决方法,可以节约资金并降低飞机飞行的风险。他提议建立30个地面站网络以增大国防部卫星导航系统,花费估计在4亿～5亿美元。此后4年,计划才开始实施,现在成本估计是当初的好几倍。不可预计的技术问题增加了系统的复杂性,安装费用昂贵使得前景渺茫,尤其是目前飞机上还是未测试设备,18万小航天飞行器几乎使得原计划破产,如果按计划实施,现在估计成本为140亿美元。

代替长期计划并提供快速修整是一个轮换的更简便系统,包括软件升级和正在靠近西雅图的在建控制中心使用20英寸监视器测试的新程

---

[1] Nelson, Richard R. (November 1995). Why should managers be thinking about technology policy? *Strategic Management Journal*, Vol. 16, No. 8, 581-588.

> 序。达拉斯正测试两种系统以改善飞机排序并为飞回本国的商用飞机提供场地。在印第安纳和田纳西州,一天当中的某些时候,预模型冲突探测系统正在测试中,并警告控制中心,如果航班线路交汇,在撞击发生前的30分钟警示交叉点。麦克·麦克纳利(Mike McNally),1.7万空中交通监视联盟成员的主席说转换新系统需要时间,但这一点上,这种新的转换是十分受控制员欢迎。
>
> 资料来源:Jeff Cole, "Near Miss:How Major Overhaul of Air-Traffic Control Lost its Momentum" *Wall Street Journal*, March 2, 1998, pp. A-1, A10.

如果算上在高速公路上的2.17亿美元花费,这个情况在美国逐步恶化。它包括很大的项目,例如140亿美元用来买泊船,运送新车去布鲁克林和曼哈顿的交易商处(他们还在开吗),275万美元修建通往戴顿棒球场的路。[1] 在美国法律上重建基础设施,填补账单,那将是个奇耻大辱。

监 管

政府最著名的就是监管——这个方法能以某些立法者无法预计的方式促进。但是该监管的外延,举个例子,反对直接和间接研发资助,在创新流程中的作用颇有争议。特别是市场监管,可能对创新倾向有直接重要影响,尤其是通过创造替代品市场,特别是为发展中国家。4种类型的监管关联密切:[2]

- 旨在避免危及生命和健康的监管。
- 保护使用技术不受其他公司干预的监管。
- 保证工作和生活环境最低舒适标准的监管。
- 保护自然环境的监管。

最后一类最近得到了相当的关注,先前低排放涂料联合会案例(参见第

---

[1] Harbrecht, Douglas. (April 13, 1998). Will tons of highway pork flatten the balanced budget? *Business Week*, p. 41.

[2] Braun, Ernest and Wield, David. (1994). Regulation as a means of social control of technology. *Technology Analysis & Strategic Management*, Vol. 6, No. 3, 259-272.

四章)中有重点表现。尽管汽油加税无休止,石油稀缺,美国消费者将以与世界市场指标同样的高价购买汽油。目前,佛蒙特州、明尼苏达州和缅因州正为燃油税替代购物业税争辩。到这个提案被接受将有个漫长过程,但荷兰每年从天然气和电力税收中集资 9 亿美元,主要用于社会保障方面。消费没有下降,所以荷兰可能下一年要提高税收至 17 亿美元。税收转换已出现在丹麦、芬兰和瑞典,但也存在问题:西北航空公司称这将每年花费他们 4 700万美元。[1]

美国环境保护署发起的制造企业所在地设立超级基金的压力,如马萨诸塞州匹兹菲尔德市的通用电气,那里多氯联苯(PCBs,据称为致癌物)用于化学合法交换,对新技术似乎没有任何影响。[2]

贸易监管,如禁止向潜在外国对手出口双用项目(高科技军事和商业应用),起先颇有争议,后来便不太引人注意了。争议也有多面,包括由于美国并不是唯一的高科技军事技术资源(美国战略的支撑),单边禁止出口只会损害美国。[3]

政府和服务经济

出于经济报告的目的,所有的政府活动都将作为较大的服务经济中的一部分。[4] 对服务经济中管理和商业应用兴趣的增长都离不开政府。[5]

---

[1] Carey, John. (April 13, 1998). Commentary: Give green taxes a green light. *Business Week*, p. 31.

[2] Carley, William M. (April 7, 1998). GE plant, river face superfund status. *The Wall Street Journal*, p. A—2.

[3] D'Andrea Tyson, Laura. (July 6, 1998). Washington can't keep high tech to itself, so why try? *Business Week*, p. 18.

[4] 除了美国管理预算的工业分类标准 SIC4311 中的 10.2 条涵盖了美国邮政服务外,其他政府活动遵循从 SIC 代码 9111(执行部门)到 9721(国际事务)。

[5] Business cases on the service sector can be found in Sasser, W. Earl, Hart, Christopher W. L., and Heskett, James. (1991). *The Service Management Course*. New York: The Free Press; also see innovation in service generally is introduced in Galouj, F. and Weinstein, O. (December 1997). Innovation in services. *Research Policy*, Vol. 26, No. 4, 5, 537—556; an overview of innovation in government appears in Lewis, R. and Delaney, W. (May-June, 1991). Promoting innovation and creativity. *Research-Technology Management*, Vol. 34, No. 3, 21—15.

一项特殊的研究发现采纳行政创新后来的几年对俄亥俄州当地政府资金平衡有积极作用。[1] 针对政府改革的研究有很多的案例,如森林服务和商业部贸易信息中心。[2] 然而,邮政服务应该是其中最能证明政府服务和技术创新如何相互作用的。这将在资料8—2中进行总结。

资料8—2

技术和美国邮政[3]

美国邮政被玩笑式的压力覆盖着,从不称职到工作场所暴力到超慢蜗牛式邮递,问题反复来回。如果最近你去过邮局,你可能没发现那些和你第一次去时不同的地方。但是自1970年开始后台运作不断变化,在近10年变化剧烈。今天,邮局加入了和联邦快递及其他一些小速递公司的紧张激烈的竞争。部分争论针对邮政公共包邮情况下构建公平,以低廉、统一标准为公众服务。

邮局在邮寄业务持续增长的时期开始其改进工作,以提高运作效率。美国邮政服务邮递全球43%的邮件,1996年每天分拣6.03亿封。好消息是条形码、信件分类技术、邮政编码和其他一些方面的变化使得91%的当地一类信件能隔天送达全国各地。另外,15年间,没有任何纳税人

---

[1] Gianakis, G. and McCue, C. P. (September 1997). Administrative innovation among Ohio local government finance officers. *American Review of Public Administration*, Vol. 27, No. 3, 270—286.

[2] Mettke, K. H. (Fall 1992). Reinventing government: A case in point. *Tapping the Network Journal*, Vol. 3, No. 3, 14—16; Zaineddin, M. and Morgan, M. B. (May 1998). A new look: The Commerce Department's trade information center continues its tradition of excellence with expanded services. *Business America*, Vol. 119, No. 5, 16—17.

[3] 该案例摘自:Bot, Bernard, Ivo, J. H., Girardin, P. A., and Neumann, C. S. (1997). Is there a future for the postman? *McKinsey Quarterly*, No. 4, 92—105; Anthes, G. H. (June 9, 1997). Postal service technology budget misdelivers. *Computerworld*, Vol. 31, No. 23, p. 33; Andelman, David A. (June 1998). Pushing the envelope. *Management Review*, Vol. 86, No. 6, 33—35; Rosen, Sheri. (April-May 1998). More than postage stamps sends messages at the postal service. *Communication World*, Vol. 15, No. 5, p. 43; Minahan, Tim. (March 26, 1998). Strategy shift pushes more business to parcel carriers. *Purchasing*, Vol. 124, No. 4, 87—89; Duffy, Tom. (April 3, 1996). Siged, sealed and delivered. *Communication Week*, No. 604, p. 43; Neither rain, nor sleet, nor shrinking bandwidth, (May 15, 1996). *CIO*, Vol. 9, No. 15, p. 22; Wice, N. (November 1997). Snail mail meets e-mail. *Working Woman*, Vol. 22, No. 11, p. 22.

补贴。坏消息是并非所有邮局技术实验都是成功的(例如,20世纪80年代早期的电子商务和一个叫"邮政伴侣"的电子亭计划在1993年就放弃了,仅应用一年)。进一步,邮局在1988~1994年间和联邦快递抗衡就在收入上损失了60亿美元。运作成本仍是重要事项,也是最佳技术改进机会。1996年支出上升4.7%而收入仅上升3.9%。人工成本预计在1997年将上升6%。

邮政服务部门打算2001年在劳动力节省技术上投入36亿美元,主要是快速分类和条形码设备——已证明收效不错的创新,这一点也不奇怪。但是邮局与像富士施乐之类的伙伴合作开展工作,这是最令竞争者担心的。最近新推一个产品,富士施乐在加州安娜海姆输入了邮寄的副本,几秒后它出现在了德国全球邮政的打印机上,之后便由德国邮局发送了。美国邮政现在在网络上有邮箱。电子邮戳、人工方式给顾客发送电邮而非计算机方式,以及网络连接政府机构也将很快实现。

在私人领域的运送公司也正忙于注入新技术。联邦快递和联合包裹服务公司(UPS)每年在网络追踪技术和追踪信息技术上支出10亿美元。举个例子,联合包裹服务公司在1994~1996年的两年间通过建立65个技术支持中心、减少运途和管理来电方式,节省了1 500万美元。

25年前,邮局部门成了美国邮政服务中的半独立部分。目前的情况是,是什么构成560亿美元半私人政府机构和联邦快递、美国联合包裹服务公司等之间的公平竞争?一个提议是把邮局分成两个产品分支:非竞争性邮递,如第一类邮件将会有一个固定且有上限的价格;竞争性邮递,它的价格将按照市场情况而定。国会也正在考虑允许私人公司进行邮件发送工作。电子邮件也正在积极研究中。国会已经授权到1999年所有的支付款项都将电子化,今后将以每年1亿美元的数量削减邮局损失。

在过去的5年中,由于税务、电子邮件、电子数据互换的原因,邮局在商务邮件方面下降了33%。预测估计10年间个人电脑(PC)家庭将电子支付需要的账单的比率为美国30%,欧洲15%~25%。瑞典和芬兰废除了各自的邮政专营权,同时欧盟限制邮寄350克以下(丹麦则是250克,德国200克)信件。荷兰如今将其半数的邮政服务包给海外,包括行业外的首席执行官。这些趋势都暗示着全球邮局将因为直接或间接新技术注入而持续改变。

25年前,美国邮政部门成为一个半独立的政府机构,称为美国邮政服务,之后机构中的变化一直延续。讽刺的是大部分变化对典型的当地邮局顾客是透明的。而像高速条形码读入器之类的电子邮件服务和后台操作的创新,公众很难看到。未来即使有了所有这些投资,政府也不会使邮政服务的日子过得轻松:委托管理像无纸账单和内部收入服务的业务威胁邮局的核心业务,即普遍低价的第一类邮件。邮局的竞争对手,如联邦快递通常被认为是隔夜邮包送递的标准服务,这使得邮政服务备受改革和创新的压力。新法律提案将邮递服务分割成竞争性服务和非竞争性服务,伴随新技术的持续投入,到2001年整个项目的投入达到36亿美元。

美国所有州的信息获取技术的规划预计以线性的斜坡式稳步增长,从1996年200亿美元到2001年将近300亿美元。这波趋势的例子包括把康涅狄格州外购信息技术系统外包给一个私人企业,这个计划费时7年,耗资10亿美元。康涅狄格州预计这个计划每年能省下5 000万美元。1998年整个美国信息服务市场价值在1 500亿美元。[1]

总统动议

乔治·W. 布什总统(George W. Bush)的创新工作日程已经向外公布,其中包括四项内容。[2] 总统由于在技术方面没采取强硬的领导态势而遭到批评,也许最近的政策会对这一负面评估做出部分回应。[3] 下面将总结一下布什总统的技术政策。[4]

2004年4月26日,布什总统宣布了一系列特殊举措以激起新一轮创新——鼓励干净可靠的能源政策、确保良好的医疗护理服务、扩大美国各地高速互联网的连接。

---

[1] Zeller, Wendy. (July 6, 1998). The promised land for outsourcing? *Business Week*, p. 39.
[2] http://www.whitehouse.gov/infocus/technology.
[3] http://www.ndol.org/ndol_ci.cfm?contentid=251205&kaid=132&subid=193.
[4] http://www.whitehouse.gov/infocus/technology/.

未来通过氢燃料技术提供一种更洁净、更安全的能源:总统宣称能源部通过竞争筛选了合作伙伴,来构建总价3.50亿美元(私人股东出资5.75亿美元)的新的氢研究项目,解决氢经济中的障碍。这是布什允诺将氢和燃料电池技术从实验室带到商品陈列室所投入的研究金额12亿美元的近1/3。这个项目将囊括学术界、行业和国家实验室的28个奖项。

通过健康信息技术改革医疗行业:布什总统相信在电子医疗记录和医疗信息安全交换上的创新将有利于美国医疗行业的改观——改善医疗质量、降低成本、避免医疗事故、提高管理效率、减少纸上工作、增加负担医疗的途径。

通过宽带技术推进创新和经济保障:布什总统要求到2007年实现普遍、可负担宽带技术,并希望确保美国民众在购买宽带业务时有更多的技术选择。宽带技术将提高国家经济竞争力,同时将有助于改善所有美国人的教育和未来生活。宽带为美国人提供高速的互联网连接途径,改善国民经济生产力,提供提高生活质量的活动,如远程学习、远程的医疗诊断,并能更高效地在家工作。

布什总统的前任克林顿总统在戈尔副总统的帮助下关注信息获取技术。他的观点几乎和布什的第四个任务如出一辙。

计算机和互联网在美国人生活中越来越重要,但也在获取信息的人和不能获取信息的人中间出现了"数字分化"。要使计算机和互联网像电话那样普及……2001会计年度预算提议:扩大诸如计算机、互联网、高速网络的获取技术;为人们提供有技术的老师,指导他们掌握信息经济;推进在线内容和应用,使得所有美国人能够以其最大潜力使用新技术。[1]

在早些时候(参见第一章),我们看到泰迪·罗斯福(Teddy Roosevelt)总统是如何在肉食包裹行业[辛克莱尔·刘易斯(Sinclair Lewis)的书提到]和军工技术(海上炮火)上产生影响的。所以,这似乎有丰富的传统和政府活动类型示例。合作研发协议是从20世纪80年代开始的总统动议。

---

[1] http://clinton4.nara.gov/WH/Accomplishments/technology.html.

技术和反托拉斯

《谢尔曼反托拉斯法》第二章禁止垄断行为。司法部刚刚起诉阻止洛克希德·马丁(Lockheed Martin)收购诺斯罗普·格鲁曼公司(Northrop Grumman),并说两个承包商合并"将对创新造成重创并破坏国家安全"。微软就其强势的垄断活动依然奋力对抗法官和司法部门。铁路行业的管制解除导致最近的快速合并,持续恶劣服务和价格调整。[1] 先前的商务空中交通管制解除帮助美国建立了中心辐射型系统,该系统由于当地垄断效应,你现在仍然能见到。[2] 由于合并热潮给公司带来的甜头似乎要结束了,紧随其后的是联盟热潮和高科技豁免权。[3]

微软案例曾经引发了极大的关注和一阵骚乱,现在又因为其高科技公司实践和网络空间或者网络上出现的新技术被广泛关注。最近据报道司法部坚信有"足够的新证据打倒微软公司,声称微软在个人电脑操作软件上'非法保留和扩大'垄断"。那时,微软发言人说本案例的中心事件是保护微软和其他公司创新和改善他们产品的能力。[4] 观察这项反托拉斯举动的一个方式是竞争者强大的游说团体,像太阳微系统公司、诺威尔公司和网景通讯公司,都影响着国会和司法部的行动计划。[5] 好几个州正准备采取各自的行动来对抗微软垄断行为,无论司法部有没有行动,同样也针对信用卡

---

[1] U.S. sues Lockheed. (March 29, 1998). *New York Times*, Business Section; Bank, David and Willke, John R. Browser bruiser: Microsoft and Justice end a skirmish, yet war could escalate. *The Wall Street Journal*; and Ingersoll, Bruce (April 2, 1998). Deregulation aids rails too much, shippers say. *The Wall Street Journal*. p. A-2, A-4.

[2] Ingersoll, Bruce. (April 7, 1998). U.S. curbs big airlines from deterring start-ups. *The Wall Street Journal*, p. B-2 and Field, David. (July 23, 1998). Airline lifts off on sense of fare play. *USA Today*, p. B1.

[3] Garland, Susan. (July 6, 1998). The FTC's eager sheriff. *Business Week*, pp. 65—66.

[4] Wilke, John R. (April 6, 1998). U.S. closes in on new Microsoft case. *The Wall Street Journal*, pp. A-3, A-6.

[5] Craig Roberts, Paul. (April 13, 1998). Microsoft is the victim of a legal mugging. *Business Week*, p. 16.

行业滥用反托拉斯的无关行动。[1] 最近一次生效不单单针对微软,对该行业其他巨头也是一样的,[2] 比如甲骨文出价收购仁科软件公司。本章末,该案例将以一个简洁方式讲述以便进一步讨论。讽刺的是,甲骨文就是那个对微软抱怨最多的公司。

同时,欧盟在2004年3月发表了下述声明,重申了对美国微软垄断力的关注。

编号47/04

2004年3月24日

微软:欧盟委员会委员马里奥·蒙迪声明

今天,在布鲁塞尔,欧盟竞争委员会委员马里奥·蒙迪(Mario Monti)在欧盟对微软案件决议的委员会会议新闻发布会上做了下述声明。

"女士们、先生们,我相信你们已经在媒体上看到了我们最近发表的决议,因此,请允许我简单解释该决议的缘由,提问前请再三考虑一下。

委员会今天做出决定,我们发现微软在欧洲个人台式电脑上滥用其实质上的垄断力。我们在经过深思熟虑后做出了该决定。决议前,我部门进行了5年的观察和集中讨论,并和我们的法律专家、经济专家进行了长期的讨论,咨询了15个欧盟成员国和我们的同事。结果会成为另一个关于市场份额滥用的议案,我们将区别并平衡公司恢复其市场竞争力需要的份额。

我们要求微软公开必要的信息确保竞争对手的产品能完全和适当地与微软主导的操作系统'对话'。同时,我们也要求微软提供其不带(微软多媒体播放器)的Windows操作系统的版本。我们并不剥夺微软的知识产权。我们并不打算破坏美国或欧洲新律法基石。我们只是简单地确保任何开发新软件的人在市场上有公平的竞争机会。

我们说顾客和个人计算机硬件生产商应该有能力决定他们想在他们的计算机上安装哪种多媒体播放软件。他们应该自己选择,而不是微软。我

---

[1] Wilke, John R. (April 9, 1998). States ready antitrust move over Microsoft. *The Wall Street Journal*, pp. A-3, A-10.

[2] http://www.foxnews.com/story/0,2933,113212,00.html.

们的决议是保护客户的选择权并刺激创新。"[1]

反托拉斯事件围绕着软件行业中的微软和其他垄断企业,特别是成长市场,这可能有持续为所有的政府和技术创新研究提供案例素材,这一点十分清晰。本书写作时,微软季度报告显示因反托拉斯诉讼数量,与之相关的法律费用有所减少,但总的法律费用仍很高。2005年第三季度财政报告显示法律费用为7.14亿美元,包括用1.23亿美元与捷威(Gateway)进行清算。此外,微软声称他们将储备另外的5.50亿美元以满足其他的反托拉斯诉讼。[2]

州及省的主动权

如果州和当地政府刺激(或控制)创新活动,现在的回顾很难综合,不值得一提。例如,加州在罢免公投前的教育政策如下:

加州在州长格雷·戴维斯(Gray Davis)的领导下,筹资建立了每年3160万美元的数字加州项目(Digital California Project,DCP)。这个项目将保证加州未来学生一代有最佳的数字学习环境,设立州范围内的先进服务网络基金来服务K—12教育。数字加州项目提供教师和学生可获得的工具来达到信息和学习资源的最高效用。

这样,戴维斯州长的继任者做法则较为简单,主要关注税收和电子政府管理。阿诺·施瓦辛格(Arnold Schwarzenegger)议事日程的第一点就是建立公平的税收体系,避免人们和公司离开加州。

加州税务体系——全国第二大繁忙业务——使得该州的资金和工作正在流失。除由第13号提案控制的物业税外,萨克拉门托每一个税种的负担都是全国最高的。该州8.8%的公司税是美国西部最高的,9.3%的边际个人税率也是全国最高的。[3]

其他针对电子政府的行动:

---

[1] http://www.eurunion.org/news/press/2004/20040047.htm.

[2] Guth, Robert A. (April 29, 2005). Microsoft's earnings nearly double. *The Wall Street Journal*, p. A3.

[3] http://www.joinarnold.com/en/agenda/.

电子政府：早期成功

95%的纳税人可以获得电子公文。约 670 万的纳税人——超过一半——今年利用电子公文的优势，每人为州节省了 1 美元。此外，电子公文使退税时间少于 7 天。

卫斯理(Westly)鼓励纳税人从直接存款中收到他们的退税。去年的使用率增加了 30%，现在达到了所有纳税人的 1/3。每 280 万美元直接存款退税节省至少 30 美分，总计节省 84 万美元。

卫斯理推出在线旅游支付申请系统(CalATERS)，办理报销更快捷，并且是文书申请价格的一半(前者 21 美元，后者 39 美元)。系统最终预计将每年节约 900 万美元。

电子政府：下一步

卫斯理正致力于更新带有网络端口、快捷、无纸化的工资和福利系统，替代 30 年的难以维护的系统。控制办公室(The Controller's Office)寻求技术公司方案，在 2007 年 1 月前完成系统的更替。该系统构建的预计成本为 7 000 万～1 亿美元，预计每年将节省 2 000 万美元。[1]

纽约州把电子政府权利扩展到当地政府一层，再也没有比这更好的了。

电子政府可能是当地政府的未知领域，但是技术明显拥有改善操作和延伸当地政府服务的能力。地方和县政府正试图通过寻求最佳技术实施方式来实现这一潜力服务。[2]

周围国家也下放技术政策权利。举个例子，魁北克省政府有个意义深远的政策，刺激下列创新：

创新政策目的是依靠所有地区利益相关者合作努力及更加有利于创新的环境加速创新行业的发展。[3]

这个政策包括三个主要部分：(1)在所有经济部门，增加有能力创新的企业的数量；(2)在所有经济部门，确保为企业创新中的员工进行科学技术

---

[1] http://www.govtech.net/news/news.php?id=90335.

[2] Making a Case for Local E-Government July 2002＞*Download PDF* Meghan E. Cook, Mark F. LaVigne, Christina M. Pagano, Sharon S. Dawes, and Theresa A. Pardo: http://www.ctg.albany.edu/publications/guides/making_a_case.

[3] http://www.cst.gouv.qc.ca/reInnovPrio.html.

培训;(3)发展并保持第一科学研究基础,特别是战略经济领域,最大化对创新研究基础的贡献。[1] 这些活动在英国《先见》(Foresight)和联邦政府的《技术线路图》(Technology Road Maps)上被部分效仿,主要是研究和培训,为影响省内的经济和社会发展而设计。

国际比较

也许包含15个国家的政府和创新竞争国际化研究在理查德·尼尔森(Richard Nelson)的著作《国际创新体系》(National Innovation Systems)中进行了总结。[2] 即便它们被分成不同的团体,比如我们经常说的高收入大国、高收入小国和低收入国家,也很难归纳所有的国家。有这样的大趋势,对政府支持教育、培训系统和响应行业需求的大学制度创新积极影响。财政、货币和贸易政策也在转变,特别是当它们进行出口活动的时候。在政府创新政策方面有合作研发的趋势,但是政府因行业影响不同而支持不同的大学研究和实验室。在生物、化学、药物方面有积极影响。相对而言政府支持并不需要消耗很多成本,它的确激发了创新。

在健全的经济体制中,有一个值得关注的制度延续性问题。这个传统的制度100年里几乎没有变化。英国和美国在对外防御创新性政策上是相当节制的,然而新政府对推动改革相当积极,特别是那些低收入国家。但最终,创新成绩依靠的是公司自身。政府能帮助阻止或者无法阻止企业创新,但政府无法弥补一个较弱的私营部门的创新能力。高需求的国内市场帮助发展好的企业。人们发现,全球性的大公司并不具备这种优势,因为小公司,像那些意大利的合作网络公司,能很好地弥补资源的匮乏。

军队促进一般技术产品转到私人领域,但这类投资的普遍利益和在太空、核动力上的利益受到限制。没有哪个支持高科技的政策强过另一个,都是在世界这个大团体里推动高科技有利于国家层面,成为高效主流技术,如新加坡。加拿大和澳大利亚除外,它们的情况有所不同。要得出结论很困

[1] Ibid.
[2] Nelson, Richard R. (1993). *National innovation systems*. New York: Oxford University Press.

难，小公司通常涉及高科技领域并可能报低研发花费。总体而言，各国实现重大突破（高风险研究）并推动现有技术优势在其创新政策上是最成功的。但是，未来趋势预示因不同领域对政府政策和研发全球化的反应不一，全球企业联盟增加，单个国家的创新政策将随着时间而消亡。一个例外是在保护和转让技术领域建立公平的标准。

总 结

这章继续前两章的主要议题：专有性不强的情况。大多数制造和信息技术系统是从外面（甚至是强行）购买的，所以对有能力买它们的人而言理论上是可以获得的，包括竞争对手。大多数公司能商谈其公共政策环境，但无法控制它们，所以任何牵涉政府的案件都或多或少有其不利条件。回顾基础发现：政府在创新流程的技术推动终端表现很好：集资风险项目、保护公民健康和生命等。但政府在市场拉动方面往往做得不好：当联邦、州或当地政府为项目设立技术标准（参见本章最后的 DIA 案例）时就会导致失败。

阅读案例 8-1，"微软和司法部以冲突结束，预示紧张的战争态势"。回答讨论题。

案例 8-1

微软和司法部以冲突结束，预示紧张的战争态势

微软集团和美国司法部引发了一场诉讼冲突，但其强硬战术可能会把它拖入一场更广泛、更高成本的"战争"。

昨天，这个软件业的巨头接受以避免司法部用"藐视法庭"这类文字声称其违背联邦法庭要求的条款。它将连续数周按代理人要求、按照联邦法官要求去做：给这个国家的个人电脑制造商权利，在他们的机器上安装畅销的当时新版本的 Windows 95 操作系统，不必被迫使用微软软件浏览网页。

但是这个公司，通过努力延迟承诺和它的盛气凌人——一些人认为是傲慢自大——在本案例中装模作样承认重大的公共关系错误，激怒主法官托马斯·鹏菲尔德·杰克逊（Thomas Penfield Jackson）和反托拉斯法制定者。现在司法部调查员正建

立对抗软件巨头的新反托拉斯案例，能远远超越在昨天法庭前的狭隘议题，能影响今年晚些时候微软计划推出的 Windows 98 操作系统，法官和官员对这些努力结果再熟悉不过了。这个案件如果继续下去，能直击微软使用 Windows 战略控制新市场的力量这一核心。

旧金山律师萨姆·米乐（Sam Miller）作为司法部小组一员处理了最初的反托拉斯案例，该案例得到了 1995 年的同意令。该律师说："比尔·盖茨最终恍然大悟，公司在试图回应法庭要求时犯了个严重的战略和公共关系错误。最终因为其傲慢自大而成为众矢之的。"

联邦检举人不会对新案件的前景做任何评论，并说他们还未做出最终决定。司法部反托拉斯主管约尔·克莱恩（Joel Klein）说："我们会对微软的商务活动做积极持续的调查。"包括对微软新视频技术投资在内的商业活动调查，这有利于前对手苹果公司，此外，公司正努力扩大桌面软件领域向新市场拓展。

但是推出 Windows 98 前景不明——它将在网络浏览器市场上击溃所有竞争的威胁——这令反托拉斯法律执行者担忧重重。

这场争论是最近的一个，可追溯到 1994 年的一系列小冲突。司法部就微软使用其对个人电脑制造商的限制销售许可抑止竞争提出起诉。1995 年，盖茨先生谨慎地处理了此例，同意做微小改动，并保留微软开发"完整"产品的权利。这被认为是微软的主要胜利，持续其令人震惊的增长。浏览器案例事实上是 1994 年诉讼的重复。浏览器使得个人电脑用户能连接到逐步扩大中的互联网上，已经成为一个巨大的行业。

微软也许就要曲折走出困境，部分因为其采取一种和解意愿态度。昨天，当盖茨首席律师克莱恩先生上周四在法庭上事先介绍了微软首席执行官在公司的进展后提出和解，这标志着和解开始明朗化。两天的听证会中，杰克逊法官表现出了对微软越来越不耐烦的态度。

和解并不能减少微软巨大的市场力量。个人电脑制造商说他们将继续主动地捆绑微软的浏览器，因为它是个免费且强大的产品。世界最大的个人电脑制造商，康柏计算机公司的发言人说："我们不想改变什么。"

微软能解决司法部的诉讼案件，也许还有今后任何的案子，同时并不损失其太多的权力。这是因为 Windows 操作系统已经成为了计算机行业的标准，它的规模、势头使得众多软件开发商将仍然为微软，而且仅仅为微软，继续开发程序，包括网上购物、互动电视。

另一方面，微软奉行强硬路线的态度一定程度上似乎鼓动了，而不是劝阻了执法者。依据熟悉政府调查的反托拉斯法律师，一个正在考虑中的方法是司法部要求微软给需要的计算机生产商提供未安装网络联络工具的 Windows 98 版本。一些熟悉调查的人相信,这将给网景公司,也就是微软浏览器的主要对手一个对抗的机会,确保微软不会给消费者上网设置防火墙。

这些人说政府也重新审视微软同互联网服务提供商的合同,这些服务商连接客户和互联网并分发浏览器。他们说,这些合同在法庭上可能会受到质问他们是否给了微软 Intenret Explorer 浏览器的优先权。司法部律师也询问有关计算机行业和微软前两年众多与互联网信息和娱乐项目主要供应商的合同。

司法部官员始终留意彻底停止 Windows 98,昨天微软说它希望产品推出没有任何延期。但是政府在法庭上的成功——这令司法部官员也感到惊奇——和微软的顽强法律战术的不良社会反应鼓舞了政府。

尽管那样,要不要针对《谢尔曼反托拉斯法案》第二章的非法垄断行为,提交对微软的更广泛范围的反托拉斯案件,这部分取决于司法部待解决的上诉,微软将于 4 月 21 日在华盛顿听取结果。微软说过杰克逊法官上个月命令微软停止要求计算机制造商安装互联网软件作为获得 Windows 98 的一个条件,这超越限度。

昨天在法庭上,克莱恩先生突然决定和解。"竞争对手和创新人员应该知道他们的产品能依靠其自身的优势竞争而不被微软的专卖权消灭。"

微软的主要诉讼律师理查德·尤罗斯基(Richard Urowsky)说这个协议会在未处理的较大案件中留下其他问题,包括微软声称有权将互联网软件作为完整 Windows 系统的一部分。微软高级副总裁兼总律师威廉·纽克(William Neukom)说:"微软将继续保护软件行业升级和提高产品的权利,而不受政府干预。"

纽克先生拒绝对司法部是否提交更广泛范围的诉讼进行猜测。"我们是一家公司,我们拨出众多资源去理解加诸我们身上的法律。"在反托拉斯法律中,"基础概念是:'对消费者来说什么是好的?'"他说:"就答案来说,他们以越来越低的价格得到更好的产品、更好的服务,这样就不会违背反托拉斯法律了。"

由于微软采取了其他步骤来缓和其在该案件上的严酷形象而导致了和解。微软刚刚雇用了共和党前主席哈里·巴伯(Haley Barbour),他曾参与共和党筹款工作。公司也雇用了前白宫律师马克·费贝尔尼(Mark Fabiani),他处理过白水事件及其他一些克林顿政府的丑闻,他被请来制定互联网产品策略。

另外,网景公司表示它将免费赠送其导航者浏览器,以此来增加用户。微软早已赠送了自己的浏览器,获得并削减了网景公司的市场份额。

可以肯定的是,昨天宣布的和解对挽回网景公司命运的作用微乎其微。一旦操纵了超过 90% 的浏览器市场,网景的份额就将持续缩减,现在出现赤字迫使其计划裁员来面对微软的营销袭击。网景公司的首席执行官詹姆士·巴克斯戴尔(James Barksdale)说:"这可以说是万里长征的第一步。"他希望司法部有进一步的行动。

加里·瑞贝克(Gary Reback)作为微软竞争者的代表律师说,司法部门要做的远远超出针对公司的某个活动的"手术"打击,机构反托拉斯主管克莱恩先生,先前表示这将作为部门策略。瑞贝克先生说:"你早些进入市场,就能进行内部检测调查。这个自由市场将被夺走,更好的产品会获胜。你越在进入市场上迟疑,竞争越激烈。"

根据昨天的协议,微软将让计算机制造商安装 Windows 95,但删除 IE 浏览器图标——这个图像是用来从电脑"桌面"或启动屏幕上仅仅就打开一个程序的。

在微软更像是要被杰克森法官击败时,协议出现了。公司在案件的每个转折点挑战法官,10月有文件提交并声称微软违背了1995年司法部法令。那个法令禁止微软把让计算机制造商使用其他微软产品和使用 Windows 联系在一起。政府说捆绑浏览器和 Windows 操作系统是非法的。微软则说这是允许的,是一个产品的自然完整性。

上个月法官做出初审裁决限制微软投放产品的市场渠道,盖茨先生选择提供计算机制造商无法商用的 Windows 95 版本。下一步,当法官命令哈佛法律教授给法庭提供技术方面意见的时候,微软指责该专家劳伦斯·莱斯格(Lawrence Lessig)有偏见。盖茨先生的律师甚至在法庭上责骂法官,说他的命令是"毫无意义的",并立即对他的裁决提交上诉申请。

那些战术破坏了微软在法庭上的公众意见。公司执行副总裁兼盖茨的首席助理斯迪夫·鲍墨尔(Steve Ballmer)最近承认对公司和产品有热情的人数明显在下降。他同样承认公司的士气正经受考验。

公司内部的人们说微软没有认识到,常识和礼仪会多么影响其前景。一位微软前执行官,现在依然和公司内部有密切联系的人说:"你有公司经历过的最糟糕的态度和认识方法,它开始渗透到其他的领域了。"

《财富》杂志投票得出结论,本周73%的商业执行官认为微软是美国伟大的公司之一,更近的美林(Merrill Lynch)调查显示公司在技术理念领导者中的威信正受困扰。针对50个合作首席信息官的调研,其中59%认为微软滥用其权力,而62%认为微软应该允许网络浏览器和操作系统成为一个整体。

大多数的微软客户说最近他们没有停止支持微软标准的计划。公共关系策略家认为微软仍然保有其公众形象,如同英特尔公司在坚持由公司而非客户决定是否要替代有缺陷的微处理器受到公共关系方面的困难后,创造了有名的"奔腾 flap"。但是他们说微软应该改变战术。

格申·凯克斯(Gershon Kekst),一位经历过很多大公司合并战的公共关系老手说:"我很吃惊微软向公众公开案件。如果他们的表达具有说服性,如果他们没有承受过无法弥补的损失,那么他们才会公开。"

反托拉斯律师说微软显然是低估了杰克逊法官。在朋友间有"作家杰克逊"之名的他任法官16年,得到了非理性和坦诚的名声,对敢于藐视法庭的被告严厉处置。

前联邦反托拉斯实施者,曾成功地为联邦贸易委员会在一起反托拉斯案件上辩护的斯蒂夫·纽伯恩(Steve Newborn)说:"他并没有对聪明圆滑的辩论表现出好感。如果你试图用这个对付他,你的麻烦就大了。"

20世纪80年代的一个案件指责通用公司汽车不安全,联邦汽车安全标准感到了杰克逊法官的怒气,他发现他们在刹车测试证据上做了手脚。提出尖锐指责后,法官很快结案。另一个有名的案件是,华盛顿市长马里恩·巴利(Marion Barry)被拍吸食可卡因,根据量刑指南,法官给出了允许的最大入狱时限。

和杰克逊法官打过交道的律师说前诉讼人给人印象深刻的是强悍的盘问而不是学术式的严谨法律概念。在4天争论不休的听证会上,政府起诉微软未遵守命令,他明显地对微软高技术的辩论感到沮丧。

微软的辩护依赖于他们坚信他们比政府、法官更了解软件发展的内幕,他们多次重申这一观点。公司说,他们无法遵守命令,因为从Windows系统中除去互联网软件会使得系统无法正常运作。但是政府检察官回答得十分简单,使用微软自带的"添加/删除"工具来完成法官要求微软所做的事情。

微软战术引发了这个问题:如果十分了解程序,为什么不能按照法官要求的那样去做? 哥伦比亚大学反托拉斯专家哈维·歌德史密德(Harvey Goldschmid)说公司的策略重点似乎是想扳倒杰克逊法官而不是遵守其命令。他说,"他们试图愚弄法官",期望上诉法庭能废除他。

杰克逊法官对微软的失望最终爆发,他上周对公司解雇莱斯格的反应称他们"琐碎……诽谤……名声不好。"

盖茨先生个人授权的法庭策略大量说到公司自身形象和心理,与盖茨个性相符。管理者学会了在其高科技世界的内部、外部袭击竞争者。

"比尔盖茨就是微软,"旧金山合作商标咨询机构阿狄森·斯费尔德和布鲁公司(Addison Seefeld and Brew)的合伙人艾伦·布鲁(Alan Brew)说,"整个公司的个性是这个好战、年轻、自大的领导的克隆。"

资料来源:Don Clark and Michael Schroeder contributed to this article. David Bank and John R. Wike. *Wall Street Journal*, January 23, 1998. A1. Reprinted by permission of Wall Street Journal © 1998 Dow Jones and Company, Inc. All rights reserved worldwide.

讨 论 题

1. 政府以什么为由起诉微软?
2. 微软对此举的回应是什么?
3. 垄断对创新是推动还是抑制?
4. 该案件目前的情况是什么,起诉微软的其他案件是什么?

阅读案例8-2"丹佛航空自动化系统",回答讨论题。

案例 8-2

丹佛航空自动化系统

如果所有英国航空公司的自动化系统都必须设计一个从郊区仓库运送行李的系统,伴随着嗖嗖的声音和咔哒咔哒的声音,它的记录会很完美。如果必须每分钟处理100个箱子,如同旧金山美国联合航空公司要求的那样,那样就不会有问题了。

但是在丹佛,英国航空公司正设法使4 000个由100台电脑和一系列机器、无线电对讲机控制的自动行李手推车每分钟运送1 400个箱子。几周前,在国家最大的行李处理系统的测试中,当系统按要求这么做的时候,行李乱飞、翻滚、被打开,里面的东西被撕成半片。幸运的是,这些箱子不属于任何人。

结果,新丹佛机场上周计划营业失败了,这使得原本因为几个计划变化的理由而推迟到了10月的开业更延期了。航空公司估计过这个价值32亿美元的机场将使他们损失的金额数以亿计。

得州的卡罗顿,达拉斯的郊区,英国航空公司执行官也成为众矢之的。

英国航空公司的主席兼首席执行官吉恩·迪·福索(Gene Di Fonso)说:"我现在是媒体追逐的明星了,这绝非我的意愿。"尽管能说会道,但他不是丹·拉泽(Dan Rather)。"访谈秀、电视采访,随便你。"

他的观点很简单:"丹佛机场没有在3月9日对外营业,这并不是英国航空公司的过错"。毕竟,丹佛官员一直在改变他们的计划,几乎没有留时间来测试,在电子问题错误处理上的失败,整个系统缺乏有经验的管理——指责城市官员仅仅部分推迟。

公司毫不迟疑地同意,他们的系统并未准备好,但他们的机场也没准备好。

丹佛官员说周四他们机场已经准备准时对外营业了。"行李系统是机场的软肋,"丹佛市长助理迈克尔·迪诺(Michael Dino)在电话访谈上说,"如果行李系统问题能解决,那么我们很快就能开放机场了。"他说加上上周英国航空公司处理软件上的错误和机械错误的失败,英国航空公司和这个城市对延迟开放都有责任。

在机器人和计算机这个需要勇气开拓的新世界中,小精灵仍然是主宰者吗?行李标签条形码上一个小污点或者员工按了错误的按钮事实上会搅乱整个行李系统吗?比如在丹佛,这可能导致海岸城市间的延误?

"回答是肯定的。"一个针对计算机安全性和可靠性的互联网计算网络论坛的创立者和管理者彼得·G. 纽曼(Peter G. Neumann)说"事实上,一个偶然的小失误可以让你对航空交通产生巨大影响。"技术上说,尽管丹佛受到电磁波干扰,这个已知的原因并不是神秘的精灵。

新目标:3月15日

现在的目标是在3月15日丹佛国际机场对外营业,行李系统将被测试并验证,迪·福索先生说,有备用系统和为错误预留的空间。精密的计算机安全系统将防止任何偶然故障和蓄意破坏。

迪·福索先生说:"最复杂、最严酷的命令只下达给个别人,那些人仅仅允许管理控制中心,极少有人有进入的权利。"

好像核能力设备?"唔,并不是那样的复杂。"他说。但是命令控制中心将会在一个很厚的钢铁门后面,被保卫并封锁。

他的公司被称为波音航空设备公司,直到波音公司于1980年早期将其出售给个人投资者,后者又于1985年将它卖给了英国工业集团持续拥有。2亿美元的丹佛合同延续了几年,帮助英国航空公司的年销售翻一番,达到1亿美元。有300个固定雇佣工人,更多的人在丹佛工作。

英国航空公司行李系统的大部分在全国的很多机场仍然依靠传统的传送带,每个机场的主要航线都有其各自的设备。相比旧金山的美国联合航空公司,英国航空公司安装了更快的技术,在铁轨上使用手推车。

通过计算机监视行李

在丹佛,仍然有专门人员向传送带上扔行李。但是传送带将带着行李去轨道,在那里一辆玻璃纤维运输车将会停下来去接收每个行李袋,之后向上倾斜举起它。激光束会辨别包上的条形码。

通过无线电对讲机,看上去就像冰球,固定于每个推车的边上,计算机会在很短时间内处理很多信息,监控推车的去向并引导它们去正确的登记门。

丹佛系统代表着一个规模上的飞跃,是旧金山机场容量的14倍,是为整个机场服务的最快的系统。它也是第一个推车只需慢下来而不用停下来去拣丢下的行李的系统;第一个由台式计算机通过网络控制的系统,而不是主机;第一个使用无线电进行联络,第一个为过大行李设计的系统,在丹佛是滑梯。它甚至为临时登记门变化而设计另一条行李路线,或者送它们去特殊检查站,其中包括一个防炸弹的检查站。

17英里每小时,它是迄今最快的,比通常的传送带快5倍。登记通道从主终端出来延伸超过1英里,约2英里轨道长度。但是英国航空公司保障从终端到登记门运送行李仅需10分钟,这个时间通常在乘客到达前。

丹佛机场先进之处多在于其螺旋仓库,在达拉斯北部,英国航空公司和吉尔特斯珀工业展览公司以及菲茨和弗洛伊德瓷器派送公司共同控股。

电动运输车,如英国航空公司称呼的,在三个层次上的狭窄轨道之间飞快穿梭,有时会慢下来从传送带上拾起或卸下一些破旧不堪的袋子。通过几百个路线,英国航空公司喋喋不休的销售经理杰伊·巴顿(Jay Bouton)说:"他们被打败了。"拉起黄色警示带,不让游客也受到伤害。

巴顿先生解释了一些技术—软件、信号,但又请求原谅。"我不是一个工程师,"他说,"但是即便是电子工程师也不能完全明白发生了什么。"

但是迪·福索先生,一个受训过的航空工程师,确实设法说明了丹佛发生的事情。

丹佛项目从开始后便改变了不少。当英国航空公司在1992年年中开始工作时,其他机场工作也在进行。公司同意迪·福索先生所描述的冲突的时间表,假设机场不干预计划进展。

他说,不单单市里官员重复警告系统,他们同样拒绝英国航空公司投标来运营、维护它,说这个成本太高了。

"丹佛正把这个行李系统推向其他航空公司。"迪·福索先生说。他提高声音,有点恼火。"航空公司组织了一个协会。协会雇用了维护公司。这个维护公司又聘用了我。"

又是一个错误

9月,英国航空公司发现了另一个错误。不明力量正绕开干扰电路来关闭系统。丹佛、英国航空公司和美国联合航空公司都出动了他们的咨询师。

处理方法需要特殊过滤器来保持能源供应,丹佛市推迟了命令,迪·福索先生说。电子干扰是推迟机场开放的主要原因,迪·福索先生说测试太少,无法对系统的可信度进行肯定。

测试，是迪·福索先生的伤处，记者、摄影和电视台人员都看到了挤破的包裹和空中飘落的内衣。条形码的污点在一个测试中显示，2/3 的行李掉头到了手工分区。

然而，丹佛的经历显然并没有使公司丧失信心或者客户。迪·福索办公室几乎都对外开放，从伦敦希斯罗机场来的访客审视了行李系统蓝图，这种系统可以带来更快的连接。

换句话说，迪·福索先生对丹佛这个项目并没有遗憾。"谁会拒绝 1.93 亿美元的合同？"他说："你认为那个钱是那么容易能赚到的吗？"

资料来源：A. R. Meyerson, *New York Times*, March 18, 1994, p. D1。

讨 论 题

1. 是什么引发了行李处理系统失败而导致 1994 年新机场的推迟开门营业？
2. 什么能在新技术注入行李系统时避免错误？
3. 在该案例公开后，什么公共项目也遭到如此打击？举个例子，如波士顿大开掘项目（Big Dig）或者其他政府回应或忽略的项目。
4. 这个案例主要告诉我们什么？

第九章

全球化转变

本章目标：对全球创新方面进行回顾，包括全球研发、新产品及流程发展。这些将在 2001 至 2006 年本田全球发布新产品思域的案例中进行说明。

全球采购和市场已经成为当今管理和政治的问题，但是国际化公司在几十年前就面临着全球创新问题。直到最近这些才被广泛宣传，引起每个人的注意。特雷莎·弗拉赫蒂（Therese Flasherty）[1]在其关于全球运营管理的书中说："现在几乎所有的商业活动都是全球范围的，这意味着它的管理者必须参考当前全球潜在客户、供应商、竞争者、合作伙伴和模型去想、去计划、去做。"而且，考虑到技术创新，她又说："在全球化公司总部，经理们不再指定产品开发和技术选择……下属公司专业人员通常会领导技术发展"。

事实上，20 世纪 90 年代出现的一个重要趋势是研发的全球化。在一项日本药商投资生物技术的全球化调查中，琼·彭内尔—哈恩（Joan Penner-Hahn）[2]发现沿海地区的紧密整合发酵技术和市场份额有迁往海外的

---

[1] Flaherty, Therese. (1996). *Global operations*, New York: McGraw-Hill.
[2] The Internationalization of R&D: A Firm-Level Study, unpublished Ph. D., dissertation, University of Michigan, Ann Arbor, MI., 1995.

意图。非传统(以前没有药业历史)的日本公司更依赖市场份额。拥有发酵技术(该技术很大意义上支持生物研发)的药业公司很愿意走出去,因为他们更能在海外获得机会。

菲尔·波恩鲍姆—摩尔(Phil Birnbaum-More)[1]报告其最近对日本的研究说,还没有一个试图在24小时内能进行全球公司合作研究(不是发展)的成功案例。很多研发经理,包括瑞典的爱立信电子公司,已经把他们的全球合作研发放在第一位。这个问题简单来说就是面对本地化的市场的技术整合和实施的问题。一些最近的关于贸易的文献讨论了钢铁行业和其他制造行业的全球化问题,特别是钢铁行业。

一项关于美日合资制造企业的研究中,斯旺和艾特略(Swan and Ettlie)[2]发现在美国的陆上运输联盟中,管理合作伙伴的管理结构有日益混合和复杂的趋势。特别是,公司已经不是单纯的完全拥有子公司的合资企业,在近期的日方直接投资的项目中,公司更多地寻求局部的平等关系。在与美国公司就高科技制造项目的合作中,日方拥有部分产权更有可能。合资企业在政治敏感的行业中(比如钢铁、汽车)更加典型,还有就是当日本公司在本国有该产品的生产经验的时候。

在一项针对20个国家的600家耐用品生产公司的全球采购的研究中,艾特略和赛瑟拉曼(Ettlie and Sethuraman)[3]发现:那些依靠海外采购的公司更有可能在研发上多投入并且从新产品获利也更多。这一现象在样本中的美国公司中更为明显。也就是,公司越具有创新性,公司的采购战略越全球化。

为了界定运营中的全球创新问题,在接下来的篇章中会介绍合作生产的模型。联盟和全球化是当今商业领域中两个最重要也看上去最无情的趋势。这一合作生产的框架包含了这两个趋势。

---

[1] 2nd International Product Development Conference, April 1994, Gothenberg, Sweden.

[2] Swan, P. and Ettlie, J. E. (April 1997). U. S.-Japanese manufacturing equity relationships. *Academy of Management Journal*, Vol. 40, No. 2, 462—479.

[3] Ettlie, J. E. and Sethuraman, R. (2002). Locus of supply and global manufacturing. *International Journal of Operations and Production Management*, Vol. 22, No. 3, 349—370.

合作生产的要求

在过去的 30 年间,关于生产什么、购买什么已经有大量的文字来介绍。经济学[1]趋向于将垂直整合的技术经济学排除在外(例如,一旦成型,没有必要在处理之前再加热钢铁),并且聚焦于交易经济学和市场失灵。然而,在近期的文献中仍然有干扰信息表示在采购决策上我们还没有听到定论。

两个事例将有能力说明要点。首先,交易成本理论的争论仍然没有得到解决。[2] 其次,供应商—客户关系管理(如建立和维护合作关系)的第一印象在表象之下是更为复杂的。许多学者已经表示,在全球范围内,如用来削减成本、提升库存管理质量的准时化采购的实行,仅是将成本沿供应链向上转移罢了。[3] 其他学者发现组织内部的关系受文化差异的影响非常大。[4] 生产战略家将能力塑造作为中心主题,[5] 而忽略了在合作生产中的联盟的艺术[6]和实际进行的尝试。[7]

在这一章中,我们更仔细地检查了合作生产的要求,作为同这一领域中当今趋势差别巨大的另一选择。提出了合作生产的常规模型,为从研发到分销的价值附加链排列,并且说明了在何种情况下合作生产是更好的管理选择。

---

[1] Perry, Martin K. (1989). Vertical integration: Determinants and effects. In Richard Schmalensee and Robert D. Willig (Eds.), *Handbook of industrial organization*. Amsterdam: North-Holland, 183—255.

[2] Ghoshal, S. and Moran, P. Bad for practice: A critique of the transaction cost theory. *Academy of Management Review*, Vol. 21, No. 1, 13—47.

[3] Whybark, C., personal communication, 1995.

[4] Bensaou and Venkatraman, 1995.

[5] Hayes, R. H., Pisano, G. P. and Upton, D. M. (1996). *Strategic operations*. New York: The Free Press.

[6] Osborn, R. and Hagedoorn, J. (April 1997). Special issue on organizational alliances, *Academy of Management Journal*, Vol. 40, No. 2.

[7] Woodruff, D., Katz, and Naughton, K. (October 7, 1996). VW's factory of the future. *Business Week*, pp. 55—56.

联合生产与合作生产

在若干年前提出范围经济学这一名词,潘泽和威利格(Panzar and Willig)[1]开创性的后续文章提出了一个多产品公司和可分享物料投入的基础模型。多产品公司追求超常的能力,并且因此实现成本节约。换句话说,"当产生范围经济时,必然有某些物料投入(如果只有一家工厂)是被两条或更多的产品线所共享的,而没有被完全堵塞"(第268页)。他们接着展示了成立多产品公司的条件,即使这一条件并没有同联合生产的经典定义很好地吻合。在鲍莫、潘泽和威利格(Baumol, Panzar and Willig)[2]的文章中,这一模型被拓展,用来说明在什么时候将两家或者更多的多产品公司联合起来或许是有效的,这一理论被称为竞争市场理论。该理论认为,当市场进入很自由时,对自然垄断的追求就被退出而进入成本所限制。因此,沉没成本的数量在决定是否需要调整的保护时很关键。[3]当应用一条生产线或生产部门时,范围的概念通常在柔性制造的主题下使用。[4]

奥奇安和戴姆赛兹(Alcian and Demsetz)[5]将团队或者联合生产定义为"使用多种资源的生产,并且产品并不是每个合作资源各自产出的简单相加。一个附加的因素产生了一个团队组织问题,即并非所有团队生产中使用的资源属于一个人"(第779页)。也就是说,不考虑谁拥有什么,要准确地确定每个成员对于产出的贡献是不可能的。更进一步,他们继续说:"在团队生产活动中,一个联盟或者一个联合体用投入生产出比在分别投入的

---

[1] Panzar, John C. and Willig, Robert D. (May 1981). Economies of scope. *AEA Papers and Proceedings*, Vol. 17, No. 2, 268—272.

[2] Baumol, et al. 1982.

[3] Beesley, M. E. (May 1986). Commitment, sunk costs, and entry to the airline industry: Reflections on experience. *Journal of Transportation Economics & Policy*, Vol. 20, No. 2, 173—190.

[4] Stecke, K. E. and Browne, J. (1985). Variations in flexible manufacturing systems according to the relevant types of automated materials handling. *Material Flow*, Vol. 2, 179—185; and Sethi, A. K. and Sethi, S. P. (July 1990). Flexibility in manufacturing: A survey. *International Journal of Flexible Manufacturing Systems*, Vol. 2, No. 4, 289—328.

[5] Alchian and Demsetz (1972).

生产过程中更多的产品"(第794页)。这一观点形成了对联合生产的基本动机。对作者来说，只有应用在团队投入的所有者之间的组织、合同、报告、回报的过程才是有意思的，而不是这些资源的多方所有制的动机。

当为了最终的产出而有两个或者更多的贡献者在生产过程中共享所有权和物理空间(如设备)时，多方所有制的动机是合作生产观念的核心。其他投入在这一机制中也许共享也许不共享，并且通常是独一无二的。合作生产仅仅是一种管理供应链或者外部结构和网络的方法。[1]

不幸的是，合作生产在应用的过程中被认为与同时生产是一样的(例如，丙烯和乙烯在裂化设备中被一起生产出来)[2]，或者作为一种境外直接投资的条件(开发中国计算机市场)，以及其他在中国的合资协议。[3] 这一概念甚至被用在同一公司的两个职能部门的合作中(研究人员和市场部之间的合作)。[4] 最后，合作生产作为联合生产的同义词被使用(举个例子，薯条能被多于一种的产品所取代)。[5]

使事情变得更复杂的是，联合生产这个术语最近被广泛用于合作生产协议(例如，旭硝子株式会社和奥林公司联合生产二异氰甲苯[6]，军队航空用品[7]，银行间联合生产[8])，联合为产品集资(例如，计算机世界和微软竞争资助营销推广计划[9])，还有联合生产原始工作的扩大。[10]

我们把合作生产定义为拥有一个或者多个特殊资源的运营者之间的合作。合作定位是这个定义的关键。由两个或多个合法团体代表实行的实际的合作生产产品可以被认为是各独立的资源拥有者之间合作的一种类型。一个极端的例子，在生产设备合同上部分能由供应商直接送货；另一个极端，合作生产。其中准时采购输送，准时制生产Ⅱ合作伙伴(在界面上消除

---

[1] Kay, J. (1995). *Why firms succeed*. New York: Oxford Press.
[2] Richards, 1995.
[3] Lou, 1995; Tsang, 1995.
[4] Ettorre, 1995.
[5] Bitran and Gilbert, 1994.
[6] Westervelt, 1996.
[7] Shifrin, 1995.
[8] Chang, et al. 1994.
[9] Lawlor, 1994.
[10] E. g., Cabellero, et al. 1996.

买主和销售)[1],定下生产合同,这被预计能拓展全球市场,从 1995 年的 420 亿美元到 1999 年的 950 亿美元,整整 22%的增长。[2] 因为签订合同的生产商通常经营不同的消费商品,这可以被认为是一种联合生产形式,假定生产需要的原材料和信息被这这些不同的客户拥有,即便是临时的,合作定位都需要重新设计产品和流程。一个加速传统生产转换到合作生产的绝好的例子是宝马公司的斯巴坦伯格(Spartanburg)工厂。

合作生产

冷尼克—霍(Lengnick-Hall)[3]认为当需要客户化而不是一致性来满足需求时,合作生产(也就是顾客和生产者提供资源来提高竞争质量)更有可能。合作生产的理由是什么？合作生产使用当今技术更耗费财力,那么我们为什么要推广呢？理解合作生产的三个重要要素便能使其更加高效：对任务的明确、工作的能力和工作的动力。尽管卫生健康系统是目前用的主要例子,像在合作生产关系中发展互惠结果关系理念一样难以效仿,因此,不考虑上下文,这一点很受欢迎。

这个普遍模型十分简单,合作生产要求如下：当技术经济主导价值增加链或系统时,合作生产是政府管理所推崇的形式。[4] 合作生产要求的阶段和例子参见图 9—1。

图 9—1 显示的模型说明 5 个类型的合作生产,按照价值增长链排列。这些阶段包括但不限于：(1)合作研发；(2)合同生产；(3)合作采购；(4)合作生产；(5)合作分配。很明显,其他许多阶段和实例也可以包括在这个连续统一体中,但只有这些显示说明了理念范畴。

---

[1] Bleakley, Fred R. (January 13, 1995). Strange bedfellows: Some companies let suppliers work on site and even place orders. *The Wall Street Journal*, pp. A1, A6.

[2] Carbone, J. (June 20, 1996). Buyers want more from contract manufacturers. *Purchasing*, Vol. 120, No. 10, 47—48.

[3] Lengnick-Hall, 1996.

[4] For an example see Hansell, Saul. (July 26, 1998). Is this the factory of the future? *Business Week*, Section 3, pp. 1, 12.

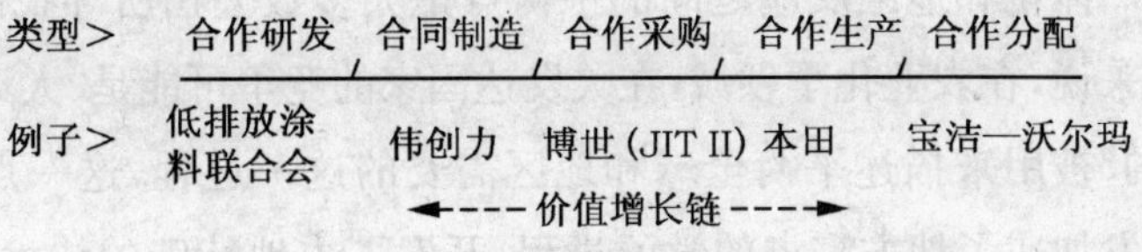

类型>	合作研发	合同制造	合作采购	合作生产	合作分配
例子>	低排放涂料联合会	伟创力	博世(JIT II)	本田	宝洁—沃尔玛

<----价值增长链---->

图 9-1 合作生产必要性

合作研发

关于合作研发的著作十分广泛,包括不同形式的模型和调研。这种合作范围包括两个公司出于联合研发目的的简单合作,供应链方面的研发公会,或者竞争者之间[1],联邦实验室—行业研发合作[2]和研究合资企业。[3] 这种关系的全球比较变得十分普遍。[4]

在跨国公司的经历中,全球技术资源的合作逐渐从简单权力下放进化到真正的全球一体化。举个例子,陶氏化学 30 年前便开始通过其密歇根州米德兰市总部在全球轮换技术经理。但是真正的全球协作和协同建设直到 1965 年陶氏开始把技术资源集中到技术中心时才开始。[5] 最近加入技术中心的是自然环境关注小组。

竞争压力和技术资源恐慌迫使全球企业在其支持的每个领域寻找技术和最好的杠杆作用。在一个国家的竞争地位通常会影响其在另一个国家或地区的竞争地位。在每个国家进行资源再生不是利用技术资源的最好方

---

[1] Osborn, R. and Baughn, C. C. Governing U. S.-Japan high technology alliances. Chapter 5 in Liker et al. *Engineering in Japan*, pp. 93—114.

[2] E. g., Brown, Marilyn A. (1997). Performance metrics for technology commercialization program. *International Journal of Technology Management*, Vol. 13, No. 3, 229—249.

[3] Link, A. N. (November 1995). Research Joint Ventures, University of N. Carolina Greensboro, working paper EC0951101; and Gerslov, Eliezer. (February 1995). When whales are cast ashore. *IEEE Transactions on Engineering Management*, Vol. 42, No. 1, 3—8.

[4] Aldrich, Howard E. and Sasaki, T. Governance structure and technology transfer management in R&D consortium in the United States. Chapter 4 in Liker et al. *Engineered in Japan*, pp. 20—92.

[5] See an article related to this topic: Chiesa, V. (December 1995). Globalizing R&D around centers of excellence. *Long Range Planning*, Vol. 28, No. 6, 19—28.

式。全球一体化和地区反应之间的平衡点是大多数公司所寻找的。[1] 对陶氏化学来说,在农业化学领域,在欠发达国家的竞争可能是"大刀"。新术语"跨国的"被用来描述平衡全球和地区需要的这一过程,这一点不奇怪。地方化研发加速了地方需求的学习过程,开发了本地特殊的技术能力。技术并不和经济区域与地理界线一样利于财务分析。[2] 举个例子,对净成形技术(组合部件接近最终形态,避免为满足最终规格而浪费材料费用)专业知识的研究使得俄亥俄州研究人员到墨西哥蒙特里和当地一个研究机构一起进行。蒙特里在净成形技术上的专业知识历经百年积累。为什么?蒙特里是墨西哥啤酒工业的发源地,玻璃制业非常兴旺。为饮料行业铸造玻璃促使其发展铸造技术的专业知识。另一个案例是电信,这方面美国成为了世界技术的领头羊。[3]

为公司技术、产品和服务全球化规划是实施战略流程的最后一步。技术支持、技术中心和供应商间的联络参照海外的生产功能,很少有例外。有时候研发先于生产,后于营销。[4] 但是一个火暴成长的市场是公司树立领导技术能力的标志。国外实验室的主要目标是当地创新。[5] 惠普在新加坡为喷墨打印机就是这样做的,密切注意日本市场及竞争。

瑞典生产便携式电话的爱立信公司是另一个如何管理全球技术资源的特殊案例。公司有多个关注技术标准和产品生产线的实验室,这些设备都是联网运作的。[6] 像爱立信驱动下放研发权力一样,公司的领导层继续设

---

[1] Chiesa, Vittorio. (September-October 1996). Strategies for glabal R&D. *Research-Technology Management*, Vol. 39, No. 5, 19—25. On R&D networks for multinationals see Pearce, R. and Papanastassiou, M. (October 1996). R&D networks and innovation: Decentralized product development in multinational enterprises. *R&D Management*, Vol. 26, No. 4, 315—333.

[2] Lobue, Carl and Berliner, E. (Winter 1996—1997). A look at banking's best practices around the globe. *World of Banking*, Vol. 15, No. 4, 5—8; Duysters, G. and Hagedoorn, J. (January 1996). Internation-alization of corporate technology through strategic partnering: An empirical investigation. *Research Policy*, Vol. 25, No. 1, 1—12.

[3] Kellerman, A. (July 1997). Fusion of information types, media and operators, and continued American leadership in telecommunications. *Telecommunications Policy*, Vol. 21, No. 6, 553—564.

[4] Penner-Hahn, J. (1998). Firm and environmental influences on the mode and sequence of foreign research and development activities. *Strategic Management Journal*, Vol. 19, 149—168.

[5] Chiesa, V., Ibid., p. 23.

[6] Op. cit, p. 24.

法维持对产品和技术关注的紧张态势,对抗"对现状满足"的趋势。[1] 这归结为集团管理和技术管理之间的紧张气氛。公司由20个主要业务组成,它们都有各自的研发计划。这种网络中心合作推动技术共享。

爱立信在20个国家有40个研发中心,20 000个员工。爱立信将其20%的销售收入投入在研发上面(1997年是29亿美元)。像瑞典之类的小国家的公司比之大国家的同类公司,市场全球化进程似乎更快。技术跟上的步伐很快。爱立信最近在日本建立了一个新的中心,针对实用无线技术研究和多媒体系统。

为了支持和影响研发投资的增长和高比例,爱立信同其他公司合作,比如在微电子领域和得州仪器合作,同斯坦福大学、麻省理工学院等都有合作。所有这些都是在生产的前10年开始的。第三代技术进入市场预计是2002年,第四代技术正在研发中。在世界某些地方,模拟技术正被第二代的数字技术所取代。持续的第一挑战是全球合作技术更替和发展。目前为止几乎没有学术研究贯穿实践。

通用电气在保留托马斯·爱迪生的遗产这个问题上有其特殊途径。[2] 分部有最多(80%~90%)总研发预算,一个业务单位没有寻求公司研发部门的技术支持的义务。一个业务单位可以向任何资源寻求帮助,包括大学,但是分部并不允许每年撤销20%以上的公司支持。高风险项目占到企业预算的25%,部分来自其他资源(包括美国政府)。只有50%合作研发支持来自通用电气自身的业务;其余来自合同(25%)。合作研发与航空引擎小组一同生产通用电气90喷气式引擎,现在被认为是世界上最高效、最安静、最强有力的引擎(除去早先的问题)。通用电气将"一个咖啡壶"的团队建议应用在通用电气电力系统中,因为致力于H级的工作改进了未来汽油涡轮机在同一平台上的研发、工程、营销、生产和服务代表。全球通用电气商务资源技术和合作研发中心通过资助大学研究和全球的国家实验室,包括日本、印度、俄罗斯、乌克兰和中国,来支持这个活动。

---

[1] Blau, J. (March-April 1998). Ericsson decentralizes for quicker research payoff. *Research-Technology Management*, No. 2, 4—6.

[2] Edelheit, Lewis S. (March-April 1998). GE's R&D strategy: Be vital. *Research-Technology Management*, Vol. 41, No. 2, 21—27.

对这个信息的回应应该很明确。私营公司单独无法产生其需求的所有新技术。它必须向外界寻求解决问题的一些技术资源。中小型企业总是面临这一两难境地，很多都曾经成功一时。[1] 这个问题的特殊解决方法不断冒出来。举个例子，宏商风险(Primus Venture)合伙基金是公众基金和私人基金的一种合作关系，它将1亿美元资本化并提供"耐心"资金来组建新公司，重新赋予陈旧或成熟期的公司以活力。该基金由大克利夫兰地区公司及银行的首席执行官创立，这种伙伴关系将私人基金捐助和像俄亥俄州立教师退休委员会、俄亥俄州大众雇员退休系统之类的公众机构相匹配。[2]

在图9-1中使用的例子是低排放涂料联合会在美国汽车工业中使用的，这个案例在第四章中做了分析。[3] 这个协会在1984年《合作研发法案》中授权创立，目的是为了帮助福特、通用汽车和克莱斯勒遵守日渐严格的空气质量标准和美国环境保护署的法规。生产前的研发设备被安放在福特的威克瑟姆零件生产厂，这就是为什么把它作为合作生产必要的例子的原因。[4]

合同制造

核心竞争力[5]、资源基础理论[6]和经营战略的竞争力构建方式的一个局限是这些理论都趋于排除所有重要的合作伙伴，而大多数组织利用合

---

[1] Delmestri, G. Convergent organizational responses to globalization in the Italian and German machine-building industries. *International Studies of Management & Organization*, Vol. 27, No. 3, 86—108.

[2] Celeste, Richard F. (Winter 1996). Strategic alliances for innovation: Emerging models of technology-based, twenty-first century economic development. *Economic Development Review*, Vol. 14, No. 1, 4—8.

[3] Ettlie, J. E. (1995). The Low Emission Paint Consortium (LEPC), University of Michigan Business School, Ann Arbor, Michigan.

[4] Peters, J. and Becker, W. (Winter 1997—98). Vertical corporate networks in the German automotive industry. *International Studies of Management & Organization*, Vol. 27, No. 4, 158—185.

[5] Prahalad, C. K. and Hamel, G. (May-June 1991). The core competence of the corporation. *Harvard Business Review*, 79—91.

[6] Wernerfelt, B. (1984). A resource-based view of the firm. *Strategic Management Journal*, Vol. 8, No. 2, 187—194.

作伙伴完成目标。丰田汽车公司被很多人认为是世界最好的生产商,但是这个公司外包出去70%的工作是制造汽车。[1] 在美国耐用品生产商将其生产的54%外包出去[2],这个趋势在过去的10年中几乎没有改变。[3] 单就电子产品生产来说,举个例子,平均每个制造商每年在印刷电路板上签订524万美元的合约。电子产品生产商通过外包业务能省下24%的费用。[4] 在生物医药生产中,1996年合同制造市场估计有3.6亿美元,预计到2000年增长29%达到10亿美元。[5] 所有医药公司实际上都是合同制造,2004年是1 240万美元,2011年预测有250亿美元。[6]

全球合同制造市场服务据预计由1995年的420亿美元增长到1999年的950亿美元(增长22%)。大约一半市场主要在美国和加拿大。"在总承包生产增长需求下,原制造商不仅外包主板、次系统或整个系统的生产,还购买部件",使其集中于核心能力。[7]

参加合同制造的公司通常通过合作定位与许多顾客分享,他们的产品系统,即使设计是独家的。技术成本,如界面衬纸,促使公司签订合约,包括组装。[8] 陶氏化学最近建立了生产服务合约利用成长市场[9],IBM在该业务中很多年[10],甚至连食品工业都有合同生产的先例。[11] 克莱斯勒集

---

[1] Langfield-Smith, Kim and Greenwood, Michelle R. (1998). Developing co-operative buyersupplier relationships: The case study of Toyota. *Journal of Management Studies*, Vol. 35, No. 3, 331—354.

[2] Carbone, J. (May 21, 1998). Cost is the bottom line. *Purchasing*, Vol. 124, No. 8, 38—41.

[3] Ettlie, J. E. (1988). *Taking charge of manufacturing*. San Francisco, CA: Jossey-Bass.

[4] Carbone, James. (March 26, 1998). Outsourcing boards is just the beginning. *Purchasing*, Vol. 124, No. 4, 52—56.

[5] Chemical Market Reporter, Biopharmaceutical manufacturing moves to the custom arena. (January 19, 1998). *Custom Manufacturing/Outsourcing 98 Supplement*, FR20—FR22.

[6] 新咨询信息来自弗若斯特沙利文(Frost & Sullivan, http://www.healthcare.frost.com)。全球药品合同生产市场显示出这一行业的利润总额于2004年达到123.8亿美元,于2011年可以达到257亿美元。

[7] Carbone, 1996.

[8] Economist, 1996.

[9] Thayer, 1995.

[10] Marion, 1995.

[11] Anderson, 1995; Tiffany, 1995.

团正考虑扩大其和三菱汽车公司的合同制造协议,在伊利诺伊州的诺墨尔工厂组装汽车。那是个1988年建立的合资企业,但是现在是由三菱完全拥有并运作的。[1] 小的创立公司并不是从上至下整合的,通常从别人也能生产的新产品着手。高增长、小公司也从他们的大客户的外包趋势中赚钱。[2]

合同制造中的全球资源供应能省下比当地供应的方式更多的钱。[3] 然而,如果合同制造商是受控制的海外企业或CFC,最近在合约方的税务条码和税务应用则有不少的变化。最新的税务条码应该被商讨过,取决于谁应该为原材料和其他商品清单承担风险。[4]

也许合同制造最著名、最标准的案例是旭电公司(Solectron Corporation)的。旭电拥有很多奖项,并和苹果公司及其他公司签约。尽管旭电仅控制230亿美元电子合同制造业务的6.4%,但从1994年5.13亿美元销售额开始已经整整翻了10倍。近来,伟创力作为这一类型的公司的典范也引起了关注。[5]

合作采购

部分受到日本供应商合作伙伴长期合作生产模式的刺激[6],通用电气、波尔(Ball Corporation)、霍尼威尔和IBM这类公司允许供应商选择地

---

[1] Rechtin, M. (December 9, 1996). Chrysler, Mitsubishi discuss extending U. S. production pact. *Automative News*, p. 2,43.

[2] Armstong, Larry. (May 26, 1997). Hot growth companies. *Business Week*, p. 90—102.

[3] Frazier, Greg. (February 1998). Enhance your supply chain. *Electronic Business*, Vol. 24, No. 2, 21,85.

[4] Granwell, A. and Dirk, S. (December 1997-January 1998). U. S. ruling signals sharp turn. *International Tax Review*, Vol. 9, No. 1, 13—16; and Dolan, D. K., DuPuy, C. M., and Jackman, P. A. (February 13, 1998). Contract manufacturing: The next round. *Tax Management International Journal*, Vol. 27, No. 2, 59—66.

[5] Savona, 1994. Also see: Cap, Frank. (December 1995). The continuing quest for excellence. *Quality Progress*, Vol. 28, No. 12, 67—70. Flextronics: www.ventureoutsource.com/(news_articles/EMChina_Sep_03.html.

[6] Bounds, 1996.

点以便更好地合作。由博世公司创立的准时制生产Ⅱ[1]术语去除了供应方的销售代理和顾客方采购部门的购买者,从而消除混乱陈旧的供应链管理而出名。

博世现有14个内部工厂用于日用品供应业务,实际上来自一个小日用塑料品供应商G&F工业(G&F Industry)代表的第一工厂。内部工厂应该签订信任合约,但是多数的供应商以其他形式签订。因为准时制生产Ⅱ,供应商通常成为该产品或服务的独家来源,他们能压低价格,在流程中节省了两个岗位。苹果公司不会允许供应商进场,而是在附近建立仓库以降低商品存货。[2]

相对准时制生产Ⅱ的另一个选择是网络供应商,和在柔性网络中进行意大利北部实验的合作类似(参见第三章)。托士比马尾公司(Topsy Tail)的销售量为8 000万美元,它制造头发护养器,使用20个合作供应商的网络,节约近50名雇员。初创的公司通常没有用于投资生产运作的资金,因此,另一个选择是一个灵活、集中的供应商网络。在托士比马尾,它制造塑料头饰的工具和注模,在资金成本上节省500万美元。加入这些和其他产品伙伴,现在在3个新产品上进行合作,多数合约用行为准则进行关系管理。[3]

多数新外包伙伴关系趋势包含全球购买,由超越传统成本压力和市场准入,包括技术和供应商网络的因素刺激。[4]由于这股趋势代表着更多的外包,组织通常花费更多的时间考虑超过当地传统供应商的资源供应。[5]战略、全球伙伴是市场和管理实践全球化新趋势的一部分。尽管美国低技

---

[1] Shapiro, R. and Isaacson, B. (1994). Bose Corporation: The JIT II Program (A), President and Fellows of Harvard College, Harvard Business School, Boston, MA.

[2] Bleakley, 1995.

[3] Montgomery, E. M. (September 1994). Innovation + Outsourcing = Big Success. *Management Review*, Vol. 83, No. 9, 17—20. Also see Prida, B. and Gutierrez. G. (Fourth Quarter 1996). Supply management: From purchasing to external factory management. *Production & Inventory Management Journal*, Vol. 37, No. 4, 38—43.

[4] Murray, J. M., Kotabe, M., and Wildt, A. R. (First Quarter 1995). Strategic and financial performance implications of global sourcing strategy: A contingency analysis. *Journal of International Business*, Vol. 26, No. 1, 181—202.

[5] Fawcett, S. and Scully, J. (First Quarter 1998). Worldwide Sourcing: Facilitating continued success. *Production and Inventory Management Journal*, Vol. 39, No. 1, 1—9.

术工人的工资持续下降，人们继续商讨全球贸易对这股趋势的贡献。[1] 尽管工资问题持续存在，但组织有持续进行更多外包，在全球为寻找更多资源供应的趋势。供应基地管理作为价值增加的来源，以及运作和获利方面改善的机会，在战略中的重要性继续提高。[2] 举个例子，自动座椅 1984 年外包占 1%，到 1995 年增加到 81%，总额达到了 56 亿美元。[3] 尽管公司的目标成本已经将设计和采购集中在一起，但在这两个方面之间仍然有差距。[4]

医药行业在通过分类整合从而实现供应链管理现代化上颇费功夫。过去的 5 年里，在这个行业，排除过期产品的压力持续增长。举个例子，阿博特(Abbot)实验室正在尝试利用新颖的方式排除旧产品，以不接受过期货物作为交换产品，给所有直接购买顾客占总购买 1% 的补助。[5] 默克同样有新的包装方法和供应链创新，以提高新鲜灌装效率。

合作生产

制造公司和他们的供应商在过去的几年中合作没有很多插曲，顺利执行着许多合作生产的范例，或事实上共享生产设备。举个例子，20 世纪 80 年代末~90 年代初，通用汽车的卡迪拉克分部在密歇根州的兰辛生产出别克瑞塔。多数人并不知道庞贝捷(PPG)，某种油漆供应商，在厂里拥有某种油漆设备，以全自动方式运作油漆工序。当美国汽车工人联合会的工人走入油漆房时，他们没有受到合约条款的保护。原庞贝捷公司提议，由他们购买全白色车辆，喷漆并回售给通用。

最近，有名的合作生产是大众和洛佩兹(Lopez)先生在巴西的卡车工

---

[1] Feenstra, R. C. and Hanson, G. H. (May 1996). Globalization, outsourcing, and wage inequity. *American Economic Review*, Vol. 86, No. 2, 240—245.

[2] Strong supply relationships reduce cost, spark innovation. (January 15, 1998). *Purchasing*, Vol. 124, No. 1, 45—46.

[3] Smock, Doug. (October 1996). This Lear's the king of interiors. *Plastics World*, Vol. 54, No. 10, 32—37.

[4] Laseter, T. (March 12, 1998). Supply chain management: The ins and outs of target costing. *Purchasing*, Vol. 124, No. 3, 22—25.

[5] Fleming, H. (May 4, 1998). 1% Credit: Abbot innovation concerns some pharmacists. *Drug Topics*, Vol. 142, No. 9, p. 66.

厂。洛佩兹先生的 B 厂用于巴西大众的生产,现在自称"第三次工业革命"。[1] 尽管历史对那种论断会有最终答案,但关于这个革命概念如不规则型或洛佩兹先生冠名的"高原6"的一些主要思想值得继续研究。

首先,让我们回顾在巴西瑞森德的大众格林费尔德卡车工厂的概念,它预计在 11 月启动,最终会生产 4 万辆汽车:

- 大众的工人(只有 400 人是工厂员工)不会做装配工作,装配工作将会由第一层供应商完成。大众员工将负责工程、质量和分销。
- 供应商将完成整个子系统,包括驱动链,并将支付工厂的管理费用。
- 工厂将按订单生产,不是去预测或储存存货。
- T 型工厂只在车辆通过最终检测后付款给供应商。

欧洲有大量新合作设备,包括 IBM 和其他汽车公司的工厂:梅赛德斯—奔驰和瑞士制表商,SMH(美国一家叉车配件有限公司),在法国汉巴赫生产精灵(SMART)汽车,使用标准化组件生产(这是合作生产的另一个名称)。供应商投资包括梅格纳(Magna)、爱森曼(Eisenmann)、威迪欧(VDO)、克房伯—好时捷(Krupp Hoesch)、博世和其他零件工厂。供应商在印第安纳州科柯莫的克莱斯勒传动装置工厂现场全天办公。[2]

像其他合作生产范例一样,不是每个都给人深刻印象的。伍德瑞福、卡兹和诺顿(Woodruf, Katz, and Naughton)表示,当有一个紧密联系的零部件工厂设计的时候,合作更富于挑战。D. J. 切莫(D. J. Schemo)争论说大部分从供应商标准化设计中得到的成本节约已经被投入到工厂和设备中,OEs 曾利用巴西的低工资使用过这个方法。[3]

耐维斯塔(Navistar)国际公司在墨西的埃斯科贝多开设新工厂,靠近蒙特里,作为新卡车组装方法的基地,但是他们称洛佩兹概念是"遥远的一

---

[1] *Automotive News*, February 26, 1996. Also note the trend in outsourcing information services documented in Hu, Q. , Saunders, C. , and Gebelt, M. (September 1997). Research report: Diffusion of information systems outsourcing: A reevaluation of influence sources. *Information Systems Research*, Vol. 8, No. 3, 288—301.

[2] *Automotive News*, January 20, 1997, p. 19.

[3] Schemo, D. J. (Tuesday, November 19, 1996). Is VW's new plant lean or just mean? *The New York Times*, pp. C1, C5.

步"。[1] 他们已经选择不让供应商进驻工厂,零件会分发给工厂自己生产。1.67亿美元、70万平方英里的工厂将用作标准化零件生产,每个轮班生产20辆卡车,最主要的是,尽管生产能力是65个班,每班6至8辆,每天195辆,最终还将加入巴士汽车生产。

墨西哥工厂是Y型的构架,试验的结果将被用于耐维斯塔下一代卡车和巴士汽车生产。在Y基础上,实体店和工厂设备,而后是中等和重型卡车将被送到单独的零件生产线,参与底盘和驾驶室的最后一道生产线,后者是在相反方向进行的。卡车将装有耐维斯塔在伊利诺伊的梅尔罗斯公园建造的柴油机,车身标有耐维斯塔的俄亥俄斯普林菲尔德工厂标签,那里就是卡车组装的地方。尽管墨西哥市场相对于美国市场小,但1996年~1997年中市场翻了一番,达到13 000辆。耐维斯塔预计整个美国和加拿大市场在1998年将达到22万辆。

联合配送

宝洁一度管理着供应链,控制权已转向了沃尔玛这样的公司,它们采购数量巨大,现在已经转为大型制造商。价格、分销甚至产品选择都由大型零售和日用纺织品生产商进行联合分销。宝洁致力于重新构建等级制度的分销,代替地区分销政策。在分销的一部分,向外的物流现在只关注于一些大的客户。其余部分,老的系统依然可以做到。电子数据互换使得分销网络重新挖掘潜力,达到供应商和客户联合管理的程度。

沃尔玛转变分销实践成功的核心是一个在不断进化信息的系统。[2] 沃尔玛在美国有2 800个站点,也许一个周末要面对一个站点的2万次询问(参见资料9—1)。1995年,沃尔玛利润增长下降了,副主席兼信息主管兰迪·莫特(Randy Mott)努力转变这个趋势。也许沃尔玛联合分销的最大矛盾是莫特先生坚信在内部开发应用,而不是购买他们,作为第三方客户对其进行整合,这与普遍的外包趋势是相反的。但是沃尔玛主张联合分销的

---

[1] Couretas, John. (April 27, 1998). Navistar has a new plant and new plan for Mexican market. *Automotive News*.

[2] Wilder, C. (December 22, 1997), Chief of the year: Wal-Mart CIO Randy Mott innovates for his company's and customer's good. *Information Week*, No. 662, pp. 42—48.

杠杆技术全球标准。

尽管前沿实践通常很少,但沃尔玛不是一个孤立的例子。其他包括布德里奇(Baldrige)奖项的得主温莱特工业、卡夫食品和米其林轮胎。例如,温莱特是通用汽车客货车组装厂的外沿企业。它接收并储存从其他通用汽车供应商处来的部件,安装它们以节省通用汽车25%的生产运作,每20分钟装卸一次,并且全部按照通用汽车组装厂的电子指令操作。温莱特同样重新设计储存方式,减少35%的存放汽车和其他零件的成本。[1] 米其林是电子商务领域的先锋[2],卡夫改善发货清单流程并从每个7美元的成本降到4美元,3年里节省了300万美元。生产率通过改变工序流程、消除纸张、工艺步骤、实现网上税务自动计算提高了30%。这可应用于改善客户服务:电话服务等待时间从5分钟转为3分钟。[3]

资料9—1

沃尔玛在联合分销中注入的信息技术

沃尔玛1995年的销售增长到936亿美元,但是利润增长平平。信息主管兰迪·莫特寻求解决方法。他不但说服管理层增加40%的信息人员,还激发他们发展新的应用技术降低库存商品清单、增加供应链的反应速度。结果是:1997年的前9个月,利润增长了14%,销售额增加了12%。第三季度库存清单又降低了。

沃尔玛以前圣诞期间只收一份季度货运清单,但现在他们要收3~5份。鉴定书很多:美国全国现金出纳机公司(NCR)的高级副主席比尔·艾森曼(Bill Eisenman)说,沃尔玛控制货物清单损失比其他零售商要好。

---

[1] Verespej, Michael A. (October 21, 1996). Wainwright Industries. *Industry Week*, Vol. 245, No. 19;Wainwright, Arthur D. (January-February 1997). People-first strategies get implemented. *Strategy & Leadership*, Vol. 25, No. 1 12—17, and Sheridan, John H. (February 17, 1997). Culture-change lessons. *Industry Week*, Vol. 246, No. 4, 20—34.

[2] Garner, Rochelle. (September 29, 1997). Driving forces. *Computerworld*, Vol. 31, No. 39, 90—91.

[3] Cole-Gomolski, Barb. (May 18, 1998). Oh, I wish I had a better invoice system. *Copterworld*, Vol. 32, No. 20, 53—54.

> 兰迪·莫特在沃尔玛工作了整整20年,他的处理方式也显示了这个经历。秘密很简单:技术是一个工具。沃尔玛不是靠技术吃饭的。它首先是一个零售商。你必须先理解流程然后才能对其进行自动化,这是规则。最终的结果是沃尔玛通常走在技术前沿。莫特在快速响应商品补货,广泛使用平行流程和供应链管理方面走在了前列。
>
> 沃尔玛使用零售链接(Retail Link)私人网络直接同供应商共享货物清单和销售数据,这样卖方能直接管理货物清单。下一步是网络(Net),包括4 000个供应商。沃尔玛为货物工人准备了送货链接(Carrier Link)供应分送中心。所有这些都连接到公司内部网。
>
> 最近的创新是利用数据挖掘和数据仓库。哪个产品卖掉了?谁买了?沃尔玛的超市如何适应当地客户?这些问题能在它的信息技术资源里获得答案。莫特先生相信这些公司内部机构开发的使用方法(和趋势相反——参见第七章)。像人力资源系统一样,大多数人相信软件应该适应系统,而不是系统改变适应软件,很少有例外。他同样相信这个工作远不只这些:无论人们认为时机是否成熟,他持续在技术上改进。技术是管理仓库数据,是创造知识,并注入机构在日常管理中增加产品和服务的价值。但是在公司内部,学习网络很显然是潜在知识构建的最重要资源。

全球新产品发布

全球同步研发的困难和新产品同步发布的惊人成功在第四和第六章介绍过。传统上来,研发功能是最后一个实现全球化的。但是,讽刺的是,技术并不遵守传统经济范畴,它像市场服务一样具有特殊性。运作就在这其中,取决于一个产品在本国和外国开展物流的重要性和耗费。

针对22个顺序产品的研究发现虽然15个的时间推迟了,但就同步发布来看,它们都是准时的。这些案例在表9—1中总结。我们对全球化和新技术的理念需要重新审视,这似乎很清晰。如早先提到的,爱立信的技术管理在手机市场上被视为全球合作新产品开发的最大战略挑战。爱立信管理层决心证明了没有一个公司作为全球实践标杆能够做得这么好,能够24小

时不停连续开发。另外,对序列新产品开发的研究还发现:

1. 全球新产品亮相相对不受当地监管和法律环境的严格程度的影响。
2. 时间节点对"撬动公司资源,保证市场和技术效率"的公司能力很重要。内部项目组织对流程很重要。
3. 产品的及时发布对新产品的成功十分必要。

表 9—1　　　　　　　全球新产品发布的焦点实例

产品领域	实例个数	新产品特性
电信产品	2	PBX 系统
	1	GSM 移动电话
	1	调制解调器(ISDN)
	2	调制解调器(模拟)
	1	计算机电话整合平台
电子和计算机产品	2	电视机
	1	计算机显示器
	1	声音混合系统
	2	激光黑白中/高速打印机
	1	固体墨水彩色打印机
	1	矩阵黑白条形码打印机
	2	以太网打印服务器
	1	以太网 10/100 转换器卡
	1	以太网端口转换器
	1	以太网多工器
	1	RS232 转换器(信号变频器)
图形设备	1	高速超高速摄像机
	1	中速工业摄像机
	1	中速专业摄像机
	2	手动定位 35 毫米摄像机
测量设备	1	安全鉴别和压片系统
	1	天气数据记录设备
	1	动力计
	1	电子数据记录/测试设备

资料来源:George M. Chryssochoidis and Veronica Wong,"Rolling Out New Products Across Countries," *Journal of Product Innovation Management*, Vol. 15, 1998, 16—41(p. 26).

营销和研发的关系通常很紧张[1],多数公司中营销和运作中间很少有

---

[1] Kahn, Kenneth B. and Mentzer, John T. (May 1998). Marketing's integration with other departments. *Journal of Business Research*, Vol. 42, No. 1, 53—62.

互动。[1]但是营销和其他功能间良好的合作能推进成功(参见第六章)。因为进入不同市场,全球化给协同技术和政策带来了前所未有的巨大压力。讽刺的是,营销也许是所有功能中最明显的,因为一个企业没有顾客是无法生存的,它是很难实施的。企业资源计划系统至少允许推进电子合作帮助,但这个承诺如今还没实现。[2]

向外购买技术帮助的趋势已发展壮大,正向全球化扩散。1997年美国机械工程师协会调查了美国制造业、公用事业、服务和贸易公司的600名经理,发现外包工程范围从48%增长到65%。1983年,制造业是雇用工程师最主要的行业,但到1993年,专业服务合约的带动大大改变了这个局面。密尔沃基人力公司(Manpower, Inc.)的报告显示,信息服务技术的需求以每年40%的速率大大增加,对设计师和工程师的需求从25%增加到30%。美国仅生产全球第一技术分类中的12%,技术人才的国际竞争白热化。由于工程师准备海外任务,投入24小时来发展项目和公司全球化,所以以低成本搜索最优技术人才的到处都是。[3]

最后,我们在资料9—2中准备了福特汽车公司燃料电池车的全球发布。紧随其后的是全球研发的大合并。

反向技术传播

有时候,国家间不该有的"外流"技术成为国家技术政策的关注点。这通常被称为反向技术传播。一个例子是休斯航天与通信公司(Hughes Space & Communications Co.)最近开始保护其安全程序以确保卫星24小时正常运行。休斯坚持认为这样的保卫对防止技术传播是周全的,特别是在缺乏国防部监督的情况下。这不同于国与国之间合法的、经过批准的传

---

[1] Whybark, D. Clay. (1994). Marketing's influence on manufacturing practices. *International Journal of Production Economics*, Vol. 37, 41—50.

[2] Brackin, Ann. (February 1998). Collaboration evolution. *Manufacturing Systems*, Vol. 16, No. 2, p. 156.

[3] Rothstein, Arnold J. (March 1998). Outsourcing: An accelerating global trend in engineering. *Engineering Management Journal*, Vol. 10, No. 1, 7—14.

播,如机械工具行业。[1]

信息技术的指数增长,也特别增加了对新安全程序的需求,该领域的大量研究正在进行中。[2] 航空方面,因为数据量必须共享才能实现设计,这成了个长期的问题。波音在和乌克兰与俄罗斯合作伙伴在海上发射企业技术数据传播上加强了控制,如此一来,引起了美国政府的顾虑,中止了项目的多数工作。[3]

资料 9—2

福特庆祝氢燃料电池汽车的诞生

底特律——福特汽车公司庆祝新型氢燃料电池汽车(FCV)的诞生,第一辆高科技福克斯燃料电池汽车将进入佛罗里达州奥兰多、加利福尼亚州萨加门多、密歇根州泰勒、德国柏林和加拿大温哥华。

"福克斯燃料电池汽车是福特开发的最尖端的环保车,"福特汽车副主席、高级研究工程师杰哈德·施米德特(Gerhard Schmidt)博士说,"是我们朝高含量氢能源轿车和卡车的长期战略前进的重要一步。"

公布日期:2004年9月28日
资料来源:福特

图 9—2 福特关注燃料电池车(FCV)

福克斯燃料电池汽车是该行业第一辆混合燃料电池车,它集燃料电池的全部利益和混合技术的改良范围与性能于一身。

资料来源:http://www.fuelcellsworks.com/snppage208.html.

---

[1] Davies, H. (November-December 1992). Some differences between licensed and internalized transfers of machine tools technology: An empirical note. *Managerial & Decision Economics*, Vol. 13, No. 6, 539—541.

[2] Rhodes, W. (August 1998). Each new technology sets security back. *AS/400 System Management*, Vol. 26, No. 8, 57—58.

[3] Anselmo, J. (August 17, 1998). U.S. reviews plan to lift sea launch suspension. *Aviation Week & Space Technology*, Vol. 149, No. 7, 31—32.

21 世纪的飞机

波音 777 的开发组织曾有 1 万人，是它的巅峰。因此，波音保护 350 人的商务飞机使用的管理技术，像机翼形状、生产率或航空电子学一样紧密，这并不奇怪。新产品开发方法的支柱是设计建造小组，由工具、计划、生产、工程、财务、材料方面代表组成，偶尔邀请客户（如美国航空公司）或供应商（有时候是日本合作伙伴）。第一个版本的 777 在 1995 年 5 月亮相，1996 年 6 月 7 日美国航空公司第一次免费搭载乘客飞行，但是这个新飞机在 1991 年就已经开始电脑绘制图像了。经过多年努力，无数资金投入这一工程，所有这一切都是对航空顾客对新高效燃料的需求与麦道公司（MD－11/12）和空中客车（A－330－340）的发展贡献的反馈。[1]

在发布 777 的流程中，波音不单单推出这个新飞机，也革新了商务客机的开发流程。他们的下一个商务客机项目是 787，订单已经开始堆积起来了。它代表着同先前竞争战略的巨大变化。波音正领导潮流，而不是紧随空中客车，后者将其全部精力投入能容纳 800 位乘客的超级喷气客机 380。787 则注重整体成本降低——生产模型、采购成本，特别是运行成本。[2]

总　结

尽管这不是一个新话题，做什么、买什么仍然令学者和实践者困惑。为什么？可能因为没有一个理论或成功的实践能孤立组织"基因"而独立存在于环境中。知识被注入到土地、人力和资本中，作为公司的必要投入，但是知识是无形资产，很难模仿。[3] 本章提出了一个新的视角，技术创新和导致新产品与服务开发的流程是新构造的重点。核心技术的循环变化能用来解释购买和制造的高效模式，但是仍然存在贯穿实践的潜力。这不单单是

---

[1] Sabbagh, Karl. (1996). *Twenty-First century jet*. New York: Scribner.

[2] Jenkins, Jr., Holman, W. (February 9, 2005). Business world: Airbus is world-class—So start acting like it! *The Wall Street Journal* (Eastern edition), p. A11.

[3] Nakamura, M. and Xie, J. (September 1998). Nonverifiability, noncontractibility and ownership determination in foreign direct investment, with an application to foreign operations in Japan. *International Journal of Industrial Organization*, Vol. 16, No. 5, 571—599.

像交易成本理论那样,处于一个应该自制还是外购的环境问题,也是如何改变环境的问题。

技术不像经济学那样遵守规则——这个章节就是很好的例子。当遇到全球化的时候,新技术、新产品、新服务,信息系统和流程遵守其各自的规则。这些是我们要学习的规则——在北美、中国、欧洲、印度、马来西亚和世界其他地方。

无论公司是否有海外业务,管理者都不得不承认世界上最强的对手永远不会成为全能冠军。一个企业不能制造所有它要卖的东西,生产所有它所需要的技术。因此,合作生产的必要性作为我们这个时代反复出现的挑战产生了。

合作生产(共享生产方法的所有权)有别于联合生产(一个产品线用于生产两种或更多产品或服务)。运营能力的多重所有权有分担风险、增加时间表灵活性的优势。合作生产有难以合作、不造成严重后果就难以反向的劣势。共同拥有所有权因单个合作伙伴的弱点或两个的联合弱点而变得更脆弱。按照产品生命周期阶段和价值链组织生产,要确认5种类型的合作生产。合作生产被定义为由合作研发和合约制造开始,并由合作采购,合作生产和合作分销结尾。

研发是最后一个实现全球化的,传统上研发仅在公司母国进行。现在公司通常保留多于一个的海外研发机构运作。例如,瑞典的爱立信在20个国家有40个研发中心,是典型的在小国拥有合作办公室的公司。一个公司不能产生其所需的所有技术;一个公司通过寻找技术产生的来源而进行部分弥补——通常是同步发生的,不必根据全球营销合作分配。

美国在合同制造上每年以20%的速率增加,公司通常在设计、共享产品计划方面进行协作。兼容设计软件是联合产品计划的一个结果,无论是否进行合同制造。合作采购由十几家了解产品生产进度和计划的供应商共同进行。两家公司的销售和购买的功能,相对而言,因安排任何特殊产品分类而消除,通常称为JIT(准时制生产)Ⅱ。合作生产在很多公司得到尝试,汽车行业最近开始广泛试验组件化和共享制造,包括巴西卡车生产(参见第十章)。合作配送包括配送的联合控制、共享包装和专用物流供应商或合约仓库,因其专业化而变得日益重要。所有的这5种合作生产都是重要的,因为它们为全球的实践设定了标准。

目前全球技术最大的挑战是同步、多国、新产品发布。尽管系统研究在这方面很局限,但已有研究结果说明全球合作是值得的,同时事实上降低了项目产品延迟发布的比例,如果做得正确的话,形式上也可以做。24小时全球基础研究的合作目前并未成功,但是早先的反馈信息预示应用研究和全球新产品的发布是可行的。

阅读案例9—1"本田的帽子戏法",并回答讨论题。

案例9—1

本田的帽子戏法

作者:加里·瓦希拉什(Gary S. Vasilash)

发表题目:Automotive Manufacturing & Production. Cincinnati:Oct 2000. Vol. 112,1ss,10;pg.56,6 pgs

版权:园丁出版社 2000年10月(复制许可)

也许没有公司会使用新产品开发中心来制造新车(在12个国家生产,在最大的市场美国市场上成为畅销车),同时构造新制造系统。但是本田公司和其他汽车公司不同。

思域车1973年第一次跑上美国的公路。美国本田副总裁丹·邦纳威兹(Dan Bonawitz)负责合作计划与物流:"20世纪70年代早期的美国,底特律生产的无节制耗费汽油V8引擎主宰着美国公路。"那时候是美国汽油价格居高不下的时代,实际上,此举把很多高耗油车弃置在马路边上。相对小型的汽车像本田思域具有良好的定位。底特律必须为其短视付出代价。

幸运的是,本田破壳而出亮相的是思域。假设汽油价格仍然便宜,尾气排放没有标准,则1975年思域CVCC发动机不可能为公司启动销售(它卖出了10万辆);用邦纳威兹的话说,思域不会成为"本田美国项目第二个支柱力量",雅阁是主要支撑。从汽油禁令看到了美国汽车行业不具备快速反应或迅速部署的能力,这种能力不仅仅帮助提高像思域这样的车的销售,还产生了有争议的产品。

迄今,从美国总部原始设备制造商经理人那里听到的一个事情是他们在小型车上赚不到钱。结果造成一种趋势,公司尽量制造能赚钱的产品……就是现在那些全尺寸的货车和大型运动型多功能车。许多工厂从轿车生产转向轻型货车生产。很多这样的车是由V8引擎提供动力的。也许它们不像以前那样耗油,但是……

尽管不情愿泄露具体的金额,邦纳威兹说本田2001年在思域上将赚钱。他们预计第一年销售33万台(思域连续5年成为美国最畅销的小型车)。那些车的绝大部分将在本田的美国制造公司的俄亥俄东利伯提组装厂生产(每年23万辆的生产能力),补充产量的主要是本田加拿大安大略的阿里斯顿生产厂(每年17万辆的生产能力),日本铃鹿的本田厂补充差额。

但是相比他们开发新车(用一个新开发系统很好解释)这一事实更有趣的是他们对生产能力进行的定位,那样他们在思域工厂有生产除思域之外的车型的能力,而不是单单在思域工厂里生产思域。也许他们早些生产思域是幸运的。但是他们用新生产系统来取代对运气的需求。当市场变化时——有什么比市场变化更无常的?他们已经准备好了。

新产品心态

一句话,系统从事的是柔性制造。尽管这个词会被不同人用不同方式解释,考虑一下,这对本田和它的东利伯提工厂(ELP)意味着什么:如果市场更欢迎雅阁而不是思域,那么东部工厂能快速——经济上来说——转向雅阁。事实上,本田全球项目组包括5个平台,最上面的是朗程的轻货车平台,美国市场不多的迷你型车在框架的最底部。东利伯提工厂——多亏焊接部更灵活的装备和部件重新布局——拥有五分之四的生产能力。

然而,更有可能的是,东利伯提工厂的经理汤姆·舒普(Tom Shoupe)说,他们在工厂里建造"相似尺寸的产品,但是我们对需求能进行快速反应。"舒普对东利伯提工厂做了适当的评价,自其1989年开始生产思域时:"我们从来不认为它是思域工厂,而是引进新车型、制造车的工厂。"心态是基于变化的。他解释道他对东利伯提工厂的2 700人强调,那些每天开动全力生产950辆车的人,他们必须对开发新车的新任务做好准备。"以前,新车型的发布是一件大事,这样的日子过去了。"舒普说。每个人都为这一刻做准备,而后它发生了,到下一次来临前它就是日常事务了。然后每个人又打起精神来。但是舒普说东利伯提工厂的同事正开发考虑过渡的心态作为工作方式。

基于这一点,必须想到点反对理由。

通常的反对理由

举个例子,柔性制造。没有一家——至少没有一家不在从事提供产品和设备的生意,这些产品由像纪念碑一样僵硬的自动化系统生产,这些设备被推迟付款——将会为反对柔性制造而辩护。但是他们可能指出柔性制造很耗资。显然,这样想的原因是本田能在小型车上赚钱,它有办法使东利伯提工厂成为一个柔性制造工厂,就是通过投入额外需要的钱。

尽管本田经理不谈论特殊资金,但他们承认和发布1996年前代思域而建立工厂相比,2001年的投资少了40%。本田如果不节约的话就完了。

这样在速度上就产生了问题。思域在东利伯提工厂投入生产是2000年8月15日。之前他们造了2000年的车型。基本上,这只是2001年的第一辆车是紧跟着2000年的最后一辆生产的问题。他们希望在东利伯提工厂在6周里全力生产。

2001年计划在3个主要生产基地(思域在全球12个工厂生产,但日本、美国、加拿大是产量集中的地方)同步发布。他们的同步意味着什么?在铃鹿于7月3日发布。阿里斯顿跟随东利伯提工厂在8月28日发布,相差不超过2周。时间表要求所有的思域工厂在6个月内完成新车型的构造。在上一代思域的发布期间,仅仅日本和加拿大在发布新品之间就有6个月的差距(美国大约在这个时间差的中间)。

为正确理由使用机器人

本田美国制造总裁兼首席执行官,长平岛公贵(Koki Hirashima)说到新的生产系统:"新焊接设备是该系统的核心,那里的程序机器人帮助我们采用重复培训,而不是重复压型的策略。"

东利伯提工厂焊接部门的瑞兰德·伊兹(Ryland Eades)指出,工厂中1/2的焊接区域(A区域:不良品;B区域:白体)已经彻底重新配置了,不仅在人工部分使用机器人(他指出当最后几个小时,机械手臂升降,固定金属零件时,它有更好的重复性),而且事实是在流程的操作部分,如案例中所讲的有一个静止固定的密封胶器具和一个搬动零件对准胶体枪进行封胶的机器人。

当然也有用于焊接的机器人。伊兹提到普通焊接(GW)夹具,把底板、侧边和顶板连接到一起,是一个复杂的机械,有个专用的特殊模型。"新普通焊接夹具比较简单,"伊兹说,"应用20个可编程电子机器人完成多种任务——将近130种需要的焊接。结果不仅缩短了设备停工期,也提高了灵活性。此外,未来车型变化的成本因为需修改的工具减少而降低。新普通焊接能重新编程来适应新车型,对新设备最少的投入,这比旧的普通焊接要简单得多。"当遇到生产技术发展时,就是这个案例了,本田工程拿出新工具来改善焊接操作。公司内部工程雇员设计电子伺服焊接枪能编程以提供适当压力用于材料焊接。这是柔性射孔器II——这种装置的第二代。但值得一提的是通过发纳科机器人控制A区和B区,用于生产思域的机器人事实上是现成的车型(当然满足本田特殊需求)。

重新组织组装

另一个部分称为全球标准布局。基本上，这个系统基于按功能组织的生产线。他们已经建立了5个功能流程区：布线和布管；内部；底盘；外部；综合。这意味着与其通过流水线承担与这些内部混合流程区相关的任务——就像在2001年模型发布前他们所做的——不如现在不同区域联合运作。为了保证任务按照要求完成，在每个区的最后都有一个称为质量保障区的地方。这是一个检查区。东利伯提工厂组装部的凯斯·碧奇（Keith Beachy）解释说这意味着一个组织得更好的结果质量检查，先前的布局注重在生产线最后检查。建立每个区的尾部检查，任何质量问题都能发现并更方便地追溯其发生根源。

全球标准布局远不只建在东利伯提工厂的那些。在所有思域工厂都有流程标准化，从而使得任何工厂都能按照顾客要求转变生产能力。每当某个特定工厂进行特别运作时，这些不标准的流程在局部装配区是要求下线的[比如天然气能源版的思域，GX（一个型号）将在东利伯提工厂单独生产；生产量的增加不是在主要生产线上]。

起步

但是在这一切之前——在新生产系统、柔性车身车间、全球标准布局之前——全球本田组织有另一个发展就是利用思域研发小组。美国本田生产的美国新车型副总工程师克里斯·A. 波兰（Chris A Poland）是2001年思域工程项目的领导，1997年他解释说在日本栃木县，本田新车型中心（H−NMC）建立。因为思域就是那时候开发的，参与项目的工程师都是从本田新车型中心过来的。

历史上，新产品开发途径都是在铃鹿工厂或狭山工厂的新车型中心进行的。现成的车型将在日本首先发布（在原工厂），而后会转移到其他工厂。尽管我们可以说所有程序的错误都能在第一工厂解决而不转移到其他地方，但波兰指出："将产品从一个工厂转到另一个工厂通常需要更改生产流程和工具来适应不同车型。"换句话说，不是世界上所有的工厂都使用同类型的设备。这种方法直到1998年雅阁的发布才改变，而在本田新车型中心和思域上改变更大。

栃木县也是本田汽车设计中心的所在地。本田新车型中心是人们开发工具、流程、设备和构建设计方式的地方。在全球，本田由5个地区事业部组成：日本；北美；南美；亚洲/大洋洲；欧洲/中东/非洲。所有地区的代表聚集在本田新车型中心，共同致力于思域的开发，每个地区提供在自己工厂中如何生产的方式。波兰观察到："所有的思域工厂为思域提供了众多工具和流程设计上的改变。这些要求都将由本田新车型中心输入数据库,并由本田 RED 中心利用来实现转变。"

通过重新设计前悬挂系统和引擎盖布局,本田工程师减少65毫米车头距离,在不增加车身整体长度的同时(实际上减少了15毫米),增加了驾驶舱尺寸和行李厢。如果你仔细看,你能发现平整的底板,很可能是通过重新摆放尾气部件和开发新悬挂系统的结果。

机器人在车身部分代替了普通焊工复杂的专用设备,使得东利伯提工厂能为生产其他模型快速重新构架。这也使得工厂能满足客户需求。

实施信息技术

另一个用于思域开发的是新全球开发系统,数字制造体系(DMC)。本质上,数字制造体系是基于计算机辅助三维接口应用系列软件的产品和流程开发软件。波兰评论说:"产品设计模拟中不使用数字制造体系来减少测试使用的车型数量。在生产中,系统同样利用设计模拟来开发、评估新工具和流程设计,而不是生产实际模型工具。使用少量原始模型和零件,实现设计变化的能力,降低新车开发的时间和成本。"

波兰承认"实现5个地区意见一致是富有挑战性的"。他补充道:"但是它值得,一同工作尽早解决开发流程中的生产问题,节约时间、节省成本,最重要的是改进2001年版思域的质量。"

车身公差是质量的一个明显的测量标准。本田在这方面一直处于领先地位。在2001年的思域上,他们事实上设定了严格的标准。举个例子,2000年车型的车门缝隙是5毫米。2001年思域他们把它调整到3.5垂姆(Trim)。2000年保险杠/车头灯/挡泥板缝隙都是5毫米,但到2001年这个数字变成了1.5毫米。前挡泥板/保险杠缝隙和耗损车身/保险杠缝隙2000年是3毫米,2001年都只是0.5垂姆。

新车本身

新车到底是什么样的? 这是第七代车。这是一部新车:全新底盘和悬挂系统,全新车身。目标是使车再大些(内部而不是外部,一贯奉行"人最大,车最小"理念)和更安全,同时保持价值不变。现在车都属于紧凑型,比起前几次紧凑范围有所提高。同时,他们提升了发动机性能,提高了6%的排量;现在是1.7升全铝引擎代替1.6升引擎装备。值得一提的是该车是符合50个国家标准的低排放车。

这次仅有两款型号投放到美国市场:新赛欧和酷派。同本田处理前一代雅阁的手法相似,这两款车相对迥异。举个例子,就外观来看,酷派(1 400毫米)相比新赛欧(1 440毫米)在车身高度上矮了40毫米;尾部则低了20毫米。车后部明显不同,酷派设计它的尾灯位置低于其保险杠,行李厢切线比思域要夸张。酷派底盘有很多改进(比如,高强度全钢中间底板穿过横梁及角撑件,连接高紧度螺栓;一片式中心支柱强化)有助于提供不同驾驶和控制特性。

总体上,思域和酷派的主要相同部件是仪表板和前端(尽管两种车型的格栅不同)。

为了使其相对更轻、坚硬、安全,2001年级思域车身上广泛使用高延展性强度钢;车身结构上50%使用这种材料。内部车门使用激光焊接边缘空隙,确保强度且不增加不必要的重量(在线激光焊接用于门镶边区域缝隙焊接)。同样增加安全性的是一个平行的发动机架,支持并围绕引擎。本田工程师将其描述成"鲨鱼下巴",这是一个氢形态部件。为提高思域的内部容量(思域从101.7立方英尺发展到104.3立方英尺),在前部、车棚和底板进行修整。

第六代思域的轮向齿轮盒位置紧靠不同齿轮,这需要一个长的支架。但是轮向齿轮盒位置在2001年被提高了,这样前轮能向后移动,这意味着车前端能减少65毫米。(这个新包装设计也是开发新麦克福森撑杆式悬架所必需的)。

有趣且实用的开发帮助坐在思域后排座位的人们。车内底面是平的——不是中间突起的。这是由于尾气排放管预先除音装置移动到了车的右边。本田工程师同样设计了一个新的不使用摆臂的完整双横臂式悬架系统。新悬挂系统使得行李厢底面同样平坦。由于车前端短了,后部长度增加了40毫米,从而使得行李厢大了1立方英尺。整个思域的长度比以前型号长度(4 435毫米)短了15毫米。

2001年级思域不仅仅代表一辆新车,同样代表新产品开发系统和新制造系统。通常,公司被劝告不要在同一段时间接手多项任务。(举个例子,试想土星的经历,其不断更新的复杂程度,有争议的是,公司从未从其中恢复过来,从未真正获得产品开发和市场潜在的突破。)但是,很显然,如果哪家汽车公司能自信驶离复杂计划,那一定是本田。

资料来源:Gary S. Vasilash, *Automotive Manufacturing & Production*, Cincinnati: Oct 2000, Vol. 112, Issue 10, pp. 56—61。

讨论题

1. 本田的帽子戏法是什么?本田成功的秘密是什么?
2. 最近全球新思域的发布是如何说明本田的汽车生产方式的?
3. 本田的设计制造方法如何告诉我们技术管理和创新过程的理论?
4. 通过下列阅读来完善案例:N. Shirouzu, Honda in a funk tries recalling the civic's virtues. *The Wall Street Journal*, Vol. CCXLYI, No. 49, Friday, September 9, 2005, pp. A1, AC。

第十章

未来技术的管理[1]

本章目标：提出关于"大胆预测随着趋势的发展，未来哪些技术会变得重要"的课题，讨论做出上述预测的过程以及学习创新管理的学生如何从这种预测中获得好处。我们将讨论一个关于在全球化关系中的数字印刷业（突破性技术）的典型案例。

我们距离托马斯·爱迪生建立他的实验室，领导组织创新观念的时代有多远了？这个工业研发实验室的发明有留声机(1877年)、电影放映机(1891年)和有声电影(1913年)。大概最为广泛流传的是1880年除夕的那一幕，当时爱迪生在他的实验室里面和周围挂了50个灯泡，并邀请市民来观看。爱迪生还发明了发电机，并在下曼哈顿的珍珠大道地区使用。这台发电机在1882年9月5日第一次向居民供电。这也就是通用电气的成立，并且其他公司也开始将技术创新作为与竞争机制同等重要的驱动力。

电灯的发明是可预见的吗？更加重要的是，为什么在市场萧条的时期，电灯让南方实现了电气化，它是否会加剧经济的低迷呢？如果当时的情况

---

[1] 关于未来技术这一章节的一部分在舒维克·乔杜里先生(Shouvik Chaudhuri)的协助下准备的，衷心感谢他对这一章节的贡献。

相反,结果会怎么样呢?答案是太阳能的使用在明显上升(参见图10—1)。[1] 我们下面将会讨论这些问题,以及其他相关的问题。

毫无疑问,风力是发展最快的能源(参见图10—2)。[2] 请看下面的资料:

在美国,风力发电在近期得到了长足的发展,在过去5年中平均保持每年24%的增长速度。在2001年美国拥有了大约1 700兆瓦的风力发电量,到2002年又有大约410兆瓦容量的风力发电机组投入使用。2003年间,这种发展变得更加迅猛,建成了估计约1 600兆瓦的容量。伴随着这种增长,越来越多的州开始对开发风能的项目进行投资:目前,美国大约一半的州拥有至少一个风力开发项目。[3]

图10—1 波音盘状太阳能系统　　图10—2 加利福尼亚棕榈泉的风能工厂

这两种可再生的能源肯定会将能源技术带入一个新的发展方向。

那些改变了世界的创新

根据沃马克、琼斯和卢斯(Womack, Jones, and Roos)的理论,改变世

---

[1] Solar power is back. (September 27, 2004). *Business Week*, p.111.
[2] Talbot, David. (May 2005). Wind power upgrade. *Technology Review*, Vol. 108, Iss. 5, p. 21,2 pp.
[3] Bird, Lori, Bolinger, Mark, Gagliano, Troy, Wiser, Ryan et al. (July 2005). Policies and market factors driving wind power development in the United States. *Energy Policy*, Vol. 33, Iss. 11, p. 1397.

界的是汽车的发明。[1] 而罗伯特·巴德里（Robert Buderi）则认为是雷达改变了这个世界。[2] 因为正是西方同盟国发明和完善了雷达才使得同盟国赢得了第二次世界大战的胜利（参见资料10—1）。第二次世界大战中的例子说明，雷达最有趣的地方在于雷达的发明和它在战争中所发挥的作用具有同等的重要性。由于对雷达的误用，直接导致美国太平洋舰队在1941年12月7日的珍珠港事件中遭受了毁灭性的打击。

还有人认为，是飞机的发明改变了世界。不，你认为不是飞机，而是计算机。不，晶体管发明得更早，然后才有综合电路。我父亲则认为是电视的发明改变了世界。美国2005年出现的高清电视将使大约2.8亿台老式电视机变成废品。[3] 诸如此类的说法比比皆是。但问题的重点是，创新，特别是重要的突破性创新改变了世界，并且这种改变还将一直持续下去，这个世界将日新月异，而没有哪个人可以改变这种趋势。有时技术性创新所带来的变化无法通过数据的变化来直观地体现。但是这种渐变的累积经常比一项发明创造更加重要。

资料10—1

雷达的历史

罗伯特·巴德里在他《改变世界的发明》（*The Invention that Changed the World*）[4]一书中提出，原子弹结束了战争，而雷达赢得了战争。书中有这样一个观点：必要性是发明的原动力。当面对需要解决的问题时，像罗伯特·R. 埃弗雷特（Robert R. Everret）这样的科学家就会发明解决问题的办法。问题是，发明可能仅仅是出于兴趣，而创新不是，创新是为了从中盈利。

---

[1] New York：HarperCollins Publishers，1991.

[2] New York：Simon and Schuster，1997.

[3] Brinkely, J. Should you roll out the welcome mat for HDTV? *The New York Times*, Sunday, April 27, 1997, p. F9.

[4] *The invention that changed the world: How a small group of radar pioneers won the second World War and lanuched a technological revolution*, by Robert Buderi, New York：Simon & Schuster, 1997, reviewed by Mathew L. Wald, Jam sessions: Forget Oppenheimer and Teller; radar researchers at M. I. T. , the author says, won World War II, *New York Times Book Review*, Sunday, June 22, 1997, p. 31. Thanks to Barbara Bryant.

现代战争中日益激烈的侦查和反侦查竞赛促进了实用雷达、雷达干扰的产生,然后雷达干扰成为一项重要的攻击性武器。而雷达的发展也偶然促成了其他方面的突破。1944年,科学家在用雷达对一座6英里外的高楼进行探测时被浓重的湿气阻挡,使他们偶然接收到了水蒸气的自然振动频率,并最终发明了微波炉。这也是为什么微波炉在20世纪60年代首次出现在厨房的时候被称为"雷达"的原因。

雷达在经过创新改造后已经成为一套军方必不可少的设备系统,而不仅仅是一项单独的发明。这种说法听起来很熟悉吧(参见第一章)。许多人都读到或听到过这个故事,1941年12月7日在夏威夷,简陋的雷达在短时间内探测到了接近中的日本飞机。当然,这种警报在珍珠港被轰炸前没有得到应有的重视或者及时的报告。

奥帕玛移动雷达监测站设在瓦胡岛(Oahu)北端离海岸线230英尺的卡胡库(Kahuku)附近。1941年12月7日凌晨4:00,士兵约瑟夫·L.洛克哈德(Joseph L. Lockard)和乔治·E. 埃利奥特(George E. Elliot)当职。当他们像往常一样,准备关闭雷达设备的时候,雷达显示器探测到了奇怪的光点,洛克哈德起先以为设备出了故障,经过简短的检查以后证明设备工作正常。埃利奥特估计那是50架以上的飞机。在将这一情况上报给陆军总部的8分钟里,这些光点向瓦胡岛接近了20~25英里。

而当天执勤的柯米特·泰勒(Kermit Tyler)中尉4天前才刚上任。他本应该协助调度飞机去拦截敌机,但是调度员和空军指挥官都不在自己的岗位上。泰勒上尉认为这些光点是从美洲大陆飞来的B-17轰炸机,实际上一架飞机是从加利福尼亚转场过来的。而当日本人的炸弹扔下来的时候,夏威夷电台仍然在播放音乐。也正是这音乐引导了日本飞行员的攻击。

直到早上7:39,埃利奥特和洛克哈德始终在监视这些光点。直到光电接近到瓦胡岛20英里时,雷达波因为受到山峰阻挡,光电消失。洛克哈德忘记告诉泰勒中尉,飞来的飞机可能超过50架。而这有可能阻挠日军袭击的情况也没有在当天的晚些时候进行报告。泰勒中尉甚至没有打电话给当时第 14 拦截机队的指挥官科尼斯·博奎斯特（Kenneth P. Bergquist）。如果当时采取了任何行动，结果都不会这么惨烈。

在随后针对珍珠港事件进行的调查中，人们发现雷达系统的建立（包括 5 个移动雷达站和 3 个固定雷达站，但在 1941 年 12 月还未完全建成）和对沿海领空的监测仅仅是用于定期的训练，而从来没有被用来预防空中打击。无论技术如何发展，雷达也不可能在设备还没有运转的情况下工作。在 1941 年 12 月 7 日以前，司令部从来没有像现在这样及时地提供专家或者别的资源来确保军事项目的按时推进。

另一方面，英国在雷达出现的早期就有能力用无线定向探测技术（Radio Direction Finding）开发一套雷达系统，但是直到 1943 年他们才建立了第一个雷达站，也就是众所周知的"海岸警戒雷达"（Chain, Home）。

汽车改变了世界

目前，交通工具方面的技术已经成为工业发展的新目标，讽刺的是人们在十年前根本没有意识到这个问题（参见表 10-1）。福特汽车公司采用丰田汽车公司的技术就示范了一个可以长期稳定的战略：快速模仿。这个例子演示了本书的一个重要观点和创新过程。那么，下一项创新是什么？下面将用一些过去的资料来反映技术的未来。它不能被用来制定特定的战略或是预测未来，但是可以用来揭示问题的本质。显然，未来越是遥远，我们的预测越不准。[1]

正是撰写这本书的时候，美国市场上共有 6 种混合动力汽车，主要来自日本的丰田和本田公司。但是随着越来越多的公司加入到绿色汽车产业的竞争中，这个数字肯定会增加。[2] 但是，目前大部分观察员仍然看不到这种变化，就像找不到最终解决全球变暖或空气污染问题的办法一样。只有

---

[1] 这一部分在舒维克·乔杜里协助下完成，衷心感谢他对本章的贡献。
[2] Armstrong, Larry. (April 25, 2005). Are you ready for a hybrid? *Business Week*, 118—126.

像氢燃料汽车和高效电动交通工具这样使用可再生、无污染的能源才能彻底解决这个问题。美国环保署甚至也认为技术(如混合动力技术)是解决能源危机的关键,并希望汽车制造商、用户和政府之间能够就这个问题进行对话。[1]

表 10—1　福特普通发动机和福特混合动力发动机的比较

	V6 XLT,4 冲程	4 冲程混合动力
发动机	3.0 升,V6	2.3 升,直列 4 缸
动力类型	汽油	汽油和电池
马力	200	133(汽油),94(电力)
重量	3 482 磅	3 792 磅
牵引力	3 500 磅	1 000 磅
英里数	城市 18~22,高速公路 20~25	城市 35~40,高速公路 29~30
保养	3 年全保	3 年全保,加 8 年每 10 万公里混合动力部件保养
价格	25 295 美元	28 595 美元

创新经济

《商业周刊》在其 75 周年刊对创新经济进行了如下的重要描述:

1. 在过去的 75 年中,创新正在变得越来越重要,但是其经济效应并未得到充分体现。比如信息技术领域(电视、蜂窝电话)、健康领域(抗生素、生物技术)和金融领域(信用卡)在 75 年中得到了很大的发展,而创新速度较低的部门是交通、能源和材料等领域。但是在未来的几十年中,交通、能源和材料等领域的发展将是均衡的(第 94 页)。

2. 在一些领域,新技术的发展趋势是有共识的。比如,微技术(分子或原子工程学)可以在微型碳电子管、微型均衡探测器和太阳能电池基础上发展运算更加快速的计算机(第 94 页)。

---

[1] Truett, Richard. (April 18, 2005). EPA says technology is the best energy policy. *Automotive News*, p. 24.

3. 在未来的创新道路上，我们也面对相同的问题：在过去的10年中（从1995年开始），美国国家总产出在商业方面的投资份额平均为11.3%（与前20年一样，低于日本）(第95页)。我们还有更加迫切的问题：可选择的燃料和能源资源，可承受的健康开支，新兴的经济体(如中国)和家庭式工作方式(互联网，第96页)。

就像文中描述的，我们可以很容易地描绘出未来技术经济的概况，就像网络电话[1]、可替代能源、药物研究的突破(比如干细胞[2])等。等到这些预测变成现实的时候再来考虑应对的方法就太晚了。

高端技术发展趋势

微技术

微技术在未来将会成为每个人生活的一部分，它的出现就像一个肯定会赢的赌局。微技术是通过原子的排列来实现分子层面上的构造和制造。比如，重新排列一块煤的原子你就可以得到一块钻石。[3]

微技术项目很多，这里只列举其中的几个。比如，我们已经达到硅晶片计算机的物理极限，但是微技术可以突破这种限制。如果你可以"编织"碳原子的排列，你将制造出什么样的晶体管呢？IBM已经在进行这方面的试验了。[4]

分子成像和分子疗法也是微技术的项目之一，因此在未来的5~10年中，这项技术会为医药领域带来一场变革。比如，成熟的放射治疗系统使辐射主要作用在肿瘤上，从而保护了周围的组织。其结果是：更高的成功率，

---

[1] http://www.cnn.com/2004/TECH/10/25/spark.niklas.zennstrom/index.html.

[2] 威斯康星州州长于周三宣布了一项计划，打算在威斯康星大学和医院的生物科技和干细胞研究上投入将近7.5亿美元。这一计划是对加利福尼亚竞选者本月打算在未来10年里花费30亿美元在干细胞研究上的决定的回应。参见：http://chronicle.com/daily/2004/11/2004111803n.htm.

[3] http://www.zyvex.com/nano/.

[4] Aston, Adam. (April 18, 2005). The coming chip revolution. *Business Week*, pp. 90—91.

更快地降低痛苦,更少的并发症。[1]

在接下来的十年中,微技术必然在研发和创新的过程中处于核心地位,但是微技术方面的应用研究能够带来的商业效益还不明确。有观点认为微技术的研究将带来巨大的经济效益。[2] 专家们预测,工业研究协会的17个成员企业会将至少6种产品的利润投入到微技术开发中。现在很少有企业在微技术方面有完整的战略规划,很多还是在监控模式下生产,所以海量数据的录入就成了第一个挑战,消化和运用这些信息就是第二个难题。再来看世界范围内的情况(30个国家拥有微技术方面的政府基金),我们会发现微技术是如何成为未来十年的挑战项目之一的。

生物信息

生物信息工程是关于生物、药物和医学问题的信息技术。在未来三年中,市场对该方面的需求大约为400亿美元。比如IBM公司的生命科学业务部门就在为生物技术提供信息技术基础构造方面的服务。这个正在高速增长的市场对供应商、数据存储、知识管理、应用实施和咨询服务业来说是个好机会。[3] 用微型液体芯片来分析氨基酸的基因排列就是其中的例子之一。这种液体芯片的成本比电子芯片更低,能够让化学分析变得更加清洁、快速,并且比现在廉价很多。[4][5]

数码集成技术

大多数消费者都可以很容易地看到数码技术在日常生活中是如何普遍。一台蜂窝电话可以提供相当于个人助理、计算机、互联网联机的服务,这就是数码技术在某一领域内应用的实例。在我们的家里,电视和电脑已

---

[1] http://mips.stanford.edu/.
[2] Bean, A. S., Chapas, R., Collins, M., and Kingon, A. I. (May-June 2005). Nanoscience and technology: Firms take first steps. *Research-Technology Management*, 3—7.
[3] http://www.eds.com/thought/thought_leadership_trends.shtml.
[4] http://www.eds.com/thought/thought_leadership_trends.shtml.
[5] http://www.forrester.com/ER/Press/Release/0,1769,874,00.html.

经变得非常普遍。[1] 网络电话（VoIP）就是电话在计算机上的应用。目前网络电话在市场上所占的份额很小，但是基于互联网数据传输成本低、协议标准化、延展性强和端口多等特点，网络电话的发展将是惊人的。[2] 蜂窝电话所具备的数码传感器和数码相机都只是以数码格式集成为基础的综合技术领域的开端而已。[3]

博客的惊人发展可以近乎完美地演示技术集成的成果。请看下面的资料：

博客是私人日记，是每日讲坛，是协作空间，是政治肥皂盒，是新闻发布站，是链接的集合，是你自己的想法，是一个小世界。博客是你想要它是什么它就是什么。简单来说，博客就是一个网络站点，使你可以在一个活动的界面上写作。新的作品会在最上面显示，这样浏览者可以立刻看到新的东西。然后他们可以发表评论、收藏，或者发电子邮件给你。或者仅仅是看看。[4]

从五年前的出现到现在，博客取得了几何级数的增长。《商业周刊》在本书写作时估计现在大约有 900 万个博客，并且以每天 40 000 个的速度增加。根据统计数据，大约有 27% 的互联网用户每天都要浏览博客，所以许多公司迅速将这些人纳入了发展计划中。每个人都可以开博客，而且可以发表任何东西；这些言论在上次美国总统选举中就扮演了重要的角色。[5] 很快，博客在推动技术发展的同时会成为主流之一，蔓延整个网络世界。

密码系统

密码系统是保护信息安全的技术和艺术。它是现代数据网络和电子商务的关键元素。现代密码系统运用先进的数学技术。密码编制的数学运算

---

[1] Grant, Peter. (April 18, 2005). Merger of TV and Web may hit cable industry before it's prepared. *The Wall Street Journal*, p. B1.

[2] http://www.eds.com/thought/thought_leadership_trends.shtml.

[3] Edwards, Cliff. (April 25, 2005). Intel's Wimax: Like Wi-Fi on steroids. *Business Week*, p. 42, and Crockett, Roger O. (April 25, 2005). iPod killers? *Business Week*, pp. 58—69.

[4] http://www.blogger.com/tour_start.g.

[5] Baker, Stephen and Green, Heather. (May 2, 2005). Blogs will change your business. *Business Week*, pp. 57—67.

法则是公开的,但是密码是保密的。密码分配的问题则由公共密码编制法来解决。每个用户拥有一个公共密码和一个私人密码。公共密码基础被用来支持电子商务交易中大范围的密码编制。[1]比如对国家安全至关重要的一次性的具有一定长度的随机密码,但是日常应用的简单系统可能不具备这种技术能力。数字水印是密码编制法和密码技术的结合,目前可以用来保护图片和音乐等的数字版权。[2]

量子计算

计算机领域的下一次革命是什么?有人认为是量子计算。这个名称来源于量子力学理论。根据概率论,量子力学认为电子围绕原子的核子运行的轨道其实并不存在。信息比特是按照开或关、0或1的形式运行的,量子位由1到0是由概率决定的。量子计算机可以将所有的量子位联系在一起,这就意味着一个量子位发生变化,其他的都会变,这样根据概率计算,很多重大的问题就可以很快得到解决。到底有多快?有估计认为,在一个演示实验中,量子计算机可以在几秒钟内翻译完传统计算机需要几十亿个世纪才能完成的编码信息。现在面临的问题是如何将量子位联系起来。按照磷原子的排列建成的计算机要有一间房子这么大才能满足需要的精度,然后才能进行连接工作。你认为这是科幻小说?也许今天是,但是一旦我们有了真空电子管,这种计算机就可以实现。[3]

扩展性标识语言

用户希望在彼此的应用程序中共享数据,建立综合信息平台系统。所有数据格式和标准让这种想法变得非常昂贵和难以操作。扩展性标识语言是原来被用来简化网页制作的标识语言的延伸,已经成为实质上的数据交换标准。扩展性标识语言也成为网络服务——未来应用程序发展趋势——的基本技术。这些应用程序包括在会计领域针对标准化数据和格式输入的

---

[1] http://www.eds.com/thought/thought_leadership_trends.shtml.
[2] Ibid.
[3] Gomes, Lee. (April 25, 2005). Quantum computing may seem too far out, but don't count on it. *The Wall Street Journal*, p. B1.

扩展性财务报告语言(XBRL)的传递，以及支持虚拟小组随时随地进行设计的协作工程学系统。

视频游戏

视频和电脑游戏是一项每年 100 亿美元的大行业，并且还在增长。在线游戏是一宗巨大且不断增长的网络贸易，需要更多的人才投入。

游戏开发已经成为一门公认的学科。大部分大学都提供游戏开发方面的认证或学位。他们有许多关于游戏的刊物和工作室。

游戏技术被越来越多地应用到灵敏度训练和教育中。由游戏改编的动画电影最终有可能打击传统的电影商。商业项目将具备游戏式的特点。未来版本的微软 Windows 会将 3D 效果、动态、视频和灯光作用一体化。[1]

社会发展预测

社会发展预测是指跟踪和预测社会、政治和经济趋势。相当一部分人认为社会发展预测和本书所讨论的技术紧密相关。比如，很多作者对全球性的贫困和技术为解决全球性贫困可能提供的帮助没有深刻认识。[2] 无论是中国居民消费行为或者是飒拉(Zara)用技术领导欧洲时尚，全球范围内的心理学、社会学和人口统计学的发展趋势都与技术决策密切联系。[3]

首先，社会发展预测的定义是揭示社会、技术、经济、生态和政治领域的未来以及它们的相互影响。目前，学者已经开始对五个社会问题进行分析，当然，社会发展预测远远不只这些问题。这五个问题是：(1)世界人口，(2)城市规模，(3)信息高速传播，(4)能源消费和(5)耕地问题。如果理性分析和线性思维被用在这些领域，那么这些领域的发展趋势将会被严重扭曲。然而，社会发展预测不仅仅是对历史趋势的分析，同时也是对历史趋势进行

---

〔1〕 http://internet.about.com/cs/technologytrends/index3.htm.

〔2〕 Bestuzhev-Lada, Igor. (June 1987). High technology and long-term global problems. *Futures*, Vol. 19, Iss. 3, p. 276, 6 pp.

〔3〕 Chisnall, Peter M. (April 1983). The case for social forecasting. *European Research*, Vol. 11, Iss. 2, p. 42, 7 pp.

修正的各种因素的综合。正是这些因素的加入,使社会发展预测能够一窥未来发展的可能性。[1]

因为更加全面且相关性更强,政府层面的社会发展预测才是我们最感兴趣的。比如在英国,英布肯梅斯咨询公司(Inbucon's)使用社会调查研究和"评估、监督甚至预测国际问题对商业产生的影响",以及公司发展计划、雇佣制度、营销、公共关系和公共事件对商业的影响。又如,在美国,进行这项工作的则是能够确保对公司保密和披露问题保持敏感度的美国银行。[2]

30 年来,社会发展预测已经和技术决策紧密相连(参见第二章),并且已经从中获得收益。但是直到最近 10 年,社会发展预测才得到真正的运用。在许多国家,社会发展预测的重要性已经和环境可持续问题及全球化战略不相上下。[3] 最近一项针对 183 家公司的调查表明,社会发展预测已经在广泛的领域得到应用,而不仅仅是在经济低迷时期。[4] 有许多工具可以用来进行社会发展预测,但是它们已经超出了本章和本书的范围,如果您有兴趣的话可以对它们进行深入研究,绝对物有所值。[5]

结束语

我们将以燃料电池和燃料电池汽车前景的例子来结束本章。电池燃料汽车是目前唯一可行的对环境有益的交通工具。《汽车新闻》(*Automotive News*, September 27, 2004)提供了关于目前电池燃料汽车的构想。但是他们仅仅预测了 5 年后的情况,而且他们的文章也没有告诉我们如何获得可持续使用的氢能源。我们回到本书开始时的话题,技术管理的不确定性。

---

[1] Holroyd, Philip. (October 1980). Is there a future for social forecasting? *Long Range Planning*, Vol. 13, Iss. 5, p. 29.

[2] Holroyd, Philip. (October 1980). Is there a future for social forecasting? *Long Range Planning*, Vol. 13, Iss. 5, p. 29.

[3] Higgins, J. C. and Romano, D. (April 1980). Social forecasting: An integral part of corporate planning? *Lang Range Planning*, Vol. 13, Iss. 9, p. 82.

[4] Newgren, Kenneth E. and Carroll, Archie B. (August 1979). Social forecasting in U. S. corporations—A survey. *Long Range Planning*, Vol. 12, Iss. 4, p. 59.

[5] Fowles, J. (July 1976). An overview of social forecasting procedures, American Institute of Planners. *Journal of the American Institute of Planners*, Vol. 42, Iss. 3, p. 253.

请看下面的新闻资料：

旧金山，5月9日——令人震惊的入侵者利用思科系统的漏洞，通过控制计算机程序，限制了一些计算机的互联网流量。[1]

如果不能在一定程度上容忍不确定性，最好还是不要参与到这场商业创新中，因为这种不确定性是始终存在的。令人遗憾的是，创新不存在实际上的安全方法。唯一安全的就是：加快学习，尽可能跟上知识更新的脚步。

致　谢

我想感谢艾德·科华侬(Ed Covannon)建议我在这章增加关于社会发展预测部分的内容。谢谢，艾德。

练习

1. 选择一个熟悉的行业或技术，然后对它或者它的产品/工艺流程/技术部分做一个技术预测。有什么惊人之处吗？

2. 许多技术方面的预测都是错误且令人失望的，但是我们在这方面花费了大量的时间和精力(参见第三章)。这样的消耗公平吗？没有别的办法可以改善这种情况吗？

请阅读 NexPress 数字印刷解决方案的案例，回答讨论题。

案例 10—1

NexPress 解决方案[2]公司

NexPress 公司的主席兼首席执行官范凯特·普鲁萧森(V. Purushotham)知道，当天宣布 NexPress 被收购的消息还嫌太早。他拿起罗彻斯特《民主纪事》报纸(*Democrat & Chronicle*)，看看新闻稿是否已经准确转载了相关消息：

---

[1] http://www.nytimes.com/2005/05/10/technology/10cisco.html.

[2] 这一案例由发表的材料和访谈准备而来，版权由约翰·艾特略、大卫·菲雷尔、丹尼尔·康德和马修·库巴列克(John E. Ettlie, David Fuehrer, Daniel Conde and Matthew Kubarek, 2004, 2005)所有。这一案例只限于课堂教学，并没有打算说明有效或者无效的管理方式，也没有涉及产品或者服务。支持案例准备的资金部分由罗彻斯特理工学院技术管理中心和斯隆印刷行业中心提供。

柯达公司(Kodak)要收购 NexPress 解决方案公司和海德堡数码公司(Heidelberg Digital)以扩大和多元化商业印刷业务,改进增长策略。

(新闻稿)

2004年3月8日,星期一

早在几个月之前,针对将 NexPress 由广受好评的合资公司转变为独立的独资公司的计划已经开始实施了。从那个时候开始,市场投机加剧,收购事项已经迅速地正式宣布。同时,2004年5月的德国德鲁巴贸易洽谈会上,他和他的管理团队正在和新组成的过渡小组就收购的细节问题进行正式的洽谈。他有自己的工作等着他。有两个关键问题需要解决:

1. 鉴于柯达新的数码战略,在柯达买断所有合资者的股份后(2004年3月~5月),管理层面对整合 NexPress、海德堡数码和全球销售服务机构的挑战。

2. 为柯达公司的子公司 NexPress 公司寻求客户和市场。他需要向德鲁巴会议和全球新闻界提供一份令人信服的陈述。作为柯达公司的全资子公司,他们会怎么看待新的 NexPress 公司?对上述即将面临的变化的初步反馈已经开始出来。部分客户对柯达公司的收购感到疑惑或者持怀疑态度。

这两个挑战,一个来自公司内部——新公司的重建,另一个来自公司外部——说服客户和行业观察员,在他的心目中,此次并购是一次及时的战略变化。他合上报纸,放进他的公文包,回家去想他在德鲁巴上的演讲了。

印刷业的历史

很少有行业能比印刷业更好地论证历史和美国文化的丰富传统。它在文化和技术发展的交流中起到了重要的作用。杰出的先行者为我们今天所知道的各种类型的印刷工业打好了基础。"滚筒排版"(Swifts)就是当时最成熟、印刷速度最快的排字机。虽然被不健康、肮脏和嘈杂等问题困扰,但是它们高效的印刷速度仍然使它们成为早期印刷品贸易中的巨星。出版商们经常宣传自己的印刷速度,他们之间的竞争也相当激烈。印刷设备的竞赛现象在19世纪中期开始加剧,并在19世纪60至80年代间变得异常激烈。[1] 这个时候开始有个人印刷的日报,并且通过报纸使新闻能以很快的速度传遍全国。

就是在那个时候,企业家和创新者开始寻求可靠的方法来传播当时快速增长的知

---

[1] Petroski, Henry (Winter 2004). "The Swifts" printers in the age of trypesetting races, Vol. 32, Iss. 2.

识,这些知识成为美国文化的萌芽。这促进了当时印刷技术的发展,也加速了曾经为印刷工人赢得过荣誉的印刷设备的淘汰。而默根特勒莱诺排铸机(Mergenthaler Linotype Machine)[1]的出现标志着印刷业技术创新的开始,正是这一时期的技术创新造就了100年后的数字印刷革命。

今天,印刷业成为影响美国经济的重要因素,它为美国解决了数量可观的劳动力就业。印刷业被认为是美国分布最广的制造业,年总销售量超过1 555亿美元。在全国范围内它包括45 000多家企业和超过10万名员工。[2] 分别参阅附录A～C关于细分市场、地区印刷市场和企业规模的部分。

数字印刷和印刷技术的变革

对于印刷业来说,20世纪90年代被称为"转变中的十年"。专家们已经引用了很多对当时不稳定的竞争激烈的市场有益的因素。这些外部情况迫使印刷商去考察他们所处的竞争环境,以便对变化中的商业环境有更加透彻的了解。似乎有很多潜在因素造成了核心商业需求的紊乱和大范围的误解。唐纳利父子公司(RR Donnelley & Sons Company)的主席兼首席执行官威廉·L. 戴维斯(William L Davis)认为造成这种现象的原因包括:印刷商过多,印刷业被认为是服务业而不是制造业,产业发展落后于技术,标准的缺乏,并且没有人关心供应链问题。[3] 上述每个问题对国内印刷业低效率运作状况的改善都是非常有效的。

要想在印刷业发展的过程中摆脱既定的印象就必须从根本上抛弃平版印刷术。

总部在华盛顿的美国林业和纸业协会(American Forest & Paper Association, AF-PA)就是推动印刷业快速改革的组织之一。在20世纪90年代中期,美国印刷业纸张的消费量大约为8 690万吨。美国林业和纸业协会的一项统计显示办公室用纸和家庭用纸大约造成了2 000万吨的纸张浪费。只有20%的纸张被回收用于再利用或循环使用。[4] 这比原来的数字有了很大的进步,但是整个行业的浪费还是严重的。再加上印刷行业巨大的规模,这些情况导致人们对该行业的未来强烈关注。数字革命作为行业的另一项变革的时机已经成熟了。

---

[1] Barron's (1921—1942). (March 23, 1931). 35 years after creation, 85 countries were using Mergenthaler Linotype products. Vol. 11, Iss. 12, p. 18.

[2] 2003 *PIA Print Market Atlas*. (2003). Alexandria, VA: Printing Industries of America.

[3] Ynostroza, Roger. (June 1998). A fresh start: a new look. *Graphic Arts Monthly*, Vol. 70, Iss. 6, p. 12.

[4] Gllagher, Matthew. (1993). Recycling: Rolling along. *Chemical Marketing Reporter*, Vol. 244, Iss. 12, p. SR16.

印刷新时代的开始

在1990年,首次使用数字印刷技术的是施乐公司的富士施乐———一款打印速度很快的数字黑白打印机。施乐公司投入大约10亿美元,花了将近十年来推出该产品。[1] 虽然还有些技术需要完善,但是富士施乐已经让我们看到了数字印刷技术的未来。数码印刷技术有两个对占有市场很有价值的优势。第一,产品的按需打印技术使用户可以按照需要的数量打印文件。产品的准时制打印技术减少了原先巨大的产品存货量,甚至实现了零存货。第二,数字打印是客户化的。客户化的打印有利于可变数据的综合[2],使打印可以针对目标受众进行,这引起了强烈的反响。

数字技术的产生改造了传统印刷业的思维,并引起了外界对其可能对整个传统印刷业产生颠覆作用的关注。有看法认为,这项创新可能标志着传统印刷手段或者说传统打印机逐渐退出历史舞台的开始。

在富士施乐出现的三年后,又出现了两款性能更好的数码打印机。益高(Indigo)公司的数字印刷系统 E-Print1000 和时赛康公司(Xeikon)的数字印刷机 DCP-1 的出现将打印技术带到一个新的未知的领域。这些彩色成像设备是为了填补印刷业的空白而设计的,它们的出现正是时候。在图片艺术工业中面向更多短周期的彩色印刷工作的趋势正在上升。技术和市场的结合造就了数字彩色印刷销量的高速增长。[3]

探索新媒介:一种新的商业模式

数字技术在20世纪90年代的蓬勃发展迫使出版业和印刷业的老总们去寻求能够增加利润、获取竞争优势的新技术。为了与发展的市场相匹配,公司普遍都在重建其商业模式。信息技术现在已经是战略决策中必不可少的部分了。因为它可以在很大程度上让公司增强产品供给度和客户响应度。

位于加利福尼亚州山景城(Mountain View)的市场调查咨询公司 G2R 的研究显示,处于出版、印刷和信息服务行业中的公司的收入中平均有 6.8% 被用于信息技术建设和服务。这是在纵向行业中平均信息技术支出占收入比重最高的行业。[4] 印刷行

---

[1] Seybold Report: Analyzing publishing technologies. (2001). Vol. 1, No. 2.

[2] How to sell digital printing: The answer lies in promoting value, not pushing volume. *Canadian Printer*, Vol. 104, Iss. 5, p. 19.

[3] Douglas, Picklyk (February 2001). Growing up: Following the development of the first digital color presses. *Canadian Printer*, Vol. 109, Iss. 2, p. 17.

[4] Anonymous (1999). Advances in new media increase IT investment. *Graphic Arts Monthly*, Vol. 71, Iss. 1, p. 94.

业中的一部分企业利用近来的技术创新已经拥有明显的竞争优势,而其他企业则只能勉强维持。利用技术争取优势的这个趋势是不可逆转的。这些情况迫使各个层面的企业去重新评估它们所处的地位,并采取行动去保障它们自己的市场份额。而市场必将经历又一个令人振奋的创新的十年。参阅附录D关于数码技术里程碑的部分。

NexPress:一项跨国合资

近年来,我们看到,企业越来越强调加快新产品投入市场的速度。1990年,施乐公司在花费了10年的时间和10亿美元的研发费用后推出了第一款黑白数码产品。仅仅7年后,通过4年的发展,柯达和海德堡将以合资企业的形式推出一款新的彩色数码产品NexPress 2100。

柯达和海德堡的合资企业为考察与制造业合作的收益提供了很好的参考。海德堡越来越意识到大家都在寻求更小的印刷机来减少大量的存货,现在是时候投资数码技术了。它非常肯定变化的迫切性,但是却不能肯定自己已经满足了新产品推出需要的所有条件。

此外,数码技术的革命成为长期存在的印刷—运输模式快速向运输—印刷模式转变的证据。电子数据通过卫星、T1电话线或其他合适的媒介传递到工厂。这就使大量的印刷在两到三个不同的地点同时进行成为可能。[1] 这种信息传递方式的附加值是它允许小规模的印刷个体存在,但是需要更高质量的客户化信息和更加细分的目标市场。令我们期待的是,在新的数码出版物通过海德堡传统的渠道出售的条件下,这种机器将可能使海德堡的客户实现个人打印。[2] 海德堡知道,在这些崭新的快速的功能性发展中,它需要一个合作伙伴来充分发挥自己的核心竞争力。

合资的决策

海德堡正在寻求其数码产品(包括特定产品在内)的全面发展。这些知识和技术强度的增加需要选择一个在色彩科学方面拥有特殊素质和一定成就的战略合作伙伴。选择似乎很明显。柯达因为其在图片、色彩和材料科技的广泛知识和能够使NexPress获得成功的产品开发方面的能力而被选中。

还有第二个原因使柯达公司的总部纽约罗彻斯特变得充满吸引力。它是罗彻斯特

---

[1] Waugh, Donald (1998). Profit retrieval: Taking advantage of digital management services. *Canadian Printer*, Vol. 106, Iss. 6, p. 37.

[2] Anonymous (June 19, 2000). NexPress has the makings of an exciting winner in digital rece. *Printing World*, p. 17.

理工学院(RIT)的所在。罗彻斯特理工学院是美国最好的摄影学校,它为密切接触印刷技术的领先理念提供了很好的机会。这可以每年为 NexPress 的发展提供一批新的人才和持续不断的知识资本。

海德堡和柯达同意各拥有 50%的股权。他们将提供同等的营销投入、销售力和售后服务。渠道管理执行副总裁马克·韦伯(Mark Weber)强调服务作用在此次合资中的重要性时说:

在数字技术中,售后服务具有特殊的重要性。售后服务协议确保了稳定的高收入。单靠批发你不可能赚钱。在数码印刷领域中,有 2/3 的售后服务用于软件、色调和其他相关需求。

基础奠定之后,NexPress 开始在罗切斯特和德国的基尔为新数码产品令人振奋的面世准备场地。剩下的大家都知道了。

NexPress 2100

NexPress"享誉盛名"的原因是合资企业能够用四年不到的时间就开发出了新的数码印刷产品 NexPress 2100,而别的企业需要用至少两倍的时间才能开发出能力相当的产品。NexPress 使传统的产品开发时间减少了一半,在两家母公司拥有同等决策权的这种有些尴尬的条件下,NexPress 是如何实现这个其他公司难以实现的愿望的呢?这就是数码时代的重大问题之一的核心所在。

阿特·卡罗尔(Art Carroll),后任 NexPress 市场化经理的发展规划如下:"在合资公司稳定后,我们距离下一次的德鲁巴展览还有两年时间。我们必须在此次展览中推出新产品,否则没有人会相信我们的实力。"德鲁巴是一个国际性的会展,每四年召开一次,就像奥斯卡金像奖、伊利诺斯研究奖[1]、艾美奖、金球奖、戛纳电影节和奥林匹克运动会。柯达—海德堡团队开始了他们的工作。他们实现的不仅仅是 2000 年德鲁巴会展上的新产品发布,更重要的是他们通过两家母公司的组织形成了 NexPress 的核心竞争力。[2]

原来在罗彻斯特有 300 人,德国基尔有 200 人在进行新产品的开发,在项目开始前,卡罗尔又在基尔增加了 50 人。但是在最后,卡罗尔认为人数不是 NexPress 与众不同的关键:

---

[1] 行业研究学院每年从成千上万个提供的方案中指定 100 个最重要的新产品。从 1963 年开始,使用一有 17 个成员的技术管理委员会,第一次出现奖励并在行业研究中发表(http://www.zyn.com/flcfw/fwnews/fwarch/fw022f.htm)。

[2] 尽管有广泛的共识:开发新产品需要 4 年的时间,其他公司要花费 8 年时间。4 年有两种方法计量:或者 1996~2000 年(合资企业建立的那年到 2000 年德鲁巴展览会)或者是 1998~2002 年(真正开发开始运输稳定的产品的那年,第二次测试之后)。

这确实涉及到一些关键的东西：(1)明确目标，每个人都非常明确需要做什么以及什么时候必须完成；(2)拥有两种文化的两个团队都有质疑对方公司的开发过程的权利，并且最终我们发明了一种新的产品开发模式；(3)我们充分利用虚拟工程学和协同设计技术，而淘汰原先的协同定位技术；(4)按时开始，按时结束；(5)在印刷领域内我们通过领先的技术获得了好处。

可能在2100项目的历史中，他们与客户之间发展伙伴关系的方式是其最独特的方面之一。卡罗尔举例说："我们将阿尔法测试拿出来，与位于波士顿的合作伙伴思博印刷公司(Spire Printing)一起研究。"目标一是时间、预算执行情况，然后是更加积极的预算执行和更加可靠的目标。卡罗尔指出："我们希望这些产品的售后服务率是每2个月1次，而不是通常的一个月3次或3次以上。"NexPress决心做到让操作员可以按照需要对现场的设备进行及时的调整，这样可服务时间将得到最大限度的发挥。他总结说："我们将在这些商业化印刷产品中保持90%的可服务时间。"

即使在合资公司成立之前，如果没有柯达组建的客户委员会，所有这些针对新产品开发过程的尝试都是不可能的。普鲁萧森回顾了该委员会组建的过程：

12家公司参加了我们的客户委员会——在美国和德国各有一个机构，对我们产品开发的成功来说都是必不可少的。另外，最近我们为光洁成像过程所开发的"清洁快干墨水"使光洁成像能够获得像照片一样高质量的图片，这又是一项技术上的突破。这项令人兴奋的新技术在2004年的德鲁巴上面世。这使NexPress又多了一个使自己与众不同的地方。

市场需求证明NexPress正在向更高水平的标准努力，显然，要达到所有这些目标是一项极富挑战性的工作。但是NexPress还是一个年轻的公司，尽管以一个不同寻常的形式加入到印刷设备的竞争中，但是毕竟公司才刚刚起步。他们除了对新产品的渴望，丰富的知识、技术和商业化手段外，没有别的方式可以推动公司的发展。卡罗尔重申：

我们在每个阶段都会就项目的可靠性进行评估，并与我们的目标进行比较，编辑帕累托图表，然后继续工作。每年我们都会有几次将客户委员会的委员聚集到一起来分享我们的进步并听取他们对我们的成果和改进方向的反馈。2000年德鲁巴展览的6个月后，在和思博公司合作时，我们致力于解决他们提到的这些问题。在我们认为机器没有问题之前我们不会对外销售。后来，在一次和思博公司代表之间的会议上，他们告诉我们"他们有把握卖掉10台产品中的8台"。就是在这个时候我们开始了从工程学文化到β测试组织的转变。

2001年7月，在合资公司下一阶段的发展中，有6台β原型机被生产出来。到2001年12月，我们拥有了30台这样的产品。

如何准确定义 NexPress 2100 所包含的技术呢？卡罗尔认为：

NexPress 2100 所包含的技术中没有多少创新的东西,但是其中包含了很多最新的技术。特别是,NexPress 2100 由两个滚筒来对纸张喷墨,而不是一个滚筒……尽管人们知道这是一个新的、更好的做商业化印刷的途径,但却在 2001 年 9 月 11 日遭受了第一次打击,并几乎扼杀了数码印刷市场的发展。因此,买主不得不承认,在一个不确定的经济中,为了新技术的额外特性和性能升级而承担一定的财务风险是值得的。

所有权结构

NexPress 的所有权结构是 50％对 50％的合资结构,这就意味着柯达和海德堡必须平均分担 NexPress 所产生的开支。但是这并不表示在合资企业的所有权和领导权之间不存在问题。在合资进程中,两个公司都曾想获得 NexPress 的主要控制权。有一次,海德堡希望通过取得 51％的股权来获取 NexPress 的控制权。柯达则表态说他们在任何的合资公司中都不会处于次要合作者的位置,他们的股权不是 50％就是 0％。[1] 此外,柯达在获得控制权的过程中遇到的困难是由 NexPress 董事会成员变更引起的管理变化,而这个董事会由一名董事会主席监管。海德堡和柯达在董事会中各拥有 3 名董事。在合资公司 6 年的寿命中,有好几位柯达的员工担任过 NexPress 的董事,而在这个过程中海德堡的管理则很稳定。下面的图会演示 NexPress 的股权机构。

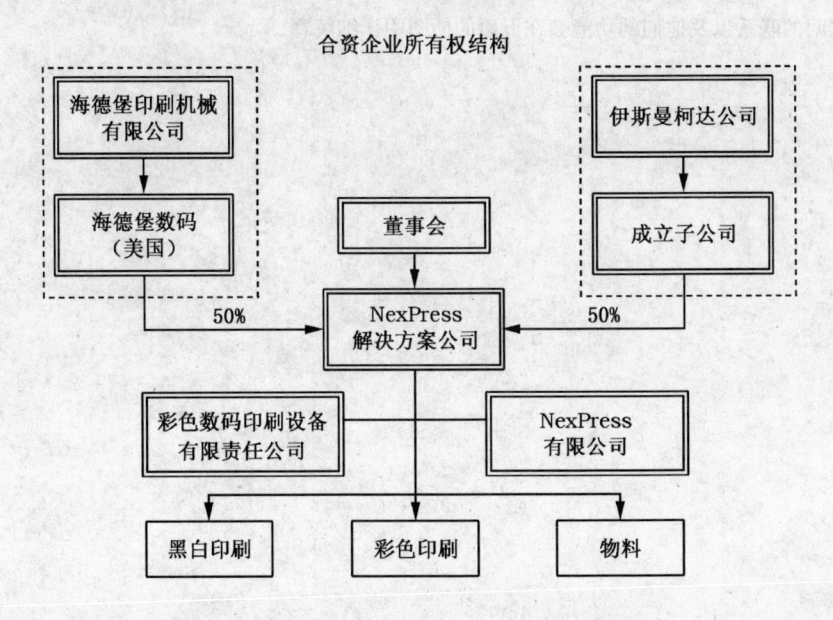

合资企业所有权结构

---

〔1〕 Pfizenmaier, Wolfgang. Personal Interview. 14 Dec 2004.

合资初始阶段

虽然在1996年就有关于海德堡和柯达合作开发一款革命性的彩色数码印刷机的新闻,但是直到1998年NexPress才正式成立。刚成立的NexPress由40名海德堡员工和200名柯达员工组成。海德堡员工都是来自于一个先进的新技术开发团队。而柯达这边则是来自办公室成像公司(Office Imaging Group)和柯达专业团队(Kodak Professional)的高级管理人员。关于组织结构的细节请参考下面的插图。

合资公司运作期间

1999年,柯达希望放弃黑白印刷业务,并且准备出售它旗下的办公室成像公司。海德堡怕这样会使NexPress失去其成功所必需的重要资源,于是很快从柯达手中收购了该公司。办公室成像公司也得以继续从事高速黑白印刷系统的研发、设计和制造工作。基于这项收购的成功,海德堡在罗彻斯特成立了一个新的公司,名为海德堡数码(Heideloberg Digital)。至此,黑白数码印刷业务正式成为NexPress业务和渠道管理功能的一部分。黑白数码印刷的销售功能也通过海德堡市场中心和一些间接的渠道得以实现。[1]

为了开发2100,NexPress利用了大量内部和外部资源。关于业务单位、业务单位之间的联系以及他们的功能会在下面的插图中详细解释。

---

[1] Brault, James. (NexPress VP of Human Resources). Personal Interview. 4 Oct 2004.

第十章 未来技术的管理

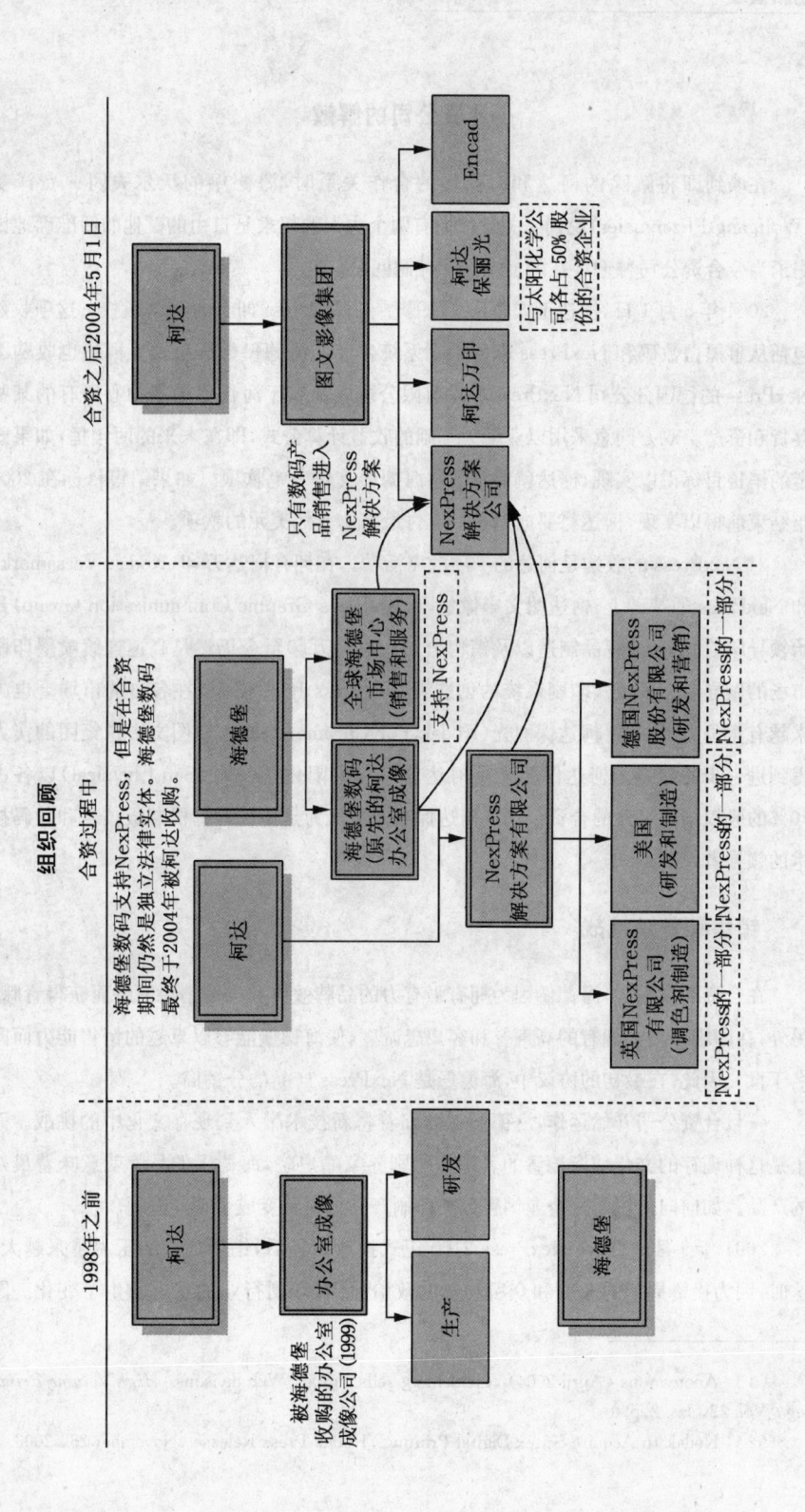

组织回顾

1998年之前

柯达 → 办公室成像 → 研发 / 生产

被海德堡收购的办公室成像公司 (1999)

海德堡

合资过程中

柯达

海德堡数码支持NexPress，但是在合资期间仍然是独立法律实体。海德堡数码最终于2004年被柯达收购。

海德堡 → 全球海德堡市场中心（销售和服务） / 海德堡数码（原先的柯达办公室成像）

支持NexPress

NexPress解决方案有限公司 → 英国NexPress有限公司（调色剂制造） / 美国（研发和制造） / 德国NexPress股份有限公司（研发和营销）

NexPress的一部分：NexPress的一部分；NexPress的一部分

合资之后2004年5月1日

柯达 → 图文影像集团 → NexPress解决方案公司 / 柯达万印 / 柯达保丽光 / Encad

只有数码产品销售进入NexPress解决方案

与太阳化学公司各占50%股份的合资企业

493

合资公司的解散

在谈到即将解除的柯达和海德堡的合作关系时,海德堡的沃尔夫冈·费泽曼(Wolfgang Pfizenmaier)说到了关键:"拥有两个主人的奴隶是自由的。"他的话准确地说明了当今合资公司普遍存在的复杂性和控制问题。

2004年5月1日,柯达正式收购了海德堡在NexPress拥有的50%股权。这项收购包括从事黑白数码和NexPress彩色印刷系统生产的海德堡数码公司。柯达也收购了NexPress的德国分公司NexPress股份有限公司以及属于海德堡市场中心所有的某些存货和资产。双方同意采用以业绩为基础的收益计算公式,即在未来的两年里,如果既定的销售目标得以实现,柯达就要定期向海德堡支付一笔款项。如果销售目标在2005年结束前得以实现,柯达将要向海德堡支付最高1.5亿美元的款项。[1]

对NexPress的收购是柯达的一项战略活动。在拥有柯达万印(Kodak Versamark)和NexPress的基础上,柯达图文影像集团(Kodak's Graphic Communication Group)开始领导印前制造、消耗品制造以及销售公司。柯达万印至今仍然是高速连续喷墨印刷市场的领导者。多版式印刷系统的创造者NexPress和ENCAD在各自的市场上也越来越有竞争力了。[2] 柯达保丽光(Kodak PolyChrome)的加入使图文影像集团的实力得到进一步的加强。柯达保丽光是柯达公司与太阳化学公司(Sun Chemical)以各占50%的股权结构组建的合资公司。柯达保丽光被认为是传统计算机制版技术和数码技术的领导者。

销售和营销挑战

在合资的设想中,海德堡因为拥有强有力的品牌效应和全球销售网络而获得青睐。另外,在印刷市场上拥有的高声誉和客户忠诚度,使海德堡能够以卓越的销售能力而闻名于世。因此,在最初的协议中,海德堡是NexPress产品的分销商。

一旦合资公司开始运作,海德堡就面临着将新技术融入到现存文化中的挑战。而正是这种现存的文化使海德堡的名字在印刷界家喻户晓,海德堡的品牌就意味着最好的产品。如何向传统印刷企业销售数码印刷产品很快就变成了现实问题。

2001年9月9日,在NexPress 2100正式投放市场后,销售增长的压力越来越大。这时,因为投资周期的改变和众所周知的政治原因,印刷行业的状况发生了变化。因

---

[1] Anonymous (April 2004). Heidelberg sells digital, Web divisons. *High Volume Printing*, Vol. 22, Iss. 2, p. 6.

[2] Kodak to Acquire Scitex Digital Printing. Kodak Press Release. November 25, 2003.

此，对实现数码技术的渴望在减弱，这与过去十年的情况完全相反。在这一特定情况下，要想在原来计划的基础上扩大市场、提高销售额是很困难的。NexPress 在 2000 年 5 月的德鲁巴展览上亮相，2004 年春天，信息技术产业的衰退在美国和欧洲同时出现。2001 年 9·11 事件对印刷行业的影响进一步增加，这时新技术的销售对每个企业来说都是一项严峻的挑战。

在另一方面，NexPress 已经成为柯达发展战略的重要问题，柯达也希望在 NexPress 实现销售的增长。然而，NexPress 唯一的销售途径就是海德堡的销售网络，这个销售网络并不在 NexPress 的控制下运作。协议规定，NexPress 将产品销售给海德堡，而海德堡再把产品销售给客户。

柯达和海德堡都一直在考虑通过完全占有 NexPress 来获取绝对控制权，以便面对市场的挑战。因为 NexPress 对海德堡具有战略意义，所以海德堡是不会出售 NexPress 的，但是现实是还有另外一股力量在发挥着作用。德国公用事业公司（RWEAG）从 20 世纪 40 年代起就拥有海德堡 50% 的股权。德国公用事业公司是德国重要的公用事业公司，其总部设在埃森。在最近几年中，德国公用事业公司正在考虑将它所有的资源都集中到它的核心业务中来，而它的核心业务并不是印刷。因此，在印刷行业面临不稳定的市场时，NexPress 的所有权并不是公用事业公司需要优先解决的问题。NexPress 则需要专注于销售增长这个最重要的问题，毕竟销售的增长是企业成功的重要因素。

NexPress 的首席执行官克里斯·佩恩（Chris Payne）清楚地表示：

有效的销售和营销是 NexPress 成功的关键……所以当柯达决定收购 NexPress 的时候，销售和营销就成为过渡时期各方关注的焦点。

佩恩先生和他的小组需要面对的挑战之一就是如何从海德堡手中获得销售渠道和服务成果，并将它们整合成一个严密的组织。加上海德堡数码公司，共有三种地区性的组织形式可供选择（欧洲、亚洲和北美）。佩恩说：

我们需要面对的另一个挑战是所有与整合有关的计划都必须在收购行动结束前完成，否则 NexPress 有可能会出现混乱。

还有很多组织问题需要解决，比如新的销售合同、合法的实体、客户融资、销售增长和营销规划，等等。虽然需要面对这么多问题，但是 NexPress 还是以独立公司的身份出现在 2004 年的德鲁巴展览上。更重要的是，在本届展览上，NexPress 销售了 100 多套设备。

人力资源挑战

在收购行动完成前的过渡时期，其他职能性部门也同样面临严峻的挑战。为新成立的 NexPress 提供员工就是需要面临的挑战之一。NexPress 人事部经理詹姆斯·M. 布劳特(James M. Brault)说：

> 我们有 6 周的时间来组建 NexPress 的销售和售后服务部。除了必要的销售人员，我们不得不将海德堡的员工转到 NexPress，并考虑他们的工资和工会等问题。
>
> 由于需要参加 2000 年的德鲁巴展览，因此这个任务看上去是不可能完成的。实际上，不可能在 3～4 个月的时间里组建如此规模的公司。

还有一个更重要的问题是新公司必须面对复杂的组织变化和文化融合问题。从数码的角度来看，这不是技术性挑战，而是文化改变的挑战。随着收购的进行和完成，柯达不得不将自己的企业文化与 NexPress 的企业文化以及海德堡的企业文化相融合。NexPress 不只是数码技术。公司内部的人和外部的人一样有一个有趣的想法。为什么柯达收购的是 NexPress 而不是海德堡？布劳特清楚地指出：

> NexPress 不是传统的制造业合资公司。它不是一家正式的公司，它是一个世界级的工程学、商业化和市场化的组织。有许多知识产权问题需要考虑。从某些方面来说，由海德堡收购 NexPress 比由柯达来收购更有意义。

公司运作

NexPress 的前整合经理鲍勃·斯基得(Bob Scheidt)向我们揭示了合资公司运作时遇到的困难：

> 各占 50% 的股权结构使公司运作决策变得十分复杂。在合资企业的结构下，不太可能使三方(两家母公司和合资企业本身)的利益都达到最大化。当某一项决策使任何一家母公司的利益与合资公司的利益发生冲突时，母公司就必然会质疑这一决策的适当性，虽然这项决策可能对合资公司来说非常有利。

信息技术和供应链的基础构造

第一阶段

在合资公司成立的最初，NexPress 没有精确的企业资源计划系统，柯达和海德堡双方都需要手工完成财务数据。1999 年末，NexPress 选用了 SAP 4.0 系统来满足它的企业资源计划需要。根据前整合经理鲍勃·斯基得所说的：

> 我们不得不构建一个能够支持并伴随我们这个年轻的公司共同进步的信息技术基础架构。如果只依靠从母公司"借"来的复合系统进行运作的话，我们不可能取得成功。我们必须建设一个满足我们自身需要的系统。在拥有我们自己的系统前，内部控制是

困难的,甚至是不可能实现的。如果合资公司不加改动地照搬母公司的审批系统,那么所有的业务都会由与合资公司毫无关系的经理来进行审批。

第二阶段

随着合资企业的发展,其供应链变得越来越复杂。这是因为当 NexPress1999 年开始使用 SAP 系统时,NexPress 2100 还没有开发成功。没有商业化的产品就自然不需要在第一阶段进行销售、运输和售后服务系统的建设。第二阶段的建设就是为了满足产品投放市场后日益增加的需求的。

到 2002 年,供应链变得更加复杂。就像下图所演示的一样,海德堡数码制造出印刷机的发动机,并把它们卖给 NexPress。然后,NexPress 又将这些产品卖给海德堡市场中心(销售和售后服务部门)。最后,由海德堡市场中心将产品卖给客户。而遍布全世界的海德堡市场中心(销售和售后服务部门)使问题变得更加复杂。

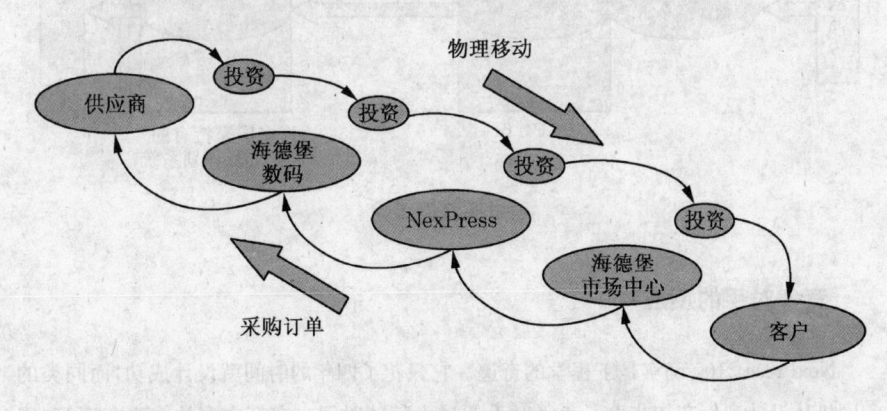

可替换部件实例

更复杂的是,海德堡数码、NexPress 和许多市场中心都拥有不同的企业资源计划平台,它产生了部件所有者、供应商所有者、顾客管理者、计划数据、购买数据和库存数据的冗余这一问题。斯基得解释说:

我们很快意识到,如果不立刻改变企业资源计划战略,供应链很快就会崩溃。于是 NexPress 和海德堡数码的企业资源计划经理准备了一个将 NexPress 和海德堡数码的企业资源计划系统自下而上整合到一个 SAP 环境中的方案。这个整合建议很快就递交到 NexPress 和海德堡数码的管理层。一旦得到批准和实施,该项目将淘汰过剩的数据和手工交易,以及 NexPress 和海德堡数码之间的纽带。当柯达也要求 NexPress 和海德堡数码进行整合的时候,企业资源计划系统第三阶段的发展就为 NexPress 提供了一个偶然的机会,使 NexPress 成为整合项目的骨干企业。

下图展示了整合项目前后的信息系统结构图。新的 SAP 系统将 NexPress 和海德堡数码的企业资源计划系统整合到一个普通的 SAP 系统中，以便于 NexPress 和海德堡市场中心能够进行高效率的交易。

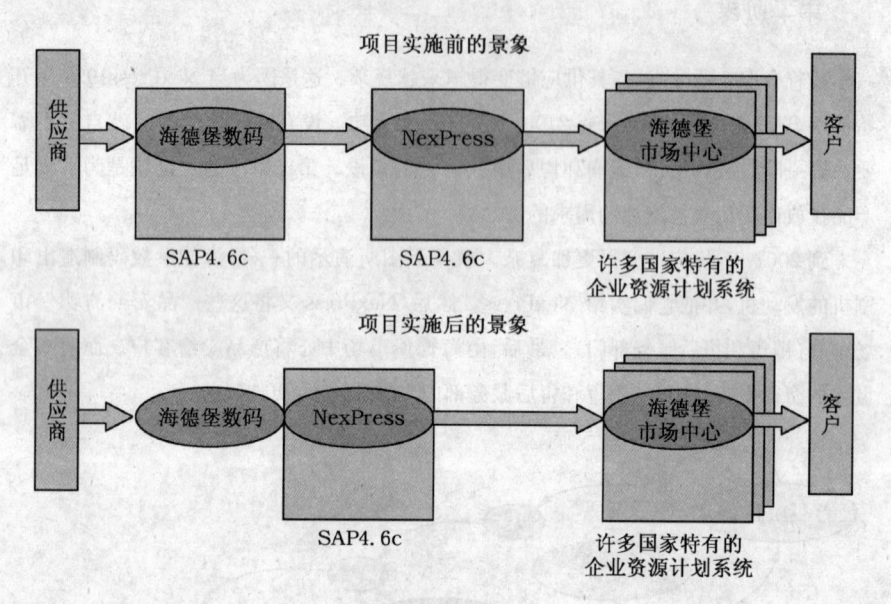

项目实施前的景象

供应商 → 海德堡数码 → NexPress → 海德堡市场中心 → 客户

SAP4.6c　　　　SAP4.6c　　　　许多国家特有的企业资源计划系统

项目实施后的景象

供应商 → 海德堡数码　NexPress → 海德堡市场中心 → 客户

SAP4.6c　　　　许多国家特有的企业资源计划系统

项目实施的景象

竞争对手的反应

NexPress 2100 确实是工程学的奇迹。它只花了四年的时间就设计成功，而同类的印刷机从设计到生产却花去了竞争对手超过十年的时间。它有中型的橡皮布滚筒、用户可自行更换的部件和很高的稳定性。当 2100 首次在德鲁巴上展出的时候，一个竞争对手问 NexPress 前主席沃尔夫冈·费泽曼，NexPress 是如何在这么短的时间里设计出 2100 的。费泽曼的回答很简单："我们没有足够的人力和资金，所以我们必须专注。"

NexPress 2100 在德鲁巴上面世之后，NexPress 的竞争对手们立刻开始价格战。益高（在 2002 年被惠普收购）开始打折销售他们的产品。更重要的是，在这一时期，办公室设备（打印机和复印机）的技术一直在不断进步。这些技术使图片印刷的质量更好，每分钟可以印刷的数量更多，设备的可靠性更高。由于技术的进步，办公室设备的价格持续下降，甚至开始影响到 NexPress 2100 所处的市场。

回到未来：收购的决定

渠道管理执行副总裁马克·韦伯有一次在巡视车间的时候说：

缺少了柯达和海德堡二者中的任何一个,此次合资都不可能实现。对投资的双方来说,在这个不确定的情况下,让公司按照一定的标准来运作是有利可图的。现在市场动荡所产生的压力使我们处于困境,我们必须面对。

为2004年的德鲁巴做准备

2004年3月8日,当柯达要收购NexPress的消息在新闻媒体上发布的时候,对普鲁萧森来说这真是一个漫长的夜晚。数码印刷业还处在发展初期,数码印刷技术也才刚刚兴起。这对NexPress和所有处于富于挑战、竞争激烈的全球化产业中的竞争者们意味着什么?新的发展战略是什么,如果有的话?收购的消息是真的吗?当他将公司带上正轨,开始准备在2004年德国德鲁巴展览上的演讲的时候,这对他来说很重要。

附录A

注:由于统计方法的改变,下列数据与以前年度的数据不具有可比性。

2002年组成美国印刷及成像业的细分市场

	销售额(10亿美元)	公司数量	从业人数
图书印刷	7.16	341	52 800
商业化印刷	52.21	20 497	375 230
包装印刷	22.73	1 630	135 476
商用表格印刷	5.13	704	43 155
印前服务	6.92	4 713	63 475
快捷印刷	5.10	6 868	48 567
其他特殊印刷	5.64	994	40 119

2002年美国印刷公司

公司规模	公司数量	占公司总量(%)
1~4人	15 582	34.5%
5~9人	11 388	25.2%
10~19人	7 409	16.4%
20~49人	5 927	13.1%
50~99人	2 541	5.6%
100~249人	1 615	3.6%
250人以上	719	1.6%

2002年美国地区印刷市场

	公司数量	从业人数	销售额(10亿美元)
新英格兰	2 661	73 785	10.50
中大西洋	7 890	201 602	28.07
东北中部	8 845	247 908	34.98
西北中部	3 929	110 420	15.63
南大西洋	6 257	151 361	21.25
东南中部	1 930	58 121	8.34
西南中部	3 963	76 992	10.54
山区	2 407	46 466	6.3
太平洋沿岸	7 299	146 464	19.9
合计	45 181	1 113 119	155.51

附录 B

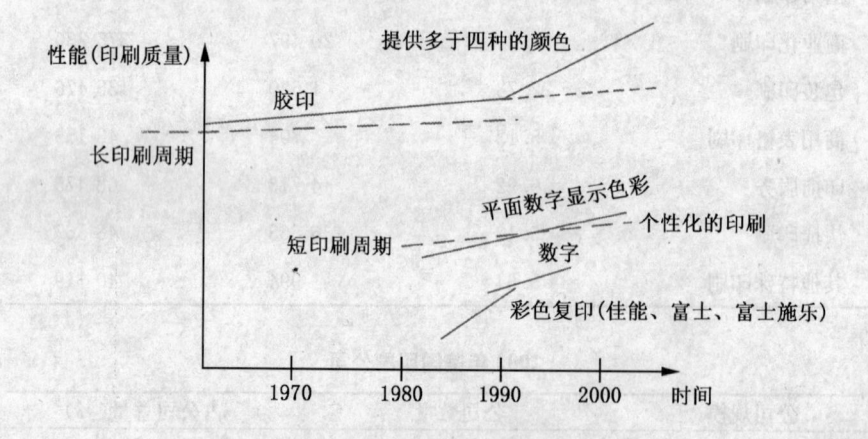

印刷行业的突破性技术曲线

附录C　NexPress 2100——数字化印刷举例

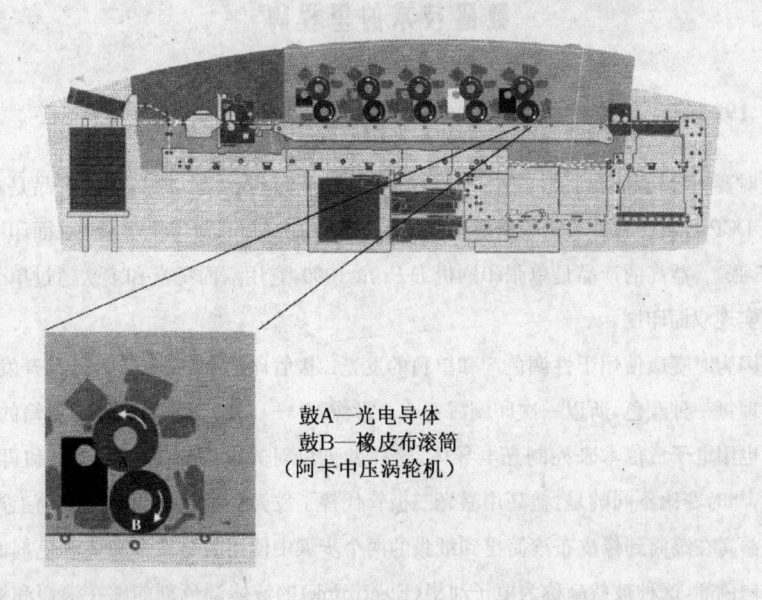

鼓A—光电导体
鼓B—橡皮布滚筒
（阿卡中压涡轮机）

数码印刷机是如何工作的？

数码印刷机可以印刷任何质量的电子图片（.pdf,.tiff等）。它也可以使文件个人化、独立化。比如，要印刷1 000本小册子，每一本小册子上都可以有不同的人名和邮件地址。另外，数码印刷机可以让你随时使用这些电子图片。NexPress 2100利用五组不同的光电导体/橡皮布滚筒系统来获得最高质量的彩色印刷品。

它利用电子摄影技术来对纸张着色。通过光电导体，数码印刷机可以将带正负电荷的墨水直接喷到橡皮布滚筒上。然后橡皮布滚筒再把墨水印到从滚筒下通过的纸张上。

胶印机和数码印刷机的比较

数码印刷机用电子文件来印刷图片，而胶印机则用蚀刻有图片的金属板（高速胶印机用塑料板或者纸板）来将图片印到纸张上。之所以叫胶印机是因为图片不是由版直接印刷到纸张上的，而是像数码印刷一样，要通过橡皮布滚筒将墨水印到纸张上。

很多印刷店用胶印机来印刷大尺寸高质量的文件。尽管设备和组装成本很高，但是印刷过程中的成本是很低的。

附录 D ——相关信息
数码技术的里程碑[1]

1993 年

时赛康公司和益高公司用不同的方式利用电子成像技术。时赛康的产品是卷筒印刷机 DCP-I,该产品为单向印刷配备多重影像站,每分钟可以印刷 70 张(双面印刷每分钟 35 张)。益高的产品是单张印刷机 E-Print 1000,它用双面托盘和多次通过单个影像站来实现双面印刷。

因为时赛康使用干性调色剂和单独的发光二极管印刷头、光电导体以及开发站,可以处理每一种颜色,所以一次印刷需要八个影像站——每四个影像站处理卷筒的一面。益高也用电子成像术来控制光电导体,这样就可以对光电导体进行再充电和再成像。但是,与时赛康不同的是,益高用激光二极管代替了发光二极管印刷头在滚筒上产生潜像。益高在滚筒到橡皮布滚筒再到纸张的两个步骤中使用的是聚合液体调色剂而不是干性调色剂,这种被益高称为电子油墨(ElectroInk)的液体调色剂能够在滚筒和纸张接触的瞬间变硬,并完全从滚筒上剥离。

1995 年

IBM 带着他们在时赛康的 DCP-I 基础上开发的 3170 在 1995 年进入彩色数码印刷市场。第二年,IBM 发布了 3170 的加强版 InfoColor 70。在 1998 年的英国国际印刷展览会上,IBM 又发布了在时赛康 DCP/50D 多版式打印机的基础上开发的 Infoprint Color 100。公司在 2000 年的德鲁巴上发布了 Infoprint Color 130。当然,IBM 不是唯一以时赛康的技术为基础开发产品的公司。施乐和爱克发(Agfa)也用时赛康的机芯开发彩色数码打印机。爱克发最终退出了市场,施乐则继续做他们自己的产品。

在 1995 年的德鲁巴上,赛天使(Scitex)首次展示了一种全彩色持续喷墨系统,这个系统每分钟可以打印 200 张(每小时可以打印48 000张 8.5×11 英寸的纸)。当时,人们希望在两年内实现赛天使系统的商业版本,但是直到 1999 年初相应的产品 VersaMark 才出现。在 2000 年的德鲁巴上,商家展示了全彩色版的 VersaMark。赛天使的出现说明了电子成像技术不是解决问题的唯一办法,喷墨技术似乎更加适合低成本的办公室

---

[1] Davis, David. (September-Dctober 2003). Digital printing: The first 10 years. *In-Plant Printer*. Vol. 43, Iss. 5, p. 28.

打印机。

1998年

1998年,海德堡和柯达通过组建合资公司来开发彩色数码印刷机。在第二年里,海德堡收购了柯达的办公室成像公司并成立了海德堡数码。这是施乐和海德堡这两个原本相隔万里的公司之间的竞争即将开始的信号。到彩色数码印刷机在质量、可靠性和持续工作能力等方面实现飞跃并开始冲击彩色胶印市场前,富士施乐确实从黑白胶印市场中获得了一定份额。我们不知道的是,即将有第三个竞争者参与到施乐和海德堡的竞争中来。

1998年底,益高和惠普组成战略技术联盟,以便开发新产品和拓展未来市场。两年后,惠普向益高投资1亿美元。这项投资使他们之间的合作关系更加稳固。

2000年

2000年年中,施乐所发生的变化对时赛康产生了巨大的影响:施乐用自己在当年早些时候发布的DocuColor 2045/2060取代了以时赛康机芯为基础开发的DocuClor 70。在接下来的两年中,时赛康的销售额出现了大幅下滑,因为原来施乐是时赛康印刷机芯的主要买主。时赛康的另一个合作伙伴爱克发退出了数码印刷市场,时赛康收购了其彩色数码印刷业务。

海德堡在2000年的德鲁巴上推出了NexPress 2100,以"印刷机的功能和灵活性"为卖点,第二年开始接受订货。NexPress 2100是一款全彩色单张印刷系统,它可以实现每小时4 200张8.5×11英寸纸的全彩色单面印刷。这意味着每个月的打印数量可以达到700 000张。同样是在这次展览会上,时赛康演示了两台DocuColor牌的Dl胶印机。在接下来的时间里,惠普、施乐和海德堡之间的重量级竞争即将开始,而时赛康只能在狭小的缝隙里挣扎。

2001年

2001年11月9日,时赛康在法国和比利时申请了债权人保护。时赛康不是唯一一个倒霉的数码印刷机生产商;益高也正在为无法实现预期的利润而挣扎。在这一年的9月份,惠普收购了益高剩余的已发行股票。益高正式成为惠普成像和印刷公司的一部分。最终,潘趣国际公司(Panch Intl)收购了时赛康,并仍然延用时赛康的品牌。

在2001年印刷展上,施乐正式推出了DocuColor iGen3"爱将"数码印刷机,该产品之前的代号是FutureColor。据施乐称,"i"代表成像(imaging)、创新(innovation)、个性化(individualization)、互联网连接(Internet-capable)和智能(inteligeit)。"Gen3"则指该产品拥有第三代彩色数码成像技术。该系统利用激光成像技术，每分钟可以印刷100张全彩色信纸规格的纸张（每小时6 000张），图片密度每英寸600×600点，颜色深度为8比特。很明显，施乐准备通过iGen3继续他们的商业化印刷，而直接成像的胶印机已经被抛弃了。

2003~2004年及2004年以后

这年的全美印艺展和数码印刷展览会充分体现了彩色数码打印技术的现状，但这不过是个开始。下一届的德鲁巴明年召开，商家历来都会展示自己的研发成果，并让人们一窥其未来的发展远景。许多在德鲁巴上展出的产品永远都不会投放市场。鉴于这一点，显然彩色数码印刷技术将在德鲁巴和未来行业发展中起到举足轻重的作用。

讨 论 题

1. NexPress从一开始就是以各占50%的股权比例组建的合资公司。给定这种性质的印刷业，你觉得这种战略可行吗？还有别的更好的方式吗？

2. 用SWOT分析法对合资公司NexPress进行分析，现在就做怎么样？

3. 数码印刷是一项突破性技术，还是构架创新，或者是激进式的创新？

4. 作为一个现在的NexPress的客户，你会对公司新的所有权结构提出什么样的问题？

5. NexPress在接下来的五年中的技术投资的方向是什么？什么技术可以使数码印刷实现飞跃？